Für Christa Maar & Hubert Burda,

mit herzlichem Dank für die
Einladung zum »Iconic Turn«
und den lauschigen Abend
in der Schackstraße.
Vielleicht wird je durch das
Umstrittige die Vehemenz meiner
Position gegen deren Sanftmut
etwas verständlicher.

Ihr

Marion Müller

Hamburg, den 12.7.2003

Marion G. Müller
Politische Bildstrategien

Acta humaniora

Schriften zur Kunstwissenschaft
und Philosophie

Marion G. Müller

Politische Bildstrategien im amerikanischen Präsidentschaftswahlkampf 1828–1996

Akademie Verlag

Gedruckt mit Unterstützung der Deutschen Forschungsgemeinschaft
und der Hansischen Universitätsstiftung.

Titelbild: „Re-Elect Carter Mondale A Tested And Trustworthy Team", 1980.
Jimmy Carter Presidential Library, Atlanta/Georgia.

Die Deutsche Bibliothek – CIP-Einheitsaufnahme

Müller, Marion G.:
Politische Bildstrategien im amerikanischen
Präsidentschaftswahlkampf 1828–1996 / Marion G. Müller. –
Berlin : Akad. Verl., 1997
  (Acta humaniora)
  Zugl.: Hamburg, Univ., Diss., 1995
  ISBN 3-05-002989-7

© Akademie Verlag GmbH, Berlin 1997

Gedruckt auf chlorfrei gebleichtem Papier
Das eingesetzte Papier entspricht der amerikanischen Norm ANSI Z.39.48 – 1984
bzw. der europäischen Norm ISO TC 46.

Alle Rechte, insbesondere die der Übersetzung in fremde Sprachen, vorbehalten. Kein Teil dieses Buches darf ohne schriftliche Genehmigung des Verlages in irgendeiner Form – durch Photokopie, Mikroverfilmung oder irgendein anderes Verfahren – reproduziert oder in eine von Maschinen, insbesondere von Datenverarbeitungsmaschinen, verwendbare Sprache übertragen oder übersetzt werden.

Satz: Petra Florath, Berlin
Reproduktion: Reprowerkstatt Rink, Berlin
Druck: GAM Media GmbH, Berlin
Bindung: Verlagsbuchbinderei Mikolai, Berlin

Printed in the Federal Republic of Germany

Inhaltsverzeichnis

Vorbemerkungen 7
Vorwort zur Methodologie 9

I. Kapitel
    I. 1. Bildnispolitik und Repräsentationsbegriff in demokratischer Perspektive 23
    I. 2. Wahlstrategien und Bildstrategien 41

II. Kapitel
Das Wahlplakat in den USA von Andrew Jackson bis Bill Clinton
    II. 1. Barbecue und Ballyhoo 51
    II. 2. Die Frühphase des Wahlplakats 64
    II. 3. Die Kommerzialisierung des Kandidatenporträts 83
    II. 4. Vom Bildverlag zum Massendruck 106
    II. 5. Politische Berater als Imageproduzenten 126

III. Kapitel
Visuelle Wahlkampfkommunikation
    III. 1. Strategie des Schweigens 151
    III. 2. Heldenstrategie 164
    III. 3. Ahnenstrategie 178
    III. 4. Common-man-Strategie 187
    III. 5. Familien-Strategie 200
    III. 6. Edukative Strategie 209
    III. 7. Ökonomische Strategie 217
    III. 8. Emotionale Strategie 236
    III. 9. Negativ-Strategie 246

IV. Kapitel
Stil und Funktion visueller Kommunikation in Demokratien
    IV. 1. Politische Allegorese 261
    IV. 2. Das Bild als Botschaft 289

Anhang

    Plakatregister 301
    Namensregister 313
    Sachregister 319
    Bibliographie 327
    Künstlerbiographien 345
    Glossar 355

Tafelteil 375

Vorbemerkungen

Als die Autorin Anfang September 1993 den Graphiksaal der Library of Congress betrat, um dort Bernard F. Reilly Jr., den Hauptkustos der Prints & Photographs Division, zu treffen, war sie sich ihrer Sache ganz sicher. Es sollte sich lediglich um eine Nachrecherche einiger Wahlplakate aus dem 19. Jahrhundert handeln, die sie bereits als Reproduktionen kannte. Die Arbeit mit Originalen – für eine Kunsthistorikerin durchaus nichts Ungewöhnliches – gehört nicht zu den in der Politologie üblichen Methoden, und der Sozialwissenschaftler wird den für sein Fach spezifischen Erkenntnisgewinn solcher Recherchen zunächst skeptisch beurteilen. Im Verlauf des Gespräches, während die Autorin ihr Forschungsvorhaben erläuterte, kam man zu der Begründung für den in der Arbeit gewählten Zeitansatz, und die Autorin fragte, ob Herr Reilly darin mit ihr übereinstimme, daß es sich bei dem „Jackson Ticket" (Abb. 2) um das erste erhaltene amerikanische Wahlplakat handele. Auf die prompte Rückfrage, ob sie „das Plakat" denn schon einmal im Original gesehen hätte, mußte sie ihr Versäumnis eingestehen, erwiderte aber zu ihrer Verteidigung, daß ihr „das Plakat" aus einigen Reproduktionen hinlänglich bekannt sei. „Nun", meinte Herr Reilly, „es kommt natürlich auf Ihre Plakatdefinition an, aber das ‚Jackson Ticket' mißt gerade mal 5 x 4 cm ..."

Für die Aufdeckung dieser und anderer Irrtümer sowie die große Geduld und die unzähligen Forschungshinweise danke ich Bernard F. Reilly, dessen umfangreicher Katalog der großartigen Graphiksammlung der Library of Congress meine Arbeit ungemein erleichterte. Der viermonatige Forschungsaufenthalt in den USA, der durch ein Stipendium des German Historical Institute in Washington D.C. ermöglicht wurde, entwickelte sich zu der intensivsten und fruchtbarsten Phase meiner Dissertation, die hier in überarbeiteter Version vorliegt. Für die angenehme Arbeitsatmosphäre in der Library of Congress möchte ich besonders Pam und Jen danken, die nie müde wurden, neue Wahlplakate aus dem schier unerschöpflichen Archiv hervorzuzaubern. An Marvin, den freundlichsten Polizisten auf Capitol Hill, sei aufgrund seiner guten Laune und Herzlichkeit erinnert, mit der er die Autorin jeden Morgen in der Library begrüßte und sie allabendlich verabschiedete.

Prof. Martin Warnke, der Forschungsstelle Politische Ikonographie am Kunsthistorischen Institut der Universität Hamburg und dem Leibniz-Preis bin ich im ideellen wie im materiellen Sinne besonders verpflichtet. Besonderer Dank gilt schließlich auch Prof. Peter Reichel, Prof. Frank Kämpfer, Prof. Horst Bredekamp, der Deutschen Forschungsgemeinschaft, dem Graduiertenkolleg „Politische Ikonographie", den KollegiatInnen und beteiligten ProfessorInnen sowie dem German Marshall Fund of the United States, der der Autorin durch ein Reisestipendium die Aktualisierung ihrer Dissertation im Präsidentschaftswahlkampf 1996 ermöglichte.

Wertvolle Hinweise und Anregungen gaben Volker Breidecker, Michael Diers, Elisabeth von Hagenow und Petra Roettig. Die unermüdlichen Korrektoren dieser Arbeit, Gabriele Dürbeck, Carola Muysers und Matthias Taube, sollen nicht unerwähnt bleiben. Nicht zuletzt seien die MitarbeiterInnen der Archive erwähnt, die mir häufig auf unkomplizierte Weise nicht nur freien Zugang zu den Originaldrucken gewährten, sondern meist auch mit wissenschaftlichem Rat und Forschungshinweisen zur Seite standen: Keith Melder, Hauptkustos der Division of Political History an der Smithsonian Institution/Washington D.C., und Edmund B. Sullivan, Gründer des Museum of American Political Life in Hartford/Connecticut, Diana Arecco und Jim Francis von der New York Historical Society, Alycia Vivona von der Franklin D. Roosevelt Library in Hyde Park/New York, Sondra Bierre vom Hoover Archive in Stanford/California, Hans-Jürgen Klegraf vom Archiv der christlich-demokratischen Politik in Sankt Augustin und den Mitarbeitern der Jimmy Carter Presidential Library in Atlanta/Georgia.

Marion G. Müller
Hamburg, im August 1996

Vorwort zur Methodologie

„Der Teufel steckt im Detail."

Die anekdotisch überlieferte Variante dieses deutschen Sprichwortes, die dem Hamburger Kulturwissenschaftler Aby M. Warburg zugeschrieben wird[1], kann als Leitmotiv dieser Untersuchung bezeichnet werden. In der Politikwissenschaft hat die Detailanalyse keinen angestammten Platz. Häufig geht sie bei der Suche nach Strukturen, Faktoren und Zusammenhängen unter. Dabei ist die politische Wirklichkeitsanalyse auf generelle und exemplarische Erkenntnisse gleichermaßen angewiesen. Das von dem Philosophen Ernst Cassirer 1923 formulierte „Grundprinzip der Erkenntnis" gilt auch heute noch: „daß sich das Allgemeine immer nur im Besonderen anschauen, das Besondere immer nur im Hinblick auf das Allgemeine denken läßt."[2]

Das in den folgenden Kapiteln ausgebreitete Untersuchungsfeld ist die politische Wirklichkeit in Demokratien am Beispiel der Vereinigten Staaten von Amerika. Entstehung und Wandel politischer Wirklichkeitswahrnehmungen sind gerade auch in ihrer historischen Entwicklung nur schwierig zu rekonstruieren und mit herkömmlichen, empirischen Mitteln kaum zu erfassen. Dort, wo das statistische Quellenmaterial schweigt, bleibt dem Forschenden nur der interpretatorische Rückgriff auf die Inhaltsanalyse von überlieferten Quellen und Materialien der zu untersuchenden Zeit. Als Zeugnisse der politischen Geschichte werden in der Regel schriftliche Dokumente problemlos akzeptiert, wohingegen dem Bild als historischer Quelle erhebliches Mißtrauen entgegengebracht wird.[3] Diese Unsicherheit ist durchaus begründet, denn Bilder, durch ihre Archivierung des Originalkontextes beraubt, konfrontieren den Forschenden mit unliebsamen Fragen nach Produktion, Adressatenkreis, Einsatz und Funktionen des Bildmaterials, die von der eigentlichen Fragestellung zunächst abzulenken scheinen.

Rückblickend sind es jedoch gerade die durch Bildquellen ausgelösten Fragen gewesen, die entscheidende Indizien für die Rekonstruktion des politisch-historischen Prozesses geliefert haben und zu vertretbaren Argumentations- und Interpretationsketten der Geschichte visuel-

---

1 „Der liebe Gott steckt im Detail". Zur Kontroverse um diese Äußerung vgl. Dorothee BAUERLE, Gespenstergeschichten für Ganz Erwachsene. Ein Kommentar zu Aby Warburgs Bilderatlas Mnemosyne, Münster 1988: 52, Anm. 11. Laut einem Manuskript von Fritz Saxl soll Warburgs Äußerung, „die Wahrheit liegt unter den Einzelheiten begraben" gelautet haben.
2 Ernst CASSIRER, Philosophie der Symbolischen Formen. 9. Aufl. Darmstadt, Bd. 1 (1988): 18.
3 Vgl. Heike TALKENBERGER, Von der Illustration zur Interpretation: Das Bild als Historische Quelle. Methodische Überlegungen zur Historischen Bildkunde. Unveröffentliches Typoskript eines auf dem 39. Historikertag in Hannover, 23.–26. September 1992, gehaltenen Vortrags, S. 9.

ler Wahlkampfkommunikation in den USA führten. Das Verhältnis politischer Bilder und visualisierter, bildhafter Politik ist das übergreifende Thema dieser Arbeit. Dabei wird der Gang der Analyse von politikwissenschaftlichen Methoden ebenso bestimmt wie von kunstgeschichtlich-ikonographischen. Die Politikwissenschaft und die Kunstgeschichte, die sich in der Tradition Aby Warburgs[4] eher als „Bildwissenschaft"[5], denn als reine Kunstwissenschaft begreift, sind zwei Fächer mit bislang nur wenigen Berührungspunkten und disparaten Forschungstraditionen. Annäherungsversuche fanden nur zögerlich statt und beziehen sich vor allem auf die Bereiche politischer Ästhetik im Nationalsozialismus[6], politischer Architektur[7], politischer Festkultur[8] oder allgemein politischer Symbolik[9].

4 Eine Auswahl der inzwischen recht umfangreichen Warburg-Literatur: Ron CHERNOW, The Warburgs. New York 1993. Passagen zu Aby Warburg s.v.a. Kapitel 5 und 9; Dieter WUTTKE (Hg.), Aby M. Warburg. Ausgewählte Schriften und Würdigungen, Baden Baden 1992; Michael DIERS, Warburg aus Briefen. Kommentare zu den Kopierbüchern der Jahre 1905–1918. Weinheim 1991; Horst BREDEKAMP/Michael DIERS/Charlotte SCHOELL-GLASS (Hg.), Aby Warburg. Akten des internationalen Symposions Hamburg 1990. Weinheim 1991; Silvia FERRETTI, Cassirer, Panofsky + Warburg. Symbol, Art, and History. Orig. Italienisch: Il demone della memoria. Simbolo e tempo storico in Warburg, Cassirer, Panofsky, 1984. Englische Übersetzung: New Haven u. a. 1989; Ernst GOMBRICH/Fritz SAXL, Aby Warburg – An Intellectual Biography. London 1970; Werner HOFMANN/Georg SYAMKEN/Martin WARNKE, Die Menschenrechte des Auges. Über Aby Warburg, Frankfurt a. M. 1980; Dieter WUTTKE (Hg.), Mnemosyne. Beiträge zum 50. Todestag von Aby M. Warburg. Göttingen 1979; Kurt W. FORSTER, Aby Warburg's History of Art: Collective Memory and the Social Mediation of Images. In: DAEDALUS, Winter 1976: 169–176.
5 Zum Verhältnis von Kunst- und Bildbegriff s. Aby WARBURG, Heidnisch-antike Weissagungen in Wort und Bild zu Luthers Zeiten, 1920. Abgedruckt bei: WUTTKE 1992: 199–304, hier: 201.
6 Die folgenden Literaturangaben sind nur eine Auswahl, die sich auf das Kriterium der Grenzüberschreitung der Disziplinen bezieht: Peter REICHEL, Der schöne Schein des Dritten Reiches. Faszination und Gewalt des Faschismus. München u. a. 1991; Gerhard PAUL, Aufstand der Bilder. Die NS-Propaganda vor 1933. Bonn 1990; Saul FRIEDLÄNDER, Kitsch und Tod. München 1986; Klaus HERDING/Hans-Ernst MITTIG, Kunst und Alltag im NS-System. Albert Speers Berliner Straßenlaternen. Gießen 1975.
7 Vgl. Ingeborg FLAGGE/Wolfgang Jean STOCK (Hg.), Architektur und Demokratie. Bauen für die Politik von der amerikanischen Revolution bis zur Gegenwart. Stuttgart 1992; darin kritisch: Winfried NERDINGER, Politische Architektur. Betrachtungen zu einem problematischen Begriff, 10–31; Klaus von BEYME, Hauptstadtsuche. Frankfurt a. M. 1991; Martin WARNKE (Hg.), Politische Architektur in Europa vom Mittelalter bis heute. Repräsentation und Gemeinschaft. Köln 1984.
8 Vgl. Bernd Jürgen WARNEKEN (Hg.), Massenmedium Straße. Zur Kulturgeschichte der Demonstration. Frankfurt a. M. u. a. 1991; Volker BREIDECKER, Florenz oder die Rede, die zum Auge spricht. Kunst, Fest und Macht im Ambiente der Stadt. München 1990; Dieter DÜDING/Peter FRIEDEMANN/Paul MÜNCH (Hg.), Öffentliche Festkultur. Politische Feste in Deutschland von der Aufklärung bis zum Ersten Weltkrieg. Reinbek 1988; Wolfgang HARTMANN, Der historische Festzug. Seine Entstehung und Entwicklung im 19. und 20. Jahrhundert. München 1976; Volker ACKERMANN, Nationale Totenfeiern in Deutschland. Von Wilhelm I. bis Franz Josef Strauß. Stuttgart 1990; Reinhart KOSELLECK/Michael JEISMANN (Hg.), Der Politische Totenkult. Kriegerdenkmäler der Moderne. München 1994.
9 Vgl. Murray EDELMAN, Politik als Ritual. Die symbolische Funktion staatlicher Institutionen und politischen Handelns. Neuauflage, Frankfurt a. M. u. a. 1990; Rüdiger VOIGT (Hg.), Politik der Symbole. Symbole der Politik. Opladen 1989; Markus GÖLDNER, Politische Symbole der europäischen Integration. Fahne, Hymne, Hauptstadt, Pass, Briefmarke, Auszeichnungen. Frankfurt a. M. 1988. Zgl.

Vorwort zur Methodologie

Für die Politikwissenschaft ist die Beschäftigung mit dem Bild als Quelle noch ein Novum, obwohl sich mit Hinblick gerade auch auf neuere Veröffentlichungen eine Trendwende abzuzeichnen scheint.[10] So beschrieb *Herfried Münkler* im April 1994 die Forschungslage noch folgendermaßen: „Um so bemerkenswerter ist, wie wenig Interesse die Metaphern der Politik und die politischen Bilder in der wissenschaftlichen Literatur gefunden haben. Sind sie thematisiert worden, dann zumeist von Literaturwissenschaftlern, Historikern und Kunsthistorikern, während sie in der Politikwissenschaft, von wenigen Ausnahmen abgesehen, als undeutliche und unscharfe Formen des Erkennens beargwöhnt und eher links liegen gelassen worden sind."[11] Mit dem Bild wird – im Unterschied zur Schrift – häufig eine irrational-magische Komponente, ein letztlich unerklärliches, überwältigendes Element assoziiert, das Wirklichkeit nur simuliere, ja sogar zur Verklärung der Realität beitrage.[12] Der Politikwissenschaft fehlt ein wissenschaftlicher Bildbegriff, der Ikonographie ein Begriff und Verständnis des Politi-

---

Diss. iur. Kiel; Ulrich SARCINELLI, Symbolische Politik. Zur Bedeutung symbolischen Handelns in der Wahlkampfkommunikation der Bundesrepublik Deutschland. Opladen 1987. Zgl. Habilitations-Schrift Mainz 1984; Murray EDELMAN, The Symbolic Uses of Politics. Orig. 1964. Urbana u. a. 1985; Harry PROSS, Politische Symbolik. Theorie und Praxis der öffentlichen Kommunikation. Stuttgart u. a. 1974; Arnold RABBOW, Visuelle Symbole als Erscheinung der nicht-verbalen Publizistik. Münster 1968. Zgl. Diss. phil. Münster 1966. Eine löbliche Ausnahme von diesen eher auf allgemeinere Aussagen abzielenden Arbeiten, bei denen häufig die Bildanalyse zu kurz kommt, ist die 21. Kunstausstellung des Europarates 1991 und der dazu erschienene Katalogband: Dario GAMBONI/Georg GERMANN (Hg.), Zeichen der Freiheit. Das Bild der Republik in der Kunst des 16. bis 20. Jahrhunderts. Bern 1991. Herfried MÜNKLER, Politische Bilder, Politik der Metaphern. Frankfurt a. M. 1994; Andreas DÖRNER, Politischer Mythos und Symbolische Politik. Sinnstiftung durch Symbolische Formen. Opladen 1995.
10 S. MÜNKLER 1994 und DÖRNER 1995 sowie Martin LOIPERDINGER/Rudolf HERZ/Ulrich POHLMANN, Führerbilder. Hitler, Mussolini, Roosevelt, Stalin in Fotografie und Film. München u. a. 1995.
11 MÜNKLER 1994: 8.
12 Vgl. Ralf STEGNER, Theatralische Politik Made In USA. Das Präsidentenamt im Spannungsfeld von moderner Fernsehdemokratie und kommerzialisierter PR-Show. Münster u. a. 1992: 11, 25, 43. STEGNER spricht zwar nicht vom „Bild", sondern nur von den Massenmedien generell, seine These läuft jedoch auf die Gefährdung der Basis des demokratischen Regierungssystems durch die massenhafte Bilderflut via Fernsehen hinaus: „Die Frage ist, ob die – vornehmlich elektronischen – Medien von Kommunikationsapparaten zu einseitig bedienten Führungsapparaten geworden sind, die eben nicht jener aufgeklärten politischen Führung mündiger Bürger unter den Bedingungen der modernen Massendemokratie repräsentativen Typs dienen, sondern vielmehr (...) das wesentlichste Instrument einer ‚theatralischen Politik' sind bzw. mit den heutigen technischen Möglichkeiten die Tendenz dazu in einer für ein demokratisches System wie verantwortungsvolles Regierungshandeln schädlichen Weise verstärken." STEGNER 1992: 27/28. STEGNER geht in seiner Argumentation von einer strikten Trennung rationaler und emotionaler Ausdrucksmöglichkeiten aus, wobei rational mit demokratisch und emotional mit manipulativ gleichgesetzt wird: „Es geht offenbar nicht um Sachthemen oder klare demokratische Alternativen, sondern um Emotionen; statt Argumenten werden Symbole offeriert, auf die nicht argumentativ, sondern mit Identifikationen geantwortet werden soll." STEGNER 1992: 43. An dieser Stelle sei auch auf den radikalsten Kritiker der elektronischen Bilderflut verwiesen: Neil POSTMAN, Wir amüsieren uns zu Tode. Urteilsbildung im Zeitalter der Unterhaltungsindustrie. Orig. Englisch: „Amusing Ourselves to Death". 3. Aufl. Frankfurt a. M. 1985.

schen. Politische Bilder, das heißt Abbilder und Denkbilder, die einen politischen Gehalt, eine politische Aussage oder Funktion haben oder als politische Bilder wahrgenommen oder rezipiert werden, können nur aus einer zweifachen Perspektive verstanden werden. Zum einen aus der Perspektive der Bildwissenschaft, die seit Aby Warburgs Forschungen den Rahmen der traditionellen Kunstgeschichte sprengend, den Bildbegriff radikal erweitert hat[13], zum anderen aus der Perspektive der Politologie, die zur Bestimmung des politischen Gehalts und der Aussage von Bildern beitragen kann und nach Bedeutung und Funktion von Bildern in politischen Strukturen, Prozessen und Kontexten fragt.

Mit dem noch jungen Forschungsgebiet „Politische Ikonographie"[14] wird der Versuch unternommen, beide Disziplinen auf ein Thema hin zusammenzuführen. Die politische Ikonographie ist nur ein Ausschnitt aus beiden Disziplinen, kein Versuch, eine Metatheorie aufzustellen. Die Ikonographie ist eine von Aby Warburg entwickelte und von Erwin Panofsky und dem Kreis um die Warburg-Bibliothek[15] weitergeführte kunsthistorische Methode, die auf die Analyse und Erforschung der Sinngehalte von Bildern und Motiven in historischer Perspektive abzielt. Sie hat sich ursprünglich als eigener Forschungsbereich im 19. Jahrhundert etabliert, als eine Form von „Erinnerungsarbeit", die der Neuentdeckung vergessener Bildbedeutungen gewidmet war und sich vor allem der Kategorisierung und Sinnentschlüsselung christlicher Motive, sowie der Renaissance- und Barockkunst zuwandte.[16] Ikonographie im engeren Sinne beschäftigt sich ausschließlich mit der Bedeutungsdimension eines Kunstwerkes[17], konzentriert sich in einem von Erwin Panofsky entwickelten dreiteiligen Analyseschema auf die Beschreibung, Bestimmung und Kategorisierung eines Bildmotivs unter Auslassung produktionsgeschichtlicher und rezeptionsästhetischer Aspekte. Diese auf eine themenbeschreibende Funktion reduzierte Definition von Ikonographie schließt per se eine Anwendung auf moderne Bilder aus, denen ein sozial klar definiertes Bildprogramm, ein festgefügter Sprach- und

---

13 Vgl. Aby WARBURG, Heidnisch-antike Weissagung in Wort und Bild zu Luthers Zeiten. Heidelberg 1920. Abgedruckt in: WUTTKE 1992: 199–304. Hier: 201; zum Bildbegriff Warburgs vgl. auch BAUERLE 1988: 18–20.
14 An Einzelstudien zu politischen Bildern, Objekten und Ensembles mangelt es nicht. Eine systematische Aufarbeitung der methodischen und theoretischen Grundlagen steht jedoch bislang noch aus. Vgl. Martin WARNKE, Politische Ikonographie. Hinweise auf eine sichtbare Politik. In: Claus LEGGEWIE (Hg.) 1994: 170–178; Martin WARNKE, Politische Landschaft. München u. a. 1992; DERS., Politische Ikonographie, in: Andreas BEYER (Hg.), Die Lesbarkeit der Kunst. Zur Geistes-Gegenwart der Ikonologie. Berlin 1992: 23–28.
15 Gertrud BING/Edgar WIND, Der Begriff der Kulturwissenschaft und die Bibliothek Warburg, 1932. In: Anhang zu Dieter WUTTKE, Aby M. Warburgs Kulturwissenschaft. In: Historische Zeitschrift 256/1 (1993): 27–30; Tilman von STOCKHAUSEN, Die Kulturwissenschaftliche Bibliothek Warburg. Architektur, Einrichtung und Organisation. Hamburg 1992.
16 Ekkehard KAEMMERLING (Hg.), Ikonographie und Ikonologie. Theorien, Entwicklung, Probleme. 4. Aufl. Köln 1987: 7; vgl. auch in demselben Band den Artikel von Jan BIALOSTOCKI, Skizze einer Geschichte der beabsichtigten und der interpretierenden Ikonographie. Orig. Englisch: Iconography. In: Dictionary of the History of Ideas, Bd. 2 (1973). Abgedruckt in deutscher Übersetzung in KAEMMERLING 1987: 15–61.
17 KAEMMERLING 1987a: 7.

Vorwort zur Methodologie 13

Bildcode fehlt.[18] Die Voraussetzung für die Bearbeitung eines Bildthemas im 19. und 20. Jahrhundert ist folglich eine erweiterte Definition von Ikonographie.

Das hier vorgestellte Thema – politische Bildstrategien im amerikanischen Wahlplakat – birgt Probleme für eine ikonographische Herangehensweise: Es handelt sich nicht um Kunstwerke im herkömmlichen Sinn, sondern um Bilder, die Politiker darstellen und in einem politischen Kontext zu einem politischen Zweck hergestellt werden. Die Ikonographie, die sich zwar nicht ausschließlich, aber doch hauptsächlich der Analyse „hoher Kunst" gewidmet hat, muß für dieses Thema durch einen erweiterten Bildbegriff handhabbar gemacht werden.[19] Das Bildmaterial weist zwei Eigenschaften auf, die es von den traditionellen ikonographischen Themen unterscheidet: zum einen seine ephemere Natur. Wahlplakate sind als Abbilder nur wenige Wochen präsent, im Gegensatz zum dauerhaften Anspruch der „hohen Kunst". Zum anderen sind sie Gebrauchsbilder, die für das Massenpublikum in einem kommerziellen Verfahren hergestellt werden. Ihre Bedeutung liegt in ihrer Ausrichtung auf die Masse der Wähler oder bestimmte Wählergruppen und damit auf die Formung kollektiver Denkbilder. In Analogie zu Erwin Panofskys Definition des Films als kommerzieller Kunst sind Wahlplakate

---

18 Der Begriff „Ikonographie" wird hier *nicht* im Sinne einer Methodik bloßen motivgeschichtlichen Beschreibens von Bildern gebraucht, sondern als Bezeichnung einer interpretativen Methode verstanden, zu deren „Handwerkszeug" auch die Bildbeschreibung gehört, jedoch ohne damit sklavisch an Erwin Panofskys Drei-Schritt-Schema von vor-ikonographischer Beschreibung, ikonographischer Analyse und ikonologischer Interpretation gebunden zu sein. (Vgl. Erwin PANOFSKY (I), Zum Problem der Beschreibung und Inhaltsdeutung von Werken der Bildenden Kunst. Orig. 1932, abgedruckt in: KAEMMERLING 1987: 185–206; und Erwin PANOFSKY (II), Ikonographie und Ikonologie. Ebenfalls in KAEMMERLING 1987: 207–225, s. hier: 223 Tabelle. Orig. Englisch, Iconography and Iconology: An Introduction to the study of Renaissance Art, 1955. Ganz im ursprünglichen Sinne von Panofsky soll das Drei-Schritt-Schema in der hier vorliegenden Arbeit nicht linear befolgt werden, sondern zu einem „Gesamtgeschehnis" verwoben werden, wobei alle drei von Panofsky angesprochenen Sinnebenen (Phänomensinn, Bedeutungssinn und Dokumentsinn) eine Rolle spielen. Die Bildanalyse ist jedoch hier nicht kunsthistorischer Selbstzweck, sondern kulturwissenschaftliches Mittel zur Analyse eines politisch-kulturellen Kontextes und der ihn konstituierenden kollektiven Bewußtseinsschichten. Für Panofsky wäre der passende Begriff für diese analytisch-synthetische Methode die „Ikonologie" gewesen, deren Suffix sich im Unterschied zum rein deskriptiven „graphie" auf „logos" – das Denken, die Vernunft – bezieht. „Ikonologie ist mithin eine Interpretationsmethode, die aus der Synthese, nicht aus der Analyse hervorgeht" (Panofsky II: 214). Folgt man diesem Gedankengang, so müßte der logisch-konsequente Titel dieses Kapitels „Politische Ikonologie oder ikonographische Politologie" lauten. Die Verfasserin benutzt jedoch Ikonographie und Ikonologie synonym, wobei sich die Interpretation und Syntheseleistung auf einen politischen Kontext beziehen. Ein Foschungsansatz zum Bildverstehen, der sich u. a. auch aus der Ikonographie ableitet ist die kultursoziologische Bildhermeneutik. Vgl. dazu: Stefan MÜLLER-DOOHM, Visuelles Verstehen – Konzepte kultursoziologischer Bildhermeneutik. In: Jung/Müller-Doohm (Hg.) 1995: 438–457.

19 Wie er etwa von Irving LAVIN (in: „Ikonographie als geisteswissenschaftliche Disziplin", abgedruckt in: BEYER 1992: 11–22, hier: 17) formuliert wurde: „Normalerweise gehen wir davon aus, die Ikonographie sei ein Zweig der Kunstgeschichte; ich hingegen glaube, das Gegenteil ist richtig, und zwar aus zwei miteinander zusammenhängenden Gründen. Unser heutiger Kunstbegriff ist so weitgefaßt, daß er nahezu jedes von Menschen erschaffene Bild einschließt; und unsere Haltung zu einer solcherart definierten Kunst ist so ernst, daß sie jede Theorie ausschließt, die die Bedeutung eines Kunstwerks allein auf den ästhetischen Wert einerseits oder den sozialen Wert andererseits beschränken wollte."

Bilder, die nicht „zur Befriedigung des schöpferischen Dranges ihrer Hersteller produziert (werden), sondern in erster Linie, um die Ansprüche eines Auftraggebers oder eines (...) Publikums zu erfüllen (...)."[20] Die Wahlplakate stehen in diesem Sinne am Anfang der Entwicklungslinie neuer visueller Massenmedien, „welche die Aufgaben der handwerklichen Bildproduktion in den modernen Demokratien übernehmen" und „mit zahlreichen Motiven, Rezepten und Techniken (arbeiten), mit denen schon die alten Künste erfolgreich gewesen waren."[21] Wahlwerbung, ob in Plakaten oder auf anderen Bildträgern, zählt zu jenen ephemeren Oberflächenphänomenen, die erst aus der zeitlichen Distanz ihren wahren Quellenwert erkennen lassen, oder wie es *Siegfried Kracauer* in seinem Essay „Das Ornament der Masse" so treffend ausgedrückt hat:

> „Der Ort, den eine Epoche im Geschichtsprozeß einnimmt, ist aus der Analyse ihrer unscheinbaren Oberflächenäußerungen schlagender zu bestimmen als aus den Urteilen der Epoche über sich selbst. Diese sind als der Ausdruck von Zeittendenzen kein bündiges Zeugnis für die Gesamtverfassung einer Zeit. Jene gewähren ihrer Unbewußtheit wegen einen unmittelbaren Zugang zu dem Grundgehalt des Bestehenden. An seine Erkenntnis ist umgekehrt ihre Deutung geknüpft. Der Grundgehalt einer Epoche und ihre unbeachteten Regungen erhellen sich wechselseitig."[22]

Wahlplakate als Material stehen auch der noch sehr jungen amerikanischen Forschungsrichtung „Material Culture" nahe. Diese ist bestrebt, aus dem Studium und der Analyse von Objekten, die meist Alltagsgegenstände sind, Aufschlüsse über kulturelle Bewußtseinssysteme (cultural belief systems), Werte, Ideen und Einstellungen einer bestimmten Gemeinschaft oder Gesellschaft zu einer bestimmten Zeit zu gewinnen.[23] Dieser Forschungsansatz bezieht sich explizit auf die Ikonographie[24], betrachtet jene jedoch nur als eine Hilfswissenschaft in dem

---

20 Erwin PANOFSKY, Stilarten und das Medium des Films, 1947. Erweiterte und revidierte Fassung eines Textes von 1936/37, abgedruckt in: Alphons SILBERMANN (Hg.), Mediensoziologie. Düsseldorf u. a. Bd. 1 (1973): 106–122. In veränderter Übersetzung neu erschienen, hg. v. Helga und Ulrich RAULFF, Die Ideologischen Vorläufer Des Rolls-Royce-Kühlers & Stil und Medium im Film. Frankfurt a. M. u. a. 1993: 19–48.
21 WARNKE 1992a: 28.
22 Zitiert aus der gleichnamigen Suhrkamp-Ausgabe mit Essays Siegfried KRACAUERs, Frankfurt a. M. 1977: 50.
23 Vgl. Jules David PROWN, Mind in Matter. An Introduction to Material Culture Theory and Method. In: Winterthur Portfolio, vol. 17, 1 (1982): 1–19, hier: 1.
24 PROWN 1982: 8, 11–12 geht mehrfach auf das Verhältnis zwischen „Material Culture" und Ikonographie bzw. Ikonologie ein und legt auch ein dreiteiliges Analyseschema dar, das an Panofskys Methodik erinnert (Description, Deduction, Speculation), ohne jedoch weder Panofsky, geschweige denn die Kulturwissenschaftliche Bibliothek Warburg zu zitieren. Der einzige von PROWN im Zusammenhang mit der Ikonographie zitierte Kunsthistoriker ist Ernst H. Gombrich. Ein wichtiger Unterschied zwischen dem „Material Culture"-Ansatz und dem in der vorliegenden Arbeit gewählten, besteht in der Bedeutung von Funktions- und Stilbegriff. Für die Wahlplakatforschung ist die Funktionsfrage zentral, während für die meisten Themen der „Material Culture" sich offenbar die Stilfrage als wichtiger und ergebnisreicher herausgestellt hat: „If the cultural significance of a device is perceivable in its style rather than its function, then there is reason to conclude that, for purposes of material culture analysis, the aesthetic aspects of artifacts are more significant than the utilitarian." PROWN 1982: 15. Zum Stilbegriff vgl. auch DERS., Style as Evidence. In: Winterthur Portfolio vol. 15, 3 (1980): 197–210.

Vorwort zur Methodologie

oben bereits ausgeführten, engen Sinn. In der vorliegenden Arbeit wird „Politische Ikonographie"[25] im weitest möglichen Sinn, als eigenständige Methode verstanden, die nicht nur auf Kunstwerke Anwendung findet, sondern sich gerade auch der Erforschung von Bildern und Objekten aus dem Bereich der „Material Culture" zuwendet.

Methodologisch orientiert sich die Analyse „Politischer Bildstrategien" sowohl an dem aus der amerikanischen Politik- und Kommunikationswissenschaft stammenden „Cultural Studies Approach"[26] als auch an dem in der Politischen Ikonographie aufscheinenden kulturwissenschaftlichen Ansatz der Bibliothek Warburg[27], der um die Perspektive des Politischen ergänzt wird. Die Wahlplakate werden betrachtet als bildhafte Quellen der geschichtlichen Rekonstruktion politischer Kommunikation und damit einer Geschichte politischer Kultur[28] und Wirklichkeitskonstruktion[29] in westlichen Demokratien.

---

25 Lester C. OLSON (Emblems of American Community in the Revolutionary Era. A Study in Rhetorical Iconology. Washington D.C. u. a. 1991: XVII) spricht anstelle von „Politischer Ikonographie" von „Rhetorical Iconology" und verweist einerseits auf die Nähe dieser Forschungsrichtung zur „Material Culture", andererseits greift er auf die Definition George RICHARDSONs aus dem 18. Jahrhundert zurück, der in der Einleitung zu seiner „Iconology: or, a Collection of Emblematical Figures Containing Four Hundred and Twenty-Four Remarkable Subjects, Moral and Instructive; in Which are Displayed the Beauty of Virtue and the Deformity of Vice" (2 Bde. London 1777–79, Bd. 1: i) die Ikonologie folgendermaßen definiert: „(...) it is derived from two Greek words, which signify speaking pictures may be used in endeavors to influence a people to feel, believe, or act in desired ways. At the heart of rhetorical iconology are the ambiguities of appeals for argument among people whose interests, concerns, values, feelings, and expectations may be in conflict." Richardson benutzte „Ikonologie" eher im Sinne von „Propaganda". Die Ableitung OLSONs, der, nebenbei bemerkt, auch weder Panofsky noch die Kulturwissenschaftliche Bibliothek Warburg erwähnt, führt so zu einer schon zuvor eingegrenzten Bedeutung „Politischer Ikonographie" als rhetorisches Mittel zum Zwecke der Massenbeeinflussung.
26 Für einen Überblick über diese Forschungsrichtung s. Friedrich KROTZ, Kommunikation als Teilhabe. Der ‚Cultural Studies Approach'. In: Rundfunk und Fernsehen, 3 (1992): 412–431. Einschlägig im Sinne des Cultural-Studies-Ansatzes für das hier behandelte Thema ist: John HARTLEY, The Politics of Pictures. The creation of the public in the age of popular media. London u. a. 1992.
27 Formuliert bei: BING/WIND 1932.
28 Peter REICHEL, Politische Kultur. In: Everhard HOLTMANN/Heinz-Ulrich BRINKMANN/Heinrich PEHLE (Hg.), Politik-Lexikon. München u. a. 1991a: 473–476; Dirk BERG-SCHLOSSER, Politische Kultur. In: Dieter NOHLEN/Rainer-Olaf SCHULTZE (Hg.), Pipers Wörterbuch zur Politik. Politikwissenschaft. Theorien – Methoden – Begriffe. München Bd. 1, 1985: 746–751; Dirk BERG-SCHLOSSER/Jakob SCHISSLER, Politische Kultur in Deutschland. Bilanz und Perspektiven der Forschung. PVS-Sonderheft 18 (1987); Peter REICHEL, Politische Kultur in Europa. Bürger und Staaten in der Europäischen Gemeinschaft. Frankfurt a. M. 1984; DERS., Politische Kultur der Bundesrepublik. Opladen 1981; Gabriel ALMOND/Sidney VERBA, The Civic Culture. Political attitudes and democracy in 5 nations. Princeton 1963.
29 Zum Konstruktionsbegriff, der sich hier im wesentlichen in der Tradition von Alfred SCHÜTZ, Der sinnhafte Aufbau der sozialen Welt. Eine Einleitung in die verstehende Soziologie. Orig. 1932, 6. Aufl. Frankfurt a. M. 1993 und Peter L. BERGER/Thomas LUCKMANN, Die gesellschaftliche Konstruktion der Wirklichkeit. Eine Theorie der Wissenssoziologie. Orig. Englisch 1966 „The Social Construction of Reality", Frankfurt a. M. 1992 verstanden wissen will, s. Siegfried J. SCHMIDT (Hg.), Der Diskurs des Radikalen Konstruktivismus. Frankfurt a. M. 1987 und Klaus MERTEN/Siegfried J. SCHMIDT/Siegfried WEISCHENBERG (Hg.), Die Wirklichkeit der Medien. Eine Einführung in

Wahlplakate sind politische Bildnisse, die einer analytischen Aufarbeitung und Deutung bedürfen.[30] Die Aussage und Funktion dieser Bilder als Repräsentation, Symbol oder auch nur als Zeichen für ein Herrschaftsverhältnis bringt die politische Dimension in den Erklärungszusammenhang. Für die Politikwissenschaft, die sich zugleich als herrschaftsanalytische[31] wie auch als herrschaftskritische[32], am Ideal bürgerlicher Aufklärung orientierte Wissenschaft versteht, gehören Bilder bislang nicht zu den Quellen, die im Hinblick auf „Herrschaft" und „Macht" analysiert werden.[33] Politische Bilder als Thema oder Quellenkategorie wird man in

    die Kommunikationswissenschaften. Opladen 1994. Zur Kritik an dem äußerst kontrovers diskutierten Konstruktivismusbegriff s. Wolfgang KRISCHKE, Radikale Konstruktivisten. Pailletten-Glanz. In: Frankfurter Allgemeine Zeitung v. 21. 12. 1994: N5.

30 Die Literatur zu politischen Plakaten ist umfangreich, wenn auch häufig theoriearm und auf die Abbildung möglichst vieler Bildbeispiele konzentriert. Den besten Überblick über Geschichte, Theorie, Methodenansätze und den Stand der Forschung bietet Frank KÄMPFER, Der Rote Keil: Das Politische Plakat. Theorie und Geschichte. Berlin 1985. Abgesehen von diesem Beispiel ist der Großteil der deutschen Literatur über politische Plakate noch immer und meist unbewußt von den Plakatpropagandathesen der NS-Zeit geprägt, die maßgeblich auf Erwin SCHOCKELs Definition und Interpretation des politischen Plakates als manipulativer Propagandawaffe und „politischem Führungsinstrument" beruhen: Erwin SCHOCKEL, Das politische Plakat. Eine psychologische Betrachtung. München 1939 (ausschließlich für den internen Gebrauch der NSDAP erstellte Studie). In dieselbe Richtung stieß auch die Dissertation Friedrich MEDEBACHs (Das Kampfplakat. Aufgabe, Wesen und Gesetzmäßigkeiten des politischen Plakats, nachgewiesen an den Plakaten der Kampfjahre 1918 bis 1933. Limburg 1941), dessen Plakatdefinition in seinem Artikel „Das publizistische Plakat" in: Emil DOVIFAT (Hg.), Handbuch der Publizistik, Bd. 3 (1969): 1–38, noch immer unter dem Einfluß Schokkels steht, auf die sich auch noch 1972 der amerikanische Plakatforscher Gary YANKER (Prop Art. Over 1000 contemporary political posters, London 1972) ausdrücklich stützt. Zum amerikanischen Wahlplakat liegt bislang nur der schmale Bildband von William R. TRIPP, Presidential Campaign Posters. New York u. a. 1976 vor. Zu deutschen Wahlplakaten s.: Ursula ZELLER, Die Frühzeit des politischen Bildplakats in Deutschland (1848–1918). Stuttgart 1987; die Dissertation von Gerd MÜLLER, Das Wahlplakat: pragmatische Untersuchung zur Sprache in der Politik am Beispiel von Wahlplakaten aus der Weimarer Republik und der Bundesrepublik. Tübingen 1978; sowie allgemeiner: Klaus WASMUND, Politische Plakate aus dem Nachkriegsdeutschland. Zwischen Kapitulation und Staatsgründung. Frankfurt a. M. 1986; Hans BOHRMANN (Hg.), Politische Plakate. 3. Aufl. Dortmund 1987; PRO PLAKAT e.V. (Hg.), Politische Kommunikation durch das Plakat. Bonn 1975; Manfred Günther PLACHETKA, Das politische Plakat als Mittel der politischen Bildung. In: Frankfurter Hefte, 1 (1975): 30–40. Vorbildlich für das französische Wahlplakat: Jean-Marc & Philippe BENOIT/ Jean-Marc LECH, La politique à l'affiche: affiches électorales & publicité politique 1965–1986. Paris 1986; Laurent GERVEREAU, La Propagande Par L'Affiche. Paris 1991.

31 S. Manfred MOLS, Politikwissenschaft. In: NOHLEN/SCHULTZE (Hg.) 1985, Bd. 1: 716–720.

32 S. Johannes AGNOLI, Von der kritischen Politologie zur Kritik der Politik. In: Ulrich ALBRECHT/ Elmar ALTVATER/Ekkehart KRIPPENDORFF (Hg.), Was Heisst Und Zu Welchem Ende Betreiben Wir Politikwissenschaft? Opladen 1989: 13–24.

33 Eine der wenigen Ausnahmen von politischen Theoretikern, die sich mit dem Bild auseinandergesetzt haben ist Carl SCHMITT, der sich im Zuge seiner Untersuchungen zum rechtlichen Repräsentationsbegriff und seiner politischen Umsetzung im Rekurs auf die Selbstdarstellung der katholischen Kirche und die Massentheorie Gustave LeBons mit der politischen Funktion des Bildes beschäftigt hat. Vgl. Carl SCHMITT, Römischer Katholizismus und politische Form, 1923. Neudruck: Stuttgart 1984; sowie DERS., Die geistesgeschichtliche Lage des heutigen Parlamentarismus, 1923. Neudruck: 6. Aufl. Berlin 1985.

Vorwort zur Methodologie

der politikwissenschaftlichen Literatur, mit wenigen Ausnahmen, vergeblich suchen, im Unterschied zur „Politischen Sprache", über die ein reiches Forschungs- und Literaturreservoir[34] vorliegt.

Wie läßt sich dieser Mangel an bildanalytischer Literatur im Vergleich zur sprachanalytischen erklären? Sicherlich nicht mit einem Bedeutungsübergewicht der Sprache als zentralem und konstitutivem Medium von Politik. Sprache und Bild befinden sich in keinem hierarchischen Verhältnis, sondern sind zwei sich wechselseitig aufeinander beziehende und ergänzende Bedeutungsträger im Rahmen politischer Kommunikation. Die analytische Sprachlosigkeit gegenüber dem Bild drückt sich aus in der Neigung, dem Bild in einem messianischen Glauben zu verfallen und es meist als Ursache einer durch Faszination wirkenden Manipulationsstrategie zu verteufeln oder es schlichtweg zu ignorieren.[35] Der Grund für diesen vorwiegend irrationalen und unanalytischen Umgang mit dem Bild liegt in der Unfähigkeit der Rezipienten, mit Bildern umzugehen, sie lesen zu können, ähnlich einer Schriftquelle oder Statistik, die beide, wie auch das Bild, interpretationsbedürftig sind. Analog zur Feststellung „Sprache ist

---

34 Vgl. Frank LIEDTKE/Martin WENGELER/Karin BÖKE (Hg.), Begriffe besetzen. Strategien des Sprachgebrauchs in der Politik. Opladen 1991; Manfred OPP DE HIPT/Erich LATNIAK (Hg.), Sprache statt Politik? Politikwissenschaftliche Semantik- und Rhetorikforschung. Opladen 1991; Paul-Hermann GRUNER, Die inszenierte Polarisierung: die Wahlkampfsprache der Parteien in den Bundestagswahlkämpfen 1957 und 1987. Frankfurt a. M. u. a. 1990; Josef KLEIN (Hg.), Politische Semantik. Bedeutungsanalytische und sprachkritische Beiträge zur politischen Sprachverwendung. Opladen 1989; Victor KLEMPERER, LTI. Lingua Tertii Imperii. Die Sprache des Dritten Reiches. Orig. 1946. 11. Aufl. Leipzig 1991; vgl. auch die fast 1.000 Seiten umfassende Habilitations-Schrift von Dietmar PEIL, Untersuchungen zur Staats- und Herrschaftsmetaphorik in Literarischen Zeugnissen von der Antike bis zur Gegenwart. München 1983. Wegweisend für die Untersuchung von politischer Sprache waren die Forschungen von Harold D. LASSWELL (Hg.), The Analysis of political behaviour: an empirical approach. Orig. 1947, Hamden/Connecticut 1966, und DERS., Propaganda and Communication in World History. 3 Bde. Honolulu 1979. Auch die einzige wissenschaftliche Arbeit, die sich bislang explizit mit Wahlplakaten auseinandergesetzt hat, zielt auf die im Plakat abgebildete Schrift, nicht auf das Bild. Gerd MÜLLER, Das Wahlplakat: pragmatische Untersuchung zur Sprache in der Politik am Beispiel von Wahlplakaten aus der Weimarer Republik und der Bundesrepublik. Tübingen 1978. Zum französischen Wahlplakat vgl. die semiotische Analyse von Henri QUÉRÉ, French Political Advertising: A Semiological Analysis of Campaign Posters. In: Lynda Lee KAID/Jacques GERSTLÉ/Keith R. SANDERS (Hg.), Mediated Politics in Two Cultures. Presidential Campaigning in the U.S. and France. New York u. a. 1991: 85–98.

35 Die weniger emotionsbeladene Version der sozialwissenschaftlichen Ausklammerung von Bildquellen ist die Ausgrenzung des Bildes aus dem Definitionsbereich von „Kommunikation", wie dies bei Niklas LUHMANN geschieht: „Nicht zuletzt ist mitzubedenken, daß Bewußtseinssysteme außerhalb des Bereichs sprachlicher (also kommunikabler) Artikulation auf Wahrnehmung bzw. anschauliches Vorstellen angewiesen und daher kaum in der Lage sind, Gedankenschritte in temporalisierter Komplexität zu ordnen." Niklas LUHMANN, Ökologische Kommunikation. Kann die moderne Gesellschaft sich auf ökologische Gefährdungen einstellen? 2. Aufl. Opladen 1988: 66. Durch die von Luhmann vorgenommene „Entsubjektivierung" des Kommunikationsprozesses (vgl. in: Soziale Systeme. Grundriß einer allgemeinen Theorie. Frankfurt 1984: 191ff.) fallen damit auch alle nicht rationalisierbaren Ausdrucksformen, wie Ängste oder Gefühle im allgemeinen aus dem Definitionsbereich von Kommunikation heraus. Gemäß seinen theoretischen Prämissen müßten Bilder für Luhmann, da sie anschauliches Vorstellen erfordern, nicht kommunikabel sein.

Politik" wird hier die These aufgestellt, daß auch das Bild Politik sein kann und sie nicht nur repräsentiert.[36] Der Grund für die fehlende politikwissenschaftliche Literatur zum Thema „Politisches Bild" ist in einer Art „bildlichem Analphabetismus", einem „Anikonismus"[37] zu suchen. Ein Erklärungsmodell politischer Bilder muß zwangsläufig ein Konzept der „Ikonisierung"[38], einer bildlichen Alphabetisierung, enthalten, ausgehend von dem Willen zur Betrachtung des Bildes als analytischer Quelle. Die Kunstgeschichte liefert das Wissen um Bildbedeutungen und ihre stil- und motivgeschichtliche Tradition sowie die Methode bildanalytischer Betrachtung, während die Erklärung des Funktions- und Wirkungszusammenhanges politischer Bilder einer politikwissenschaftlichen Analyse und Interpretation bedarf. Im folgenden wird der Versuch unternommen, aus politikwissenschaftlicher Perspektive, unter Zuhilfenahme ikonographischer Analysemethoden, den Funktionszusammenhang[39] von Wahlplakaten innerhalb des politischen Systems der repräsentativen Demokratie zu erklären. Dabei wird das Thema einerseits aus der Perspektive der Bilder, also aus der Detailnähe betrachtet, andererseits aus der Perspektive des politischen Systems. Die vier Kapitel dieses Buches analysieren die visuelle politische Kommunikation in den USA von ihren Produktionsstrukturen über die ins Bild gesetzten Strategien bis hin zu den konkreten Funktionen visueller Kommunikation im Wahlkampf in historischer Perspektive. Dabei eröffnen die Plakate als Bild-Schrift-Quellen einen Zugang zur Geschichte der Selbstdarstellung eines politischen Systems.[40] Bei den Bildtopoi handelt es sich jedoch nicht nur um eine historische Bildforschung, die Bildproduktion reicht vielmehr bis in die Gegenwart. Das Erkenntnisinteresse konzentriert sich somit auf Präsentationsformen politischer Bildnisse und deren Sinnentschlüsselung in einem sich wandelnden

---

36 SARCINELLI 1987: 77/78. Sarcinelli veranschaulicht, welche Bedeutung der Sprache in der Politik der BRD in den 70er Jahren beigemessen wurde: „Spätestens seitdem in der Bundesgeschäftsstelle der CDU im Jahre 1973 unter dem damaligen Generalsekretär Kurt BIEDENKOPF eine ‚Semantik-Gruppe' gegründet und experimentelle Sprachuntersuchungen auch von der SPD-nahen ARE-Werbeagentur Düsseldorf in Auftrag genommen wurden, ist auch für den nicht sprachwissenschaftlich vorgebildeten Beobachter deutlich geworden, daß die ‚Besetzung' bestimmter Begriffe nicht nur die Konsequenz programmatischer Selbstverständigung und Profilierung ist, sondern auch – und im Kontext von Wahlkampf in besonderer Weise – Bestandteil einer professionellen Sprachstrategie. (...) ‚Politik als Sprachkampf', in dem ‚Wörter als Waffen' eingesetzt werden, diese Kurzformeln deuten bereits darauf hin, daß es im Semantik-‚Krieg' der Parteien um mehr geht als um Platzvorteile in einem Wortgefecht. Die prägnant-bildhafte Umschreibung läßt andererseits jedoch erkennen, daß Sprache nicht nur Politik repräsentiert, sondern selbst auch Politik ist".
37 Horst BREDEKAMP, unveröffentlichter Vortrag, Kernforschungszentrum Karlsruhe 1992: 29. Typoskript, Das Bild als Leitbild. Gedanken zur Überwindung des Anikonismus. Der Begriff „Anikonismus" stammt ursprünglich aus dem Englischen – „Aniconism" – von David FREEDBERG, The Power Of Images. Studies in the History and Theory of Response. Chicago u. a. 1989.
38 BREDEKAMP 1992: 29.
39 Neben dem Funktionszusammenhang ist natürlich auch der Wirkungszusammenhang visueller Kommunikation von Interesse. Der Wirkungsaspekt stellt jedoch ein Thema für sich dar.
40 Hans BELTING (Bild und Kult. Eine Geschichte des Bildes vor dem Zeitalter der Kunst. München 1990: 44) spricht in einem zeitlich verschiedenen, aber inhaltlich vergleichbaren Zusammenhang von „Leerstellen", die die Ikonen „in der Selbstdarstellung einer Gesellschaft ausfüllten". Zum Begriff der Selbstdarstellung aus psychologischer Perspektive vgl. Astrid SCHÜTZ, Selbstdarstellung von Politikern. Analyse von Wahlkampfauftritten. Weinheim 1992.

politisch-kulturellen Kontext. Das konkrete Erkenntnisziel ist die Funktionsweise und Bedeutung politischer Bilder und Images im Rahmen repräsentativer Demokratien.

Eine Leitfrage in diesem Zusammenhang ist, welche Rolle Bilder als Strategien des legalen Machterwerbs spielen.[41] Gibt es analog zu politischen Sprachstrategien der Parteien auch politische Bildstrategien, die als Mittel der Auseinandersetzung bewußt und gezielt eingesetzt werden? Hier öffnet sich das weite Feld der visuellen politischen Propaganda und der Suggestionskraft von Bildern, die seit Gustave LeBon[42] als die eigentlichen Steuerungsinstrumente von Massenbewegungen interpretiert werden. Zu fragen wäre hier: Wie suggestiv sind Plakatimages in einem demokratischen System und welche Rolle spielen sie in der Werbestrategie der Parteien und Kandidaten? Wahlplakate sind als Forschungsgegenstand auch gerade deshalb interessant, weil sie bis in die Gegenwart hinein produziert werden. Ihnen wird von den Auftraggebern eine Wirkung unterstellt, die noch weitgehend unbewiesen ist. In der folgenden Analyse geht es jedoch weniger um die faktische Wirkung der Plakate – dazu wären umfangreiche empirische Studien erforderlich –, als vielmehr um die dem Medium Wahlplakat von seinen Auftraggebern und Machern absichtsvoll gegebenen oder unterstellten Wirkungen, die jeweils Rückschlüsse auf die eigentliche Fragestellung, den Funktionszusammenhang politischer Kommunikation, erlauben. Hierbei wird auch die Frage zu erörtern sein, inwiefern Bildern eine politische Steuerungsfunktion zukommt.

Eine weitere Frage ist, ob demokratische Systeme überhaupt eigene, als spezifisch demokratisch erkennbare Bildprogramme entwickeln oder die Personalisierung von Politik im Bild ein Charakteristikum von Herrschaft generell ist. Anders ausgedrückt: Ist politische Werbung systemblind? In diesem Zusammenhang ist auch der Vorwurf an die Politik zu erörtern, sie verliere, vor allem seit der Verbreitung elektronischer Bilder, immer stärker an demokratischer Fundierung und Substanz und verwandle sich in reines „Showbusiness", in „theatralische Politik"[43]. Politik und Unterhaltung werden dabei als krasse Gegensätze betrachtet. Diese zum Teil recht pauschale Bewertung[44] entspringt keiner historischen Analyse von Wahlkampfkommunikation und deren Funktionen, sondern eher einem desillusionierten intellektuellen Politikverständnis, das, wie noch zu zeigen sein wird, in einem deutlichen Gegensatz zum populären Politikverständnis im Amerika des 19. Jahrhunderts steht. In der vorliegenden Arbeit wird

---

41 Diese Fragestellung stammt ursprünglich aus dem Politischen Marketing, vgl. Christian OELLERKING, Marketingstrategien für Parteien. Gibt es eine Technologie des legalen Machterwerbs? Frankfurt a. M. u. a. 1988.
42 Gustave LeBON, Psychologie der Massen. Orig. Französisch: „Psychologie des Foules", 1895. 15. Aufl. Stuttgart 1982. „Der einfachste Vorfall, von der Masse gesehen, ist sofort ein entstelltes Geschehnis. Sie denkt in Bildern, und das hervorgerufene Bild löst eine Folge anderer Bilder aus, ohne jeden logischen Zusammenhang mit dem ersten. Diesen Zustand verstehen wir leicht, wenn wir bedenken, welche sonderbaren Vorstellungsreihen zuweilen ein Erlebnis in uns hervorruft. Die Vernunft beweist die Zusammenhanglosigkeit dieser Bilder, aber die Masse beachtet sie nicht und vermengt die Zusätze ihrer entstellenden Phantasie mit dem Ereignis. Die Masse ist unfähig, das Persönliche von dem Sachlichen zu unterscheiden. Sie nimmt die Bilder, die in ihrem Bewußtsein auftauchen und sehr oft nur eine entfernte Ähnlichkeit mit der beobachteten Tatsache haben, für Wirklichkeit." LeBON 1982: 23.
43 Vgl. STEGNER 1992.
44 Beispielsweise: „Das amerikanische Volk scheint Unterhaltung der allgemeinen Demokratie vorzuziehen." Eugene HALTON, Zum Vergleich: Die symbolische Selbstrepräsentation der Demokratie – Der Fall Amerika. In: Jörg-Dieter GAUGER/Justin STAGL (Hg.), Staatsrepräsentation. Berlin 1992: 131.

die Gegenthese vertreten: Politik bestand schon immer aus bestimmten Inhalten und Zielen einerseits und Unterhaltungseffekten andererseits.[45]

Methodisch steht diese Arbeit im Kontext von politischer Ideengeschichte und Vergleichender Regierungslehre mit dem Politikfeld „Visuelle Wahlkampfkommunikation" als Schwerpunkt. Die Imagemacher und Fotografen, die Parteistrategen und politischen Werbeagenturen sind ein nur wenig beleuchteter Bereich politischen Handelns und politischer Willensbildung. Entscheidungsprozesse der Imagebildung innerhalb einer Wahlkampagne sind aufgrund der schwachen Transparenz nur geringfügig erforscht.[46] Im Unterschied zu den USA sind in der Bundesrepublik PR-Agenturen und politische Berater selten öffentlich bekannt. Vor das Publikum und die Presse tritt meist nur der Kandidat als „fertiges Image". Im Gegensatz zu der eher zurückhaltenden Berichterstattung über die Hintermänner und -frauen politischer Kampagnen in der Bundesrepublik Deutschland sind die politischen Berater in den USA inzwischen eigenständige „celebrities" geworden, deren „Schachzüge" von den Gegenspielern wie auch von der Presse mit Argusaugen beobachtet und zur öffentlichen Diskussion gestellt werden. An diesem neuen Medieninteresse zeichnet sich der Trend zur Personalisierung von Politik, der bis in die Mikrostrukturen politischer Organisationen reicht, deutlich ab.

Wahlkampforganisation beruht zu einem wesentlichen Teil auf „arcana", auf Geheimnissen und Rezepten, auf der Öffentlichkeit unbekannten Personen und wenig nachvollziehbaren Einfluß- und Entscheidungsstrukturen. Diese Mikrostrukturen als wichtiges Element der ei-

---

45 Der hier zugrundegelegte Unterhaltungs-Begriff schließt natürlich nicht aus, daß Politik, die ausschließlich von Unterhaltungseffekten lebt, der Manipulation, zumindest jedoch der Entpolitisierung der Massen dienen und so auch gezielt als Herrschaftsinstrument eingesetzt werden kann. Der von den Kritikern König Ludwig XIV. geprägte Begriff des „divertissement" wurde in eben diesem Sinne als gezielte „Unterhaltungspolitik" begriffen. „Sie erklärten, daß Festlichkeiten und Theateraufführungen – wie die Spiele im antiken Rom – veranstaltet würden, um die Menschen von der Politik abzulenken oder, wie La Bruyère es so plastisch ausdrückte, das Volk einzuschläfern." Peter BURKE, Ludwig XIV. Die Inszenierung des Sonnenkönigs. Berlin 1993: 14/15. Wichtig ist jedoch, daß nicht hinter jedem Unterhaltungseffekt oder jeder symbolischen Kommunikation eine gezielte Herrschaftsstrategie zu vermuten ist. Im Gegenteil ist es zwingend vorgeschrieben für jede Art der Politik, die sich nicht an einen elitären Kreis, sondern an die demokratische Masse richtet, mit populären Strategien zu arbeiten, um ihre Adressaten auch zu erreichen. Dem Lamento über die Verdummung der Masse durch Bilder muß aus der Perspektive der Bildwissenschaft offensiv begegnet werden, denn „(v)ielleicht (...) ist man den Bedürfnissen der Menschen näher, wenn man vorurteilsfrei untersucht, warum sie sich sinnlich vor Augen führenden Argumentationen zugänglicher zeigen als rational ausgeklügelten Sätzen." WARNKE 1992a: 28.

46 Eine löbliche Ausnahme stellt hier die Untersuchung der Medienberichterstattung über den Präsidentschaftswahlkampf von 1992 dar, die der Medienkorrespondent der Los Angeles Times, Tom ROSENSTIEL unter dem Titel „Strange Bedfellows. How Television and the Presidential Candidates changed American Politics, 1992" (New York 1993) vorlegte. S. auch Thomas E. PATTERSON, Out Of Order. New York 1994. Aktuell zum Thema Wahlkampfmanager in den USA vgl.: Werner HOLZER, Von Hexenmeistern und Media-Handwerkern. Politische Öffentlichkeitsarbeit in den USA – ein (un)heimliches Wesen. In: Bertelsmann Stiftung (Hg.) 1996: 117–148; Für den bundesrepublikanischen Wahlkampf sei an dieser Stelle auf die ausgezeichnete Studie Otfried JARRENs und Markus BODEs verwiesen: Ereignis- und Medienmanagement politischer Parteien. Kommunikationsstrategien im ‚Superwahljahr 1994'. In: Bertelsmann Stiftung (Hg.) 1996: 65–114.

gentlichen politischen Grundstrukturen, die meist nur anläßlich politischer Skandale[47] ins Rampenlicht der Öffentlichkeit treten, sollen nicht aus der Analyse ausgenommen werden, auch wenn eine wissenschaftliche Erfassung dieses häufig auf persönlichen Kontakten beruhenden Netzwerkes seine Schwierigkeiten hat. Jenseits eines Anspruchs auf umfassende Erörterung der Wahlkampfstrukturen ist es unerläßlich, auch auf Produktionsstrukturen und organisatorische Aspekte von Plakatkampagnen einzugehen, um herauszufinden, welches Gewicht der visuellen Politikvermittlung von Kandidaten, Parteien und Politikberatern beigemessen wird. Forschungsleitende Fragen sind dabei: Wie vermittelt sich demokratische Herrschaft in einem repräsentativen Regierungssystem über das Bild? Wie stellen sich die demokratisch gewählten Repräsentanten ihrem Wahlvolk dar, und auf welche Erwartungshaltungen spielt die jeweilige Bildstrategie an? Diese Fragen werden im Zusammenhang von Kontinuität und Wandel der Bildmotive und der ihnen zugrundeliegenden Strategien erörtert. Sie zielen letztendlich auf das Erkenntnisinteresse der Funktion und Wirkungsweise bildhafter Politikvermittlung in demokratischen Systemen in Vergangenheit und Gegenwart.

---

47 Zum politischen Skandal vgl. den Sammelband Rolf EBBIGHAUSEN/Sighard NECKEL (Hg), Anatomie des politischen Skandals. Frankfurt a. M. 1989.

I. Kapitel

I. 1. Bildnispolitik und Repräsentationsbegriff in demokratischer Perspektive

Democracy has no monuments.
It strikes no medals.
It bears the head of no man on a coin.[1]

John Quincy Adams, Präsident der Vereinigten Staaten von Amerika (1825–1829)

Die Tugend demokratischer Bildlosigkeit ist nur mehr der blasse Widerschein vergangener Idealvorstellungen. Angesichts einer telekratischen Realität erscheint der Verzicht auf die visuelle Vermittlung politischer Bedeutungen irreal. Dennoch ist der Anfang der amerikanischen Demokratie eng mit der Ablehnung des personalen, monarchischen Bildkultes verbunden. So bildpuristisch wie sich der sechste Präsident der USA in dem obigen Zitat seine Gegenwart und Zukunft vorstellte, entwickelte sie sich nicht. Noch während seiner Amtszeit wurde John Quincy Adams Zeuge der ersten Porträtdarstellungen eines Präsidentschaftskandidaten. Sein politischer Gegner, Andrew Jackson, schlug 1828 den Feind aller politischen Bildnisverehrung mithilfe des ersten Imagewahlkampfes in der Geschichte der Vereinigten Staaten von Amerika.

    Der Streit um die Macht der Bilder begleitet die europäisch-atlantische Kultur seit ihrem Ursprung in der Antike. Bilderstürme[2] und ikonoklastische Ausbrüche waren stete Begleiter des politisch-historischen Prozesses und hielten das Spannungsverhältnis zwischen Wort und Bild lebendig. „Wie sich das Bild gegen die Bevormundung durch das Wort behauptet, wie es unterliegt oder siegt, das ist eine Geschichte der Kunst, in deren Verlauf Bilderfeinde (Ikonoklasten) und Bilderfreunde (Ikonodulen) in immer neuen Ansätzen ihre Ängste, Hoffnungen und Aggressionen in den Streit um die *Wahrheit* werfen (…)."[3] Bild und Text sind meist kon-

---

1 John Quincy Adams zitiert nach Clive BUSH, The Dream of Reason: American Consciousness and Cultural Achievement from Independence to the Civil War. London 1977: 19.
2 S. Martin WARNKE (Hg.), Bildersturm. Die Zerstörung des Kunstwerks. Frankfurt a. M. 1988.
3 Werner HOFMANN, Die Geburt der Moderne aus dem Geist der Religion. In: DERS. (Hg.), Luther und die Folgen für die Kunst. Ausstellung und Katalog der Hamburger Kunsthalle, München 1983: 23–71, hier: 23. Hervorhebungen im Original.

kurrierende, bisweilen aber auch konkubinierende Medien, die um die wahre Interpretation von Wirklichkeit streiten oder sich darin ergänzen. Beide Formen menschlichen Ausdrucks legen Zeugnis von Geschichte ab und sind damit Quellen historischer Forschung, die jedoch unter verschiedenen Produktions- und Funktionsbedingungen stehen. Die Bildproduktion einer bestimmten Epoche läßt Rückschlüsse auf ihr Verständnis von gesellschaftlicher Reproduktion, von sozialen Sinnkonstruktionen und politischer Orientierung zu.

Der hier verwendete Bildbegriff ist weit gefaßt. In Anknüpfung an Aby Warburg wird das Bild nicht als bloßes Abbild betrachtet, sondern als komplementärer Prozeß von Denk- und Abbildern, in denen sich das Bewußtsein einer bestimmten Zeit ausdrückt. Die Abbilder können als Schlüssel zu verborgenen oder verschütteten Denkbildern verstanden werden. Diese verweisen wiederum auf kollektive Vorstellungen, welche die politische Kultur einer bestimmten Zeit prägen. In dieser Hinsicht knüpft die folgende Untersuchung „politischer Bildstrategien" an den kulturwissenschaftlichen Ansatz der Bibliothek Warburg an, die sich unter anderem die Erforschung des „Nachlebens der Antike"[5] unter einem möglichst weiten Blickwinkel zur Aufgabe gesetzt hatte, jenseits jeglichen „Grenzwächtertums"[6], die „Gesamtheit der Lebensäußerungen einer geschichtlichen Epoche"[7] umfassend. Abweichend von dem räumlichen und zeitlichen Forschungsschwerpunkt der Kulturwissenschaftlichen Bibliothek Warburg, die vorwiegend „die Geschichte der symbolischen Prozesse *innerhalb von Europa*"[8], und dort mit besonderer Beachtung der Renaissance, verfolgte, wird hier der Versuch unternommen, die atlantische Geschichte der politischen Symbolisierung in den Vereinigten Staaten von Amerika im 19. und 20. Jahrhundert beispielhaft für die politische Symbolgeschichte der repräsentativen Demokratie in Westeuropa darzustellen. Die Antike als spezifische Bildsprache Europas hat ein Weiterleben in Amerika erfahren. Die Geschichte der ersten neuzeitlichen Demokratie ist verknüpft mit der Erschaffung eines neuen Antikenbildes bei gleichzeitiger Integration moderner, zeitgenössischer Ideen aus Europa. Die Geschichte Europas wird, im Sinne Fritz Saxls[9], auch als Geschichte von Symbolen verstanden. Diese Symbole „(...) entstehen und entfalten sich in der Welt der Antike; sie verblassen mit dem Aufstieg des Christentums, aber häufig nur, um in christlicher Zeit später wieder aufzutreten, bereichert – im Guten oder Bösen – mit neuen Ideen und neuen Kräften."[10] Der Begriff des Symbols steht vermittelnd zwi-

---

4 Vgl. Aby WARBURG, Heidnisch-antike Weissagungen in Wort und Bild zu Luthers Zeiten, 1920. Reprint in: Dieter WUTTKE (Hg.), Aby M. Warburg. Ausgewählte Schriften und Würdigungen. 3. durchgesehene und durch ein Nachwort ergänzte Auflage. (Saecula Spiritalia Bd. 1), Baden-Baden 1992: 199–304, hier: 201.
5 S. Edgar WIND, Einleitung in die Kulturwissenschaftliche Bibliographie zum Nachleben der Antike, 1931. Erster Band, Leipzig/Berlin 1934, S. V–XVII. Reprint in: Dieter WUTTKE, Kosmopolis der Wissenschaft. E. R. Curtius und das Warburg Institute. Baden-Baden 1989: 279–293.
6 Ebd.: 283.
7 Ebd.: 282.
8 Vgl. BING/WIND 1932: 29.
9 Fritz SAXL, Das Kapitol im Zeitalter der Renaissance – Ein Symbol der Idee des Imperiums. 1938, abgedruckt in: Martin WARNKE (Hg.), Politische Architektur in Europa vom Mittelalter bis heute. Köln 1984: 74–105.
10 Ebd.: 104.

I.1. Bildnispolitik und Repräsentationsbegriff in demokratischer Perspektive

schen „Bild" und „Repräsentation".[11] Der Bildbegriff wiederum ist im Bereich des Politischen aufs engste mit dem Begriff und der Vorstellung von „Repräsentation" verbunden, ja es kann so weit gegangen werden, daß der Ursprung des Repräsentationsgedankens – vor seiner rechtlichen Abstrahierung – an seine Verbildlichung gebunden war. Ein Symbol ist sowohl ein historisches Dokument, an welchem der „Auseinandersetzungsprozeß zwischen den verschiedenen Kräften im Menschen und die Transmission der einzelnen Lösungen"[12] verfolgt werden kann, als auch ein Ausdrucksmittel für einen geistigen Prozeß.[13] Der Symbolbegriff markiert damit eine Verbindungsstelle zwischen individuell-psychischen und kollektiv-geistigen Prozessen. Politische Symbole, und um diese handelt es sich hier, erfüllen eine Kommunikationsfunktion, die vor allem auf der Reduzierung von Komplexität beruht.[14] Eine komplexe Situation wird im Symbol vereinfacht ausgedrückt und dadurch als Einheit erlebbar. Die Symbole sind zugleich Bilder und Bildnisse, deren Bedeutungen und Funktionen anhand des Repräsentationsbegriffs verdeutlicht werden können. Der Begriff der Repräsentation verbindet den bildhaften mit dem politischen Bereich. Dieser Dualismus liegt, wie bereits angedeutet, in der Geschichte des Begriffs begründet. So vergegenwärtigt die Repräsentation einerseits „etwas Nichtgegenwärtiges, was eine klare Unterscheidung zwischen dem Repräsentierenden und dem Repräsentierten voraussetzt; auf der anderen Seite ist die Repräsentation die Zurschaustellung eines Gegenwärtigen, die öffentliche Darstellung eines Dinges oder einer Person."[15] Die bildliche Repräsentation, d. h. die Zurschaustellung eines Nichtgegenwärtigen durch ein stellvertretendes Bild, und die politische Repräsentation als Stellvertretung eines abstrakten Gedankens, haben einen gemeinsamen Ursprung. An diesen wird angeknüpft, indem die Entwicklung der repräsentativen Demokratie mit ihrer Darstellung konfrontiert wird. Die „Repräsentation" ist doppelgesichtig. Zum einen spiegelt der Begriff das abstrakte politische Prinzip wider, durch das Legitimität begründet wird, zum anderen bezieht sich „Repräsentation" auf eine konkrete Form, die Selbstdarstellung des Politikers gegenüber den von ihm Repräsentierten. Schon die ursprüngliche Bedeutung des Begriffs „Repräsentation" umfaßt zwei Ebenen. Zum einen die offensichtlich-konkrete „Repräsentation" im Sinne von Darstellung im Bild oder Abbild, zum anderen die abstrakte „Repräsentation" im Sinne einer Stellvertretung für eine Idee. Im Mittelalter sind diese Wortbedeutungen noch untrennbar verbunden. Erst seit Beginn des 14. Jahrhunderts erhält der Begriff eine präzise juristische Bedeutung im Sinne stellvertretenden, jemand anderen zurechenbaren Handelns.[16] Diese juristische Abstrahierung

---

11 Zum Verhältnis von Bild und Repräsentation vgl. HARTLEY 1992: 5.
12 BING/WIND 1932: 29.
13 Vgl. Ernst CASSIRER, Wesen und Wirkung des Symbolbegriffs. Darmstadt 1956. Darin: Der Begriff der symbolischen Form im Aufbau der Geisteswissenschaften, hier: 174.
14 Niklas LUHMANN, Macht. 2. Aufl. Stuttgart 1988: 72. Luhmann sieht gerade in der mit der Symbolisierung verbundenen Reduktion von Komplexität den Ursprung von Macht. Vgl. auch SARCINELLI 1987: 46.
15 Roger CHARTIER zitiert bei: Carlo GINZBURG, Repräsentation – das Wort, die Vorstellung, der Gegenstand. In: Freibeuter 53, 1992: 2–23, hier: 4. Vgl. auch Hasso HOFMANN, Repräsentation. Studien zur Wort- und Begriffsgeschichte von der Antike bis ins 19. Jahrhundert. Berlin 1974.
16 Adalbert PODLECH, Repräsentation. In: BRUNNER/CONZE/KOSELLECK (Hg.), Bd. 5 (1984): 509–547, hier: 509. Diese Besetzung eines Begriffs mit unterschiedlichen Bedeutungen wird auch im Englischen deutlich. Unter „to represent" findet sich in Roget's New Thesaurus von 1989 eine drei-

des Stellvertretergedankens koinzidiert mit dem Auftreten der ersten bildlichen „Stellvertreter" in Form von Holz- später Wachspuppen, sogenannten „Effigies"[17], die den toten Herrscher bei den Bestattungsriten repräsentierten.[18] Die Stellvertretungshandlung, wie auch die Puppe selbst, wurden im Spätmittelalter unter anderem auch als „représentation" bezeichnet.[19] Die Identität der Idee politischer Repräsentation mit ihrer bildlichen Darstellung ist nicht nur im königlichen Leichenzeremoniell, sondern auch in der mittelalterlichen Rechtstheorie im Körper, besser in den zwei Körpern[20], des absoluten Monarchen angelegt. Er ist Zeit seines Lebens der vereinigende Pol von natürlichem, sterblichem Königskörper, dem „body natural", und unsterblichem, vom Menschen gemachten Staatskörper, dem „body politic", der über den Tod des Monarchen hinaus besteht. Der König verkörpert sich selbst als Individuum, wie auch den Staat als politische Institution. Er stellt damit sich selbst als etwas real Gegenwärtiges dar und repräsentiert zugleich die abstrakte Idee des Staates.

Mit der Verbürgerlichung von Herrschaft löst sich die Identität von politischer und bildlicher Repräsentation im Körper des Königs auf, und wandelt damit den Begriff vom Repräsentanten ebenso wie die Vorstellung vom Repräsentierten. Der „King in Parliament" steht nicht mehr nur für sich und das Gottesgnadentum, sondern er wird nun zum Repräsentanten eines Gemeinwesens und Gemeinwillens, die beide in den Gesetzen begründet liegen, an die auch der König gebunden ist. John Locke schildert diese revolutionäre Umdeutung in seinem 1690 erschienenen „Second Treatise of Government" auf anschauliche Weise: Als „King in Parliament" he „is to be considered as *the image, phantom, or representative of the commonwealth*, acted by the will of the society, declared in its laws; and thus he has no will, no power, but that of the law. (…) But when he quits this representation, this public will, and acts by his own private will, he degrades himself."[21]

gliedrige Definition: „1. To serve as the image of, 2. To present a lifelike image of, 3. To serve as an official delegate of".

17 Zum Begriff der Effigies s. Harald KELLER, Effigie. In: RDK, Bd. IV, 1958: 743–749; Wolfgang BRÜCKNER, Bildnis und Brauch. Studien zur Bildfunktion der Effigies. Berlin 1966; Adolf REINLE, Das Stellvertretende Bildnis. Zürich u. a. 1984: 190–203. Julius von SCHLOSSER, Geschichte der Porträtbildnerei in Wachs. Ein Versuch. In: Jahrbuch der Kunsthistorischen Sammlungen des Allerhöchsten Kaiserhauses. Wien 1910/11: 171–258. Als Buch neu veröffentlicht unter dem Übertitel: „Tote Blicke", Berlin 1993, herausgegeben von Thomas Medicus.
18 Die erste Holz-Effigies wurde 1327 aus Anlaß des Todes Edwards II. von England angefertigt. Vgl. KELLER 1958: 744/745; BRÜCKNER 1966: 73.
19 Das Wort „représentation" wurde zuerst 1509 beim Tode Heinrichs VII. angewandt und ist vermutlich aus dem Französischen übernommen worden, „wo diese Bezeichnung das ganze Spät-MA hindurch vorherrschte". KELLER 1958: 743. Andere Bezeichnungen für das stellvertretende Bildnis sind „imago", „personnage", „figure" oder einfach „picture".
20 Ernst H. KANTOROWICZ, Die zwei Körper des Königs. Eine Studie zur politischen Theologie des Mittelalters. Orig. Englisch, The King's Two Bodies. A Study in Mediaeval Political Theology. Princeton 1957. München 1990.
21 John LOCKE, Two Treatises of Government 2, 13, § 151. Works, vol.5, 1963: 427f. Orig. 1690. Hervorhebung im obigen Zitat durch die Verfasserin. In der deutschen Übersetzung: „Er ist daher als das Bild, die Erscheinung oder als der Repräsentant des Staates anzusehen, der durch den in ihren Gesetzen bekundeten Willen der Gesellschaft geleitet wird. Und somit hat er nur den Willen und die Ge-

I.1. Bildnispolitik und Repräsentationsbegriff in demokratischer Perspektive

Der König wird so als Bild oder Erscheinung des Gemeinwesens angesehen. Seine traditionelle Rolle als selbstgenügsamer Herrscher von Gottes Gnaden wird abgelöst von der Repräsentation eines auf Gesetzen beruhenden Gemeinwillens, denen auch der „Herrscher" unterworfen ist. In der konstitutionellen Monarchie bleibt die Person des Repräsentanten vorerst bestehen, während sich die „Person" des Repräsentierten wandelt. Der „body natural" des Königs bleibt sich gleich, der „body politic" differenziert sich jedoch aus, indem er sich von dem natürlichen Körper des Königs vollends trennt und nur aufgrund der Zustimmung der Repräsentierten wieder an den König, nun als Repräsentant eben dieses Gemeinwesens übertragen wird. In letzter Konsequenz stellt der „King in Parliament" den Beginn der schleichenden Ablösung personaler Autorität durch die Etablierung der abstrakteren Autorität des Gesetzes in Form einer institutionalisierten Gesetzgebung[22] dar.

In Anlehnung an Hasso Hofmanns Caput-Corpus-Kategorie[23] könnten hier zwei Repräsentationsmodi unterschieden werden. So fungiert der König als Kopf (caput) im Sinne einer personifizierten Darstellung politischer Einheit, während das Volk als Repräsentiertes für den abstrakteren Prozeß der Corpus-Repräsentation steht: „Bei dem einen Modus dominiert der Aspekt der Darstellung politischer Einheit, sie wird geleistet durch einen Einzelnen, also qua Personifizierung (*caput*-Repräsentation): bei dem anderen Modus dagegen geht es ‚um Herstellung, um die Bildung politischer Einheit durch Verbindlichkeit erzeugendes Verhalten ihrer Mitglieder', d. h. um Repräsentation durch die gemeinsame Aktion eines Kollektivs (*corpus*-Repräsentation)."[24]

Die Idee der „caput-corpus-Repräsentation" kann auch auf die politischen Repräsentationsfunktionen des amerikanischen Präsidenten übertragen werden. Dieser beerbt den „King in Parliament" hinsichtlich seiner Bildfunktion. Er ist die bildhafte Verkörperung des Staa-

---

walt des Gesetzes. Wenn er aber diese Repräsentation, diesen öffentlichen Willen, aufgibt und nach seinem eigenen persönlichen Willen handelt, setzt er sich selbst ab und ist nur noch eine einzelne Privatperson ohne Macht und ohne einen Willen, der ein Recht auf Gehorsam hätte." John LOCKE, Zwei Abhandlungen über die Regierung. Frankfurt a. M. 1977: 295.

22 Vgl. Jack R. POLE, Political Representation in England and the Origins of the American Republic. 2. Aufl. Berkeley u. a. 1971: 18. John Lockes Hauptwerk, „Two Treatises on Government" hatte die Begründung eben dieser Autoritätsablösung zum Ziel. In Übereinstimmung mit der zentralen politischen Forderung der britischen Whigs, versuchte Locke die Vorherrschaft der Legislative über die Prärogative des Königs zu legitimieren. Hierbei ist auch der konkrete Entstehungskontext des 1690 wegen Furcht vor Repressalien zunächst anonym veröffentlichten zweibändigen Werkes zu bedenken. Die beiden Abhandlungen wurden von Locke als Gegenrede zu der um 1680 wiederaufgelegten „Patriarcha" des Sir Robert Filmer verfaßt, der in diesem Buch die königliche Prärogative und patriarchalische Autorität vertrat. Vgl. Lockes Kapitel I mit der Überschrift: „Aufdeckung der falschen Prinzipien und Widerlegung der Begründung der Lehre Sir Robert Filmers und seiner Nachfolger" In: LOCKE 1977: 63–68; s. auch das Vorwort zur deutschen Ausgabe von Walter Euchner, 20/21.

23 Diese Zweiteilung ist explizit zur Erklärung des spätmittelalterlichen Repräsentationsbegriffs entwickelt worden und wird hier um der Anschaulichkeit willen analog gebraucht. Hasso HOFMANN, Der spätmittelalterliche Rechtsbegriff der Repräsentation in Reich und Kirche. In: Hedda RAGOTZKY/ Horst WENZEL (Hg.), Höfische Repräsentation. Das Zeremoniell und die Zeichen. Tübingen 1990: 17–42.

24 RAGOTZKY/WENZEL 1990: 9.

tes[25], während die Legislative, der in Senat und Repräsentantenhaus (sic!) geteilte Kongreß, zum Repräsentanten der abstrakten Volkssouveränität wird. Das Bild des Präsidenten und der Präsidentschaftskandidaten steht damit in der Tradition der „Caput-Repräsentation", die den Herrscher als Symbol der politischen Einheit, als Personifikation des Staates darstellt. Wie diese Form der Repräsentation jedoch im Bild visualisiert wird und sich im Laufe der Zeit entwickelt, wird durch die sozio-politischen und ökonomischen Strukturen mitbestimmt. Mechanisierungs- und Industrialisierungsprozesse führten in den USA zur Massenherstellung unterschiedlichster Produkte, zu denen auch das Präsidentenbildnis gehört. Diese Bildvervielfältigung ist auch ein Einflußfaktor, der bei der Analyse der sich wandelnden politischen Kommunikation zwischen Repräsentant und Repräsentierten mitbedacht werden muß.

Die endgültige Wende von einem dynastischen zu einem demokratischen Repräsentationsbegriff wird in der amerikanischen Revolution und der aus ihr hervorgehenden Verfassung vollzogen. So findet auch die Verwendung des Wortes „Repräsentation" ihren Höhepunkt „in den theoretischen und politischen Auseinandersetzungen um die amerikanische Unabhängigkeit und während der Französischen Revolution."[26] Das Motto „No Taxation without Representation", das zum Grundprinzip des amerikanischen Unabhängigkeitskrieges wurde, war bereits 1624 Gegenstand eines Gesetzes, das die gesetzgebende Versammlung von Virginia erlassen hatte und in welchem nur die Generalversammlung der Kolonie, nicht aber England das Recht hatte, Steuern zu erheben.[27] Das Gesetz berief sich auf die Magna Charta. Der Stamp Act, der 1765 vom britischen Parlament verabschiedet worden war, und die Bürger der amerikanischen Kolonien zu Steuerzahlungen ohne Vertretung im britischen Parlament verpflichtete, berührte problematische Fragen der Herrschaftsausübung, die schon lange im Untergrund schwelten. Das Schlüsselwort in dieser Auseinandersetzung war „virtuelle Repräsentation"[28]. „Dies war die Legitimationsformel aus der politischen Theorie der Whigs im 17. und 18. Jahrhundert, mit der das englische Parlament seine Souveränität und seinen Anspruch, politisch allgemein verbindlich handeln zu können, begründet und gegen den alten monarchischen Anspruch, das korporative Ganze des Commonwealth zu repräsentieren, durchgesetzt hatte. Nachdem das Parlament eine nicht mehr nur dem König gegenüberstehende ständische Kontrollinstanz, sondern selbst Regierungszentrum geworden war, wurde der implizierte Konsens der Regierten als fingierte Autorisierung alleiniger parlamentarischer Herrschaft durch die

---

25 Vgl. John HIGHAM, America in Person: The Evolution of National Symbols. In: Amerikastudien 4 (1991): 473–493; hier: 482/483.
26 PODLECH 1984: 509.
27 George Earlie SHANKLE, American Mottoes And Slogans. New York 1941: 121.
28 Der maßgebliche Vertreter des virtuellen Repräsentationsgedankens war der englische Politiker und Philosoph Edmund Burke (1729–1797). Er ging von der vormodernen „Annahme einer vorgegebenen Gesellschaftsidentität" aus, „in der die Repräsentanten eine aus dem eigenen Recht des Parlaments bestehende Unabhängigkeit besitzen. Sie sind daher nicht mehr, wie in den Ursprüngen städtischer Repräsentation, Delegierte von gesellschaftlichen Partikularitäten, sondern selbständige Organe einer allein dem gemeinsamen Interesse verpflichteten Gesamtinstanz. Dieses gemeinsame Interesse ist hier immer noch das Wohl eines übergeordneten substantiellen Ganzen, das für Burke nur innerhalb einer hierarchischen Gesellschaftsordnung möglich ist." Benedikt HALLER, Repräsentation: Ihr Bedeutungswandel von der hierarchischen Gesellschaft zum demokratischen Verfassungsstaat. Münster 1987: 100/101.

Untertanen des Reiches gedeutet. Virtuell wird diese Repräsentation genannt, weil sie nicht mehr wie in ihren spätmittelalterlichen Ursprüngen an eine explizite Delegation durch Wähler gebunden ist. Das Parlament zieht seine Legitimität nicht mehr aus der Repräsentation der gesellschaftlichen Partikularitäten und deren ausdrücklicher Ermächtigung, sondern aus der ihm allein anvertrauten Wahrnehmung des Gesamtwohls, das den verschiedenen Gruppen gemeinsam ist. Wahlen sind als Legitimation virtueller parlamentarischer Repräsentation ebenso irrelevant, wie sie es für die repraesentatio in toto im monarchischen Oberhaupt gewesen waren. Neun Zehntel der englischen Bevölkerung nahmen an den Wahlen so wenig teil wie auch die amerikanischen Kolonien. (...) ‚Election in and by itself was not what gave the member his representative power'(1) (...) Die Abgeordneten repräsentierten die politische Gesamtheit; und obwohl sie von partikularen Wahlkreisen entsandt werden, sind sie nicht verpflichtet, auf die Ansichten und Wünsche der Wähler einzugehen. Die Wahl diente hier nur als fast nebensächliches Mittel zur Personalrekrutierung; eine direkte Beziehung zwischen Wählern und Repräsentant wurde durch sie nicht konstituiert."[29] Im Sinne dieses virtuellen Repräsentationsverständnisses, gegen das sich die amerikanischen Kolonien zur Wehr setzten, bestand kein Vertrauensverhältnis zwischen Wählern und Gewählten, ja streng genommen, wurden nicht die Wähler repräsentiert, sondern das Abstraktum eines fiktiven Gemeinwillens. Im System virtueller Repräsentation spielen de iure weder Einzel-, noch Gruppeninteressen eine Rolle und die repräsentierenden Abgeordneten unterliegen keiner Kontrolle von seiten ihrer Wähler. Die Wahl von Repräsentanten diente ausschließlich der Konstitution eines das Gemeinwohl repräsentierenden Parlaments, nicht jedoch der Legitimierung von Herrschaft.

Der amerikanische Unabhängigkeitskrieg machte die Frage der Repräsentation schließlich zum Grundstein der neuen Republik. Die amerikanische Revolution veränderte mit dem Bedeutungswandel von „Repräsentation" auch die Funktion der Wahl, die nun zum entscheidenden Legitimationskriterium wurde und ein Vertrauensverhältnis zwischen Individuum und Repräsentant schuf, das einem zyklischen Test mit der Möglichkeit der Abwahl des Repräsentanten unterlag. Der Wandel in der Bedeutung von „Repräsentation" in den Kolonien – man könnte auch von einer Ablösung sprechen – manifestierte sich jedoch nicht nur in den kriegerischen Handlungen selbst und in den aus der Staatenneugründung resultierenden, hervorragenden schriftlichen Zeugnissen, die als Vorbild für sämtliche folgenden repräsentativen Demokratien mit geschriebener Verfassung gelten. Der Triumph der Unabhängigkeit führte zu emotionalen Reaktionen, die sich gegen das politische System der Kolonialmacht richteten, aber auch auf den Repräsentanten dieses Systems, König Georg III, abzielten. Der Stellvertreter der Kolonialmacht wurde in Form seines stellvertretenden Bildnisses attackiert und gestürzt:

„In New York, a statue of King George III had been completed and dedicated as recently as April 6, 1770 ‚to perpetuate to the latest posterity, the deep sense this colony has of the eminent and singular blessings received from him during his most auspicious Reign.' Only six years later, in 1776, the same statue of the King was destroyed by an angry mob, following the proclamation of the Declaration of Independence. In other American cities, the

---

29 HALLER 1987: 98/99. Die Fußnote (1) im Zitat verweist auf: Gordon S. WOOD, The Creation of the American Republic 1776–1786. New York 1972: 5.

King was burned in effigy, his portrait was buried, or his Royal Arms were torn from architectural structures."[30]

Der Wunsch der Kolonien nach aktueller politischer Repräsentation wird an dem stellvertretenden Bildnis des Herrschers, der wiederum Repräsentant seines Staates ist, durch ikonoklastische Handlungen vollzogen. Die Macht über das stellvertretende Bildnis, das vordermals als verehrungswürdige Darstellung geachtet wurde, erscheint als ein symbolischer Akt der Neuinszenierung von „Repräsentation" durch die Zerstörung der alten Repräsentationsformen.

Die Verknüpfung von Repräsentant, Repräsentiertem und Repräsentation als Bild oder Handlung wird deutlicher, wenn davon ausgegangen wird, daß Repräsentation nicht als pures Abstraktum, sondern nur in ihrer Vergegenständlichung gedacht werden kann. *Carl Schmitt* verweist in seinem Essay von 1923 „Römischer Katholizismus und politische Form" auf eben diese Bedingtheit von Person und Repräsentation: „Die Idee der Repräsentation ist

---

30 Lester C. OLSON, Emblems of American Community in the Revolutionary Era. A Study in Rhetorical Iconology. Washington and London 1991: 6. OLSON nennt weitere Beispiele des revolutionär motivierten Ikonoklasmus in Amerika: „In 1769, for instance, during the controversy surrounding the Townshend Duties, the lieutenant governor of Massachusetts-Bay, Thomas Hutchinson, was amazed when three merchants in the Council of the colony's government demanded that the portraits of Charles I and James II be removed from the council walls. Despite Hutchinson's arguments that the portraits of the kings ought to be left in the official chambers, the artworks were banished. Later, in 1774, when a revolutionary mob found a portrait of Hutchinson in his house in Milton ,they stabbed it with bayonets and tore out one of the eyes.'(5)" OLSON 1991: 6; Fußnote (5) im Zitat verweist auf: Bernard BAILYN, The Ordeal of Thomas Hutchinson. Cambridge/Massachusetts 1974: 4, 138 sowie Peter O. HUTCHINSON (Hg.), The Diary and Letters of His Excellency Thomas Hutchinson, Esq., 2 Bde. Boston 1884–86; reprint New York 1971: Bd. 1, 565. Arthur M. SCHLESINGER (Liberty Tree: A Genealogy. In: The New England Quarterly. December 1952: 437) schildert eine „Executio in Effigie", die am 14. August 1765 an der Puppe von Andrew Oliver vorgenommen wurde, der als Steuereintreiber unter dem umstrittenen Stamp Act eingesetzt worden war. Der Baum, an welchem die Puppe zunächst aufgehängt und später verbrannt wurde, begründete zugleich die amerikanische Tradition der Freiheitsbäume (Liberty Trees, ohne Zweige und Blätter: Liberty Poles): „The time was August 14, 1765; the place, Boston; the occasion, a mass demonstration to frighten Andrew Oliver, the stamp distributor, into resigning before the hated law should go into effect. The tree, then known simply as the Great Tree, was a majestic elm at the corner of the present Essex and Washington Streets, not far from the Common. Daybreak revealed a strange alteration in its appearance. From its branches dangled an effigy of Oliver with the inscription in large letters:
Fair freedom's glorious cause I've meanly quitted,
For the sake of self;
But ah! the Devil has me outwitted,
And instead of stamping others, I've hang'd
myself."
Zum Phänomen des Ikonoklasmus sei in der jüngeren Gegenwart an den auf den Sturz und die Hinrichtung des rumänischen Diktators Ceausescu erfolgten Bildersturm erinnert, ebenso wie an den Sturz von Lenin-Denkmälern in den Ländern des ehemaligen Ostblocks. Vgl. zu Rumänien Hubertus von AMELUNXEN/Andrei UJICA (Hg.), Television/Revolution. Das Ultimatum des Bildes. Marburg 1990 und Horst BREDEKAMP, „Du lebst und tust mir nichts", in: TAZ, 9. 6. 1990: 36. Zum Ikonoklasmus in historischer Perspektive s. Martin WARNKE (Hg.), Bildersturm. Die Zerstörung des Kunstwerks. Frankfurt a. M. 1988.

I.1. Bildnispolitik und Repräsentationsbegriff in demokratischer Perspektive

(...) so sehr von dem Gedanken persönlicher Autorität beherrscht, daß sowohl der Repräsentant wie der Repräsentierte eine persönliche Würde behaupten muß. (...) Repräsentieren im eminenten Sinne kann nur eine Person und zwar – zum Unterschiede von der einfachen ‚Stellvertretung' – eine autoritäre Person oder eine Idee, die sich, sobald sie repräsentiert wird, ebenfalls personifiziert. Gott, oder in der demokratischen Ideologie das Volk, oder abstrakte Ideen wie Freiheit und Gleichheit sind denkbarer Inhalt einer Repräsentation (...). Die Repräsentation gibt der Person des Repräsentanten eine eigene Würde, weil der Repräsentant eines hohen Wertes nicht wertlos sein kann. Aber nicht nur der Repräsentant und der Repräsentierte verlangen einen Wert, sondern selbst der Dritte, der Adressat, an den sie sich wenden."[31] *Carl Schmitt* definiert damit den Funktionszusammenhang von Repräsentation, die sich als sozialen Prozeß beschreiben läßt zwischen der Person des Repräsentanten, dem repräsentierten abstrakten Wert und der Repräsentation als bildhaft symbolischem Akt, der sich an einen Adressatenkreis richtet. In eben diesem Spannungsfeld zwischen Repräsentant, Repräsentiertem und Repräsentation bewegt sich der Inhalt dieser Studie. In Abgrenzung zu der zunächst einleuchtenden Definition *Schmitts* wird „Repräsentation" im folgenden jedoch nicht ausschließlich als autoritäre Personifizierung von Macht verstanden, obwohl dieser Aspekt auch in repräsentativen Demokratien eine wichtige, bisher jedoch kaum erforschte Rolle spielt. „Repräsentation" wird vielmehr als komplexe Grundstruktur politischen Handelns begriffen, die in einer repräsentativen Demokratie auch einen im Bild nicht personifizierten, abstraktprozeßhaften Teil umfaßt. Die bildhafte Repräsentation von Politikern und der abstrakte Prozeß politischer Repräsentation beziehen sich jedoch dialektisch aufeinander und sind untrennbar miteinander verwoben.

Die Konsequenz des *Schmitt*schen Gedankenstrangs, Repräsentation – Personifizierung – Autorität, erscheint zwar zunächst am Beispiel des hier vorgestellten Themas – der Kandidaten-Repräsentationen in Wahlkampfplakaten – optisch überzeugend, greift jedoch zu kurz. Nicht Personifizierung ist das eigentliche Funktionsprinzip von Repräsentation, sondern ihre Visualisierung, die natürlich die Darstellung von Personen beinhaltet, aber sich in dieser Personifizierung nicht erschöpft. Die Verbildlichung, nicht die Personifizierung, macht Repräsentation erst möglich. Im Unterschied zu der Festlegung auf eine Person erfaßt diese Definition auch visuelle Repräsentationsformen abstrakter Ideen, die sich nicht nur in Porträts, sondern beispielsweise auch in architektonischen Ensembles ausdrücken können.[32]

Das politische System der Vereinigten Staaten von Amerika gründete von Anbeginn auf der Idee der Repräsentation. Die Repräsentierten waren jedoch zunächst nur die Besitzenden, die

---

31 Carl SCHMITT 1984: 36.
32 Als ein Beispiel unter vielen sei hier die in der Planung für Washington D.C. umgesetzte Gewaltenteilung des Regierungssystems angeführt, die sich in der Anlage der „Mall" und dem Verhältnis von Capitol und Weißem Haus ausdrückt: „The physical separation of the executive and legislative branches of government by more than a mile symbolized the balance of power established in the U.S. Constitution." Kathleen S. WOOD, Capital Architecture: Grand Visions, Monumental Reality. In: Lothar HÖNNIGHAUSEN/Andreas FALKE (Hg.), Washington D.C. Interdisciplinary Approaches. Tübingen u. a. 1993: 117–139, hier: 119. Vgl. auch in demselben Band: Friedrich W. HORLACHER, Washington D.C. and the American Constitution, 11–23; sowie John W. REPS, Washington On View. The Nation's Capital Since 1790. Chapel Hill u. a. 1991. Zur „Politischen Architektur" im Allgemeinen siehe den gleichnamigen Sammelband herausgegeben von Martin WARNKE 1984.

Steuern zahlten und die aus diesem Grund selbst oder eben in Entsendung gewählter Stellvertreter über die Höhe und Verwendung ihrer Gelder entscheiden mochten. In der Gründungsphase der Vereinigten Staaten und schließlich bis in die Mitte des 20. Jahrhunderts hinein sind die Repräsentierten keineswegs identisch mit dem Volk, obwohl die Volkssouveränität als Verfassungsgrundsatz festgeschrieben steht. Repräsentierte sind diejenigen, die an der Wahl der Repräsentanten beteiligt sind, und dies war auch im demokratischen Amerika zunächst nur ein geringer Teil der männlichen Bevölkerung. Hier wird deutlich, daß der Repräsentationsbegriff der amerikanischen Republik in den Gründerjahren stark von dem englischen Gesellschaftsmodell einer Ständerepräsentation beeinflußt wurde. Politische Repräsentation war im Amerika des ausgehenden 18. Jahrhunderts noch immer eng an den von John Locke entwickelten Eigentumsbegriff gebunden.[33] Politische Repräsentation in der Frühphase der amerikanischen Republik war Eigentums- oder Besitzrepräsentation[34] (representation of property) und entwickelte sich erst in der ersten Hälfte des 19. Jahrhunderts schrittweise in eine de facto-Repräsentation des Volkes, ohne Ansehen der Besitzverhältnisse. Dieser Wandel der politischen Repräsentation von einer „Property"-Repräsentation über die Interessen- bis hin zur individuellen Repräsentation wird im Spiegel ihrer visuellen Vermittlung in den folgenden Kapiteln verfolgt.

Während sich die Politikwissenschaft vor der Auseinandersetzung mit der bildhaften Repräsentation bislang gescheut und sich eher den Strukturen und Prozessen repräsentativen Handelns zugewendet hat, ist eine Analyse politischer Bildkommunikation für das Verständnis des

---

33 Lockes „definition of property was complex; it included all the attributes of the person, his abilities, his labour, his liberty as well as the things to which he was entitled by having mixed his labour with them (2). He stated repeatedly that the preservation of property was the original object of society, not always making clear whether he referred to material possessions or the more general attributes – one might at times say values – of which a person was possessed. The subtlety of this definition eluded Locke's successors. His own first definition, given in his chapter on the subject, lent himself to the belief that his main concern was with material objects and land; and his account of the origin of society planted in the minds of his American readers a very clear and simple picture of persons bringing their property with them and contracting together for its preservation. Thus it became easy to argue, when a new Constitution had to be made, that as persons and property were separate entities, and as persons had brought with them differing amount of property, they were entitled to representation in the government in proportion to the size of the stake they had in society. This doctrine permeated the political discourse of the early constitutional period in America, giving tremendous authority to arguments against individual representation and in favour of the permanent establishment of separate houses of legislation, differing property qualifications, or other devices for the distinct purpose of institutionalizing the representation of property." POLE 1971: 25. Anm. (2) im Zitat verweist auf die entsprechenden Abschnitte bei Locke, Second Treatise, §§ 5–51ff.
34 Die Übersetzung von „property" mit Eigentum oder Besitz beleuchtet jeweils eine andere Facette und hat eine andere juristische Bedeutung, wird jedoch in diesem Zusammenhang als austauschbar betrachtet. „Besitz (...) ist die tatsächliche Gewalt einer Person über eine Sache. Er ist vom Eigentum als dem umfassenden Herrschaftsrecht streng zu unterscheiden. So erlangt z. B. der Dieb durch den Diebstahl zwar B(esitz), nicht aber Eigentum. In der Praxis fallen freilich B(esitz) und Eigentum vielfach in einer Person zusammen." Hermann AVENARIUS, Kleines Rechtswörterbuch. Bonn 1987: 64.

I.1. Bildnispolitik und Repräsentationsbegriff in demokratischer Perspektive

demokratischen Prozesses und der ihm zugrundeliegenden politischen Kultur unabdingbar. Der zentrale Untersuchungsgegenstand ist das Image des Präsidentschaftskandidaten, verstanden als Repräsentant des Staates in spe, der den königlichen Dualismus als politischer Erbe in sich trägt.[35] So wie der Monarch als „image, phantom or representation"[36] bestimmte Strategien der Selbstdarstellung und Inszenierung seiner Handlungen verfolgte, so entwickelt auch jeder Politiker Bildstrategien und Fiktionsapparate. Besonders aber die Bewerber um das Präsidentenamt, das anders als andere Ämter im amerikanischen Regierungssystem nicht nur stellvertretend für bestimmte Wahlkreise, Einzelstaaten oder „special interest groups" steht, sondern den Staat und damit das Volk als Gesamtheit repräsentiert.[37] Die Geschichte des Präsidentenimages wird beleuchtet vor dem Hintergrund der politischen Geschichte des repräsentativen Systems und des Wandels der Wahl als ihrem konstitutiven Akt.

Wahlkampf als politisches Ereignis ist eine Form politischer Partizipation. Seine konkrete Gestaltung und sein Wandel geben Auskunft über die politische Kultur einer Gesellschaft zu einer bestimmten Zeit. Wahlkämpfe finden nur in Demokratien statt. Sie sind das immer wieder erfolgende Gründungsritual dieser Staats- und Gesellschaftsform, die auf ökonomischem Wandel und Wettbewerb beruht. Der Wahlkampf ist die politische Ausprägung eines kompetitiven ökonomischen Systems, wie auch eines praktizierten Konstitutionalismus in Form einer Repräsentativverfassung. Wahlen sind notwendig an die Idee politischer Repräsentation gebunden, ohne jedoch im Umkehrschluß automatisch Repräsentation zu begründen. Während eine Wahl ohne Repräsentationsidee undenkbar ist, kann politische Repräsentation auf vielen Wegen hergestellt werden, von denen die Wahl nur die demokratische Variante darstellt.[38] Repräsentation ist also ohne Wahl, die Wahl jedoch nicht ohne Repräsentation möglich. Die

---

35 Als anregender Vergleich für die Untersuchung des Präsidentenimages sei hier Peter BURKEs Untersuchung über die Imagepolitik Ludwig XIV. erwähnt: Ludwig XIV. Die Inszenierung des Sonnenkönigs. Orig. Englisch: The Fabrication of Louis XIV, 1992. Berlin 1993.
36 Vgl. das Zitat von John Locke auf S. 16.
37 Das in dieser Verschränkung von Staat und Volk zum Ausdruck kommende Prinzip der Volkssouveränität stammt in direkter Linie aus der Unabhängigkeitserklärung, der Bill of Rights und der amerikanischen Verfassung. Die Idee der Selbstregierung kommt schon in der 1776 von Thomas Jefferson verfaßten Unabhängigkeitserklärung zum Ausdruck: „That to secure these rights, governments are instituted among men, deriving their just powers from the consent of the governed." Abgedruckt bei Vincent WILSON (Hg.), The Book Of Great American Documents, 4. Aufl. Brookeville/Maryland 1987: 15. Der „Staat" in der in Deutschland und Frankreich verbreiteten Bedeutung, die auf Georg Wilhelm Friedrich Hegels Definition Anfang des 19. Jahrhunderts zurückgeht, existiert als „Übergebilde" in diesem Sinne in den USA nicht. Dies wird auch an der Übersetzung des Wortes ins Englische deutlich. Mit „state" werden in der Regel die Einzelstaaten bezeichnet. Die Übersetzung von „Staat" ist „government", ein Ausdruck, der wiederum nur verfälschend mit „Regierung" zu übersetzen ist, womit allerdings nicht nur, wie in Deutschland, die Exekutive gemeint ist, sondern eben jedes öffentliche, staatliche Institutionen vertretende Amt oder die Institution selbst. Im amerikanischen Regierungssystem sind also sowohl die Exekutive, die Legislative, wie auch die Judikative mit „government" zu bezeichnen, während im Deutschen mit „Regierung" ausschließlich die Exekutive gemeint ist.
38 Sowohl Ernennung wie auch Erbfolge können Repräsentation konstituieren, siehe dazu Heinz RAUSCH in seinem Vorwort zu dem von ihm herausgegebenen Band „Zur Theorie und Geschichte der Repräsentation und Repräsentativverfassung". Darmstadt 1968: XIII.

Wahl ist die im Einzelfall mehr oder weniger demokratische Ausprägung des politischen Repräsentationsprinzips. Erst in Verbindung mit einer Verfassung, die das politische System als demokratisch im Sinne einer durch gewählte Stellvertreter stattfindenden Volksrepräsentation definiert, wird Repräsentation als eine demokratische festgeschrieben. Das Ziel von Verfassungen ist grundsätzlich die Etablierung einer politischen Ordnung, die auf der Beschränkung von Staatsmacht („limited government") basiert. Die Verfassung der Vereinigten Staaten, die 1787 verabschiedet wurde, ist eine Reaktion auf die ökonomische Ungleichbehandlung der amerikanischen Kolonien. Sie faßt das Ziel des Unabhängigkeitskrieges in Worte und drückt einen gesellschaftlichen Konsens aus, der in der limitierten Regierungsmacht der „checks and balances" resultierte und damit ein neues Verständnis von Repräsentation als individueller, „demokratischer Repräsentation"[39] definierte. Diese Neuartigkeit der Repräsentation bestand in ihrer Ableitung von „demos", dem Volk. Die Verfaßtheit dieses neuen Vertretungsgedankens konnte nur in Form einer Republik gedacht werden, die von James Madison im Federalist Paper Nr. 39 folgendermaßen umschrieben wird: „we may define a republic to be (...) a government which derives all its powers directly or indirectly from the great body of the people".[40] Der Volkswille als Grundlage eines modernen Repräsentationsbegriffs wurde in den USA mit der Idee der Republik und damit der Bindung an die Idee gleichen Rechts aller Bürger gekoppelt. Aus dieser Verbindung entsprang schließlich die individuelle Repräsentation, die sich im Menschenrechtskatalog der Bill of Rights manifestierte und das Vorbild aller repräsentativen Demokratien lieferte. „Die Idee von für die politische Gewalt nicht anzutastenden Menschenrechten, die aus einer ursprünglichen Rechtsstellung des Menschen fließen, und ihre Synthese mit der Konstitution der politischen Gewalt sind es, die eine Verfassung als repräsentative auszeichnen."[41] In der amerikanischen Republik wird damit nicht nur der antike „res publica"-Gedanke wiederbelebt, er wird auf die Grundlage eines neuen Menschenbildes gestellt, der um die Dimension der „humanitas"[42] bereichert wird. Die Würde des Menschen, nicht die „digni-

---

39 Der Begriff der „representative democracy" wurde zuerst von dem Mitverfasser der Federalist Papers, ALEXANDER HAMILTON geprägt, in einem Brief an Gouverneur Morris vom 19. 5. 1777 (s. PODLECH 1984: 524 und HALLER 1987: 115). Die „repräsentative Demokratie" ist damit auch begrifflich eine ureigens amerikanische Schöpfung. THOMAS PAINE sprach in seinen 1791 erschienen „Rights of Man" von „the representative system of government" oder einfach nur „representative government", vgl. PODLECH 1984: 524 und Thomas PAINE, Rights of Man. Orig. 1791, Neudruck Harmondsworth/England, 1985: 171.
40 Alexander HAMILTON/James MADISON/John JAY, The FEDERALIST Papers. Orig. 1787/1788. Hg. v. Clinton Rossiter, Harmondsworth/England 1961: 241. Die Definition Madisons mußte seinen Zeitgenossen als Paradoxon erschienen sein, denn Volksregierung und Repräsentationsgedanke galten als unvereinbar, weil „demos" zur Zeit Madisons im antiken Sinn rezipiert und nur als ein Teil der Gesellschaft aufgefaßt wurde und ein Teil konnte ja nicht das Ganze repräsentieren. Wie dieser Gegensatz schließlich in den USA versöhnt wurde s. HALLER 1987: 113.
41 Ebd.: 118/119.
42 In diesem Zusammenhang wäre eine detailliertere Untersuchung der antiken „humanitas"- Rezeption in den USA von großem Interesse. Erwin PANOFSKY wies 1955 in seinem Aufsatz „The History Of Art As A Humanistic Discipline" darauf hin, daß sich der Renaissance-Begriff der „humanitas" von dem antiken Begriff unterschied und durch die Integration eines aus dem Mittelalter stammenden Aspektes von Anfang an zweigeteilt war: „Thus the Renaissance conception of humanitas had a twofold aspect from the outset. The new interest in the human being was based both on a revival of the

I.1. Bildnispolitik und Repräsentationsbegriff in demokratischer Perspektive

tas" eines Monarchen oder eines Kollektivs, wird zum Maßstab der Dinge. Das Individuum erhält zum ersten Mal in der Bill of Rights 1791 niedergeschriebene und unveräußerliche Rechte gegenüber der staatlichen Gewalt. Diese Qualität demokratischer Repräsentation wird erst durch die Vereinigung von kollektiver Volkssouveränität und individuellem Menschenrecht erzielt. Der Prozeß, in welchem diese neue Repräsentationsform auch eine neue Bildform findet, ist der Stoff um den sich die folgenden Kapitel drehen.

Die neue demokratische Staatsform beruhte jedoch nicht nur auf dem Glauben an ein abstraktes Prinzip, das Recht (rule of law), welches über allem steht, sondern auch auf einer neuen Form der Legitimierung[43] von Staatsgewalt. So beobachtete bereits Alexis de Tocqueville auf seiner Reise durch die USA 1831/32, daß im Unterschied zu Ländern, in denen die politische Gewalt außerhalb der Gesellschaft stehe und diese beherrsche, in den Vereinigten Staaten von Amerika „Selbstverwaltung und Selbstherrschaft" regierten. „Alle Gewalt geht vom Volke aus, man begegnet kaum einem Menschen, der den Gedanken wagen oder gar aussprechen würde, die Gewalt sei anderswo zu suchen. Durch die Wahl der gesetzgebenden Körperschaft nimmt das Volk an der Gesetzgebung, durch die Wahl der Beamten der ausführenden Gewalt an ihrer Ausführung teil; man kann sagen, daß das Volk sich wirklich selbst regiert, so gering und so begrenzt ist der Anteil der Verwaltung, so sehr ist die Verwaltung sich ihres Ursprungs aus dem Volke bewußt und gehorcht der Gewalt, in der sie wurzelt. Das Volk beherrscht die politische Welt Amerikas wie Gott das Universum. Das Volk ist Anfang und Ende aller Dinge;

---

classical antithesis between humanitas and barbaritas, or feritas, and on a survival of the mediaeval antithesis between humanitas and divinitas. (...) It is from this ambivalent conception of humanitas that humanism was born. It is not so much a movement as an attitude which can be defined as the conviction of the dignity of man, based on both the insistence on human values (rationality and freedom) and the acceptance of human limitations (fallibility and frailty); from this two postulates result – responsibility and tolerance." Einführungskapitel zu „Meaning in the Visual Arts", reprint Chicago 1982: 1–25, hier: 2. Eine wichtige Anschlußfrage für das hier bearbeitete Thema wäre, ob sich die Antikenrezeption in den frühen USA auf Exegese der Originalquellen oder eher ein durch die Renaissance vermitteltes „Humanitas"-Verständnis stützte, wie John G.A. POCOCK in „The Machiavellian Moment. Florentine Political Thought and the Atlantic Republican Tradition". Princeton 1975, nachweist. Vgl. auch DERS., Civic Humanism and Its Role in Anglo-American Thought. In: J.G.A. POCOCK, Politics, Language, and Time. Essays on Political Thought and History. 2. Aufl. Chicago u. a. 1989: 80–103. Sowie Edgar WIND, Humanitätsidee und Heroisiertes Porträt in der Englischen Kultur des 18. Jahrhunderts. In: Vorträge der Bibliothek Warburg. Bd. 9 (1930/31): 156–229. Ernst CASSIRER weist in seinem letzten Werk, „The Myth of the State", 1944 nach, daß nicht die Griechen, sondern die Römer Schöpfer des Humanitätsgedankens sind: „Das Ideal der Humanität wurde zuerst in Rom geformt; und es war speziell der aristokratische Kreis des jüngeren Scipio, der ihm seinen festen Platz in der römischen Kultur gab. Humanitas war keine vage Vorstellung. Sie hatte eine bestimmte Bedeutung und wurde eine formende Kraft im privaten und öffentlichen Leben in Rom. Sie bedeutete nicht nur ein moralisches, sondern auch ein ästhetisches Ideal; sie war die Forderung nach einem bestimmten Typus des Lebens, der seinen Einfluß im ganzen Leben des Menschen zu erweisen hatte, in seinem moralischen Verhalten ebenso wie in seiner Sprache, seinem literarischen Stil und seinem Geschmack." CASSIRER, Der Mythus des Staates. Frankfurt a. M. 1985: 136.

43 „Während Legitimation die kommunikative Rechtfertigung politischer Akteure meint, umschreibt der Terminus Legitimierung Zustimmungsverhalten des Bürgers." SARCINELLI 1987: 10.

alles geht vom Volke aus, alles in ihm auf."⁴⁴ Repräsentant und Souverän fallen nicht mehr in einer Person zusammen, sondern sind strikt voneinander getrennt. Das Volk als Gesamtheit stellt die Regierung selbst durch den Mechanismus der Repräsentation. „Die entscheidende Differenz, die Repräsentation begründet und notwendig macht, besteht also jetzt nicht mehr zwischen den Teilen des Volkes, die zusammen eine repräsentierbare – hierarchische oder republikanische – Einheit bilden, sondern zwischen dem Volk als Ganzem und allen von ihm zur Wahrnehmung seiner politischen Geschäfte bestellten Amtsträgern."⁴⁵ Damit waren alle politischen Institutionen gleichermaßen „government by representation" geworden. „Das ‚Volk' mußte nun als das eigentliche Ganze gelten, dessen politischer Teil nicht mehr natürlich zu bestimmen ist, sondern auf eine Wahl zurückgeht. Regierung muß nun als historisch, als ‚künstlich' konstituiert gelten, und die Wahl, aus der sie hervorgeht, ist das einzige Kriterium für ihre Repräsentanz."⁴⁶

Das Volk als Souverän wählt seine Vertreter zudem nur auf die in der Verfassung bestimmte Zeit. Diese Vorschrift beeinflußt den Legitimationsprozeß ebenso, wie die zeitliche Dimension von Politik. Macht basiert nicht länger auf einem Gesellschaftsvertrag, der nur bei grober Mißachtung aufgekündigt werden kann⁴⁷, geschweige denn auf einem Herrschaftsvertrag, der unlösbar ist.⁴⁸ Macht ist vielmehr ein temporäres Phänomen geworden, das auf von Menschen

---

44 Alexis de TOCQUEVILLE, Über die Demokratie in Amerika. Orig. Französisch: De la démocratie en Amérique, 1835. Deutsche Übersetzung: Stuttgart 1990: 49. Tocqueville veröffentlichte seine aus der Reise gewonnene sozio-politische Analyse der amerikanischen Gesellschaft in zwei Bänden. Der erste erschien drei Jahre nach Abschluß seiner Reise 1835. Der zweite Band wurde 1840 veröffentlicht.
45 HALLER 1987: 113/114.
46 Ebd.
47 Die Auflösung eines solchen Gesellschaftsvertrages, genauer, der politischen Regierung innerhalb einer Gesellschaft, wurde von John Locke in seinem Widerstandsrecht konzipiert. Vgl. Zweite Abhandlung über die Regierung, §§ 134–142, 168. Locke vertrat zwar die Idee des Vorrangs der Legislative über alle anderen Staatsgewalten, dies bedeutete jedoch nicht, daß Repräsentation im Sinne einer sich durch die Wahl immer wieder erneuernden Legislative gedacht wurde. Vielmehr hatte das Volk, also die eigentlich Repräsentierten, nur ein einmaliges Recht auf Konstitution dieser legislativen, stellvertretenden Gewalt; „but once founded, the legislative power assumed an independent authority untrammelled by institutional control. It was ‚sacred and unalterable in the hands where the Community have once placed it'." POLE 1971: 19. In dieser Hinsicht ist Locke noch zu den Vertretern eines virtuellen Repräsentationsgedankens zu rechnen.
48 Die Idee des unlösbaren Herrschaftsvertrages geht auf Thomas Hobbes zurück, die er in seinem 1651 verfaßten „Leviathan" entwickelte. PODLECH 1984: 516 spricht in diesem Zusammenhang von „absorptiver Repräsentation: „Für ihn (Thomas Hobbes, A. d. V.) kam eine Legitimation des Herrschers durch Gott nicht in Frage. Er griff daher auf die überkommene Korporationslehre zurück, nach der auch bei ihm die Einheit jeder Körperschaft (Person) und so auch die des Staates durch Repräsentation gestiftet wird (...) Für ihn leitet der ‚representer' – der absolute Fürst – seine Legitimation nicht von Gott ab, sondern durch den Herrschaftsvertrag vom Volk. Aber im Gegensatz zur spätmittelalterlichen Korporationslehre gibt sich für Hobbes in diesem Akt der Herrschaftsübertragung das Volk als vom Herrscher unabhängige Handlungseinheit auf. (...) Die Identitäts-Repräsentation der Korporationslehre, die immer getrennte Subjekte – Repräsentierte und Repräsentanten – voraussetzte, wurde bei Hobbes zu einer Repräsentation, in der der Repräsentant – der monarchische Souverän – das Repräsentierte – das Volk – aufsaugte. Man kann daher diese extreme Form herrscherlicher Repräsentation die ‚absorptive Repräsentation' nennen."

I.1. Bildnispolitik und Repräsentationsbegriff in demokratischer Perspektive

gemachtem Recht basiert und in einem Zyklus erneuert werden muß. Die Legitimität der Macht muß in einem wiederkehrenden Legitimationsprozeß der Wahl immer wieder von neuem bestätigt werden. Der Anspruch der Machtaspiranten in einer Demokratie gründet auf einer individuellen Repräsentation, die zudem noch von den Repräsentierten kontrolliert werden kann. Dieses direkte Repräsentationsverhältnis[49] ist im amerikanischen Regierungssystem deutlicher ausgeprägt als in Parteiendemokratien, wie z. B. der Bundesrepublik Deutschland, in der den Parteien Verfassungsstatus (Art. 21 GG) zukommt und kein reines Direktmandatssystem herrscht. An diesem nur oberflächlichen Systemvergleich wird deutlich, daß es unterschiedliche Ausprägungen demokratischer Repräsentation gibt, die jeweils andere Legitimationsformen und Legitimitätsverhältnisse begründen. Trotz dieser Unterschiede erfüllt die Repräsentation grundsätzliche Funktionen, die allen demokratisch-repräsentativen Systemen gemein sind: In Hinblick auf die im Begriff der Repräsentation inhärenten Dialektik könnte als noch im Detail zu begründende These festgehalten werden, daß die Primärfunktion von politischer Repräsentation in der Legitimation[50] von Herrschaft besteht, während die Hauptfunktion bildlicher Repräsentation in der politischen Kommunikation dieser Legitimationsleistung liegt. Eine der Bildfunktionen im demokratischen Regierungsprozeß bestünde demnach in der Herrschafts- und Machtlegitimation.

Repräsentation von Personen und ihrer Interessen fand zu allen Zeiten in den USA, wenn auch mit unterschiedlicher Gewichtung und unter Ausschluß großer Teile der Bevölkerung, statt. Demokratische Repräsentation unterscheidet sich von monarchischer Repräsentation auch in ihrer Funktionsweise und Ausprägung. Repräsentation in einer Demokratie ist funktional ausdifferenziert. Es gibt sie folglich nicht als Gesamtprozeß mit einer zentralen Person, die eben diese Gesamtheit verkörpert. Vielmehr ist nur noch „eine nach der jeweiligen Funktion im Regierungssystem gebrochene Sicht"[51] auf eine solche Gesamtheit möglich: „Repräsentation ist selbst nicht mehr einheitlich, sondern ‚multipel'(2), denn es gibt mehrere selbständige Modi, in denen das Volk repräsentiert wird. Vor allem die klassische Gewaltenteilung erklärt die Differenzierung der Repräsentation: ‚The whole people of the United States are to be trebly represented (...) in three different modes of representation'(...)".[52]

Legislative, Exekutive und Judikative unterscheiden sich somit auch in ihren Repräsentationsformen. Alle drei Gewalten repräsentieren das Volk, jedoch unterschiedliche Aspekte und

---

49 „Das ‚trust'-Verhältnis von Regierung und Regierten, das der angloamerikanischen Theorie der Repräsentation zu Grunde liegt, hat hier für die politische Ordnung (‚government') eine lange Tradition. Ursprünglich privatrechtlich entwickelt als Auftrag zur uneigennützigen Wahrnehmung fremder Interessen, konnte es auf Grund der mangelnden Abgrenzung zwischen ‚privat' und ‚öffentlich' im englischen Recht zum Zentralbegriff für die verfassungsmäßige Bindung der Regierung an das von ihr fiduziarisch wahrgenommene allgemeine Interesse werden. ‚All delegated power is trust' formulierte PAINE". PODLECH 1984: 523. vgl. im übrigen J. LOCKE, 2nd treatise, §§ 156ff, HAMILTON u. a., Federalist Papers, v.a. die Nummern 16, 28, 37, 46, 63, 68, 69, 70; HALLER 1987: 100, Anm. 2.
50 Legitimation im Sinne von „kommunikativer Rechtfertigung der politischen Akteure" gegenüber den von ihnen Repräsentierten. SARCINELLI 1987: 10.
51 HALLER 1987: 116.
52 Ebd. Anm. (2) im Zitat verweist auf J. G. A. POCOCK, The Machiavellian Moment. Princeton u. a. 1975: 521. Das englische Zitat stammt von John Dickinson und wurde von HALLER zitiert nach WOOD 1969: 53.

Interessen, die sich wiederum auf die jeweilige Art bildhafter Repräsentation auswirken. Repräsentation als demokratischer Prozeß findet in zwei sich wechselseitig beeinflussenden Bereichen statt: Einerseits in dem mehr oder weniger abstrakten Gesetzgebungs-, Gesetzanwendungs- und Gesetzauslegungsprozeß, wo einzelne in Stellvertretung für viele deren Interessen wahrnehmen. Andererseits in der Vermittlung dieser Leistung an die repräsentierten Wähler bzw. an das Volk.[53] Die Komplexität des politischen Repräsentationsprozesses in Form einer Interessenvertretung im Prozeß der Gesetzgebung oder Gesetzesausführung kann jedoch in seiner Abstraktheit nicht ausreichend an die Adressaten der Repräsentation vermittelt werden, die in einer repräsentativen Demokratie identisch mit den Repräsentierten sind. So wird die Person des Repräsentanten – der Bürgermeister, Kongreßabgeordnete oder auch der Präsident – zum Symbol seiner repräsentativen Handlungen. Ähnlich der Person König Georgs III. zum Zeitpunkt der Revolution sind danach die neuen repräsentativen Ämter der Republik Orte der Repräsentation und die Bildnisse oder Images der Personen, die diese Ämter innehaben, werden zu „Repräsentationen des Repräsentanten der Repräsentierten". Die Bildnisse verweisen damit auf zwei tieferliegende Ebenen. Sie bilden zunächst ein bestimmtes Image ab, das aber wiederum als gezielte Kommunikation in einem repräsentativen System zu entziffern ist und Informationen über das Repräsentierte, wie auch über die Adressaten enthält. Diese Seite des Repräsentations- und Legitimationszusammenhanges wurde bislang nur ungenügend beachtet. Politische Kommunikation wird häufig als eindeutig asymmetrisches Verhältnis von Regierenden und Regierten betrachtet, in welchem die Regierten ausschließlich als „Empfänger", nicht jedoch als „Sender" im Sinne eines kommunikationstheoretischen Ansatzes gelten.[54] Dies mag auf der bloßen politischen Handlungsebene zutreffen. Die einzige, jedoch in ihrer Sanktionierungsfähigkeit nicht zu unterschätzende Handlung der Regierten in repräsentativen Demokratien ist die Wahl. Ebenso deutlich ist, daß visuelle Kommunikation im Wahlkampfkontext als Handlung zunächst von den Regierten ausgeht und in der Regel auch keine „Umkehrkommunikation" von den Adressaten erfolgt. Die Botschaft wird also zunächst nur in eine Richtung abgegeben und es kann sich somit um keine dialogische Kommunikation handeln. Dies bedeutet jedoch nicht automatisch, daß visuelle Kommunikation „von oben", sozusagen „undemokratisch" und „manipulativ" verordnet würde, noch, daß sie wirkungslos verpufft. Hier muß klar mit *Sarcinelli*[55] zwischen der *Herstellung* und der *Darstellung von Politik*, also zwischen Politikerzeugungs- und Politikvermittlungsprozessen unterschieden werden. Wahlkampf ist primär Politikvermittlung, die vor allem auf einen „von der Entschei-

---

53 Im Unterschied zu Exekutive und Legislative wird die Judikative nicht gewählt, sondern ernannt. Die Bestellungsart ist eine andere und auch die Repräsentierten sind andere. Während Exekutive und Legislative politisch nur von ihren Wählern abhängen, wird Recht von Richtern im Namen des Volkes gesprochen.
54 Diese Kritik zielt auf den von Jürgen HABERMAS entwickelten Idealtypus einer symmetrischen Sprechsituation ab. Vgl. Jürgen HABERMAS, Vorbereitende Bemerkungen zu einer Theorie der kommunikativen Kompetenz. In: DERS./Niklas LUHMANN, Theorie der Gesellschaft oder Sozialtechnologie – Was leistet die Systemforschung? Frankfurt a. M. 1971: 101–141. Gemäß HABERMAS' Terminologie zeichnet sich Wahlkampf durch eine asymmetrische Sprechsituation aus und gehört damit in den Propagandabereich. Ob jedoch hinter jeder asymmetrischen Kommunikationssituation zugleich Manipulation zu vermuten ist, wird von der Verfasserin angezweifelt.
55 SARCINELLI 1987: 65/66.

I.1. Bildnispolitik und Repräsentationsbegriff in demokratischer Perspektive

dungsebene weitgehend losgelösten ‚generalized support' abzielt."[56] Die Regierten haben in diesem Vermittlungsprozeß jedoch keine vollkommen passive Rolle, vielmehr üben sie, wenn auch nicht bewußt, im politischen System der repräsentativen Demokratie indirekten Einfluß auf Inhalte und Gestaltung politischer Kommunikation aus. „Da bei der Repräsentation von dem im Repräsentanten Vorgestellten auf den oder das Repräsentierte(n) geschlossen wird, besteht zwischen den beiden eine Wechselbeziehung, die sich (...) darin äußert, daß der Repräsentant den *Bild-Erwartungen* vom Repräsentierten entsprechen muß (...)".[57] Wie in der folgenden Bildanalyse noch zu zeigen sein und hier um der Argumentationslogik willen vorweggenommen wird, baut ein Politikerimage auf „symbolisch repräsentierten Erwartungsstrukturen"[58] auf. Visuelle Wahlkampfkommunikation intendiert, die antizipierten Erwartungshaltungen der repräsentierten Adressaten in eine Bildstrategie zu übersetzen, vermittels derer ein Legitimitätsanspruch und damit ein Vertrauensverhältnis zwischen Wähler und Kandidaten hergestellt wird. Diese Symbolisierungskraft des Bildes ist ein Machtpotential. Macht, nicht als physisches Gewaltpotential definiert, sondern als Macht zur Benennung, zur Kategorisierung. Die Macht der Repräsentation liegt in ihrer Symbolisierungsfähigkeit, das bedeutet, in der Möglichkeit, sehr komplexe Situationen zu vereinfachen und sie als Einheit erlebbar zu machen.[59] Symbolische Kürzel sind „eine Voraussetzung um angesichts hochkomplexer und unübersichtlicher Erwartungslagen in sozialen Systemen Sinn zu generalisieren und damit Orientierung zu ermöglichen."[60] Die Funktion von Symbolisierung ist vor allem Sinnstiftung. Repräsentation als Symbolisierung hat eine soziale Sinn- und Orientierungsfunktion.[61] Versteht man Repräsentation als Akt der Symbolisierung komplexer Zusammenhänge, und Symbolisierung wiederum als ein Machtmittel, so „kann man (...) die Aneignung und Verwendung symbolischer Formen in der Politik als Ausdruck einer ‚politisch-kommunikativen Ästhetik' bewerten, die zu einem unverzichtbaren Mittel der Herrschaftslegitimierung und Herrschaftssicherung in modernen Massendemokratien geworden ist (...)".[62] Symbolische Repräsentation

---

56 Ebd.
57 Heinz RAUSCH, im Vorwort zu dem von ihm herausgegebenen Sammelband „Zur Theorie und Geschichte der Repräsentation und Repräsentativverfassung". Darmstadt 1968: XI. Hervorhebung im oben zitierten Text von der Verfasserin.
58 Jürgen HABERMAS, Legitimationsprobleme im Spätkapitalismus. Frankfurt a. M. 1973: 131. Habermas bezieht sich mit dieser Formulierung ausdrücklich auf Freud, Durkheim und Mead.
59 Vereinfacht ausgedrückt in SARCINELLI 1987: 46. Die Idee der Macht als Kommunikation stammt von Niklas LUHMANN, der Macht als „codegesteuerte Kommunikation" definiert: „Macht und Einfluß sind nicht nur ein an sich vorhandenes und auf die Physis gegründetes Potential, sondern wesentlich auch Fähigkeiten zur Übertragung von Reduktionsleistungen" (zitiert in SARCINELLI 1987: 45/46).
60 SARCINELLI 1987: 56.
61 Diese Prämisse steht im offenen Gegensatz zum Repräsentationsbegriff Michel Foucaults, der gerade die Sinnlosigkeit des Repräsentationsbegriffs zu beweisen vermeint. In der Foucaultschen Terminologie verweist Repräsentation auf keinen Sinn außerhalb ihrerselbst. Der „Sinn" von Repräsentation ist Repräsentation. „Und endlich befreit von dieser Beziehung (gemeint ist die Beziehung von „sujet" und Subjekt in Velazquez Gemälde „Las Meninas", A. d. V.), die sie ankettete, kann die Repräsentation sich als reine Repräsentation geben." Michel FOUCAULT, Die Ordnung der Dinge. 7. Aufl. Frankfurt a. M. 1988: 45. Orig. Französisch: Les mots et les choses, 1966.
62 SARCINELLI 1987: 45.

funktioniert jedoch nie nur als bloßes Abbild. Sie ist vielmehr eine Summe von Praktiken, eingeschlossen die der Täuschung und Maskerade. Öffentliche Bildnisse von Herrschaftsträgern, und das heißt im politischen System der repräsentativen Demokratie von Repräsentanten, sind keine Abbilder von Realität, sondern Kommunikationsmittel innerhalb des Repräsentationsprozesses. Sie tragen Informationen und zugleich „Falschinformationen" in sich. Als Kürzel zeigen sie immer nur einen bestimmten Ausschnitt und lassen andere Perspektiven aus. Sie versuchen ein bestimmtes Image des Repräsentanten an einen bestimmten Adressatenkreis von Repräsentierten zu vermitteln. Dieses Image kann auf „wahren" Tatsachen beruhen, enthält aber meist „künstliche" Informationen über die abgebildete Person. Diese „künstlichen" Images sind als historische Bildquellen von großem Interesse, weil sie Informationen über die Erwartungshaltung der Adressaten gegenüber dem Repräsentanten, oder zumindest Annahmen über die wahrscheinliche Erwartungshaltung enthalten.

Wahlen per se schaffen jedoch keine demokratische Repräsentation. Politische Repräsentation in Demokratien basiert auf einem nicht vollständig rationalisierbaren Prozeß, der zwischen Wählern und Gewählten, zwischen Repräsentierten und Repräsentanten, Adressaten und Kandidaten ein Vertrauensverhältnis etabliert. Die Verbindung zwischen Wahl und Repräsentation „ergibt sich aus einer normativen Erwartung (die auch wegen der Abberufbarkeit eine sanktionierbare Erwartung ist), daß der Gewählte der Wählerschaft gegenüber aufgeschlossen und ihr verantwortlich sei. Außerdem muß insbesondere die Wahl eine freie sein. Ebenso wie Repräsentation ohne Wähler wenig Sinn hat, kann eine Wahl ohne freie Wahlmöglichkeiten nicht zu einer repräsentativen Herrschaft führen und ist nur noch ein periodischer Verzicht des Volkes auf seine Souveränität. Angemaßte Repräsentation ist unsicher, Wahl ohne Wahlmöglichkeiten aber ist Betrug."[63] Damit der Vorgang der Repräsentation als solcher anerkannt wird, ist ein Adressat erforderlich, vor dem repräsentiert wird.[64]

Wahlkampf ist der Gründungsakt von Repräsentation in modernen Massendemokratien. Durch die Wahl wird de iure die Partizipation der Repräsentierten garantiert und die Repräsentanten werden legitimiert. Die Repräsentation, die nach erfolgter Wahl stattfindet, besteht einerseits aus der konkreten Ausübung des Amtes und andererseits in der Symbolisierung dieser Leistung durch ein Image, das an die Repräsentierten zurückvermittelt wird, um eine weitere Repräsentation im Sinne einer zweiten Amtszeit zu legitimieren.

Frühe Theorien der Wahlkampfkommunikation haben sich an positivistischen Modellen orientiert und vor allem nach dem Einfluß von Kommunikation auf das Wahlergebnis gefragt.[65] Der Schwerpunkt dieser Forschungen lag auf dem Wirkungsaspekt.[66] Sie kamen zu dem Schluß,

---

63) Giovanni SARTORI, Demokratietheorie. Orig. Englisch: The theory of democracy revisited, 1987. Darmstadt 1992: 39.
64 S. RAUSCH 1968: VIII.
65 PAUL F. LAZARSFELD/Bernard BERELSON/Hazel GAUDET, The peoples Choice. How the voter makes up his mind in a presidential campaign. 2. Aufl. New York 1949; Gabriel A. ALMOND/Sidney VERBA, The Civic Culture. Political attitudes and democracy in 5 nations. Princeton 1963.
66 Zum Wirkungsaspekt vgl. Hans-Bernd BROSIUS/Sabine HOLICKI/Thomas HARTMANN, Einfluß der Gestaltungsmerkmale von Wahlplakaten auf Personenwahrnehmung und Kompetenzzuschreibung. In: Publizistik, 3 (1987): 338–353; s. auch zu Fotografie und Film die quantitative Studie von Hans Martin KEPPLINGER, Experimentelle Untersuchungen zur Wirkung von Pressefotos und Fernsehfilmen. Freiburg u. a. 1987.

daß der Wahlkampf per se keinen signifikanten Einfluß auf das Wahlergebnis hat. Diesem sogenannten „limited-effects"-Modell liegt die These zugrunde, daß der Sinn von Wahlen Wandel sei.[67] Das funktionale Modell der Wahlkampfkommunikation, auf das sich die hier vorliegende Arbeit überwiegend stützt, fragt nicht nach den Wirkungen, sondern nach den *Funktionen politischer Handlungen* und geht von der Annahme aus, daß Wahlen in einem demokratischen System ganz unterschiedliche Funktionen erfüllen können, jedoch tendenziell eher systemstabilisierende Funktionen haben, denn Wandel bewirken: „(...) political campaigns are as much if not more processes producing *political stability* as they are process(es) aiming at *political change*."[68]

Innerhalb dieses Wahlprozesses steht das politische Bildnis an einer Schnittstelle der politischen Realität. Als Porträtdarstellung eines Kandidaten, zumal wenn er das Präsidentenamt zum ersten Mal anstrebt, legt es den Kandidaten fest und setzt ihn damit Angriffen seiner Gegner aus. Das Wahlkampfporträt ist jedoch mehr als nur ein Bildnis, das vor allem dem Zweck der Verbreitung des Kandidatenantlitzes dient, auch wenn dies zunächst der Impetus für seine Produktion gewesen sein mag. Viele der öffentlich angeschlagenen Plakate versuchen ein möglichst positives Bild des Kandidaten zu zeigen, um damit suggestiven Einfluß auf die Wahlentscheidung zu nehmen. Ob diese Absicht ihre Wirkung zeitigt, ist keine Frage, die hier geklärt werden kann. Tatsache ist, daß das Imagemaking, wenn auch heute zum großen Teil in einem anderen Medium als dem Druck, weiterhin praktiziert wird und einen Großteil des Wahlkampfbudgets verschlingt. Die Reproduktion politischer Bildnisse auf Andenken, Plakaten oder im Fernsehen ist ein wichtiger Bestandteil des Wahlkampfes und verfolgt bestimmte Funktionen und Ziele. Zugleich stehen hinter den Bildnissen bestimmte Bildstrategien, die sich in der historischen Perspektive zu einem Panorama der Bildnispolitik im Kontext demokratischer Repräsentation entfalten.

I. 2. Wahlstrategien und Bildstrategien

> „a candidate's image is all we can know, and is in reality the only basis we have for making voting and other cognitive or behavioral political decisions."[69]

Für Jerry Hagstrom, den amerikanischen Journalisten und intimen Kenner der politischen Beraterszene in den USA, steht fest, „daß die nächste Generation von politischen Wissenschaftlern und Reportern mindestens ebenso viel vom Handwerk der Demoskopen und der Filme-

---

67 Bruce E. GRONBECK, Functional and Dramaturgical Theories of Presidential Campaigning. In: Presidential Studies Quarterly. Vol. XIV, 14 (1984): 486–499; hier: 488.
68 Ebd.: 489. Das Originalzitat lautet „(...) processes producing political stability as they are processing aiming at political change." Die Verfasserin geht davon aus, daß es sich bei der Formulierung „processing" um einen Tippfehler im Originaltext handelt, der von der Verfasserin im obigen Zitat mit „processes" korrigiert wurde. Vgl. zum Funktionsaspekt auch Bruce E. GRONBECK, The Functions Of Presidential Campaigning. In: Communication Monographs, Vol. 45, November 1978: 268–280 und Richard M. MERELMAN, The Dramaturgy of Politics. In: Sociological Quarterly. Vol. 10, 2 (1969): 216–241.
69 GRONBECK 1984: 495.

macher verstehen muß, wie bisher vom recherchieren und schreiben."[70] Visuelles Verstehen und Interpretieren ist Teil jener vielbeschworenen „kommunikativen Kompetenz"[71], die als Schlüssel zum wahlpolitischen Erfolg verstanden wird. Innerhalb einer politischen Kampagne[72] sind die Wahlstrategien das architektonische Gerippe, die Bildstrategien die Fassade. Letzere kann transparent und durchschaubar sein oder schöner Schein, der die persuasiven Intentionen der politischen Baumeister übertüncht. Bildstrategien erfüllen Funktionen innerhalb der Wahlstrategien für die sie entwickelt werden. Somit beziehen sich Bild- und Wahlstrategien wechselseitig aufeinander, in dem größeren Kontext des Wahlkampfes, der Teil des Wahlrituals und damit der Konstitution von Herrschaft in Demokratien ist.

Ein Wahlkampf erfüllt mehrere Funktionen zugleich und muß von verschiedenen Perspektiven aus betrachtet werden, um das Spektrum von diversen Erwartungen, Funktionen und Wirkungen abstecken zu können. Die unterschiedlichen Blickwinkel umfassen die Perspektive der Wählerschaft, der Kandidaten, der Parteien, der Menschen, die mit der Wahlkampforganisation ihren Lebensunterhalt verdienen, ebenso wie derjenigen, die das Ereignis zum Anlaß für eine lukrative Geschäftsidee nehmen. Diesem personenorientierten Ansatz, der von handfesten Interessen bis zu nostalgischen Gefühlen reicht, ist ergänzend eine historisch-systematische Perspektive gegenüberzustellen. Sie beleuchtet die Funktionen, welche der Wahlkampf innerhalb seiner geschichtlichen Entwicklung wie auch innerhalb des politischen Systems hat.

Die Bedeutungen, die Wahlkämpfen beigemessen werden, hängen nicht zuletzt von der Definition der Wahl ab. Ob die Wahl nur als formaler Prozeß ohnehin nicht beeinflußbarer politischer Ränkespiele interpretiert, als ein Recht, das von den Wählern erkämpft und mit Stolz ausgeübt, als rationale Entscheidung, die auf der Basis des Eigeninteresses gefällt, als Instrument des Wandels oder als symbolisch wirkender Stabilisierungsfaktor demokratischen Handelns begriffen wird, hat Auswirkungen auf die Funktionen, die dem Ereignis zugeschrieben werden. Aus der Perspektive des „rational choice"-Ansatzes hat Wahlkampf vor allem die „demokratische" Funktion, „im Streit der Argumente dem Wähler die Meinungsbildung und in der Darlegung der zur Wahl stehenden Programme ihm die zureichende Beurteilung der Parteien und dessen, was nach ihrem Wahlsieg ihn erwarten würde, zu ermöglichen."[73] Die

---

70 Werner HOLZER, Von Hexenmeistern und Media-Handwerkern. Politische Öffentlichkeitsarbeit in den USA – Ein (un-)heimliches Wesen. In: Bertelsmann Stiftung (Hg.) 1996: 117–148, hier: 123.
71 Vgl. Ingrid HAMM/Thorsten GROTHE, Den politischen Dialog verbessern. Vorwort zu: Bertelsmann Stiftung (Hg.) 1996: 11–14, hier: 12.
72 Der Begriff „Kampagne" wird hier, ungeachtet seiner umfassenderen Bedeutung im Bereich der Öffentlichkeitsarbeit, nur restriktiv auf den Wahlkampf bezogen. Auf die Schnittstellen zwischen Produkt-, Non-Profit-, und Wahlkampfkommunikation kann an dieser Stelle nicht eingegangen werden. Diese kommunikativen Grenzbereiche dürften jedoch in der nahen Zukunft spannende Forschungsgebiete, auch für die Politikwissenschaft, darstellen. Erste Arbeiten zum Thema „Politische Kampagnen" liegen bereits vor: Sigrid BARINGHORST, Protest und Mitleid – Politik als Kampagne. ‚Politikverdrossenheit' – Protest in der Krise? In: LEGGEWIE (Hg.) 1994: 179–190; Sigrid BARINGHORST, Öffentlichkeit als Marktplatz – Solidarität durch Marketing? In: Vorgänge, Themenheft „Inszenierung politischer Kampagnen", 34. Jg., Nr. 4, 1995: 55–67; Michael Th. GREVEN, Kampagnenpolitik. In: Vorgänge, 34. Jg., Nr. 4, 1995: 40–54.
73 Heidrun ABROMEIT, Das Politische in der Werbung. Wahlwerbung und Wirtschaftswerbung in der Bundesrepublik. Opladen 1972: 58.

Hauptfunktion von Wahlkampf wird in der Abwägung und möglichst rationalen Zurschaustellung der politischen Parteipositionen gesehen, die den rational orientierten Wähler schließlich zu einem vernünftigen Urteil kommen läßt. Dieser Funktionszuordnung liegt eine moralische Wertung des politischen Diskurses sowie ein bestimmtes Menschenbild zugrunde – das des rein von rationalen Entscheidungen geleiteten Individuums, des „mündigen Bürgers" par excellence. Auf einer ähnlichen Prämisse beruht auch die Wirkungsforschung, die empirisch nachzuweisen versucht, welche Wirkungen Wahlkämpfe zeitigen. Der Einfluß von Wahlkämpfen auf das Wahlergebnis ist nur schwer quantitativ bestimmbar und laut des „Limited-effect-Modells" nur minimal. Die Frage, die sich in der Folge aufdrängt, ist, warum überhaupt noch Wahlkämpfe stattfinden und immer mehr Geld für sie ausgegeben wird, wenn sie doch kaum eine Auswirkung auf das Abstimmungsergebnis haben. Die Antwort ist nicht neu und wurde bereits 1982 in einem Artikel von *Bruce Gronbeck* gegeben: Wahlkämpfe erfüllen komplexe Funktionen, die sich nicht auf den Kandidaten und sein Ziel, das höchste Wahlergebnis zu erreichen, beschränken.

Der österreichische Nationalökonom und Soziologe *Joseph A. Schumpeter* beantwortete 1942 die Frage nach der Funktion demokratischer Wahlen mit der Akzeptanz von Führung: „Kollektive handeln (...) beinahe ausschließlich dadurch, daß sie eine Führung akzeptieren."[74] *Schumpeter* griff damit die These vom rational handelnden Wähler an und stellte ihr ein Modell der ökonomischen Rationalität politischen Handelns gegenüber:

„Es sei daran erinnert, daß unsere Hauptschwierigkeiten bei der klassischen Theorie sich um die Behauptung gruppierten, daß ‚das Volk' eine feststehende und rationale Ansicht über jede einzelne Frage besitzt und daß es – in einer Demokratie – dieser Ansicht dadurch Wirkungskraft verleiht, daß es ‚Vertreter' wählt, die dafür sorgen, daß diese Ansicht ausgeführt wird. So wird die Wahl der Repräsentanten dem Hauptzweck der demokratischen Ordnung nachgeordnet, der darin besteht, der Wählerschaft die Macht des politischen Entscheides zu verleihen. Angenommen nun, wir vertauschen die Rollen dieser beiden Elemente und stellen den Entscheid von Fragen durch die Wählerschaft der Wahl jener Männer nach, die die Entscheidung zu treffen haben. Oder um es anders auszudrücken: wir nehmen nun den Standpunkt ein, daß die Rolle des Volkes darin besteht, eine Regierung hervorzubringen oder sonst eine dazwischengeschobene Körperschaft, die ihrerseits eine nationale Exekutive oder Regierung hervorbringt. Und wir definieren: die demokratische Methode ist diejenige Ordnung der Institutionen zur Erreichung politischer Entscheidungen, bei welcher einzelne die Entscheidungsbefugnis vermittels eines Konkurrenzkampfs um die Stimmen des Volkes erwerben."[75]

Die Funktion der Wahl wird damit vor allem in der Konstitution einer Exekutive gesehen. Das Demokratische der Wahl besteht in der Konkurrenzsituation innerhalb der sie sich abspielt. Laut diesem Modell spielen der „Stil" eines Wahlkampfes, seine Ausdrucksformen, nur insofern eine Rolle für den demokratischen Verlauf der Wahl, als er kompetitiv gestaltet sein muß.

---

74 Joseph A. SCHUMPETER, Kapitalismus, Sozialismus und Demokratie. Orig. Englisch: Capitalism, Socialism and Democracy. New York 1942. 6. Aufl. Tübingen 1987: 429.
75 Ebd.: 428.

Wahlen sind damit mehr oder weniger bloße Verfahren der Personalauswahl. Die Perspektive, aus der heraus *Schumpeter* die Funktion demokratischer Wahlen definierte, war eine Systemsicht, die vor allem zu erklären versuchte, welche Funktion Wahlen für ein politisches und ökonomisches System haben. Dieser Systemperspektive fügte *Heidrun Abromeit* 1972 ein normatives Kriterium hinzu, das in seiner Konsequenz die Funktion der Wahlen für das politische System um die Wählerperspektive ergänzte und moralische Anforderungen an den Verlauf demokratischer Wahlen stellte. Die „demokratische Funktion" des Wahlkampfes sollte laut *Abromeit* sein, „im Streit der Argumente dem Wähler die Meinungsbildung und in der Darlegung der zur Wahl stehenden Programme ihm die zureichende Beurteilung der Parteien und dessen, was nach ihrem Wahlsieg ihn erwarten würde, zu ermöglichen."[76] Die Funktion von Wahlen wird hierbei an der möglichst wahrheitsgetreuen Darstellung zukünftiger Verhaltensweisen von Politikern und damit an den prospektiven Wirkungen von Wahlentscheidungen gemessen. Zwar berücksichtigt *Abromeit* die Perspektive des Wählers, andere Funktionen als die der Konstitution von Repräsentation, wie bereits bei *Schumpeter*, werden der Wahl jedoch nicht zugestanden. Die Meßlatte „demokratischer Wahlen" wird bei *Abromeit* nur vertauscht. An die Stelle eines kompetitiven Kontextes, in dem demokratische Wahlen stattzufinden haben, wird der „rationale Diskurs", der meinungsbildende Austausch rationaler Argumente gesetzt. Nicht die dem Konkurrenzmechanismus überlassene Selbststeuerung demokratischer Systeme, sondern die normativ regulierende Kraft des Diskurses wird damit zum Definitionskriterium „demokratischen Wahlkampfes" erhoben. Hinter dieser Prämisse steckt die Furcht der bereits von *Horkheimer* und *Adorno* beschworenen Gefahr der Umkehrung von Aufklärung in Mythos und damit in Manipulation.[77] So sehr die Wachsamkeit der Wissenschaft gerade in ihrer Funktion als unabhängig-kritische Instanz gefragt ist, so sehr muß sie sich aber auch den Vorwurf gefallen lassen, daß sie allzu bereit ist, jegliche Ausdrucksformen, die nicht eindeutig als „rational" kategorisierbar sind, in das Fach „mythische Manipulation" abzulegen und damit einem rigorosen Klassifikationsschema zu verfallen, das einem aufgeklärten und auf-

---

76 ABROMEIT 1972: 58. Ein solcher Ansatz läuft Gefahr, die Funktionen politischer Werbung mißzuverstehen und einfachen Verschwörungs- und Manipulationsthesen zu verfallen. ABROMEIT geht auch in ihrem Lexikon-Beitrag von 1985 davon aus, daß politische Werbung prinzipiell ademokratisch sei: „Grundsätzlich muß man davon ausgehen, daß das Phänomen der Selektiven Wahrnehmung auch die W(erbung) betrifft, weshalb ‚erfolgreiche' Werbung vermutlich nichts anderes erreicht, als vorhandene Einstellungen zu bestärken. Noch weiter relativiert wird dies von der Theorie des Two-step flow of communication (...), wonach Werbe- ebenso wie Medien-Inhalte der Vermittlung durch persönlichen Einfluß (Meinungsführer) bedürfen, um wirksam zu werden. Unabhängig von dieser weitgehend unbestrittenen Einschätzung wird W(erbung) von der marxistischen und/oder psychoanalytischen Richtung der politischen Psychologie insofern doch als relevant und, in vermittelter Weise, wirksam betrachtet, als sie auf bestehenden Wertstrukturen, namentlich auf dem konservativautoritären Einstellungssyndrom aufbaut und dieses bestärkt. Der p(olitischen) W(erbung) käme demnach tendenziell a-demokratische Wirkung zu – ein Ergebnis, das auch aus der Theorie der Parteienkonkurrenz ableitbar ist, implizieren diese doch die Folgerung, daß das Rationalverhalten der Parteiführungen den Wählern die rationale Wahlentscheidung erschwert." ABROMEIT, Politische Werbung. In: NOHLEN/SCHULTZE (Hg.) 1985: 792–794, hier: 793/794.
77 Vgl. Max HORKHEIMER/Theodor W. ADORNO, Dialektik der Aufklärung. Philosophische Fragmente. Orig. 1947. Frankfurt a. M. 1991: 5.

I. 2. Wahlstrategien und Bildstrategien

klärerisch wirkenden Verständnis politischer Kommunikation als les- und analysierbaren Formen der Konstruktion von politischer Realität entgegensteht. Ohne ideologisch getönte Brille betrachtet hingegen der „dramaturgische" Erklärungsansatz von *W. Lance Bennett* die Funktion demokratischer Wahlen: „(...) a perspective on elections as communications rituals shows that the ‚cult of personality' is a central means of dramatizing popular concerns and structuring voters choices."[78]

Die Funktionsfrage wird bei *Bennett* ebenfalls auf den Kontext des politischen Systems bezogen, jedoch nicht aus einem institutionellen Blickwinkel heraus, sondern unter dem Aspekt symbolisch-rituellen Handelns. *Bennett* machte damit als einer der Ersten auf „die sozial-psychologischen Funktionen von Wahlkämpfen"[79] aufmerksam. Die Wahl dient eben nicht nur der Konstitution exekutiver und legislativer Institutionen, sondern auch der Bekräftigung bestimmter Vorstellungen, die sich die Menschen von ihrer politischen Lebensumwelt machen. Der Aspekt der bewußtseinsmäßigen Beteiligung der Wähler wird ebenfalls von *Sarcinelli* betont. Gerade im Wahlkampf wird einem durch das repräsentative System prinzipiell zur Entscheidungsunfähigkeit gezwungenen Publikum die Möglichkeit zur Artikulation verliehen vermittels der „prinzipielle(n) Austauschbarkeit der Dialogrollen":

> „Danach implizieren Wahlen einen formellen Rollenwechsel des in der politischen Alltagskommunikation eher passiven Publikums. Zwar stehen dem einzelnen auch in Nicht-Wahlkampfzeiten vielfältige Möglichkeiten der politischen Partizipation zur Verfügung. (...) Vor allem aber hat der Bürger nicht die den politischen Akteuren zur Verfügung stehenden Instrumentarien, auf die öffentliche Meinungsbildung Einfluß zu nehmen. Hier wird er allenfalls als Objekt, als demoskopisch wahrgenommenes Segment durch die politischen Akteure instrumentalisiert. Im Gegensatz dazu wird das einzelne Publikumsmitglied im Wahlkampf in die (potentielle) Rolle des Entscheidenden versetzt und zu einer Stellungnahme gegenüber dem politischen System und gegenüber vorformulierten Alternativen (Parteien, Kandidaten) aufgefordert."[80]

Der Wähler ist also im Wahlkampf nicht nur „Opfer" mehr oder weniger manipulativer Strategien, sondern er befindet sich auch in der potentiellen Rolle des aktiven Legitimitätsbeschaffers. Die Funktion der Wahl wird so von *Sarcinelli* als zentraler Akt politischer Legitimierung gesehen.[81] Dies ist eine andere Form des Ausdrucks für die von *Schumpeter* beschriebene „Akzeptanz von Führung". In diesem Funktionsaspekt demokratischer Wahlen scheinen die meisten Forscher übereinzustimmen. *Sarcinelli* greift außerdem *Schumpeters* Argument des kompetitiven Settings auf und erweitert die Funktion dieses Charakteristikums demokratischer Wahlen um die Perspektive der Wähler:

> „Der Wettbewerb der Parteien um die Zustimmung der Wähler ist nach diesem idealtypischen Verständnis ein Mechanismus, über den die Bürgererwartungen in den politischen

---

78 W. Lance BENNETT, Myth, Ritual, and Political Control. In: Journal of Communication. Vol 30, 4 (1980): 166–179, hier: 178.
79 Peter RADUNSKI, Politisches Kommunikationsmanagement. Die Amerikanisierung der Wahlkämpfe. In: Bertelsmann Stiftung (Hg.) 1996: 33–52, hier: 33.
80 SARCINELLI 1987: 71.
81 Ebd.: 54.

Prozeß integriert werden. (...) Während Wahlen nach ihrem demokratischen Selbstverständnis einen formellen Rollenwechsel des politischen Publikums implizieren, verbleibt diesem in der kommunikativen Auseinandersetzung des Wahlkampfes eine im wesentlichen inaktive Rolle, die man mit LUHMANN als ‚unbeteiligte Teilnahme' bezeichnen könnte."[82]

Sarcinelli bezieht so zwar die Erwartungshaltungen in die Funktionsdefinition von Wahlen mit ein, kommt aber dennoch zu dem Schluß, daß sich, gemessen an den realen Wirkungen politischer Kommunikation, diese Erwartungshaltungen nicht in einer konkreten Teilnahme des Publikums auswirken, sondern in einem lediglich idealtypischen Anspruch bestehen. Aus diesem Dilemma zwischen idealer Funktion und realer Wirkung kann wiederum nur eine detailliertere, empirisch fundierte Studie über die faktischen Wirkungen politischer Kommunikation hinaushelfen. Die Frage bleibt jedoch, bevor man sich der Wirkungsseite zuwendet, ob die Funktionen demokratischer Wahlen mit den obigen Definitionen bereits hinreichend untersucht sind. Zusammenfassend kann über die bisher angesprochenen Definitionsansätze demokratischer Wahlen gesagt werden, daß Wahlen einen konstitutiven Akt markieren, in dem Stellvertreter in einem kompetitiven Verfahren gewählt werden. Konkurrierende Wahlstrategien sind also durch das kompetitive Setting des Wahlverfahrens bedingt. Sie basieren nicht nur auf rationalen Überlegungen und Intentionen von Parteien und Kandidaten, sondern sind durch die Einbeziehung der Erwartungshaltungen des Publikums nicht-rationalen Einflüssen und Stimmungen ausgesetzt.

Jenseits der Konstitutions- und Legitimierungsfunktion von Wahlen wurde in den obigen Definitionen dem Wahlprozeß an sich zu wenig Aufmerksamkeit geschenkt. Systemtheoretiker in der Tradition *Luhmanns* sind sich einig, daß eine Funktion von Wahlen auch die der politischen Kommunikation ist und diese „ähnlich wie Geld, als extreme Mechanismen der Reduktion von Komplexität" funktioniert.[83] In dieser Analyse der Funktionsweise politischer Kommunikation stimmen Systemtheoretiker und Symbolforscher überein, sie verwenden nur unterschiedliche Bezeichnungen. Was dem Systemanalytiker in Rekurs auf *Luhmann* die „Komplexitätsreduktion" ist, wird vom Anhänger der „dramaturgischen Theorie" der Politik in Rekurs auf *Edelman* als „Kondensationssymbol" bezeichnet:

> „Mythic thinking is projective and condensational. It is a process in which private concerns become translated into public images that acquire meaning on multiple levels. This translation process is facilitated in rituals by the presence of powerful figures with whom the individual can identify."[84]

„Mythisches Denken" gibt privaten Interessen und Bedürfnissen eine öffentliche Form des Ausdrucks, die sich in personalisierten Ritualen manifestiert. Die Funktion von Wahlen wird damit um die Komponente einer kollektiven, öffentlichen Ausdrucksform für individuelle Einstellungen und rituelle Identifikationen erweitert. Legitimität wird somit als rituell herbeigeführter Konsens, nicht als Ergebnis kollektiv-rationaler Entscheidungen interpretiert.[85]

---

82 Ebd.: 72.
83 Andreas SCHEDLER, Die (eigensinnige) kommunikative Struktur demokratischer Wahlen. In: Zeitschrift für Politik, 1 (1994): 22–44, hier: 33.
84 BENNETT 1980: 178.
85 Bruce E. GRONBECK, Functional and Dramaturgical Theories of Presidential Campaigning. In: Presidential Studies Quarterly, 4 (1984): 486–499, hier: 491.

I. 2. Wahlstrategien und Bildstrategien

Legitimationsprozesse, wie die der Wahl, werden als sich wiederholende Formen politischen Verhaltens gedeutet, die ihre normative Kraft gerade aus ihrem rituellen Charakter, aus dem sich zyklisch wiederholenden Ereignis, schöpfen.[86] Die Funktion von Wahlen besteht demnach nicht nur in einer rational begründeten Auswahl von Stellvertretern, sondern ist auch ein symbolischer Akt der Legitimierung von Herrschaft und Ausdrucksform kollektiver Identifikation. Wahlkämpfe „geben den Leuten Gelegenheit, ihre Unzufriedenheit oder ihre Begeisterung zu artikulieren und das Gefühl des ‚Dabeiseins' zu haben (...). Dies ist jedoch im wesentlichen Teilnahme an einem rituellen Akt, nur in geringerem Maße an der Formulierung von Politik. Wie jedes Ritual (sei es in primitiven oder modernen Gesellschaften) lenken Wahlen die Aufmerksamkeit auf die gemeinsamen sozialen Grundwerte und darauf, daß es wichtig und offenbar auch vernünftig ist, die eingeschlagene Politik zu unterstützen (...). Ohne derartige Mittel vermag sich kein Gemeinwesen zu halten und sich den Rückhalt oder das stillschweigende Einverständnis seiner Mitglieder zu sichern. Der Witz dabei ist jedoch, daß Wahlen diese unentbehrliche gesellschaftliche Funktion nicht erfüllen könnten, wenn der allgemeine Aberglaube an die Kontrollfunktion von Wahlen in größerem Umfang in Frage gestellt würde."[87] „Politik"- bzw. vielmehr „Politikerverdrossenheit" signalisiert eben diese Infragestellung der Funktion von Wahlen, welcher durch die weitverbreitete These der „Theatralisierung von Politik" weiter Vorschub geleistet wird. *Schedler* greift diese These, daß demokratische Wahlen bloße Verfahren der Personalauswahl seien und keine inhaltlichen Entscheidungsprämissen enthielten, mit eindeutigen Argumenten an: „Die prozedurale Demokratie ist kein inhaltsleeres Arrangement, sondern hat einen handfesten materialen Kern in den Wahlprogrammen, auf deren Grundlage die KandidatInnen gewählt werden. Demokratische Politik bindet sich selbst durch die Entscheidungsprogramme, die sie wahlwerbend offeriert (,Wahlversprechen') und die nach den Wahlen in den Rang von Entscheidungsprämissen aufrücken (,Wählerauftrag'). Diese selbsterzeugten inhaltlichen Bindungen der Politik sind nicht rechtlicher, sondern normativer Natur. Ihre Verletzung kann nicht erzwungen und auch nicht rechtlich oder finanziell sanktioniert werden, sondern nur durch politisch-öffentliche Dissensäußerungen ‚in letzter Instanz' wiederum durch Wahlen bzw. Abwahlen."[88] Die programmatische Bindung der Politik ist zwar in parlamentarischen Demokratien wie der Bundesrepublik Deutschland stärker ausgeprägt. Die Variante der amerikanischen Wahlprogramme (Platforms) und der über ihre Rezeption in den Medien vermittelten Wahlversprechen erzeugen in den USA jedoch eine den deutschen Wahlprogrammen ähnliche Erwartungshaltung bei den Wählern, aus der ein normativer Auftrag an den gewählten Präsidenten abgeleitet wird, bei Gewinn der Wahl seine Versprechen auch zu erfüllen. Wahlkämpfe stellen damit nicht nur personelle Alternativen zur Auswahl, sondern lösen bei den Wählern eine Fokussierung auf das politische Ereignis aus, die letztendlich zu konkreten Vorstellungsbildern politischer Realität führt. Folgt man dem SPD-Medienexperten Peter *Glotz*, so sollte das Ziel und Ergebnis eines idealen Wahlkampfes ein kommunikativer Lernprozeß sein.[89] Diesen potentiellen Orientierungs- und Lernfunktionen

---

86   Ebd.: 493 – „legitimation processes represent series of behaviors which gain normative power through repetition; the more we engage in such behaviors, the more ‚natural' they seem – and hence the more powerful they become."
87   EDELMAN 1990: 2/3.
88   SCHEDLER 1994: 37.
89   Peter GLOTZ, Politisches Wrestling – eine Schlachtbeschreibung. Nachtrag zum Bundestagswahlkampf 1994. In: Bertelsmann Stiftung (Hg.) 1996: 25–32, hier: 30.

trägt bereits die differenzierte Analyse *Bruce Gronbecks* Rechnung, der die Wahlkampffunktionen in zwei Kategorien unterteilt: in instrumentelle (instrumental) und konsumatorische (consummatory).[90] Instrumentelle Funktionen sind Funktionen, die über sie hinausreichende Ziele verfolgen, während konsumatorische Funktionen selbstgenügsam sind.[91] Zu den konsumatorischen Funktionen des Wahlkampfes zählt *Gronbeck* sowohl die politische Partizipation (political involvement) wie auch die Legitimationsfunktion (legitimation). Der Funktion des „political involvement" ordnet *Gronbeck* fünf Unterkategorien zu, die er als aktive Teilnahme, Selbstreflektion, soziale Interaktion und ästhetische Erfahrungswerte definiert.[92] Zu der letzten Kategorie der „ästhetischen Erfahrungen" kann auch der Unterhaltungseffekt von Wahlkämpfen gezählt werden. Die Legitimationsfunktion wird von *Gronbeck* in zwei Kategorien unterteilt – in die Zustimmung zum Wahlsystem durch die Ausübung der Wahl (acquiescence) sowie die stille Bestätigung der mit dem Wahlkampf verbundenen Werte und Regeln und damit die Akzeptanz des Wahlergebnisses und seiner Folgen (quiescence).[93]

Unter instrumentellen Funktionen des Wahlkampfes begreift *Gronbeck* drei Kategorien: Verhaltensaktivierung (behavioral activation), kognitive Anpassung (cognitive adjustments) und Legitimität (legitimacy)[94]. Sie bewirken die Verstärkung, Aktivierung oder Konvertierung politischen Handelns, die Erinnerung an den Wählerauftrag (reflection), Anpassung an die mediale Wahlkampfsituation (refraction) oder die Abwägung zwischen den Kandidaten, ihrer Selbstdarstellung und ihren Programmen (reconstitution). Darüber hinaus erzeugen Wahlkämpfe Legitimität und Unterstützung für den aus der Wahl hervorgehenden Präsidenten und die daraus folgende Politik der nächsten vier Jahre. Aus der systemischen Perspektive sind Wahlkämpfe zudem Rituale, die der Stabilisierung des politischen Systems dienen:

> „Hence, our presidential campaigns, to the dramaturgist, get leaders elected, yes, but ultimately, they also tell us who we as a people are, where we have been, and where we are going; in their size and duration, they separate our culture from all others, teach us about political life, set our individual and collective priorities, entertain us, and provide bases for social interaction. Most fundamentally, because political institutions represent the grandest and most powerful of our social institutions in this century, campaigns at base define us to ourselves for at least a few years. As campaigns end in the endorsement of political myths, ideologies, and derived programs of action, so also do they end in a large-scale enactment of our collective self. In a perhaps terrifying sense, by the end of the campaign, *we are whom we elect*. We may not like that, especially if we are partisans supporting others, but that is sociopolitical life in the United States. That is the outcome of sociopolitical drama."[95]

Vor dem Hintergrund dieser multifunktionalen Definition von Wahlkampf erscheinen die Wahlstrategien vordringlich als Mittel der Wahlkampfmanager zum Zweck der Wahl ihres Kandi-

---

90 GRONBECK 1984: 490.
91 Ebd.
92 Bruce GRONBECK, The Functions of Presidential Campaigning. In: Communication Monographs, vol. 45, November 1978: 268–280, hier: 272. Im Original ist „villains" als „villians" geschrieben; in der hier zitierten Version korrigiert.
93 Ebd.: 273.
94 Vgl. GRONBECK 1984: 490/491; und DERS. 1978: 268–270.
95 Ebd.: 496.

I. 2. Wahlstrategien und Bildstrategien

daten.[96] Zugleich strukturieren sie aber auch die Wahlkampforganisation und liefern, ähnlich einem Drehbuch, Handlungsrahmen und -abfolge für den Einsatz der Bildstrategien. Wahl- und Bildstrategien werden durch vier Faktoren determiniert: den Kandidaten, den Gegen-Kandidaten, den Systemkontext und den zeitgeschichtlichen Kontext, in dem sich politische Kommunikation abspielt. Die in einem Wahlkampf zum Einsatz gebrachten Bildstrategien reflektieren diese Bedingungsfaktoren und können so als kulturhistorische Quelle politischer Prozesse verwendet werden. Bildstrategien sind Mittel der visuellen Kommunikation, die vom Betrachter auf unterschiedliche Arten genutzt werden können. Unabhängig von der jeweiligen Einsatzart prägen sie die Wahrnehmung und die Bedeutungszuweisung politischer Wirklichkeit. Im Unterschied zu verbaler Kommunikation wirken Bilder nicht primär auf einer argumentativ-rationalen Ebene, sondern verbinden konkrete Aussagen über eine Person, die als Informationen gelesen werden können, mit einer sinnlichen Erfahrungsebene, die häufig auf der Herstellung assoziativer Verbindungen beruht. Diese Assoziationen sind vielleicht nicht rational erklärbar, sie beruhen jedoch auf historischen Traditionen, deren Bedeutungen analytisch dechiffrierbar sind.

---

96 Vgl. dazu HOLZER 1996.

II. Kapitel
Das Wahlplakat in den USA von Andrew Jackson bis Bill Clinton

II. 1. Barbecue und Ballyhoo

Die Geschichte der Wahl in Nordamerika beginnt bereits vor der Unabhängigkeitserklärung der Vereinigten Staaten 1776. Die Wahl an sich war keine Erfindung der jungen republikanischen Demokratie, sie wurde bereits zur Kolonialzeit praktiziert, wenn auch beschränkt auf die „Houses of Burgesses"[1] der einzelnen Kolonien und nur eine geringe Anzahl Wähler.[2] In der Kolonialzeit und auch noch in der frühen nachrevolutionären Periode stammten sämtliche Repräsentanten aus der sogenannten „Plantocracy", der Landbesitzeraristokratie. Die Rolle der Wähler war beschränkt. Sie wurden in der Kolonialzeit etwa alle drei Jahre aufgerufen, ein neues House of Burgesses zu wählen[3] und waren kaum über Inhalte der Politik, geschweige denn das Abstimmungsverhalten ihrer Repräsentanten informiert.[4] Politische Willensbildung im Sinne einer Meinungsbildung zu bestimmten politischen oder personalen Alternativen fand nur innerhalb der Repräsentanten, nicht aber innerhalb der Gruppe der Repräsentierten statt. Es herrschte vielmehr ein Verhältnis untertäniger Ehrerbietung[5], das in keiner Weise mit den politischen Anspruchs- und Erwartungshaltungen des 20. Jahrhunderts verglichen werden kann. Dennoch muß auch in der Kolonialzeit die Wahl als der konstitutive Akt politischer Repräsentation begriffen werden. Zugleich liegen in den sich um den Wahlakt abspielenden Ritualen im 18. Jahrhundert die Ursprünge der populären Wahlkampfkultur der folgenden

---

1 Das „Virginia House of Burgesses" war die erste Legislative in den 13 nordamerikanischen Kolonien. Sie wurde 1619 gegründet. „Wahlen" zu dieser Legislative fanden grundsätzlich mit nur einem Kandidaten statt. S. Robert J. DINKIN, Campaigning in America: a history of election practices. New York 1989: 3.
2 Vgl. Robert J. DINKIN, Voting In Provincial America: a study of elections in the thirteen colonies, 1689–1776, Westport/Conn 1977; nur Landeigentümer besaßen das Wahlrecht. In der Zeit zwischen 1607 und 1789 waren das zwischen der Hälfte und Vier-Fünftel der erwachsenen, männlichen, weißen Bevölkerung. Vgl. DINKIN 1989: 3.
3 Lucille Blanche GRIFFITH, The Virginia House of Burgesses, 1750–1774. Ph. D. thesis, Brown University 1957: 73.
4 POLE 1971: 149; DINKIN 1989: 1.
5 „Social structure and political culture, meanwhile, sustained a politics of deference, of habits of subordination, in most parts of the new republic. Plain men looked to gentlemen of superior status, to established families, and to local notables as obvious candidates for office. Ordinary voters, the ‚democratical' element of the polity, certainly had to be taken into account, but they seldom expected to send one of their own to the state house." William Nisbet CHAMBERS, Election of 1840. In: Arthur M. SCHLESINGER (Hg.), History of American Presidential Elections. 4 vols. New York u. a. Vol. 1 (1971): 643–744, hier: 645.

Jahrzehnte begründet. Eine Wahl stellte für alle Beteiligten ein wichtiges und aufregendes Ereignis dar. Die Stimmabgabe in einem der weit über das Land verstreuten Wahllokale war eine zeitaufwendige Angelegenheit, die den Wähler aus seinem Alltag riß. In der Regel eröffnete der Sheriff das Abstimmungsverfahren im Gerichtsgebäude, nachdem er die Wahlausschreibung laut verlesen hatte. Die beiden Kandidaten – selten fanden sich mehr Interessenten – saßen sich an den Enden eines großen Tisches gegenüber. Wenn, wie üblich, eine Einzelabstimmung erforderlich wurde, weil das Ergebnis nicht durch bloße Akklamation ermittelt werden konnte, stellten sich die Wahlmänner einer nach dem anderen auf, um ihre Kandidatenwahl bekanntzugeben und im Anschluß die ihnen nun zustehende Dankesbekundung ihres Kandidaten entgegenzunehmen. Akzeptable Redewendungen eines dankbaren Stimmempfängers waren etwa: „Sir, ich werde diese Stimme, solange ich lebe, schätzen", „Sir, auf daß Sie tausend Jahre leben". Die Wahlen dauerten oft einen ganzen Tag und konnten auch auf zwei oder drei weitere Tage ausgedehnt werden. Aber sobald der Sheriff von der Vollständigkeit aller Stimmen überzeugt war, konnte er nach eigenem Ermessen die Abstimmung beenden. Bevor er dies tat, wurde von ihm eine Ankündigung erwartet, im Falle, daß zur Stimmabgabe bereite Wähler noch vor dem Wahllokal verweilten. Das vom Sheriff festgestellte Ergebnis wurde dem House of Burgesses übermittelt und als Bestätigung des Anspruches der gewählten Kandidaten auf ihre Abgeordnetensitze gewertet. Vor alledem jedoch hatte sich gewöhnlicherweise schon die Wirkung des Rums bemerkbar gemacht, der in gewaltigen Mengen in den Kneipen und Häusern der Anhänger der Kandidaten ausgeschenkt wurde. Eine Wahl ohne anschließende Schlägerei hatte Seltenheitswert.[6]

Wählen gehen war im 18. Jahrhundert vor allem ein soziales Ereignis mit eher sportiven als ernsthaft politischen Zügen. Die Einstellung der Wähler zu ihren Kandidaten glich den Verhaltensweisen bei einem Fußballspiel, in dem eindeutig für eine Seite Stellung bezogen wird, ohne sich selbst jedoch einen Einfluß auf den Ausgang des Spieles anzumaßen.[7] Die Bedeutung des Unterhaltungseffektes dieser frühen politischen Veranstaltungen sollte dementsprechend auch nicht unterschätzt werden. Dennoch bot der Wahlkampf zugleich eine seltene Gelegenheit für die Repräsentierten, ihren potentiellen Repräsentanten auf gleicher Ebene zu begegnen. *Pole* beschreibt diesen Aspekt treffend: „(...) the election was a hilarious county reunion, and best of all it was a time when the mighty were forced to show fellowship with the common freeholders amid much back-slapping, rum tippling, and protestation of political reticence."[8] Die Beziehung zwischen Wählern und Kandidaten im 18. Jahrhundert muß als ein Hochachtungsverhältnis verstanden werden, das dem Amt und dem Einfluß der Repräsentierenden entgegengebracht, jedoch während der kurzen Zeit vor und während des Wahlaktes auf die Probe gestellt wurde. In dieser Zeit mußten sich die hohen Herrschaften und Großgrundbesitzer auf das Niveau ihrer Wählerschaft herablassen, um sich in einem eher ritualisierten, denn kompetitiven System diese Hochachtung zu verdienen. Das anläßlich des Wahlrituals stattfindende „Entertainment" war damit nicht nur eine Abwechslung vom gleichförmigen Alltag einer größtenteils agrarisch geprägten Gesellschaft, sondern auch eine Art soziales Rollenspiel, welches das Zusammengehörigkeitsgefühl innerhalb einer Grafschaft verstärkte.

6 S. POLE 1971: 150.
7 Ebd.: 150/151.
8 Ebd.: 151.

Die Revolution und der Krieg mit der Kolonialmacht England bewirkten einen zunächst nur langsam zum Ausdruck gelangenden Wandel in der Einstellung der Bevölkerung zu sich selbst sowie zu den neuen Institutionen und Staatsrepräsentanten: „One reason for greater electoral competition in the postwar period was the growing politicization of common people. Those who had passively accepted rule by the rich and wellborn in the past were no longer willing to do so. Direct participation in protest against the British and the war itself had made average citizens aware of political issues and conscious of their rights. Many, having rejected aristocratic British rule, became wary of rule by this country's upper class. They began to speak out publicly on crucial matters."[9] Nach der Revolution spielten die Zeitungen eine wichtige Rolle in der Popularisierung der Wahl als öffentliche Angelegenheit. Sie weiteten ihre Berichterstattung über die Wahlen aus und veröffentlichten häufig im Vorfeld auch Kandidatenlisten. Um 1789 existierten ungefähr 90 Tageszeitungen in der ehemaligen Kolonie, fast die doppelte Anzahl im Vergleich zu 1775.[10] Die Zeitungen entwickelten bereits zu einem frühen Zeitpunkt parteipolitische Standpunkte, noch vor der Entwicklung des ersten Parteiensystems in den 90er Jahren des 18. Jahrhunderts.[11]

Der Austritt aus der Unmündigkeit einer vom Mutterland abhängigen Kolonie resultierte zunächst in der Gründung eines Verfassungsstaates, der geschriebene Rechte und Pflichten, mithin gesellschaftliche Verhaltensregeln festhielt, um damit das Hauptziel des Unabhängigkeitskrieges zu verwirklichen: Die Freiheit von willkürlicher Gewalt. Zu diesen verfassungsrechtlich garantierten Rechten gehört auch das Wahlrecht. Art. II Abs. 1, 2 der amerikanischen Verfassung legt den indirekten Wahlmodus per Wahlmännergremium fest, der für die Wahl der Exekutive und damit des Präsidentenamtes entwickelt wurde.[12] Die Wahlmänner der Einzelstaaten treten im Electoral College zusammen. Das Wahlvolk – freie, nicht-versklavte Männer – war damit nicht direkt an den Wahlen beteiligt, sondern wirkte nur indirekt über seine Wahlrepräsentanten an der sich in vierjährigem Turnus erneuernden Konstitution der Exekutive mit. Die Verfassung überließ den Einzelstaaten den Auswahlmodus für die präsidentiellen Wahlmänner. Bei der ersten Wahl 1789 entschieden sich nur zwei der dreizehn ehemaligen Kolonien, auch die Wahlrepräsentanten vermittels Wahl zu berufen[13], während die übrigen Staaten ihre Delegierten ins Electoral College von den gesetzgebenden Versammlungen der jeweiligen Einzelstaaten nominieren ließen. In den 20er Jahren des 19. Jahrhunderts begann sich der Be-

---

9 DINKIN 1989: 5.
10 Ebd.: 9.
11 Ebd.
12 S. Vincent WILSON (Hg.), The Book Of Great American Documents. 4. Aufl. Brookeville/Maryland 1987: 37/38. Trotz der detaillierten Festlegung des Wahlmodus traten in einzelnen Fällen politische Komplikationen auf. So unterschied die Verfassung bis zur Einfügung des 3. Absatzes, 1804 durch das 12. Amendment, nicht zwischen der Wahl zum Präsidenten und Vizepräsidenten im Electoral College. Vielmehr qualifizierte sich vor 1804 derjenige als Präsident, der die meisten Stimmen auf sich vereinigen konnte, während der zweitbeste Kandidat automatisch mit dem Vizepräsidentenamt vertröstet wurde. Die Präsidentschaftswahl von 1800 hatte zu einem Patt zwischen Thomas Jefferson und Aaron Burr geführt. Schließlich gewann Jefferson, aber lange Zeit war nicht klar, ob sich das Repräsentantenhaus noch vor dem festgesetzten Inaugurationsdatum auf einen Kandidaten würde einigen können. Seitdem wurden für eine Pattsituation zwei getrennte Abstimmungen für das Präsidentenamt und den Posten des Vizepräsidenten vorgesehen.
13 Diese beiden Staaten waren Pennsylvania und Maryland.

stellungsmodus der Wahlmänner zu demokratisieren. 1836 hatten alle Staaten, mit der Ausnahme South Carolinas, das allgemeine Wahlsystem für das Electoral College eingeführt.[14]

Mit der Gründung der Vereinigten Staaten von Amerika fanden also auch Wahlen für öffentliche Ämter statt, jedoch blieb das Wahlrecht zunächst nur einer winzigen Gruppe von Besitzenden und in hohem öffentlichen Ansehen stehenden männlichen Personen vorbehalten. Die Wahl des Präsidenten war von Anbeginn eine Persönlichkeitswahl, im Falle George Washingtons muß sogar eher von einer Persönlichkeits-Ernennung gesprochen werden.[15] George Washington wurde beide Male, 1789 und 1792, einstimmig „gewählt".[16] Die noch präsente Nähe zu monarchischen Ritualen drückte sich in der Inaugurationsfeier am 30. April 1789 in New York aus, als Robert R. Livingston seine Ansprache mit dem Ausruf „Long live George Washington, President of the United States" beschloß, einer Abwandlung der britischen Herrscherhommage „Long live the King".[17] Auch die Art der „Öffentlichkeit" der Wahlen in der Frühphase der amerikanischen Republik stand zunächst in der feudal-monarchischen Tradition. Als „öffentlich" konnte die Wahl zum Präsidenten nur insofern bezeichnet werden, als das Resultat öffentlich bekannt gegeben wurde. Ein Umstand, der die Wahl des Präsidenten zunächst nicht von der Ausrufung eines neuen Herrschers oder dem Konklave zur Papstnominierung unterschied.

Das spezifisch Neue, „Demokratische", trat erst anläßlich der dritten Präsidentschaftswahl 1796 zutage. Denn hier war zum ersten Mal in der amerikanischen Geschichte eine Auswahl aus mehreren Kandidaten möglich: Mit Thomas Jefferson und John Adams standen sich zwei Kandidaten mit unterschiedlichen Programmen und prononcierten Ansichten gegenüber.[18] Adams gewann 1796, wurde aber vier Jahre später wieder von Jefferson herausgefordert. Der Wahlkampf von 1800 war der kontroverseste in der jungen amerikanischen Geschichte.[19] Parallel zu der entstehenden Kandidatenkonkurrenz begann die öffentliche Meinung einen, wenn auch langsamen, so doch stetig steigenden Einfluß auf den politischen Prozeß auszuüben, der sich in „popular votes" ausdrückte, die nur in seltenen Fällen von den Wahlmännergremien völlig ignoriert werden konnten.[20] Das Wahlrecht weitete sich im Verlauf der ersten zwei Jahr-

---

14 Vgl. Richard P. McCORMICK, The Presidential Game: the origins of American presidential politics. New York 1982: 160. In South Carolina wurden die präsidentiellen Wahlmänner noch bis 1868 von den Abgeordneten der Legislative South Carolinas ernannt und nicht öffentlich gewählt.
15 DINKIN 1989: 1.
16 Joseph G. BROWN, If Elected. Presidential Campaign Memorabilia. The Western Reserve Historical Society, Cleveland 1988: 1–24, hier: 1.
17 Zitiert bei DINKIN 1989: 1; ebenfalls bei BROWN 1988: 1. Zur Ikonographie George Washingtons vgl. Wendy C. WICK, George Washington An American Icon. The Eighteenth-Century Graphic Portraits. The Smithsonian Institution Washington D.C. 1982; Patricia A. ANDERSON, Promoted to Glory: The Apotheosis of George Washington. Northampton/Massachusetts 1980.
18 DINKIN 1989: 18.
19 Ebd.: 20.
20 Die beiden Fälle, in denen ein Kandidat der weniger „popular votes" auf sich vereinigen konnte als sein Gegner, schließlich aber doch Präsident wurde, sind: 1824 John Quincy Adams (statt Andrew Jackson, der ihn aber im darauffolgenden Wahlkampf besiegte); und 1876 der Republikaner Rutherford B. Hayes, der 4.036.298 „popular votes" und 185 „electoral votes" auf sich vereinigen konnte, während sein Demokratischer Gegenkandidat Samuel Tilden mit 4.300.590 „popular votes" eindeutig führte und nur mit einer Stimme weniger im Electoral College (184) unterlag. Die Wahlentscheidung 1876 wird

II. 1. Barbecue und Ballyhoo

zehnte des 19. Jahrhunderts beständig auf die weiße männliche Bevölkerung aus. Von den dreizehn Staaten, die zwischen 1791 und 1837 der Union beigetreten waren, gewährte nur Louisiana kein allgemeines Wahlrecht. Bis auf Rhode Island, Virginia und Louisiana hatten 1840 alle übrigen 23 Unionsstaaten ein allgemeines Wahlrecht für weiße Männer eingeführt.[21]

Zu Beginn des 19. Jahrhunderts waren bereits viele Methoden der Wahlwerbung bekannt, die sich bis in das 20. Jahrhundert hinein erhalten haben. Öffentliche Reden und Ansprachen waren ein populäres Medium, um die Aufmerksamkeit der Bevölkerung auf das Ereignis „Wahl" zu lenken. Schon zur Kolonialzeit hatte sich das *Barbecue* und die Verköstigung der potentiellen Wählerschaft mit Speis und Trank eingebürgert.[22] Das Rundschreiben und der Serienbrief, die bis heute wichtige Wahlkampfinstrumente darstellen, wurden bereits Ende des 18. Jahrhunderts erfunden und zu Wahlkampfzeiten eingesetzt.[23] Ein weiteres populäres Wahlkampfmittel des 18. und 19. Jahrhunderts, das in Großbritannien auch heute noch die zentrale Strategie der Stimmenwerbung darstellt, ist das „canvassing"[24]. Canvassing ist, im ursprünglichen Gebrauch, der Ausdruck für das von Tür zu Tür Gehen[25] der Kandidaten, die durch diesen direkten Wählerkontakt Stimmen für sich zu werben hoffen. Den weitaus größten Einfluß auf die Meinungsbildung im Wahlkampf übten jedoch die zahlreichen Zeitungen aus.[26] Die Anzahl der Zeitungsveröffentlichungen in den USA stieg von 91 im Jahr 1790 auf 234 im Jahr

---

allgemein als eine zutiefst korrupte Affäre betrachtet; vgl. für die Daten Vincent WILSON, The Book of The Presidents. 11. Aufl. Brookeville/Maryland 1993: 92/93; für die Wahl 1876 vgl. DINKIN 1989: 89; Sidney I. POMERANTZ, Election of 1876. In: SCHLESINGER (Hg.), Bd. 2 (1971): 1379–1487.

21 CHAMBERS 1971: 647.
22 DINKIN 1989: 3. „(…) one of the most accepted forms of campaigning in those days was treating the electorate to food and drink. Contemporaries often referred to this practice as ‚swilling the planters with bumbo'. In the southern and middle colonies, especially Virginia, Maryland and New York, it was customary for the candidates to provide refreshments for the voters before or after the balloting. George Washington was not unusual in spending thirty-nine pounds on ‚treats' for his first assembly election in 1758. This included payment for 160 gallons of various beverages, an average of a quart-and-a-half per voter. If a candidate ignored the custom of treating, he often found himself in great difficulty. In 1777, James Madison, believing ‚the corrupting influence of spirituous liquors, and other treats', to be ‚inconsistent with the purity of moral and republican principles', tried to introduce a ‚more chaste mode of conducting elections in Virginia'. He found, however, that ‚the old habits were too deeply rooted to be suddenly reformed', and was defeated by an opponent who continued to use ‚all the means of influence familiar to the people.'"
23 DINKIN 1989: 14/15; Noble E. CUNNINGHAM, Jr. (Hg.), Circular Letters of Congressmen to Their Constituents 1789–1829. 3 vols. Chapel Hill/North Carolina 1978. CUNNINGHAM stellt in drei umfangreichen Bänden die erste Sammlung sämtlicher Serien- bzw. Rundbriefe zwischen 1789 und 1829 vor. Schon 1789 ist belegt, daß von Dokumenten und Reden der Abgeordneten eine große Anzahl von Kopien angefertigt wurde, um sie an besonders wichtige Wähler zu verschicken: „In 1798, when the House ordered the printing of twelve hundred copies of the XYZ dispatches from the American envoys to France, it was explained in the debate that this excess was to enable each member to have about a dozen copies to send to his constituents." CUNNINGHAM, Bd. I (1978): XXIX.
24 Zur Begriffsgeschichte vgl. William SAFIRE, Safire's Political Dictionary. New York 1978: 98/99.
25 Der britische Ausdruck „knocker-up" umschreibt die tatsächliche Aktivität präziser. Vgl. SAFIRE 1978: 99.
26 DINKIN 1989: 15.

1800.²⁷ Um die Mitte des 19. Jahrhunderts waren die meisten Wähler des Lesens mächtig und die Mehrheit abonnierte eine Tages- oder Wochenzeitung.²⁸ Die Zeitungen waren nicht politisch neutral, sondern vertraten ganz konkrete parteipolitische Interessen, ja viele Zeitungen wurden als Parteiorgane gegründet. Die Vorstellung einer unabhängigen Presse war dem Amerikaner Mitte des 19. Jahrhunderts noch fremd, ganz im Gegensatz dazu war der Zeitungsabonnent stolz darauf, seine politische Weltanschauung offen kund zu tun. Die Zeitung, die man las war nicht Zeichen von Freidenkertum, sondern dezidiertes Symbol der jeweiligen Parteiidentifikation.²⁹ Auch der zahlenmäßige Vergleich zwischen Parteizeitungen und unabhängigen läßt auf die hohe Parteilichkeit in der politischen Kultur und Selbstdefinition der Amerikaner zu Anfang des 19. Jahrhunderts schließen. Um 1850 existierten landesweit 1.630 Parteizeitungen mit einer Auflage von zwei Millionen Exemplaren – ungefähr ein Exemplar pro Wähler –, während der unabhängige Zeitungsmarkt nur 83 parteipolitisch neutrale Blätter umfaßte, deren Auflage gerade 300.000 erreichte.³⁰ Diese konzentrierten sich zudem massiv in den drei größten Städten – Philadelphia, New York und Boston³¹ – und fanden auf dem Land kaum Verbreitung. Auch die Stimmzettel für die Wahlen wurden bis in die 90er Jahre des 19. Jahrhunderts³² nicht etwa von einer unabhängigen Kommission, sondern von den Parteien selbst gedruckt, üblicherweise in unterschiedlichen Farben³³, so daß innerhalb des Wahllokals eindeutig sichtbar war, für welche Partei der Wähler gerade stimmte. Den Wahlvorgang selbst muß man sich folgendermaßen vorstellen: „Usually, a voter took his colored ballot from a temporary booth identified by party and dropped it into one of two clear bowls, identified by party posters, inside the polling place."³⁴ Die Wahl fand zunächst nur zwischen zwei Kandidaten statt, die jeweils durch ihre Parteizugehörigkeit ausgewiesen waren. Es gab nicht nur eine

---

27 Ebd.; Alfred M. LEE, The Daily Newspaper in America. New York 1937: 718; Frank L. MOTT, American Journalism, 3. Aufl. New York 1962: 118.
28 Richard JENSEN, Armies, Admen, And Crusaders: Types Of Presidential Election Campaigns. In: The History Teacher, Vol. 2, No. 2, January 1969: 33–50, hier: 37.
29 Harold HOLZER/Gabor S. BORITT/Mark E. NEELY, The Lincoln Image: Abraham Lincoln and the Popular Print. New York 1984: 8.
30 JENSEN 1969: 37.
31 Ebd.
32 DINKIN 1989: 72 „Before the introduction of standard ballots in the 1890s, each party prepared its own, in a distinctive color, to keep track of its adherents. (…) Wooden booths were set up near the polls, in front of which party workers handed out the tickets and sometimes collared those seemingly headed for the opposition's booth. The effectiveness of these men could sometimes mean the difference between victory and defeat." In Deutschland waren die Stimmzettel für die Reichstagswahlen noch 1912 nicht standardisiert. Die Stimmzettel wurden jedoch primär von Stimmwerbern direkt an die Wähler zu Hause verteilt, häufig zusammen mit Agitationsmaterialien, wie z. B. auch Wahlplakaten; vgl. dazu Ursula ZELLER, Die Frühzeit des politischen Bildplakats in Deutschland (1848–1918). Stuttgart 1988: 26, Anm. 1. Um 1910 begannen jedoch die großen Parteien schon mit der gezielten Verschickung von Stimmzetteln per Post, wie beispielsweise die Sozialdemokraten, die zu diesem Zweck 1910 eine eigene Versandstelle einrichteten; s. Jürgen BERTRAM, Die Wahlen zum Deutschen Reichstag vom Jahre 1912. Parteien und Verbände in der Innenpolitik des Wilhelminischen Reiches. Düsseldorf 1964: 180.
33 HOLZER u. a. 1984: 8.
34 Ebd.

II. 1. Barbecue und Ballyhoo

einzige Wahlurne je Wahllokal, wie das heute üblich ist, sondern die Parteien hatten getrennte Urnen, die jeweils durch Parteiplakate markiert waren. Den Wahlplakaten scheint in diesem frühen Wahlprozeß zunächst die banale Funktion der Markierung von Wahlurnen zugekommen zu sein. Diese waren aus Glas und damit durchsichtig, so daß sowohl die ungefähre Anzahl der abgegebenen Stimmen für eine Partei, wie auch falsche Stimmzettel an ihrer Farbe von Wählern und Wahlbeobachtern erkannt werden konnten. Von einer geheimen Wahl kann also nicht die Rede sein. Die Parteizugehörigkeit wurde vielmehr öffentlich zur Schau getragen, niemand fürchtete sich, seine parteipolitische Meinung auch öffentlich bekannt zu machen.

Die frühe Wahlkampfkommunikation bestand aus mündlichen und schriftlichen Mitteilungsformen, dem direkten Kontakt zwischen Wählern und Kandidaten vermittels *canvassing* oder der Teilnahme an von den Parteien organisierten Massenveranstaltungen. Der erste Einsatz eines Kandidatenporträts im Wahlkampf ist für Andrew Jackson 1828 nachgewiesen. Dieser relativ späte Einsatz graphischer Propagandamittel hatte auch technische Gründe: Vor der Einführung der Lithographie in den USA um 1830 waren keine Massenauflagen von gedruckten Bildern denkbar. Zwar erfreuten sich Holzschnitte, Radierungen, Mezzotinti und andere Hoch- und Tiefdrucktechniken einer großen Beliebtheit, Produktions- und Druckprozesse waren jedoch weder zeitlich noch von der Auflagenhöhe dem ephemeren Ereignis „Wahlkampf" angemessen.

Das Bild, im weitesten Sinne, gewann bereits sehr früh im Wahlkampf an Bedeutung. Spätestens seit der Ära Andrew Jacksons gingen die noch in der Kolonialzeit verwurzelten politischen Bräuche mit den neuen militärischen Ritualen eine Verbindung ein, die zu einer ausgeprägten und schillernden politischen Festkultur in den USA führte. Visuelle Beeindruckungsstrategien in Form von Fackelumzügen – *torchlight parades* –, öffentlichen Massenversammlungen, Barbecues und kollektiven Baumpflanzaktionen bestimmten die Wahlkampfkultur der ersten Hälfte des 19. Jahrhunderts.[35] In einigen Staaten entwickelte sich ein politischer Brauch, der an das Ritual um die Maibäume – *may poles* – in Großbritannien[36] erinnerte und

---

35 DINKIN 1989: 36.
36 Für Andrew Jackson wurden 1924 „Hickory Poles" errichtet (Jacksons Spitzname war „Old Hickory" nach dem besonders harten Holz des Hickory-Baumes), für seinen Gegner Henry Clay (der aus Ashland/Kentucky stammte) wurden Eschbäume (Ash Poles) aufgestellt. Vgl. dazu Arthur M. SCHLESINGER, Liberty Tree. A Genealogy. In: New England Quarterly, No. 25, December 1952: 456. Zu den britischen Maibäumen vgl. Michael KAMMEN, Mystic Chords Of Memory. The Transformation of Tradition in American Culture. New York 1991: 33. Er weist darauf hin: „Following the restoration of the monarchy in Britain, the tradition of May Day got revived and 6,325 maypoles were erected between 1660 and 1665"; vgl. zu den frühen „Freiheitsbäumen" (liberty poles) in Amerika SCHLESINGER 1952: 435–458. Die „Liberty Tree" Tradition in den USA wurde 1765 begründet. Der erste Freiheitsbaum stand in Boston und wurde durch eine „Executio in Effigie" an einer nach dem Bildnis eines britischen Steuereintreibers angefertigten Puppe zum Freiheitssymbol. Der Sturz eines Freiheitsbaums, der am 4. Juni 1766 in New York errichtet worden war, durch englische Soldaten führte zu blutigen Unruhen und schließlich der dreimaligen Neuerrichtung des Baumes in immer aufwendigeren Versionen, die wiederum, bis auf den letzten, jeweils vom englischen Militär gefällt wurden. Dieser ungebrochene zivile Ungehorsam verstärkte die Symbolkraft des Freiheitsbaums als Zeichen für den Unabhängigkeits- und Freiheitswillen der Amerikaner. Vgl. dazu SCHLESINGER 1952: 441/442. Die englischen Tories kritisierten das Ritual um die Freiheitsbäume als Götzendienst: „A Tory writer in

aus der Revolutionsphase stammte. Der Baumstamm wurde als Freiheitssymbol betrachtet. Das „pole-raising", das Aufstellen des mit Parteiemblemen geschmückten Freiheitsbaumes (*liberty pole*) fand so meist am Tag vor der Wahl zu Beginn der letzten großen Wahlkampfveranstaltung statt und hatte Volksfestcharakter. Auf das *pole-raising* folgten dann meist Ansprachen berühmter Wahlkampfredner und schließlich ein großer Fackelumzug, bei dem beleuchtete Transparente, Flaggen und Porträts der Kandidaten mitgeführt wurden.[37] Die Kandidatenporträts wurden so außer für die parteipolitische Markierung von Wahlurnen auch in öffentlichen Festumzügen eingesetzt. Ein lebhaftes Zeugnis dieser Bildpraxis gibt *Michel Chevalier*, ein ausländischer Beobachter und Augenzeuge der Parade, die 1832 aus Anlaß des Sieges Andrew Jacksons in New York inszeniert wurde:

„The procession was nearly a mile long; the Democrats marched in good order to the glare of torches; the banners were more numerous than I had ever seen in any religious festival; all were transparencies on account of the darkness. On some were inscribed the names of

---

New York declared that for many persons liberty had come to mean the *Happiness of Assembling in the open Air*, and performing *idolatrous* and *vociferous* Acts of Worship, *to a Stick of Wood*, called *Liberty Pole*." The Douglias, New York Gazette and Weekly Mercury, April 23, 1770. Zitiert in: SCHLESINGER 1952: 445. Die Freiheitsbäume nahmen in der revolutionären Zeit eine quasi-religiöse Bedeutung an, vergleichbar mit dem Kreuz Christi. Aus Freiheitsbäumen, die zum Teil von den Engländern im Unabhängigkeitskrieg gefällt worden waren, wurden Andenken und Geschenke geschnitzt. So berichtet z. B. SCHLESINGER 1952: 452, daß aus dem Baumstamm des Liberty Trees in Charleston/South Carolina, unter dem die von Thomas Jefferson verfaßte Unabhängigkeitserklärung proklamiert wurde, dem Verfasser Jefferson der Knauf seines Gehstockes geschnitzt wurde. Verwiesen sei im Zusammenhang mit den britischen Maibäumen auch auf die deutsche Maifeier, die andere Ursprünge hatte. Als politisches Fest wurde es erst Ende des 19. Jahrhunderts eingeführt, interessanterweise in Reaktion auf die Niederwerfung eines Arbeiteraufstandes in Amerika (sic!): „Die Festidee basiert auf der Erinnerung an eine blutig unterdrückte Massendemonstration amerikanischer Arbeiter für den Achtstundentag im Jahre 1886, die bewußt auf den 1. Mai als traditionellen Termin arbeitsrechtlicher Vertragsänderungen (Moving Day) gelegt worden war. Drei Jahre später, am hundertsten Jahrestage des Sturms auf die Bastille, beschloß der internationale Sozialistenkongreß in Paris, den 1. Mai als ‚Weltfeiertag der Arbeit' zu deklarieren, an dem sich Arbeiter aller Industrienationen zu Kundgebungen für Völkerfrieden und Achtstundentag vereinigen sollten." Edith LERCH, Die Maifeiern der Arbeiter im Kaiserreich. In: DÜDING/FRIEDEMANN/MÜNCH 1988: 352–372, hier: 352. Der anläßlich eines Frühlingsfestes errichtete Maibaum und die Arbeitermaifeier scheinen im 19. Jhdt. in Deutschland eine Symbiose eingegangen zu sein, wie eine Postkarte zum 1. Mai 1910 belegt (abgebildet in: Manfred GEBHARDT, Ein Hauch von Maienblüte. Postkarten der deutschen Arbeiterbewegung zum 1. Mai. Berlin (Ost) 1989: 97). Neben Hammer und Amboß im Vordergrund und einer Arbeiterversammlung mit einem Redner auf der Tribüne ist auch ein Maibaum abgebildet, aus dessen Kranz drei rote Schleifen herabwehen, die als Spruchbänder die Parolen der französischen Revolution „Freiheit", „Gleichheit", „Brüderlichkeit" tragen. Eine Verbindung zwischen volkstümlichem Maibaum und Freiheitsgedanken könnte auch durch das Hambacher Fest 1832 hergestellt worden sein, das ebenfalls im Mai, am 26., stattfand. Vgl. Cornelia FOERSTER, Das Hambacher Fest 1832. Volksfest und Nationalfest einer oppositionellen Massenbewegung. In: DÜDING/FRIEDEMANN/MÜNCH (Hg.) 1988: 113–146. Zu den Maibäumen und der Freiheitsikonographie vgl. auch Arnold RABBOW, Visuelle Symbole als Erscheinung der nicht-verbalen Publizistik. Diss. phil. Westfälische Wilhelms-Universität zu Münster 1966: 149.

37 DINKIN 1989: 38.

the Democratic societies or sections; Democratic young men of the ninth or eleventh ward; others bore imprecations against the Bank of the United States; (…) Then came the portraits of General Jackson afoot and on horseback; there was one in the uniform of a general and another in the person of a Tennessee farmer with the famous hickory cane in his hand. Portraits of Washington and Jefferson, surrounded with Democratic mottoes, were mingled with emblems in all designs and colors. Among these figured an eagle – not a painting, but a real live eagle – tied by the legs, surrounded by a wreath of leaves and hoisted upon a pole, after the manner of the Roman standards. The imperial bird was carried by a stout sailor, more pleased than was ever any city magistrate permitted to hold one of the cords of the canopy in a Catholic ceremony."[38]

Der Adler in der Jackson Parade war als Geschenk an den Wahlgewinner gedacht und wurde diesem auf dem Höhepunkt der Zeremonie feierlich überreicht. Dieses recht ungewöhnliche Ritual der Übergabe eines lebenden Adlers an den siegreichen Kandidaten wird auch in einem *Broadside*, einem Schrift-Bildplakat, dargestellt, das 1840 für den Kandidaten der Whigs, William Henry Harrison, angefertigt wurde (Abb. 1).[39] Von den zwölf Holzschnitten des Plakats, welche die „Log-cabin"-Anekdoten umrahmen, stellt die Illustration in der Mitte unten die Übergabe eines angeketteten Adlers sowie einer Flagge und einer Tonne Hard cider vor einer Holzhütte (Log cabin) dar. Der Bildkommentar ist betitelt mit „Delivering the Eagle" und untertitelt mit einem Reim: *Majestic monarch of the cloud, Who rear'st aloft thy regal form, To hear the tempest trumping loud And see the lighting lances driven, When strive the warriors of the storm, And rolls the thunder-drum of heaven, Child of the sun! to thee 'tis given To guard the banner of the free.* Ähnlich der Beschreibung der Adlerübergabe an Jackson scheint hier ein bewußtes Anknüpfen an die römische Antike vorzuliegen. Der Vers unter dem Harrison-Broadside bringt den Adler – in der Antike das Symbol des Zeus, des höchsten aller olympischen Götter – in Verbindung mit Donner und Blitz, die beide ebenfalls Zeus-Attribute sind. Die Verse unter der Illustration charakterisieren den Vogel als Herrn der Lüfte und nennen damit expressis verbis diejenige Eigenschaft, die dieses Tier ursprünglich zum Emblem des Zeus bestimmt hatte.

Neben dem Rekurs auf antike Bildsprache und Zeremonien, wurde die politische Festkultur der USA im 19. Jahrhundert vor allem durch die christliche Ikonographie geprägt, die als Vorbild für die Gestaltung profaner Prozessionen diente. Der französische Zeitzeuge *Chevalier* verglich die politischen Paraden sogar mit mexikanischen Eucharistiefesten: „The American standard-bearers were as grave as the Mexican Indians who bore the sacred candles. The Democratic procession, also like the Catholic procession, had its halting places; it stopped before the houses of Jackson men to fill the air with cheers and before the doors of the leaders of the Opposition to give three, six, or nine groans."[40] Diese politisch-religiösen Rituale müs-

---

38 Michel CHEVALIER, Society, Manners, and Politics in the United States: Letters on North America. Boston 1839. Hg. v. John William WARD, Gloucester/Massachusetts 1967: 306–308.
39 Das Plakat wurde am 18. Juli 1840 in der Library of Congress zum Copyright eingereicht, s. Bernard F. REILLY, American Political Prints 1766–1876. A Catalog of the Collections in the Library of Congress. Boston 1991: 155. Im Unterschied zu der Adlerübergabe für Jackson, die nach seinem Wahlsieg stattfand, ist die im Plakat geschilderte Adlerübergabe als Wahlkampfpropaganda gedacht.
40 CHEVALIER 1967: 307.

sen die Betrachter sehr beeindruckt haben, denn *Chevalier* schreibt weiter unten: „If these scenes were to find a painter, they would be admired at some distant day no less than the triumphs and sacrificial pomps which the ancients have left us in marble and brass."[41]

Neben Antike und Christentum ist der dritte stilbestimmende Faktor bei den frühen Massenwahlkämpfen das Militär. Andrew Jackson, der „Held von New Orleans", prägte in seinen beiden Wahlkämpfen 1828 und 1832 den „Armee-Stil" des 19. Jahrhunderts. Der Kandidat hatte sich als harter Kommandant im Krieg gegen die Briten einen Namen gemacht und trat bewußt auch als Kriegsheld seine zivile Schlacht gegen die herrschenden Politiker an. Nachdem er 1824 John Quincy Adams aufgrund einer politischen Finte unterlegen war[42] und sich um die Präsidentschaft betrogen fühlte, wurde bei seinem zweiten Anlauf 1828 die Wahlkampfführung zum ersten Mal generalstabsmäßig geplant. Die aus dieser Anstrengung hervorgegangene Demokratische Partei organisierte ihre Aufmärsche, die stets von Marschmusik begleitet wurden, nach einem straffen militärischen Vorbild. Dieser mit symbolischen Handlungen beladene Wahlkampfstil wird allgemein „ballyhoo"-, „hoopla"- oder „hurrah-campaigning" genannt. Als Verb umschreibt „Ballyhoo" sämtliche während des Wahlkampfes zum Einsatz gebrachten Beeindruckungsstrategien, die darauf abzielen, Enthusiasmus hervorzurufen.[43] Der Zulauf zu diesen Veranstaltungen war enorm. Einige der Paraden, Umzüge und Massenversammlungen zogen Zehntausende von Menschen an.[44] Diese Art demokratischer Partizipation bezog die gesamte Bevölkerung ein. Es war ein einzigartiges Spektakel, das die sozialen und ethnischen Gegensätze scheinbar für einen Moment aufzuheben schien. Nicht nur die Wähler und Repräsentierten nahmen daran teil, sondern auch Frauen und Kinder, die ja von den Kandidaten nur virtuell repräsentiert wurden und selbst kein Wahlrecht besaßen.[45] Diese soziale

---

41   Ebd.
42   Jackson führte sowohl in den „popular votes" (152. 901) wie auch in der Anzahl der „electoral votes" (99). Sein Gegner und späterer Präsident John Quincy Adams hatte nur 114. 023 „popular votes" und 84 Wahlmännerstimmen auf sich vereinigen können. Da aber außer Jackson und Adams noch zwei weitere Kandidaten – William H. Crawford und Henry Clay – an der Wahl beteiligt waren und jeweils 41 bzw. 37 „electoral votes" auf sich vereinigen konnten, hatte Jackson keine zur Wahl nötige Mehrheit im Electoral College erreicht. Vgl. Paul F. BOLLER, Presidential Campaigns. New York u. a. 1985: 35. Gemäß Art. 2 Abs. 2 Satz 5, 2. Halbsatz der amerikanischen Verfassung wurde damit die Wahlentscheidung an das Repräsentantenhaus übertragen, das sich nicht für Jackson, sondern für John Quincy Adams entschied (vgl. auch Anm. 20 in diesem Kapitel).
43   SAFIRE 1978: 40/41. Der Ursprung des Ausdrucks „ballyhoo" ist nicht eindeutig geklärt. Vermutlich stammt er aber aus dem Irischen. „Bally" oder „bal" ist die irische Bezeichnung für ein Dorf. In Cork County, Irland, gibt es ein Dorf mit dem Namen Ballyhooly, wo laut Congressional Record vom März 1934 „residents engage in a most strenuous debate (…) and from the violence of those debates has sprung forth a word known in the English language as ballyhoo." Ein Synonym für „ballyhoo-campaign" ist „hoopla-campaign", vgl. SAFIRE 1978: 307/308 und das Glossar im Anhang dieser Arbeit.
44   Richard JENSEN, Armies, Admen, And Crusaders: Types Of Presidential Election Campaigns. In: The History Teacher, Vol. 2, No. 2, January 1969: 33–50, hier: 26.
45   „From the late 1820s on, people were not content to stand on the sidelines as spectators. Men, plain and privileged, many women, even whole families, joined in the spectacle, in fireworks, nighttime parades, and other political demonstrations. Engagement, not observation, was the rule." MELDER 1992: 8. Über die Beteiligung von Sklavinnen und Sklaven an diesen volksfestartigen Umzügen und politischen Paraden sind der Verfasserin keine Berichte bekannt. Inwiefern das „Publikum" vor dem Bürgerkrieg auch diese Bevölkerungsgruppe umfaßte, müßte noch stärker untersucht werden.

II. 1. Barbecue und Ballyhoo

Mischung des Publikums wurde schon in der nachrevolutionären Phase von ausländischen Beobachtern mit Staunen hingenommen.[46]

Die amerikanische bürgerliche Öffentlichkeit konstituierte sich zunächst über die Rolle als Zuschauer, in der „Sphäre der zum Publikum versammelten Privatleute"[47], die ihre temporäre Gleichheit in den allen offenstehenden politischen Ritualen der Parade und der Massenversammlung erfuhren. Die Veränderung, die sich in den Einstellungen und Erwartungshaltungen der Bürger gegenüber ihren Repräsentanten um die Mitte des 19. Jahrhunderts vollzog, kommt in den Worten des Dichters Walt Whitman zum Ausdruck, der 1855 in seinem Gedichtband „Leaves of Grass" das neugewonnene Selbstbewußtsein beschrieb:

The President is up there in the White House for you....
it is not you who are here for him,
The Secretaries act in their bureaus for you....
not you here for them,
The Congress convenes every December for you,
Laws, courts, the forming of states, the charters of cities,
the going and coming of commerce and mails are all for you.[48]

In diesen Zeilen wird eine Erwartungshaltung formuliert, die zwar zunächst noch nicht von den Wählern selbst eingefordert, sondern vom Dichter dem Volk zugesprochen wird. Dennoch scheint hier bereits die Wende zu einem klaren Mandatsverständnis auf. Der Präsident ist nicht nur ehrwürdiger Repräsentant. Seine Amtswürde scheint nur insofern ehrbietig, als er für das Volk vor dem Volk repräsentiert und die dem Repräsentanten huldigenden Repräsentierten im Grunde nichts anderes tun, als sich selbst oder die höhere Idee der abstrakten Volkssouveränität zu ehren.

Der großangelegte Stil in der Wahlkampfführung des 19. Jahrhunderts führte nicht nur zu einer massenhaften Beteiligung an den unterhaltsamen Ereignissen der Wahl. Der Politisierungsprozeß der amerikanischen Gesellschaft, der zu einer strikten Parteidisziplin führte, wies die höchsten Wahlbeteiligungen in der Geschichte der USA auf. Wenn das Zahlenmaterial vom Standpunkt des Empirikers aus auch kritisch beurteilt werden muß, so sind dies zugleich die einzigen quantifizierbaren Anhaltspunkte, die eine Auswirkung demokratischer Propaganda auf eine zumindest quantitativ erhöhte Wahlbeteiligung belegen. Die Wahlbeteiligung bei Präsidentschaftswahlkämpfen[49] erreichte in der letzten Hälfte des 19. Jahrhunderts ihren Höhe-

---

46 Wilcomb E. WASHBURN, The Great Autumnal Madness: Political Symbolism In Mid-Nineteenth-Century America. In: The Quarterly Journal of Speech. Vol. XLIX, 4 (1963): 417–431, hier: 418.
47 Jürgen HABERMAS, Strukturwandel der Öffentlichkeit. Untersuchungen zu einer Kategorie der bürgerlichen Gesellschaft. Orig. 1962. 16. Aufl. Darmstadt u. a. 1986: 42.
48 Walt WHITMAN, Leaves Of Grass. Orig. 1855. Hg. v. Malcolm Cowley, Reprint Harmondsworth/England 1986: 92.
49 Kathleen Hall JAMIESON, Packaging the Presidency. A History And Criticism Of Presidential Campaign Advertising. 2. Aufl. Oxford u. a. 1988: 415. Die durchschnittliche Wahlbeteiligung in Präsidentschaftswahlkämpfen zwischen 1848 und 1868 wurde von JENSEN (1969: 39, Table II) wie folgt ermittelt: 1840–1872 = 75%, 1876–1896 = 79%, 1900–1916 = 65%, 1920–1944 = 55%, 1948–1968 = 62%. Die Erhebung dieser Daten beruht auf der Studie von Walter Dean BURNHAM, The Changing Shape of the American Political Universe. In: American Political Science Review, LIX 1965: 7–28, v. a. S. 10.

punkt mit Ergebnissen zwischen 75% und 85%. Die Gouverneurs- und Kongreßwahlen standen diesen hohen Ergebnissen kaum nach und bewegten sich in der Regel zwischen 60% und 70%.[50] Nach diesen Rekordergebnissen im 19. Jahrhundert fiel die Wahlbeteiligung beständig, zunächst auf durchschnittlich 65% zwischen 1900 und 1916, dann auf 52% zwischen 1920 und 1928.[51] Die Große Depression und der New Deal führten zwischen 1932 und 1960 zu einem erneuten Anstieg der Wahlbeteiligung im Präsidentschaftswahlkampf auf 60%, nur um in den 70er und 80er Jahren wieder auf den Tiefstand der 20er abzusinken.[52] Dieser Rückgang der Wahlpartizipation ging einher mit einem Wandel im Wahlkampfstil wie auch in den Formen und Strukturen der Wahlkampforganisation.

Richard Jensen[53] unterscheidet fünf Idealtypen der Wahlkampfführung: der Versammlungstypus (*Rally style*), der missionarische Typus (*missionary style*), der Werbewahlkampf (*merchandising type*), der Kreuzzug (*crusade*) und der Gegen-Kreuzzug (*counter-crusade*). Der „Versammlungs-Typus" und der „missionarische" Stil gehören beide zu der Kategorie des von militärischen Vorbildern geprägten „Armee-Stils" (*Army style*), der das gesamte 19. Jahrhundert über bis 1908 dominant war, und dann seit 1916 durch den Werbewahlkampf abgelöst wurde. Während der Armee-Stil auf das 19. Jahrhundert und der Werbe-Stil auf das 20. Jahrhundert beschränkt sind, hat es über die gesamte Zeitspanne verteilt immer wieder kreuzzugähnliche Wahlkämpfe wie auch Gegen-Kreuzzüge gegeben. Sind in dem Schema *Jensens* sowohl der Armee- wie auch der Werbestil durch eine bestimmte politische Kultur bedingt, so scheinen die Wahlkämpfe mit Kreuzzugscharakter unabhängig von der herrschenden politischen Kultur eines Jahrhunderts auftreten zu können.[54] Der Armee-Stil basierte vor allem auf einem Zweiparteiensystem, das auch bei den Wählern zu einer strikten Parteilichkeit führte. Dieses Parteiensystem funktionierte über das gesamte 19. Jahrhundert hinweg und löste sich letztlich erst 1912 mit der Abspaltung der „Progressive Party"[55] von den Republikanern durch Theodore Roosevelt auf. Missionarische Wahlkämpfe werden laut *Jensen* vor allem geführt,

---

50 DINKIN 1989: 33; Paul KLEPPNER, Who Voted? The Dynamics of Electoral Turnout, 1870–1980. New York 1982: 28–31.
51 Michael McGERR, The Decline of Popular Politics. The American North, 1865–1928. New York u. a. 1986: 6. McGERR verweist in Anm. 5, S. 222 darauf, daß ironischerweise nicht Historiker, sondern Politikwissenschaftler die ersten waren, die die abnehmende Wahlbeteiligung als strukturellen Wandel erkannten. Zur Wahlbeteiligung s. Walter Dean BURNHAM, The Current Crisis in American Politics. New York 1982; DERS., Critical Elections and the Mainsprings of American Politics. New York 1970; Philip E. CONVERSE, Change in the American Electorate. In: Angus CAMPBELL/ Philip E. CONVERSE (Hg.), The Human Meaning of Social Change. New York 1972: 263–337.
52 McGERR 1986: 6.
53 JENSEN 1969: 34/35.
54 Ein Schema, in das JENSEN die Wahlkämpfe von 1800 bis 1968 einordnet, findet sich in seinem Artikel auf S. 35.
55 Die „Progressive Party" ist nur eine von vielen Drittparteien in der amerikanischen Geschichte. Zwar wird das politische System der USA seit der Gründung der Republikanischen Partei 1854, die aus der Whig Party hervorgegangen ist, durch ein Zweiparteiensystem dominiert. Dennoch sind Drittparteien ein den gesamten geschichtlichen Prozeß begleitendes Phänomen unterschiedlicher Stärke. Vgl. dazu Earl R. KRUSCHKE, Encyclopedia of Third Parties in The United States. Santa Barbara/California u. a. 1991; zur Progressive Party darin: 138–141.

II. 1. Barbecue und Ballyhoo

um eine Massengefolgschaft (army) aufzubauen.[56] Ist die Gruppe der Parteianhänger erst einmal formiert, so bedient sich die Partei im Wahlkampf des Versammlungsstils, um die Getreuen zu mobilisieren. Der Adressatenkreis von Versammlungswahlkämpfen sind die Parteianhänger. Das Ziel dieses Wahlkampfstils ist also nicht die Überzeugung von neutral oder gegnerisch gesinnten Wählern, sondern die Mobilisierung der eigenen Anhänger: „The rally was designed to enthuse the troops, not convert them (...)."[57] Der Armee-Stil drückte sich neben Paraden und Militärmusik in der Organisationsform von Parteipolitik aus. Die Parteianhänger marschierten nicht nur zu der Wahlkampfparade auf. Sie waren auch zwischen den Wahlkämpfen in lokalen Vereinen, sogenannten Clubs organisiert. Zu den berühmtesten zählten die „Wide-Awakes", „Silver-Knights", „Republican Phalanx", „Cleveland Guards", der „Deutsche Republikanische Harrison and Morton Club" und die „Deutschen Feger".[58] Die Clubs organisierten Paraden und veröffentlichten speziell für das Ereignis komponierte Märsche in aufwendig gestalteten Notenblättern (*sheet music*), wie zum Beispiel dem „Wide Awake Quick Step" von 1860.[59] „Political clubbing" bildete die Basisstruktur der beiden Parteien[60], die im übrigen zunächst nur aus einem losen Verband von Vorsitzenden (Chairmen) bestanden. Diese Parteivorstände, die nach Verwaltungsebenen vom Bundes-, über den Landes-, bis zum Kreisvorstand gegliedert waren, verfügten, wenn überhaupt, nur über einen geringen Verwaltungsunterbau und waren in Wahlkampfzeiten für die unterschiedlichsten Aufgaben zuständig. Ein Landesvorsitzender der Republikanischen Partei beschrieb beispielsweise seinen Aufgabenbereich in den 60er Jahren des 19. Jahrhunderts wie folgt: „I secured the attendance of the speakers, wrote out and supervised the printing of the bills, hired the music, repaired to New York and bought the fireworks, drew the Resolutions, engaged a chorus of singers from Philadelphia, aided in filling the torches, made the transparencies, selected the officers of the meeting, escorted the speakers and entertained them at the hotel, remained with them (to introduce them to the people) until two o'clock in the morning, settled with everybody for everything, and attended a meeting of the Executive Committee in New York the next day."[61] Diese Mühen machte sich ein Parteivorsitzender natürlich nicht nur aufgrund seiner politischen Überzeugung. Er erhoffte sich ganz konkret bei dem Sieg seiner Partei einen Posten in der neuen Verwaltung. Dieser wurde nach dem Umfang seines Wahlkampfeinsatzes bemessen. Der Erfolg des Armee-Stils gründete in der fortgesetzten Fähigkeit, Belohnungen an die Parteiarbeiter auszuteilen. Um 1835 standen der Bundesverwaltung ungefähr 60.000 Arbeitsplätze zur Verfügung, die nach jeder Wahl neu vergeben wurden – die meisten davon im Bereich des Postdienstes.[62] Als dieses Patronagesystem Ende des 19. Jahrhunderts zusammenzubrechen begann, lösten sich auch die „Parteiarmeen" auf und ein neuer, unabhängiger Wählertypus begann Form anzunehmen. Die

---

56 JENSEN 1989: 34.
57 Ebd.: 37.
58 Vgl. MUSEUM OF AMERICAN POLITICAL LIFE (Hg.), Hell-Bent for the White House. Hartford 1988: 80 und McGERR 1986: 4.
59 MELDER 1992: 10.
60 Gemeint sind die Demokratische Partei, die sich mit ihrem Kandidaten Andrew Jackson in den Wahlkämpfen 1828/1832 etablierte und um 1836 über eine solide Basis verfügte, und die 1834 gegründeten Whigs, die ab 1854 von den Republikanern langsam abgelöst wurden.
61 Zitiert bei JENSEN 1969: 36, ohne Quellenangabe.
62 JENSEN 1969: 38.

alten Parteiloyalitäten, wie auch die Parteien selbst, brachen auseinander, und mit dem Wahlkampf Woodrow Wilsons von 1916 setzte sich zum ersten Mal ein neuer Wahlkampfstil durch, der, statt auf traditionelle Parteiverbundenheit zu setzen, auf *die Werbung neuer Wähler* abzielte.[63]

Trotz der sich wandelnden Wahlkampfstrukturen und den gänzlich unterschiedlichen Erwartungs- und Anspruchshaltungen der Wählerschaft gegenüber den Kandidaten im 20. Jahrhundert, haben sich *Barbecue und Ballyhoo* als Begleiterscheinungen des amerikanischen Präsidentschaftswahlkampfes erhalten. Diese sozialen Rituale, die eine Teilhabe an der kollektiven Evokation politischer Kandidaten bezwecken, haben die Produktion von Politikerbildnissen für den Einsatz in der Fest- und Paradenkultur angeregt.

II. 2. Die Frühphase des Wahlplakats

Die Entstehung des Bildplakates als Wahlkampfmittel ist eng verbunden mit der soziopolitischen Entwicklung der Vereinigten Staaten im Verlauf der ersten vierzig Jahre des 19. Jahrhunderts. Vor allem die Demokratisierung des politischen Prozesses in Zusammenwirkung mit der Verbreitung technischer Reproduktionsmethoden, die eine Massenvervielfältigung ermöglichten, führte zu den ersten Bildplakaten im Wahlkampf. Der Anstieg der Wahlbeteiligung zwischen 1790 und 1830[64] war eine direkte Folge der Ausweitung des Wahlrechts durch Abschaffung der Steuerregelung, wie auch eines wachsenden Bewußtseins der unteren Gesellschaftsschichten für die in der Verfassung garantierten individuellen Freiheitsrechte, die immer stärker auch als Rechte unter Gleichen interpretiert wurden.[65] Neben der wachsenden Anzahl der Wahlberechtigten und einem stärkeren Bewußtsein für „das Nationale" trug sicherlich die Herausbildung des zweiten Parteiensystems in den USA zu der Popularisierung und erhöhten Partizipation im Wahlkampf bei. Das erste Parteiensystem, das sich um 1790 zwischen den Federalists – den Anhängern Alexander Hamiltons – und den Republicans[66] – den

---

63 Ebd.: 43.
64 William Nisbet CHAMBERS, Election of 1840. In: Arthur M. SCHLESINGER (Hg.), New York u. a. 1971: 643–744, hier: 648.
65 „Equalitarianism in the Jacksonian perspective did not necessarily imply actual equality of condition. It was rather the assertive claim to equality that was the watchword. (…) In any case, the equalitarian theme dominated in politics." CHAMBERS 1971: 646/647.
66 Die „Republicans" der 1790er Jahre sind nicht zu verwechseln mit der heutigen Republican Party, die sich aus der Whig Party in den 30er Jahren des 19. Jahrhunderts entwickelt hat. Die frühen Jeffersonian Republicans sind vielmehr die Vorläufer der späteren „Democratic Party". Während die Anhänger Jeffersons vor allem für die Interessen der Farmer im Süden der Vereinigten Staaten eintraten – damals die Mehrheit der Bevölkerung – und gegen eine zu zentralisierte Regierungsform waren, vertraten die „Hamiltonian Federalists" vor allem die städtische, am Handel interessierte Klasse und traten für eine zentralisierte Regierungsform ein. Die Herausbildung des ersten amerikanischen Parteiensystems war ein ausschlaggebender Faktor bei der verstärkten Mobilisierung der Wähler: „The gradual formation of the first regular political parties – the Federalists and the Republicans – stimulated greater competition for office and resulted in a major rise in campaigning over the next quarter century. Many of the methods and practices used in earlier times were enhanced considerably because of the emerging party struggle. Instead of local groups working individually to get out the vote, statewide organizations began setting up machinery for that purpose." DINKIN 1989: 11.

II. 2. Die Frühphase des Wahlplakats

Anhängern Thomas Jeffersons – herauskristallisiert hatte, war nur von kurzer Dauer, nicht zuletzt wegen der auf die Gründerväter zurückgehenden, generellen Vorurteile gegen Parteien als politische Institutionen. Zwischen der Auflösung des ersten Parteiensystems im Verlauf der Präsidentschaft James Monroes (1817–1825) und der Entstehung des zweiten Parteiensystems mit der Demokratischen und der Whig-Partei als Gegner verstrich einige Zeit. Vor 1832 kann kaum von einer Demokratischen Partei die Rede sein, deren eigentliche Institutionalisierung erst zwischen 1836 und 1840 stattfand. Auch für die Whigs, die sich offiziell 1834 gegründet hatten, war der Wahlkampf 1840 der eigentliche Initiationsakt.[67] Dieser Wahlkampf markiert auch den ersten Bildniseinsatz, ja die erste Image-Strategie, im großen Stil.[68] Die Anfänge eines bewußten politischen Bildniseinsatzes im Wahlkampf sind jedoch schon sechzehn Jahre früher zu suchen, in den beiden Präsidentschaftswahlkämpfen Andrew Jacksons, 1824 und 1828.[69] Der Wahlkampf 1824 war der erste, in dem speziell mit dieser Aufgabe betraute „Wahlkampfmanager" versuchten, ein gezieltes „Image" für ihren Kandidaten zu entwerfen. Diese ersten politischen Wahlkampfberater, die auf nationaler Ebene arbeiteten – Josiah S. Johnston für Henry Clay, den Kandidaten der Whigs, und John H. Eaton für den Demokratischen Kandidaten Andrew Jackson[70] –, beschränkten sich jedoch 1824 noch auf schriftliches „Imagemaking". Eaton schrieb zwei Bücher über seinen Kandidaten, „Letters from Wyoming" und später „Life of Jackson", die erste Wahlkampfbiographie.[71] Mit diesen Schriften wurde zum ersten Mal in der Geschichte der Vereinigten Staaten versucht, die Meinung über einen Kandidaten im Vorfeld zu beeinflussen, mithin ein bestimmtes *Denk*Bild des Kandidaten zu entwerfen und schließlich bei den Lesern zu evozieren.[72] Der erste Wahlkampfbiograph beschränkte sich nicht nur auf eine einzige Glorifizierungsstrategie. Er ließ seinen politischen Favoriten gleichermaßen als Heldenfigur – den Befreier von New Orleans[73] – und als von der republikanischen Tugend der Gleichheit beseelten, einfachen Mann (Common man) erscheinen. Diese 1824 in literarischer Form verfaßte duale Heldenhuldigung wurde, wenn auch nur unterschwellig, in dem darauffolgenden Wahlkampf ins Bild übersetzt.

---

67 CHAMBERS 1971: 649/650.
68 „The contest was one of the first true image campaigns, concentrating on the use of imagery and advertising techniques to sell a party leader. (…) The campaign may be the first American national advertising campaign of any kind. Candidate Harrison was one of the earliest products to be marketed vigorously and imaginatively across the land." MELDER 1992: 79 und 81.
69 „The Jacksonian strategy of 1828 signified a permanent shift in electoral competition toward partisan politics and campaigns of mass participation. Successive elections in 1832 and 1836 continued the development of party organizations, political devices, and popular campaigning." MELDER 1992: 74.
70 DINKIN 1989: 41.
71 Ebd.: 42.
72 Ebd.; Richard P. McCORMICK, The Presidential Game. New York 1982: 146–148.
73 Am 8. Januar 1815 wurde New Orleans unter Andrew Jacksons Kommando von den Briten befreit. Die Schlacht von New Orleans fand zwei Wochen nach Unterzeichnung des Friedensabkommens zwischen den Briten und den Amerikanern statt. Die Neuigkeit war jedoch noch nicht bis New Orleans vorgedrungen. Der Sieg Jacksons erreichte die Ostküste vor der Meldung des Friedensabkommens, so daß der weitverbreitete Eindruck entstand, daß Jacksons Sieg den Ausschlag für die Unterzeichnung des Friedensabkommens gab.

Der Wahlkampf 1828 war der erste in der amerikanischen Geschichte, in der über eine Million Männer wählten[74]: Es beteiligten sich insgesamt 1.155.022 Wähler und damit über 57% aller erwachsenen weißen Männer an der Wahl.[75] Aus diesem zweiten Präsidentschaftswahlkampf Andrew Jacksons sind die ersten Kandidatenporträts belegt, die explizit für Wahlkampfzwecke hergestellt wurden.[76] Nachdem Andrew Jackson aufgrund einer „Intrige"[77] vier Jahre zuvor knapp verloren hatte, setzten seine Strategen 1828 alle verfügbaren Mittel zu seiner Unterstützung ein. Gedruckte Porträtdarstellungen Jacksons zeigten ihn als Militärhelden und gingen auf ein von Joseph Wood[78] gemaltes Porträt des Kandidaten zurück, das auch als Vorlage für das Buchfrontispiz der weitverbreiteten populären Wahlkampfbiographien Jacksons diente.[79] Die zahlreichen Stiche, die nach Woods Gemälde angefertigt wurden, waren als Innenraumporträts gedacht, die Jacksons Anhänger über dem Kamin oder an anderen prominenten Stellen im Haus plazierten.[80]

Bei dem „Jackson-Ticket" (Abb. 2), einem nur 4,6 x 3,7 cm großen Blatt handelt es sich jedoch nicht um einen Vorläufer des Innenraumplakates, sondern um ein kleines Flugblatt, das Jackson zur Unterstützung der beiden unterhalb des Porträts genannten Kandidaten zeigt. George H. Steuart und John Van Laer McMahon versuchten, mit dem Abbild Jacksons, ihre eigene Kandidatur zu befördern, indem sie ihrem „Ticket" eine siegverheißende Aura gaben. Die Wahl zur Generalversammlung (General Assembly) von Maryland fand im selben Jahr wie Jacksons Präsidentschaftswahl statt. Der Holzschnitt wurde vermutlich auch in Baltimore/

---

74 CHAMBERS 1971: 648.
75 Ebd., die Gesamtbevölkerung 1828 betrug ca. 13 Millionen.
76 Interessant ist hier das fast gleichzeitige Erscheinen der ersten politischen Bildplakate in den USA und in Frankreich, das wohl auch dort durch die Erfindung der Lithographie ermöglicht worden ist. Das erste französische politische Bildplakat (première affiche politique illustrée), außer einigen Stichen, die hin und wieder angeschlagen waren, war eine Karikatur Grandvilles, die für das gleichnamige Journal „La Caricature" warb. Abb. bei Laurent GERVEREAU, La Propagande Par L'Affiche. Paris 1991: 45. Das erste im deutschen Sprachraum nachgewiesene politische Bildplakat, das mit dem Bildnis eines Kandidaten warb, war zur Reichstagswahl 1848 in Österreich entstanden. S. Ursula ZELLER, Die Frühzeit des politischen Bildplakats. Stuttgart 1988: 24.
77 Vgl. Kapitel II. 1.
78 REILLY 1991: 33. Das Gemälde von Wood ist leider nicht erhalten. Aufgrund der zahlreichen Kopien nach dem Gemälde ist es jedoch zumindest in groben Zügen überliefert. Das Bild wurde von Wood in seinem Washingtoner Studio gemalt, vermutlich aus dem einzigen Grund, um als Reproduktionsvorlage zu dienen. Der Stich von Childs ist nur einer von vielen, der das Jackson-Porträt von Wood zu dem weitestverbreiteten Bildnis Jacksons Mitte der zwanziger Jahre des 19. Jahrhunderts machte. S. James G. BARBER, Andrew Jackson. A Portrait Study. Washington D.C. u. a. 1991: 82.
79 REILLY 1991: 34. John H. Eatons „The Life of Andrew Jackson" erschien zum ersten Mal 1817 und in einer revidierten Auflage 1824 mit dem Childs-Stich als Frontispiz. „This revised edition was designed to enhance Jackson's political image and consequently proved to be even more laudatory than the 1817 first edition." BARBER 1991: 83.
80 Für den Anbringungsort von Kandidatenporträts sind im Falle Andrew Jacksons keine Belege erhalten, es kann jedoch davon ausgegangen werden, daß Stiche, wie später Lithographien auch, in Innenräumen aufgehängt wurden: „Using photographs or, more rarely, paintings as models, commercial lithographers and engravers produced single-sheet political prints that, from all indications, hung in homes just as reproductions of landscapes or celebrity posters do today." HOLZER u. a. 1984: xix.

II. 2. Die Frühphase des Wahlplakats

Maryland produziert.[81] Jackson ist von militärischen Symbolen – Kanonen und Kugeln[82] – sowie den Nationalsymbolen Adler und Flagge umgeben. Diese Attribute deuten daraufhin, daß Jackson zum Zeitpunkt der Wahl in Maryland bereits zum Präsidenten gewählt worden war. Die Amtswürde des zum Präsidenten gewählten Militärhelden wird auf dem Flugblatt durch ein Zitat Thomas Jeffersons unterstrichen, dem dritten Präsidenten der Vereinigten Staaten, der zwei Jahre zuvor verstorben war: *Honor and gratitude to the man who has filled the measure of his country's glory.*[83] Der Adler über dem Kopf Jacksons kann sowohl als nationales wie als persönliches Attribut Jacksons gelesen werden. Der weißköpfige Seeadler (bald eagle), der 1782 vom Kongreß als Siegelemblem der Vereinigten Staaten von Amerika angenommen[84] worden war, figurierte auch auf dem Siegel des Präsidenten und dem Siegel des Verfassungsgerichts (supreme court).[85] Der Adler im Jackson-Porträt kann als nationales Staatsemblem und Attribut des Präsidentenamtes gelesen werden. Er könnte aber auch, ähnlich der in *Michel Chevaliers* Paradenbeschreibung geschilderten Adlerübergabe, als persönliches Siegessymbol Jacksons interpretiert werden.

Obwohl es sich bei dem Holzschnitt nur um ein Flugblatt handelt, also um kein direktes Vorbild zu einem Wahlplakat, muß der Stil des Kandidatenporträts doch als Vorläufer und Vorbild für die zukünftige bildliche Darstellung von Präsidentschaftskandidaten im Innen-, wie im Außenplakat betrachtet werden. Das Ovalmedaillon vor gekreuzten Flaggen mit einem die Szenerie bewachenden Adler als Krönung wird vor allem mit der Entstehung des kommerziellen Wahlplakats zum Bildnisstereotyp. Auslöser dieser Kommerzialisierung war die Einführung einer neuen Drucktechnik – des Steindrucks bzw. der Lithographie –, die zum ersten Mal eine massenhafte Vervielfältigung in hochwertiger Druckqualität ermöglichte. Die Erfin-

---

81 REILLY 1991: 35.
82 Eine ähnliche Darstellungsweise wurde auch für ein Ovalmedaillonporträt George Washingtons 1777/78 benutzt, auf dem rechts und links je ein Kanonenrohr abgebildet ist, s. Herbert Ridgeway COLLINS, Threads of History. Americana Recorded on Cloth 1775 to the Present. Washington D.C. 1979: 49, Abb. 4.
83 Das Jefferson-Zitat kann jedoch auch als Entgegnung auf das 1826, nach Jeffersons Tod bekanntgewordene Urteil des dritten Präsidenten der USA über den Präsidentschaftskandidaten Jackson verstanden werden. Daniel Webster (1782–1852), einer der geachtetsten Staatsmänner seiner Zeit zitierte Jefferson mit den folgenden Worten: „I feel much alarmed at the prospect of seeing General Jackson President. He is one of the most unfit men I know of for such a place. He has had very little respect for laws or constitutions and is, in fact, an able military chieftain. His passions are terrible." Zitiert in: Dixon WECTER, The Hero in America: A Chronicle of Hero-Worship. New York 1941: 208.
84 Der Annahme des Adler-Emblems waren diverse andere Entwürfe vorausgegangen, sowie drei verschiedene Kommissionen, die keinen konsensfähigen Entwurf vorlegen konnten. Zu dieser politisch-ikonographisch sehr spannenden Vorgeschichte vgl. Alain BOUREAU, L'aigle. Chronique politique d'un emblème. Paris 1985: 141–157.
85 Vgl. die Abb. in Ernst LEHNER, American Symbols. A pictorial history. New York 1957: 60. Der Seeadler, der in bewußter Abgrenzung vom doppelköpfigen deutschen Reichsadler entworfen wurde, ist auch auf einigen Siegeln amerikanischer Ministerien abgebildet, u. a. dem Department of Commerce, Department of Defense und dem State Department, vgl. dazu auch LEHNER 1957: 61. Zur Adlerikonographie und ihrer Popularisierung vgl. Clarence P. HORNUNG, The American Eagle in Art and Design. New York 1978; Elinor Lander HORWITZ, The Bird, the Banner, and Uncle Sam. Images of America in Folk and Popular Art. Philadelphia u. a. 1976: 35–53; Louise Conway BELDEN, Liberty and the American Eagle on Spoons by Jacob Kucher. In: Winterthur Portfolio, III (1967): 103–111.

dung dieser billigen Drucktechnik durch Aloys Senefelder um 1796[86] brauchte 23 Jahre, um den Weg über den Atlantik zu machen. Bass Otis, ein Porträtmaler, veröffentlichte 1819 zum ersten Mal eine seiner Lithographien im „Analectic Magazine" in Philadelphia.[87] Um 1830 schließlich begann sich die Lithographie als kommerzielle Drucktechnik in den USA durchzusetzen[88], wobei die Ostküstenstädte Philadelphia, Boston und vor allem New York zu Zentren unzähliger kleiner Lithographenanstalten wurden.[89] Die Aufnahme des Wahlkampfporträts in den festen Bestandskatalog von kommerziellen Lithographenanstalten ist jedoch zuerst für das Jahr 1844 nachgewiesen.[90] Davor mußten sich sowohl die Wahlkampforganisatoren wie auch die Herausgeber mit anderen Drucktechniken begnügen. So wird beispielsweise 1843 noch für den Wahlkampf des Whig-Kandidaten Henry Clay eine relativ großformatige Halbtonradierung (61,5 x 46,7 cm) nach einer Gemäldevorlage herausgegeben (Abb. 3). Das Ganzkörperporträt, das auf das Vorbild eines Ölgemäldes von John B. Neagle[91] zurückgeht, zeigt den Kandidaten, Senator und Ex-Außenminister als Staatsmann, wie er mit beiden Händen auf einen Globus weist. Dieser ist auf die sichtbare Position Südamerikas gedreht – ein möglicher Verweis auf Clays Unterstützung der südamerikanischen Befreiungsbewegungen. Über der Weltkugel ist die amerikanische Flagge voluminös vor einer Säule drapiert. Zu Füßen Clays liegen links im Vordergrund Werkzeuge – ein Amboß und eine Wollspindel. Links im Hintergrund öffnet sich der weite Ausblick auf eine Agrarlandschaft mit einem Pflug und Kühen als

---

86 Zum Datum der Erfindung vgl. Walter KOSCHATZKY, Die Kunst der Graphik. Technik, Geschichte, Meisterwerke. 2. Aufl. Herrsching 1990: 308/309.
87 Frank WEITENKAMPF, Painter-Lithography in the United States. In: Scribner's magazine 33, June 1903: 527–550, hier: 537; Carl W. DREPPERD, Early American Prints. New York u. a. 1930: 124; Helen COMSTOCK, American Lithographs of the Nineteenth Century. New York 1950: 56.
88 DREPPERD 1930: 125/126.
89 Nebenbei nennt WEITENKAMPF (1903: 550) die verbreitete Nutzung der Lithographie für kommerzielle Zwecke als vermutlichen Grund für die nur geringe Nutzung des Mediums durch Künstler: „Possibly, also, the extensive commercial use of lithography is to a great extent responsible for this state of affairs, by having served to keep the glamour of high art from this reproductive method, which has seemed entirely devoted to the spirit of utility."
90 Das typische Wahlkampfporträt als Innenraumplakat wurde von Nathaniel Currier 1844 entwickelt (vgl. Abb. 6) und prägte in seiner Form die Darstellungsweise der Präsidentschaftskandidaten im Plakat. Vgl. dazu Bernard F. REILLY in der Einleitung zu GALE Research Company (Hg.), Currier & Ives. A Catalogue Raisonné. Detroit/Michigan 1984: xxvii sowie Walton RAWLS, The Great Book of Currier & Ives' America. New York 1979: 2. Nathaniel Currier „also liked to take credit for originating the ‚political banner', a vote-getting necessity in all future elections. This colorful type of print featured inspiring portraits of a party's candidates, its slogan, and a few surefire symbols like the American eagle and arrays of Stars and Stripes." Zur Entstehung des kommerziellen Bildplakats in den USA vgl. das folgende Kapitel.
91 Vgl. REILLY 1991: 198/199. Das Gemälde, das den Politiker in Lebensgröße darstellt, hängt heute im Ostkorridor des Repräsentantenhauses und wurde 1871 vom U. S. Congress angekauft. Vgl. U. S. - Congress (Hg.), House Document No. 94–660/94th Congress 2nd Session. Art In The United States Capitol. Prepared by the Architect of the Capitol. Washington D.C. 1978: 21. Neagles Clay-Porträt wurde ursprünglich von den Philadelphia Whigs in Auftrag gegeben und mit Zustimmung der Central Clay Association angefertigt. Die Sartain-Radierung stellte nicht das Ende des Kopierprozesses dar. Sie diente wiederum als Vorlage für relativ großformatige Stickereien (72,4 x 81 cm), von denen mehrere Exemplare erhalten sind. Vgl. dazu COLLINS 1979: Abb. 158.

II. 2. Die Frühphase des Wahlplakats

Symbolen der Landwirtschaft. Die Felder gehen in der Ferne in eine Seelandschaft mit bewegtem Himmel über, in der das Segelschiff auf die Bedeutung des Handels für die amerikanische Ökonomie verweist. Dieser frühe Bilddruck ist noch ganz mit der malerischen Tradition des Vorbildes verhaftet. John Sartain, einer der bedeutendsten Stecher seiner Zeit, verband mit der Reproduktion des Clay-Porträts offensichtlich das Ziel einer exakten Kopie der Vorlage. Dies ist ihm gelungen, und die Halbtonradierung gehört mit ihren weichen Schattierungen und der feinen Zeichnung der Details zu den herausragenden Beispielen der frühen amerikanischen Porträtgraphik. Sie begründete jedoch keinen neuen Stil, geschweige denn einen neuen Typus des politischen Porträts. Säule und drapierte Flagge sind dem Repertoire barocker Monarchen- und Imperatorenporträts entlehnt.[92] Henry Clay erscheint als versierter Politiker und Aristokrat, dessen Persönlichkeit und Auftreten Hochachtung erheischen.[93] Das Bild ist unkommentiert, weder mit einem Slogan noch mit dem Namen des Kandidaten betitelt. Es diente der Apotheose eines Staatsmannes, die durch die bildperspektivische Untersicht noch verstärkt wurde. Die Person des Kandidaten wird hier zum Programm, vermittels der in Auftragsarbeit auf die Leinwand projizierten und im Druck perfekt kopierten Selbstinszenierung. Henry Clay verkörperte in den von ihm angefertigten Porträts die Vorstellung eines Staatsmannes vom alten Schlage, der mehr den Bild- und Politiktraditionen des 18. Jahrhunderts als denen seiner eigenen Zeit verpflichtet war.[94] Selbst in den Wahlkampf zu ziehen, wie dies 1836 bereits der Kandidat der Whigs, William Henry Harrison, getan hatte, war dem aristokratischen Plantagenbesitzer aus Kentucky unvorstellbar.

Eine Popularisierung der Darstellungs- und Selbstdarstellungsweise des Kandidaten setzte erst mit dem Wahlkampf von 1840 ein, in welchem dem Demokratischen Präsidenten und Nachfolger Andrew Jacksons, Martin Van Buren, der sich schon im Ruhestand befindende Kriegsheld William Henry Harrison von den Whigs als Herausforderer gegenübergestellt wurde.[95] Der Wahlkampf 1840 markiert den Beginn der demokratischen Bildpropaganda. Die zur Mobilisierung der Massen eingesetzten Inszenierungsstrategien waren umfassend und originell. In einer Zeit, in der den Menschen kaum Freizeit blieb und kein Unterhaltungsangebot bestand, wirkte der Wahlkampf als politisches Ritual mindestens ebenso herrschaftslegitimierend wie unterhaltend.[96] Der populäre Unterhaltungseffekt und die steigende Massenpartizi-

---

92 Vgl. dazu Rainer SCHOCH, Das Herrscherbild in der Malerei des 19. Jahrhunderts. München 1975: 40.
93 Das Porträt scheint diese Einstellung des Porträtierten widerzuspiegeln, wenn die Charakterisierung CHAMBERS (1971: 657) auf Henry Clay zutrifft: „He was a legislator of an older style and not quite suited to modern aggressively democratic ways. It was not exactly traditional deference that Clay expected. Rather *he tended to assume that people would look up to him personally*, and follow him accordingly. (…) Clay was known as a slaveholder and a foe of emancipation." (Hervorhebung im Zitat durch die Verfasserin).
94 Ebd.
95 Harrison war bereits 1836 gegen Van Buren angetreten und hatte, obwohl er unterlegen war, kein schlechtes Ergebnis erzielt: 739. 795 „popular votes" (49,1%) für Harrison im Gegensatz zu 765. 483 „popular votes" (50,9%) für Van Buren. Vgl. Eileen SHIELDS-WEST, The World Almanac of Presidential Campaigns. New York 1992: 56. Dennoch war die erneute Nominierung Harrisons 1840 keineswegs gesichert. Vgl. zur Kandidatennominierung 1840: Robert Gray GUNDERSON, The Log-Cabin Campaign. Lexington 1957.
96 „The United States in 1840 was still overwhelmingly rural and agricultural people who lived in ‚urban places' of twenty-five hundred or more constituted only 10. 8 per cent of the total population."

pation in Wahlkämpfen führten zu einer großen Nachfrage nach trivialen Erinnerungsstücken, sogenannten „memorabilia", die einerseits das Ereignis in Erinnerung hielten, andererseits die Präsenz des Besitzers dieser Memorabilia im Wahlkampf belegten: „Politics rather than baseball or football was then the national sport, and politicians really were heroes (...). A desire existed to know what these heroic men looked like – far exceeding what is often mere curiosity in the modern era – and an industry peculiar to the nineteenth century grew to meet it: the commercial publication and distribution of lithographs and engravings of political figures."[97] Diesen neuen Inszenierungs- und Vermarktungsstrategien lag aber auch ein struktureller Wandel des politischen Systems zugrunde. Die Wahlkampagne 1840 stellte den ersten Präsidentschaftswahlkampf dar, in dem sich zwei landesweit organisierte Parteien gegenüberstanden.[98] Die Demokratische Partei verabschiedete auf ihrem Parteitag (*Convention*)[99] zum ersten Mal in der Geschichte der Vereinigten Staaten eine Resolution, die als Wahlkampfprogramm (*Platform*) bezeichnet werden konnte[100], und begründete damit die bis heute anhaltende Tradition von Conventions, auf denen nicht nur Kandidaten nominiert, sondern auch Wahlprogramme verfaßt und verabschiedet werden. Die Partei der Whigs hielt am 4. Dezember 1839 ihren ersten Parteitag in Harrisburg/Pennsylvania.[101] Eine der letzten Entscheidungen auf diesem Parteitag war, eine weitere Convention zur Ratifizierung der gefaßten Beschlüsse einzuberufen und diese am selben Ort und zur selben Zeit abzuhalten wie die gegnerischen Demokraten – in Baltimore im Mai 1840.[102] Die Baltimore Convention der Whigs scheint Züge des heutigen Medienrummels getragen zu haben. Die Teilnehmer versammelten sich bereits drei Tage vor der Parteitagseröffnung der Demokraten. Die Delegationen aus den einzelnen Staaten hatten sich zu diesem Großereignis jeweils einen eigenen Gag einfallen lassen. So brachte die Delegation aus Allegany County in Maryland einen riesigen Ball aus Wildleder von über drei Metern Durchmesser (s. Abb. 4). Dieses Wahlkampfutensil war mit einem langen politischen Reim, der sich gegen die regierenden Demokraten wandte, beschrieben[103], und wurde von jungen Männern durch die Straßen Baltimores gerollt. Das Hauptereignis war jedoch die Parade, die auf drei Meilen Länge geschätzt wurde.[104]

Die Partei der Whigs hatte sich ursprünglich aus den Gegnern Andrew Jacksons rekrutiert und sich um 1836 erst langsam zu einer parteiähnlichen Organisation formiert. Ihr Name be-

---

CHAMBERS 1971: 650; vgl. HOLZER u. a. 1984: 4; MELDER (1992: 8) führt aus: „From the late 1820's on, people were not content to stand on the sidelines as spectators. Men, plain and privileged, many women, even whole families, joined in the spectacle, in fireworks, nighttime parades, and other political demonstrations. Engagement, not observation, was the rule."

97 HOLZER u. a. 1984: XViii–XiX.
98 MELDER 1992: 79.
99 Die erste nationale Convention in der Parteigeschichte der Vereinigten Staaten hatte jedoch nicht die Demokratische Partei, sondern die 1826 gegründete Anti-Freimaurer-Partei (Anti-Masonic Party) im Jahr 1830 in Philadelphia abgehalten. Vgl. Donald Bruce JOHNSON/Kirk H. PORTER, National Party Platforms 1840–1972. Urbana/Illinois u. a. 1973: 1.
100 Ebd.: 1/2.
101 CHAMBERS 1971: 662.
102 Ebd.: 665; eine ausführliche Beschreibung der Baltimore Convention findet sich bei: Robert Gray GUNDERSON, The Log-Cabin Campaign. Lexington 1957: 1. Kapitel.
103 Beschreibungen dieses „Ball-Rolling" Ereignisses, sowie der auf dem Ball verwendeten Verse bei: CHAMBERS 1971: 668; MELDER 1992: 82.
104 S. CHAMBERS 1971: 667/668.

II. 2. Die Frühphase des Wahlplakats

zog sich auf die britische Whig-Partei, die vor allem gegen die Übermacht der Monarchie ankämpfte. In den USA opponierten die Whigs gegen das selbstherrliche Regime Jacksons, das von seinem ehemaligen Wahlkampfleiter, Freund und handverlesenen Nachfolger Martin Van Buren fortgesetzt wurde.[105] Die Einstellung der Whigs spiegelte sich auch in der Bildpropaganda der Zeit, in der um 1834 der noch amtierende Andrew Jackson als selbstherrlicher „King Andrew" diffamiert wurde. Innerhalb der Partei der Whigs sammelten sich heterogene Positionen und politische Strömungen. Sie war jedoch in ihrer Tendenz antizentralistisch und vertrat vor allem Industrie- und Handelsinteressen.[106] Die Einschätzung der Parteigänger ist angesichts fehlender Mitgliedslisten oder Statistiken schwierig, es scheint jedoch zuzutreffen, daß Ende der 1830er Jahre die meisten wohlhabenden Amerikaner zugleich auch Whigs waren, zumindest jedoch die Whigs wählten.[107] Außerdem definierte sich die Parteizugehörigkeit auf der Grundlage ethnischer und religiöser Muster.[108] Während sich puritanisch gesonnenen, protestantischen Engländer, Schotten und Waliser, die Hugenotten und Afro-Amerikaner eher zu den Whigs hingezogen fühlten, schien sich die Demokratische Partei in den 30er und 40er Jahren immer stärker zu einem Sammelbecken für katholische Einwanderer aus Irland, Französisch Kanada und Deutschland zu entwickeln. Ein weiterer wichtiger Faktor der Bestimmung von Parteizugehörigkeit war die Tatsache, daß Parteiloyalitäten über Generationen vererbt wurden, und damit Parteilichkeit die Regel, Wechselwähler die Ausnahme darstellten.[109]

Die Partei der Whigs erhielt zudem von der Anti-Freimaurer-Bewegung (*Anti-Masons*) Zulauf, die sich bereits 1826 formiert, aber in der reinen Gegnerschaft zu der Geheimgesellschaft kein massenwirksames Programm aufzuweisen hatte. Die Anti-Freimaurer-Bewegung entstand in Reaktion auf einen Ausbruch öffentlicher Empörung. Sie richtete sich gegen den angeblichen Mord an einem früheren Mitglied des Freimaurer-Ordens, das gedroht hatte, die geheimen Rituale bekannt zu geben, und kurz nach dieser Drohung tot aufgefunden wurde. Einige clevere Politiker erkannten die Gelegenheit mit diesem Vorfall auch Van Buren und Andrew Jackson zu diskreditieren, da die Zugehörigkeit des letzteren zum Freimaurertum bekannt war.[110] Die Wut auf die Freimaurerei bezog sich vor allem auf den Reichtum der meisten Freimaurer und richtete sich gegen die geheimen Rituale, die mit einer offenen, demokratischen Gesellschaft als nicht vereinbar angesehen wurden.[111] Den Prototyp eines Freimaurers stellten sich die Anti-Masons als aristokratischen Dandy mit Rüschenhemd vor[112], nicht un-

---

105 DINKIN 1989: 47.
106 Ebd.
107 CHAMBERS 1971: 653.
108 „Thus ‚Yankee', Huguenot, and Negro natives, and newly-arrived English, Scottish, Protestant-Irish, and Welsh immigrants tended to vote Whig; by contrast, Catholic-Irish, French Canadian, and new German immigrants were generally Democratic. In addition, (…) different outlooks and life-styles characterized voters for the competing parties. Whigs were inclined to hold ‚puritanical attitudes', and exalt piety, sobriety, steady habits, and thrift; the Democrats appealed more readily to men who liked to brag of affection for ‚hard liquor, fast women, and horses, and strong racy language'." CHAMBERS 1971: 653.
109 JENSEN 1969: 37; HOLZER u. a. 1984: 8.
110 DINKIN 1989: 47.
111 GUNDERSON 1957: 39.
112 Ebd.: „(…) for in the eyes of most frontiersmen Masons were representatives of a dandified, ruffled-shirt aristocracy."

ähnlich dem Jackson-Porträt (Abb. 2), das dieses Kleidungsstück 1828 noch ohne Rücksicht auf anti-freimaurerische Einstellungen zur Schau stellen konnte. Eine zweite politische Bewegung, die allerdings erst in den 50er Jahren zunächst in der Whig Partei, später in der sich abspaltenden Free Soil Partei und schließlich in der Republikanischen Partei zu Einfluß gelangen sollte, war das „Abolitionist Movement", das 1844 als „Liberty Party" mit dem Ziel der Abschaffung der Sklaverei zur Wahl antrat[113]: Ihr Präsidentschaftskandidat, James G. Birney, der zugleich Vorsitzender der American Anti-Slavery Society war, hatte sich erst in letzter Minute zu einer Kandidatur für 1844 überreden lassen, nachdem deutlich wurde, daß weder die Demokraten noch die Whigs für die Abschaffung der Sklaverei eintreten würden.[114] Die politische Landschaft in den 30er bis 50er Jahren stellte sich als äußerst heterogen dar, wobei sich jedoch im Zuge des 1840er Wahlkampfes die Demokraten und die Whigs als die beiden stärksten Parteien herauskristallisierten. Sie dominierten die Frühphase des politischen Bildplakates.

Entscheidend für die Entwicklung des Wahlplakates war neben diesem Zweiparteiensystem, das in Wahlkämpfen im Armee-Stil die Massen zu mobilisieren verstand, auch die Entwicklung neuer Drucktechniken, die eine Massenvervielfältigung von Propagandamaterial ermöglichte. Die im 18. und frühen 19. Jahrhundert meistverbreitete Drucktechnik für Bilder waren die traditionellen Hoch- und Tiefdrucktechniken – Holzschnitt, Radierung, Stahlstich oder die Aquatinta-Technik. Allen Drucktechniken war gemein, daß sie nur in einer begrenzten Auflage unter hohem Zeitaufwand hergestellt werden konnten und mit fortschreitendem Druck an Linienschärfe verloren. Die Entwicklung des Wahlplakates in den USA, zunächst als Innenraumplakat geringer Größe und unter dem Titel „political banner" dargeboten, ist eng mit der Einführung des Flachdrucks verbunden.

Die Lithographie-Technik wurde, wie bereits angemerkt, 1796 von Aloys Senefelder entwickelt und 1819 zum ersten Mal der amerikanischen Öffentlichkeit präsentiert. *John Thomas Carey* nennt in seiner Dissertation über die amerikanische Lithographie als den größten Vorteil der neuen Drucktechnik ihre Schnelligkeit. Ein Druckstein kann bei einem erfahrenen Drucker binnen einer Stunde fertig präpariert sein, der als Vorlage für bis zu 5.000 Drucke dienen kann, die in ebensolcher Geschwindigkeit erzeugt werden können. Zudem hat die Lithographie anderen Drucktechniken eine hohe Detailgenauigkeit in der Druckwiedergabe voraus.[115]

---

113 CHAMBERS 1971: 669.
114 Ebd.; Die Liberty Party erzielte 1844 nur 2,4% der „popular votes"; s. KRUSCHKE 1991: 4.
115 „What then were the attributes of this medium that made it outstrip its predecessors? The first and probably the foremost was its rapid reproduction of such diverse materials as portraits, maps, periodical illustrations, sheet music covers, badges, facsimiles, real estate plans, p(h)renological charts, advertisements and even church pew plans. A stone could be prepared and be ready for printing in an hour if the artist or craftsman were experienced. Up to 5,000 impressions could be secured immediately and just as rapidly; (...) secondly, the results of lithography are highly autographic – what is put down on stone is transferred to the paper in exact duplication, in reverse. With etching and engraving, no matter how dexterous the technician, there is always some slight variation in each print due to the less controllable inking process." John Thomas CAREY, The American Lithograph From Its Inception To 1865 With Biographical Considerations Of Twenty Lithographs And A Check List Of Their Works. PhD Dissertation Ohio State University 1954: 2/3. Der Ausdruck „phrenological charts" (Zeichnungen der Schädeldecke bzw. des Gehirns) ist im Originaltext falsch geschrieben.

II. 2. Die Frühphase des Wahlplakats

Die erste in Amerika veröffentlichte Lithographie stammte von Bass Otis und wurde begleitet von einer Beschreibung des Druckprozesses[116], der ersten ihrer Art. Die Lithographen in den Vereinigten Staaten bezogen das Wissen über die Herstellung von Lithographien ebenso wie die Drucksteine und Druckerpressen vor allem aus Frankreich und Großbritannien.[117] Die Lithosteine mußten sogar bis zur Durchsetzung von Metallplatten als Druckträger direkt aus der bayerischen Heimat Senefelders importiert werden.[118] Die Lithographie war zu Anfang des 19. Jahrhunderts in Frankreich eingeführt[119] und von dort über den Atlantik in die USA weitervermittelt worden. 1837 erfolgte mit der Erfindung der Chromolithographie durch den Franzosen Godefroy Engelmann[120] eine weitere Verbesserung des Druckprozesses, die sich jedoch nur mit zeitlicher Verzögerung in den USA durchzusetzen begann.[121] Die frühen Lithographien waren relativ kleinformatige Drucke, da der Lithostein beim Druckvorgang der enormen Kraft der Druckerpresse Stand halten und mit zunehmender Größe auch eine stärkere Dicke aufweisen mußte. Erst 1827 wurde in Frankreich das erste großformatige Plakat im Lithoverfahren gedruckt – ein Buchplakat des Franzosen Achille Deveria zur Ankündigung der in Paris erschienenen Ausgabe von Goethes „Faust".[122] Im wesentlichen verlief die Entwicklung der Lithographie in den USA – jedoch mit einer leichten zeitlichen Verzögerung – parallel zu Europa.

---

116 Senefelder hatte sein erstes Buch über die von ihm entwickelte Drucktechnik erst 1818 auf Deutsch veröffentlicht. Vgl. CAREY 1954: 26. Die Beschreibung von Otis gehört noch immer zu den prägnantesten und sei der Einfachheit halber an dieser Stelle abgedruckt:
„Principles on which lithography depends:
1. A line traced with a crayon, or thick ink upon stone adheres so strongly that mechanical means are necessary in order to efface it.
2. All the parts of the stone not covered with this substance, receive, preserve and absorb water.
3. If, over the stone thus prepared, there be passed an oily and coloured substance, it will attach itself to the lines drawn by the ink or crayon, and will be repelled by the moistened parts. In a word, the lithographic process depends on this, that a stone moistened with water repels ink, while the same stone, when covered with an oily substance, repels water and absorbs ink. Thus, when a sheet of paper is pressed upon the stone, the greasy and coloured lines will present a copy of the design drawn upon the stone." Zitiert bei: CAREY 1954: 32.
117 CAREY 1954: 29.
118 Currier & Ives bezogen beispielsweise ihre Lithosteine direkt aus Solnhofen. S. Harry T. PETERS, Currier & Ives, printmakers to the American people. New York 1942: 4.
119 GERVEREAU 1991: 33. PETERS 1942: 4, gibt als Einführungsdatum der Lithographie in Frankreich das Jahr 1816, für London als Lithographiezentrum das Jahr 1822 an. COMSTOCK (1950: 56), gibt als Erscheinungsdatum für die erste Lithographie in London das Jahr 1817 an. KOSCHATZKY (1990: 310) wiederum spricht von der Einführung der Lithographie in Frankreich zwischen 1806 und 1810 durch Charles de Lasteyrie, der als Offizier Napoleons in München gewesen war und dort mit der Lithographietechnik vertraut gemacht wurde. Nach seiner Rückkehr nach Paris soll er angeblich eine Druckerei eröffnet haben.
120 Ebd. und ausführlicher bei Peter C. MARZIO, The Democratic Art: Pictures for a 19th-Century America. Chromolithography 1840–1900. Boston 1979: 6.
121 Die erste Chromolithographie in den USA wurde 1840 von William Sharp in Boston hergestellt. S. MARZIO 1979: 17.
122 KOSCHATZKY 1990: 310.

Die erste amerikanische Firma, welche die Lithographie mit kommerziellem Erfolg betrieb, war William S. & John Pendleton[123] in Boston. Nachdem sie 1824 ihr erstes Geschäft eröffnet hatten, schifften sie im Jahr darauf einen französischen Lithographen namens Dubois ein. 1828 hatte das Geschäft so expandiert, daß es nötig wurde, einen Lehrling einzustellen, den man schließlich in dem 15-jährigen Nathaniel Currier fand.[124] Derselbe Nathaniel Currier sollte später die größte und bedeutendste Lithographenanstalt der Vereinigten Staaten leiten.

Der Einführung der Lithographie war eine „Medienexplosion" vorangegangen: In der Zeit vor dem ersten Imagewahlkampf 1840 hatte sich die Anzahl der Zeitungsverlage von 92 im Jahr 1790 auf 1.577 Zeitungen, darunter 206 Tageszeitungen, erhöht.[125] Das Zeitungszentrum war New York City. Daneben konnten sich weitere Ostküstenstädte, wie etwa Boston und Philadelphia, mit einem eigenen Zeitungsmarkt behaupten. In denselben Städten etablierten sich auch die ersten Lithographenanstalten, die ihre „hardware" noch immer zum großen Teil aus Europa bezogen. Auch das Wissen um die Drucktechnik kam durch eine, in heutiger Terminologie als „brain-drain" zu bezeichnende Auswanderungsbewegung aus Europa. Die ersten amerikanischen Lithographenanstalten etablierten sich nach 1820.[126] Die Aufträge dieser frühen Lithographen bestanden vor allem in der Illustration von Büchern und Zeitschriften. Für Einzelblattlithographien bestand vor 1830 kaum eine Nachfrage. Die wenigen Graphikinteressenten konnten zudem mit Stichen und Radierungen zufriedengestellt werden. Cephas G. Childs, ein Stecher aus Philadelphia[127], beteiligte sich 1829 am Lithographenbetrieb der Pendletons. Ein Jahr später wechselte er zu Henry Inman über und gründete mit diesem

---

123 „William became interested in some lithographic materials which a Boston merchant brought over from Europe and wrote about them to his brother John, then in Europe as agent for an enterprising merchant of Roxbury, John Doggett. John Pendleton investigated lithography in France and brought back a ton of lithographic stone, special paper for transferring designs to stone, lithographic ink, and lithographic crayon. He also brought over a French artist, Bischbou. Later the brothers brought over a pressman, Dubois, so the Pendleton firm started off with trained hands and on November 5, 1825, the Boston News-Letter could announce that ‚lithography (…) is in successful operation in this city, being introduced by Mr. J. Pendleton, who has made it his study in Europe'." COMSTOCK 1950: 61.

124 PETERS 1942: 5; vgl. auch DREPPERD 1930: 125 „A number of American lithographers seem to have started in business shortly after 1820. Among the most important of these was the firm of Pendleton Brothers of Boston. To this firm belongs the credit of being America's pioneer commercial lithographers. At this writing no others are known to have preceded them, with the possible exception of Barnet & Doolittle, whose name is signed to several lithographic plates that appear in „A Grammar of Botany," published 1822. Their closest competitor of any consequence, Imbert & Company of New York, are not credited with any production prior to 1826."

125 CHAMBERS 1971: 675/676.

126 DREPPERD 1930: 125.

127 Dies ist derselbe Childs, der auch bereits ein erstes Wahlkampfporträt Jacksons als Stahlstich herausgegeben hatte. Er wurde Teilhaber von John Pendleton, ein Jahr nachdem der junge Nathaniel Currier seine Lehre bei den Pendletons angetreten hatte. Obwohl es keinen der Verfasserin bekannten Beleg für eine Begegnung von Childs mit Currier gibt, geschweige denn Aufzeichnungen, die einen möglichen Einfluß von Childs nachweisen, ist die These verlockend, daß Currier, etliche Jahre nach der Gründung seiner eigenen Firma, die Idee für ein politisches Kandidatenporträt und dessen Gestaltung als Rundmedaillon von dem Childs-Druck Andrew Jacksons kopiert haben könnte.

II. 2. Die Frühphase des Wahlplakats

die Druckerei Childs & Inman. Konkurrenzunternehmen in Philadelphia, Baltimore, Boston, New York, Hartford, Cincinnati, Pittsburgh, Richmond und Washington folgten, so daß 1830 als Geburtsjahr der lithographischen Massenproduktion bezeichnet werden kann. Ein Bedürfnis der Menschen, mehr über ihr Land zu erfahren, schuf einen Markt für Stadtansichten, Landschaftsszenen und Historiendarstellungen. Die enorme Nachfrage konnte vermittels der günstigen Drucktechnik auch zu einem erschwinglichen Preis befriedigt werden.[128]

Die frühen Lithographen waren in der Regel auf diverse Jobs angewiesen, weil sie mit der Lithographie allein ihren Lebensunterhalt nicht bestreiten konnten. Die Lithographie als Technik hatte auch zu einer strikten Arbeitsteilung zwischen dem künstlerischen Prozeß der „Motivinvention" und der handwerklichen Umsetzung in einen guten Druck geführt. So waren die wenigsten Lithographiekünstler fest angestellt. Sie reichten einzelne Entwürfe ein, für die sie dann, bei Annahme, bezahlt wurden. Die Lithographiedrucker waren wiederum fest in einer Lithographenanstalt beschäftigt. Hier zeichnete sich also bereits zu einem frühen Zeitpunkt ein neues ökonomisches Ausbeutungsmuster ab, das den künstlerischen Entwurf geringer bewertete und entlohnte, als die technische Fertigkeit der Massenvervielfältigung. Viele Künstler-Lithographen schlugen sich als Drucker oder Banknotenstecher durch, andere wiederum waren gezwungen, auf völlig abwegige Gebiete des Broterwerbs auszuweichen, wie etwa Klavier- oder Flötenunterricht[129], das Schustergewerbe oder den Verkauf von Hüten.[130] Einen besonders krassen Fall stellt der deutsche Lithograph Theodor Leonhardt dar, der mit seiner Frau und seinen beiden Kindern nach der gescheiterten Revolution 1848 in die USA emigrierte, nur um kurz nach seiner Ankunft seine gesamte Familie durch eine Cholera-Epidemie zu verlieren.[131] Die traurig-skurrilen Einzelschicksale dieser zum großen Teil in der Anonymität versunkenen frühen Lithographen sollten bei der Betrachtung der Graphiken immer mitbedacht werden, war doch die Lithographie für diese Menschen jeweils nur eine von mehreren Erwerbszweigen, die sie je nach Können und vermutlich auch Bezahlung mehr oder weniger gut ausführten. Das schnelle Medium der Lithographie zog offensichtlich experimentierfreudige Menschen an, deren Einstellung zu ihren Werken unterschiedlich, jedoch sicherlich nicht das einer rein künstlerischen Betätigung war. In ihrer Zielgerichtetheit auf Massenreproduktion

---

128 DREPPERD 1930: 125/126; DREPPERD zählt auf den Seiten 127–129 insgesamt 75 Lithographenanstalten auf, die zwischen 1830 und 1850 Einzelblattlithographien veröffentlichen.
129 COMSTOCK 1950: 60. Dies traf auch auf die bereits oben erwähnten Pendleton-Brüder zu, die sich parallel mit Musikunterricht finanziell über Wasser halten mußten; vgl. dazu Harry T. PETERS, America on Stone. The other Printmakers to the American People. Garden City/New York 1931: 28.
130 „This necessity of combining lithography and other trades appears again and again. Naturally many of the old lithographers were also engravers and artists in other media, but I mean the strange and amusing supplementary trades, such as hat-pressing, acting, and selling looking-glasses, to name only those that I happen to recall at the moment. Then there was Albert Newsam (…), the deaf-mute lithographer who was rescued from an imposter when he was a child, and who became one of the best portrait lithographers of his time; or Francis D'Avignon, the Frenchman who was educated in St. Petersburg, studied lithography in Paris, became the leading portrait lithographer in New York, enlisted in the Union Army, and was killed in Virginia; or Alexander J. Davis, who before becoming one of the major American architects and lithographers, seems to have drawn on stone for Pendleton to pay off the latter's payment of his board, rent, and other bills (…)." PETERS 1931: 28/29.
131 Ebd.: 28.

ebnete die Lithographie den Nährboden für ein neues Bildverständnis und Bildbewußtsein, das anstelle der bisherigen Exklusivität des Porträts für wohlhabende Auftraggeber auf den populären Geschmack eines zahlenden Massenpublikums setzte. Die Lithographie steht damit am Anfang eines Demokratisierungs- und Popularisierungsprozesses des Porträts, der über die Erfindung der Fotografie, ihre Vervielfältigung zunächst durch Cartes de Visites[132] und schließlich durch massenhaft herstellbare Papierabzüge in die Gegenwart der populären Digitalisierung des Porträts im Homevideo führt.

Als Porträtvorlagen dienten den Lithographen zunächst Gemälde, später Stiche nach Daguerreotypien. Die Entdeckung der Fotografie zwanzig Jahre nach der Einführung der Lithographie in den USA[133] ist ein weiterer Faktor, der zur Entstehung des Bildplakates beitrug. Im November 1839 traf François Gouraúd, ein Schüler Daguerres, in New York ein und demonstrierte die neue Reproduktionstechnik in mehreren Städten. Die frühe Daguerreotypie vor 1842 war ein noch recht unausgegorener chemischer Prozeß, der Belichtungszeiten von bis zu 30 Minuten erforderte und damit zu Beginn nicht für Porträts geeignet erschien. Um 1840 konnten die technischen Bedingungen jedoch dahingehend verbessert werden, daß die erforderliche Belichtungszeit auf weniger als 30 Sekunden verkürzt werden konnte[134], und der gesamte Prozeß von der Einstellung der Kamera bis zum fertigen Daguerreotypie-Produkt nurmehr 15 Minuten erforderte.

Die Daguerreotypie dominierte die ersten zwanzig Jahre der amerikanischen Fotogeschichte. Ihr Hauptsujet waren Porträts. Die Einführung der Fotografie ging einher mit der Entwicklung einer stetig anwachsenden Mittelklasse und einem wachsenden Lebensstandard. Beide Faktoren führten zu einer großen Nachfrage nach privaten Porträts, der durch die Daguerreotypie vortrefflich entsprochen wurde. Die Preise rangierten zwischen weniger als einem bis zu fünf Dollar. Die Daguerreotypie entwickelte eine enorme Popularität und führte zu einer großen Ausbreitung von Studios in den USA, so daß sogar abgelegenste Landstriche vermittels mobiler Kameras für das Porträtgewerbe erschlossen wurden.[135]

Zur Entwicklung der Fotografie sollte noch angemerkt werden, daß ihre Pioniere – Nicéphor Niepce und Louis Jacques Mandé Daguerre – beide als Lithographen begonnen hatten.[136] Um 1845 war die Daguerreotypie zu einem bedeutenden Erwerbszweig geworden, mit Daguerreotypie-Studios in fast jeder größeren Stadt und einer florierenden amerikanischen

---

132 Die „carte de visite" wurde 1854 von dem Franzosen Adolphe Eugène Desidéri erfunden und zum Patent eingereicht. Zwischen 1854 und 1866 boomte sein fotografisches Visitenkartengeschäft, um dann mit dem zweiten französischen Empire zusammen unterzugehen. Vgl. Peter POLLACK, The Picture History of Photography. From the Earliest Beginnings to the Present Day. New York 1969: 155. Zur Geschichte der „carte de visite" vgl. auch William C. DARRAH, Cartes de Visite In Nineteenth Century Photography. Gettysburg/Pennsylvania 1981. Die „carte de visite" wurde 1860 in den USA eingeführt und erfreute sich einer großen Beliebtheit; vgl. HOLZER u. a. 1984: 19.

133 William F. STAPP, Curatorial Preface. In: Harold Francis PFISTER, Facing The Light. Historic American Portrait Daguerreotypes. Washington D.C. 1978: 12–14, hier: 12. Die Daguerreotypie-Technik wurde am 19. August 1839 in Paris zuerst der Öffentlichkeit präsentiert. Die frühesten amerikanischen Daguerreotypien wurden Mitte September desselben Jahres hergestellt.

134 STAPP 1978: 13.
135 Ebd.
136 S. KOSCHATZKY 1990: 310.

II. 2. Die Frühphase des Wahlplakats

Zulieferindustrie, welche die Fotografen mit Fotoapparaten, Fotoplatten, Chemikalien und weiterem Zubehör ausstatteten.[137]

Da kommerziellen Lithographenanstalten in den seltensten Fällen das Original zur Verfügung stand[138], wurden Lithographien nach Stichen oder anderen Drucken angefertigt, die wiederum auf eine Daguerreotypie – ein Original ohne Negativ – zurückgingen. Damit waren die Porträt-Lithographien zwischen 1844 und der Erfindung des Papierbildabzuges[139] 1851 Kopien dritten Grades, welche die Kopie eines Porträts nach dem Leben zur Vorlage nahmen. Das Daguerreotypie-Porträt wurde so zu einem wichtigen Bindeglied in der Massenverbreitung politischer Porträts, die einer steigenden Nachfrage unterlagen. Es ist davon auszugehen, daß sämtliche Wahlplakate und Political Banners, die keine Kandidatentypisierung, sondern ein Porträt beinhalten und zwischen 1848 und 1864 hergestellt wurden, eine Daguerreotypie bzw. Stiche nach Daguerreotypien zum Vorbild hatten. Von einigen dieser Kandidatenporträts sind die jeweiligen fotografischen Vorlagen auch noch erhalten.

Die Erfindung des Kollodium-Negativ-Verfahrens in Verbindung mit der Entdeckung des Albumin-Papiers zu Anfang der 50er Jahre des 19. Jahrhunderts verdrängte die Daguerreotypie, die im amerikanischen Bürgerkrieg (1861–1865) von Papierabzügen, Ambrotypien und anderen Fototechniken endgültig abgelöst wurde.[140] Erstaunlicherweise teilte jedoch die Lithographie nicht das Schicksal der Daguerreotypie. Fotografie und Lithographie bestanden vielmehr nebeneinander, ohne in der Anfangszeit der Papierbildfotografie in Konkurrenz miteinander zu treten. Beide Prozesse ergänzten sich vielmehr, solange die Fotografie noch keine Möglichkeit der Massenvervielfältigung im Druck bot. Die Porträt-Lithographen waren verstärkt auf die Fotovorlagen angewiesen, die damit das Ölgemälde oder das, ohnehin recht seltene, Porträt nach einer Originalskizze ablösten.

Die Benutzung einer Fotovorlage anstelle einer Skizze oder eines Ölgemäldes hatte stilistische Konsequenzen für die Gestaltung des Wahlplakats. Nur wenige Beispiele sind belegt, in denen die Lithographie nach einer Skizze nach dem Leben angefertigt wurde.[141] Der dreifache

---

137 Ebd.: 12.
138 Von dieser Regel scheint es jedoch auch Ausnahmen gegeben zu haben, wie der explizit aufgedruckte Hinweis im Plakat Abb. 27 belegt. Unter dem Titel „Grand National Free Soil Banner" steht: „From Daguerreotypes by Plumbe".
139 S. Walter KOSCHATZKY, Die Kunst der Photographie. Technik, Geschichte, Meisterwerke. München 1987: 73.
140 STAPP 1978: 14.
141 So ist beispielsweise in der Library of Congress ein Zachary Taylor-Porträt aufbewahrt, das vermutlich recht früh im Wahlkampf von Nathaniel Currier herausgegeben wurde. Das Außergewöhnliche dieser Lithographie wird durch die Tatsache bestätigt, daß nicht nur der Künstler namentlich auf dem Blatt erwähnt ist, was schon per se und besonders für Curriers Lithographenanstalt eine Ausnahme ist, sondern daß zusätzlich der Entstehungsprozeß „from life and on stone by Risso" auf dem Druck vermerkt ist. Der sonst übliche dreifache Kopierprozeß – zunächst als fotografisches Abbild der lebenden Person, dann als Stich nach der Daguerreotypie und schließlich als Lithographie nach dem Stich – wurde in dem Blatt dadurch, daß Zeichner und Lithograph identisch zu sein scheinen, auf einen Kopierschritt verkürzt. Der Präsidentschaftskandidat der Whigs, der nebenbei bemerkt ein wohlhabender Baumwollplantagenbesitzer und Sklavenhalter war, sich jedoch als Militärheld und Kommandeur im Mexikanischen Krieg von 1846 im Wahlkampf profilierte, wirkt auf dem frühen Currier-Blatt viel lebendiger als in den späteren Porträts, die fast ausschließlich nach Daguerreotypie-Stichen angefertigt wurden.

Kopierprozeß, in einer Zeit, in der Personen nicht im Bild omnipräsent und damit für den jeweiligen Lithographen auch tatsächlich Unbekannte waren, führte zu einer starken Typisierung der Porträtierten.

Die Inspirationsquellen für das frühe politische Bildplakat kamen aus drei Richtungen: zum einen dienten die graphischen Porträts von Würdenträgern und Militärs als Vorbilder, die wiederum in der Tradition barocker Herrscherporträts verwurzelt waren.[142] Zum anderen entwickelte sich das Bildplakat aus der politischen Kultur der Zeit, in der noch vor dem Papierdruck politische Stoffbanner als Werbemittel in Paraden und auf Parteiversammlungen eingesetzt wurden. Die dritte Stilvorlage für das politische Bildplakat stammte aus der frühen Werbegraphik, die sich in Form von „Trade Cards", Briefbögen, Zeitungsannoncen und graphisch gestalteten Meisterbriefen in allen Lebensbereichen bemerkbar machte. Den wohl stärksten Einfluß auf den Stil der ersten kommerziellen Kandidatenporträts hatte vermutlich das „politische Banner" (political banner). Derselbe Name, der für die Textilbanner verwendet wurde, ist auch auf die kleinformatigen, meist um die 40 x 30 cm großen Kandidatenporträts übertragen worden. Ein Großteil dieser Wahlkampfporträts wurde von den Lithographenanstalten auch mit dem Untertitel „Political Banner" vertrieben: „Grand National Whig Banner" (Abb. 10, 12), „Grand National Democratic Banner" (Abb. 11, 13) oder das „Grand National Liberal Republican Banner" von 1872 (Abb. 7).

Der Textildruck war 1690 von einem französischen Immigranten in England entwickelt worden, ohne jedoch zunächst eine technische Weiterentwicklung zu erfahren. Erst die Erfindung der Rotationsdruckmaschine 1783 durch Thomas Bell[143] ermöglichte die industrielle Nutzung von Stoffen im Druckverfahren. Die erste erfolgreich operierende Textilfabrik in den USA wurde von dem englischen Einwanderer Samuel Slater 1799 in Neuengland betrieben. Lange vor der Massenverbreitung politischer Motive auf Papier war es in den USA üblich, mit politischen Motiven bedruckte Textilien, sogenannte „banners" oder „bandannas" herzustellen. Die früheste Gruppe solcher Textilien, meist Kopf- und Taschentücher, waren Erinnerungen an militärische oder historische Ereignisse gewidmet und können nicht als Wahlkampfmaterialien bezeichnet werden. Im 19. Jahrhundert wurden die Bezeichnungen „bandanna", „kerchief" und „handkerchief" noch synonym gebraucht. Während „kerchief" von dem französischen Verb „couvrir" entlehnt wurde und explizit als quadratische Kopfbedeckung gedacht war, stammt „bandanna" von dem Hindi-Begriff „bhanda", das eine bestimmte Färbungsart für Stoffe bezeichnete.[144]

Die frühesten Textilien in den Vereinigten Staaten, die der Erinnerung an historische Ereignisse oder Personen dienten, entstanden anläßlich der amerikanischen Revolution. Diese Textilien wurden jedoch immer noch in England und Frankreich gedruckt, da sich die amerikani-

---

142 Zu diesen Symbolen zählen Vorhang, Säule, Adler, sowie architektonische Hintergründe in den Plakaten, die zwar im Sinne eines aristokratischen Republikanismus abgemildert werden, indem sie nicht so prunkvoll gestaltet sind, die sich aber dennoch in der Tradition barocker Herrscherporträts bewegen. Vgl. zum Herrscherporträt vom Barock bis ins 18. Jahrhundert SCHOCH 1975; s. auch Elisabeth von HAGENOW, Bildniskommentare. Allegorisch gerahmte Herrscherporträts in der Graphik des Barock: Entstehung und Bedeutung. Zgl. Diss. phil. Universität Hamburg 1990. Hildesheim u. a. 1996.
143 COLLINS 1979: 1.
144 Ebd.: 2.

II. 2. Die Frühphase des Wahlplakats

sche Textilindustrie erst im Aufbau befand.[145] Der Unabhängigkeitskrieg brachte auch die ersten amerikanischen Landkarten hervor, die auf Stoff gedruckt wurden.[146] Ein „Boom" in dieser Textilbranche trat nach dem Tod George Washingtons ein, da eine enorme Nachfrage nach Souvenirs vom ersten Präsidenten der USA entstand. Die durch Andrew Jacksons 1828er Wahlkampf ausgelöste Euphorie unter den Wählern fügte schließlich der materiellen Verehrung von Ex-Präsidenten noch die Popularisierung der Präsidentschaftskandidaten zu Lebzeiten hinzu, deren Images auf allen möglichen Artikeln feilgeboten wurden. So schrieb beispielsweise *Nathaniel Hawthorne* in einem Brief an einen Freund 1852, daß Franklin Pierce's „portrait is everywhere in all the shop windows and in all sorts of styles, on wood, steel, and copper, on horseback, on foot, in uniform, in citizen's dress, in iron medallions, in little brass medals and on handkerchiefs."[147] Bereits im 19. Jahrhundert prägten die Präsidenten bestimmte Modestile. Ein „Styling à la Jackson" war 1828 keine Seltenheit. So berichtet *Dixon Wecter* in seiner Geschichte des amerikanischen Helden beispielsweise von Friseuren, die einen Haarschnitt *in the Jackson style* anboten.[148]

Die „banners" und „bandannas" wurden von privaten Unternehmen produziert und angeboten.[149] Die für die Wahl hergestellten Andenken waren also keine Auftragsarbeiten, sondern ein Geschäft, das sich obendrein zu lohnen schien. Die Druckereien stellten parteiübergreifend ihre „memorabilia" her – für jede der beiden Parteien wurde parallel ein „banner" produziert – wobei der Adressatenkreis sich eindeutig auf die jeweiligen Parteigänger der auf den Textilien oder Einzelblattdrucken abgebildeten Kandidaten bezog. Diese clevere Geschäftsstrategie, die der Verkaufsstrategie der parteiischen Zeitungen diametral entgegenstand, sicherte den Lithographen den größten Profit, da nicht, wie bei einer Auftragsarbeit, nur das Klientel einer Partei erfaßt wurde, sondern das gesamte Spektrum der politisch interessierten Öffentlichkeit.

Der formale Einfluß der Textilbandanna auf die frühen Innenraumplakate von Currier & Ives, aber auch auf die der in Connecticut angesiedelten Konkurrenzfirma Kelloggs & Comstock[150] (vgl. Abb. 23) ist an dem „Grand National Whig Prize Banner Badge" (Abb. 5) ablesbar, einer gedruckten Kopie des für die Nominierung Henry Clays hergestellten originalen Textilbanners, das über 6 x 6 Feet groß war.[151] Das Originalbanner war von einem Künstler aus Baltimore, M. William Curlett, angefertigt worden und wurde auf dem Parteitag wie folgt angepriesen:

---

145 Ebd.: 47.
146 Vgl. COLLINS 1979: 49, Abb. 2 und 3, ca. 1776, „A Map of the present seat of war in North America", Druck von einer Kupferplatte. Diese frühen Textillandkarten waren ca. 70 x 60 cm groß. Auch die Lithographie als Druckverfahren wurde zuerst von Militärs mit Interesse begutachtet, bevor Drucker ihren kommerziellen Wert erkannten: „Zuerst allerdings interessierte sich der kaiserliche Generalstab für dieses Verfahren, als dessen Hauptnutzen er die rasche Vervielfältigungsmöglichkeit von Lage- und Orientierungskarten ansah", KOSCHATZKY 1990: 309.
147 Zitiert bei COLLINS 1979: 4.
148 Dixon WECTER, The Hero in America: A Chronicle of Hero-Worship. New York 1941: 211.
149 S. auch die Werbeannonce von 1888, abgedruckt in: COLLINS 1979: 9.
150 Die Kelloggs-Brüder haben eine wechselvolle Geschichte der Partnerschaften. Vgl. dazu die Künstlerbiographie im Anhang.
151 Das entspricht ca. einer Größe von 180 x 180 cm. S. COLLINS 1979: 18. Eine Abbildung einer kleineren Textilreproduktion des originalen Textilbanners ist auch bei COLLINS 1979: 115 abgebildet, Abb. 172.

"the front side is painted on a delicate light lead coloured satin – in the centre is an admirably executed portrait of Henry Clay painted on a shield, supported by two female figures representing Agriculture and Commerce, the frame resting on a sheaf of wheat, and the latter on bales of Cotton, on the top of the shield is perched an eagle in a beautiful and graceful attitude, on the background is represented a Factory, Spinning Wheel, Rail Road Cars, etc. and two ships under full sail, below the figures above mentioned are two cornucopias, with fruit, flowers, etc. exquisitely painted, all intended to be illustrative of the abundance, prosperity, and general beneficial effects that will flow from the establishment of the measures advocated by the Whig Party with Mr. Clay at its head. Under the portrait of Mr. Clay is painted the motto, ‚In all assault, our surest signal', the whole of the picture is surrounded by handsomely executed gilt scroll work, The reverse side of the Banner is Mazarine blue satin, on which is painted, in the form of a wreath, the Coat of Arms of each State of the Union, connected by handsomely executed gilt scroll work, inside of the wreath is painted the following motto, being expressive of the Whig appreciation of the value of the Union: ‚The Union, our strong defense; To foes impregnable, Priceless to friends (...)' The trimming and decoration were designed and put together by Mr. John Gade, and in which he has displayed much taste and skill. The top piece is in the form of a bow handsomely carved to represent grain, fruit, and flowers, and richly gilt; on each end of which is perched a handsomely carved eagle, supporting with their beaks the drapery of the Banner, which is composed of rich folds of figured crimson satin damask, the whole trimed with heavy gold bullion fringe, large gold tassels, and gold and scarlet cords. On the top of the staff, over the Banner, is placed the Roman Fasces, handsomely worked in copper and richly gilt. The Banner Staff is of ash, and was cut by the hands of Henry Clay, from the growth of Ashland, expressly for this Banner, at the request of the Committee."[152]

Das Textilbanner wurde an der Spitze der Prozession eingesetzt, die den Auftakt der Convention der Whigs 1844 für ihren Präsidentschaftskandidaten Henry Clay markierte. Dem Banner folgten die Delegationen der dreizehn Gründungsstaaten in geographischer Abfolge mit der Delegation New Hampshires an der Spitze. Wie der obigen Beschreibung zu entnehmen ist, soll der Kandidat selbst das Holz für die Stange geschlagen haben, die das riesige Banner tragen mußte. Das Textilbanner muß über und über vergoldet gewesen sein und war nur aus den kostbarsten Materialien gefertigt. Es hatte eine Zeremonialfunktion und sollte, gemäß der Beschriftung, die jungen Männer zu einem Wettbewerb anspornen. Es war also auch eine Trophäe, die an diejenige Delegation verliehen wurde, welche die meisten Delegierten auf den Parteitag entsandte. Die Lithographie wurde vermutlich als Erinnerungsstück, als politisches Souvenir, angefertigt[153] und scheint eine exakte verkleinerte Kopie des Originals zu sein. Ohne an dieser Stelle auf die Ikonographie des Clay-Porträts einzugehen, ist vor allem die Rahmengestaltung des Banners von Interesse. Im Vergleich mit einer von Clay angefertigten Porträt-Lithographie wird die Formübertragung vom Textilbanner auf das gedruckte politische Banner offensichtlich (vgl. Abb. 5 und 6). Die Draperien im oberen Bereich, sowie die Troddeln oben und unten, die Einfassung des unteren Rahmens durch Sterne, sogar der Ansatz des Flag-

---

152 Young Men's Whig National Convention, zitiert bei COLLINS 1979: 18/19.
153 REILLY 1991: 205.

II. 2. Die Frühphase des Wahlplakats

genmastes sind in der Clay-Lithographie von Nathaniel Currier (Abb. 6) ebenso übernommen worden, wie die Aufhängung des Banners an den oberen Pfeilspitzen, die aus dem Bild herauszuragen scheinen. Die Draperie erscheint somit als Würdeformel, die zugleich einen Verkündigungscharakter in sich birgt: im Banner wird der Kandidat „offenbart", der die Partei in die nächste Wahl und damit in den Sieg führen soll.

In dem mit „Grand National Liberal Republican Banner For 1872"[154] (Abb. 7) betitelten Plakat wird wiederum die Textilvorlage deutlich zum Ausdruck gebracht. Das Banner scheint sich zu bewegen, die Fahnenstange wird im unteren Bildteil sichtbar und wirkt wie gegen das Banner gepresst, so daß ein Abdruck des Mastes auf dem Banner entsteht. Rechts und links oben sind auch die beiden pfeilartigen Enden der Aufhängung erkennbar und, ähnlich dem Clay-Banner (Abb. 5), sitzt ein Adler auf der Fahnenstange.

Die Frühphase des amerikanischen Wahlplakats ist geprägt durch ein sich langsam herauskristallisierendes Zweiparteiensystem der Demokratischen und der Whig Partei, neben denen jedoch auch mehrere kleinere politische Bewegungen bestehen, wie die Anti-Freimaurer und das „Abolitionist Movement". Diese Heterogenität der Parteienlandschaft wird in den politischen Ritualen zunächst durch den Armee-Stil der großen Paraden und den ersten Massenparteitagen der beiden großen Parteien überdeckt. Vor der Einführung der Lithographie und der Entdeckung des kommerziellen Wahlplakates als Handelsobjekt herrschte in den Plakaten kein einheitlicher Bildstil vor. Verschiedene Drucktechniken, vom Holzschnitt über die Radierung bis zur Lithographie, konkurrierten miteinander. In den Wahlkämpfen von 1828 bis 1844 wurden jeweils neue Bildstrategien ausprobiert, die kaum Rückbezug auf vorangegangene Kampagnen nahmen. Der Adler setzte sich als typisches, jedoch keinesfalls einheitlich dargestelltes Bildattribut von Kandidatenplakaten durch. Dem Wahlkampf selbst fehlte eine kontinuierliche Organisationsstruktur ebenso wie es an festgefügten Produktionsstrukturen zur massenhaften Herstellung von Bildplakaten mangelte. Wahlkämpfe waren in der ersten Hälfte des 19. Jahrhunderts vor allem Improvisationsleistungen. Zugleich führte diese Spontaneität jedoch zu großem Abwechslungsreichtum in der Inszenierung und einem weiten Spektrum von Bildideen, auf die in der Phase der Bildkommerzialisierung zurückgegriffen wurde. Die Funktion der Textilbanner in der Frühzeit war zunächst eine zeremonielle, welche die noch in ihrer Gründungsphase steckenden Parteien auf einen Kandidaten einschworen. Zudem dienten die kostbaren Banner als „Lockmittel", da sie nach Beendigung des Parteitages als eine Art „politische Trophäe" an diejenige Staatendelegation verliehen wurde, die mit den meisten Teilnehmern angereist war. Die als Kopien dieser Textilbanner angefertigten Papierlithographien fügten der zeremoniellen Funktion einen bleibenden Erinnerungswert hinzu. Das „political banner" wurde zum politischen Souvenir, das in der guten Stube zum Beweis der Teilhabe und Parteizugehörigkeit aufgehängt wurde. Das Kandidatenporträt war damit zuerst ein reines Erinnerungsbild, das für den Innenraum konzipiert wurde und das Bildnis des Kandidaten mit der Partei sinnfällig verband. Seine Interpretation hängt von dem konkreten Ausstellungskontext ab, über den leider viel zu wenig bekannt ist. Es ist jedoch anzunehmen, daß das Kandidatenplakat über den Umweg des Erinnerungsbildes, das für den Innenraum konzipiert wurde, erst langsam den Weg in den öffentlichen Raum als Außenplakat genommen hat. Schriftplaka-

---

154 Das Plakat in Abb. 7 ist nicht vollständig reproduziert. Der unterste Schriftzug des Plakates „Liberal Republican Banner For 1872" fehlt in der Reproduktion.

te wurden jedoch schon lange vor Bildplakaten auf öffentlichen Kundgebungen und bei Paraden mitgeführt. Das Problem bestand in der Massenvervielfältigung von Bildnissen. Dieses konnte erst durch die Einführung der Lithographie in den USA behoben werden.

Es gab jedoch auch in der ersten Hälfte des 19. Jahrhunderts Bildplakate, die keine vordringliche Erinnerungsfunktion erfüllten, sondern eher appellativen Charakter hatten, wie das für William Henry Harrisons Wahlkampf 1840 angefertigte Versammlungsplakat (Abb. 8), das als Außenplakat konzipiert wurde.[155] Eine weitere, gerade im Wahlkampf von 1840 verbreitete Variante des Kandidatenplakats war das Schrift-Bildplakat (Broadside), (vgl. Abb. 9, 46 und 56). Es stellte den Kandidaten in einem von Legenden umwobenen, günstigen Licht dar. Zugleich bot das Broadside aber auch eine „Breitseite", da die veröffentlichten Porträts und biographischen Legenden von den politischen Gegnern als Angriffsfläche genutzt werden konnten. Die Oppositionspartei griff häufig diese Selbstdarstellungsversuche der Kandidaten auf, um sie in bissigen Satiren, in Wahlkampfliedern, aber auch in der bildhaften Karikatur zu verhöhnen. Mit Aufkommen der Lithographie entstand parallel zu den ernstgemeinten Bildnissen auch eine lebhafte Karikaturenkultur[156], deren Aggressivität und Biß den heutigen Betrachter staunen lassen. So gab es bereits in der ersten Hälfte des 19. Jahrhunderts für beinahe jedes positive Image, das durch Plakate erzeugt wurde, den Versuch eines Gegen-Images. Besonders die Whigs und der ihnen verbundene Lithograph Henry R. Robinson, der zwischen 1831 und 1850 in New York tätig war[157], belebten die bildpolitische Diskussion.

Die Erfindung des kommerziellen Wahlplakates ist eine Folge der Popularisierung von Kandidaten und damit der Personalisierung von Wahlkampf. Die positive bis panegyrische Darstellung der Kandidaten erfolgte jedoch schon im 19. Jahrhundert vor dem Hintergrund beißender Kritik. Beide Graphikarten – das Kandidatenporträt und die Kandidatenkarikatur – wurden teilweise sogar von derselben Lithographenanstalt, wenn auch unter verschiedenen Adressen, herausgegeben. Diese kommerzialisierte Form visueller politischer Kommunikation etablierte sich als eigenständiger Typus jedoch erst mit dem ökonomischen Aufstieg der Lithographie.

---

155 Hier stellt sich bereits eine noch heute übliche Einteilung von Wahlplakaten in drei Kategorien heraus, die in der Regel zwischen Kandidatenplakat, Sloganplakat und Veranstaltungsplakat unterscheidet. Vgl. CDU-Wahlkampf-Regiebuch, Impulse für den Wahlsieg '94. Abschnitt „Kommunikationswege und ihre Umsetzung".

156 Zur amerikanischen Karikatur im 19. Jahrhundert s. Robert PHILIPPE, Political Graphics: Art as a Weapon. New York 1980; Ron TYLER/Amon Carter Museum of Western Art, The Image of America in Caricature and Cartoon. Fort Worth 1976; Stephen HESS/Milton KAPLAN, The Ungentlemanly Art. A History of American Political Cartoons. 2. Aufl. New York 1975; Morton KELLER, The Art and Politics of Thomas Nast. New York 1968; Frank WEITENKAMPF, Political Caricature in the United States in Seperately Published Cartoons. New York 1953; William MURRELL, History of American Graphic Humor. New York 1933–1967.

157 Vgl. Peter C. WELSH, Henry R. Robinson: Printmaker to the Whig Party. In: New York History, Vol. LIII, 1 (1972): 25–53.

II. 3. Die Kommerzialisierung des Kandidatenporträts

Die Geschichte des kommerziellen Wahlplakates ist untrennbar mit der New Yorker Lithographen-Firma Currier & Ives verbunden.[158] 1834 von Nathaniel Currier[159], zunächst mit einem weiteren Lithographen als Partner[160] gegründet, dominierte Currier für ein halbes Jahrhundert die Produktion von populären Bildern, die in einer Massenauflage verbreitet wurden. 1852 trat Curriers Schwager, James Merritt Ives[161], in die Firma ein und wurde 1857 Teilhaber. Seither erschienen die Lithographien statt unter „N. Currier" mit dem neuen Firmennamen „Currier & Ives". Die Lithographenanstalt existierte offiziell bis 1907, obwohl ihre Hochphase eher in die zweite Hälfte des 19. Jahrhunderts fiel und die Produktion gegen Ende des Jahrhunderts stark abnahm. Currier & Ives hatten bis zu ihrer Auflösung über 7.000 unterschiedliche Lithographiemotive herausgegeben.[162] Nat Currier begann seine Karriere mit Auftragsarbei-

---

158 Currier & Ives sind die bekannteste Lithographenanstalt im 19. Jahrhundert in den USA. Ihre Lithographien erzielen inzwischen enorme Preise bei Kunstauktionen. Um die Bedeutungsdimension dieser Lithographenanstalt in den USA zu verdeutlichen, sei an dieser Stelle Bernard F. REILLY zitiert: „It is a name that conjures up a particular view of America's past. When we speak about the art of Currier & Ives, we are talking of cultural patrimony, a vital part of this nation's identity, on a par with the Empire State Building, the Grand Canyon, and ,the Star-Spangled Banner'." Das Gesamtwerk von Nathaniel Currier und James Merritt Ives wird als Teil des „kulturellen Erbes" der USA betrachtet. Bernard F. REILLY im Vorwort zu: GALE Research Company (Hg.), Currier & Ives. A Catalogue Raisonné. A comprehensive catalogue of the lithographs of Nathaniel Currier, James Merritt Ives und Charles Currier, including ephemera associated with the firm 1834–1907. 2 vols., Detroit 1984: xxi–xxxvi, hier: xxi. Zwei weitere Standardwerke zu Currier & Ives sind: Harry T. PETERS, Currier & Ives Printmakers to the American People. Garden City/New York 1942 und Walton RAWLS, The Great Book of Currier & Ives' America. New York 1979. Dieses Buch hat keine Seitennummerierung. In den folgenden Zitaten wird die jeweilig zitierte Textseite deswegen in Klammern vermerkt. Eine Checkliste für sämtliche Currier & Ives Lithographien wurde 1949 von Frederic A. CONNINGHAM zusammengestellt: Currier & Ives Prints: An Illustrated Check List. Vgl auch aktuell: Klaus LUBBERS, Popular Models of National Identity in Currier & Ives Chromolithographs. In: Amerikastudien, 40. Jg., Nr. 2, 1995: 163–182.
159 Nathaniel Currier (1813–1888) wurde 1813 in Roxbury/Massachusetts geboren. Er absolvierte eine fünfjährige Lithographenlehre bei William S. & John Pendleton in Boston, bevor er 1834 nach New York kam. „After five years with the Pendletons the twenty-year-old Currier went to Philadelphia to work with a master lithographer, M. E. D. Brown. A year later he came to New York, where he and John Pendleton had planned to start a business of their own. However, Pendleton, arriving in New York first, received another offer so attractive that he could not refuse it, and he sold his share in the projected business to Currier, who entered into a partnership with a man named Stodart in 1834. This proved an unfortunate move, and the firm of Currier & Stodart survived only for a year. It apparently operated a job press, doing work on commission rather than original publishing of prints. That Currier, however, considered this his start in the business is evident from the fact that subsequent N. Currier and Currier & Ives letterheads bore the legend ,Founded in 1834'." PETERS 1942: 5.
160 Stodart & Currier. Die Firma hat während ihrer kurzen Existenz vor allem Notenblätter veröffentlicht. Stodart schied bereits nach einem Jahr aus der Firma aus, die ab 1835 offiziell N. Currier hieß und unter der Adresse No. 1 Wall Street firmierte. S. RAWLS 1979: (8).
161 James Merritt Ives (1824–1895). Zu seiner Person vgl. RAWLS 1979: (15/16).
162 REILLY 1984: xxi.

ten.[163] Diese bestanden vor allem in der Vervielfältigung von Etiketten, Briefköpfen, Flugblättern, Bauzeichnungen und Porträts.[164] Erst allmählich kamen eigene Bildideen hinzu, die von Currier neben seinem Auftragsgewerbe realisiert und vertrieben wurden. Der Adressatenkreis der Firma kann am besten durch die Preisliste und die Selbstbeschreibung der Firma in Briefköpfen und Trade Cards bestimmt werden. *Harry T. Peters*[165], der erste Sammler und hervorragende Kenner von Currier & Ives-Drucken, beschreibt die Selbsttitulierung der Lithographen folgendermaßen: „Indeed Currier & Ives themselves seem to have had no fixed method of describing their firm's activities, although their designations were always as simple and unpretentious as was their work. An early card says, ‚N. Currier, Lithographer and Publisher'. A card of the seventies and a letterhead of the eighties use the words ‚Currier & Ives, Publishers of Cheap and Popular Pictures'. On another letterhead is the word ‚Printmakers'. Perhaps the happiest of all is the ingenuous and charming phrase that was used first by Nathaniel Currier in the firm's early days: ‚Colored Engravings for the People'. The firm's success amply justified that title."[166] Currier betrieb einen eigenen Laden, in welchem die Einzelblätter zu einem Stückpreis zwischen 15 und 25 Cents verkauft wurden. Zusätzlich zum Ladenverkauf waren vor den Schaufenstern auf dem Gehsteig Tische aufgestellt, auf denen Drucke zu reduzierten Preisen feilgeboten wurden. Der Vertrieb der großformatigen Lithographien blieb meist den Zwischenhändlern vorbehalten, die zwischen $ 1,50 und $ 3,00 Einkaufspreis pro Stück zahlten. Die Drucke wurden in den unterschiedlichsten Größen angeboten. Die kleinsten maßen ca. 7 x 12 cm (2.8 x 4.8 inches), die größeren Folio-Ausgaben waren ca. 46 x 69 cm (18 x 27 inches) groß.[167] Die politischen Innenraumplakate, die unter dem Titel „political banners" erschienen, gehörten mit ca. 22 x 32 cm zur mittleren Kategorie.

Die Geschichte der Firma und ihrer Bilder ist deshalb so faszinierend, weil sie eine historisch bedeutsame Phase der amerikanischen Geschichte umspannt, die außer in ihren Drucken nicht im Bild dokumentiert ist. Als Currier 1834 seine Lithographenanstalt gründete, war Andrew Jackson Präsident, die Sklaverei im Süden der USA ein unumstrittenes Wirtschaftssystem, Texas gehörte noch zu Mexiko, der Westen war noch unerforschtes Territorium und es gab noch keine Anzeichen der industriellen Revolution, die sich in den kommenden Jahrzehnten über das Land ausbreiten sollte.[168] All dies änderte sich, während die Künstler und Lithographen, die für Currier & Ives arbeiteten, mehr oder weniger bewußt diese Entwicklungen in ihren populären Drucken festhielten.[169] Der kommerzielle Durchbruch kam für die Firma überraschend und als Folge einer Katastrophe, deren Illustration sich als wahrer Publikums-

---

163 Der amerikanische Ausdruck für dieses Gewerbe ist „job-printer", zu deutsch „Akzidenzdrucker". Eine Akzidenz ist eine „Druckarbeit, die nicht zum Buch-, Zeitungs- u. Zeitschriftendruck gehört (z. B. Drucksachen, Formulare, Prospekte, Anzeigen)." DUDEN 5, 4. Aufl. 1982.
164 Vgl. RAWLS 1979: (11).
165 PETERS war der erste große Sammler von Currier & Ives' Drucken. Ein Großteil des heutigen Wissens ist seinen Forschungen in den 30er Jahren des 20. Jahrhunderts zu verdanken. Seine Sammlung ist in der New York Historical Society aufbewahrt.
166 PETERS 1942: 6.
167 Ebd.: 11.
168 Ebd.: 2.
169 Für die Parallelentwicklung in Frankreich vgl. Beatrice FARWELL, The Cult Of Images. Baudelaire and the 19th Century Media Explosion. Santa Barbara/California 1977.

renner entpuppte: Am Abend des 13. Januar 1840 sank das Dampfschiff *Lexington* vor der Küste von Rhode Island. Von den 140 Passagieren konnten sich nur wenige retten. Drei Tage später, als sich die Gerüchte um die Ursache des Unglücks häuften, erschien eine Extraausgabe der New Yorker Zeitung „The Sun" mit der vermutlich ersten Zeitungsillustration zu einem aktuellen Ereignis.[170] Der Sensationsdruck war betitelt mit „Awful Conflagration of the Steam Boat ‚Lexington' in Long Island Sound on Monday Eveg. Jany. 13th 1840, by which melancholy occurrence over 100 persons perished." Der Druck war mit W.K. Hewitt signiert und von N. Currier, Lith & Pub. 2 Spruce St., N.Y. herausgegeben.[171] Die auf die *Lexington*-Illustration folgenden Lithographien wurden bis 1872 entweder unter der Adresse des Ladengeschäfts, N. Currier bzw. Currier & Ives, 152 Nassau Street, New York oder unter der Werkstattadresse in der Spruce Street publiziert.[172] Verkauft wurden die Drucke auf verschiedene Arten. Zum einen in dem Ladengeschäft, in dessen Schaufenstern die neuesten Lithographien ausgestellt wurden. Einen weiteren Distributionsweg nahmen die Drucke durch Straßenhändler, die auf Kommissionsbasis am Morgen die Drucke gegen Hinterlegung einer Kaution abholten und sie auf ihren Karren in unterschiedlichen Stadtvierteln anboten. Die Straßenhändler (peddlers) wurden durch Curriers Annoncen angelockt, die beispielsweise lauteten:

> *To Peddlers or Travelling Agents, these Prints offer great inducements, as they are easily handled and carried, do not require a large outlay of money to stock up with, and afford a handsomer profit than almost any article they can deal in, while at the same time Pictures have now become a necessity, and the price at which they can be retailed is so low, that everybody can afford to buy them.*[173]

Die Straßenhändler zahlten einen Einkaufspreis von 6 Cents pro Stück, $ 6.00 pro Hundert für die kleinen Drucke, und verkauften sie für 15 bis 25 Cents pro Stück weiter, wobei der Verkaufspreis und damit der Gewinn dem Straßenhändler selbst überlassen wurde. Die teureren, großen Lithographien wurden von regulären Händlern im Krämerladen oder auch in Bars vertrieben. Im Vergleich kostete beispielsweise ein Dutzend gedruckter Wahlkampfbiographien von William Henry Harrison 1840 $ 1.80, also umgerechnet zwölf Cents pro Buch.[174] Ab 1877 spezialisierte sich Currier & Ives auch auf den Verkauf per Katalog[175] und den Vertrieb über sogenannte „sales agents", Zwischenhändler, die Kontakte bis nach Europa knüpften. Curriers Laden befand sich in Lower Manhattan im Zentrum der Geschäftswelt, Ecke Nassau und Spruce Street, direkt gegenüber dem New Yorker Machtzentrum – der City Hall. Nur

---

170 Die Illustration der Schiffskatastrophe war frei erfunden. Weder Currier noch seine Künstler waren vor Ort gewesen. S. RAWLS 1979: (2 und 4).
171 PETERS 1942: 1.
172 Die Produktion fand in einer Fabrik um die Ecke des Ladengeschäfts statt. Zunächst in No. 2 Spruce Street, später in No. 33 Spruce Street. Vgl. PETERS 1942: 12.
173 Zitiert bei: RAWLS 1979: (13).
174 S. William Burlie BROWN, The People's Choice. The Presidential Image in the Campaign Biography. Baton Rouge/Louisiana 1960: 10.
175 Currier warb in diesem Versandkatalog mit der Formel: „Any of the Prints on this Catalog will be sent by mail, free of postage, at the prices named, cash to be remitted with order." RAWLS 1979: (4). Zwischen 1877 und 1894 wurde der Katalog unter der Adresse der Nassau Street herausgegeben, danach unter 108 Fulton Street. Er umfaßte insgesamt 1. 412 verschiedene Drucke.

wenige Blocks entfernt lag auch das Postgebäude, über das Currier seinen Lithographieversandhandel betrieb.[176] Die populären Drucke wurden sogar in Europa über die Londoner Dependance von Currier & Ives vertrieben, wobei sich sujetspezifische Präferenzen herauskristallisierten. Während die Franzosen Karikaturen und Schiffsdarstellungen bevorzugten, waren in Deutschland und Großbritannien vor allem Stadtansichten und Szenen aus dem amerikanischen Westen begehrt.[177]

Das gedruckte politische Banner ist eine originäre Erfindung von Nathaniel Currier.[178] Die ersten erhaltenen politischen Banner wurden für den 1844er Wahlkampf produziert (vgl. Abb. 6, 10, 11).[179] Sie etablierten den neuen politischen Bildnistypus des Kandidatenporträts. Laut *Peters* gehörten die Wahlplakate zu den wichtigsten Artikeln in Curriers Bildrepertoire: „The print ‚Grand Democratic Free Soil Banner' (…), carrying the portraits of Martin Van Buren and Charles F. Adams (s. Abb. 14, A. d. V.), is a fine example of the campaign banners issued by Currier & Ives. Considerable importance was attached to these banners by the firm, the Free Soil banner going a long way toward making Van Buren one of the most publicized men of his time. Currier & Ives invented and promoted this type of campaign banner, and during active political periods it was one of the largest-selling items produced by the firm."[180] Die politischen Banner zählten in Wahlkampfzeiten zu den meistverkauften Drucken von Currier & Ives, und *Rawls*[181] bestätigt, daß die politischen Banner nach 1844 zu den unentbehrlichen Wahlkampfutensilien („vote-getting necessity") gehörten. Vermutlich wurde das erfolgreiche Konzept sehr schnell auch von Konkurrenzfirmen wie den Kellogg-Brüdern in Hartford kopiert, die ihr erstes politisches Banner ebenfalls 1844 herausgaben (vgl. Abb. 23).

Wie Nathaniel Currier auf die Idee kam, ein politisches Banner als Lithographie herauszugeben, kann historisch nicht belegt werden, aber es scheint sich weniger um ein politisches Bekenntnis, als um eine Geschäftsidee gehandelt zu haben. Das Erscheinen der ersten politischen Banner verläuft parallel zur Umstrukturierung von Curriers Firma, die von einer auf Kommissionsbasis arbeitenden Lithographenanstalt in einen Verlag, der eigene Bildideen entwarf, umgewandelt werden sollte.[182] Die ursprüngliche Firma hatte vor allem Auftragsarbeiten einzelner Kunden ausgeführt und mußte sich nun auf einen populären Markt einstellen, dessen Massennachfrage und -geschmack zum Funktionsprinzip wurde. Möglicherweise hatte genau diese neue Geschäftsstrategie zu einer Ausweitung der Bildthemen geführt, zu denen nun auch politische Drucke als eigene Sparte zählten. Von Curriers Lithographenanstalt sind

---

176 Für eine unterhaltsame und ausführliche Beschreibung der räumlichen Verhältnisse und Beziehungen zu Curriers Zeit vgl. die Beschreibung bei RAWLS 1979: (4).
177 PETERS 1942:10/11.
178 „he (…) liked to take credit for originating the ‚political banner', a vote-getting necessity in all future elections. This colorful type of print featured inspiring portraits of a party's candidates, its slogan, and a few surefire symbols like the American eagle and arrays of Stars and Stripes." RAWLS 1979: (2).
179 Vgl. REILLY 1984: xxvii.
180 PETERS 1942: 34.
181 RAWLS 1979: (2).
182 Die Auftragslithographie wird im Englischen mit „practical lithography" bezeichnet. Zwischen 1852 und 1880 arbeiteten Currier & Ives fast unabhängig von Aufträgen als „independent print publishers". Die Umstrukturierung der Firma fand in den 40er Jahren des 19. Jahrhunderts statt. Vgl. REILLY 1984: xxiii.

II. 3. Die Kommerzialisierung des Kandidatenporträts

kaum Originaldokumente erhalten, so daß über Funktionsweise und Geschäftsstrategie nur spekuliert werden kann. Es erscheint jedoch einleuchtend, daß Currier bei der Umstellung von einem Einzelkunden-Auftragssystem auf ein Massenmarktsystem sein Bilderangebot diversifizierte, um möglichst viele Personengruppen als potentielle Kunden zu erreichen. Dabei scheint es ihm weniger um die Qualität des Einzeldrucks als vielmehr um Aktualität und hohe Auflagen bei gleichzeitigen Niedrigpreisen gegangen zu sein. Das Ereignis „Wahl" bot hier sicherlich die Chance eines hohen Verdienstes, zumal in keinem anderen Medium Porträts der Kandidaten so schnell und massenweise hergestellt werden konnten. Die Kandidatenporträts befriedigten die Neugierde der Bevölkerung auf die Männer, die sich für das höchste Amt im Staate bewarben und möglicherweise als Gewinner aus diesem spannenden politischen Wettkampf hervorgehen würden. In Curriers Selbstverständnis waren seine Lithographien keine Kunstwerke, sondern Bilder für die Massen. Das Demokratische bestand in ihrer finanziellen Erschwinglichkeit für jeden Menschen: „He never advertised his lithographs as ‚art', but as ‚pictures' or ‚prints'; and he never copied ‚works of art' to sell as such, but as representations of historical events or personages otherwise unavailable (…). And Currier never saw his role as elevator of American taste, for he simply characterized his prints in one catalog as ‚(…) handsomely colored and suitable for framing or for ornamenting walls or panels, the backs of bird cages, clock fronts, or any other places where an elegant and tasteful picture is required'."[183] Nach der allmählichen Umwandlung von einem Auftragsbetrieb in einen eigenständigen Lithographienverlag bot sich dem Käufer eine breite Palette von Bildthemen zur Auswahl. Nahezu jedes Genre vom Früchtestilleben als Wanddekor für das Eßzimmer[184] über Stadtansichten, Seelandschaften, erotischen Schönheiten („The Belle of the West") bis zu moralisierenden Stücken und historischen Szenen befand sich in Currier & Ives' Repertoire. Noch vor den ersten Kandidatenporträts gehörten die Bildnisse der ersten fünf Präsidenten nach den Gemälden von Gilbert Stuart zum festen Programm. Diese Politikerporträts vor Säule und Vorhang als Hoheitsattributen, standen noch in der Tradition des barocken Herrscherporträts. Stilistisch beeinflußten sie die ersten Kandidatenporträts in den „politischen Bannern" seit 1844.

Der Produktionsprozeß im Hause Currier & Ives war vollkommen arbeitsteilig organisiert. Nur die wenigsten Künstler waren fest angestellt. Frances (Fanny) Flora Bond Palmer[185] bildete eine Ausnahme. Sie arbeitete fast drei Jahrzehnte fest für die Firma und ihr Bildspektrum reichte von der Darstellung ländlicher Idyllen über Dampfschiffe bis zu Blumenarrangements. Napoleon Sarony, ein bekannter Künstler, der vor allem historische Szenen entwarf, arbeitete nur bis 1846 für Currier, um sich dann selbständig zu machen.[186] Louis Maurer[187] war acht Jah-

---

183 RAWLS 1979: (16).
184 Die sogenannten „Dining Room Pictures" waren auch im Chromolithographiegewerbe beliebte Sujets. Der Marktführer in der Chromolithographie, Louis Prang, pries seine Früchtestilleben 1868 folgendermaßen an: „Our fruit and flower pieces are admirably adapted for the decoration of dining-rooms and parlors. We intend to issue still other pictures of this character; and we venture to predict that the set when complete will be unrivalled either in Europe or in America." Zitiert in: Peter C. MARZIO, The Democratic Art. Chromolithography 1840–1900. Pictures for a 19th-Century America. Boston 1979: 119.
185 Zu Fanny Palmer s. PETERS 1942: 26–29.
186 Ebd.: (19).
187 Zu Louis Maurer vgl. PETERS 1942: 19–22. In einer Zeitungsrezension von H. I. Brock über Currier & Ives, die in ein privates Sammelalbum (Scrap Book) vom Dezember 1930 ohne Angabe der Zeitung

re lang bei Currier & Ives beschäftigt und wechselte erst 1861 die Firma. Das Leben der Künstler war in der Regel eher unstet und mangels Festanstellung häufig auch von finanziellen Nöten geprägt. Die wenigsten Künstler beherrschten wie Fanny Palmer oder Louis Maurer selbst das Lithographenhandwerk und wurden so nur für Einzelentwürfe bezahlt.[188] Das Präparieren der Steinplatten und die exakte Umsetzung des künstlerischen Entwurfs mit dem Fettstift auf den Lithostein blieb dem professionellen Lithographen vorbehalten, der zum Teil seinen Entwurf auch selbst druckte. Häufig wurde der Druck jedoch in einem weiteren arbeitsteiligen Schritt von einem Drucker vorgenommen, so daß bis zur Fertigstellung der rohen Schwarzweißlithographie bereits mindestens drei Personen an der Bildentstehung mitgewirkt hatten. Entwurf, Kopie des Entwurfs auf den Stein und Druck waren drei getrennte Vorgänge mit drei beteiligten Personen – dem Künstler, dem Lithographen und dem Drucker. Dieser arbeitsteilige Prozeß ist auch jeweils an den Lithographien als historischen Quellen ablesbar. Es ist nicht untypisch, daß unter dem Bildmotiv drei oder vier Namen erscheinen: Der Herausgeber, der Künstler, der das Motiv entworfen hatte, der Lithograph, der diesen Entwurf auf den Druckträger kopierte und schließlich noch der Name der Druckerei. Da Currier & Ives als Verlag und Druckerei arbeiteten, sind die meisten der von ihnen herausgegebenen Lithographien nur mit ihrem Firmennamen, manchmal zusätzlich mit dem Namen des Künstler-Entwerfers oder Künstler-Lithographen versehen. Im Falle der politischen Banner sind jedoch außer dem Firmenzeichen keine weiteren Personen erwähnt, so daß nicht belegbar ist, welcher Künstler die Kandidatenporträts entworfen und welcher Lithograph sie schließlich auf den Stein gebannt hat.[189]

Die meisten von Curriers Lithographien wurden in zwei unterschiedlich teuren Versionen angeboten: als bloße Schwarzweißlithographie oder als kolorierte Fassung. Vor der Einführung der Chromolithographie in den 40er Jahren des 19. Jahrhunderts[190] und ihrer massenwei-

oder des Erscheinungsdatums eingeklebt ist, wird der Lebensweg des deutschen Einwanderers Louis Maurer ausführlich beschrieben: „Mr. Maurer came to New York from Biebrich on the Rhine when he was 19 years old. He arrived in 1851 on the sailing packet Seine, thirty-nine days out of Havre. Besides his father's trade of cabinetmaker, he had learned perspective, drawing, ivory carving and the art of the lithographer, invented by his countryman Alois Senefelder thirty seven years before Maurer was born. He went to work for Nathaniel Currier within a year's time of his landing." Scrap Book in Box 3 of 4 „Lithography" in der Warshaw Collection of Business Americana/Smithsonian Institution, Museum of American History/Washington D.C.

188 Ein Einzelentwurf konnte zwischen $ 1 und $ 10 einbringen. Ein festangestellter Künstler und Lithograph verdiente $ 12 die Woche, was als kein schlechter Verdienst anzusehen war. S. dazu Zeitungsartikel „How Currier & Ives Made Cheap Pictures That Bring High Prices Today" von H. I. Brock, undatiert und ohne Quellenangabe im Scrap Book vom Dezember 1930, Box 3 of 4 „Lithography", Warshaw Collection of Business Americana.

189 Da keine Firmenunterlagen von Currier & Ives überliefert sind, kann über die Entwerfer und Lithographen der unsignierten Drucke der Firma nur spekuliert werden. Bernard F. Reilly stellte in einem Gespräch mit der Verfasserin jedoch die Vermutung an, daß es sich vor allem um zwei Künstler handelte, die die politischen Banner entwarfen: Louis Maurer und Charles Parsons. Zu Parsons vgl. PETERS 1931: 30/31.

190 Die Entwicklung der Chromolithographie, d. h. des farbigen Lithographiedrucks im Unterschied zur Handkolorierung, war schon von Aloys Senefelder in seinem 1818 in München erschienenen „Lehrbuch der Steindruckerey", das bereits im folgenden Jahr auf Englisch unter dem Titel „A Complete

II. 3. Die Kommerzialisierung des Kandidatenporträts

sen Verbreitung in den 60er Jahren wurden sämtliche Drucke handkoloriert. Gemäß dem schon beim Lithographieprozeß angewandten arbeitsteiligen Verfahren wurden in Currier & Ives' Lithographenanstalt erste Formen eines nicht-mechanisierten Fließbandverfahrens entwickelt: Die „Bilderfabrik" in der Spruce Street erstreckte sich über drei Stockwerke. Im untersten Stockwerk wurde auf den handbetriebenen Pressen gedruckt, im mittleren Stockwerk wurden die Steine präpariert und bearbeitet und im obersten Stockwerk dann koloriert. Für diese Arbeit waren ausschließlich Frauen beschäftigt, zumeist deutsche Immigrantinnen, die rudimentäre zeichnerische Kenntnisse als Voraussetzung mitbrachten.[191] Die jungen Frauen, die für die Kolorierung mit einer Farbe zuständig waren, saßen an langen Arbeitstischen nebeneinander. Nachdem sie mit dem schnellen Farbauftrag fertig waren, reichten sie das Blatt an ihre Nachbarin weiter, die dann die nächste Farbe auftrug. Die Koloristinnen hatten eine von der Künstlerin/dem Künstler vorbereitete Farbvorlage zum Vorbild, die von Currier oder Ives jeweils vorher abgesegnet worden war, bevor sie in die Massenproduktion ging.[192] Die großformatigen Foliodrucke wurden nicht am „Fließtisch" sondern von den Künstlern in Heimarbeit koloriert und waren dementsprechend teurer.[193] Dieser Produktionsprozeß erklärt die zum Teil erheblichen Qualitätsunterschiede der Currier & Ives Drucke, deren Schwarzweißvorlagen meist von großer Detailgenauigkeit sind, die jedoch durch den hastigen, groben Farbauftrag häufig zunichte gemacht wurde. *Rawls* beschreibt, wie der Fließbandprozeß unter Zeitdruck weiter verschärft wurde, und erklärt damit die groben Farbpatzer: „For instance, in rushing to get a Civil War battle scene on the market while the news was still fresh, a back-up force of less-skilled girls was called in to apply preliminary coloring by stencelling washes over broad areas – a line of boldly charging Union troops might have all their uniforms colored blue in one brushstroke! The effects of these washes were supplemented by the regular girls, who would more carefully paint the prominent figures and add touches of bright color to battle flags, bleeding wounds, and muzzle blasts before passing the print on to the finisher. After all,

---

Course of Lithography" publiziert wurde, aufgezeigt worden. Es war allerdings ein französischer Lithograph, Godefroy Engelmann, der sich den Namen und das Verfahren der Chromolithographie 1837 patentieren ließ. Die Erfindung wurde im anglo-amerikanischen Bereich zuerst 1840 von dem englischen Lithographen Charles Hullmandel für die kolorierte Illustration von Thomas Shotter Boys' „Picturesque Architecture in Paris, Ghent, Antwerp, Rouen" umgesetzt. S. MARZIO 1979: 6. Der genaue Zeitraum, in dem sich die Chromolithographie, bei der Bilder in Farbe von mehreren Steinen reproduziert wurden – je Farbe ein Stein – in den USA durchzusetzen begann, ist umstritten. Während PETERS (1942: 14) den Durchbruch der Chromolithographie auf die 60er Jahre des 19. Jahrhunderts festlegt, korrigiert MARZIO (1979: 59/60) diese Einschätzung und datiert den Durchbruch der Chromolithographie in den USA bereits auf die 40er Jahre.

191 Vgl. RAWLS 1979: (20) und REILLY 1984: xxiv.
192 „In the Currier & Ives shop the stock prints were colored by a staff of about twelve young women, all trained colorists and mostly of German descent. They worked at long tables from a model set up in the middle of the table, where it was visible to all. The models, many of which were colored by Louis Maurer and Fanny Palmer, were all first approved by one of the partners. Each colorist applied only one color and, when she had finished, passed the print on to the next worker, and so on until it was fully colored. The print would then go to the woman in charge, known as the ‚finisher', who would touch it up where necessary. The colors used were imported from Austria and were the finest available, especially valued because they did not fade in the light." PETERS 1942: 14/15.
193 Die Künstler erhielten meist einen Dollar pro Dutzend handkolorierter Lithos. RAWLS 1979: (20).

not much effort could be profitably spent on a product meant to wholesale just six cents apiece."[194]

Die Handkolorierung der Drucke, die später auch mit Hilfe von Schablonen (stencils) effizienter gestaltet wurde, hatte Folgen für ihren Anbringungsort. Die Kandidatenporträts konnten nur in Innenräumen aufgehängt werden, da die Farben unter freiem Himmel bei dem ersten Regenguß zerlaufen wären. Außenplakate, die es zum Beispiel in Form von Versammlungsplakaten (s. Abb. 8) bereits gab, wurden meist in anderen Drucktechniken als der Lithographie hergestellt oder waren nicht koloriert (vgl. auch die an Wandzeitungen erinnernden Broadsides im Harrison-Wahlkampf 1840, Abb. 9). Über den Umgang mit kommerziellen Bilddrucken sind nur wenige Quellen erschlossen. Aufgrund des relativ kleinen Formats der politischen Banner und der durch die Handkolorierung verunmöglichten Anbringung im Freien muß davon ausgegangen werden, daß es sich bei den Currier & Ives-Drucken um Innenraumplakate handelte, die sich die Sympathisanten der jeweiligen Partei in der „guten Stube" aufhängten. Dieser in der heutigen Zeit recht seltsam anmutende Anbringungsort politischer Porträts war jedoch im 19. Jahrhundert keine Seltenheit, vergegenwärtigt man sich die relative Bilderarmut der Zeit und die große Popularität und Parteilichkeit in der Politik[195], die als eine Art Massensport aufmerksam verfolgt wurde. Die Anbringung in Innenräumen schloß jedoch nicht automatisch ihre Öffentlichkeitswirksamkeit aus. Kandidatenporträts konnten sehr wohl öffentlich ausgestellt wurden, ohne sie den Unbilden des Wetters preisgeben zu müssen. Pragmatisch wurden die politischen Banner und Broadsides an die Innenseite von Fensterscheiben geheftet oder in Bars und an anderen öffentlichen Orten mit großem Publikumsverkehr angebracht. Ein anschauliches Beispiel von Produktions- und Anbringungsart präsidentieller Kandidatenporträts liefert die bebilderte Reportage in *Leslie's Weekly* vom 13. Oktober 1904 (s. Abb. 27), die mit „Curious Art of Making Campaign Banners" betitelt ist. Diese großformatigen Außenplakate, die an die Tradition der Stoffbanner anknüpften, unterscheiden sich in ihrer ephemeren Natur und in ihrem Produktcharakter als Auftragsbanner von den Innenraumplakaten der unabhängigen Lithographenanstalten. Die Massenproduktion billiger und populärer Druckgraphik war in der ersten Hälfte des 19. Jahrhunderts ein einträgliches Geschäft. Seinen Erfolg hatte Currier jedoch nicht zuletzt auch der Topographie seines Unternehmens und seinen guten Geschäftskontakten zu verdanken. Die Lithographenanstalt an der Nassau Street lag mitten im politisch-ökonomischen Zentrum der amerikanischen Metropole. Currier unterhielt gute Kontakte zu Politikern und Zeitungsherausgebern gleichermaßen. Er war mit Benjamin H. Day, dem Gründer und Herausgeber der weltweit meistverkauften

---

194 RAWLS 1979: (20).
195 „Nearly everyone was accustomed to having his partisanship known in public. It is no wonder that in this atmosphere in which politics were important and no one feared showing his political convictions, political prints thrived as decorations even in private homes or businesses." HOLZER u. a. 1984: 8. „No one today would expect to find framed portraits of Ronald Reagan or Jimmy Carter anywhere save at party headquarters or in public buildings – least of all in private homes. (...) Nor would one expect to open a family's photograph album and find, before moving on to snapshots of the baby's christening and the Fourth of July picnic, a picture of the President of the United States, portraits of his cabinet members, or even a picture of John Hinckley, who attempted to assassinate President Reagan. In Lincoln's era, however, the print industry and the fledgling photograph industry supplied political pictures that were used in precisely those ways by Americans of all classes." Ebd.: 3.

II. 3. Die Kommerzialisierung des Kandidatenporträts

Tageszeitung *The New York Sun*, befreundet.[196] Dessen Sohn absolvierte sogar seine Lithographenlehre bei Currier.[197] Day ist auch Curriers Durchbruch mit der *Lexington*-Illustration zu verdanken.[198] Zu dem illustren Kreis berühmter und einflußreicher Freunde zählte Currier des weiteren den Herausgeber der New York Tribune und späteren Präsidentschaftskandidaten Horace Greeley, der in dem für Currier & Ives recht ungewöhnlichen Druck von 1872 (Abb. 7) porträtiert wurde, den Schausteller und Erfinder des „Show-Business", Phineas T. Barnum, sowie den Abolitionisten Henry Ward Beecher.[199] Letzterer versuchte vergeblich, Currier dazu zu bewegen, eine Serie abolitionistischer Drucke herauszugeben. Currier wollte sich seine zahlreichen Kunden im sklavenhaltenden Süden ebensowenig vergraulen wie die der Sklavenfrage keineswegs positiv gegenüberstehende katholische Arbeiterschicht des Nordens und gab zur Zufriedenheit dieses Klientels sogar eine besonders rassistische Graphikfolge heraus – die sogenannte „Darktown Series"[200]. Diese Lithographien, die fast ausschließlich von Thomas Worth[201] entworfen wurden, machten sich auf unmißverständliche Weise lustig über das Freiheitsstreben der Sklaven: „ (...) caricatures of Negroes comically failing to master even the rudiments of life in the white man's world were just the right thing to adorn workingmen's saloons and hiring halls – symbolic icons of safe containment of this black threat to their livelihoods. (...) In New York, tempers were restrained a bit longer, but abolition rallied very few

---

196 Benjamin Day hatte die New York Sun 1833 gegründet, um die selbe Zeit wie Currier seine Lithographenanstalt eröffnete. Die Zeitung war aufgrund ihrer auf die Sensationslust des Publikums abzielenden Berichterstattung schon bald ein großer geschäftlicher Erfolg. Vgl. CHAMBERS 1971: 675.
197 Ebd.: (6).
198 Currier befand sich zufällig in Days Büro, als die ersten Meldungen über das Unglück eintrafen. Currier beauftragte sogleich Napoleon Sarony und W. K. Hewitt mit der Lithographie, die dann in mehreren Auflagen als Beilage der New York Sun („The Extra Sun") erschien. S. RAWLS 1979: (4/5).
199 Jüngerer Bruder von Harriet Beecher Stowe. Derselbe berühmte Geistliche, Henry Ward Beecher, machte 1874 im Zusammenhang mit einem Sex-Skandal Schlagzeilen, der von Kritikern in einen kulturpessimistischen Zusammenhang mit der Chromolithographie gestellt wurde. Der Verfall der Sitten, der sich beispielhaft an der angeblichen Affäre Beechers mit der Frau eines früheren Kollegen veranschaulichte, wurde von den Kritikern als Auswuchs einer „Pseudo-Kultur" begriffen, die verächtlich „Chromo-Zivilisation" genannt wurde. Zu dieser kulturkritischen Stimmung in den letzten 30 Jahren des 19. Jahrhunderts vgl. MARZIO 1979: 1/2.
200 RAWLS 1979: (1, 18/19). Die „Darktown" Serie erschien in den 1880ern und 1890ern. 1863 wiederum hatten Currier & Ives abolitionistische Drucke herausgegeben, wie beispielsweise „John Brown Meeting the Slave Mother and Her Child". Diese Bandbreite ideologischer Extreme zeugt weniger von einer rassistischen Einstellung der Herausgeber, als vielmehr von einem klaren kommerziellen Instinkt für vermarktungsfähige Themen. S. dazu REILLY 1984: xxvii.
201 Zu Thomas Worth s. PETERS 1942: 22–24; Worth gehörte zu denjenigen Künstlern, die ursprünglich als Freischaffende Currier & Ives Bildvorlagen verkauft hatten und dann als festangestellte Künstler mit einem Gehalt von $ 12 pro Woche bei der Firma arbeiteten. Zu der Darktown Serie wird von Worth eine Anekdote geschildert: „Thoms Worth tells how the Duke of Newcastle, in attendance on Edward VII during his famous visit as Prince of Wales, came by the store and bought a full set of the Darktown Comics, which was 100 prints." Zitiert nach dem Zeitungsausschnitt von H. I. Brock im Scrap Book Box 3 of 4 „Lithography", Warshaw Collection of Business Americana. Rassismus war ein weitverbreitetes Phänomen auch im Norden der USA und lebte, wie der Erfolg dieser rassistischen Comic-Serie, die in den 80er und 90er Jahren des 19. Jahrhunderts herausgegeben wurde, zeigt, auch nach dem Bürgerkrieg fort.

active supporters among businessmen with Southern markets or among the Irish-American working class – who showed little interest in improving the status of Negroes. As Catholic Archbishop Hughes was to warn the War Department in the early days of the Civil War, his coreligionists were ‚willing to fight to the death for the support of the Constitution, the government, and the laws of the country,' but they could not be moved to patriotic sacrifice by an abolitionist scheme to free Southern slaves."[202] Das Funktionsprinzip kommerzieller Bildherstellung war nun einmal der Profit. Das Geschäftsinteresse ging über alles. Die eigene politische Meinung[203] wurde verdrängt von dem vordringlichen Profitstreben, der Orientierung an Nachfrage und populärem Geschmack. Das Ziel Currier & Ives', und das der meisten anderen Lithographenanstalten, war der Aufbau eines profitablen Unternehmens. Ästhetische, künstlerische und politische Kriterien traten angesichts des Käuferkreises in den Hintergrund. Das Bild ist hier nun nicht mehr der Einzelauftrag eines Kunden, auf den das Bildprogramm jeweils individuell zugeschnitten wurde. Es ist vielmehr ein Massenartikel, der „Exklusivität" als Kaufversprechen in sein Gegenteil verkehrt. Aufgrund der Produktionsmethode und des niedrigen Preises verloren die Bildprogramme ihre Individualität und wurden zu Stereotypen, die nicht mehr auf Eigenheiten, sondern auf den populären Durchschnitt zugeschnitten sind. Der geschäftstüchtige Lithograph bot nur das an, was von der Masse auch gekauft wurde. Damit entfielen aufgrund ihrer starken Polarisierungskraft sowohl offensichtliche Parteipropaganda als auch politische Aufklärungsarbeit als darstellbare Themen. Von den politischen Bewegungen, die in den 30er und 40er Jahren in den USA entstanden, wurde nur das „Temperance Movement" mit einer eigenen Bildserie von Currier & Ives bedacht. Liberale Bewegungen, wie die 1833 gegründete Anti-Slavery Society oder das Woman's Rights Movement, das 1848 seinen ersten Kongreß in Seneca Falls/NY abhielt, tauchen, wenn überhaupt, dann nur in einer negativen Darstellungsweise im Bildrepertoire von Currier & Ives auf.[204]

Curriers Lithographenanstalt prägte wie kaum eine andere das Bildbewußtsein Amerikas im 19. Jahrhundert. Wie schon bei dem Untergang der *Lexington* muß jedoch bedacht werden, daß keine der Lithographien eine tatsächliche Schilderung eines Ereignisses ist und, bis auf wenige Ausnahmen, kein Kandidatenporträt nach dem Leben angefertigt wurde. Currier und die von ihm beschäftigten Künstler verstanden es vielmehr, auf die Wunschbilder ihrer Adressaten einzugehen und ihnen diejenige Realität – ob dramatisch, harmonisch oder belustigend – zu simulieren, nach der sie sich sehnten. Das Bild von Amerika im Spiegel von Currier & Ives

---

202 RAWLS 1979: (18).
203 Bernard F. REILLY vermutet in einem bislang noch unveröffentlichten Artikel, den er der Verfasserin freundlicherweise in Kopie überließ, daß Nat Curriers politische Einstellung zu den Whigs tendierte: „Currier's work, in fact, can be seen as the continuation of American printmaking's orientation to traditional, old-line Whig values identifiable with Whig political culture, a culture which took shape during the bank wars of the Jackson administration. These values involved a disdain for the collective interests of the common people, for populist politics in general, and an antipathy towards catholicism, toward the Irish and other immigrant groups, toward the rights of the Negro, and toward abolitionism and other extremist social reform movements." Bernard F. REILLY, Politics in the Parlour: The Ideologies of Currier & Ives. Unveröffentlichtes Typoskript, Mai 1992: 2.
204 Eine dieser negativen Lithographien über die frühen Suffragetten war mit „The Age of Brass" betitelt. Eine Abbildung ist bei PETERS 1942: Tafel 164 zu finden.

II. 3. Die Kommerzialisierung des Kandidatenporträts

ist ein Traumbild, das trotz, vielleicht sogar aufgrund seiner Realitätsferne, als Quelle zur Erforschung des subjektiven historischen Bewußtseins von großem Wert ist.[205]

Für die politischen Kandidatenporträts schrieb die kommerzielle Strategie Currier & Ives eine strenge Neutralität vor, die dazu führte, daß meist für beide Parteien ein fast identisches politisches Kandidatenplakat herausgegeben wurde. Nur die Porträts und Namen wurden ausgetauscht, die Attribute und die übrige Gestaltung der Blätter waren hingegen häufig deckungsgleich (vgl. Abb. 10 und 11, Abb. 12 und 13). Unter kommerziellen Gesichtspunkten sicherte dieses Verfahren den größten Profit, da die Anhängerschaft beider Parteien gleichermaßen abgedeckt werden konnte. Die Kandidatenporträts wurden auf den ersten Blick formal gleich behandelt, so daß der Lithographenanstalt keine Parteilichkeit vorgeworfen werden konnte. Zum Standard eines jeden politischen Banners von Currier & Ives zwischen 1844 und 1864 (vgl. Abb. 10 bis 16) gehörte das Doppelporträt der Ticket-Partner im Präsidentschaftswahlkampf. Die Leserichtung gab die Bedeutungsperspektive vor, so daß der Präsidentschaftskandidat stets links, der Vizepräsidentschaftskandidat stets rechts im Bild dargestellt wurde. Die Brustporträts zeigen die Kandidaten in der Regel in Dreiviertelansicht, wobei sie sich jeweils zueinander zuzuwenden scheinen. Dies bedeutete, daß als Vorlage für den Präsidentschaftskandidaten möglichst eine Dreiviertelansicht, in dem die rechte Gesichtshälfte und damit das rechte Ohr stärker sichtbar war, gefunden werden mußte, während für den Vizepräsidentschaftskandidaten eine Vorlage mit Betonung auf der linken Gesichtshälfte und damit das linke Ohr wünschenswert war. Anscheinend konnte diesem Erfordernis nicht in allen Fällen Genüge geleistet werden, und so blicken die beiden Whig Kandidaten, Henry Clay und Theodore Frelinghuysen, auf dem ersten[206] von Currier & Ives herausgegebenen politischen Banner 1844 (Abb. 10) voneinander weg, statt zueinander hin. Die Politikerporträts fallen je nach Qualität der Vorlage und Können des Lithographen mehr oder weniger realitätsgetreu aus. Wie im Vergleich mit einigen erhaltenen Daguerreotypien[207] zu erkennen ist, erscheint „Old Rough and Ready", wie der Whig Kandidat von 1848, Zachary Taylor, tituliert wurde, bei Kelloggs & Comstock um einiges realistischer als in den Currier-Drucken (vgl. Abb. 12). In Curriers Lithographien wird der General in militärischer Uniform dargestellt und ist auffällig von Runzeln und Falten befreit, die auf den Daguerreotypien charakteristisch für den Haudegen sind. Ob die entstellende Verschönerung des Präsidentschaftskandidaten aus politischem Kalkül geschah, um den ruhmreichen General[208] und Politdilettanten von seinem eben-

---

205 Zur Bedeutung der Currier & Ives-Drucke für die Herausbildung einer nationalen Identität vgl. LUBBERS 1995.
206 Roger A. FISCHER (Tippecanoe and Trinkets Too. The Material Culture of American Presidential Campaigns, 1828–1984. Urbana u. a. 1988: 52) nimmt an, daß das Polk/Dallas-Banner das erste seiner Art war. Dem widerspricht REILLY 1991: 208/209, der als Einreichdatum für das Urheberrecht des Clay/Frelinghuysen-Banners den 10. April 1844 belegen kann, mangels Eingangsstempel für das Polk/Dallas-Banner jedoch frühestens den 26. Juni 1844 annehmen muß, da die Demokraten erst spät in diesem Monat ihren Parteitag abhielten, auf dem die Kandidaten nominiert wurden.
207 Abgebildet bei Harold Francis PFISTER, Facing the Light: Historic American Portrait Daguerreotypes. Washington D.C. 1978: 75 und 78.
208 Zachary Taylor (1784–1850) stammte aus einer relativ wohlhabenden Farmer-Familie in Kentucky. Er trat 1808 als Leutnant in die Armee ein, nahm am Krieg gegen die Briten 1812 sowie an diversen Feldzügen gegen die Indianer teil, bis er durch Landspekulationen schließlich eine Baumwollplanta-

falls auf eine militärische Karriere zurückblickenden Konkurrenten und Politprofi Lewis Cass[209] positiv abzuheben, muß offen bleiben. Immerhin war dieser mit seinen prononcierten Warzen im Gesicht, den Tränensäcken unter den Augen und den nach unten gezogenen Mundwinkeln[210] – vgl. Abb. 13 – ebenfalls keine Schönheit. Oder lag der Porträtunterschied an den schlechten Vorlagen, die der New Yorker Lithographenanstalt von dem Kandidaten aus dem fernen Louisiana zur Verfügung standen, während vom U.S. Senator Cass aus dem nahen Washington D.C. vermutlich Daguerreotypien[211] oder exakte Kopien nach Daguerreotypien vorlagen? Dieses Rätsel wird hier nicht zu lösen sein. Das Beispiel der Taylor- und Cass-Ikonographie sollte jedoch zeigen, daß die augenscheinlich so identischen Banner im Detail Divergenzen offenbaren, die für die Interpretation der Kandidatenporträts höchst aufschlußreich sein können. Auffallend ist ebenfalls, daß sich die Bildprogramme der politischen Banner über zwanzig Jahre hinweg kaum verändert haben und meist selbst für die gegnerischen Parteien fast identisch sind. Dennoch wurde in keinem der Fälle dieselbe Druckvorlage verwendet. Die Details offenbaren jeweils etwas andere Draperien, größere oder kleinere Ovalrahmen oder eine andere Blickrichtung des obligaten Adlermotivs. Diese Tatsache erstaunt bei einem Gewerbe, das ansonsten auf kommerzielle Effizienz setzte. Wenn die Bildprogramme und Rahmenkommentare der politischen Banner identisch sind, warum wurde nicht die aus der Tiefdrucktechnik bekannte „same body-new head"-Technik auf das Medium des Wahlplakats angewendet? Dieses „same body-new head-treatment"[212] gehörte, wie *George Somes Layard*[213]

ge in Louisiana erwarb und zu einem reichen Sklavenbesitzer avancierte. Seinen militärischen Ruhm erwarb er sich im Mexikanischen Krieg (1846–1848), in dem er auch zum General befördert wurde. S. Eileen SHIELDS-WEST, The World Almanac of Presidential Campaigns. New York 1992: 68.

209 Lewis Cass war zum Zeitpunkt des Wahlkampfes 66 Jahre alt und damit zwei Jahre älter als sein Konkurrent. Er hatte denselben militärischen Rang eines Brigadegenerals und hatte ebenfalls im Krieg gegen die Briten 1812 unter William Henry Harrison gekämpft, bevor er Gouverneur des Michigan-Territoriums wurde. Von 1831 bis 1836 war er Kriegsminister (Secretary of War), zwischen 1836 und 1842 U. S. Botschafter in Frankreich und ab 1844 U. S. Senator. S. SHIELDS-WEST 1992: 68. Auf diese persönliche Ikonographie Lewis Cass' geht vermutlich auch der Unterschied im Detail der beiden sonst gleichartigen politischen Banner (vgl. Abb. 12 und 13) zurück, den REILLY 1991: 280 anmerkt. Während in dem Taylor/Fillmore-Porträt (Abb. 12) auf der Weltkugel nur die Aufschrift „America" angebracht ist, steht auf der Weltkugel im Cass/Butler-Porträt zusätzlich „France". Diese Beifügung ist vermutlich als Hinweis auf Cass' Dienst als U. S. Botschafter in Frankreich zu deuten.

210 Das abstoßende Äußere des Senators war auch für die Zeitgenossen offensichtlich. Horace Greeley nannte ihn den „pot-bellied, mutton-headed cucumber Cass", was in etwa mit „kugelbäuchiger, hammelköpfiger Gurken Cass" übersetzt werden kann. Nicht weniger schmeichelhaft fällt die Beschreibung eines weiteren Zeitgenossen aus, der Cass schlicht als „fat and frog-throated" (fett und froschhalsig) beschrieb. Zu diesen Verunglimpfungen s. PFISTER 1978: 236 und 238 sowie SHIELDS-WEST 1992: 70.

211 Eine Daguerreotypie, die allerdings erst 1850 von Cass angefertigt wurde ist in PFISTER 1978: 237 abgebildet.

212 Dieser Ausdruck stammt von Milton KAPLAN, Heads of States. In: Winterthur Portfolio 6 (1970): 135–150, hier: 140.

213 George Somes LAYARD, The Headless Horseman. Pierre Lombart's Engraving, Charles or Cromwell? London 1922. LAYARD weist nach, daß entgegen der verbreiteten These, der Stich von Cromwell der erste Zustand der Platte war und nicht der erst später unter Austauschung der Köpfe reproduzierte Stich von Karl I. Der interessanteste Aspekt mit Hinblick auf die Verfahrensweise amerikanischer

II. 3. Die Kommerzialisierung des Kandidatenporträts

zeigt, schon zum Repertoire des französischen Stechers Pierre Lombart und seiner Nachfolger im 17. Jahrhundert, welche die von Lombart ursprünglich für Oliver Cromwell angefertigte Platte mit einem Reiterporträt als direkte Vorlage für Porträts von Karl I., Ludwig XIV. und dem schwedischen König Gustav Adolph[214] weiterverwendeten. Im Amerika des 19. Jahrhunderts fand diese sparsame Radiertechnik eifrige Nachahmer, wie beispielsweise John Sartain, John C. Buttre oder die in Cincinnati ansässige Lithographenanstalt Ehrgott, Forbriger & Co, die während des Bürgerkrieges mindestens 28 Porträts militärischer und politischer Persönlichkeiten herausgab, dafür aber nur neun Drucksteine verwendete.[215] Der Austausch von Köpfen, die in ein vorgegebenes Bildgeschehen eingesetzt wurden, war, wie *Kaplan*[216] nachweist, auch in der Lithographie möglich. Zudem ist anzunehmen, daß die politischen Banner ohnehin in einer Komposittechnik angefertigt wurden, wobei die Rahmenhandlung mit Vorhang, Flagge, Adler, Weltkugel und Ovalrahmung vorgegeben und die Porträts, möglicherweise sogar von einem anderen Lithographen, in diese Vorlagen eingesetzt wurden.[217] Eine „Ausradierung" der Porträts hätte dem Gesamteindruck der politischen Banner weniger Abbruch getan, als dies bei den Ganzkörper- oder Reiterporträts von Ehrgott, Forbriger & Co. der Fall ist, deren Köpfe häufig nicht ganz zur Körperhaltung passen.

Der Grund für die jeweiligen Unterschiede in einem fast identischen Rahmenprogramm ist vielmehr in der Aktualität der Banner zu suchen. Für die politischen Banner wurden jeweils unterschiedliche Drucksteine verwendet, da die Nominierung der Parteikandidaten zu unterschiedlichen Zeitpunkten erfolgte und Currier & Ives vermutlich recht zügig nach der Kandidatennominierung ihre politischen Banner auf den Markt brachten, solange das Thema noch

---

Lithographen ist jedoch der Zustand der Kupferplatte des Cromwell/Karl I.-Reiterporträts ohne Kopf (Abbildung bei LAYARD Tafel V). Dieser zweite Zustand der Kupferplatte scheint jedoch weder aus ökonomischen noch aus politischen Gründen herbeigeführt worden zu sein, sondern aus künstlerischer Unzulänglichkeit. LAYARD geht davon aus, daß Lombart zunächst das Pferd, den Pagen und den gesamten Vorder- und Hintergrund gestochen hat, unter Zuhilfenahme von van Dycks Gemälde „King Charles I. Under An Archway" als Vorlage, von der er aber in signifikanten Details, die hier nicht erörtert werden können, abgewichen ist (s. dazu LAYARD 1922: 20–34). Das Porträt des Herrschers sollte somit als letztes eingefügt werden. Die Wirkung dieser Komposittechnik scheint Lombart nicht befriedigt zu haben, was ihn schließlich zu einer Korrektur des Kopfes, nicht aber der ganzen Platte zwang und so zu dem „kopflosen Reiter"-Zustand führte: „Lombart after completing his plate minus the head has proceeded to add Cromwell's features. He has then taken a proof from the plate and has met with dire disappointment. He has found that the ‚fit' of the added head or the ‚sit' of the added features is unsatisfactory. There is no sign of botching but there is worse. The head does not seem to belong to the body. (...) There is only one thing to be done. The peccant features must come out again. That portion of the copper which portrayed them must be burnished and scraped to make way for something better." LAYARD 1922: 31/32.

214 Von den Porträts Ludwig XIV. und Gustav Adolphs existieren nur Proofs, die Linienskizzen des Kopfes zeigen und vermutlich nie in ein komplettes Porträt umgesetzt wurden, s. LAYARD 1922: 33.
215 KAPLAN 1970: 144.
216 Ebd.
217 Diese Komposittechnik ist vermutlich bereits für den Holzschnitt von Andrew Jackson auf dem „Jackson Ticket" (Abb. 2) angewandt worden. Das Rahmenmotiv ähnelt der Vorlage in einem Musterbuch für Drucker. S. Clarence P. HORNUNG, Handbook of Early American Advertising Art. Pictorial Volume, 2. Aufl. New York 1953: Tafel 8.

aktuell war. Die unmittelbare Koppelung der Kandidatenporträts an die Kandidatennominierung wird deutlich an den Einreichdaten für das Urheberrecht (Copyright), das im Falle der beiden Currier-Lithographien für den 1848er Wahlkampf (Abb. 17 und 18) nachgewiesen werden kann. Die handschriftliche Notiz des Urkundsbeamten auf dem politischen Banner für Lewis Cass (Abb. 18) belegt, daß es von Currier am 6. Juni 1848, also weniger als zwei Wochen nach Cass' Nominierung auf der Demokratischen Convention in Baltimore[218] zum Schutze des Urheberrechts hinterlegt worden war, während das Banner für den Kandidaten der Whigs, Zachary Taylor (Abb. 17), erst am 23. Juni 1848, zwei Wochen nach Taylors Nominierung[219] eingereicht wurde. Die Bildprogramme ähneln sich auffallend, beide Kandidaten sind von den Porträts der elf Ex-Präsidenten kreisförmig umgeben. Die Rahmenporträts scheinen nach derselben Vorlage erstellt worden zu sein. Im Detail sind jedoch Abweichungen erkennbar, wie beispielsweise die Blickrichtung Martin Van Burens. Die Drucksteine für beide Kandidaten wurden wahrscheinlich für die gesamte Dauer des Wahlkampfes parat gehalten, um bei Bedarf neue Lithographien zu drucken. Die Benutzung nur einer Druckplatte für beide politischen Banner wäre unökonomisch gewesen, da nicht absehbar war, welcher der beiden Kandidaten mehr Käufer anziehen würde. Es muß also davon ausgegangen werden, daß jedem politischen Banner ein Originalentwurf und eine Originaldruckplatte zukamen. Bei der Aktualität der politischen Lithographien kann jedoch angenommen werden, daß die Rahmenvorlagen schon vor der Nominierung von Currier „abgesegnet" und eventuell sogar bereits auf den Lithostein aufgetragen wurden und dann, nach Bekanntgabe des Parteikandidaten, nur noch das jeweilige Porträt eingefügt werden mußte.

Das Standard-Banner für den Präsidentschaftswahlkampf zeigt das ovale Doppelporträt des Präsidentschafts- und Vizepräsidentschaftskandidaten, umrahmt von einer Vorhangdraperie, die im oberen Drittel den Blick auf einen Sonnenaufgang freigibt, vor dem eine Weltkugel und ein Adler mit ausgebreiteten Schwingen schweben. Im unteren Bildteil werden jeweils die Kandidaten mit Namen, der Titel des angestrebten Amtes sowie die sie unterstützende Partei genannt. Dieses stereotype Wahlplakat-Muster setzt sich schließlich auch bis ins 20. Jahrhundert hinein fort. Die Anordnung der Kandidaten sowie die Festlegung auf ein Dreiviertel-Brustporträt wird selbst dann noch beibehalten, nachdem die dekorativen Elemente und Bildniskommentare im Rahmen weggefallen waren.

Die Kandidatenporträts der politischen Banner sind von ganz unterschiedlicher Qualität. Für den genauen Produktionsprozeß dieser politischen Bildnisse sind keine Quellen belegt, es ist jedoch wahrscheinlich, daß, zumindest in Currier & Ives' arbeitsteilig organisierter Bilderfabrik, für diese Aufgabe spezielle Porträtlithographen zuständig waren.[220] Der Kompositcharakter dieser Innenraumplakate deutet nicht nur darauf hin, daß die politischen Banner in zwei Schritten komponiert wurden, sondern, daß auch zwei unterschiedliche Lithographen an der Umsetzung des künstlerischen Entwurfs beteiligt waren. Über die Urheberschaft der Porträts kann bei Currier & Ives nur spekuliert werden, da gerade die politischen Banner, im Unterschied zu anderen Sujets, keine Signaturen der Entwerfer oder der Lithographen aufweisen.

Als ausgezeichnete Lithographen im Porträtbereich, die jedoch nicht für Currier & Ives sondern für andere Herausgeber arbeiteten, weisen sich drei Künstler aus, die auch namentlich

---

218 S. REILLY 1991: 278.
219 S. ebd.: 279.
220 Vermutlich Charles Parsons und Louis Maurer.

II. 3. Die Kommerzialisierung des Kandidatenporträts

auf den Drucken erwähnt sind und über deren Lebenslauf zumindest ein paar Informationen erhalten sind. Dominique C. Fabronius, der Sohn eines belgischen Lithographen, war um 1850 in die Vereinigten Staaten eingewandert und arbeitete für diverse Firmen in Philadelphia, Cincinnati, Boston und New York City.[221] Die 1860 für die Republikanischen Kandidaten Lincoln und Hamlin in Boston veröffentlichte Lithographie (Abb. 19) ist ein typisches Produkt kommerzieller Arbeitsteilung. Der Druck weist vier unterschiedliche Namen auf. Er wurde von J. N. Hyde entworfen, von Dominique C. Fabronius auf den Stein übertragen, von John H. Bufford gedruckt und von C. H. Brainard herausgegeben. Die Lithographie zeichnet sich nicht nur durch das aufwendige und liebevolle Design aus, das einen groben Holzzaun (rail-fence) als ein persönliches Attribut aus der Lincoln-Legende einbaut. Die Porträts in den Medaillons haben durch ihre weiche Zeichnung und die Gestaltung des Gesichtsausdrucks vor allem bei Hamlin eine warme, menschliche Note, die anderen Porträtdarstellungen häufig fehlt. Auch das zweite von Fabronius lithographierte Lincoln-Porträt (Abb. 20), das nach einer im Oktober 1859 von Samuel M. Fassett angefertigten Fotografie entstand[222], beeindruckt durch Detailschärfe, weiche Übergänge und eine samtige Oberfläche sowie den direkten Blickkontakt, der in dieser Form zum ersten Mal bei einem politischen Porträt auftritt.[223] Dem Könner Fabronius kann im Bereich der politischen Porträtlithographie womöglich nur noch sein Zeitgenosse William H. Rease aus Philadelphia das Wasser reichen. Dieser produzierte für denselben Wahlkampf ein Lincoln/Hamlin-Plakat (Abb. 21), bei dem offensichtlich für das Lincoln-Porträt dasselbe Foto von Fassett als Vorlage diente. Das ikonographisch reiche, querformatige Plakat wird durch ein Plakat für die Kandidaten der Constitutional Union Party ergänzt (Abb. 22), dessen Porträts sich in ihrer Qualität ebenfalls von den üblichen Banner-Bildnissen abheben.[224] Nicht zuletzt ist unter den Porträt-Lithographen noch Charles E. Lewis hervorzuheben, der die sehr plastisch und dadurch lebendig wirkenden Porträts der ersten Republikanischen Kandidaten John C. Frémont und William L. Dayton 1856 schuf (Abb. 50).[225] Für diese Wahlbanner, bei denen die Porträts über die Rahmengestaltung dominieren, ist auch kein Beispiel einer Motivkopie belegt. Anders ausgedrückt, die Herausgeber entwickelten kein Standardrepertoire eines politischen Banners, wie dies bei Currier & Ives sowie bei den diversen in Connecticut beheimateten Kellogg-Lithographen der Fall war. Wenn auch Currier & Ives, wie bereits oben nachgewiesen wurde, keine identischen Vorlagen für zwei Parteibanner in demselben Wahlkampf benutzte, so ist die Wiederverwendung desselben Motives in einem der folgenden Wahlkämpfe zugleich auch keine Seltenheit. Das eigentliche Bildprogramm für politische Banner wandelte sich kaum. Das „Motivrecycling" auch über größere Zeiträume hinweg war üblich. Wie die Plakate in Abb. 14–16 belegen, wurde die gleiche Motivkombination von einer

---

221 NEW YORK HISTORICAL SOCIETY, Dictionary of Artists in America 1564–1860. Hg. v. George C. Groce/David H. Wallace, New Haven 1957: 218.
222 Vgl. REILLY 1991: 424; HOLZER u. a. 1984: 32.
223 Das Wahlplakat für den Know-Nothing-Kandidaten Millard Fillmore von 1856 (Abb. 24) zeigt den Kandidaten zwar auch im Frontalporträt mit Blickkontakt, die Lincoln-Lithographie von Fabronius stellt den Kandidaten jedoch in den absoluten Mittelpunkt, ohne „ablenkende" Allegorien und macht den Blickkontakt dadurch sehr eindringlich.
224 Beide von Rease herausgegebenen Kandidatenplakate wurden am 21. Juni 1860 zum Schutz des Urheberrechts eingereicht. S. REILLY 1991: 427/428 und 432.
225 S. REILLY 1991: 392.

weißgekleideten Freiheitsgöttin im Tempel mit Adler, Flaggen und Wolken, sowie im unteren Teil die pastorale Darstellung eines pflügenden Farmers in drei verschiedenen Wahlkampfbannern für drei verschiedene Wahlen verwendet. Auch die Konkurrenzfirma Kelloggs & Comstock bzw. Kellogg & Hanmer[226] wartete 1844 und 1848 für die Kandidaten der Whig Party mit dem gleichen Bildniskommentar aus Draperie, Adler, Flaggen, Stadt- und Seelandschaft sowie zwei Füllhörnern im Vordergrund auf. Für den Free Soil-Kandidaten Martin Van Buren 1848 und den Demokratischen Kandidaten und späteren Präsidenten Franklin Pierce 1852 wurde von der Lithographenfirma in Connecticut ebenfalls mit den gleichen Motiven – dieses Mal mit den architektonischen Symbolen der Macht, dem Kapitol und dem Weißen Haus – geworben (Abb. 23). In allen Fällen ist jedoch nicht derselbe Druckstein wiederverwendet, sondern nur das Motiv übernommen worden. Es gibt nur einen Fall, in welchem nachweislich[227] derselbe Druckstock in zwei unterschiedlichen Wahlkampfbannern eingesetzt wurde (vgl. Abb. 24 und 25). Hierbei handelt es sich jedoch um Holzschnitte, die vermutlich mit je einem Druckstock für die Rahmenallegorien und einem extra Druckstock für das Bildnis gedruckt wurden. Für das Lincoln-Plakat wurde der noch von Fillmore stammende Bildrahmen wiederverwendet und einfach ein neuer Porträtholzschnitt mit Lincoln eingesetzt.

Die eigentliche politische Dimension der Kandidatenporträts und ihrer Bildniskommentare erschließt sich dem Betrachter jedoch nur, wenn er einen Blick auf die politischen Hintergründe und die Wahlkampfstrategien der Zeit riskiert. Am Beispiel der Wahlkämpfe 1844 und 1860 soll hier die politische Kultur im zweiten Drittel des 19. Jahrhunderts analysiert werden, um die Bedeutungsdimension der Plakatikonographie voll erfassen zu können. Der Wahlkampf 1844 kreiste zum ersten Mal um das Thema der Expansion gen Westen. Expansionsbefürworter, die die Ausdehnung des amerikanischen Territoriums häufig als göttlichen Auftrag und vorbestimmtes Schicksal („manifest destiny"[228]) verklärten, standen den Expansionsgegnern gegenüber, die die Aufnahme von Texas in die Union vor allem deshalb ablehnten, weil damit ein weiterer Staat, der die Sklaverei gesetzlich zuließ, das „Machtgleichgewicht" zwischen „sklavenfreien" Nordstaaten und Sklaverei zulassenden Südstaaten auf der Bundesebene empfindlich beeinträchtigt hätte. Die Diskussion um die Ausweitung des amerikanischen Territo-

---

226 Die Kellogg-Brüder und ihre vielen Firmenbeteiligungen führten zu unterschiedlichen Namensschreibweisen: „Kelloggs & Comstock", „Kellogg & Hanmer" bzw. „E. C. Kellogg". Vermutlich leitete sich das „s" in „Kelloggs & Comstock" von der Tatsache her, daß gleich mehrere Kellogg-Brüder an dieser Firma beteiligt waren, während in der Firma „Kellogg & Hanmer" nur ein Kellogg-Bruder Teilhaber war.

227 Die Rahmendarstellung mit den Allegorien von Gerechtigkeit und Freiheit sowie dem Adler und den Flaggen sind in beiden Drucken identisch. Zugleich weist der spätere Druck von Lincoln die für eine wiederverwendete Druckplatte typische stärkere Einfärbung und breitere Drucklinien auf. S. auch REILLY 1991: 428.

228 Die „manifest destiny"-Ideologie war gerade im zweiten Drittel des 19. Jahrhunderts weit verbreitet und begründete eine Art national-imperialistischen Sendungsglauben, der von einem Anhänger dieser Ideologie folgendermaßen auf den Punkt gebracht wurde: „It was our ‚manifest destiny‘ to overspread and possess the whole of the continent which Providence has given us for the development of the great experiment of liberty and federative self-government entrusted to us.‘" Zitiert in: Paul F. BOLLER, Presidential Campaigns. New York u. a. 1985: 78. Vgl. auch das Glossar im Anhang dieser Arbeit.

riums auf den Staat Texas und das Oregon-Gebiet, das zwischen England und den USA strittig war, berührte zwei heikle Aspekte. Zum einen einen machtpolitischen, der die mit sechsundzwanzig Staaten noch immer relativ kleine Union schlagartig vergrößert hätte. Zum anderen die Frage der Sklaverei, die wiederum eine ökonomische und eine moralische Seite aufwies. Die Spitzenkandidaten der beiden Parteien, Henry Clay von den Whigs und Martin Van Buren von den Demokraten, sprachen sich beide vor ihrer Nominierung gegen die Annexion von Texas aus.[229] Diese klare Position kostete den Ex-Präsidenten Van Buren seine Nominierung: Im Unterschied zu den Whigs, die auf ihren Parteitagen noch immer per Akklamation ihre Kandidaten nominierten, herrschte bei den Demokraten seit 1832 innerparteilich ein Wahlverfahren, bei dem der Präsidentschaftskandidat die Zweidrittelmehrheit erringen mußte.[230] Im neunten Wahlgang wurde schließlich der vehemente Expansionsbefürworter James K. Polk als „dark horse candidate" für die Demokratische Partei nominiert. Der amtierende Präsident John Tyler[231], der bei seiner eigenen Partei in Ungnade gefallen war, hatte in der Texas-Frage jedoch zwischenzeitlich bereits Fakten gesetzt. Im April 1844 legte er dem Senat einen Annexions-Vertrag zur Ratifizierung vor. Sein Außenminister John C. Calhoun goß weiteres Öl in das Wahlkampffeuer, als er zugleich die Sklaverei in dem für die Annexion vorgesehenen Texas verteidigte.[232] Damit stand das Hauptwahlkampfthema fest. Die Wahlstrategie Clays bestand zunächst in dem üblichen Rückzug aus dem öffentlichen Leben. Er lehnte sogar die Einladung ab, seine Nominierung auf dem Parteitag selbst anzunehmen. Allerdings konnte Clay sich nicht zurückhalten, seine Ansichten in Briefen und Zeitungsartikeln zu publizieren, während sich sein Gegner ins komplette Schweigen zurückzog und lediglich einen einzigen Brief veröffentlichte.[233] Diese Strategie brachte Polk den Spitznamen „the mum candidate"[234] (der stumme Kandidat) ein, hinderte ihn aber nicht, als elfter Präsident ins Weiße Haus einzuziehen. Die Position des Demokratischen Kandidaten war eindeutig. Er trat vehement für die Annexion von Texas sowie die Vereinnahmung Oregons ein. Henry Clay wagte eine politische Gradwanderung. Indem er nach seiner Nominierung die Annexion nicht mehr kategorisch ablehnte, hoffte er, Stimmen aus dem Süden zu fangen, ohne sich jedoch die Abolitionisten der Nordstaaten abspenstig zu machen. Er versuchte diese Wähler durch gezielte Angriffe auf seinen Gegner und Sklavenhalter Polk für sich zu gewinnen, indem dieser als Sklavenhändler diffamiert wurde. Die Geschichte flog jedoch als Lüge auf und bewirkte in gewisser Weise das Gegenteil. Denn Clay war selbst ein Sklavenhalter und anstelle der intendierten Wirkung, Polk als den Schlimmeren der beiden darzustellen, hatte die Kampagne für die abolitionistisch gesinnten Whigs nur offengelegt, daß Clay selbst ein zweideutiges Spiel spielte. Die Abolitionisten wählten die einzige Partei, die tatsächlich für die Abschaffung der Sklaverei eintrat – die 1839 gegründete Liberty Party. Die 62.300 Stimmen, die für diese Partei abgegeben wurden, hätten bei dem knappen Wahlergebnis (Polk erzielte nur 38.181 „popular votes" mehr als

---

229 BOLLER 1985: 78.
230 S. SHIELDS-WEST 1992: 64.
231 Tyler war als Vizepräsident dem kurz nach seiner Inauguration an einer Lungenentzündung verstorbenen William Henry Harrison nachgefolgt.
232 BOLLER 1985: 79.
233 SHIELDS-WEST 1992: 64/65.
234 Ebd.: 66.

Clay[235]) den Sieg für Clay bedeuten können. Das Wahlkampfthema ist in gewisser Weise auch an den politischen Bannern ablesbar und wie so häufig bei Currier in einem kleinen Detail verborgen. Über den Porträts von Clay und Frelinghuysen (Abb. 10) sind neben dem Adler und dem Slogan „Justice To Harry Of The West", der darauf anspielte, daß Clay, der bei der Nominierung 1840 übergangen worden war, nun Gerechtigkeit widerfuhr, auch dreizehn Sterne als Symbol für die dreizehn Gründerstaaten der USA zu sehen.[236] Vergleicht man die Anzahl der Sterne in dem Clay-Banner mit dem fast identischen Polk/Dallas-Banner (Abb. 11), so stellt sich heraus, daß über den Demokratischen Kandidaten bereits vierzehn Sterne für vierzehn Staaten schweben. Das Wahlprogramm Polks – die Annexion Texas als weiteren Unionsstaat – ist in diesem kleinen Detail für den aufmerksamen Betrachter sichtbar umgesetzt. Nun ist es aber auch möglich, daß der Herausgeber die Hinzufügung eines weiteren Sterns nicht als Wahlprogrammpunkt Polks einsetzte, sondern als historische Tatsache. Die Herausgabe der beiden fast identischen politischen Banner lag mindestens zwei Monate auseinander. Während das Clay/Frelinghuysen-Banner bereits am 10. April 1844 erschienen war, also noch vor der Annexionsvorlage Präsident Tylers, erschien das Polk/Dallas-Plakat erst danach. Der Senat lehnte die Ratifizierung des Vertrags schließlich im Juni ab. Ob dies vor oder nach Herausgabe des Polk/Dallas-Plakats geschah, ist unklar, zum Zeitpunkt seiner Veröffentlichung spielte die Texas-Erweiterung[237] der USA allerdings eine eminente Rolle im Wahlkampf und fand so auch Eingang in die bildliche Darstellung.

Die Wahlstrategie der Demokraten bestand neben dem Beharren auf ihrer „manifest destiny"-Position in der Texas-Frage darin, den Charakter ihres politischen Gegners anzuzweifeln. Clay wurde von den Demokraten in Liedern und Pamphleten als Spieler, Trinker und Bordellkunde dargestellt[238] – Anschuldigungen, die nicht völlig von der Hand zu weisen waren und denen gegenüber der eher farblose Polk mit einer reinen moralischen Weste dastand. Polk versuchte, in seiner Wahlstrategie Andrew Jackson zu beerben, der ihn politisch unterstützte.[239] Im politischen Banner (Abb. 11) wird diese „Ahnen-Strategie" offensichtlich, indem Polk als „Young Hickory" betitelt wird, als impliziter Nachfolger von „Old Hickory" Jackson.

Bildstrategien und Wahlstrategien sind zwar nicht deckungsgleich, die Bilder können jedoch als Quelle zu den herausragenden Faktoren in der Wahlkampfkommunikation benutzt werden und wichtige Hinweise geben. Sie prägen das Bildbewußtsein einer bestimmten Zeit und damit auch die Vorstellungen der Menschen, die mit ihnen umgehen, sie herstellen, vertreiben

---

235 BOLLER 1985: 81.
236 Zur Zeit der Wahl bestand die amerikanische Union aus insgesamt 26 Einzelstaaten, zu denen 1837 als letzter Michigan dazugestoßen war. Die ursprünglichen 13 Gründerstaaten waren in der Reihenfolge ihres Eintritts in die Union: Delaware, Pennsylvania, New Jersey, Georgia, Connecticut, Massachusetts, Maryland, South Carolina, New Hampshire, Virginia, New York, North Carolina und Rhode Island. Vgl. Vincent WILSON (Hg.), The Book of the States. 3. Aufl. Brookeville/Maryland 1992: 108–111.
237 Texas wurde der Union 1845 als inzwischen 28. Bundesstaat angegliedert. Florida war ebenfalls 1845 als 27. Staat in die Union aufgenommen worden. S. WILSON 1992: 108/110.
238 „Clay spends his days at the gambling table and his nights in a brothel." Zitiert in Jules ABELS, The Degeneration of Our Presidential Election. New York 1968: 187.
239 Vgl. BOLLER 1985: 82.

oder kaufen. Nathaniel Currier formulierte mit seinen ersten politischen Bannern 1844 ein politisches Bildprogramm, das die unterschiedlichen Parteikandidaten vor einen gemeinsamen nationalen Hintergrund der politischen Banner und Paraden, des gemeinsamen Adlers und der Nationalflaggen stellte. Die Kandidatenplakate verkauften sich vermutlich nicht nur deshalb so gut, weil sie das Politikinteresse, die Parteilichkeit und die Bildneugierde eines Massenpublikums ansprachen. Curriers Lithographien kamen auch einem in den 40er Jahren zum Ausdruck drängenden, neuen nationalen Selbstverständnis der Bevölkerung entgegen, das von der American Art-Union 1845 folgendermaßen charakterisiert wurde: „Every great national painting of a battle-field, or great composition illustrating some event in our history – every engraving, lithograph and wood-cut appealing to national feeling and rousing national sentiment – is the work of art; and who can calculate the effect of all these on the minds of our youth? Pictures are more powerful than *speeches*."[240]

Die in den politischen Bannern abgebildete Nationalsymbolik trug sicherlich nicht unwesentlich zum Erfolg der Lithographien bei. Unter diesem nationalen Deckmantel wurden die eigentlichen Kontroversen der Zeit versteckt. Sie drängen in den kleinen Details der Plakate kaum merklich an die Oberfläche und werden vor allem erst in der Nachkriegszeit in den eigenwilligeren Plakaten offensichtlich (s. Abb. 55, 76, 77). Hinter der in den kommerziellen Bildstrategien so einträchtig wirkenden Bildoberfläche beginnt ab 1844 der sektionale Konflikt zwischen dem nördlichen und südlichen Gesellschaftssystem zu brodeln. Dabei muß immer bedacht werden, daß sämtliche überlieferten Lithographien aus dem Nordosten der USA stammen und keine Bilddarstellungen aus Sicht des Südens erhalten sind. Es ist auch fraglich, ob im Süden überhaupt eine politische Visualisierung betrieben wurde. Die Wahlplakate von Currier & Ives und auch der anderen Lithographieverlage reflektieren außer einer kommerziellen Strategie vor allem eine nördliche Sichtweise auf die politischen Ereignisse.[241] Der Wahlkampf im Norden der Vereinigten Staaten wurde im 19. Jahrhundert durch die aufwendigen „hoopla-campaigns" geprägt, – Wahlkämpfe mit vielen Reden, großen Versammlungen, Paraden und karnevalsähnlichen Umzügen. Seine Hochphase erreichte dieser Wahlkampfstil um 1860, als sich politische Clubs in militärischem Stil gründeten, welche die Aufmärsche organisierten und eine Art symbolischen Geleitzug für den Präsidentschaftskandidaten bildeten.[242] Zu den berühmtesten gehörten die „Wide-Awake-Republicans" aus Hartford in Connecticut, demselben Ort, in dem auch die Kellogg-Brüder ihre Lithographenanstalten betrieben. Als Emblem dieses „marching-clubs" diente ein Auge, das den Namen „Wide Awake" symbolisierte. Ein Mitbegründer des „Wide-Awake Movements" erklärte sein Zustandekommen folgendermaßen: „The enthusiasm (…) was such that it was at once decided that we form a club, appointing officers, procuring new torches, enamel cloth capes, glazed capes, and be ready for the next meeting. It was suggested that we have a name for our club, (…) as the papers said that Hart-

---

240 Zitiert in Francoise FORSTER-HAHN, Inventing the Myth of the American Frontier: Bingham's Images of Fur Traders and Flatboatmen as Symbols of the Expanding Nation. In: Thomas W. GAEHTGENS/Heinz ICKSTADT (Hg.), American Icons. Transatlantic Perspectives on Eighteenth- and Nineteenth-Century American Art. The Getty Center for the History of Art and the Humanities 1992: 119–145; hier: 120.
241 S. REILLY 1991: xv.
242 „Months before his presidential nomination, Abraham Lincoln spoke at Hartford and received an escort from the original Wide-Awake club." MELDER 1992: 102.

ford was wide awake, we adopt the name ‚Hartford Wide Awakes', which was at once adopted."[243] Im Sommer 1860 war die Zahl der Mitglieder der Wide-Awake-Republicans auf ungefähr 400.000 meist junge Männer angestiegen.[244] Die Popularität der „marching-clubs" war so groß, daß sich sogar Frauen, die bislang eher auf die Zuschauerränge verbannt waren, zu Aufmarschgruppen in Uniformen formierten.[245] Die Republikaner beerbten mit dieser blühenden politischen Festkultur ihre politischen Vorgänger, die Whigs, die zwanzig Jahre zuvor mit ihren Parteitagsparaden und dem „Whig Rolling Ball" (Abb. 4) die ersten politischen Massenkundgebungen mit Unterhaltungscharakter geschaffen hatten. Der Kollaps der Whig Party und die Formierung der Republican Party zwischen 1854 und 1856 hatte bei aller Kontinuität in der Wahlkampfkultur doch zu einer neuen ideologischen Konstellation geführt[246], die die politische Kultur der Vorkriegszeit jenseits des Enthusiasmus der Massen für ihre Kandidaten und Parteien in zwei Lager spaltete. Der eigentliche politische Konflikt zwischen der Republikanischen und der Demokratischen Partei war bereits im 1844er Wahlkampf angelegt und kulminierte sechzehn Jahre später in der Wahl eines Präsidenten, die den seit Jahren schwelenden Konflikt schließlich zum Ausbruch bringen sollte. Die Unterschiede in der politischen Ideologie der beiden großen Parteien kommen in den politischen Bannern nur subtil zum Ausdruck. Kleine Details, die oberflächlich betrachtet als pure Dekoration erscheinen, entpuppen sich bei näherer Betrachtung als politisch deutbare Aussagen, die sehr wohl einen Unterschied in den politischen Standpunkten der Parteien erkennen lassen. Während die Demokratische, als ältere der beiden Parteien, auf einen festen Wählerstamm und altbewährte politische Positionen setzte, waren die Republikaner als „Newcomer" bemüht, sich von der dominanten Partei abzusetzen. In ihren Grundüberzeugungen unterschieden sich Demokraten und Republikaner zunächst kaum voneinander. Beide Parteien vertraten ein auf Individualismus gegründetes Menschenbild und hatten den ökonomischen Fortschritt der Vereinigten Staaten zum Ziel.[247] In den konkreten Methoden und Entscheidungen, die zu einer Vergrößerung des Wohlstandes auch für die Massen führen sollten, unterschieden sich die beiden Parteien jedoch gravierend. Während die Demokraten auf Freihandel und den Abbau ökonomischer Privilegien setzten, traten die Republikaner für Protektionismus und den Schutz des Eigentums vor staatlichen Eingriffen ein. Bereits in den 40er Jahren des 19. Jahrhunderts wurden damit die bis in die Gegenwart dominanten Positionen in der Wirtschafts- und Handelspolitik definiert. Während für die Demokraten jedoch ein klarer Interessenunterschied zwischen Besitzenden und der arbeitenden Bevölkerung bestand, der zugunsten der letzteren Gruppe beeinflußt werden mußte, erkannten die Republikaner prinzipiell kein Klassenmodell in ihrem politischen Gesellschaftsbild an. Die Argumente der Demokraten im 19. Jahrhundert muten auch heute noch recht aktuell an: „Democrats traditionally opposed measures like the protective tariff, which they viewed as government aid to the capitalist class, and paper money, which they claimed, robbed the laborer of a portion of his wages by depreciating in value. (…) Democrats insisted that their economic policies of free trade and destruction of economic pri-

---

243 Zitiert bei MELDER 1992: 102.
244 Ebd.
245 Ebd.: 106.
246 Vgl. Eric FONER, Free Soil, Free Labor, Free Men: The Ideology of the Republican Party before The Civil War. New York 1970: 2.
247 FONER 1970: 19.

vilege would allow free play to natural economic forces, and actually speed up economic advancement. (…) Democratic free traders (…) argued that competition with foreign producers would stimulate the growth and progress of American firms, while protection would only encourage sluggishness."[248]

Mit dem Plakat der Free Soil Party von 1848 (Abb. 14) taucht zum ersten Mal ein Slogan in einem politischen Banner auf, der auf ein konkretes politisches Programm verweist. Die im selben Jahr erst von dem Ex-Demokraten und Ex-Präsidenten Martin Van Buren mitbegründete Partei hatte auf ihrer Convention ein ausführliches Parteiprogramm verabschiedet, das mit den folgenden Worten abschloß:

That we inscribe on our banner, ‚FREE SOIL, FREE SPEECH, FREE LABOR, and FREE MEN', under it we will fight on, and fight ever, until a triumphant victory shall reward our exertions.[249] Daß der Ausdruck „we inscribe on our banner", in etwa mit „wir schreiben auf unsere Fahnen" zu übersetzen, nicht nur bildmetaphorisch, sondern durchaus konkret gemeint war, belegt nicht nur Curriers politisches Banner (Abb. 14), sondern auch die weiter oben bereits geschilderte Vorgeschichte der zeremoniellen Textilbanner. Hinter der Forderung nach „freiem Boden, freier Rede, freier Arbeit und freien Menschen" verbarg sich die von Van Buren bereits 1844 bezogene Position gegen die Annexion von Texas, die inzwischen vollzogen war. Der Slogan der Free Soil Party, der später von den Republikanern übernommen wurde (vgl. Abb. 15 und 21) sprach einen bestimmten Wählerkreis an, der in der Free Soil Platform 1848 bereits klar definiert wurde. Die Free Soil Party vertrat vor allem die Interessen der Siedler, die gen Westen zogen. Bei ihnen handelte es sich mehrheitlich nicht um die Armen aus den Großstädten des Nordens, sondern um relativ wohlhabende Mittelständler, die im Westen größere Chancen sahen, ihr eigenes Gewerbe zu betreiben und schnell zu Reichtum zu gelangen.[250] Die kleinen, emblematischen Vignetten, die jeweils einen pflügenden Farmer darstellen – unterhalb der Kandidatenporträts in den politischen Bannern der Free Soilers bzw. der Republikaner 1848, 1856 und 1864 (vgl. Abb. 14 bis 16) –, erfüllten keine pure Dekorationsfunktion, sondern verwiesen auf den Adressatenkreis der abgebildeten Kandidaten. Die Republikaner übernahmen unter leichter Abwandlung den Slogan der Free Soil Party und warben statt mit „free soil" (freiem Boden) mit „free territory" (freiem Territorium), (vgl. auch Abb. 21). Damit erweiterten sie ihre politische Forderung von dem Recht eines jeden Amerikaners auf ein Stück Landbesitz auf das Recht, die neu zur Union hinzutretenden Territorien auch frei unter den Siedlern zu verteilen, anstatt sie einem ökonomischen Regime der Sklavenwirtschaft zu unterwerfen, das die Erfolgsaussichten für die von der Ostküste in Scharen anreisenden Siedler enorm verringert hätte. Der ökonomische Aspekt der Sklaverei war der Hauptgrund für die Free Soilers und die Republikaner, die Sklaverei abzulehnen. Zwar gab es in beiden Parteien – bei den Free Soilers wie auch bei den Republikanern – auch starke moralische Vorbehalte, die das Wirtschaftssystem des Südens vor allem aufgrund seiner Unmenschlichkeit ablehnten[251], das Hauptargument lieferte jedoch die Bedrohung der ökonomischen Existenz der Ost-

---

248 Ebd.: 18/19.
249 Zitiert nach Donald Bruce JOHNSON/Kirk H. PORTER, National Party Platforms 1840–1972. Urbana u. a. 1973: 14.
250 FONER 1970: 14.
251 Diese moralischen Bedenken wurden vor allem von der Liberty Party vertreten, kamen jedoch auch in der Republikanischen Platform von 1856 zum Ausdruck.

küstensiedler im Westen, die bei Einführung der Plantagenwirtschaft, die auf unbezahlter Sklavenarbeit gründete und großen Landbesitz voraussetzte, keine Chance zum Aufbau kleiner Farmen gehabt hätten. Hinter dieser Argumentation steckte auch eine bestimmte Definition des Begriffs „free labor". Arbeit spielte im Selbstverständnis der Amerikaner eine zentrale Rolle. Die Arbeitskraft eines Menschen wurde als eigentliche Quelle jeglichen ökonomischen, wie auch nicht-ökonomischen Wertes betrachtet, oder wie Lincoln es 1859 ausdrückte: „Labor is prior to, and independent of capital (…) in fact, capital is the fruit of labor."[252] Arbeit wurde in der Republikanischen Ideologie als sozialer Wert glorifiziert und dominierte das Menschenbild des 19. Jahrhunderts im Nordosten der USA: „The Republican idea of free labor was a product of this expanding, enterprising, competitive society. It is important to recognize that in ante-bellum America, the word ‚labor' had a meaning far broader than its modern one. Andrew Jackson, for example, defined as ‚the producing classes' all those whose work was directly involved in the production of goods – farmers, planters, laborers, mechanics, and small businessmen. Only those who profited from the work of others, or whose occupations were largely financial or promotional, such as speculators, bankers, and lawyers, were excluded from this definition. (…) In general (…) Republicans would agree with Horace Greeley that labor included ‚useful doing in any capacity of vocation'. They thus drew no distinction between a ‚laboring class' and what we could call the middle class. (…) they considered the farmer, the small businessman, and the independent craftsman, all as ‚laborers'."[253] Das Klientel der Republikaner war vor allem ein mittelständisches – vom einfachen Farmer bis zum kleinen Handwerker. Diese Gruppe wird auch immer wieder in den Bildattributen der Wahlplakate angesprochen. So schon in Henry Clays Porträt (Abb. 3), wo neben dem obligaten Pflug im Hintergrund auch ein Amboß und eine Wollspindel abgebildet sind. Ähnliche Symbole der Arbeit wurden auch auf den karnevalsähnlichen Umzügen und Paraden der Republikaner mitgeführt, wie es für eine Parade zu Ehren Ulysses S. Grants 1868 belegt ist: „A wagon carried ‚a loom, a plow, an anvil and several other implements of industry', explicitly portraying Republican free-labor ideology."[254] „Free labor" bedeutete für die Republikaner Arbeit mit ökonomischen Aufstiegsalternativen, darin eingeschlossen die Möglichkeit, sich selbständig zu machen und damit die Abhängigkeit von einem Arbeitgeber zu beenden. „A man who remained all his life dependent on wages for his livelihood appeared almost as unfree as the southern slave. There was nothing wrong, of course, with working for wages for a time, if the aim were to acquire enough money to start one's own farm or business. (…) The aspirations of the free labor ideology were thus thoroughly middle-class, for the successful laborer was one who achieved self-employment, and owned his own capital – a business, farm, or shop. The key figure in the Republicans' social outlook was thus the small independent entrepreneur."[255] Die Republikanischen Wähler und damit die Adressaten der Republikanischen politischen Banner sind vor allem unter den Selbständigen des Nordens zu suchen. Deren Angestellten wiederum wählten, wie die wenigen, nur mit wissenschaftlicher Vorsicht zu genießenden Quellen über das Wahlverhalten in der ersten Hälfte des 19. Jahrhunderts vermuten lassen, eher die Demokraten.[256] Die Siedler im

---

252 Zitiert bei FONER 1970: 12.
253 Ebd.: 15.
254 MELDER 1992: 110.
255 FONER 1970: 17.
256 Ebd.: 34.

II. 3. Die Kommerzialisierung des Kandidatenporträts

Westen der USA standen hingegen der Republikanischen Ideologie sehr nahe, die ja gerade auch ihre Interessen gegenüber den Südstaaten vertrat. Hatte 1844 die vom amtierenden Präsidenten beschlossene Annexion von Texas das Hauptwahlkampfthema geliefert, so war es 1860 eine bereits drei Jahre zurückliegende Entscheidung des obersten Verfassungsgerichts der Vereinigten Staaten, welche die politische Auseinandersetzung dominierte. Die Dred-Scott-Entscheidung war ein Schlag ins Gesicht für die Republikaner, die noch 1856 in ihrer Platform die Ablehnung der Sklaverei mit Verfassungsgrundsätzen begründet hatten und vom obersten Verfassungshüter nun die Legalisierung der Sklaverei in der gesamten Union hinnehmen mußten. Juristisch war damit das letzte Wort gesprochen. Die politischen Positionen der Parteien wurden jedoch durch die Supreme Court-Entscheidung keineswegs aneinander angenähert, sondern ganz im Gegenteil radikalisiert. Der Konflikt wurde schließlich nicht in Wort und Bild ausgetragen, sondern auf dem Schlachtfeld. Erstaunlich ist allerdings, daß trotz des brutalen Krieges das politische System im Norden standhielt und sogar während der Kampfhandlungen ein weiterer Präsidentschaftswahlkampf 1864 stattfand. Currier & Ives produzierten ihre politischen Banner ohne die leiseste Andeutung der kriegerischen Wirren, unter denen der Wahlkampf vonstatten ging. Nur der Slogan unter dem Lincoln/Johnson-Plakat (Abb. 16) „Liberty, Union and Victory" deutet den Wahlkontext an. In einem für denselben Wahlkampf produzierten Plakat (Abb. 88) wird der Krieg mit der am linken Bildrand sichtbaren Kanone, den Kugeln sowie den gepanzerten Kriegsschiffen rechts im Hintergrund offen angesprochen. Die Freiheitsgöttin in der Mitte hat ihre kriegerischen Attribute abgelegt und tritt nurmehr mit dem Olivenzweig in der linken Hand als Botin des Friedens auf.

Nathaniel Currier entwickelte 1844 nach dem Vorbild des zeremoniellen Textilbanners ein „politisches Banner", das als Vorläufer des modernen Wahlplakats mit Kandidatenporträt zu betrachten ist. Currier prägte zugleich einen neuen Bildstil, der zwanzig Jahre lang, bis 1864, die Bildpräsentation der Präsidentschaftskandidaten dominierte. Als kommerzieller Herausgeber von Lithographien, dessen Konkurrenten sein Bildmuster bald nachahmten, setzte Currier auf stereotype Symbole und einen gleichbleibenden Rahmenkommentar, der eine einfache Lesbarkeit und einen hohen Wiedererkennungswert garantierte. Innerhalb des Bildtopos „politisches Banner" sind jedoch die einzelnen Kandidaten oder Parteien häufig durch kleine Details voneinander unterschieden, wie beispielsweise die Hinzufügung des Wortes „France" auf dem Globus im Cass/Butler-Banner von 1848 (Abb. 13), die auf Lewis Cass' Erfahrung als U.S. Botschafter in Frankreich anspielt. Charakteristisch für diese frühen Wahlplakate ist, daß sie für eine Anbringung im Innenraum gedacht waren und relativ kleinformatig – im Schnitt 23 x 33 cm groß – sind. Die letzte Serie dieser für Currier & Ives typischen politischen Banner wurde für drei unterschiedliche Parteien im Wahlkampf 1864 produziert.[257] Politische Banner entstanden im zweiten Drittel des 19. Jahrhunderts nicht als Auftragsarbeiten, sondern wurden von Firmen wie Currier & Ives, Kelloggs & Comstock und vielen anderen unabhängig und ohne Parteibindung herausgegeben und zum Verkauf angeboten. Über die konkreten

---

257 Zwölf Jahre später griff die Firma noch einmal auf ihr altbewährtes Muster zurück und gestaltete zwei Politische Banner – für die Demokratischen Kandidaten Samuel J. Tilden und Thomas A. Hendricks und die Republikanischen Kandidaten Rutherford B. Hayes und William A. Wheeler. Beide Plakate haben die typische Bannergröße von ca. 33,5 x 22,5 cm und sind in der Library of Congress aufbewahrt.

Auflagen der Lithographien sind keine Zahlen überliefert. Es ist jedoch nicht ausgeschlossen, daß die Auflage von politischen Bannern populärer Kandidaten in die Zehntausende ging.[258] Wichtig ist hier festzuhalten, daß das politische Banner nicht als Instrument staatlicher Propaganda, sondern als kommerzielle Bildidee entstand, die Schule machte. Der Boom im Lithographengewerbe führte zu einer Flut von Bildern, durch die alle Lebensbereiche erfaßt wurden. *Carl W. Drepperd* zählt in seiner an den Sammler gerichteten Bewertung der frühen amerikanischen Druckgraphik insgesamt 75 Lithographenanstalten auf, die zwischen 1830 und 1850 Einzelblattdrucke herausgaben.[259] Diese frühen Lithographenanstalten waren (bis auf die Ausnahme von Cincinnati) sämtlich an der Ostküste angesiedelt: Baltimore, Boston, Buffalo, Hartford, New York, Philadelphia, Pittsburgh, Richmond, Washington. Ausgehend von der Konzentration der Lithographieverlage im Nordosten der USA kann auch auf den Adressatenkreis, respektive die Kundschaft, dieser kommerziellen Lithographen rückgeschlossen werden. Da bis zur Einführung des Katalogversandhandels bei Currier & Ives ab 1877 die Drucke im Laden- oder Straßenverkauf vertrieben wurden, war der Adressatenkreis zunächst auf einen kleinen Bereich beschränkt, der sich regional auf den städtischen Nordosten[260] der USA konzentrierte. Mit dem Aufkommen des Versandhandels und der gesteigerten Distribution über Zwischenhändler erreichten die Lithographien im letzten Drittel des 19. Jahrhunderts nicht nur den gesamten Bereich der Vereinigten Staaten, sie schufen sich sogar feste Abnehmer in Europa.[261] Die Verbreitung der Chromolithographie nach 1860 führte zu einem noch stärkeren Anwachsen des lukrativen Bildgewerbes. Um 1860 gab es ungefähr 60 Firmen in Amerika mit 800 Angestellten und einem Kapitalvolumen von $ 445.250. Die Volkszählung von 1880 zeigte, trotz ihrer zurückhaltenden Zahlen, einen enormen Sprung mit 167 Unternehmen, 4.332 Angestellten und Lohnzahlungen in der Größenordnung von $ 2.307.302 sowie einem Arbeitsvolumen von $ 6.912.338. Zehn Jahre später hatte das Wachstum im Lithographiegewerbe noch erstaunlichere Züge angenommen. Nun wurden in der Statistik 700 Lithographenfirmen mit 8.000 Angestellten und einem jährlichen Produktionsvolumen von $ 20.000.000 aufgeführt.[262] Die kleinen Verlagsmanufakturen hatten sich zum „Big Picture Business" ausgewachsen.

II. 4. Vom Bildverlag zum Massendruck

Die Konkurrenz im Lithographengewerbe stieg in der „Reconstruction-Ära" nach dem Krieg sprunghaft an. Zwar behaupteten sich Currier & Ives mit ihrer Handkolorierungsfabrikation noch bis 1885 auf dem Markt, um dann jedoch umso jäher von den großen Chromolithographieunternehmen abgelöst zu werden. Der Bürgerkrieg hatte die amerikanische Gesellschaft

---

258   Die Auflagenhöhe ist ein rein spekulativer Faktor. Im Falle des meistverkauften Druckes von Currier & Ives, eine Lithographie aus der „Darktown-Serie", spricht H. I. BROCK jedoch von 73.000 verkauften Drucken. S. Zeitungsartikel in Scrap Book Box 3 of 4, „Lithography", Warshaw Collection of Business Americana.
259   DREPPERD 1930: 127–129.
260   Vgl. dazu auch REILLY 1991: xv.
261   Vgl. RAWLS 1979: (4).
262   MARZIO 1979: 3.

II. 4. Vom Bildverlag zum Massendruck

aufgerüttelt, den eigentlichen Konflikt zwischen Nord und Süd zwar militärisch beigelegt, als politische Lager blieben die Republikanische Partei des Nordens und die Demokratische Partei im Süden jedoch weiterhin gespalten. Dieser Nord-Süd-Konflikt dominierte die beiden Nachkriegswahlkämpfe, aus denen jeweils der Republikanische Kandidat und ehemalige Unions-General Ulysses S. Grant als Sieger hervorging. Ein beliebtes und weitverbreitetes Wahlkampfmittel auf seiten der Republikaner, die für den Norden standen, war während der „Reconstruction" das sogenannte „Schwenken des blutigen Hemdes" (waving the bloody shirt), womit die gegnerischen Demokraten auf ihre Kriegsschuld hingewiesen und damit mundtot gemacht werden sollten. Diese „Negativ-Strategie" ist exemplarisch an einem Plakat ablesbar, in dem Ulysses S. Grant, von Lorbeer- und Eichenlaub umgeben, verherrlicht wird, während sein Gegner Horace Greeley, umrahmt von Disteln, in eine Reihe mit den Südstaatlern und Kriegstreibern Jefferson Davis und John Calhoun gestellt wird (Abb. 55). Neben der Tatsache, daß nicht nur in den Karikaturen und politischen Cartoons nach 1864, sondern auch in den „offiziellen" Bildplakaten der Präsidentschaftskandidaten verunglimpfende Elemente auftauchen, die das zumindest vordergründig neutrale Bild von den Kandidaten zerstören oder den Diskurs über die Person schon im Bild polarisieren, fällt auf, daß die Plakatformate immer größer werden. Kleine Innenraumporträts der Kandidaten werden zwar weiter produziert, zugleich ist aber eine Zunahme von tendenziösen, mit eigenwilligen persönlichen Ikonographien ausgestatteten Plakaten und großformatigen, an die Broadsides der 40er Jahre anknüpfenden Informationsplakaten – sogenannten „Charts" (vgl. Abb. 62) – festzustellen. Das typische kommerzielle Plakat existiert weiterhin, wie Beispiele aus dem 20. Jahrhundert belegen. Auch Stilrückgriffe auf die von Currier entwickelte Bildsprache werden immer wieder im politischen Kandidatenporträt eingesetzt (vgl. Abb. 37). Trotz dieser Stiltradition machen öffentliche Anschläge, die sich zunächst nur in ihrer Größe, nicht in der Produktionsweise unterscheiden, dem politischen Innenraumplakat Konkurrenz.

Das erste Außenplakat in der amerikanischen Wahlkampfgeschichte wurde 1848 für den Whig-Kandidaten Zachary Taylor produziert (Abb. 26). Dieser fünffarbige Holzschnitt ist symptomatisch für die Konkurrenz von Hochdruck- und Flachdrucktechniken bei der Produktion von Außenwerbung. Die Lithographie, ein Akzidenz-Druckgewerbe, das auf kleinformatige Drucksachen wie Trade Cards, Briefköpfe, Etiketten und Formulare spezialisiert war und sich einen Markt in der Innendekoration von Wohnräumen eroberte, mußte lange Zeit die eigentliche Werbung, ob als Inseratillustration oder Wandplakat, dem Hochdruckgewerbe überlassen. Die ersten Werbeillustrationen von Benjamin Franklin – Hüte, Brillen und Hände, die die Anzeigen in der Zeitung optisch beleben sollten[263] – waren Holzstiche. Holzschnitt und Holzstich sind beides Hochdrucktechniken, die sich mit dem ebenfalls im Hochdruck produ-

---

263 „In the field of Colonial newspapers, it was Benjamin Franklin, who, in connection with the publication of his newspaper, *The Pennsylvania Gazette*, in 1726, conceived the idea of adding spice and interest to his pages with the introduction of small illustrations. These were miniature one and one-half-inch stock cuts of sailing vessels engraved on wood, which were inserted into the otherwise dry announcements of cargo shipments or passenger accomodations. Later, single column cuts for special advertisers were made, undoubtedly under Franklin's personal direction. These included a representation of a pair of spectacles for an optical ad, an emblem of the ‚Sign of the Blue Hand' for a glove maker, and a very ornamental border frame in the manner of London tradesmen's cards for a retail merchant." HORNUNG 1953: x.

zierten Schriftbild einfach kombinieren lassen. Da sich die frühe Werbegraphik immer auch auf Schrift bezog – die Illustrationen erschienen in den ersten „city directories" ab 1794, quasi als Vorläufer der heute üblichen „Gelben Seiten" (yellow pages) –, wurde die Werbung eine Domäne des Holzschnitts und nicht der Lithographie. Die praktische Arbeitsteilung zwischen Hochdruck- und Lithographiegewerbe wurde erst durch die Außenwerbung erschüttert, die sich mit der aus Frankreich importierten Plakatlithographie nach 1867 auch in den USA einen Markt zu erobern begann.[264]

Die Hochphase des kommerziellen Wahlplakats als Innenraumporträt liegt zwischen 1844 und 1864.[265] Die Darstellungsweise von amerikanischen Präsidentschaftskandidaten wird in dieser Zeitspanne entscheidend geprägt durch die Form des Doppelporträts, das durch unmißverständliche nationale Symbole in der Rahmengestaltung kommentiert wird. Während für diese zwanzig Jahre ein fester Formenkanon festzustellen ist, erweitert sich das Darstellungsrepertoire des Kandidatenporträts nach dem Bürgerkrieg, ohne jedoch die einmal gefundene Stilbasis völlig aufzugeben. Auch die Produktionsstrukturen diversifizieren sich. Verschiedene Techniken, sowie das Wiederaufkommen eines Auftragsgewerbes, das langsam aber sicher das freie Lithographen-Verlagswesen abzulösen beginnt, führen zu einer größeren Ausdrucksvielfalt und damit einer gewissen Unübersichtlichkeit politischer Kandidatenporträts. Die Gleichzeitigkeit unterschiedlicher Formen und Bildbotschaften ist insofern symptomatisch für die mangelnde Kontinuität der Parteistrukturen und eine fehlende rigide Parteiorganisation, die imstande gewesen wäre, Wahlkämpfe auch über größere Zeiträume hinweg strategisch zu planen. Currier & Ives' Verlust des „Bildmonopols" in den 60er Jahren und die steigende Konkurrenz innerhalb des florierenden Lithographengewerbes führten auch dazu, daß parteinahe Organisationen vermutlich schon zu einem recht frühen Zeitpunkt als Auftraggeber von Wahlkampfmaterialien auftreten. Das kommerzielle, von einer Lithographenanstalt herausgegebene Wahlplakat wurde schließlich mit der Einführung des Fotodrucks, und dem dadurch zunächst ausgelösten Wegfall künstlerischer Gestaltung im Bildplakat zu Beginn des 20. Jahrhunderts endgültig durch das Auftragsplakat abgelöst.

Auftragsplakate sind auch kommerzielle Plakate. Sie werden von Lithographenanstalten oder Druckereien produziert, jedoch mit dem Unterschied, daß sie einen konkreten Auftraggeber haben, der mit dem eigentlichen Produzenten nicht identisch ist. Dominierte das parteipolitisch unabhängige, vom Lithographen-Verleger herausgegebene politische Banner im zweiten Drittel des 19. Jahrhunderts die gedruckte, visuelle Wahlkampfkommunikation, so stellte sich im letzten Drittel des 19. Jahrhunderts eine unübersichtliche Situation ein, bei der nicht

---

264 HORNUNG 1953: xli.
265 Dies deckt sich mit der Hochphase des Lithographiegewerbes: „There is no doubt that the high point of production is reached by 1865 or perhaps even by 1850, and from this point there is a gradual degeneration in the use of the medium." John Thomas CAREY, The American Lithograph From Its Inception To 1865 With Bibliographical Considerations Of Twenty Lithographers And A Check List Of Their Works. PhD dissertation/Ohio State University 1954: ix. Mit dieser „graphischen Revolution", die in den USA zwischen 1840 und 1860 stattfand, gingen auch andere Erfindungen einher. So hielt der Telegraph zum ersten Mal 1846 Einzug in die Politik: Präsident Polks Ansprache wurde erstmals per Draht übermittelt. 1848 wurde die erste amerikanische Nachrichtenagentur – Associated Press (AP) – gegründet und das Jahr 1859 markiert mit der Einführung der Interviewtechnik durch Horace Greeley den Stilwandel in der Berichterstattung. S. Daniel J. BOORSTIN, The Image. A Guide To Pseudo-Events In America. Orig. 1961, New York 1992: 13, 15.

II. 4. Vom Bildverlag zum Massendruck

mehr eindeutig zwischen Verlags- und Auftragsplakaten unterschieden werden kann. Solange die Lithographie das Druckgewerbe bestimmte und noch nicht durch den Fotodruck abgelöst worden war, blieb unabhängig davon, ob es sich um ein Auftrags- oder ein Verlagsplakat handelte, der Name der Lithographenanstalt sowie das Copyright auf dem Plakat aufgedruckt. Erst mit dem Untergang des Lithographengewerbes als Verlagswesen erschienen anstelle der Namen von Lithographen die der Parteivorsitzenden oder der Vorsitzenden parteinaher Organisationen als neue Herausgeber auf den Wahlplakaten. Ein Kriterium, das auf ein Auftragsplakat schließen läßt, ist die Größe des jeweiligen Plakats. Während die politischen Banner als kleine, handkolorierte Innenraumporträts konzipiert waren und auch eine dekorative Funktion erfüllten, sind die Wahlkampfporträts im letzten Drittel des 19. Jahrhunderts großformatiger und meist nicht koloriert. Das größere Format deutet auf eine Anbringung vor allem in öffentlichen Räumen hin, möglicherweise auch als Außenplakat. Die politischen Banner setzten vor allem auf den politisierten Käufer als Adressaten, der mit den Porträts seiner Lieblingskandidaten nicht nur Parteilichkeit in der Privatsphäre demonstrierte, sondern zugleich einen bunten Wandschmuck erwarb. Die großformatigeren Schwarzweißplakate wurden vermutlich von Parteikomitees oder der Wahlkampforganisation eines Kandidaten in Auftrag gegeben, um sie landesweit an die Parteizentralen der Bundesstaaten zu verteilen und an öffentlichen Orten anzubringen. Dies ist lediglich eine Vermutung, die aufgrund der veränderten Formate angestellt wird und weder mit schriftlichen Quellen, noch mit Auftragsformularen zu belegen ist. Es ist jedoch unwahrscheinlich, daß im letzten Drittel des 19. Jahrhunderts, in der die Chromolithographie mit farbig-narrativen Schilderungen den privaten Bildmarkt eroberte, Schwarzweißporträts von durchschnittlich 50 x 70 cm als heimeliger Wandschmuck gedient haben sollen. Die Verfasserin vermutet, und bei der Vermutung muß es leider mangels Beweisen bleiben, daß die meisten der nach 1868 produzierten Kandidatenporträts Außenplakate auf Auftragsbasis waren.[266] Dieser Wandel des Lithographengewerbes von einem Verlags- zu einem Auftragssystem läßt sich einerseits mit der steigenden Konkurrenz zwischen den verschiedenen Lithographenanstalten, dem Innovationsdruck durch Chromolithographie und Fotografie sowie der Monopolisierungstendenz erklären, durch die kleinere Unternehmen, wie Currier & Ives, langsam an den Rand gedrängt wurden. Die Chromolithographie hatte als Handwerk begonnen und ging als monopolisierte Industrie im „corporate business" unter.[267] Die enorme Nachfrage nach Chromolithographien in der zweiten Hälfte des 19. Jahrhunderts hatte nicht nur zu einer weiteren Ausdifferenzierung des Arbeitsprozesses geführt, sondern wandelte ehemals kleine von ein oder zwei Verlegern betriebene Lithographenanstalten in gro-

---

266 Die Geschichte der politischen Druckgraphik im letzten Drittel des 19. Jahrhunderts müßte noch eingehender studiert werden. Hier liegt ein Forschungsdefizit vor. Vor allem die Zeit zwischen dem Ende des Bürgerkriegs 1865 und dem New Deal-Wahlkampf 1936 ist kaum erschlossen. Die Bildproduktion und die damit verbundenen Auftragsstrukturen sind obskur. Eine Aufarbeitung dieser Zeit wäre sehr zu wünschen, geht jedoch über den Umfang der hier vorliegenden Arbeit hinaus.
267 MARZIO 1979: 149. Die Zusammenlegung kleiner Lithographenfirmen zu großen Korporationen ist nur ein Aspekt der Zentralisierungstendenz, die alle Branchen der amerikanischen Wirtschaft erfaßte und durch die in der Zeit zwischen 1898 und 1902 insgesamt 2.643 Firmen zu 212 Großunternehmen fusionierten. Zu dieser Entwicklung und der sie begleitenden Herausbildung des amerikanischen Massenmarktes vgl. James R. BENIGER, The Control Revolution. Technological and Economic Origins of the Information Society. Cambridge/Massachusetts u. a. 1986: Kapitel 8, hier: 345.

ße Bilderfabriken, die nicht selten hunderte von Menschen beschäftigten.[268] Einher mit der Vergrößerung der Unternehmen ging auch die Umbenennung der Firmen, deren persönliche Note in den anonymen Korporationen unterging. Statt P. S. Duval[269], E. C. Kellogg (Abb. 23), F. Heppenheimer's Sons (vgl. Abb. 76) oder den Donaldson Brothers[270] verteilte sich der Lithographie-Markt gegen Ende des 19. Jahrhunderts auf wenige Lithographenanstalten, wie etwa die 1892 aus vielen aufgekauften kleinen Familienunternehmen gegründete American Lithographic Company[271] in New York City oder die Strobridge Lithographic Company in Cincinnati/Ohio. Beide großen Lithographenanstalten gaben 1900 für den Demokratischen Kandidaten William Jennings Bryan sehr farbenprächtige Chromolithographien heraus (Abb. 65). An einem beispielhaften Fall kann die Produktionsweise von Auftragsplakaten aufgezeigt werden. Am 13. Oktober 1904 veröffentlichte die Wochenzeitung *Leslie's Weekly*[272] einen illustrierten Bericht von Oliver Shedd unter dem Titel „A Transient Industry – Millions Spent for Campaign Paraphernalia".[273] Unter dieser Überschrift ist eine Fotografie eingefügt, die einen Wahlplakatmaler beim Kopieren eines Theodore Roosevelt-Porträts von einer Fotovorlage auf eine Banner-Leinwand zeigt. Der Produktionsprozeß großformatiger Wahlkampfbanner wird in einer Fotoreportage in derselben Ausgabe von *Leslie's Weekly*[274] in den einzelnen Arbeitsabläufen illustriert (s. Abb. 27). Die politischen Banner wurden an einem einzigen Tag, meist in Öl auf Leinwand, gemalt und zum Trocknen an die Wände geheftet, danach auf Fischnetze aufgenäht und schließlich zur Verschickung zusammengerollt. Die Hauptfunktion dieser großen Leinwand-Banner war die Markierung der jeweiligen Parteizentralen. Meist wurden die Banner an Gebäuden oder an langen Pfählen befestigt. Der Preis für eines dieser großen Außenbanner schwankte zwischen $ 200 und $ 250.[275] Die Bezahlung der Plakatmaler hingegen war äußerst gering und belief sich zum Teil auf kaum mehr als zehn Dollar pro Kandidatenporträt.[276]

---

268 „The specialists in the big, well-established lithographic businesses were usually organized into three sections: production, bookkeeping and general business, and sales. (…) more prosperous companies employed fairly large office staffs. Louis Prang in 1885 had about a hundred fifty women and girls examining, sorting, mounting, and mailing his chromos." MARZIO 1979: 154.
269 Bei P. S. Duval erschien ein Wahlkampfporträt für den Whig-Kandidaten James Irvin, der 1847 für den Gouverneursposten in Pennsylvania kandidierte. Das Ganzkörperporträt, das nach dem exakten Vorbild eines früheren Gouverneursporträts erstellt wurde, ist 43 x 35 cm groß und in der Library of Congress archiviert. S. REILLY 1991: 273–275, und Judith W. HANSEN, Pennsylvania Prints from the Collection of John C. O'Connor and Ralph M. Yeager: Lithographs, Engravings, Aquatints, and Watercolors from the Tavern Restaurant. University Park/Pennsylvania 1980: no. 13.
270 Die Donaldson Brothers aus Brooklyn haben auch ein Wahlplakat für die Demokratischen Kandidaten Hancock und English 1880 herausgegeben, das recht aufwendig gestaltet und sogar mit Künstlersignaturen versehen ist. Das Plakat wurde nicht in den Bildteil dieser Arbeit aufgenommen, mißt 50,5 x 66,6 cm und ist im Museum for American History/ Smithsonian Institution archiviert.
271 MARZIO 1979: 155/156.
272 Die Zeitschrift war 1852 gegründet worden und erfuhr wie das Konkurrenzblatt Harper's Weekly, das fünf Jahre später ins Leben gerufen worden war, als Nachrichtenillustrierte während und nach dem Bürgerkrieg einen enormen Aufschwung. S. HORNUNG 1953: xl.
273 Leslie's Weekly October 13, 1904: 342.
274 Ebd.: 3.
275 Shedd in Leslie's Weekly 13. 10. 1904: 342.
276 Ebd.

II. 4. Vom Bildverlag zum Massendruck

Um so größer war der Profit für die Plakatproduzenten, die die zu Billigstlöhnen erstellten Banner teuer an die Auftraggeber verkauften. Banner, wie die in Abb. 27 gezeigten, wurden von politischen Clubs oder Parteikomitees in Auftrag gegeben, allerdings meist nicht direkt bei einem eingetragenen Schildermacher, Textilfabrikanten oder Lithographen, sondern über Mittelsmänner, die entweder die Aufträge an professionelle Firmen weiterleiteten und dafür eine Provision nahmen oder kurzerhand selbst eine „Bannerfabrik" gründeten, um den gesamten Profit einzustecken. Es ging um viel Geld. Shedd beginnt seinen Artikel in *Leslie's Weekly* mit der geschätzten Zahl von über einer halbe Million Dollar, die allein in New York im Präsidentschaftswahlkampf 1904 für die Herstellung politischer „paraphernalia" – von Buttons bis zu Bannern – ausgegeben wurden und fügt hinzu:

Just how much money is appropriated by the national and State campaign committees for banners, decorations, and so on, no one, of course, knows, but even in such a simple matter as the painting of campaign decorations political graft (politische Korruption, Schmiergelder; A. d. V.) finds entry. According to the sign-painters, ‚graft' is obtained in this way: Men who have a ‚pull', or are in a position to expect reward, establish a sign business a couple of months before election day, even though their only practical business experience before that time may have been in a blacksmith shop. The political sign-painter opens an office and displays a number of huge visages of the candidates, made by a grotesque art that is seen only in the campaign season. Then, through his ‚pull', or because he ‚stands in', the political sign-painter gets orders from campaign organizations. He does not, of course, execute these orders himself, but turns them over to some legitimate sign-painter. The politician makes his profit as a middleman, and sometimes this profit is very generous. On the first Tuesday after the first Monday in November the politician-sign-painter goes out of business.[277]

Auch wenn solche korrupten Praktiken im Lithographengewerbe sich aufgrund der starken Urheberrechtstradition kaum durchsetzen konnten, zeigt das Beispiel des zum Schildermaler gewandelten Politunternehmers doch die Auftragsstrukturen der Zeit auf. Ende des 19. und zu Beginn des 20. Jahrhunderts wurden bereits große Summen in visuelle Wahlkampfkommunikation investiert. Dem Bedarf nach Kandidatenporträts zur massenhaften Parteiwerbung kam man nicht nur in gedruckten Bildern, sondern auf allerlei anderen Materialien als Bildträgern entgegen.[278] Aufwendig gestalteten Kandidatenporträts, wie sie für Werke aus einem Lithographenverlag typisch waren, wurde durch die oben beschriebene Schnellfabrikation der erwünschten Bilder durch Politprofiteure Konkurrenz gemacht.

Von wenigen Ausnahmen abgesehen verlor die reiche Rahmenikonographie im Wahlplakat zwischen 1868 und 1908 immer mehr an Bedeutung, um schließlich in der Zeit vor dem Ersten Weltkrieg völlig von der nüchternen, paßbildähnlichen Fotografie abgelöst zu werden. Die Konzentration auf die Kandidaten und deren Darstellung im Brustporträt stieg merklich an und sowohl die bildlichen wie auch die schriftlichen Kommentare im Plakat verringerten sich auf das Nötigste. Die meisten Kandidatenporträts zeigen nur die Namen der Porträtierten sowie die Aufforderung „For President…", „For Vice President…" als lakonischen Kommentar. Die Doppelporträts sind grundsätzlich Kompositbildnisse, das heißt aus zwei Einzelfotos

---

277 Ebd.
278 Vgl. Roger A. FISCHER, Tippecanoe and Trinkets Too. The Material Culture of American Presidential Campaigns, 1828–1984. Urbana u. a. 1988, und MELDER 1992.

der Kandidaten zusammengesetzte Bilder, die meist auf einem Druckbogen gedruckt und damit gleichermaßen als Doppelporträtplakat oder getrennt als Einzelplakate der Kandidaten verwendet werden können. Fotoplakate, in denen der Präsidentschafts- und Vizepräsidentschaftskandidat nicht in getrennten Fotografien, sondern gemeinsam in einem Bild- und Handlungskontext in Erscheinung treten, sind äußerst selten.

Mit dem Wandel zum Auftragsgewerbe und dem steigenden Konkurrenzdruck verlieren die politischen Banner ihre Funktion als Innenraumplakate, die auch aufgrund ihrer ästhetischen Wirkung gekauft und privat aufbewahrt wurden. Das Kandidatenplakat entwickelte sich zu einem ephemeren Massenartikel, der nach der Erfüllung seiner Aufgabe nicht der Aufbewahrung für wert erachtet wurde. Die Funktion der Plakate scheint sich immer stärker auf die bloße demonstrative Verbindung von Bild, Name und Partei sowie dem angestrebten Amt zu reduzieren. Die schweigenden Köpfe erscheinen beliebig austauschbar, zumal visuelle Parteisymbole fehlen. Die persönliche Ikonographie der Kandidaten verschwindet hinter der Amtsfassade aus dunklem Anzug, weißem Hemd und Krawatte, die keine politischen Unterschiede zwischen den Parteikandidaten erkennen läßt. Politische Porträts in der Zeit zwischen 1904 und 1932 lassen kaum Aussagen über den historischen Kontext, die politische Kultur der Zeit oder auch die vorherrschenden Wahlkampfthemen zu, wie dies noch im Falle der allegorisch reich ausgeschmückten politischen Banner à la Currier & Ives der Fall war. Zudem scheint gerade in dieser Phase nur wenig Material überliefert zu sein, aus welchen Gründen auch immer. Es bleibt festzuhalten, daß sich das Auftragsplakat als vorherrschende Produktionsform kommerzieller Plakate zu Anfang des 20. Jahrhunderts durchgesetzt hat und praktisch keine unabhängig produzierten und verlegten Kandidatenporträts auf dem freien Markt mehr angeboten wurden. Nur noch in Ausnahmen, meist als Convention-Gag, werden Plakate von unabhängigen Produzenten zum Verkauf offeriert (s. Abb. 81).

In der Art, wie Wahlplakate in den USA produziert wurden, spiegelt sich auch die diskontinuierliche Wahlkampfstrategie der Parteien, die keine Parteibürokratie im europäischen Sinne kennen. Im Unterschied zu den frühen politischen Bannern, die vollkommen unabhängig von Parteien als eine Geschäftsidee eines Bildverlegers entstanden, wurden die politischen Banner um 1900 im Auftrag von Parteikomitees und Wahlkampforganisationen hergestellt, die sich alle erst um die Mitte des 19. Jahrhunderts institutionell herauszubilden begonnen hatten. Das eigentliche Auftragsplakat entstand parallel zum Aufstieg der Parteien als primäre Wahlkampforganisationen. Das Democratic National Committee (DNC) wurde 1848 gegründet, die Republikanische Organisation, das Republican National Committee (RNC) 1854.[279] Trotz dieser rudimentären Institutionalisierung von Parteipolitik bleibt zu bedenken, daß die National Committees im 19. Jahrhundert und bis weit in das 20. Jahrhundert hinein nur als temporäre Institutionen bestanden, die während Wahlkampfzeiten personell und finanziell aufgestockt wurden, unter den Wahljahren jedoch auf einem minimalen Mitarbeiterstamm zusammenschrumpften, wenn sie nicht gar völlig aufgelöst wurden. Das Republican National Commit-

---

279 A. James REICHLEY, The Life of the Parties. A History of American Political Parties. New York u. a. 1992: 104. „At the Democratic National convention in 1848, the delegates voted to establish a national committee, ‚composed of one member from each state, to be appointed by the delegations from each state (…)'. Benjamin Hallett of Massachusetts (a former Anti-Mason) became the first national party chairman.". REICHLEY 1992.

II. 4. Vom Bildverlag zum Massendruck

tee erhielt zum Beispiel seinen permanenten Sitz in Washington D.C. erst im Jahre 1918.[280] Die politische Funktion der beiden großen amerikanischen Parteien war damit von Anbeginn auf den Wahlkampf – die Kandidatenauswahl und Vorbereitung der Amtsbestellung – konzentriert.[281]

An der Spitze eines National Committee und damit der landesweiten Partei- und Wahlkampfzentrale steht der National Chairman, der Bundesvorsitzende des Komitees, der alle vier Jahre auf einem Parteitag neu nominiert wird. Die Vorsitzenden der Demokratischen und der Republikanischen National Committees waren meist einflußreiche Bankiers oder Geschäftsmänner mit guten Kontakten zur Wall Street und damit zu den Finanzierungsquellen des Wahlkampfes.[282] Häufig wechselt der Vorsitz jedoch mit jedem neuen Wahlkampf. An dieser Diskontinuität eines organisatorisch entscheidenden Parteiamtes wird der Unterschied zwischen den ideologisch-klassenfixierten Parteien Europas und den pragmatischen Interessenbündnissen amerikanischen Typs deutlich. „Organisierte Mitgliedschaft, formelle Aufnahme- oder Austrittsverfahren oder regelmäßige Beitragspflichten sind der US-Partei ebenso fremd wie die straffe Formalisierung der innerorganisatorischen Willensbildungsprozesse zwischen Parteiführungsspitze und unteren Gliederungen. Wenn von Demokratischer oder Republikanischer Parteimitgliedschaft die Rede ist, meint der Begriff die eher gefühlsmäßige, selten rationalisierte Bindung von Individuen und Gruppen an eine Partei, die kalkulierbare Regelmäßigkeit ihres Abstimmungsverhaltens und ihre gelegentliche Spendenbereitschaft."[283] Dieses lockere Verständnis von „Parteimitgliedschaft" ist jedoch nicht gleichbedeutend mit dem völligen Fehlen institutionalisierter Strukturen. Wie der Aufbau von „marching clubs" und politischen Vereinen zeigt, waren die Parteien im 19. Jahrhundert föderal organisiert und dezentral strukturiert. Die National Committees übten bis zur Jahrhundertwende kaum direkten Einfluß auf die lokalen Parteiorganisationen aus. Vielmehr fungierten sie als eine Art Dachorganisation, die Wahlkampfmaterialien und Gelder an die Parteiorganisationen der Einzelstaaten und Distrikte verteilte, ohne deren konkrete Verwendung vorzuschreiben. Auch die vielen Redner, die im 19. Jahrhundert für die Parteien durch die Lande zogen und spektakuläre Wahlkampfreden von meist mehrstündiger Dauer hielten, wurden von den National Committees bestellt und bezahlt.[284] Im wesentlichen blieb die Durchführung des Wahlkampfes jedoch dem Engagement der Lokalpolitiker überlassen, die sich durch einen pompösen Wahlkampf innerhalb des Parteipatronage-Systems hocharbeiten konnten. Für den ambitionierten Lokalpolitiker gab es also durchaus machtpolitische und ökonomische Anreize, Parteiversammlungen, Paraden und Reden zu einem Erfolg zu machen.

---

280 REICHLEY 1992: 236.
281 BROWN 1960: 4.
282 DINKIN 1989: 71/72.
283 Hartmut WASSER, Die USA – der unbekannte Partner. Paderborn 1983: 181/182.
284 Einer der bekanntesten Republikanischen Wahlkampfredner des 19. Jahrhunderts, der deutsche Emigrant Carl SCHURZ, beschreibt die rudimentären Organisationsstrukturen und den Ablauf von Parteireden beispielhaft in seiner 1905 zum ersten Mal erschienenen Autobiographie „Lebenserinnerungen", Berlin 1952: 333–380. Zu den bekanntesten amerikanischen Rededuellen zählen die Lincoln-Douglas-Debates, die 1858 im Kontext des Wahlkampfes um den Senatorenposten in Illinois stattfanden und Lincoln berühmt machten. S. dazu David ZAREFSKY, Lincoln Douglas and Slavery. In the Crucible of Public Debate. Chicago u. a. 1990.

Im Unterschied zu Art. 21 des deutschen Grundgesetzes ist die Funktion der Parteien im amerikanischen Regierungssystem nicht in der Bundesverfassung festgeschrieben. Allerdings enthalten viele Einzelstaatsverfassungen Vorschriften über die Wahlfunktion und die Organisationsstruktur der Parteien.[285] Die Parteien sind auf Einzelstaatsebene in eine Hierarchie von Ausschüssen gegliedert, die bis auf die Nachbarschaftsebene hinabreichen. Über diesen „precinct"-Ausschüssen rangieren die Stadt- und Landkreisausschüsse und darüber schließlich der Zentralausschuß (state central committee) eines jeden Einzelstaates.[286] Die Parteivorsitzenden der Einzelstaaten bilden schließlich das Nationalkomitee der Partei. Im Falle der Demokraten treten heutzutage zu diesen ca. 52 Personen zusätzlich noch 200 von den Einzelstaaten ernannte Delegierte, drei Gouverneure, drei Bürgermeister, drei Landkreisvorsitzende, der Vorsitzende des Kongresses und je ein Mitglied des Senats und des Repräsentantenhauses hinzu. Das Democratic National Committee kann somit die Gesamtzahl von 350 Mitgliedern übersteigen und zeigt damit auch die Grenzen der Handlungs- und Entscheidungskompetenz dieses Parteigremiums auf.[287]

Die dezentralisierte Parteiorganisation, die in Einklang mit dem Armee-Stil im Wahlkampf stand, wurde um 1900 zusammen mit diesem durch den Versuch einer parteipolitischen Zentralisierung der Wahlkampfanstrengungen abgelöst.[288] Fackelumzüge, Aufmärsche und große Versammlungen erschienen als Anachronismen, die durch eine moderne Werbestrategie ersetzt werden sollten. Die Grundlage für den Armee-Stil und die lokalen Organisationsstrukturen bildete die hohe Parteilichkeit der Wählerschaft, die zusätzlich durch parteilich gebundene Zeitungen forciert wurde. Gegen Ende des 19. Jahrhunderts hatten sich jedoch parteipolitisch unabhängige Zeitungen und Zeitschriften einen Markt erobert, der nicht mehr auf politischen Erwartungshaltungen und Einstellungen basierte, sondern die Menschen als „neutrale" Konsumenten durch „human interest stories" und viele Illustrationen zu gewinnen suchte.[289] Der Wahlkampf begann mit anderen Nachrichten und Ereignissen zu konkurrieren. Sein Unterhaltungswert verblaßte. Inwiefern der Niedergang der politischen Festkultur und der eindeutigen parteipolitischen Grenzen als Modernisierung der Wahlkampfkultur zu begrüßen oder als Einschränkung von Wahlkampfkommunikation und -partizipation zu beklagen ist, bleibt umstritten. *Jensen* beurteilt den Untergang der Paradenkultur eher kritisch: „Even though the educational levels of the voters rose, and the experience of the electorate increased (…) the information level of the electorate declined. Without a clear party line to follow, and without partisan newspapers to indicate it, the voters grew increasingly baffled by the issues. The tariff, slavery, money, and foreign policy issues of the nineteenth century were understood by the voters because their party explained the implications to them and provided a coherent, intelligent party position that they could easily follow. In the merchandising era every candidate

---

285 Horst MEWES, Einführung in das politische System der USA. 2. Aufl. Heidelberg 1990: 153.
286 Ebd.
287 Ebd.: 155.
288 Vgl. Edmund B. SULLIVAN in: MUSEUM OF AMERICAN POLITICAL LIFE (Hg.), Hell-Bent for the White House. Hartford/Connecticut 1988: 82.
289 Ein herausragendes Beispiel für diese unabhängigen Zeitungen ist die Karriere von Joseph Pulitzer, dem ungarischen Emigranten, der 1883 die New York World mit dem folgenden Motto übernahm: „(We) serve no party but the people". S. Gil TROY, See How They Ran. The Changing Role of the Presidential Candidate. New York 1991: 84.

blurs the issues, or ignores them, and the voter, forced to decide between different personalities, loses sight of the implications and background of the complex issues of the day."[290]

Auf den Wahlplakaten aus der „merchandising era" ist zumindest das Verschwinden von Wahlkampfthemen aus dem Bildprogramm festzustellen. Zwischen 1904 und 1932 sind fast ausschließlich Kandidatenporträts überliefert, die außer mit dem Namenszug, häufig mit Unterschrift des Kandidaten und dem angestrebten Amt, mit keiner weiteren Information, nicht einmal einem Slogan, versehen sind. Auch die Parteiidentifikation tritt in den Hintergrund. Im Kandidatenporträt wird die Aufmerksamkeit ausschließlich auf die Person, die ein Amt anstrebt, gelenkt und nicht auf die Inhalte, für die diese Person steht. Der Originalkontext dieser Wahlplakate ist verlorengegangen und kann nur noch rekonstruiert werden. Vermutlich wurden die Wahlplakate in einem schon bestehenden politischen Kontext, einer Amtsstube oder einer lokalen Parteizentrale angebracht. Überzeugungsarbeit konnten die Bilder mit ihrer oft kargen Ausstattung kaum leisten. Ihre Funktion war eher auf die visuelle Verknüpfung von Kandidat, Name und Amt beschränkt.

Neben diesen stereotypen Wahlkampfporträts wurden jedoch auch vereinzelt andere bildliche Wahlkampfmittel eingesetzt, die durchaus propagandistische Absichten verfolgten. Außer den beiden bildstrategisch spektakulären „Sound Money"-Wahlkämpfen 1896 und 1900, auf die an anderer Stelle noch ausführlicher eingegangen wird, verfolgt die ca. 43 x 52 cm große Lithographie (Abb. 28) eine außergewöhnliche Bildstrategie. Bei dem Blatt handelt es sich um ein Auftragsplakat, das 1903 von der Royal Picture Gallery Co. in Chicago herausgegeben wurde.[291] Der Druck ist mit der politischen Forderung „Equality" betitelt. Die Zusammenkunft zwischen Präsident Theodore Roosevelt, der nach der Ermordung William McKinleys 1901 die Präsidentschaft antrat, und dem bekannten schwarzen Erzieher und Leiter einer Ausbildungsstätte für Schwarze[292], Booker T. Washington, findet im Bild unter der „Schirmherrschaft" Abraham Lincolns statt, dessen Porträt gerahmt über dem gedeckten Tisch hängt. Ort

---

290 JENSEN 1969: 45. Zum Untergang der populären Wahlkampfkultur im Norden der USA vgl. Michael E. McGERR, The Decline of Popular Politics. The American North 1865–1928. New York u. a. 1986.

291 Das genaue Erscheinungsdatum dieser Lithographie ist umstritten. MELDER (1992: 132) gibt das Jahr 1901 an, das auch als Datumsbezeichnung im Untertitel des Blattes aufgedruckt ist. FISCHER (1988: 173) gibt wiederum 1903 als Erscheinungsjahr an. Die Verfasserin schließt sich FISCHER an, und geht davon aus, daß diese Lithographie zwei Jahre nach dem illustrierten Treffen zwischen Booker T. Washington und Theodore Roosevelt für den Präsidentschaftswahlkampf 1904 in Auftrag gegeben wurde, um besonders schwarze Wähler für die Republikaner und ihren Kandidaten Theodore Roosevelt zu gewinnen.

292 Booker T. Washington (1856–1915) war als Sklave aufgewachsen und bei Beendigung des Bürgerkrieges neun Jahre alt. Er wurde als freigelassener Sklave an einem der wenigen Institute für ‚freedmen', dem Hampton Institute, ausgebildet und gründete 1881 das Tuskegee Institute in Alabama, an dem Schwarze eine berufsorientierte Ausbildung erhielten, die auf das Training zu ökonomischer Selbständigkeit abzielte. Washington war einer der einflußreichsten Persönlichkeiten schwarzer Hautfarbe, vertrat jedoch einen moderaten politischen Kurs, der im wesentlichen die Rassentrennung akzeptierte und außer der ökonomischen Gleichstellung keine weiteren Rechte für die schwarze Bevölkerung einforderte. Zur Biographie Washingtons vgl. Louis R. HARLAN, Booker T. Washington. The making of a black leader 1856–1901. New York, 2 vols., 1972 und 1984, und Edda KERSCHGENS, Das gespaltene Ich, 100 Jahre afroamerikanischer Autobiographie. Frankfurt a. M. u. a. 1980.

und Datum der Begegnung sind ebenfalls auf dem Blatt als Untertitel angegeben: „Dinner Given At The White House By President Roosevelt To Booker T. Washington, October 17th, 1901." Die Lithographie ist unmittelbar an die schwarze männliche[293] Wählerschaft Chicagos gerichtet. Der Auftraggeber, Charles H. Thomas, ein weißer Republikaner, ließ parallel zu der Lithographie auch Buttons mit demselben Motiv herstellen. Diese Form der beweglichen Bildpropaganda verfolgte das Ziel „to ,impress upon the colored brothers that the only way to the higher life was to vote the Republican ticket'."[294] Das Motiv scheint seinen Zweck erfüllt zu haben. Zumindest als Button sprach es laut dem *Cincinnati Enquirer* vom 24. September 1903 die Zielgruppe voll an: „thousands of the buttons are being worn by colored men in Chicago, and the demand throughout the country is growing."[295] Die Aussage des Plakates muß auf die meisten Weißen des Südens schockierend gewirkt haben – zu einer Zeit, da in den USA die Rassentrennung vehement verfochten wurde, für Weiße und Schwarze getrennte öffentliche Busse, Schulen, Parkbänke und Toiletten vorgeschrieben waren und im Süden Lynchjustiz an der Tagesordnung war.[296] Das Thema der „Segregation" verwies erneut auf die noch immer nicht überwundene Trennung der USA in Nord- und Südstaaten und zeigte die jeweiligen Parteiloyalitäten auf. Der Washington-Roosevelt-Button provozierte „Gegen-Buttons" der Demokraten, die das gleiche Motiv abbildeten, jedoch in einem rassistischen Kontext als Motivumkehrung wirkten und sich gegen Theodore Roosevelt und die Republikaner richteten.[297] Daß diese „Gegen-Buttons" ebenfalls weitverbreitet waren und als propagandistische Gefahr von den Republikanern betrachtet wurden, bezeugt ein Brief des Präsidenten, der sich einen Monat nach seiner mit großer Mehrheit erfolgten Wiederwahl über die Demokratische Button-Strategie in einem Brief äußerte: „These campaign buttons were distributed by the Democratic committees not merely in Tennessee but in Maryland, in southern Indiana, in West Virginia, in Kentucky, and elsewhere where it was believed they could do damage to the Republican cause, and especially to me."[298] Der Angriff der Demokraten ist umso erstaunlicher, als Booker T. Washington als gemäßigter Führer der Schwarzen galt und sich im Rahmen der vom Supreme Court 1896 festgelegten Segregationsformel „seperate-but-equal" bewegte. Wie tief der Haß und die Menschenverachtung auf Seiten der Südstaatler reichte, wird an der Ablehnung Booker T. Washingtons deutlich.[299] Das Abendessen im Weißen Haus hatte einen ho-

---

293   Das Frauenwahlrecht für Präsidentschaftswahlen wurde in den USA erst 1920 eingeführt.
294   Zitiert in: FISCHER 1988: 172.
295   Ebd.
296   S. William H. HARBAUGH, Election of 1904. In: SCHLESINGER (Hg.) 1971: 1965–1994; hier: 1976. Während Theodore Roosevelt eindeutig Stellung gegen die Lynchjustiz bezog, machte sich sein Demokratischer Gegenkandidat Parker 1903 im Süden mit Äußerungen gegen den 14. Zusatzartikel zur Verfassung „beliebt". Dieser Verfassungszusatz war 1868 in Kraft getreten und regelte u. a. die Amtsunfähigkeit von Südstaatlern, die auf konföderierter Seite gegen die Union gekämpft hatten, wie auch die entschädigungslose Freilassung der Sklaven. Parker erklärte auf seiner Tour durch den Süden, daß das 14. Amendment seiner Ansicht nach heute nicht mehr verfassungskonform wäre.
297   FISCHER 1988: 173/174. Auf S. 173 sind auch die Abbildungen der Buttons zu finden.
298   Zitiert aus einem Brief an Silas McBee vom 15. Dezember 1904 in: FISCHER 1988: 174.
299   Um die rassistische Stimmung aufzuzeigen werden im folgenden zwei krasse Aussagen Demokratischer Politiker zitiert: „No great harm would have been done the country, expostulated Congressman James T. Hefflin of Alabama, if some Czolgosz (Name des Attentäters, der 1901 McKinley ermordete, A. d. V.) had thrown a bomb under which the President and Booker T. Washington had-

hen symbolischen Wert und wurde selbst von auf anderen gesellschaftspolitischen Gebieten progressiv gesinnten Demokraten, wie etwa William Jennings Bryan, attackiert und gegen Theodore Roosevelts fortschrittlichen innenpolitischen Kurs gewandt.[300] Die Rassentrennung wird jedoch auch in der Bildstrategie des „Equality"-Druckes nicht angetastet. Booker T. Washington und der Präsident sitzen zwar an einem Tisch – für die Rassisten schon symbolhaft genug –, die Aussage des Plakates „Equality" und auch die klare Trennung der Bildsphären, die nur durch das in der Mitte plazierte Lincoln-Bildnis überbrückt werden, verstärken aber den Eindruck, daß durch das Dinner der Anspruch der Schwarzen auf Gleichberechtigung jedoch nur in den von den Weißen bestimmten Grenzen gefestigt werden sollte. Ein revolutionäres Niederreißen der Rassenschranken oder ein Hinweis auf Diskriminierung und Ungleichbehandlung im Alltag fehlt hingegen völlig. In dieser Hinsicht ist auch das Republikanische Plakat ein Propagandabild, das Booker T. Washington als „Vorzeigeschwarzen" darstellt, ohne die Vorherrschaft der Weißen auf der zivilisatorischen Rangskala in Frage zu stellen.[301] Den schwarzen Wählern des Nordens wird unter einem Republikanischen Präsidenten ein vergleichbarer sozialer Aufstieg versprochen, den sich einer ihrer Brüder selbst erarbeitet hatte. Hier stimmt die Biographie Booker T. Washingtons auch mit der Republikanischen Arbeits-Ideologie[302] überein, die Wertschöpfung an die Arbeits- und soziale Aufstiegskraft des Indivi-

sat." Zitiert in: HARBAUGH 1971: 1987/1988; „I am opposed to the nigger's voting, it matters not what his advertised moral and mental qualifications may be. I am just as much opposed to Booker Washington's, with all his Anglo-Saxon reinforcements, voting as I am to voting by a cocoanut headed, chocolate colored, typical little coon Andy Dotson, who blacks my shoes every morning. Neither one is fit to perform the supreme functions of citizenship." – Governor Vardeman, Democratic Governor of Mississippi. Zitiert in: HARBAUGH 1971: 2016

300 Vgl. HARBAUGH 1971: 1988.

301 Die Republikaner unterstützten in ihren programmatischen Aussagen die Emanzipation der schwarzen Bevölkerung und natürlich deren Recht auf Wahlbeteiligung, das im Süden durch Einschüchterungsversuche, Literacy Tests, Grandfather-Clause und andere Formen des Abhaltens von der Stimmabgabe stark eingeschränkt, wenn nicht sogar vollkommen suspendiert war und damit vorrangig der Republikanischen Partei schadete. Die Republikaner bekannten sich jedoch in ihrer Platform, wenn auch nur knapp, zur Gleichberechtigungsidee („that there must be no distinction between rich and poor, between strong and weak, but that justice and equal protection under the law must be secured to every citizen without regard to race, creed or condition." Zitiert in: HARBAUGH 1971: 2006), während die Demokraten ihre rassistische Einstellung in ihrer Platform hinter dem Vorwurf versteckten, die Republikaner wollten aus der Rassenfrage nur politischen Profit schlagen (Unter dem Plank „Sectional and Race Agitation" steht u. a. „To revive the dead and hateful race and sectional animosities in any part of our common country means confusion, distraction of business, and the reopening of wounds now happily healed." Zitiert in: HARBAUGH 1971: 2001). Die für den damaligen Zeitpunkt progressive Einstellung der Republikaner zur Rassenfrage kommt in einem Wahlkampfhandbuch unter dem Titel „The Problem Of Our Colored Citizens" folgendermaßen zum Ausdruck: „The Republican party believes in the doctrine so tersely expressed by President Roosevelt – ‚All men up rather than some men down' – and it has always encouraged the colored citizen in his efforts and ambition to rise higher in the scale of civilization." Zitiert in: HARBAUGH 1971: 2015. Zu den Hintergründen des „disfranchisement" der schwarzen Wähler im Süden vgl. die grundlegende Studie von C. Vann WOODWARD, The Strange Career of Jim Crow. 3. Aufl. New York 1974.

302 Vgl. FONER 1970: 15–17.

duums band – jenseits staatlicher Eingriffe. Innerhalb dieser Ideologie besitzt jeder Mensch ein Freiheits- und Unabhängigkeitsstreben, das ihn zu ökonomischem und sozialem Aufstieg prädestiniert. Armut, ökonomische und soziale Benachteiligung sind folglich tendenziell selbstverschuldet. Soziale, rassistische oder machtpolitisch-systemische Gründe haben innerhalb dieser Ideologie keine Erklärungskraft. Die „seperate-but-equal"-Klausel wurde von den weißen Republikanern juristisch als gerechte Grundlage eines Gesellschaftssystems angesehen, das in der Praxis durch Beispiele wie Booker T. Washington bestätigt zu werden schien. Diese Art der Gleichberechtigung, die in der von Charles H. Thomas in Auftrag gegebenen Wahlkampflithographie eingefordert wurde, war keine de-facto-Gleichheit der Lebensbedingungen, sondern eine Chancengleichheit, die de iure durch die „seperate-but-equal"-Doktrin gewährleistet wurde. Vor der Gründung einer Interessenorganisation 1909/10, die das von Booker T. Washington verfochtene „self-reliance"-Modell in Frage stellte und politisch angriff[303], waren dennoch die Republikaner die eigentlichen parteipolitischen Repräsentanten der afro-amerikanischen Wählerschaft. Die Werbung um die Stimmen der männlichen schwarzen Wähler gehörte nach dem Bürgerkrieg zum Standardrepertoire der Republikanischen Partei. Für Ulysses S. Grant marschierten im Wahlkampf 1868 zum ersten Mal auch im Süden Afro-Amerikaner, zumeist freigelassene Sklaven, in Paradeuniformen.[304] An der Gleichberechtigungsfrage wird das auffällige Spannungsverhältnis zwischen politischem Denken und politischem Handeln der amerikanischen Parteien augenfällig.[305] In ihrem Denken und der politischen Platform-Rhetorik eindeutig einer progressiven Gleichberechtigungspolitik verpflichtet, versäumte es die Republikanische Partei trotz alledem, diesem idealistischen Denken einen konkreten realpolitischen Ausdruck zu verleihen. In den offiziellen Parteiplakaten wurde die Gleichberechtigungs-Kontroverse weder direkt angesprochen noch indirekt impliziert. Kontroversere Themen wurden weniger in den von Parteiorganisationen in Auftrag gegebenen Plakaten artikuliert, als vielmehr in den unauffälligeren, von regionalen oder lokalen Parteikomitees oder politisch engagierten Individuen in Auftrag gegebenen Kleinstwahlkampfmitteln. Die „Equality"-Lithographie von 1904 ist eines der seltenen Bildbeispiele, in welchem ein Thema (issue) angesprochen wird. Themenplakate treten mit Ausnahme der Sound-Money-Wahlkämpfe bis 1944 in der Regel nur innerhalb einer „Negativ Strategie" auf und auch dort meist versteckt. Gemeinsam haben diese Themenplakate jedoch, daß sie sich an ein bestimmtes Publikum, an eine Zielgruppe richten, die in dem Plakat ihre eigenen Anliegen wiederfinden soll. Das Washington-Roosevelt-Plakat wurde von einem Einzelnen in Auftrag gegeben. Eine Professionalisierung in der themenbezogenen Wahlplakatherstellung trat erst vierzig Jahre später ein und ging einher mit der Institutionalisierung eines Propagandapparates der Gewerkschaften.

---

303 Gemeint ist die National Association For The Advancement Of Colored People (NAACP).
304 „In Atlanta, Georgia, a Grant procession included seven hundred black marchers, making the point that Republicans were the party of civil rights. Prominent features of a 1868 Grant ratification parade in Virginia were ‚various colored societies and quasi-military organizations, in regalia or uniform' with ‚flashing swords and sabers in the hands of colored marshalls and military'. (…) Although temporary, the involvement of black people in campaigning was a radical and provocative departure from southern traditions. It would end after the conclusion of Reconstruction with the enforcement of Jim Crow laws and the disenfranchisement of African Americans." MELDER 1992: 110.
305 Dieses Spannungsverhältnis wurde bereits von Ernst FRAENKEL, (Das amerikanische Regierungssystem. 3. Aufl. Opladen 1976: 73) ausführlicher beschrieben.

II. 4. Vom Bildverlag zum Massendruck

1943 gründete die Gewerkschaftsvertretung der Industriearbeiter (Congress of Industrial Organizations – CIO) in Reaktion auf den Smith-Connally-Act das erste Political Action Committee (PAC) in der Geschichte der USA.[306] Der Smith-Connally-Act hatte zum Ziel, einerseits Streiks während des Kriegszustandes, andererseits finanzielle Zuwendungen der Gewerkschaften an Parteien und Wahlkampforganisationen zu unterbinden. Mit der Gründung des CIO-PAC unter dem Vorsitz des Gewerkschaftsführers der Amalgamated Clothing Workers[307], Sidney Hillman, wurde die zweite Vorkehrung des Smith-Connally-Acts umgangen. Die Funktion des neugegründeten PAC wurde von Philip Murray, dem Präsidenten der CIO, folgendermaßen umrissen: „to conduct a broad and intensive program of education for the purpose of mobilizing the five million members of CIO and enlisting the active support of all other trade unions, AFL, Railroad Brotherhoods and unaffiliated, for effective labor action on the political front."[308]

Das erklärte Ziel der Gewerkschaften und vor allem des PAC war die Wiederwahl Präsident Franklin D. Roosevelts, der 1944, zwar gesundheitlich geschwächt, aber angesichts des Zweiten Weltkrieges zum vierten Mal kandidierte. Früh im Wahljahr richtete das CIO-PAC seine Zentrale in New York City ein und strebte mit zwei Millionen Gewerkschaftsmitgliedern[309] die Mobilisierung der Wählerschaft an. Die Wahlkampfanstrengung des PAC hatte, laut einem Zeitzeugen[310], kreuzzugähnlichen Charakter.

Die Gewerkschaftsorganisationen hatten bereits zu Beginn der 40er Jahre Erfahrungen mit Zeichen- und Malkursen für Arbeiter gesammelt.[311] Zur Zeit der Gründung des PAC hatte die Gewerkschaft bereits fünf Kunstausstellungen dieser Zeichenklassen organisiert, und es kann davon ausgegangen werden, daß die Laienkunst ein breites Publikum erreichte.[312] Unter diesen Umständen erstaunt es nicht, daß das PAC von Anfang an eine Graphikabteilung einrichtete, in der Künstler mit der Gestaltung von Plakaten beschäftigt waren. Ein weiteres Vorbild für dieses „Workshop"-Modell lieferte sicherlich das im Rahmen der New Deal-Politik 1935 ins Leben gerufene Federal Art Project, das als Arbeitsbeschaffungsmaßnahme unter der Work Progress Administration (WPA) den Lebensunterhalt für arbeitslose Künstler garantieren sollte.[313]

---

306 Vgl. Larry J. SABATO, PAC Power. Inside the World of Political Action Committees. New York u. a. 1984: 5; Frances K. POHL, Ben Shahn. New Deal Artist In A Cold War Climate, 1947–1954. Austin/Texas 1989: 9. Roosevelt hatte gegen das Gesetz sein Veto eingelegt, wurde jedoch mit einer Zweidrittelmehrheit vom Kongreß überstimmt. Vgl. dazu Leon FRIEDMAN, Election of 1944. In: SCHLESINGER (Hg.) (1971): 3009–3038; hier: 3013.
307 S. FRIEDMAN 1971: 3034.
308 Zitiert in: POHL 1989: 10.
309 LORANT 1976: 675.
310 J. GAER, The First Round: The Story of the CIO Political Action Committee. New York 1944: 65.
311 Vgl. Walter ABELL, Art and Labor. In: Magazine of Art, Vol. 39, 1946: 231–239, 254ff.
312 Ebd.: 232/233.
313 Vgl. Christopher DeNOON, Posters Of The WPA. Los Angeles 1987. Die Hochphase des Federal Art Project (FAP) fällt in die Zeit zwischen 1935 und 1939. Nach dem Kriegseintritt der USA wurde das FAP dem Kriegsministerium unterstellt und in „Graphics Section of the War Service Division" umbenannt. „Under this new sponsorship, the government-employed poster artists produced training aids, airport plans, rifle sight charts, silhouettes of German and Japanese aircraft (...), and patriotic posters (...)." DeNOON 1987: 31. Zu den Mitarbeitern der Graphikabteilung des Kriegsministeriums gehörten auch Jackson Pollock und Lee Krasner.

Zum Leiter der Graphikabteilung des CIO-PAC wurde Ben Shahn berufen. Ihm waren drei Mitarbeiter zugeteilt.[314] Zu viert entwarfen die Künstler großformatige Wahlplakate und kleinere Zeitungsillustrationen zur Unterstützung des Präsidenten im Wahlkampf. Dabei griff Shahn auf Entwürfe aus der Zeit seiner Tätigkeit beim US-Kriegspropagandaministerium (Office of War Information – OWI) 1942–43 zurück, die von dem Leiter des OWI[315] mit wenigen Ausnahmen[316] abgelehnt worden waren. Eines der meistreproduzierten Plakate Ben Shahns, „For Full Employment after the War: Register/Vote" (Abb. 29), stammte aus dieser Serie, die ursprünglich für das OWI entworfen wurde. Die 101 x 76,5 cm große Farblithographie zeigt einen weißen und einen farbigen Schweißer. Das Plakat, das ursprünglich Werbung für die Steigerung der Kriegsproduktion machen sollte, war von OWI-Leiter Brennan mit der Begründung abgelehnt worden, es sei zwar ein schönes Bild, hätte aber darüberhinaus keine Botschaft zu vermitteln und sei damit für das OWI ungeeignet. Im Wahlkampfkontext erlangte es jedoch eine große Breitenwirkung, da es in hoher Auflage gedruckt und in vielen Gewerkschaftszentralen und Fabriken ausgestellt wurde (vgl. Abb. 30).[317] Das Shahn-Plakat löste Kontroversen und die unterschiedlichsten Interpretationen aus. Während es für den Kollegen Ben Shahns, Walter Abell eine ergreifende Arbeiterikone darstellte, die er in ihrer Wirksamkeit mit einem religiösen Andachtsbild verglich[318], beschrieb der Herausgeber der konservativen New Yorker Zeitung *The Daily Mirror* das Plakat folgendermaßen. Es zeigt:

> „,the face of President-Candidate Roosevelt wearing goggles and having a large helmet of some kind on his head. Alongside him is a Negro, also helmeted'. The editor went on to state that Democratic claims of full employment after the war were misleading and that the poster was an appeal to racial prejudice. In addition, ,the rise and absorption of the great Democratic Party into a mongrel and un-American organization like the Hillman-Browder[319] party is the worst evidence of defeatism we have ever had in American history'."[320]

Ob die im Plakat tatsächlich aufscheinende Ähnlichkeit zwischen dem weißen Schweißer und FDR vom Künstler intendiert war oder nicht, ist umstritten. Die Angriffe auf die CIO-PAC, die angeblich die Demokratische Partei in eine „un-amerikanische" Organisation verwandel-

---

314 James Grunbaum, David Stone Martin und Mary Collier. S. POHL 1989: 10.
315 Hank Brennan war Leiter der OWI Graphikabteilung.
316 Die beiden von Brennan akzeptierten Plakatentwürfe waren zum einen „This is Nazi Brutality…", eines der bekanntesten Plakate Ben Shahns, das in Reaktion auf das Massaker von Lidice/Tschechoslowakei entstand, zum anderen „We French Workers Warn You … Defeat Means Slavery, Starvation, Death", das sich gegen das Vichy-Regime richtete. Beide abgebildet in: POHL 1989: 12/13.
317 Das Originalgemälde Shahns wurde später vom New Yorker Museum of Modern Art angekauft. Vgl. POHL 1989: 18.
318 „Shahn's *Welders* can speak to a factory worker much as a *Holy Family* spoke to a medieval monk, (…). It is of the tissue of his soul's experience; a symbol of his world and of his impulse toward a fuller life." ABELL 1946: 260.
319 Earl Browder, Vorsitzender der amerikanischen kommunistischen Partei, der 1936 als Präsidentschaftskandidat der Kommunisten antrat und eine moskautreue Parteilinie vertrat. Browder war wegen Meineids zu einer Gefängnisstrafe verurteilt worden, wurde aber im Mai 1942 von Roosevelt begnadigt. Diese Begnadigung löste eine erste Welle antikommunistischer Rhetorik von seiten der Republikaner aus. Vgl. FRIEDMAN 1971: 3017.
320 Zitiert in: POHL 1989: 14.

II. 4. Vom Bildverlag zum Massendruck

te, sind nicht nur unberechtigt, sondern enthalten selbst ein gutes Stück rassistischer Vorurteile, antikommunistischer und antisemitischer Propaganda. Zunächst ist darauf hinzuweisen, daß sich die Interessen der CIO-PAC mit dem Wahlprogramm des Demokratischen Präsidenten sehr wohl deckten. Die Vollbeschäftigung schwarzer und weißer Arbeitnehmer gleichermaßen war nicht nur Gewerkschaftsprämisse, sondern wird auch deutlich in der „acceptance speech", die FDR nach seiner erneuten Nominierung von einem Zugabteil in Kalifornien aus hielt:

> „What is the job before us in 1944? First, to win the war, to win it fast, to win it overpoweringly. Second, to form worldwide international organizations and to arrange to use the armed forces of the sovereign nations of the world to make another war impossible within the foreseeable future. Third, to build an economy for our returning veterans and for all Americans which will provide employment and a decent standard of living."[321]

Sidney Hillman und sein PAC gerieten vor allem wegen der Effektivität ihrer Wahlkampfanstrengungen unter massiven Beschuß der Republikaner, die auch vor mehr oder weniger versteckten antisemitischen Slogans nicht zurückschreckten. Hillman war Jude, wie auch Shahn und viele andere Demokraten, die Roosevelt tatkräftig unterstützten.[322] Als sich im Wahlkampf die Niederlage der Republikaner immer stärker abzuzeichnen begann beziehungsweise die demoskopischen Umfragen darauf hindeuteten, daß die Wahl knapp ausgehen könnte, lancierten die Republikaner Slogans, welche die PAC-Wahlkampforganisation in den Kontext einer jüdisch-kommunistischen Weltverschwörung stellten. „It's your country. Why let Sidney Hillman run it? Vote for Dewey and Bricker"[323] – war einer dieser Slogans. Selbst der Präsidentschaftskandidat der Republikaner, Thomas Dewey, ließ sich zur Verschwörungsrhetorik verleiten und beschuldigte den Präsidenten: „to perpetuate himself in office for sixteen years, has put his party on the auction block – for sale to the highest bidder."[324]

Im Rückblick bot der Wahlkampf 1944 einen Vorgeschmack auf die Truman-Ära und die Kommunisten-Verfolgungen des Joe McCarthy. Verunsichert durch diese ungewohnt scharfen Angriffe auf den Präsidenten inmitten eines Weltkrieges, in dem Millionen von Juden systematisch ermordet und Andersdenkende unnachsichtig verfolgt wurden, sahen auch die durch ihre eigene Verfolgung und Emigration sensibilisierten Emigranten dem politischen Kesseltreiben im amerikanischen Wahlkampf mit unguten Gefühlen zu. Erwin Panofsky, der den CIO-PAC-Künstler Ben Shahn, wenn nicht persönlich, so doch dessen Werk kannte[325], be-

---

321 Zitiert in: LORANT 1976: 660/661.
322 Zu denjenigen jüdischen Mitarbeitern und Kabinettsmitgliedern Roosevelts, die massiven Angriffen auf ihre Person durch die Republikaner ausgesetzt waren, zählten vor allem Justice Felix Frankfurter, Samuel I. Rosenman, der Redenschreiber des Präsidenten sowie David Niles. Vgl. FRIEDMAN 1971: 3016.
323 S. LORANT 1976: 671.
324 Ebd.: 676.
325 Ben Shahn hatte für den Princetoner Universalgelehrten Erich Kahler ein Ex Libris angefertigt, das auf das Vorbild des in den 20er Jahren erstmals wiederentdeckten und 1926 von Panofsky und Saxl beschriebenen Tizian-Gemäldes „Allegorie der Klugheit" in der National Gallery/London zurückging. Vgl. Volker BREIDECKER, Einige Fragmente einer intellektuellen Kollektivbiographie der kulturwissenschaftlichen Emigration. In: Bruno REUDENBACH, Erwin Panofsky. Akten des Symposiums Hamburg 1992. Berlin 1994: 83–108, hier: 101/102. Ob sich Kahler und Panofsky begegnet

fürchtete sogar, bei einer Wahl Deweys zum Präsidenten erneut die Koffer packen und das Land verlassen zu müssen. In einem Brief an den ebenfalls exilierten Filmwissenschaftler Siegfried Kracauer vom 2. 11. 1944, fünf Tage vor der Wahl verfaßt, schilderte Panofsky seine Befürchtungen:

> „Ich fürchte, dass Dewey (…) gewählt werden wird, denn die Verbindung von youthful vigor, Antisemitismus, Communistenschreck und Schnurrbart ist ja, wie wir von Europa her wissen, ziemlich unwiderstehlich. (…) Jedenfalls, wenn Mr. D. gewählt wird, ist es Zeit (,) sich für einen Exodus vorzubereiten – sei er, immer mal wieder, zeitweilig oder endgiltig [sic]."[326]

Die Demoskopen hatten sich jedoch mit der Prognose eines knappen Wahlausganges kräftig verschätzt[327] und Roosevelt gewann mit 25.612.610 Popular Votes vor Deweys 22.017.617 Stimmen. Im Electoral College war die Differenz noch größer: Roosevelt wurde mit der überwältigenden Mehrheit von 432 zu 99 zum dritten Mal in seinem Amt bestätigt.[328] Inwiefern die Plakate Shahns zu diesem Wahlsieg beigetragen haben, ist nicht meßbar. Der Erfolg der PAC-Anstrengungen kann jedoch vor dem Hintergrund der vehementen Gegenpropaganda kaum unterschätzt werden. Das CIO-PAC hatte nicht nur enorme Geldsummen für den Wahlkampf aufgetrieben und eine zentralisierte Image-Strategie für den Kandidaten organisiert, es war vor allem auch an der Wählermobilisierung beteiligt, die in einigen Staaten, wie beispielsweise Michigan, wahlentscheidend wurde. Insgesamt hatten die Demokraten $ 7,4 Millionen für die Wiederwahl FDRs aufgetrieben, während die Republikaner mit fast der doppelten Summe, insgesamt $ 13,5 Millionen, ins Rennen gegangen waren.[329] An dem Vergleich des zur Verfügung stehenden Wahlkampfbudgets wird einmal mehr offensichtlich, daß die Republikaner keinen finanziellen Aufwand scheuten, gegen die viel effizientere Mobilisierungskampagne der CIO-PAC vorzugehen.

Die Darstellung Roosevelts im Wahlplakat, der sich aufgrund seines Gesundheitszustandes und seiner Aufgaben als Präsidenten und Oberkommandierenden der Streitkräfte aus dem

---

sind, ist zu vermuten, da sie beide in Princeton lehrten, der eindeutige Nachweis steht jedoch noch aus. Für den Hinweis auf eine mögliche Bekanntschaft zwischen Panofsky und Shahn danke ich Volker Breidecker, der mir in einem Brief vom 8. 3. 1994 mitteilte, „Gerda Panofsky jedenfalls, als ich ihr von dem ExLibris mit dem Tizian-Pan(ofsky)-Motiv erzählte, meinte nur: ‚Ja, den (=Shahn) mochte er sehr', ohne dies näher auf die Person oder das Werk zu spezifizieren. Ich nehme an, Sie meinte beide."

326 Für diesen Hinweis danke ich ebenfalls Volker Breidecker, der dem Panofsky-Kracauer-Briefwechsel nachgegangen ist und diesen Brief im Schiller-Nationalmuseum/Deutsches Literaturarchiv (Marbach/Neckar) entdeckte. Der Auszug des Briefes ist zitiert nach: Volker BREIDECKER, Kracauer und Panofsky. Ein Rencontre im Exil. In: Jahrbuch der Hamburger Kunsthalle, Neue Folge 1, Im Blickfeld, 1994: 125–147. Der Briefwechsel zwischen Kracauer und Panofsky ist inzwischen auch editiert, herausgegeben und kommentiert von Volker Breidecker: Siegfried Kracauer – Erwin Panofsky. Briefwechsel 1941–1966. Berlin 1996.

327 „The pollsters predicted a close election. Gallup gave the President 51. 5 percent of the votes; Elmo Roper predicted a Roosevelt victory by 53. 6 percent; *Time* magazine said the election seemed to be so close that the people might not know possibly for weeks after November 7 whether they had elected Tom Dewey or Franklin Roosevelt." LORANT 1976: 676.

328 Ebd.: 679.

329 S. FRIEDMAN 1971: 3034.

II. 4. Vom Bildverlag zum Massendruck

Wahlkampf lange Zeit völlig heraushielt, unterschied sich deutlich von den früheren Plakatkampagnen, bei denen meist ein schlichtes Schwarzweißporträt – entweder eine Fotografie oder eine Zeichnung von Jacob Perskie – von Text eingerahmt verwendet wurde. Diese Bildkommentare klangen meist unverbindlich, so etwa 1932, als sich Roosevelt als „A Progressive Candidate With Constructive Policies" (Abb. 31) oder einfach als „Man of Action"[330] anbot.

Die PAC-Plakate von 1944 unterscheiden sich nicht nur durch ihre künstlerische Gestaltung, sondern auch in ihren themen- und interessenbezogenen Inhalten, die sich als konkrete Handlungsaufforderung an die Wähler wandten. Den vielleicht stärksten Wandel erfuhr jedoch die Darstellung Roosevelts, der im Unterschied zu den statischen Brustporträts der vorangegangenen Wahlplakate und im Gegensatz zu seiner physischen Immobilität auf den Plakaten von der Last des Körpers befreit, nur noch auf das Gesicht reduziert, ikonisiert wurde (Abb. 32). Der Demokratische Führer erscheint in diesen vom CIO-PAC herausgegebenen Plakaten als visionäre Überfigur und „Volkstribun", der als politischer Kopf die gesellschaftliche Masse vertritt. In diesen Plakaten wird auch der „demos" selbst zum Motiv, in Form typisierter Figuren, die bestimmte Zielgruppen repräsentieren: Ein Soldat, ein Kind, ein an der Mütze erkennbarer Arbeiter, die Hand eines Afro-Amerikaners. Das Plakat mit dem Titel „Our Friend" erschien in mindestens drei verschiedenen Versionen und wurde von einer formal von der CIO-PAC unabhängigen, jedoch ihr nahestehenden Organisation, der 1944 gegründeten National Citizens PAC, bei Shahn in Auftrag gegeben.[331] Es fand auch mit einer unter dem Titel angebrachten polnischen[332] und einer armenischen Übersetzung Verbreitung.[333] Zusätzlich erschien es in tausend Exemplaren als große Billboard-Version (vgl. Abb. 33).[334] Das Plakat spiegelt das neue Image Roosevelts wider, das er durch die Ausübung seiner Rolle als Commander-in-chief und seine Präsenz auf der außenpolitischen Konferenzbühne erlangt hatte.[335] Diese herausragende Rolle des Präsidenten konnte mit den künstlerischen Mitteln Ben Shahns überzeugend umgesetzt werden. Der Profilkopf FDRs überblickt die zu ihm emporgestreckten Hände mit einem festen, aber ruhigen Gesichtsausdruck. Die Hände, die teilweise Hüte schwenken, können zugleich als Jubel- und Huldigungsgesten vor dem militärischen Führer, aber auch als Erwartung von Hilfe gelesen werden. Der Fahnenmast und die weiße Schräge im Hintergrund, von der sich FDRs Kopf abhebt, bilden zusammen das Victory-Zeichen. Ben Shahn verbindet damit die Rolle des Präsidenten im Krieg, sein überlebensgroßes

---

330 Der komplette Text dieses 31,6 x 22,7 cm großen Plakates, das in der Franklin Delano Roosevelt-Library in Hyde Park/New York archiviert ist und im Bildteil dieser Arbeit nicht abgebildet wird, lautet: „Here Is the Man We Have Been Waiting For" als Übertitelung des Schwarzweißfotos und dem Untertitel: „Man of Action".
331 S. POHL 1989: 15.
332 Wie wichtig das polnische Wählerpotential der Demokraten war, kommt auch in der Forderung FDRs an Stalin bei den Teheraner Gesprächen Ende 1943 zum Ausdruck, Grenzfragen, die Polen betreffen, vorerst nicht zur Sprache zu bringen: „On the afternoon of December 2, Roosevelt spoke privately with Stalin, telling him that he would probably run for President in 1944. He wanted Stalin to understand that he had to consider the six to seven million Americans of Polish extraction whose votes were needed for his election, and therefore could not publicly discuss Polish boundaries or a post-war Polish government." FRIEDMAN 1971: 3017.
333 POHL 1989: 15.
334 Ebd.: 17/18.
335 FRIEDMAN 1971: 3012.

Image und die von FDR in seiner elften State of the Union Address angekündigten ökonomischen Menschenrechte (Economic Bill of Rights), die innerhalb der amerikanischen Nachkriegsordnung Wohlstand für alle garantieren sollten.[336]

Ben Shahn stellt eine Ausnahme dar, insofern er zu den wenigen bildenden Künstlern zählt, die sich tatsächlich im Wahlkampf politisch für einen Kandidaten engagierten. Die meisten Auftragsplakate wurden in einem kommerziellen Verfahren hergestellt, dem kein künstlerischer Entwurf zugrunde lag und deren Gestaltung Werbegraphikern, in manchen Fällen sogar den Vorsitzenden der Parteikomitees überlassen wurde, die vermutlich weder ihre Tätigkeit noch die erzeugten Bilder als künstlerisch-ästhetisch begriffen haben.

Die Stärke der Demokratischen Wahlplakate von 1944 lag in ihren zentralisierten Produktionsbedingungen. Sie stellten die visualisierten Aussagen in einen konkreten Interessenkontext und zielten damit auf einen bestimmten Adressatenkreis ab. Vor allem Ben Shahn entwickelte in den Plakaten eine neue Ikonographie, welche die potentiellen Wähler aktiv über die Indentifikation mit typisierten Figuren ansprach und in das Bildgeschehen miteinbezog. Eine ähnliche Strategie war bereits mit den großformatigen Plakaten für den Republikanischen Kandidaten McKinley verfolgt worden (vgl. Abb. 45, 72), die ebenfalls ein typisiertes Publikum zum Motiv hatten. In beiden Wahlkämpfen drehte es sich um politische Fragen, welche die Grundfesten des amerikanischen Regierungssystems berührten – einerseits der angefochtene Gold-Standard 1900, andererseits Gewinn oder Verlust des Zweiten Weltkrieges 1944. Die Strategie des um die Wiederwahl ringenden Kandidaten richtete sich beide Male direkt ans Volk. Sowohl 1900 wie auch 1944 standen aber auch hinter dem Kandidaten einflußreiche Interessengruppen und zentrale Organisationsstrukturen, die einen Image-Wahlkampf erst möglich machten. In ihrem Versuch, ein überzeugendes Kandidatenimage mit einer themenbezogenen Aussage zu verknüpfen, entstanden neue politische Bildtopoi.

Zusammenfassend kann das Auftragsplakat als massenhaft hergestellter Werbeartikel charakterisiert werden, der im Unterschied zu den im Verlagssystem produzierten Lithographien des 19. Jahrhunderts von Wahlkampf zu Wahlkampf wechselnde parteiliche Auftraggeber hat. Aufgrund der fehlenden organisatorischen Kontinuität bildete sich in den USA kein über Jahrzehnte währendes Kooperationsverhältnis zwischen Plakatproduzenten und Parteikomitees heraus. Die Wahlplakate für einen Kandidaten werden jewils ad hoc und je nach finanzieller Ausstattung in der Qualität variierend hergestellt. Mit dem Untergang der Lithographie als selbständigem Gewerbe verlor das politische Plakat seine Ausgestaltung mit Allegorien, Blumenschmuck und Nationalsymbolen und damit seine dekorative Funktion. Das Auftragsplakat ist ein Wegwerfartikel, der auf formalästhetischer und inhaltlicher Reduktion beruht. Von diesem Standard weichen nur diejenigen Wahlkämpfe ab, denen eine zentrale Organisationsstruktur zugrunde liegt. Mit dem Untergang der Lithographie als vorrangiges Bildreproduktionsverfahren gegen Ende des 19. Jahrhunderts löste sich auch die Tradition des unabhängi-

---

336 Vgl. dazu FRIEDMAN 1971: 3014/3015 – „We cannot be content, no matter how high that standard of living may be, if some fraction of our people – whether it be one-third or one-fifth or one-tenth – is ill-fed, ill-clothed, ill-housed, and insecure. (…) We have come to a clear realization of the fact that true individual freedom cannot exist (without economic security and independence.) Necessitous men are not free men. People who are hungry – people who are out of a job – are the stuff of which dictatorships are made."

II. 4. Vom Bildverlag zum Massendruck

gen Bildverlagswesens auf. Die Plakatproduktion wird nunmehr, von wenigen Ausnahmen abgesehen, ausschließlich von parteinahen Organisationen (PACs)[337] oder den Parteikomitees selbst organisiert. Dieser Wechsel von einer Produktionsweise auf Verlagsebene zu einer Auftragsvergabe ist an den Plakaten selbst ablesbar. Die Wahlplakate des 20. Jahrhunderts tragen nur noch selten das Signum der Druckerei, die in die absolute Anonymität verschwindet. Dafür erscheint des Copyright-Zeichen mit dem Namen des National Chairman der Partei oder dem Vorsitzenden des Wahlkomitees eines bestimmten Kandidaten als Herausgeber auf den Plakaten. In vielen Fällen treten auch auf den Plakaten deutlich identifizierbare Sponsoren, vor allem in Form diverser Political Action Committees, in Erscheinung. Das Mondale/Ferraro-Plakat von 1984 (Abb. 34) wurde von der National Education Association herausgegeben, das Plakat, das die Demokratischen Kandidaten Bill Clinton und Al Gore 1992 (Abb. 36) im Siegesgruß abbildet, wurde von der Gewerkschaftsorganisation der United Food And Commercial Workers finanziert und das Wahlkampfteam Präsident Nixons gab selbst die Wahlkampfmaterialien heraus (vgl. Abb. 37). In dieser Tradition steht schließlich auch das Bush/Quayle-Plakat von 1988 (Abb. 35), das von dem Reagan/Roosevelt-Reed/Revels Republican Club gesponsort wurde.

Der Wechsel vom Verlagsplakat zum Auftragsplakat markierte nicht nur einen Wandel in der politischen Bildkultur, er förderte auch neue Abhängigkeiten der Politik von Interessengruppen und Finanziers zutage. Die Finanzierung eines Plakates oder Werbespots durch Special Interest Groups stellt eine finanzielle Entlastung und „kostenlose" Werbung für den Kandidaten dar. Diese Art des offenen „Endorsement", der offensichtlichen Unterstützung, kann dem Kandidaten aber auch, wie im Falle Walter Mondales[338], zur Krux werden. Die von Interessengruppen wie den Gewerkschaften herausgegebenen Wahlkampfmaterialien appellieren in der Regel an einen bestimmten Adressatenkreis. Sie zeigen den Kandidaten als Volkstribun, der sich an die Massen wendet oder diese repräsentiert (Abb. 32). Da die AFL-CIO – der Gewerkschaftsdachverband – traditionellerweise Demokratische Kandidaten unterstützt, sind es auch vor allem Demokraten, die als Repräsentanten der amerikanischen Gesellschaft, als Stellvertreter der „einfachen Menschen" dargestellt werden. Gewerkschaften und Demokraten haben dasselbe Klientel im Visier. Das Bild des Kandidaten wird somit von einer Interessengruppe in Auftrag gegeben mit der Intention, ihren Mitgliedern und Anhängern den vorgestellten Kandidaten „schmackhaft" zu machen. Die Einflußmöglichkeiten des Kandidaten oder seines Beraterstabs auf diese Art der Imageproduktion ist wissenschaftlich kaum zu ermitteln und vermutlich in jedem Wahlkampf unterschiedlich. Ein Kandidat, der jedoch sein „Bildnis-

---

337 Zur Rolle der PACs im politischen Prozeß der USA vgl. Larry J. SABATO, PAC Power. Inside the World of Political Action Committees. New York u. a. 1984.

338 Das Image Mondales, ein Vertreter von ‚special interests' zu sein, wurde ihm ursprünglich nicht von seinen Republikanischen Gegnern ‚verpaßt', sondern von seinen Mitbewerbern im Demokratischen Vorwahlkampf: „in 1984 Mondale was fatally wounded in the Democratic primaries. From New Hampshire through California, Democratic aspirants hammered home the association between the prospective Democratic nominee and special interest groups, a link premised on the endorsements of the AFL-CIO and the NEA". Kathleen Hall JAMIESON, Packaging the Presidency. A History and Criticism of Presidential Campaign Advertising. Oxford u. a. 1984: xviii. Die Lehrergewerkschaft NEA (National Education Association) gehört zu den stärksten Labor-PACs und rangierte 1981/82 auf Platz 3 der Hauptsponsoren innerhalb der Labor-PACs. Vgl. SABATO 1984: 18, Table 1–5. Die NEA hat auch das Mondale/Ferraro-Plakat (Abb. 34) gesponsort.

monopol" preisgibt, läuft Gefahr, die Bildproduktion und damit sein eigenes Image nicht mehr steuern zu können und schließlich mit einem Prisma unterschiedlichster Bildstrategien konfrontiert zu werden, die er nicht mehr in seiner Person bündeln kann. Ein Beispiel für diese Diffusität eines Kandidatenimages stellt Michael Dukakis dar, der während des Wahlkampfes mit den unterschiedlichsten Images von sich aufwartete: als Volkstribun, der agitatorische Reden schwingt, als sportlicher Siegertyp, der vor dem Hintergrund eines Flugplatzes mit einem Ballwurf Aufbruchstimmung verheißt, und schließlich als militärischer Führer, der unverbindlich von einem Panzer den Betrachter anlächelt und auf ihn zeigt (Abb. 41). Im Widerspruch zu dem im Bild eher spielerisch vorgeführten Umgang mit Militärgerät fordert Dukakis „Keep America Strong". Alle drei angesprochenen Plakatversionen wurden von unterschiedlichen Sponsoren herausgegeben und konkurrierten miteinander. Die diversen Auftraggeber verfolgten offensichtlich keine einheitliche Strategie.

Ganz anders stellte sich die Bildstrategie im Falle Richard Nixons 1972 dar. Die hervorragende finanzielle Ausstattung der Nixon-Kampagne – ihm standen insgesamt 61 Millionen Dollar, davon 20 Millionen Dollar als Spenden von nur 153 Einzelpersonen zur Verfügung[339] – ermöglichte es dem Wahlkampfteam, die gesamten Wahlkampfmaterialien in Eigenregie herauszugeben (Abb. 37) und so das von den Anhängern produzierte Image des Kandidaten weitestgehend zu kontrollieren.[340] Das Kandidatenimage wird jedoch seit 1952 nicht mehr ausschließlich über die bereits vorhandenen Denkmuster, Live-Auftritte und die diversen Druckerzeugnisse geprägt, sondern durch bewegte Bilder, die anderen Funktions- und Wirkungsprinzipien unterliegen. Die Kontrolle des Images entwickelte sich in der zweiten Hälfte des 20. Jahrhunderts zu einem neuen Berufszweig, der die traditionellen Interessengruppen und Parteikomitees als Bildgestalter verdrängte und das Erscheinungsbild des Kandidaten zum eigentlichen Wahlkampfthema machte: Der Medienberater betrat die politische Bühne.

II. 5. Politische Berater als Imageproduzenten

Der Wahlkampf von 1948 war der letzte, der noch im alten Stil geführt wurde. Harry S. Truman rühmte sich selbst: „I traveled 31,000 miles, made 356 speeches, shook hands with a half million people, talked to 15 or 20 million in person."[341] Sein Republikanischer Gegner, Thomas Dewey, der bereits vier Jahre zuvor gegen Franklin D. Roosevelt angetreten war und verloren hatte, suchte ebenfalls die direkte Unterstützung der Wählerschaft, brachte es jedoch vergleichs-

---

339 New York Times vom 21. 11. 1980, zitiert in: MEWES 1990: 161. SABATO (1984: 415) schätzt die durch korrupte Praktiken aufgetriebene Summe sogar auf $ 30 Millionen: „The 1972 reelection effort for President Richard Nixon included practices bordering on extortion, in which corporations and their executives were, in essence, ‚shaken down' for cash donations.". Die geschätzte Summe von $ 61 Millionen für den Nixon-Wahlkampf stammt aus: SHIELDS-WEST 1992: 220.
340 Das durch den Mitarbeiterstab des Präsidenten kontrollierte Nixon-Image wurde natürlich parallel von Gegen-Strategien, vor allem der Anti-Vietnam-Bewegung, begleitet, die zwar in der Regel sehr einfallsreich waren, jedoch nicht an die Qualität der Hochglanzplakate und der sehr teuren Werbespots heranreichten.
341 Zitiert in: Edwin DIAMOND/Stephen BATES, The Spot. The Rise of Political Advertising on Television. 3. Aufl. Cambridge/Massachusetts 1992: 37.

II. 5. Politische Berater als Imageproduzenten

weise auf nur 9.000 Meilen und 107 Reden.[342] Trumans Wahlkampfstil ging als „whistle-stop-campaign" in die Geschichte ein, so benannt nach dem pfeifenden Zugsignal, das ertönte, sobald der Truman-Zug an einer seiner Stationen anhielt. Dewey wurde von den Meinungsforschern und Medien frühzeitig zum Sieger und neuen Präsidenten der USA gekürt. Das Endergebnis[343] jedoch gab Trumans Strategie des massiven, direkten Wählerkontakts recht und sicherte ihm ein Mandat für weitere vier Jahre. Im Vergleich zu 1948 kehrte sich im darauffolgenden Präsidentschaftswahlkampf von 1952 das Verhältnis zwischen Wählern und Kandidaten um. Der Kandidat zog nicht mehr in die Lande, um die Unterstützung der Wähler persönlich einzuwerben. 1952 wurden die Wähler vielmehr zum Kandidaten ins Fernsehstudio gebracht. Dies traf zumindest auf Dwight D. Eisenhower, den General und populärsten Mann Amerikas zu, der für die Republikaner kandidierte.[344] Dieselben Werbefachleute, die für Eisenhower die Spots „Eisenhower answers America" produzierten, hatten bereits 1948 Thomas Dewey ihre Dienste angeboten.[345] Dieser hatte die Offerte von Rosser Reeves und der Ted Bates-Agentur jedoch mit der Begründung abgewiesen: „I don't think it would be dignified."[346] Die Amtswürde der angestrebten Position stand der Einführung von TV-Werbung in den Wahlkampf Ende der 40er Jahre noch im Weg.

Mit den Werbespots für Eisenhower begann sich schlagartig der neue Werbestil auch in der Politik durchzusetzen, oder wie *Diamond/Bates* es formulieren: „The year 1952 (…) transformed the way Americans elected their presidents – a change directly related to the twin developments of television and the TV spot."[347] Spots – kurze, eindringliche Werbefilme – waren seit den 30er Jahren in der Warenwerbung[348] üblich und in den 50er Jahren einem breiten Publikum bekannt. In den vier Jahren zwischen den Präsidentschaftswahlkämpfen von 1948 und 1952 war zudem die Anzahl der Fernsehgeräte enorm angestiegen – von weniger als einer halben Million TV-Geräte im Jahr 1948 auf beinahe neunzehn Millionen vier Jahre später.[349] Der Adressatenkreis von Fernsehbotschaften hatte sich also beträchtlich erweitert, und es erstaunt nicht, daß die Republikaner 1952 den Angeboten der Werbeprofis aus der Madison Avenue angesichts dieser Zahlen nicht mehr abgeneigt waren. Rosser Reeves entwickelte zusammen mit einem früheren Kollegen der Ted Bates-Agentur die folgende Werbestrategie für Eisenhower:

> „It has been proven over and over in the course of radio-TV experience in this country that spots are the quickest, most effective and cheapest means of getting across a message in the shortest possible time. It is recommended that $ 2,000,000 be spent in three weeks on this

---

342 Vgl. SHIELDS-WEST 1992: 189.
343 Für Truman hatten 24. 179. 345 Wähler (49,6%) und 303 Wahlmänner gestimmt. Diesem Ergebnis standen 21. 991. 291 Wahlstimmen für Dewey und 189 Stimmen im Wahlmännergremium gegenüber. Weitere Kandidaten im Präsidentschaftswahlkampf waren der Kandidat der Dixiecrats – einer Rechtsabspaltung der Demokraten, Strom Thurmond, und der von Progressiven und Kommunisten aufgestellte Henry Wallace. Vgl. SHIELDS-WEST 1992: 191.
344 S. DIAMOND/BATES 1992: ix.
345 Ebd.: 38/39.
346 Ebd.: 41.
347 Ebd.: 37.
348 Zunächst im Radio, später im Fernsehen.
349 DIAMOND/BATES 1992: 41.

campaign. (...) The spots themselves would be the height of simplicity. People (...) would ask the General a question. (...) The General's answer would be his complete comprehension of the problem and his determination to do something about it when elected. Thus he inspires loyalty without prematurely committing himself to any strait-jacketing answer. (...) Putting the spots on for only a three-week period gives the following advantages: (1) It gives maximum effectiveness of penetration and recall without becoming deadly to the listener and viewer. (2) It delivers this maximum just before election. (3) It occurs at too late a date for effective Democratic rebuttal."[350]

Diese Wahlkampfstrategie wurde genau so umgesetzt. Die Filmaufnahmen begannen am 11. September 1952 in einem Studio in Manhattan. Eisenhowers Antworten wurden zuerst aufgenommen. Bei einem späteren Filmtermin wurden ahnungslose Touristen, die vor der Radio City Music Hall warteten und dem Bild eines „Durchschnittamerikaners" entsprachen, angesprochen, ob sie sich für ein paar kurze Filmaufnahmen bereit erklären würden. So entstanden die Fragen an Eisenhower mit Laiendarstellern, „wirklichen Wählern", die in ihrer eigenen Kleidung auftraten und die Fragen von großen Tafeln im Hintergrund ablasen. In den Spots wurden dann die Fragen mit den Antworten so geschickt zusammengeschnitten, daß der Eindruck entstand, die Menschen hätten tatsächlich die Fragen an Eisenhower gestellt und dieser hätte ihnen geantwortet. Dies wurde durch den Titel der Spots „Eisenhower answers America" unterstrichen. Eine reale Situation wurde hier im Bild simuliert, die so nie stattgefunden hat. Die Kosten für die Spots wurden von dem Republican National Committee und dem PAC Citizens for Eisenhower-Nixon übernommen.[351] Die Werbespots stehen damit in der Tradition der Auftragsplakate. Ihre Wirkung ist eine andere, die hier nicht genauer untersucht werden soll.[352] Die Funktion der Werbespots unterscheidet sich jedoch nicht wesentlich von der Funktion der Wahlplakate. Sicherlich, dem Medium stehen andere Möglichkeiten zur Verfügung, dennoch liegt dem sehr viel komplexeren Spot häufig eine simple Botschaft (message) zugrunde sowie eine Bildstrategie, die den Druckerzeugnissen nicht unähnlich ist. Wie bei den Lithographien sind auch bei der Herstellung eines Werbespots mehrere Menschen beteiligt. Die Bildstrategien der Werbespots zielen auf die gleichen Denkbilder ab, wie ehedem die Plakate, mit dem Unterschied, daß über den lokal ungebundenen TV-Äther potentiell mehr Menschen erreicht werden können als über Plakatkampagnen.

---

350 Ebd.: 52.
351 Ebd.: 50.
352 Zur Wirkungsforschung von TV-Spots vgl.: Christina HOLTZ-BACHA/Lynda Lee KAID, Wahlspots im Fernsehen. Eine Analyse der Parteienwerbung zur Bundestagswahl 1990. In: DIES. (Hg.), Die Massenmedien im Wahlkampf. Opladen 1993: 46–71; Anne JOHNSTON, Political Broadcasts: An Analysis of Form, Content, and Style in Presidential Communication, in: KAID/GERSTLÉ/SANDERS (Hg.) 1991: 59–72; Lynda Lee KAID, The Effects of Television Broadcasts on Perceptions of Presidential Candidates in the United States and France. In: DIES. (Hg.), 1991: 247–260; Mathias KEPPLINGER, The Impact of Presentation Techniques: Theoretical Aspects and Empirical Findings. In: Frank BIOCCA (Hg.), Television and Political Advertising. Vol. 1, Psychological Processes. Hillsdale/New Jersey 1991: 176–196. Zur Wirkung kommerzieller Fernsehspots vgl. Rolf KLOEPFER/Hanne LANDBECK, Ästhetik der Werbung. Der Fernsehspot in Europa als Symptom neuer Macht. Frankfurt a. M. 1991.

II. 5. Politische Berater als Imageproduzenten

Die Demokraten freundeten sich nur widerwillig mit dem neuen Bildmedium an. Dies mag vor allem an der traditionellen Nähe der Madison Avenue-Agenturen zur Republikanischen Partei gelegen haben.[353] Der Demokratische Kandidat, Adlai Stevenson, kritisierte die Eisenhower-Spots, die den Kandidaten für das höchste Amt im Staate wie Seife vermarkteten: „I don't think the American people want politics and the presidency to become the plaything of the high-pressure men, of the ghostwriters, of the public relations men. I think they will be shocked by such contempt for the intelligence of the American people. This isn't soap opera, this isn't Ivory Soap versus Palmolive."[354] Trotz dieser harschen Kritik benutzte auch die Stevenson-Kampagne das neue Medium. Tatsache war, daß Stevenson im Unterschied zu Eisenhower kaum bekannt war. Stevenson brauchte das Fernsehen, um sich populärer zu machen und gegen eine Heldenfigur wie Eisenhower bestehen zu können. Als Absolvent einer Ivy-League-Universität (Princeton) entsprach Stevenson dem Bild des typischen intellektuellen „Eierkopfes" (egg head), der darüberhinaus auch noch geschieden war. Gegen diese beiden Negativ-Images kämpfte Stevenson nicht nur in seinen Werbespots an, die von der Joseph Katz-Agentur und Erwin, Wasey Co. aus Chicago produziert wurden, sondern auch in den Wahlplakaten (vgl. Abb. 38 und 61). Auf dem Plakat in Abb. 38 ist ein scheinbar spontanes Foto von Robert Root, das möglicherweise auf einer Wahlkampfreise geschossen wurde, dynamisch von dem Schriftzug „Stevenson For President" eingerahmt. Die Schrift ist blau und mit einem weißen Schlagschatten versehen. Der Kandidat wurde vermutlich in einem Auto aufgenommen. Im Hintergrund sind verschwommen Menschen zu erkennen, besonders das Gesicht einer lachenden Frau hinter der Schulter Stevensons, die in dieselbe Richtung wie der Kandidat blickt. Die Nahaufnahme des offenherzig lachenden Stevenson in Hut und Mantel erinnert an vergleichbare Fotografien FDRs, der aufgrund seiner Gehbehinderung meist im Sitzen und vorzugsweise in Automobilen aufgenommen wurde. Das in zwei unterschiedlichen Größen produzierte Plakat verbindet zwei ansonsten schwer zu vereinbarende Eindrücke miteinander[355]: Einerseits vermittelt das Plakat durch den verschwommenen Hintergrund und die Schriftgestaltung einen dynamischen Eindruck, andererseits wirkt dabei der Kandidat durchaus sympathisch. Auf Sympathie zielte auch das zweite Stevenson-Plakat, aus dem Wahlkampf von 1956, ab (Abb. 61). Stevenson wird am Kaffeetisch sitzend im Profil dargestellt. In seinem

---

353 Der in früheren Kampagnen gravierende Unterschied in der finanziellen Ausstattung Demokratischer und Republikanischer Kandidaten dürfte 1952 für die Demokraten kein Grund gewesen sein, es den Republikanern in der Werbestrategie nicht gleich zu tun. Die Republikaner gaben an, $ 6.608.623 für ihre Kampagne ausgegeben zu haben, den Demokraten standen anderthalb Million Dollar weniger zur Verfügung. S. SHIELDS-WEST 1992: 195.
354 DIAMOND/BATES 1992: 58.
355 Dieser Aspekt berührt die Frage nach der Wirkung des Plakates. Da, wie bereits erwähnt, zur Wirkung von Wahlkampfplakaten kaum empirische Studien vorliegen, ist eine wissenschaftliche Bewertung schwierig. Die von BROSIUS/SOLICKI/HARTMANN 1987 publizierte Studie zum „Einfluß der Gestaltungsmerkmale von Wahlplakaten auf Personenwahrnehmung und Kompetenzzuschreibung" (in: Publizistik, 3 (1987): 338–353), kommt jedoch zu dem Ergebnis, „daß es möglich ist, durch eine Darstellung in einer Kandidatengruppe und durch die Darstellung aktiver Hand- bzw. Zeigebewegungen einen mehr dynamischen Eindruck vom Kandidaten zu erzeugen, der jedoch zu Lasten der Sympathiebeurteilung geht. Durch die Darstellung in der Nahaufnahme oder durch die Hinzufügung eines Kindes kann ein sympathischer Eindruck hervorgerufen werden, der jedoch wiederum zu einer Abnahme der wahrgenommenen Dynamik führt." Ebd.: 352.

linken Arm hält er ein kleines Mädchen, das lacht und in dieselbe Richtung wie Stevenson, zu einem nicht sichtbaren Gegenüber am Kaffeetisch, blickt. Rechts unten ist die Unterschrift des Kandidaten abgebildet. Das Schwarzweißfoto ist mit einem rot abgesetzten Spruchband übertitelt. „Vote For Stevenson. Pledged To Action On School Construction And Child Welfare". Das kleine Mädchen im Bild und die beiden Reizwörter „School" und „Child" im Text stellen eine Verbindung zwischen Bildaussage und Slogan her. Sie sprechen zugleich aber auch das Image-Defizit „Familie" des geschiedenen Kandidaten an. Diesen, in den Augen der Wähler als negativ anzusehenden Faktor im Image Stevensons, wußten die gegnerischen Republikaner geschickt einzusetzen: Neben den TV-Spots wurden auch dokumentarähnliche Filme Eisenhowers gezeigt, die zur Untermalung oder als Rahmengestaltung in Übertragungen von Ansprachen Eisenhowers eingeblendet wurden. „The entrances were planned, shot by shot, with Mamie Eisenhower playing a supporting role. The visible use of Mrs. Eisenhower in the campaign was calculated, not only as an element of Ike's fatherly image but also to remind voters that Stevenson was a divorced man, heretofore a major taboo in American politics."[356] In der Wahlkampfstrategie wird damit nicht nur das eigene Image bedacht, sondern vor allem das Verhältnis zum Image des Gegenkandidaten, auf dessen negative Züge, je nach Sachlage, mehr oder weniger direkt eingegangen wird.

Mit dem Aufkommen des TV-Spots wurden die Bildstrategien der Plakate zu Nebenschauplätzen. Heute fließt der Hauptanteil der Wahlkampfbudgets in die Finanzierung der Werbespots, deren Produktionskosten in der Anfangsphase jedoch noch relativ gering waren. Die Hauptkosten entstehen durch den Kauf von Sendezeit. Im Unterschied zu dem öffentlich-rechtlichen Rundfunksystem der Bundesrepublik Deutschland stehen den Parteien und Kandidaten in den USA zur Wahlkampfwerbung keine kostenlosen Sendeplätze zur Verfügung. Sendezeit muß grundsätzlich bezahlt werden. Zu Beginn der Wahlkampfsaison 1996 machte der Mediengigant Rupert Murdoch mit dem Vorschlag von sich reden, den Präsidentschaftskandidaten auf seinem Sender FOX-TV Sendezeit kostenlos zur Verfügung zu stellen.[357] Damit sollte der Trend zur ständigen Verteuerung des Wahlkampfes gestoppt und ein Beitrag zur unmittelbaren Kommunikation zwischen Kandidaten und Wählern geleistet werden. Murdochs Initiative wurde von namhaften Journalisten wie etwa Walter Cronkite und Politikern wie Senator Bill Bradley unterstützt.[358]

Tatsächlich hat sich der Einkauf von Sendezeiten zu einem entscheidenden Faktor der Wahlkampfstrategie entwickelt und mittelbar zu einer beruflichen Spezialisierung geführt, mit der inzwischen professionelle Medienberater betraut werden. Überhaupt differenzierte sich der Beraterstab eines Kandidaten durch den Einsatz des neuen Mediums aus. Eigens für die Kampagne angestellte Meinungsforscher (Pollsters) gehören ebenso zu einem professionellen Wahlkampfteam wie Medienberater, diverse Pressesprecher, Fotografen und Kamerateams, Terminplaner (Schedulers), Fundraiser etc., ganz zu schweigen von den zahllosen Freiwilligen

---

356 DIAMOND/BATES 1992: 59.
357 Murdochs Vorschlag erreichte größere Aufmerksamkeit als eine ähnliche Initiative des Lokalsenders TCI aus Denver, der seit Anfang September 1995 wöchentlich eine Stunde kostenlos vier unredigierte Botschaften von Kandidaten ausstrahlt, die weder durch Kommentare noch durch Fragen von Journalisten unterbrochen werden. Vgl. Internet, Lexis-Nexis, CNN, 11. 3. 1996.
358 Vgl. Internet, Lexis-Nexis, „Coalition Urges Free TV Time For Candidates", vom 18. 4. 1996.

II. 5. Politische Berater als Imageproduzenten

(Volunteers), ohne die eine Wahlkampagne heutzutage nicht durchführbar wäre.[359] Erstaunlich bei dieser Ausweitung und Spezialisierung der Aktivitäten ist, daß trotz der Konzentration auf das Fernsehen immer noch Wahlplakate produziert werden. Es fällt jedoch auf, daß die Plakate der 50er und 60er Jahre hauptsächlich von den jeweiligen National Committees herausgegeben wurden, während die Sponsoren der Plakate aus den 80er und 90er Jahren vor allem finanzkräftige PACs waren (vgl. Abb 34 und 36). Auch wenn über die Auflagen der Plakate keine Zahlen belegt sind, ist davon auszugehen, daß mit der Verlagerung der Bildwerbung auf ein anderes Medium die Anzahl und Vielfalt der gedruckten Plakate erheblich zurückging. Während aus dem Kennedy/Nixon-Wahlkampf 1960 und sogar dem Nixon/McGovern-Wahlkampf 1972 noch viele Plakatmotive in den Archiven zu finden sind, setzte mit Beginn der 80er Jahre und der Präsidentschaft eines gelernten Filmschauspielers[360] das fast völlige Verschwinden der Plakatwerbung aus dem Präsidentschaftswahlkampf ein. Plakate werden vermutlich nur noch in geringer Auflage produziert und dies meist in der Eigenregie von PACs. Plakate, zumal wenn sie mit der Originalunterschrift der Kandidaten versehen sind, haben heute Trophäenstatus, der an die frühen Parteibanner erinnert und vielleicht am ehesten mit Autogrammkarten von Popstars vergleichbar ist. Das Wahlplakat entwickelt sich so von einem auf Massenwirkung abzielenden Werbeartikel zu einem nur in geringer Auflage produzierten, hochgeschätzten Sammlerobjekt. Der Handel mit politischen „Memorabilien" hat in den USA eine Tradition und ist die Fortsetzung der kommerziellen Produktionsweise dieser politischen Andenken.[361] Für einen Massenmarkt produziert, werden sie nun auch von einem

---

359 Der Grad der Ausdifferenzierung und Spezialisierung des Wahlkampfmanagements wird anhand der von Robert AGRANOFF erstellten Liste der politischen Berater offensichtlich. In den drei Kampagnenbereichen Management, Information und Medien sind in der Regel folgende Spezialisten beschäftigt: *Management:* Campaign Management Consultant, Campaign Handler, Public Relations Counselor, Advertising Agent, Advance Person, Fund Raiser, Management Scientist, Industrial Engineer, Telephone Campaign Organizer, Accountant, Election Legal Counselor. *Information:* Marketing Researcher, Public Opinion Pollster, Political Scientist, Social Psychologist, Computer Scientist, Psychologist, Computer Programmer, Demographer, Statistician. *Media:* Journalist, Media Advance Person, Radio and TV Writer, Radio and TV Producer, Film Documentary Producer, Radio- and TV-time Buyer, Newspaper-Space Buyer, Television Coach, Radio and TV Actors, Graphic Designer, Direct Mail Advertiser, Computer Printing Specialist, Speech Coach, Speechwriter. Aufgeführt in: Robert AGRANOFF (Hg.), The New Style in Election Campaigns. 2. Aufl. Boston 1976: 25.
360 Robert E. DENTON charakterisierte den Führungsstil Reagans schlicht als „Primetime Leadership". Vgl. DENTON, The Primetime Presidency of Ronald Reagan: The Era of the Television Presidency. New York 1988.
361 Die Sammlerkataloge zu politischen Postkarten, Buttons und Plakaten füllen Regale und der Betrieb in den beiden „Political Americana"-Geschäften in Washington D.C. – der eine in der Union Station, der andere um die Ecke vom Weißen Haus in der Pennsylvania Avenue – spricht ebenfalls für sich. Diese Sammelleidenschaft der Amerikaner hat jedoch auch eine positive Seite, regt sie doch über die materiellen Objekte eine Auseinandersetzung mit der eigenen politischen Geschichte bei Menschen an, die sich nicht ohne einige Überwindung mit den schriftlichen Zeugnissen der Geschichte beschäftigen würden. Die Nachfrage nach bestimmten Memorabilien wird von Journalisten zuweilen als politisches Stimmungsbarometer aufgegriffen. Wohl von keinem Präsidenten sind Negativ-Memorabilien so sehr gefragt, wie von Bill Clinton. Bissige Souvenirs mit Sprüchen wie „Impeach President Clinton (and her husband too)" – eine Anspielung auf die Whitewater-Affäre um die Grundstücks-

Massenpublikum gesammelt und archiviert. Die Überlieferung dieser politischen Oberflächenphänomene ist zu einem nicht unbedeutenden Teil gerade auch den Sammlern, wie etwa Harry T. Peters oder Edmund Sullivan zu verdanken, die die Bedeutung von Wahlkampfutensilien als politisch-historische Quellen schon lange vor den Wissenschaftlern erkannten. Witzige Wahlkampfobjekte sind inzwischen die Ausnahme. Zwar geben die jeweiligen Wahlkampforganisationen häufig schon im Vorwahlkampf Bestellisten für Buttons, Fähnchen, Rasenschilder (lawn-signs, yard-sticks), Stoßstangenaufkleber (bumper-stickers), bedruckte T-Shirts oder Regenschirme heraus, die unter der Wahlkampfadresse für Geldbeträge zwischen 50 Cents und $ 25 zu beziehen sind, jedoch sind die gedruckten Motive meist einfallslos und beschränken sich auf die Namen der Kandidaten, den Slogan und die Nationalfarben. Die Wahlkampfobjekte, die ursprünglich das Bildnis der Kandidaten bekannt machten und um Stimmen warben, werden so zu einer Art „Trostpreis" für Spender von Kleinstsummen oder einfach zu Fundraising-Artikeln, die ein Wahlkreiskomitee der Einfachheit halber bestellt und bezahlt, um nicht selbst die Produktion von Werbeartikeln für den jeweiligen Kandidaten in die Hand nehmen zu müssen.

Die meisten Plakate der 80er und 90er Jahre beziehen sich auf TV-Spots oder bilden einen Ausschnitt aus einer Fernsehaufzeichnung ab. Dazu gehören beispielsweise alle Siegesgrüße (Abb. 34–36), die entweder als Gesten nach der Nominierungsannahme auf einem Parteitag aufgenommen und über das Fernsehen verbreitet wurden, oder es handelt sich um Situationsbilder, die auf einer Wahlkampfveranstaltung festgehalten wurden. Die Plakate halten ein bereits über das Fernsehen ausgestrahltes Bild als Momentaufnahme fest. Sie wirken affirmativ und repetitiv und folgen damit altbewährten Propagandastrategien. Wichtig ist in diesem Zusammenhang, daß im Unterschied zu den frühen politischen Bannern und Wahlplakaten des 19. Jahrhunderts in der zweiten Hälfte des 20. Jahrhunderts das Bildnis des Kandidaten über verschiedene Medien vermittelt wird. Durch die parallele Veröffentlichung in Illustrierten, auf Plakaten, in Zeitungsannoncen[362], Fernsehauftritten und Werbespots wird nicht mehr nur ein Image oder Denkbild des Kandidaten provoziert, sondern ein facettenreiches Geflecht unterschiedlicher Eindrücke, die eine kohärente Form annehmen oder aber in viele einzelne Images zerfallen, ohne beim Adressaten ein Gesamtbild zu ergeben.[363] Die Bündelung dieser Facetten

spekulation des Präsidentenpaares und die Kompetenzen der First Lady Hillary Clinton –, oder „Clinton doesn't inhale, he sucks" mit Hinblick auf sein während des Wahlkampfes geäußertes Bekenntnis, er hätte schon einmal Marihuana geraucht, aber dabei nicht inhaliert, gehören laut einem Artikel in THE ECONOMIST vom 30.07.1994: 42, „Pomp and impertinence" zu den beliebtesten politischen Souvenirs im zweiten Amtsjahr Clintons.

362 Vgl. hierzu die interessante Inhaltsanalyse der Bildannoncen des Kennedy-Nixon-Wahlkampfes: James J. MULLEN, Newspaper Advertising in the Kennedy-Nixon Campaign. In: Journalism Quarterly, Winter 1963: 3–11.

363 Die Literatur zum Thema „Fernsehen und Wahlkampf" bzw. „Medien und Politik" hat nicht mehr überschaubare Dimensionen angenommen. Dennoch sei hier auf wenige Bücher und Artikel verwiesen. *Zum Thema „Werbespot":* S. das Standardwerk von DIAMOND/BATES 1992, in dessen Anhang auf S. 399–408 sich auch ein ausführliches, kommentiertes Literaturverzeichnis befindet; Kathleen Hall JAMIESON, Packaging the Presidency. A History And Criticism Of Presidential Campaign Advertising. Oxford u. a. 1988, ebenfalls mit einer ausführlichen Bibliographie, die auch viele Hinweise auf einschlägige Zeitschriftenartikel enthält; zur kurzen Einführung in die Spot-Geschichte s. L. Patrick DEVLIN, Campaign Commercials. In: Society Vol. 22, 4 (1985): 45–50. *Zum Thema „TV-Debatten":*

zu einem komplexen und zugleich kohärenten Bild, wie auch die Abwehr von Image-Angriffen des politischen Gegners sind die Hauptaufgaben der Medienberater. Dabei gibt es keinen prinzipiellen Gegensatz zwischen „Image" und „Issues".[364] Die Wahlkampfthemen und politischen Positionen eines Kandidaten sind ebenso Teil seines Images, wie der Stil und die Selbstdarstellung des Kandidaten Auswirkungen auf die Durchsetzungsfähigkeit seiner politischen Ziele hat.[365]

Die oberflächlichen Stil- und Darstellungsfähigkeiten eines Politikers stellen „aus Sicht der Wähler *wesentliche Anhaltspunkte* zur Beurteilung seiner kompetenten und verantwortungsbewußten Amtsführung dar."[366] Die Darstellungsweise eines Politikers, mithin sein „Stil", wird über das Medium des Werbefilms transportiert. Diese von Medienberatern komponierten Bildsequenzen operieren wiederum in einer bestimmten „Stillage", die den politischen Stil des Kandidaten visualisiert. Bildstil und Politstil verbinden sich aus Sicht der politischen Berater im Idealfall zu einer Aussage. Das kommerzielle Medium des Werbefilms setzt sich damit zur Aufgabe, was Erwin *Panofsky* bereits 1947 für den Spielfilm als Bildmedium konstatiert hat: „Unstilisierte Realität so zu behandeln und aufzunehmen, daß das Ergebnis Stil hat."[367] *Panofsky* maß dem Filmschaffen als kommerzieller Bildproduktion einen potentiell künstlerischen Charakter bei, da die Stilisierungsaufgabe „nicht weniger legitim und nicht weniger schwierig als irgendeine Aufgabe in den traditionellen Kunstformen"[368] sei. Was für die Spielfilme gilt, trifft auch auf einige politische Werbespots zu, die in ihrer künstlerischen Stilisierung einen

---

Edward A. HICK, Enacting the Presidency. Political Argument, Presidential Debates, and Presidential Character. Westport 1993; Susan A. HELLWEG/Michael PFAU/Steven R. BRYDON (Hg.), Televised Presidential Debates. Advocacy in Contemporary America. New York u. a. 1992; Valérie Cryer DOWNS, The Debate about Debates: Production and Event Factors in the 1988 Broadcast Debates in France and the United States. In: KAID/GERSTLÉ/SANDERS (Hg.) 1991: 183–194. *Zum Thema „vergleichende politische Kommunikation":* S. Christina HOLTZ-BACHA/Lynda Lee KAID (Hg.), Die Massenmedien im Wahlkampf. Untersuchungen aus dem Wahljahr 1990. Opladen 1993; Fritz PLASSER, Tele-Politik, Tele-Image und die Transformation demokratischer Führung. In: Österreichische Zeitschrift für Politikwissenschaft, 4 (1993): 409–425; Lynda Lee KAID/Jacques GERSTLÉ/Keith R. SANDERS (Hg.), Mediated Politics in Two Cultures. Presidential Campaigning in the United States and France. New York u. a. 1991. Von der vergleichenden politischen Kommunikationsforschung sind in nächster Zeit weitere Ergebnisse ländervergleichender Untersuchungen zu erwarten, beispielsweise das Cross-National Election Project (CNEP), das den US-Wahlkampf 1992, die erste gesamtdeutsche Bundestagswahl 1990, die britischen Parlamentswahlen 1992 und die Parlamentswahlen 1993 in Japan und Spanien analysiert.

364 Zur „image vs. issue"-Kontroverse s. auch PLASSER 1993: 414/415.
365 Larry J. SABATO, The Rise of Political Consultants. New Ways of Winning Elections. New York 1981: 4.
366 Zitiert nach PLASSER 1993: 415, der in dieser Formulierung jedoch nicht seinen eigenen Forschungsansatz, sondern lediglich eine Position innerhalb der Kommunikationstheorie beschreibt.
367 Erwin PANOFSKY, Stilarten und das Medium des Films. Erweiterte und revidierte Fassung von 1947, abgedruckt in: Alphons SILBERMANN (Hg.), Mediensoziologie. Bd. 1 Düsseldorf u. a. 1973: 106–122; hier: 121. Panofskys Filmartikel ist in einer anderen Übersetzung unter dem Titel „Stil und Medium im Film" zusammen mit seinem Aufsatz „Die Ideologischen Vorläufer des Rolls-Royce-Kühlers" neu aufgelegt worden, Frankfurt a. M. u. a. 1993: 19–48.
368 PANOFSKY 1947 (1973): 121.

hohen Grad „zusammengefügter Ausdrückbarkeit"[369] (co-expressivity) erreichen und den Graben zwischen künstlerischem Ausdruck und massenwirksamer Mitteilung überspringen.[370] Gerade bei diesen Politspots ist die „Machart", der „Bildstil", nicht von seiner „Message", seinen Inhalten, zu trennen. Eine Trennung des Stils von seinem Inhalt ist schon aufgrund ihrer wechselseitigen Bedingtheit unmöglich. Die Intentionen politischer Werbespots, kurz „Politspots" genannt, unterscheiden sich kaum von denen anderer Werbemedien. Der Übergang von gedruckten Werbebildern oder gesprochenen Werbebotschaften auf das „ko-expressive" Medium des Films stellt also weniger einen Inhalts- als vielmehr einen Stilwandel dar. Hierin stimmt auch die einschlägige Fachliteratur überein.[371] Das Fernsehen prägt einen neuen visuell-rhetorischen Stil. Dieser neue Bildstil setzt im Unterschied zu gedruckten Bildern auf eine komplexe Vernetzung vieler Einzelbilder entlang eines narrativen Fadens, untermalt mit Musik und gesprochenem Text, mit dem Ziel, eine bestimmte Botschaft zu vermitteln. Mitteilbarkeit und zusammengesetzte Ausdrucksmuster sind die Hauptfunktionskriterien von Politspots. Der neue Video-Stil erfordert jedoch auch ein verändertes Rezeptionsverhalten der Adressaten, die anstelle von zusammenhängenden Übertragungen einstündiger Wahlkampfreden mit nurmehr 30 Sekunden langen Bild-Ton-Montagen konfrontiert werden, oder wie *Jamieson*[372] es ausdrückt: „Television has accustomed us to brief, intimate, telegraphic, visual, narrative messages." Diese Tele-Rhetorik inszeniert auf eine neue, komplexere und unterhaltsamere Art und Weise dieselben Bildstrategien, die bereits in den Wahlplakaten angelegt sind. Diese versuchten ebenso, wie in den folgenden Kapiteln zu den Bildstrategien noch zu zeigen sein wird, eine symbolische Führungskompetenz des Porträtierten zu suggerieren, wie die „High-Tech-Spots" der Gegenwart. „Symbolische Führung bedeutet dabei nicht, ein Problem tatsächlich zu lösen, sondern den Glauben an seine grundsätzliche Lösbarkeit zu stärken, Handlungsfähigkeit zu demonstrieren, die Steuerbarkeit politischer Entwicklungen zu betonen, Verunsicherung in Sicherheit, Zweifel in generalisiertes Vertrauen zu verwandeln."[373] Der Bildstil symbolisiert den Führungsstil des dargestellten Politikers. Das Bild kann jedoch politisches Handeln nicht ersetzen.[374] Es ist in jeder seiner medialen Formen, ob als „lebendes Bild"

---

369 Die beiden deutschen Versionen des im englischen Original als „co-expressivity" bezeichneten Begriffs variieren. Die oben zitierte Übersetzung stammt aus der Textausgabe 1973. Im Text von 1993 ist „co-expressivity" hingegen mit „Prinzip des kombinierten Ausdrucks" übersetzt.
370 Die künstlerische Variationsbreite der Spots wird von DIAMOND/BATES 1992: 297 etwas profaner als von PANOFSKY, nichtsdestoweniger treffend beschrieben: „We ourselves have come to think of political spots as a creative form somewhere in between cookie making and fine art."
371 PLASSER 1993: 411 verweist auf folgende Titel: Roderick P. HART, The Sound of Leadership. Presidential Communication in the Modern Age. Chicago u. a. 1987; Jeffrey K. TULIS, The Rhetorical Presidency. Princeton/New Jersey 1987; Barbara HINCKLEY, The Symbolic Presidency. New York 1990 und Mary E. STUCKEY, The President as Interpreter-in-Chief. Chatham/New Jersey 1991.
372 JAMIESON 1992: 206.
373 PLASSER 1993: 413.
374 In dieser Beurteilung widerspricht die Verfasserin der Auffassung Klaus MERTENs, der in seinem Artikel: „Django und Jesus. Verbal-non-verbales Verhalten der Kanzlerkandidaten Kohl und Rau im Bundestagswahlkampf 1987 (In: Manfred OPP DE HIPT/Erich LATNIAK (Hg.), Sprache statt Politik? Politikwissenschaftliche Semantik- und Rhetorikforschung. Opladen 1991: 188–210) behauptet, daß das „Auftreten von Politikern in den Medien (…) mehr und mehr eine Substitutionsfunktion für politisches Handeln (gewinne), es ist politisches Handeln." Ebd.: 208.

II. 5. Politische Berater als Imageproduzenten

der Paraden und Umzüge, als gedrucktes Bild, oder als bewegtes Film-Image, Teil einer Politikvermittlungsstrategie. Diese ist untrennbar mit Politikerzeugungsstrategien verbunden, unterscheidet sich jedoch auch von ihnen. Darstellungspolitik und Entscheidungspolitik beziehen sich wechselseitig aufeinander.[375] Politikvermittlung gehört ebenso wie Politikerzeugung zum Bereich politischen Handelns. Politikvermittlung ist jedoch eher dem Bereich der „politics" zuzuordnen und kann „policy"-Entscheidungen nicht ersetzen. Die Funktion von visuellen Politikvermittlungsstrategien ist vielmehr die öffentlichkeitswirksame Begleitung von Politikentscheidungen. Die politisch Handelnden im Bereich der Politikvermittlung sind neben dem Kandidaten in den USA vor allem die „pollsters", „fund-raisers", „political consultants" und „campaign managers". Politische Medienberater sind kommerzielle Bildgestalter, die sich in einem heiklen Gestaltungsfeld bewegen, das häufig auf Messers Schneide zwischen der Betonung der besten Eigenschaften und Ziele ihres Kandidaten und dem Versuch der Manipulation steht. Dennoch, politische Berater pauschal als Manipulatoren, „hustlers and con men"[376], oder

---

[375] Die Darstellung und Selbstdarstellung von Politikern bzw. politischen Führerfiguren gehörte schon immer zur Politik. Bildliche Darstellungen von Führungspersönlichkeiten wurde schon seit der Antike gezielt für politische Zwecke eingesetzt. Feudalsysteme, freie Städte, Diktaturen und Demokratien bedienten und bedienen sich weiterhin visueller Beeindruckungsstrategien zu ihrer Stabilisierung. Die konkrete Form der Bildnisse und die Art ihres Einsatzes weisen in den jeweiligen politischen Systemen enorme Unterschiede auf, die jedoch wissenschaftlich-systematisch bisher kaum untersucht sind. Gerade der historisch orientierten Politikwissenschaft eröffnet sich ein noch kaum bestelltes Forschungsfeld. Als Zugang zu einer vergleichend-historisch orientierten Erforschung visueller Politikvermittlung können kunsthistorische Studien dienen, von denen nur einige wenige als Anregung genannt werden sollen: Zur Antike vgl. Paul ZANKER, Augustus und die Macht der Bilder. 2. Aufl. München 1990; Burkhard FEHR, Die Tyrannentöter. Oder: Kann man der Demokratie ein Denkmal setzen? Frankfurt a. M. 1984; Fritz SAXL, Das Kapitol im Zeitalter der Renaissance – Ein Symbol der Idee des Imperiums. Orig. Englisch: The Capitol during the Renaissance – A Symbol of the Imperial Idea, 1938. Dt. in: WARNKE (Hg.) 1984: 74–105; zum Mittelalter: Ernst H. KANTOROWICZ, Die zwei Körper des Königs. Eine Studie zur politischen Theologie des Mittelalters. Orig. Englisch: The King's Two Bodies, 1957. Dt. München 1990; Nicolai RUBINSTEIN, Political Ideas in Sienese Art. The Frescoes by Ambrogio Lorenzetti and Taddeo Bartolo in the Palazzo Pubblico. In: Journal of the Warburg and Courtauld Institutes, 21 (1958): 179ff.; Percy Ernst SCHRAMM, Das Herrscherbild in der Kunst des frühen Mittelalters. In: Vorträge der Bibliothek Warburg. Bd. 2 (1922–23) Teil 1: 145–224; zum politischen Bildniseinsatz in den freien Städten: Aby M. WARBURG, Bildniskunst und florentinisches Bürgertum. Orig. 1902, reprint in: WUTTKE (Hg.) 1992: 65–102; Volker BREIDECKER, Florenz oder: Die Rede, die zum Auge spricht. Kunst, Fest und Macht im Ambiente der Stadt. München 1990; zum Feudalismus: Dora und Erwin PANOFSKY, The Iconography of the Galérie Francois Ier at Fountainebleau" In: Gazette des Beaux-Arts 52 (1958): 113–190; Martin WARNKE, Politische Ikonographie. In: BEYER (Hg.) 1992: 23–28; DERS., Das Bild als Bestätigung. In: BUSCH (Hg.) 1987: 483–506; Rainer SCHOCH, Das Herrscherbild in der Malerei des 19. Jahrhunderts. München 1975; Peter BURKE, Ludwig XIV. Die Inszenierung des Sonnenkönigs. Berlin 1993; zur Bildnispolitik in Diktaturen/totalitären Systemen: Rudolf HERZ, Hoffmann & Hitler. Fotografie als Medium des Führer-Mythos. München 1994; Claes ARVIDSSON/ Lars Erik BLOMQVIST (Hg.), Symbols of Power. The Esthetics of Political Legitimation in the Soviet Union and Eastern Europe. Stockholm 1987.

[376] Diese Ausdrücke stammen von Joseph Napolitan, dem Gründer der Amerikanischen Vereinigung der Politischen Berater (AAPC) und bedeuten in etwa „Verrückte und Schwindler". Zitiert in: SABATO 1981: 6.

politische Hexer (political wizards) abzutun, überbewertet diese Berufsgruppe und lenkt vom eigentlichen Thema – der inhaltlichen Analyse des politischen Image-Making – ab. Der Hauptkritikpunkt an dem wachsenden Einfluß der politischen Berater auf den politischen Prozeß liegt in ihrem obskuren Wirken, das der öffentlichen, demokratischen Kontrolle entzogen zu sein scheint. Durch die wachsende Popularität der Berater, denen als Politstars in den USA in jüngster Zeit beinahe ebensoviel Aufmerksamkeit von den Medien geschenkt wird, wie den Kandidaten selbst, ist ihr ehemals verborgenes Tun ins öffentliche Rampenlicht gerückt worden. Besonders der Präsidentschaftswahlkampf 1992 zog das Medieninteresse auf sich und den Campaign Manager des Demokratischen Wahlkampfteams, James Carville, über den sogar ein Dokumentarfilm, sozusagen „backstage", gedreht wurde.[377] Und der Bestseller „Primary Colors", der zunächst anonym erschienen ist, bis schließlich doch der Newsweek-Journalist Joe Klein als Autor entlarvt wurde, schildert den Präsidentschaftswahlkampf 1992 aus der Sicht des nur leicht verfremdeten Medienberaters der Clinton-Kampagne, George Stephanopoulos.[378]

Die Tätigkeit an sich ist älter als der Beruf des politischen Beraters. Juristen und Journalisten standen schon seit der Zeit Andrew Jacksons den Kandidaten beratend zur Seite. Zu den ersten Wahlkampfmanagern des 19. Jahrhunderts, die einen Präsidentschaftskandidaten über den gesamten Wahlkampf hinweg berieten, gehörten vermutlich Josiah S. Johnston, der für Henry Clay arbeitete und der bereits erwähnte John H. Eaton, der Andrew Jacksons Wahlkampfbiographie schrieb und ihn auch sonst beriet.[379] Auf diese politischen Berater, die meist dem unmittelbaren Freundeskreis der Kandidaten entstammten, folgten die ersten Politikberater, die hofften, aus ihren Ambitionen einen festen Beruf zumindest aber eine politische Karriere zu machen. Zu diesem „Schlag" politischer Berater gehörten Martin Van Buren, der Berater und Nachfolger des Demokratischen Präsidenten Andrew Jackson, wie auch sein Gegenspieler auf seiten der Whigs, Thurlow Weed. Beide Personen prägten den Wahlkampfstil der 30er und 40er Jahre des 19. Jahrhunderts. Weed, gelernter Drucker und Journalist, stand hinter dem beinahe revolutionären Umbruch im Wahlkampfstil während der „Log-cabin-and-Hard-cider"-Kampagne von 1840. Zusammen mit William H. Seward und Horace Greeley, dem späteren Herausgeber der New York Tribune und Präsidentschaftskandidaten von 1872, bildete Weed das erste „Wahlkampfteam" der amerikanischen Geschichte, das den Kandidaten der Whigs, William Henry Harrison, erfolgreich beriet.[380] Eine weitere herausragende Figur hinter dem Kandidaten, die das letzte Jahrzehnt des 19. Jahrhunderts entscheidend prägte, war der Industrielle Marcus Alonzo Hanna[381], der sich zum Ziel gesetzt hatte, seinen Freund William McKinley zum Präsidenten zu machen, was ihm 1896 auch gelang. Hanna leitete zwei der bis dato finanziell bestausgestatteten Kampagnen, ein Umstand, der vor allem mit seiner Her-

---

377 Titel des von Pennebaker und Hegedus produzierten Films ist „The-War Room". Eine Dokumentation der Medienberichterstattung über den Wahlkampf liegt in dem ausführlichen Buch von Tom ROSENSTIEL vor, Strange Bedfellows. How Television And The Presidential Candidates Changed American Politics, 1992. New York 1993.
378 Im Roman ist Stephanopoulos alias Henry Burton ein Afro-Amerikaner. Vgl. ANONYMOUS, Primary Colors. A Novel of Politics. New York 1996.
379 Vgl. DINKIN 1989: 41–43.
380 GUNDERSON 1957: 30.
381 Zur Biographie Hannas vgl. Herbert CROLY, Marcus Alonzo Hanna. His Life And Work. New York 1912.

II. 5. Politische Berater als Imageproduzenten

kunft und seinen guten Kontakten in den Finanz- und Industriellenzirkeln zusammenhing. Gleichzeitig baute er die erste moderne Wahlkampforganisation auf, die von den beiden Zentren New York und Chicago ausgehend landesweit operierte und die Wählerschaft mit Wahlkampfmaterialien überschüttete.[382] Allen Wahlkampfmanagern und politischen Beratern des 19. Jahrhunderts ist jedoch gemein, daß sie ihre Aufgabe nur temporär und meist als National Chairmen einer Partei wahrnahmen. Die Tätigkeit als parteigebundener politischer Berater war kein Beruf und diente nicht dem Broterwerb, sondern geschah häufig aus machtpolitischem Kalkül, hinter dem sich nicht selten die eigenen Interessen verbargen. Mit dem schwindenden Einfluß der Parteien und dem Eindringen des Werbestils in die politische Arena wurden diese Parteifunktionäre schrittweise von politischen Beratern als Wahlkampforganisatoren abgelöst, die mit der Spaltung der Republikanischen Partei 1912 ihre erste große Chance bekamen.[383]

Dem Siegeszug der Werbung als Wahlkampfmittel, ging die Verwendung im ökonomischen Bereich voraus. Hier hatte die Werbung bereits zu einer Revolutionierung der Unternehmensstrategie geführt, bevor sie auf die Politik angewandt wurde. Bis dato hatte die Produktion als das zentrale Element eines Unternehmens gegolten. Nun begann sich die Ansicht durchzusetzen, daß der Verkauf die eigentlich wichtigste Betriebsfunktion sei, auf die sich die Herstellung auszurichten habe. „Werbung und Public Relations, (bislang) ein unbekanntes Konzept, wurden Bestandteile der Unternehmensstrategie."[384] Das Primat des Marketing begann sich durchzusetzen. Das politische Marketing wurde jedoch erst mit zeitlicher Verzögerung 1952 in die Wahlkampfkultur der USA eingeführt. Die ersten politischen Marketingberater kamen aus der Warenwerbung und betrachteten die Werbung für einen Politiker als einen Auftrag wie andere auch. Der politische Berater in der zweiten Hälfte des 20. Jahrhunderts war damit von der Partei unabhängig und verstand sich selbst vor allem als Geschäftsmann, der eine Dienstleistung zu offerieren hatte. Der moderne Wahlkampfmanager in den USA ist ein selbständiger Unternehmer, der sich in seiner Parteiungebundenheit fundamental von den Parteifunktionären des 19. Jahrhunderts unterscheidet.[385] Politische Wahlkampfberater arbeiten in der Regel nicht für eine Partei, nicht einmal für ein National Committee, sondern für einen Kandidaten. An diesem Beschäftigungsverhältnis wird die Personalisierung des Wahlkampfes besonders deutlich. Der zunehmende Einflußverlust der Parteien[386] in den USA zu Beginn des

---

382 „The heart of the Chicago headquarters was the Literary Bureau run by Perry Heath, a newspaperman and veteran of the educational campaign of 1892. Funded with over half a million dollars, Heath's operation dwarfed the literary bureaus of Tilden and Cleveland. A large staff, including a ‚statistical department', prepared stories and editorials for shipment to country and urban newspapers. The bureau also produced over two hundred different pamphlets and their sheer variety forced Heath to prepare a catalog. As the campaign wore on, Heath's operation poured out more than a hundred million documents, measured in good business fashion by the ton and the carload." McGERR 1986: 141.
383 JENSEN 1969: 43/44.
384 Uwe Jean HEUSER, Der Chef als Künstler. Wie Unternehmer sich selbst sehen. DIE ZEIT v. 20. 3. 1992, S. 43. Zur Entstehungsgeschichte des amerikanischen Massenmarktes und der damit einhergehenden Unternehmens- und Marketingstrategien vgl. James R. BENIGER, The Control Revolution. Technological and Economic Origins of the Information Society. Cambridge/Massachusetts u. a. 1986: 344–389.
385 SABATO 1981: 8.
386 „Since the latter part of the nineteenth century, there has been a gradual decline in the control exercised by party organizations over the most important aspects of the electoral process – candidate

20. Jahrhunderts in Verbindung mit der Formierung privater Interessengruppen, zunächst auf seiten der Arbeitnehmer, ab den 60er Jahren auch verstärkt auf seiten der Arbeitgeber, läßt die Parteien als Wahlkampfmaschinen immer stärker in den Hintergrund treten. Die Parteien, die in Form des National Chairman bislang sowohl das „know-how" als auch die Finanzierung des Wahlkampfes in Form der von den Komitees bereitgestellten oder über den National Chairman aufgebrachten Gelder organisiert und sichergestellt hatten, wurden zu Beginn der 50er Jahre von parteiunabhängigen Werbeagenturen verdrängt. Auch das bisherige Druckmittel der Wahlkampffinanzierung trat in den Schatten der enormen Finanzkraft von Gewerkschafts- und Industrie-PACs, die immer bereitwilliger die Kandidaten ihrer Wahl mit großen Summen unterstützten. Während die Gewerkschaften bereits 1944, früher als die Arbeitgeber, ihre politischen Interessen zu organisieren verstanden, formierten sich erst zu Beginn der 60er Jahre die bedeutenden Political Action Committees, die die Unternehmerinteressen vertraten.[387] Zusätzlich zu der Tatsache, daß seit den 60er Jahren der Hauptanteil der Wahlkampfbudgets nicht mehr von den Parteien eingetrieben und bereitgestellt wird, trugen auch die Einführung des Vorwahlsystems in den 70er Jahren[388] sowie neue Wahlkampffinanzierungsgesetze (Federal Election Campaign Acts) zwischen 1971 und 1976 zu der steigenden Unabhängigkeit der Kandidaten von den Parteien bei. Die Funktion der Parteiorganisationen veränderte sich dadurch gravierend: „Was die Präsidentschaftswahlen betrifft, so qualifiziert sich ein Kandidat während der Vorwahlen dadurch, daß er in mindestens 20 Einzelstaaten eine Gesamtsumme von je 5.000 Dollar an Wahlspenden ansammelt, die sich aber aus Einzelbeträgen von maximal 250 Dollar zusammensetzen muß. (…) der bei weitem größte Teil der Wahlfinanzmittel stammt von den ‚political action committees' (PACs), die Sonderinteressen oder ideologische Standpunkte vertreten. Zusammen gaben diese Gruppen 1980 bereits 131 Millionen Dollar aus, hauptsächlich für Kongreßwahlen (…). Meist unterstützen die PACs nicht die Parteiorganisationen, sondern Einzelkandidaten ihrer Wahl. Daß Kandidaten von einer Unzahl von Kleinspenden abhängig geworden sind, hatte auch zur unvorhergesehenen Folge, daß nicht etwa der sogenannte ‚Durchschnittswähler' und so ‚die Demokratie' profitierte. Statt dessen traten Einzelpersonen oder Gruppen in Erscheinung, die ihren politischen Einfluß dadurch manifestierten, daß sie durch computergestützte Adressenlisten großangelegte Briefkampagnen für Spendensammlungen organisierten und auf diese Weise den Kandidaten ihrer Wahl Riesensummen von

---

selections, issue positions, setting of strategies, and allocation of campaign resources. This decline in party control and the accessibility of mass media have combined to hasten the decline of local party activism in elections. Since the era of the direct primary, party organizations have steadily lost control over the candidate selection process. Prior to the primary era, leader-controlled methods of candidate selection – slate-making, caucuses, and conventions – guaranteed a tightly controlled party group. The primary election opened up this process to voters. Candidates can now marshal their own personnel and resources, use polls to demonstrate their strength, and circumvent the door-to-door activity of party workers by using mass-media to make an assault on the electorate." AGRANOFF 1976: 10/11.

387 Larry J. SABATO, PAC Power. Inside the World of Political Action Committees. New York u. a. 1984: 6.
388 Zu den Primaries vgl. James W. DAVIS, Presidential Primaries. Westport/Connecticut 1980 und Garry ORREN/Nelson POLSBY, Media and Momentum. The New Hampshire Primary and Nomination Politics. Chatham/New Jersey 1987.

II. 5. Politische Berater als Imageproduzenten

Einzelspenden zur Verfügung stellen konnten."[389] Eine ähnliche Umkehrung der demokratischen Intentionen erfuhr die Einführung des Vorwahlsystems auf breiter Basis. Hinter den Primaries stand der Wille nach einer stärkeren Beteiligung der Wähler bei der Auswahl der Kandidaten, die bislang meist in „smoke-filled rooms" von den „Parteibossen" ausgewählt und zunächst auf Länderebene in „Caucuses" oder auf Parteikonventen bestätigt wurden. Die Primary-Bewegung hatte schon zu Ende des 19. Jahrhunderts als Demokratisierungsbewegung eingesetzt und ihren prononciertesten Vertreter in dem späteren U.S. Senator Robert La Follette gefunden, der bereits 1897 in einer Rede die Abschaffung der Caucuses und Conventions mit der Begründung einforderte: They have „no purpose further than to give respectable form to political robbery."[390] Statt dessen müsse man sich besinnen auf „the first principles of democracy, go back to the people. Substitute for both the caucus and the convention a primary election".[391] Die ersten Primaries wurden 1901 in Florida und 1905 in Wisconsin eingeführt, sie hatten jedoch keinen verbindlichen Charakter, sondern stellten nur eine Empfehlung für die Kandidatennominierung dar.[392] Theodore Roosevelt, der mit seinem von ihm selbst ausgesuchten Nachfolger im Präsidentenamt, Howard Taft, nicht zufrieden war, erkannte 1912 in den Primaries die Chance, die Parteihierarchien zu umgehen und sich selbst wieder über die „Stimme des Volkes" in das Präsidentenamt zu katapultieren: „The direct primaries offered the one opportunity for Roosevelt to seize the Republican party from his protégé. By 1912 a dozen states allowed voters to choose delegates to the national convention directly. For the first time in American history, a popular preconvention campaign was possible."[393] Von der Kandidatur Teddy Roosevelts 1912, die die Republikanische Partei spaltete, profitierte vor allem der Demokratische Gegenkandidat Woodrow Wilson, der mit einer knappen Mehrheit[394] zum Präsidenten gewählt wurde. Vier Jahre darauf war die Anzahl der Staaten, die Primaries abhielten, auf 26 angestiegen, 1952 hatten davon allerdings acht Staaten diese Praxis der unmittelbaren Kandidatenauswahl durch das Wahlvolk wieder aufgegeben.[395] In den restlichen Bundesstaaten wurden die Kandidaten ohnehin auf parteiinternen Wahlkonventen nominiert.[396] Die Parteibosse behielten noch bis in die 70er Jahre hinein das Sagen bei der Kandidatennominierung, da Primaries als unverbindliche Empfehlungen galten und die Delegierten auf den Wahlkonventen meist Politiker waren, die von befreundeten Parteigenossen nominiert wurden. Die Primaries wurden von den Kandidaten häufig als Nebenschauplätze betrachtet. 1956 hielten

---

389 MEWES 1990: 162.
390 Zitiert in: George SULLIVAN, Ballots and Bandwagons. Choosing the Candidates. Englewood Cliffs/New Jersey 1991: 36.
391 Ebd.
392 Ebd.
393 Gil TROY, See How They Ran. The Changing Role of the Presidential Candidate. New York 1991: 126.
394 Wilson konnte zwar im Electoral College eine deutliche Mehrheit von 435 Stimmen erzielen, diese war jedoch keineswegs repräsentativ im Vergleich zu den „popular votes". Hier hatte Wilson nur 41,9% der Stimmen (6. 283. 019) im Vergleich zu Roosevelts 27,4% (4. 119. 507) und Tafts 23,2% (3. 484. 956) erreicht. Der Republikanische Kandidat und der Progressiv-Republikanische Ex-Präsident hätten zusammen die Mehrheit der Stimmen erreicht. Zu den Zahlen s. SHIELDS-WEST 1992: 147.
395 Ebd.: 203.
396 Ralf STEGNER, Theatralische Politik Made In USA. Münster u. a. 1992: 110.

sie jedoch eine Überraschung parat. Adlai Stevenson, der nach seiner Wahlniederlage gegen Eisenhower vier Jahre zuvor mit einer unproblematischen Wiedernominierung rechnete, sah sich nach der ersten Primary in New Hampshire mit dem medienwirksamen Sieg seines parteiinternen Herausforderers Estes Kefauver konfrontiert.[397] Aufgrund der großen Publicity, die das Ereignis auf sich zog, konnte Stevenson diese Niederlage nicht ignorieren. Seit diesem Ereignis wird den New Hampshire Primaries, die im Februar des Wahljahres stattfinden, eine Signalfunktion zugesprochen. Diese Aufmerksamkeit, die dem kleinen Ostküstenstaat alle vier Jahre zuteil wird, ist nicht ohne Neider und so versuchten andere Staaten, wie Alaska oder Louisiana in den Primärwahlen 1996 Iowa, wo traditionell der erste präsidentielle Caucus stattfindet und New Hampshires erster Primary durch eine Vorverlegung der Abstimmungstermine den Rang streitig zu machen. Die Republikaner hielten 1996 in 41 Staaten und dem District of Columbia Vorwahlen ab und bestimmten ihre Präsidentschaftskandidaten in nur noch zehn Staaten mit Hilfe der traditionellen Caucus-Methode. Die Demokraten hingegen ließen in 16 Staaten durch Caucus-Versammlungen ihren Kandidaten ermitteln, während in 34 Staaten Primaries durchgeführt wurden.

Ursprünglich hatte die neue Popularität der Primaries in den 50er Jahren auch mit der stetigen Verbreitung des Fernsehens zu tun, das Primary-Ergebnisse mediengerecht aufzubereiten und zu dramatisieren verstand. 1955 war die Zahl der TV-Geräte in den USA auf 35 Millionen angestiegen und Umfrageergebnissen zufolge war das Gerät durchschnittlich fünf Stunden am Tag in Betrieb.[398]

Ausschlaggebend für den Wandel zum gültigen Vorwahlsystem war der Parteitag der Demokraten 1968, auf dem parteiinterne Reformen der Delegiertennominierung beschlossen wurden.[399] Ein konkretes Ergebnis war, daß die Demokratische Partei entschied, alle zwei anstatt der bisher üblichen vier Jahre einen Parteitag abzuhalten.[400] Minderheiten und Frauen sollten stärker auf den Nominierungsparteitagen repräsentiert werden. „Als erstes Ergebnis erschienen auch bedeutend mehr Vertreter dieser Gruppen zu den Nationalkonventen der Präsidentenwahljahre 1972 und 1976. Die Anzahl weiblicher Delegierter stieg von 16% auf 50%, die der Schwarzen von 5% auf 18% im Wahljahr 1984. Allerdings ergab sich, daß die überwiegende Mehrzahl der neuen Delegierten aus überduchschnittlich gebildeten, meist Mitgliedern des gehobenen Mittelstandes, stammte, deren ideologische Orientierung außerdem bedeutend weiter links lag als die der Duchschnittswähler der Partei."[401] Aus dieser Mißrepräsentation läßt sich teilweise auch das Wahldebakel des Demokratischen Kandidaten George McGovern erklären, der 1972 haushoch gegen Richard Nixon verlor.[402] Die Bildstrategien der beiden Kan-

---

397 TROY 1991: 203.
398 Ebd.: 202.
399 MEWES 1990: 155/156.
400 Ebd.
401 Ebd.: 156.
402 McGovern konnte nur Massachusetts und den District of Columbia für sich verbuchen. Nixons 47. 170. 179 Wählerstimmen (60,7%) und 520 ‚electoral votes' standen nur 29. 171. 791 Stimmen (37,5%) und 17 Wahlmännerstimmen für McGovern gegenüber. S. SHIELDS-WEST 1992: 220. Neben der nicht repräsentativen Kandidatenauswahl spielten jedoch auch die korrupten Praktiken von Nixons Wahlkampfkomitee (Committee to Re-Elect the President – CREEP) eine Rolle, die später im Watergate-Skandal aufgedeckt wurden und zum Rücktritt Nixons führten. Die aggressiven Fund-Raising-Methoden von CREEP hatten das Wahlkampfbudget Nixons auf über die doppelte Summe

didaten hätten kaum konträrer sein können. Während Nixon voll auf seinen Amtsbonus setzte und vor allem seine außenpolitischen Erfolge vermarktete (vgl. Abb. 37), sich also vor allem als Staatsmann präsentierte, verkörperte McGovern den Typus des „Grass-Roots-Politician", des Volkstribunen und Populisten, der die Nähe zum Volk suchte und sich für die Belange der unteren Einkommensschichten und Unterprivilegierten stark machte. Der sympathisch-lachende Staatsmann trat gegen den unbequem-kritischen Agitator an.[403] Während Nixon selbstzufrieden auf seinen Amtsbonus setzen konnte, und die hinter den Kulissen mit krimineller Energie geführte Kampagne nach außen hin professionell erschien, wirkte die Demokratische Wahlkampfanstrengung häufig konfus und gehetzt: „Once McGovern got going, his campaign was so geared to media events and markets that the traveling press complained about ‚fuselage journalism' – darting from one event to another, not getting a real feel for McGovern's interaction with the people."[404] Die Vielfalt der McGovern-Plakate[405] belegt diese von Aktionismus sprühende Strategie, die jedoch ein kohärentes Image McGoverns vermissen ließ.

Das Primary-System[406] hatte über die innerparteiliche Repräsentationsveränderung hinausreichende Folgen für die Funktionen der Parteien ebenso wie für den Wahlkampfstil und die

---

dessen ansteigen lassen, was der McGovern-Kampagne zur Verfügung stand: $ 61. 400. 000 gegenüber $ 30. 000. 000 auf der Demokratischen Seite. S. SHIELDS-WEST 1992: 220. „CREEP (...) was organized entirely independently of the Republican National Committee. It had a number of divisions, including public relations (press relations, press advance, candidate surrogate advance), media (including its own advertising agency), direct mail (including seven computer centers and four direct mail centers), information (including affiliated polling groups), state operations (including ten regional headquarters, 250 telephone centers in twenty-three states, and hundreds of paid fieldworkers), group divisions (youth, labor, ethnic minorities, and many others), a vote security division, and, of course, the most famous security division, whose operatives were apprehended breaking into Democratic headquarters in the Watergate complex. CREEP had a headquarters staff of 355, plus over 300 regular volunteers. In addition to the regular Nixon organization, there was the White House staff, Democrats for Nixon, and the Finance Committee for the Re-election of the President." AGRANOFF 1976: 15.

403 JAMIESON 1988: 276–328 übertitelte ihr Kapitel zum Wahlkampf 1972 mit „The President vs. The Prophet".
404 SHIELDS-WEST 1992: 218/219.
405 Das Museum of American Political Life in Hartford/Connecticut verfügt über die größte der Verfasserin bekannte Sammlung von McGovern Plakaten. Die McGovern-Kampagne verfolgte keine zentrale Bildstrategie und führte so zu einer Imagediffusion, die viele verschiedene Bilder des George McGovern evozierte, hinter diesen Facetten aber kein kohärentes politisches Programm erkennen ließ, für das McGovern stand.
406 Die Primaries sind ein äußerst kompliziertes Nominierungssystem, das auch von Experten kaum verstanden wird. Da der Nominierungsmodus von den Bundesstaaten bestimmt wird, weist die Art und Weise der Primaries häufig von Bundesstaat zu Bundesstaat erhebliche Abweichungen auf. Im wesentlichen kann zwischen vier Primary-Typen unterschieden werden, zu denen dann in bestimmten Staaten noch der beibehaltene Caucus als Nominierungsmodus hinzutritt. Es gibt also fünf verschiedene Arten der Kandidatennominierung im amerikanischen Präsidentschaftswahlkampf: „Unterschiedliche Gesetzesvorschriften der Bundesstaaten bestimmen, ob die Teilnahme bei Vorwahlen nur auf eingeschriebene Parteianhänger begrenzt wird (closed primaries), oder ob alle registrierten Wähler, unabhängig von parteilicher Sympathiebezeugung teilnehmen dürfen (open primaries). Dar-

Medienberichterstattung. Die Primaries verstärkten die schon vor ihrer Institutionalisierung vorherrschenden Tendenzen im amerikanischen Wahlkampf. So verloren einerseits die Parteien immer stärker an Einfluß und Gewicht, vor allem im Zusammenhang mit den sich auch an der Finanzierung beteiligenden, parteiunabhägigen PACs.[407] Die Primaries verstärken so auch die Personalisierung der Wahlkämpfe, die jedoch bereits Anfang des 20. Jahrhunderts mit dem ersten Werbewahlkampf 1912 eingesetzt hatte. Die Wahlkampforganisation selbst wird immer stärker kandidatenorientiert. Der Kandidat, nicht die Partei, die nur noch als eine Art „Dachorganisation" dient, stellt seine eigene Wahlmannschaft zusammen, muß selbst in der Wirtschaft, wie auch in der Partei um Unterstützung werben und sein Fund-raising organisieren. Im Vorwahlkampf kann er sich überhaupt nicht auf seine Partei verlassen, diese wird erst für die Unterstützung im Hauptwahlkampf wichtig, nachdem aus den diversen Konkurrenten ein Parteikandidat ausgewählt wurde. Die Primaries führen jedoch vor allem zu einer Zweiteilung und einer zeitlichen Vorverlegung des Präsidentschaftswahlkampfes, der in viele kleine Einzelwahlkämpfe in einer Art Wahlmarathon aufgesplittert wird und sich anstatt über ein halbes Jahr, nun meist über anderthalb Jahre erstreckt.[408] Die Vorwahlkämpfe aus Anlaß der Primaries werden dezentral organisiert und sprengen damit jegliche, ohnehin nur rudimentär vorhandenen zentralen Wahlkampfstrukturen. Ein Kandidat muß „in jedem Einzelstaat seine eigene Wahlkampforganisation aufbauen und finanzieren (…), und zwar meist unabhängig von der Partei des Einzelstaates. Nicht Parteien, sondern Persönlichkeiten und ihre Anhänger beherr-

über hinaus gibt es entweder ‚delegate primaries', in der Delegierte direkt für den Nationalkonvent gewählt werden, oder eine ‚presidential preference primary', bei der die Wähler den Namen des von ihnen bevorzugten Bewerbers für das Präsidentschaftsamt auf einem Stimmzettel ankreuzen. In einigen Staaten werden beide Varianten noch auf verschiedene Weise miteinander verknüpft." MEWES 1990: 157. S. auch ausführlicher James W. DAVIS, Presidential Primaries. Westport/Connecticut 1980.

407 Vgl. in diesem Zusammenhang das Statement des „Speaker of the California State Assembly", zitiert in: STEGNER 1992: 111.

408 Zur Illustration des gegenwärtigen Vorwahlkampfsystems werden im folgenden die Stationen des Präsidentschaftsvorwahlkampfes 1992 aufgezählt: 10. 02. 92 Caucus Iowa, 18. 02. New Hampshire Primary, 23. 02. Maine Caucus, 25. 02. South Dakota Caucus, 3. 03. Primaries in Georgia, Maryland, Colorado, 7. 03. Primary in South Carolina, 10. 03. Florida, Louisiana, Massachusetts, Oklahoma, Tennessee, Texas, 17. 03. Illinois, Michigan, 24. 03. Connecticut, 7. 04. New York, Wisconsin, 28. 04. Pennsylvania, 5. 05. Indiana, South Carolina, Ohio, 19. 05. Oregon, Washington, 26. 05. Arkansas, Kentucky, 2. 06. Alabama, New Jersey, California. Daten aus: The Economist v. 15. 02. 92, The Road to the White House, S. 44–46, und Ulrich Schiller, Der Kampf um die Konservativen, in: Die Zeit v. 28. 02. 92: 11. Im Präsidentschaftswahlkampf 1996 verlegten einige der Staaten ihren Vorwahlkampf nach vorn, um einerseits den Wahlkampf zeitlich kürzer zu gestalten und andererseits mehr Aufmerksamkeit auf den eigenen Staat zu ziehen: 25. 1. Hawaii (Caucus), 26. 1. Alaska (Caucus), 6. 2. Louisiana (Caucus), 12. 2. Iowa (Caucus), 20. 2. New Hampshire (Primary), 24. 2. Delaware (Primary), 27. 2. Arizona, South und North Dakota (Primaries), 2. 3. South Carolina (Primary), Wyoming (Caucus), 5. 3. Colorado, Connecticut, Georgia, Maine, Maryland, Massachusetts, Rhode Island, Vermont (Primaries), Minnesota, Washington (Caucus), 7. 3. New York (Primary), 12. 3. Florida, Oklahoma, Mississippi, Oregon, Texas, Tennessee (Primaries), 19. 3. Illinois, Ohio, Michigan, Wisconsin (Primaries), 26. 3. California, Nevada, Washington (Primaries). Mit der Wahl in Kalifornien stand Ende März bereits die Nominierung Bob Doles zum Republikanischen Präsidentschaftskandidaten fest. Die letzten Staaten wählten am 4. 6. 1996.

schen die kurzen, hektischen Einzelwahlkämpfe, ohne in der Lage zu sein, permanente Wählerkoalitionen aufzubauen. Völlig unbekannte Kandidaten können sich, unabhängig von den etablierten Parteien, zur Wahl stellen und sich aufgrund einiger erfolgreicher Vorwahlkampagnen über Nacht in seriöse Kandidaten verwandeln. Einziger Maßstab zur Auslese der Bewerber fürs Präsidentenamt wird somit der Erfolg im Wahlkampf."[409] Diese Dynamik erfaßt auch die Wahlkampfberichterstattung, wie Thomas E. Patterson in seiner Studie „Out of Order" einleuchtend vor Augen führt: Statt sich an den die Wahrnehmung der Wähler bestimmenden „governing schema" zu orientieren, verfolgt die Presseberichterstattung ein sportliches Darstellungsmuster, das Wahlkampf als „horserace" schildert.[410]

Sicherlich liegt in der Möglichkeit, an den Parteien und einem ohnehin recht weit definierten politischen Programm vorbei zur Spitze der Präsidentschaftskandidaten aufzusteigen, eine Gefahr. Die Finanzkraft eines Kandidaten spielt heutzutage eine ausschlaggebende Rolle und die Befürchtung, Kandidaten könnten sich an die Macht kaufen, ist nicht von der Hand zu weisen.[411] Dies wurde im präsidentiellen Vorwahlkampf 1996 mit dem Hinweis auf den Republikanischen Präsidentschaftskandidaten Malcolm „Steve" Forbes erneut thematisiert. Da Forbes als einziger Kandidat seinen Wahlkampf aus eigener Tasche finanzierte und keine öffentlichen Gelder annahm, war er als einziger auch nicht an die Ausgabenhöchstgrenzen gebunden, die für die übrigen Mitbewerber galten. Allein bis Ende 1995 hatte Forbes beinahe 18 Mio. Dollar in seinen Wahlkampf gesteckt.[412] Dennoch liegt in den Primaries auch die Chance für einzelne, Themen anzusprechen, die parteipolitisch nicht konform sind, und für diese Themen auch Massenunterstützung zu erlangen und damit eine öffentliche Diskussion auszulösen, die von an Parteihierarchien orientierten Auswahlprozessen verdeckt worden wäre. So hat beispielsweise die Kandidatur von Forbes 1996 dazu geführt, daß im Staate New York zum ersten Mal ordnungsgemäße Vorwahlen durchgeführt wurden und mit der Konvention gebrochen wurde, die Auswahl des Präsidentschaftskandidaten dem New Yorker Parteiestablishment zu überlassen.

Die dem amerikanischen Wahlsystem inhärenten Personalisierungs- und Dezentralisierungstendenzen führten zu einer zunehmenden Ablösung der Parteien durch flexiblere politische Berater. Als Dienstleistungsunternehmer, die meist selbständig oder mit einem kleinen Stamm fest Angestellter arbeiten, sind die „political consultants" flexible Profis, die an mehreren Kampagnen gleichzeitig arbeiten und sich, ohne die Last eines parteibürokratischen Überbaus, auf die Kandidaten ganz individuell einlassen können. Der negative Aspekt dieser unaufhaltsamen Entwicklung liegt in der Unübersichtlichkeit der hinter den Einzelwahlkämpfen steckenden Strukturen. Ähnlich dem zunehmenden Beraterstab des Präsidenten unterliegen auch die politischen Berater keiner demokratischen Kontrolle – weder durch das Wahlvolk noch durch den U.S. Kongreß. Zum eigentlichen Kontrollmechanismus von Wahlkämpfen wird die Pres-

---

409 MEWES 1990: 159.
410 PATTERSON 1994: 53–93.
411 Daß aber nicht nur das Geld über den politischen Erfolg bestimmt, mußte Gary Hart schon im Vorwahlkampf 1984 erfahren, als er im Staate New York seinem innerparteilichen Gegner Walter Mondale unterlag, obwohl er doppelt soviel Geld in seine Kampagne investiert hatte als Mondale. Vgl. JAMIESON 1988: xxiv.
412 Von dieser Summe stammten lediglich 1,5 Mio. Dollar nicht aus Forbes eigener Tasche. Associated Press, 6. 2. 1996, Internet-Service.

se, die diese Rolle jedoch nicht ausfüllen kann[413] aufgrund der ihr immanenten Zwänge: dem wechselseitigen Abhängigkeitsverhältnis zwischen Journalisten und politischen Beratern[414], der Notwendigkeit, Nachrichten zu liefern, auch wenn sich eigentlich nichts Neues ereignet hat[415] und schließlich dem Konkurrenzdruck zwischen den verschiedenen Medien.

Die für die Frage der Bildstrategien vielleicht wichtigste Auswirkung des Primary-Systems ist die völlige Ablösung des gedruckten Bildes durch die bewegten Images im Fernsehen. Die Hektik der Vorwahlkämpfe verunmöglicht eine gezielte und von langer Hand vorbereitete Plakatstrategie. Zwar gibt es noch Primary-Plakate und auch vereinzelte Hochglanzplakate während des Hauptwahlkampfes (Abb. 34–36, 41), diese sind jedoch entweder Fund-raising-Utensilien oder schlichtweg Requisiten der TV-Orchestrierung. In dem hinter den Kulissen der Demokratischen Präsidentschaftskampagne 1992 gedrehten Dokumentarfilm „The War-Room" wird das Problem der Plakate angesprochen. Während einer Lagebesprechung im „War-Room" wirft ein Mitarbeiter der Kampagne die Frage auf, was für eine Art von Plakaten bei einem Auftritt Bill Clintons von den Zuschauern verwendet werden sollte. Die Plakate werden normalerweise am Eingang des Versammlungsortes von den Wahlkampfhelfern an die Zuschauer verteilt, die diese dann telegen in die Kamera halten, und so eine Hochstimmung und vorgebliche Massenunterstützung des Kandidaten simulieren. Ein weiterer Mitarbeiter merkt an, daß sich handgemalte Plakate im Fernsehbild besser machen würden, weil sie nicht

---

413 Das Dilemma der Medienberichterstattung von Wahlkämpfen ist ein Thema für sich, das in den USA sehr gut aufgearbeitet ist und auf das hier nicht näher eingegangen werden kann. Aktuell zum Thema s. Thomas E. PATTERSON, Out Of Order. 2. Aufl. New York 1994; wegweisend auf diesem Gebiet sind die diversen Bücher von Theodore H. WHITE, „The Making of the President", die in dem Reader „America in Search of Itself. The Making of the President", New York 1982, zusammengefaßt sind. Zur Wahlkampfberichterstattung 1992 s. Tom ROSENSTIEL, Strange Bedfellows. How Television And The Presidential Candidates Changed American Politics, 1992. New York 1993. Ländervergleichend s. Wolfgang JÄGER, Fernsehen und Demokratie. Scheinplebiszitäre Tendenzen und Repräsentation in den USA, Großbritannien, Frankreich und Deutschland. München 1992; Roger-Gérard SCHWARTZENBERG, Politik als Showgeschäft. Moderne Strategien im Kampf um die Macht. Orig. französisch: L'État spectacle, Paris 1977. Dt. Düsseldorf u. a. 1980; speziell auf die USA bezogen: Kathleen Hall JAMIESON, Dirty Politics. Deception, Distraction and Democracy. New York u. a. 1992; Sig MICKELSON, From Whistle-Stop to Sound-Bite. Four Decades of Politics and Television. New York 1989. Zur Wahlkampfkommunikation allgemein: Ulrich SARCINELLI, Symbolische Politik: Zur Bedeutung symbolischen Handelns in der Wahlkampfkommunikation der Bundesrepublik Deutschland. Opladen 1987; Judith S. TRENT/Robert V. FRIEDENBERG (Hg.), Political Campaign Communication: Principles and Practices. New York 1983; Peter RADUNSKI, Wahlkämpfe – Moderne Wahlkampfführung als politische Kommunikation. München u. a. 1980; Thomas E. PATTERSON/Robert D. McCLURE, The Unseeing Eye. The Myth of Television Power in National Elections. New York 1976. Für eine Kritik von PATTERSON/McCLURE s. Xinshu ZHAO/Steven H. CHAFFEE, Campaign Advertisements Versus Television News As Sources Of Political Issue Information. In: Public Opinion Quarterly, Spring 1995: 41–65.
414 Der Journalist ist auf Informationen aus dem Umfeld des Kandidaten angewiesen und braucht dazu die politischen Berater. Diese wiederum haben zum Ziel, ihren Kandidaten möglichst häufig und positiv in den Medien dargestellt zu sehen, was wiederum zur Selbstrechtfertigung und zum Erfolg von politischen Beratern beiträgt.
415 Der Zwang zur Schaffung sog. „Pseudo-Ereignisse" (pseudo-events). S. dazu Daniel J. BOORSTIN, The Image. A Guide To Pseudo-Events In America. Orig. 1961, New York 1992.

vorfabriziert und langweilig aussähen, sondern individuelle Unterstützung symbolisierten und Abwechslung ins Bild brächten.[416] Am Ende dieser Filmsequenz ist nicht klar, für welche Plakatart sich der Beraterstab entscheidet, es wird aber deutlich, daß auch die handbemalten Schilder von Freiwilligen in der Wahlkampagne vorfabriziert würden. Das Ziel der politischen Berater wird damit deutlich – Spontaneität und Überraschungen so weit es geht zu verhindern, jeden Auftritt des Kandidaten, jedes Bild zu inszenieren, zu komponieren und zu orchestrieren. Die Plakate sind dabei nur statische Bilder im eigentlich bewegten TV-Bild[417], das wiederum auf die „Bilder im Kopf", die Denkbilder der Adressaten abzielt. Daß die eher statischen Plakate nurmehr als „photo props", als Bildrequisiten eingesetzt werden, ist symptomatisch für die Geschwindigkeit, mit der sich bildliche Eindrücke in der Gegenwart verflüchtigen. Abwechslung muß sein. Gregory Mueller, Wahlkampfberater des Republikanischen Präsidentschaftskandidaten Pat Buchanan, demonstrierte diese Kommunikationsmethode im Vorwahlkampf 1996. Seine „one-image-per-day-strategy"[418] ließ Buchanan an einem Tag im Siegergestus vor der Kulisse der Präsidentenporträts am Mount Rushmore erscheinen, kurz darauf als Cowboy auf einem Rodeo in Arizona auftreten und tags drauf als „bad guy" im schwarzen Outfit eines Revolverhelden posieren. Das telegene Rollenspiel zielte auf die strukturelle Schwäche der Presseberichterstattung, die jeden Tag über Neuigkeiten berichten muß und so konnte Greg Mueller stolz den Erfolg seiner Bildstrategie verkünden: „We're having photo opportunities that in many cases wind up on the front page of USA Today."[419]

Die Wirkung der bewegten politischen Images ist nicht nur umstritten, sie kann aufgrund ihrer hohen Komplexität nur mit einem umfassenden quantitativ-qualitativen Ansatz, der auch den Wirkungskontext miteinbezieht, ermessen werden. „Werbung", und gerade auch politische Werbung „ist ein Mythos geworden, weil es über ihre Wirkung mehr Widersprüche als Erkenntnisse gibt".[420] Die unterschiedliche Wirkung von Wahlplakaten und TV-Spots ist unbestritten. Selbst wenn die genauen Unterschiede nicht definiert werden können, ist eindeutig, daß TV-Spots mehr Menschen erreichen und aus mehreren Bildern zugleich bestehen, die auf unterschiedlichen Wahrnehmungsebenen operieren und neben dem bloßen Bild durch die Synthese von Sprache und Musik mehr und andere Effekte bewirken als ein statisches Plakat. Nicht in seiner Wirkung, wohl aber in seiner Funktion ist der TV-Spot der legitime Erbe des politischen Bildplakats. Beide Medien kreisen um das Bildnis des Kandidaten und versuchen, durch die Darstellung im fixierten oder bewegten Abbild, auf bestehende Denkbilder bei den Adressaten einzuwirken, sie zu evozieren, zu bestätigen oder sie zu verändern. Die Stereoty-

---

416 Die Vorfabrikation „individuell" wirkender Plakate gehört zum Standardrepertoire des TV-Wahlkampfes. Auch die Republikaner bedienten sich dieser Taktik bei der Orchestrierung ihres Parteitages 1992: „Delegates in both parties were forbidden from bringing their own placards on the floor. All signs, even those carefully painted to look handmade, were produced by the party. There were supposedly 10,000 for the week, one signmaker told a *Nightline* crew." ROSENSTIEL 1993: 224.
417 Zu dem Einsatz von „Bild im Bild"-Strategien vgl. die Porträts der Protektionisten Smoot und Hawley als Gegenargument Al Gores in der NAFTA-Debatte mit dem Protektionisten Ross Perot 1993 (Abb. 73). S. Marion G. MÜLLER, Wie die Bilder sich gleichen: Die Depression kommt im grauen Anzug. In: FAZ vom 16. 03. 94, S. N5, sowie „NAFTA GOTCHA", Kommentar ohne Autorenangabe im NEW YORKER vom 22. 11. 93, S. 4/5.
418 James Bennet, For Buchanan, It's a Costume Change Every Day. The New York Times, 2. 3. 1996: 9.
419 Ebd.
420 Eva HELLER, Wie Werbung Wirkt: Theorien und Tatsachen. Frankfurt a. M. 1991: 13.

pen dieser Bildstrategien wandeln sich trotz des Medienwechsels kaum. Was sich verändert, ist das Bildmedium und damit der Bildstil. Das gemeinsame Charakteristikum von Wahlplakaten und politischen TV-Spots ist, daß sie als Bilder komplexe Informationen komprimieren. Diese Reduktion von Komplexität kann nicht in demselben Maße durch das Kommunikationsmedium der Schrift oder des gesprochenen Wortes erreicht werden. Eine die Analyse visueller Kommunikation erschwerende Komponente ist die emotionale Realität, die in Bildern unmittelbar zum Ausdruck kommt und die Betrachter anspricht. Bilder, ob statisch oder bewegt, sind eine Mischform aus rational und emotional orientierten Mitteilungsformen. Das Bild, zumal wenn ein kommentierender Text fehlt, wird allzu häufig als rein manipulativ abgetan, weil den Betrachtern die Fähigkeit fehlt, die in den Bildern verborgenen Informationen zu analysieren und ihr Gefallen oder ihre Kritik an den Bildern adäquat zu artikulieren. Im Unterschied zu den Plakaten, deren Analyse mangels schriftlicher Belege, aufgrund einer kontextorientierten Motivgeschichte erfolgen muß, bieten die TV-Spots, deren Macher und Hintergründe inzwischen teilweise bis ins kleinste Detail recherchiert sind[421], die einmalige Chance, die intendierten Funktionen und Wirkungen dieses Bildmediums im Wahlkampf genau zu untersuchen, wie dies bereits von *Diamond/Bates* in ihrem Buch „The Spot" unternommen wurde. Sie[422] unterscheiden vier Typen von Politspots: Den Kandidaten-Spot (ID-Spot), den Argument-Spot, den Angriff-Spot (Attack Ad) und den Visionären Spot (Visionary-Appeal-Spot), die in der Regel innerhalb einer Wahlkampfstrategie nacheinander eingesetzt werden. Die Art der Spots und ihr konkreter Einsatz im Wahlkampf scheinen den funktional-dramaturgischen Erklärungsansatz[423] für Wahlkampfkommunikation zu untermauern. Gemäß diesem Approach wird Wahlkampf als sozio-politisches Drama inszeniert, das ganz bestimmten Gestaltungsregeln und Handlungsmustern folgt. Der Ablauf eines Präsidentschaftswahlkampfes kann in vier Phasen unterteilt werden:

---

421 Hier muß noch einmal auf den bereits mehrfach zitierten, hervorragenden Band von DIAMOND/BATES, The Spot. 3. Aufl., Cambridge/Massachusetts u. a. 1992 hingewiesen werden, sowie die wegweisende Studie von Kathleen Hall JAMIESON, Packaging the Presidency. A History And Criticism of Presidential Campaign Advertising. Oxford u. a. 1988. Das größte Archiv politischer Radio- und TV-Spots befindet sich in Oklahoma. Das Political Commercial Archive an der University of Oklahoma hat über 50. 000 Radio- und TV-Spots archiviert. Vgl. Zoe INGALLS, Oklahoma's Archive of 50,000 Radio and TV Commercials for Political Candidates. In: The Chronicle of Higher Education, April 28, 1993: B4/5.
422 DIAMOND/BATES 1992: 289–341.
423 Die dramaturgische Theorie der Wahlkampfkommunikation hat sich aus einem funktional orientierten Ansatz entwickelt, der wiederum stark von dem symbolischen Politik-Konzept Murray Edelmans beeinflußt wurde. Edelmans Symbol-Begriff geht auf Ernst Cassirers „Philosophie der symbolischen Formen" zurück. Herausragende Vertreter des dramaturgischen Theorieansatzes sind: Richard M. MERELMAN, The Dramaturgy of Politics. In: Sociological Quarterly. Vol. 10, 2 (1969): 216–241; W. Lance BENNETT, The Ritualistic and Pragmatic Bases of Political Campaign Discourse. In: The Quarterly Journal of Speech. Vol. 63, 3 (1977): 219–257; DERS., Myth, Ritual, and Political Control. In: Journal of Communication. Vol. 30, 4 (1980): 166–179; Bruce E. GRONBECK, The Functions of Presidential Campaigning. In: Communication Monographs. Vol. 45, November 1978: 268–280; DERS., Functional and Dramaturgical Theories of Presidential Campaigning. In: Presidential Studies Quarterly. Vol. 14, 4 (1984): 486–499.

„Baldly, the first act (pre-primary phase) allows us to identify and examine critically the would-be actors; the second act (primary phase) provides tests-of-power among those key actors; the third act (conventions) is comprised of celebrations or legitimation rituals for offering adoration of victorious candidates and party platforms; and Act IV (the general election) contains the denouement, the struggle for political-institutional life and death between remaining contenders."[424]

In der ersten Wahlkampfphase werden die Kandidaten in ID-Spots vorgestellt, in die zweite Phase fallen dann der Argument-Spot und möglicherweise schon die ersten Attack-Ads, die sich in der Primary-Phase gegen Kandidaten derselben Partei richten. Im Hauptwahlkampf sind dann je nach Wahl- und Bildstrategie der Kandidaten bis auf die ID-Spots potentiell alle drei übrigen Bildtypen vertreten. Innerhalb dieser idealtypischen Gliederung von Topoi und Ablauf der Spots sind die unterschiedlichsten Variationsmöglichkeiten und Stile denkbar, die von humoristischen Elementen über symbolische „Props" bis zum Cinema-Verité-Stil reichen.[425] Diese Stilelemente richten sich ebenso wie die simpleren Bildstrategien der Plakate an bestimmte Erwartungshaltungen, die bei den Betrachtern vorausgesetzt, vermutet oder durch Umfragen in sogenannten „focus groups" vor der Produktion detailliert erforscht wurden.[426] Die Sets von Erwartungshaltungen, in der Terminologie der Kulturwissenschaft könnte hier auch von „Denkbildern" gesprochen werden, sind auch der Hauptforschungsgegenstand der Schema-Theorie[427], die eine erstaunliche Nähe zur Politischen Ikonographie aufweist. Die

---

424 GRONBECK 1984: 495.
425 Als Stilmittel der Politspots werden von DIAMOND/BATES (1992: 290–341) folgende Kategorien aufgestellt, die in den Kapiteln zu den Bildstrategien ausführlicher besprochen werden: Endorsement, Humour, Symbols and Props, Flip-Flop, Cinema-Verité, Man-in-the-Street, Confession, Emotion, Visionary Appeal, Fact.
426 Bei Präsidentschaftswahlen gehören die „Focus-groups" inzwischen zum Standardrepertoire. Die gesamte Wahlkampfstrategie eines Kandidatenteams wird auf die Auswertung von Befragungen in repräsentativen Diskussionsgruppen (focus-groups) gestützt. Aus diesen FGIs (Focus-group interviews) werden die wichtigen Wahlkampfthemen, das bereits bestehende oder noch nicht vorhandene Image des Kandidaten sowie das seiner Konkurrenten ermittelt. Erst nach erfolgter Auswertung dieser Primärdaten kann dann die Themen- und Imageplanung erfolgen. Diese, aus der kommerziellen Marktforschung stammende Technik, erklärt auch den hohen Professionalitätsgrad amerikanischer Kampagnen, die meist mit den im Spot-Endprodukt dargestellten Themen erstaunlich nahe an die Interessen und Erwartungshaltungen der Wähler heranreichen. Die focus-group-Technik wurde zuerst von dem Umfragespezialisten William Hamilton 1983 für den Primary-Wahlkampf des Demokratischen Senators von Ohio, John Glenn, angewandt: „In FGIs lasting as long as three hours, people expressed their feelings about their own lives and their attitudes about the country and its leaders, about family, friends, work, goals. The finding of this research became the basis of Glenn's first television advertising spots." DIAMOND/BATES 1992: 5.
427 Zu einer Übersicht über den Stand der Schema-Theorie vgl. den hervorragenden Artikel von PLASSER 1993. S. v. a. Arthur H. MILLER, Schema Theory in Political Psychology – Comment. In: American Political Science Review, 85 (1991): 1369–1380; Martin WATTENBERG, The Rise of Candidate-Centered Politics. Cambridge/Massachusetts 1991; Milton LODGE/Kathleen M. McGRAW/Patrick STROH, An Impression-Driven Model of Candidate Evaluation. In: American Political Science Review. 83 (1989): 399–420; Richard R. LAU, Political Schemata, Candidate Evaluations and Voting Behavior. In: Richard R. LAU/David O. SEARS (Hg.), Political Cognition. Hillsdale/New Jersey 1986: 95–126.

Schema-Theorie, ein aus der kognitiven Informationspsychologie stammender Forschungsansatz, der vor allem wahrnehmungs- und wirkungsorientiert ist, geht ebenso wie die Politische Ikonographie von einem komplexen visuellen Kommunikationsmodell aus, das auf bestimmten „Stereotypen", „Denkbildern" bzw. „Schemata" aufbaut. Die Wahrnehmung und Beurteilung von Spitzenpolitikern ist gemäß der Schema-Theorie „keineswegs ein eindimensionaler technokratisch steuer- bzw. kontrollierbarer Vorgang. Politiker-Images sind *mehrdimensionale Vorstellungsbilder*, die von spezifischen Erwartungen, Eindrücken und Bewertungen wie vom aktuellen politischen Problemkontext geprägt und koloriert werden. (…) Ergebnisse amerikanischer Studien, die sich vorrangig mit dem Präsidenten-Image auseinandersetzten, destillieren aus ihren Daten vier zentrale Kriterien für die Beurteilung politischer Führungspersönlichkeiten: ‚competence, leadership, integrity, and empathy'(…), wobei vergleichende Studien zur öffentlichen Wahrnehmung von Spitzenpolitikern auf erstaunliche interkulturelle Ähnlichkeiten der ‚television-induced-perceptions' (…) verweisen."[428] Die über Abbilder angeregten Wahrnehmungsmuster werden laut der Schema-Theorie anhand eines „modellhafte(n) Erwartungs- und Anforderungsprofil(s) über die erwünschten Eigenschaften und Qualitäten politischer Führungspersönlichkeiten"[429] selektiert und bewertet. In diesen Grundannahmen stimmt die Schema-Theorie mit dem kulturwissenschaftlichen Ansatz überein, die Intentionen der beiden Forschungsrichtungen sind jedoch verschieden. Während die Schema-Theorie auf die Erforschung der Wirkung von politischen TV-Images abzielt, geht es in der Politischen Ikonographie zunächst um die Erforschung der Bildmotive, ihrer Bedeutungen, Funktionen und ihres historischen Wandels. Psychologische Stereotypenforscher, Kommunikationswissenschaftler und politische Praktiker haben gleichermaßen versucht, dem Problem des Politikerimages mit einer Typisierung beizukommen und sind auf mehr oder weniger differenzierte Modelle verfallen, die jedoch immer versuchten, eindeutige Personenstereotypen herauszustellen. So unterteilte *Schwartzenberg*[430] beispielsweise seine Kandidaten in Helden (héros), einfache Männer von Nebenan (comme tout le monde), charmante Führer (leader de charme) und Landesväter (notre père). *Radunski*[431] spricht von drei Kandidatentypen – dem Kandidaten, der Ruhe und Ordnung schaffen will (Law and Order), dem Reformer und dem Moralisten, und *Barber*[432] nennt als die vier Grundelemente präsidentieller Image-Strategien den Arbeitsstil des Kandidaten, seine politische Grundauffassung, den persönlichen Charakter und die Art und Weise, wie er sich auf den Zeitgeist einstellt. *Weischenberg* unterscheidet schließlich zwischen Gladiatoren, Argumentierern, Informatoren und Darstellern.[433] Diese, schon

---

428 PLASSER 1993: 414.
429 Ebd.
430 Roger-Gérard SCHWARTZENBERG, Politik als Showgeschäft. Moderne Strategien im Kampf um die Macht. Düsseldorf u. a. 1980, orig. französisch „L'Etat spectacle: essai sur et contre le star system en politique. Paris 1977: 14/15.
431 Peter RADUNSKI, Wahlkämpfe: Moderne Wahlkampfführung als politische Kommunikation. München u. a. 1980: 21.
432 James D. BARBER, The Presidential Character. Predicting Performance in the White House. 3. Aufl. Englewood Cliffs/New Jersey 1985.
433 Siegfried WEISCHENBERG, Gladiatoren oder Propagandisten? Die Akteure politischer Kommunikation in einer medialen Streitkultur. In: Ulrich SARCINELLI (Hg.), Demokratische Streitkultur. Opladen 1991: 101–120, hier: 113.

beinahe an Allgemeinplätze erinnernden Kriterien, können nicht darüber hinwegtäuschen, daß das Wissen über Inhalt, Stil und Funktion politischer Images erstaunlich rudimentär ist.[434] Das Image als Quelle zu behandeln und den noch diffusen Blick auf Inhalte, Stil und Funktion politischen Image-Makings in einer historisch-vergleichenden Perspektive zu konzentrieren, ist die Aufgabe der folgenden Kapitel, in denen nicht Kandidatentypen, sondern Bildstrategien seziert werden.

---

434 Diese Einschätzung teilt auch PLASSER 1993: 414.

III. Kapitel
Visuelle Wahlkampfkommunikation

III. 1. Strategie des Schweigens

Das herausragende Merkmal der Schweigestrategie ist zunächst, daß der Kandidat nach seiner Nominierung verstummt. Diese bis zur Kandidatur des Demokraten Stephen Douglas 1860 unangefochtene Wahlkampfstrategie[1] wurde häufig nicht von den Kandidaten selbst gewählt, sondern gehörte zum „guten Ton" in einer tugendhaften Republik.[2] Seine eigene Sache zu befördern, galt als unschicklich, ja mit Bezug auf das höchste Amt im Staate als unehrenhaft, wenn nicht sogar schlicht als disqualifizierend. In dieser Hinsicht wirkte der 1821/22 von William Lowndes aus South-Carolina geprägte Grundsatz noch lange nach: „The Presidency is not an office to be either solicited or declined."[3] Die Rolle des „stummen Tribunen" (Mute Tribune), in die sich auch die eloquentesten Redner bei einer Kandidatur schlagartig fügten, hatte mit dem Prestige des angestrebten Amtes – der Amtswürde des Präsidenten – zu tun, die durch den Wahlkampf nicht befleckt werden sollte. Das Risiko, sich bei einem öffentlichen Auftritt des Amtes als unwürdig zu erweisen, wurde schon von Abraham Lincoln als zu hoch eingeschätzt:

---

1 „Presidential candidates were not supposed to campaign. Lincoln chose not to, but Stephen Douglas, his northern Democratic rival, became the first presidential nominee ever to do so." HOLZER u. a. 1984: 8/9. Es ist umstritten, wer nun eigentlich der erste Präsidentschaftskandidat war, der während seines Wahlkampfes öffentliche Reden hielt. Sicherlich war Douglas der erste, der 1860 einen Wahlkampf systematisch mit einer Wahlkampftournee anging, die jedoch nur unter einem Vorwand und nicht als Wahlkampfstil per se zu rechtfertigen war. Auch vor Douglas waren andere Kandidaten aus der Reserve gelockt worden und traten entgegen der offiziellen Strategie des Schweigens öffentlich auf, so beispielsweise der Kandidat der Whigs, William Henry Harrison: „By the 1840 campaign, both candidates were ready to hit the campaign trail, but it was Harrison who would finally deliver the first overtly partisan presidential speech on his own behalf. (…) in the preliminary jousting of the 1840 campaign, the Democratic press branded him a ‚superannuated and pitiable dotard' (a suspicion magnified when a committee of correspondence rather than Harrison himself answered Harrison's political mail). When charges of military incompetence were added to claims that Old Tippecanoe was senile, Harrison could take it no more. Wounded by the personal attack, he took to the stump to avenge his impunged reputation." JAMIESON 1984: 12.
2 Zum Begriff der „tugendhaften Republik" s. Gerald STOURZH, Die tugendhafte Republik. Montesquieus Begriff der ‚vertu' und die Anfänge der Vereinigten Staaten von Amerika. In: Österreich und Europa. Festgabe für Hugo Hantsch. Graz u. a. 1965: 247–267.
3 Zitiert in: TROY 1991: 14 und 20.

„(…) unwritten rules governing the behavior of presidential candidates seemed to render even an appearance at the nominating convention too much like a show of *lust for office*. With barely four weeks remaining before the start of the Republican National Convention of 1860, Abraham Lincoln had still not decided whether to travel to Chicago for the great event. (…) Ultimately he chose to stay in Springfield while his political fate was being decided in Chicago."[4]

Die Strategie des Schweigens begann zu Lincolns Zeiten bereits im Vorwahlkampf, noch vor der Nominierung. Selbst parteiintern wurden Ehrgeiz und Eigenwerbung nicht goutiert. Der kluge Präsidentschaftsaspirant hatte sich vielmehr zurückzuhalten und auf eine „Berufung" zu warten und dabei den Anschein von Verfügbarkeit und Geeignetheit bei gleichzeitiger Zurückhaltung und Gelassenheit zu erwecken.[5] Die Strategie des Schweigens ist zugleich eine Bild- und eine Wahlstrategie. Der Kandidat meidet öffentliche Auftritte und läßt anstelle seiner selbst sein Bildnis für ihn stellvertretend repräsentieren. So war auch Lincoln trotz seiner physischen Abwesenheit visuell auf dem Parteitag von Chicago präsent:

„Lincoln's head proved to be very much in evidence in the Wigwam (…). There were woodcut portraits in the picture newspapers from the East, likenesses on display in the hallway of the Wigwam, and, most important, a specially printed bundle of the pictures ready to be used by his supporters in the pro-Lincoln floor demonstrations later in the week."[6]

Das Kandidatenporträt erfüllt hier die Stellvertreterfunktion im ursprünglichen Sinn[7]: das Bildnis repräsentiert den abwesenden Kandidaten. Die massenhafte Vervielfältigung seines Abbildes sollte seine symbolische Gegenwart umso omnipräsenter machen. Noch deutlicher wird dieser Bildniseinsatz mit Stellvertreterfunktion in jener Handlung, die sich direkt im Anschluß an Lincolns Nominierung vollzog. Ein Bildnis aus dem Vorraum mußte hier anstelle des Nominierten die begeisterten Ovationen der Parteitagsdelegierten entgegennehmen:

„the applause continued, and a photograph of Abe Lincoln which had hung in one of the side rooms was brought in and held up before the surging and screaming masses."[8]

Das Kandidatenporträt wurde jedoch nicht nur in Abwesenheit des Kandidaten als Stellvertreterbildnis gezeigt, es erschien auch als Verdoppelung des Kandidaten bei Wahlkampfauftritten. Die „stump speeches" eines William Jennings Bryan, so benannt nach den ersten Redesockeln für politische Auftritte, die aus Baumstümpfen (stumps) bestanden[9], revolutionierten

---

4 HOLZER u. a. 1984: 9/10. Hervorhebung durch die Verfasserin.
5 Vgl. das Beispiel Lincolns, geschildert in ebd.
6 Ebd.
7 Zum Stellvertreterbildnis s. Adolf REINLE, Das stellvertretende Bildnis. Zürich u. a. 1984.
8 Zitat des Augenzeugen Murat Halstead, der von der Abstimmung als Reporter berichtete. Abgedruckt in: William B. HESSELTINE (Hg.), Three Against Lincoln. Murat Halstead Reports the Caucuses of 1860. Baton Rouge/Louisiana 1960: 172.
9 S. TROY 1991: 40. Der Baumstamm als Redesockel ist ein aus der christlichen Ikonographie entlehnter Topos, der vor allem in Predigerdarstellungen Verwendung fand. Besonders in den Predigtdarstellungen Johannes des Täufers wird dieser auf einem Baumstamm sprechend dargestellt. Vgl. das berühmte Gemälde Lucas Cranach d. J. „Predigt Johannes des Täufers" von 1549 im Herzog Anton Ulrich-Museum Braunschweig sowie Andrea del Sartos Behandlung des gleichen Themas in einem Gemälde, das in

am Ende des 19. Jahrhunderts den amerikanischen Wahlkampfstil. Das Neuartige an Bryans Auftritten war nicht die „stump speech" an sich, sondern die Tatsache, daß der Kandidat höchstpersönlich auftrat und die öffentliche Rede nicht wie üblich von der Partei bezahlten Stellvertretern überließ. So wurden Bryans Redeauftritte auch häufig durch ein würdevolles Porträt des Agitierenden ergänzt, das neben ihm auf dem Podium stand und seine politische Würde und Amtsfähigkeit veranschaulichte.[10] Bryans Wahlkampf änderte die Rolle des Kandidaten, der aus seiner vorgeschriebenen Passivität zum ersten Mal heraustrat und sich aktiv in die politische Diskussion einmischte, ohne diese Auftritte mit vorgeschobenen Ausflüchten zu entschuldigen.[11]

Die „stump speech" als öffentliche Rede gehörte bereits in der Kolonialzeit zur amerikanischen politischen Kultur.[12] Mit dem Ausbau der Parteistrukturen wurde die stellvertretende Rede für den schweigenden Präsidentschaftskandidaten zu einem Hauptbestandteil des Wahlkampfes. Die professionellen „stump speakers" waren nicht selten die Hauptattraktion von Wahlkämpfen.[13] In den 60er und 70er Jahren des 19. Jahrhunderts traten auch Frauen wie Anna Dickinson oder Victoria Woodhull, die 1872 als erste Frau für das Präsidentenamt kandidierte, als „stump speaker" auf.[14] In dieser Zeit setzte sich zugleich der aktive Wahlkampf für das Amt des Kongreßabgeordneten durch. Abraham Lincoln legte als Senatskandidat für seine berühmten Debatten mit Stephen Douglas 1858 in Illinois 4.300 Meilen zu Land und zu Wasser zurück und hielt über 63 Reden, während sein Gegner über 100 Auftritte hatte und 5.200 Meilen weit reiste.[15] Umso erstaunlicher erscheint das Schweigegebot, das auch weiterhin über die Präsidentschaftskandidaten verhängt wurde, und das der redegewandte Lincoln nur zwei Jahre nach seinem Redemarathon in Illinois bei seiner Präsidentschaftskandidatur akzeptierte. Die Strategie des Schweigens ist eine typische präsidentielle Wahl- und Bildstrategie, die mit dem Charakter des Präsidentenamtes und der an die Kandidaten gestellten Erwartungen zusammenhängt. Die Würde des Amtes (dignity of the office) und der Anspruch an den Präsidenten, über alle Partikularinteressen erhaben zu sein, mithin nur das nationale Gemeinwohl zu vertreten, verboten es dem Kandidaten, sich in parteiliche Auseinandersetzungen zu verstricken.

Stephen Douglas' Wahlkampftournee hatte 1860 mit der noch stark verbreiteten Erwartungshaltung der Wähler zu kämpfen, die vom Präsidentschaftskandidaten Zurückhaltung, Bescheidenheit und stille Würde verlangten. So ist zu den Wahlkampfanstrengungen Douglas' einschränkend zu bemerken, daß er seine täglichen, öffentlichen Ansprachen nur aufgrund eines Vorwandes durchführen konnte. Nach seiner Nominierung hatte er ursprünglich versprochen, die politische Diskussion zu meiden und sich dem Kandidatenstatus angemessen, das bedeute-

---

Florenz im Chiostro dello Scalzo hängt, und den Kupferstich, der Adam Elsheimer zugesprochen wird, in der Galleria Palatina, Palazzo Pitti/Florenz. Für diese und weitere Bildvergleiche zu Predigerdarstellungen s. Abteilung 15–20 „Predigt" unter dem Hauptstichwort „Agitation" im Bildindex zur politischen Ikonographie, hg. v. der Forschungsstelle Politische Ikonographie, Hamburg 1993.
10 Für eine Abbildung dieser bildlichen Verdoppelung s. TROY 1991.
11 Keith MELDER, Bryan the Campaigner. Contributions from the Museum of History and Technology: Paper 46, Washington D. C. 1965: 48.
12 DINKIN 1989: 13.
13 Ebd.: 66; s. auch Carl SCHURZ, Lebenserinnerungen. Berlin 1952: 365–380.
14 DINKIN 1989: 67.
15 Ebd.

te also schweigend, zu verhalten. Douglas hielt diese Wahlstrategie jedoch nicht durch und brach Mitte Juli 1860 von New York City vorgeblich zu einem Besuch seiner Mutter im nahen Staate New York auf, um dann anschließend seinen Schwager in Harvard und das Grab seines Vaters in Vermont zu besuchen.[16] Die Familienbesuche entlarvten sich als bloßer Vorwand für eine politische Kampagne, denn Douglas war im September noch immer nicht bei seiner Mutter angekommen.[17] Douglas hatte sich selbst unglaubhaft gemacht und die gegnerische Presse griff ihn für sein Verhalten an: „Douglas, the *Charleston Courier* sneered, ‚has not even the common honesty (…) to admit that he is on an electioneering tour for the presidency!' And inevitably, on July 24, 1860, the Republican *Illinois State Journal* branded Douglas's tactic unprecedented: ‚This is the first time in history (…) that any candidate for that exalted position has ventured to electioneer for it. It has heretofore been regarded as an office no man should seek by direct means, let alone by partisan stump speeches.'"[18] Auch sechsunddreißig Jahre nachdem Stephen Douglas zum ersten Mal das Redetabu zu unterlaufen versucht hatte, fand die Agitation des Kandidaten nicht nur begeisterte Anhänger, sondern auch scharfe Kritiker[19], die den Aktionismus Bryans als Verhöhnung des Präsidentenamtes bezeichneten. Zugleich war es auch nicht selten reines politisches Sendungsbewußtsein, das die Kandidaten zu einer aktiveren Rolle in ihrem eigenen Wahlkampf bewog, sondern ihre mangelnde finanzielle und organisatorische Ausstattung.[20] Im Unterschied zu Douglas bekannte sich Bryan jedoch öffentlich zu seinen politischen Ambitionen, aber ähnlich wie bei seinem Parteikollegen sechsunddreißig Jahre zuvor gab auch im Falle Bryans die desperate finanzielle Ausstattung seiner Kampagne im Vergleich zu dem millionenschweren Wahlkampfbudget seines Republikanischen Gegners William McKinley den Ausschlag für seine Wahlkampftournee. Der direkte Wahlkampf des Kandidaten, der durch die Lande zog, war schlichtweg billiger als eine zentral organisierte Werbekampagne mit einem Literaturbüro, wie es der Republikanische Wahlkampforganisator Mark Hanna in New York und Chicago aufzog.

Die Gründe für die Wahl der Schweigestrategie sind vielfältig. Ein Kandidat wie William McKinley konnte es sich leisten, andere für sich arbeiten zu lassen und sich selbst nur repräsentativen Aufgaben zu widmen. McKinley führte eine „front porch campaign"[21], bei der sich

---

16 S. TROY 1991: 64.
17 Ebd.: 65.
18 Ebd.
19 „Some observers found Bryan's tours as offensive as his ideas: here was a candidate who prepared his ambition before the public and even referred to himself in his speeches." McGERR 1986: 144.
20 DINKIN 1989: 81.
21 Der eigentliche „Erfinder" der „front porch campaign" war der Republikanische Kandidat und spätere Präsident James A. Garfield, der 1880 von seinen Wählern genötigt wurde, sie auf seiner Veranda zu empfangen: „Garfield did mostly remain at home after August, but he could not remain silent. Almost every day politicians, family friends, and delegations of devotees converged on his farm near Mentor, Ohio. Most of these swarming visitors were uninvited – and unwelcome – but the Garfield family had to host them anyway." TROY 1991: 89. Ein weiterer Nachahmer der Front-Porch-Strategie war der Republikanische Kandidat Benjamin Harrison, der sich 1888 auf seinen Privatsitz in Indianapolis/Indiana zurückzog und die Besuche vorsichtig orchestrierte. S. dazu DINKIN 1989: 68. Die letzte Schweigestrategie im „front porch campaign"-Stil wurde 1920 von dem Republikaner Warren G. Harding in direkter Anlehnung an McKinley praktiziert. Harding rechtfertigte seinen Rückzug in eine altmodische Passivität mit der Würde des Präsidentenamtes: „This method of campaigning conforms to my own conception of the dignity of the office" zitiert in: TROY 1991: 143.

der Kandidat auf seinen Landsitz zurückzog und anreisende Gästegruppen empfing, die vorbereitete Lobreden auf den Kandidaten hielten, auf die dieser dann mit einer gut einstudierten Antwort reagierte. Diese Wahlstrategie verlieh dem Kandidaten nicht nur eine würdevolle Aura, sie ermöglichte ihm auch, sein nur minder ausgeprägtes Redetalent zu verbergen.[22] Die fehlende Spontaneität und Natürlichkeit des Kandidaten blieb so von der Öffentlichkeit unentdeckt und zugleich schonte er sich, während sich sein Demokratischer Opponent bei den ruinösen Strapazen eines landesweit geführten Wahlkampfes aufrieb.[23] Nachwirkungen des im 19. Jahrhundert praktizierten politischen Anstands sind auch noch im 20. Jahrhundert zu spüren. So beschrieb der Biograph John F. Kennedys, Pierre Salinger, den Präsidentschaftswahlkampf 1960 folgendermaßen: „Es gehört zu den Spielregeln der amerikanischen Politik, daß jemand, der sich um die Präsidentschaft bewirbt, bis zum letzten Augenblick so zu tun hat, als kandidiere er nicht. In Kennedys Fall wirkte das besonders lächerlich, weil jeder halbwegs politisch interessierte Mensch spätestens im Frühjahr 1959 wußte, daß er kandidieren würde."[24]

Die „front-porch-campaign" wurde 1920 zum letzten Mal von dem Republikanischen Kandidaten und späteren Präsidenten Warren G. Harding angewandt. Ihre moderne Variante ist die sogenannte „rose-garden-strategy". Sie bezieht sich darauf, „daß der Präsident das Weiße Haus kaum verläßt, um im Lande zu Wahlkampfauftritten herumzureisen, aber dafür ohne den Anschein eines Wahlkämpfers zu erwecken, publicityträchtige Empfänge im Rosengarten des Weißen Hauses gibt".[25] Diese von Jimmy Carter gegen Ronald Reagan und später von diesem gegen Walter Mondale angewandte Strategie setzt auf den Amtsbonus des Präsidenten, der vorgibt, zu beschäftigt zu sein, um sich den Banalitäten eines Wahlkampfes widmen zu können. Im Falle von Jimmy Carter schlug diese Wahlstrategie, die sich auch im bildlichen Auftreten des Kandidaten widerspiegelte (vgl. Abb. 39), deutlich fehl. Carter berief sich auf die Geiselkrise im Iran als Hinderungsgrund für einen aktiven Wahlkampf. Die staatsmännische Pose, die Carter und Mondale auf dem Plakat einnahmen, auf dem sie als „A Tested and Trustworthy Team" angepriesen wurden, stand im Widerspruch zu den tatsächlichen weltpolitischen Ereignissen. Die gescheiterte Geiselbefreiung ließ Carter, der sich zudem vor einer öffentlichen Auseinandersetzung drückte, als außenpolitischen Dilettanten erscheinen. Im Vergleich zu Carters Bildstrategie vier Jahre zuvor (Abb. 58) wird deutlich, daß die Strategie des Schweigens meist von Amtsinhabern eingesetzt wird, während die Herausforderer eher zu einer aktiven Strategie mit Common-man-Appeal gezwungen sind.

Die Strategie des Schweigens, die bis zum heutigen Tag praktiziert wird, hat ideengeschichtliche Wurzeln, die in die Gründungsphase der Vereinigten Staaten von Amerika zurückreichen. Die gedankliche Verbindung zwischen dem „Schweigen" und der Vorstellung einer demokra-

---

22 Dies traf nicht nur auf McKinley zu – auch Ulysses S. Grant zog die Schweigestrategie einem aktiven Wahlkampf vor, weil er so seine geringe Redebegabung verheimlichen konnte. S. DINKIN 1989: 68.
23 Um die Strapazen eines aktiven Wahlkampfes zu veranschaulichen, sei hier das Beispiel Bryans näher ausgeführt: „In twenty-seven states, over 18,009 miles, in 600 speeches, averaging 80,000 words each day, the barrel-chested Bryan played on his audience's emotions. The tour was extraordinary, and exhausting. Consuming up to six meals per day, sleeping in snatches, and taking periodic alcohol rubdowns to preserve his strength – though never imbibing – Bryan sang his silvery song." TROY 1991: 104.
24 Pierre SALINGER, J. F. Kennedy. Düsseldorf, Wien 1992: 47.
25 STEGNER 1992: 51.

tischen „Würde" ist im republikanischen Tugendkanon der frühen amerikanischen Demokratie bereits angelegt und läßt sich zum einen auf die Rezeption des Renaissance-Politikers Niccolo Machiavelli[26] (1469–1527), zum anderen auf den Einfluß der Schriften des französischen Philosophen Montesquieu (1689–1755) zurückführen. Dessen 1748 erschienenes Alterswerk „De L'Esprit des Loix"[27] (Vom Geist der Gesetze) kann als Standardlektüre der amerikanischen Gründerväter bezeichnet werden.[28] Montesquieu unterscheidet darin drei Typen von Staatsformen, denen jeweils ein Prinzip zugrundegelegt wird, auf dem die jeweilige Staatsform beruhe: Dem Despotismus ordnete Montesquieu das Prinzip der Furcht, der Monarchie das Prinzip der Ehre und der Republik das Prinzip der Tugend zu.[29] Die notwendige Verbindung von demokratischer Staatsform und Tugendhaftigkeit begründete Montesquieu folgendermaßen:

> „Zum Fortbestand oder zur Stützung einer monarchischen oder einer despotischen Regierung ist keine sonderliche Tüchtigkeit vonnöten. Unter der einen regelt die Kraft des Gesetzes alles oder hält alles zusammen, unter der anderen der immer schlagkräftige Arm des Herrschers. In einem Volksstaat ist aber eine zusätzliche Triebkraft nötig: die *Tugend*. Was ich sage, wird von dem ganzen Geschichtszusammenhang bestätigt und stimmt durchaus mit der Natur der Dinge überein. Denn augenscheinlich bedarf es in einer Monarchie, wo sich der Mann, der die Gesetze ausführen läßt, über den Gesetzen stehend dünkt, der Tugend weniger als bei einer Volksregierung, wo der Mann, der die Gesetze ausführen läßt, fühlt, daß er selbst ihnen unterworfen ist und sie in ihrer Schwere zu ertragen hat."[30]

Die Anforderung der Tugendhaftigkeit an ein demokratisches Regierungssystem ergibt sich dadurch, daß die Machtinhaber als Gleiche unter Gleichen richten und selbst an die Gesetze gebunden sind, die sie erlassen oder ausführen. Worin besteht nun aber konkret die Tugend in einer Demokratie? Der vertu-Begriff des französischen Philosophen versteht sich sui generis und leitet sich weder von der antiken, aristotelischen, noch von der christlichen Tugendlehre ab.[31] Montesquieus „vertu" ist vielmehr eine politische Tugendhaftigkeit: „Ce n'est point une

---

26 Von den Amerikanern rezipiert wurde Machiavelli vor allem als Autor der „Discorsi", nicht als Autor des „Principe". Die Discorsi, die Machiavelli unmittelbar im Anschluß an die Fertigstellung seines Principe 1513 verfaßte (den er wiederum erst drei Jahre später Lorenzo de Medici widmete), setzen sich mit der ersten Dekade des Titus Livius auseinander und stellten eine Art Lehrbuch und Hommage an die republikanische Staatsform dar, die von den amerikanischen Gründervätern rezipiert wurde. Zu Machiavellis Rezeptionsgeschichte und der Adaption seines „vertu"-Begriffs in den USA vgl. die hervorragende Studie von J. G. A. POCOCK, The Machiavellian Moment. Florentine Political Thought and the Atlantic Republican Tradition. Princeton 1975. Zur „vertu" s. Kapitel XIV, The Eighteenth-Century Debate. Virtue, Passion and Commerce. S. 462–505.
27 Der zitierte Originaltitel wäre im modernen Französisch mit „De L'Esprit Des Lois" zu transkribieren.
28 „Wir wissen, daß John Adams, wie viele seiner amerikanischen Zeitgenossen, von Jugend auf mit dem Esprit des lois vertraut war." STOURZH 1965: 248, mit Verweis auf: Paul SPURLIN, Montesquieu in America 1760–1801. University Louisiana 1940.
29 Die Prinzipien der drei Regierungsarten finden sich im III. Buch des „De L'Esprit Des Lois", s. MONTESQUIEU, Vom Geist der Gesetze. Orig. 1748. Übersetzt von Kurt Weigand. Stuttgart 1989: 117–129.
30 Ebd.: 118.
31 „Jene vertu, die Montesquieu als Prinzip der Republik bezeichnete, hatte nichts mit den von der Antike übernommenen traditionellen Herrschertugenden der iustitia, clementia und pietas zu tun, (…) sie

vertu morale, ni une vertu chrétienne, c'est la vertu politique."³² In dem Hinweis des Verfassers, den Montesquieu einer Neuauflage seines Buches voranstellte, präzisierte er seinen Tugendbegriff, um den gravierenden Mißverständnissen, die seine Zuweisung der Tugendhaftigkeit an die Demokratie ausgelöst hatte, entgegenzuwirken:

> „Für die rechte Auffassung der ersten vier Bücher dieses Werkes ist zu beachten, daß ich mit der Bezeichnung *Tugend* innerhalb der Republik die Vaterlandsliebe meine, das heißt: die Liebe zur Gleichheit. Sie ist weder eine moralische noch eine christliche Tugend, vielmehr eine *politische*. Diese Triebkraft setzt die republikanische Regierung in Bewegung, genauso wie die Triebkraft der *Ehre* die Monarchie in Bewegung setzt. Demgemäß habe ich die Liebe zum Vaterland und zur Gleichheit *politische Tugend* genannt. Ich hatte neue Ideen. Daher war es angebracht, neue Worte dafür zu finden oder den alten neue Auslegungen zu geben. Wer dies nicht verstanden hat, hat aus meinem Text Absurditäten herausgelesen (…). Kurzum: Ehre gibt es in der Republik, wiewohl die politische Tugend ihre Triebkraft dazu ist; die politische Tugend gibt es in der Monarchie, wiewohl Ehre ihre Triebkraft ist."³³

Entscheidend ist, daß Montesquieu mit „Tugend" immer „politische Tugend" meint. Diese Politisierung des Tugendbegriffs, die die „vertu" aus dem moralischen Definitionsumfeld ausklammert und spezifiziert, wurde von John Adams, dem späteren Nachfolger George Washingtons im Präsidentenamt, in seinen 1776 verfaßten „Thoughts on Government" ebenso übernommen wie die Klassifizierung der Staatsformen aufgrund von Prinzipien: „,*The foundation of every government is some principle or passion in the minds of the people*', heißt es in Anlehnung an den Esprit des lois. ,Fear' wird als Grundlage der meisten Staatswesen dargestellt. ,Honor' wird als ,truly sacred' bezeichnet, jedoch hinzugefügt, daß dieses Prinzip ,*a lower rank in the scale of moral excellence than virtue*' einnehme. Adams lenkt seine Leser auf die Vorteile der republikanischen Staatsform: ,*If there is a form of government, then, whose principle and foundation is virtue, will not every sober man acknowledge it better calculated to promote the general happiness than any other form?*'"³⁴ Die Tugendhaftigkeit der Bürger wird in dieser Argumentation zur idealen Voraussetzung für das eigentliche Staats- und Gesellschaftsziel: das kollektive Streben nach Glück. Daß die Tugend eine politische sei, die in einer Demokratie eben nicht einem Fürsten, sondern dem Volk als Bürgern eigne, verwandelt den Tugendbegriff von einem nur wenigen zugänglichen mentalen Gut zu einer Kollektiveigenschaft. Montesquieus Beschreibung der Tugend als „passion", als Leidenschaft, die weniger über den Verstand als über natürliche Eingebung vermittelt wird, unterstreicht die egalitäre Ausrichtung seines Tugendbegriffs, der eine deutliche Abkehr von der aristotelischen Tugendlehre markierte: „Die Kardinaltugenden der Antike können nur durch die Übung der Vernunft erworben werden; immer nur wenige, nie die Masse können sie erreichen. Die vertu politique

---

unterscheidet sich auch deutlich von den Kardinaltugenden der aristotelischen Tugendlehre, von prudentia, iustitia, fortitudo und temperantia." STOURZH 1965: 248.

32 Nachdem die erste Ausgabe der „Esprit des Lois" erschienen war, stellte Montesquieu, um Mißverständnisse zu vermeiden, dem Buch ein Vorwort voran (avertissement). In der von der Verfasserin zitierten deutschen Ausgabe von 1989 ist dieses „avertissement" als „Hinweis des Verfassers" betitelt. MONTESQUIEU 1989: 92/93.
33 Ebd.: 92.
34 STOURZH 1965: 248.

Montesquieus hingegen ist als ‚passion' jedermann zugänglich."[35] Die amerikanische Rezeption des antiken Tugendbegriffs wird entscheidend durch Montesquieu beeinflußt. Tugend wird als politische Tugend definiert, die potentiell allen Bürgern als Eigenschaft gegeben ist. Damit ist jedoch nur der spezifische Bereich sowie die Gruppe der Tugendträger definiert, der konkrete Inhalt und die Äußerungsarten republikanischer Tugendhaftigkeit sind noch nicht beschrieben. Hierfür ist die Auslegung Montesquieus durch John Adams hilfreich. Er analysiert den Tugend-Begriff folgendermaßen:

> „It is not the classical virtue which we see personified in the choice of Hercules, and which the ancient philosophers summed up in four words,– prudence, justice, temperance, and fortitude. It is not Christian virtue, so much more sublime, which is summarily comprehended in universal benevolence. What is it then? According to Montesquieu, it should seem to be merely a negative quality; *the absence of ambition and avarice.*"[36]

Der Begriff wird also ex negativo definiert. Adams zählt nicht konkrete Handlungen oder Verhaltensweisen auf, sondern definiert in der Auslegung Montesquieus Tugend als das, was sie nicht ist. Die politische Tugend wird in diesem Sinne als Antithese zu Ehrgeiz und Neid verstanden. Wenn die Tugend die Triebkraft der Demokratie ist, so müssen Ehrgeiz und Neid ihre Feinde sein. Von Anbeginn wird so das persönliche Streben nach Macht im politischen Denken der jungen amerikanischen Republik als eine der größten Bedrohungen des neuen Staatswesens geächtet.

An den Präsidenten als moralisches Vorbild und Verkörperung des neuen Staates wird damit fast automatisch die Erwartung der größten politischen Tugend geknüpft. Da die Tugend zwar eine politische Eigenschaft ist, die jedoch zugleich an die Fehlbarkeiten eines menschlichen Trägers gebunden ist, steht die Person des Präsidenten in den USA von Anbeginn unter dem besonderen Anspruch, die erwartete politische Tugend durch seine persönliche Tugendhaftigkeit zu beweisen, die jeglichem Machtstreben und Ehrgeiz abhold sein muß. Der persönliche Charakter eines Kandidaten für das höchste Amt wird somit zum Maßstab für seine politische „Geeignetheit" (availability).

Im 19. Jahrhundert gehörte das Ritual der vorgestellten „Amtsscheu" zum Wahlkampf. Die Strategie des Schweigens war in dieser Hinsicht der einzig gangbare Weg für den Kandidaten, um seine politische Tugendhaftigkeit unter Beweis zu stellen. Das einzige Ausdrucksmedium, das dem Machtaspiranten zugestanden wurde, war zunächst die Beantwortung von Briefen, die in Zeitungen veröffentlicht wurden. Als die Parteien Mitte des 19. Jahrhunderts begannen, Parteiprogramme (Platforms) zu verfassen, öffnete sich dem Kandidaten zusätzlich zu den Briefen ein neues schriftliches Ausdrucksmedium für seine politischen Ansichten in Form des sogenannten „letter of acceptance". In ihm bedankte sich der Kandidat für seine Nominierung und hob diejenigen Programmpunkte (Planks) der Platform hervor, auf die er seine Kandidatur stützen wollte. Nachdem der „letter of acceptance" an die Presse zur Veröffentlichung weitergeleitet worden war, verfiel der Kandidat in der Regel bis zur Stimmauszählung in das vorbestimmte politische Schweigen.[37] Den Bruch mit dieser bestimmenden Tradition brachte

---

35 Ebd.: 250.
36 John ADAMS, A Defence of the Constitutions of Government of the United States of America. London, Bd. 3 (1788): 488. Hervorhebungen im obigen Zitat durch die Verfasserin.
37 JAMIESON 1984: 16.

III. 1. Strategie des Schweigens

erst der Wahlkampf 1896 mit dem Demokratischen Kandidaten William Jennings Bryan, der die Wahl jedoch an seinen schweigenden Republikanischen Gegner, William McKinley, verlor. McKinleys Wahlkampfmanager Mark Hanna hatte auf die Massenwirksamkeit von Bryans Auftritten geschickt reagiert und seine Geschäftsfreunde, denen die Eisenbahnlinien gehörten, dazu bewogen, Freitickets für diejenigen auszustellen, die William McKinley auf seiner Veranda in Canton/Ohio besuchen wollten.[38] So wurde die passive Strategie McKinleys zu einem Publikumsrenner mit insgesamt 750.000 Besuchern aus dreißig Staaten[39], die das Anwesen McKinleys in eine Art nationale Pilgerstätte verwandelten.[40] Die Strategie des Schweigens in Form einer „front porch campaign" zahlte sich für McKinley aus und dies, obwohl er kein Amtsinhaber war, der sich auf seinen Amtsbonus stützen konnte. Bryan und McKinley traten beide zum ersten Mal in einem Präsidentschaftswahlkampf an, und offensichtlich hatten McKinley und sein Wahlkampfteam verstanden, durch die Schweigestrategie ein präsidentielles Image zu erzeugen, das dem volkstribunenhaften Bryan abging.

Nicht jeder Kandidat fühlte sich in seiner Schweige-Rolle so wohl wie Ulysses S. Grant oder McKinley. Diejenigen, die ihren Ehrgeiz zwar vor der Öffentlichkeit verbergen, jedoch nicht gänzlich unterdrücken konnten, fanden andere Wege, um ihre eigene Kandidatur voranzutreiben. Vielleicht liegt in diesem Widerspruch zwischen offizieller Rolle, öffentlichem Image und privaten Ambitionen der eigentliche Impetus für die Herausbildung der ersten Wahlkampfstrukturen. Zunächst waren es Freunde, Bekannte und Verwandte des Kandidaten, die sich als Sekretäre und Organisatoren der Beförderung des Freundes annahmen. Schließlich, als sich in den 30er Jahren des 19. Jahrhunderts das „spoils system" mit Belohnungen für Parteiaktivisten durchzusetzen begann, war auch der Ehrgeiz einzelner geweckt, die sich durch die Beteiligung am Wahlkampf einen lukrativen Job versprachen. Die Leugnung des Ehrgeizes erreichte einen Höhepunkt, als unzählige freiwillige Aktivisten ehrgeizig an der Erzeugung eines Kandidatenimages arbeiteten, das frei von jeglichen Ambitionen zu sein hatte. Diese idealisierte „Amtsscheu" des Kandidaten kommt auch in den heroenhaften Vorbildern zum Ausdruck, die aus der Antike bemüht wurden. Zur Charakterisierung des idealen demokratischen Herrschers, den George Washington nach seinem Tod 1799 in völliger Verklärung zu verkörpern begann, wird mit Vorliebe die antike Gestalt des Cincinnatus herangezogen.[41] Dieser von

---

38 Ebd.: 18.
39 TROY 1991: 106.
40 „McKinley captured the nation's attention: ‚The desire to come to Canton has reached the point of mania,' Francis Loomis reported. Eight hundred to one thousand letters a day poured into McKinley's home. (...) The visitors scavenged souvenirs from all of Canton – bits of twigs, clumps of grass, and parts of the famous front porch itself." TROY 1991: 105/106.
41 Der Vergleich zwischen Cincinnatus und Washington wurde zuerst von Washingtons Biographen Mason Locke Weems in seinem 1800 veröffentlichten Buch „Life of Washington" gezogen, worin er als hervorragende Charaktereigenschaft, die sowohl Cincinnatus wie Washington eigen gewesen sei, das Desinteresse der beiden bezeichnete („Washington was (...) as Cincinnatus disinterested"), womit Weems vermutlich das Desinteresse an der Macht meinte. Dieses Desinteresse wird auch auf einem Plakat von 1840 für William Henry Harrison reklamiert, der in der Schlußpassage des Textteiles folgendermaßen charakterisiert wird: „Disinterestedness and integrity have marked his conduct in the discharge of every public trust." Die legendenhafte Gestalt des Cincinnatus wurde von Weems in einem Vortrag, den er 1802 unter dem bezeichnenden Titel „The True Patriot" hielt, folgendermaßen beschrieben: „Of this sort was that glory of Rome (...) and of all republican can virtue, Cincinnatus,

Livius beschriebene Kleinbauer-Mythos, dem man wohl einen historischen Kern zubilligen muß[42], verkörperte das Ideal römischer „virtus". Livius beschreibt, wie Cincinnatus im Jahre 458 v Chr. von Abgesandten der römischen Republik gegen die Invasion der feindlichen Aequer zu Hilfe gerufen wird, um nach der Zurückschlagung des Agressors wieder auf seine bescheidenen Äcker zurückzukehren. Cincinnatus bleibt wer er war – ein einfacher Bauer, dem jegliches Streben nach Macht und Ämtern fernlag. Dieser Idealtypus des „Common man turned Commander-in-chief" charakterisiert eine bestimmte Erwartungshaltung an das Präsidentenamt und den Charakter der Kandidaten: Der ideale Präsident ist ein einfacher Mann, der selbst seine Äcker bestellt. Er bewirbt sich nicht um die Machtposition, sondern wird vielmehr aus einer Notlage heraus berufen. Nachdem er die Gefahr beseitigt hat, tritt er von der politisch-militärischen Bühne ab, um wieder als bescheidener Bauer seine Äcker zu bestellen. Die der Figur des Cincinnatus zugeschriebenen Eigenschaften – Patriotismus und das Fehlen jeglichen Ehrgeizes –, machen ihn zum Prototypen des Präsidentenimages im 19. Jahrhundert. An dieses Ideal der „Berufung zu großen Dingen", für die der Kandidat selbst aber im Wahlkampf nichts ausrichten kann, da jeder Akt des sich positiv Herausstellens als ehrgeizige Handlung dem Mythos der überraschenden „Berufung" entgegenwirken würde, versuchten die amerikanischen Präsidentschaftskandidaten durch ihre Schweigestrategie anzuknüpfen. Ein heute fast vergessener Präsident – der Demokrat Franklin Pierce – führte die Strategie des Schweigens im Wahlkampf 1852 zur Perfektion und wurde als „modern Cincinnatus, waiting the will of the nation"[43] gerühmt. Franklin Pierce verstand die Erwartungen an den Präsidentschaftskandidaten so ausgezeichnet, daß sogar ein politischer Gegner ihm zugestehen mußte: „Pierce has a talent for silence that will serve far better than his antagonists's electioneering."[44]

Das Schweigen des Kandidaten über seine eigene Kandidatur wird im 20. Jahrhundert vor allem als taktisches Mittel eingesetzt. So etwa von Thomas Dewey, dem Republikanischen Gegenkandidaten FDRs, der sich 1944 in einer prekären Lage befand. Bei seiner zwei Jahre zuvor erfolgten Wahl zum Gouverneur des Staates New York hatte er versprochen, eine volle vier-

---

the proprietor of only four acres of ground, The Equi and the Volsci, two warlike nations uniting all their forces, burst into the Roman territories like a resistless cataract, sweeping everything before them. Blank with terror, the Romans sent for Cincinnatus to hasten to the command of their little army and play the last stake for his trembling countrymen. They found the hero at his plough. Having unyoked his oxen he hastened to the army – who, at his appearance, felt as did our troubled fathers in 1774 (sic) when the godlike figure of Washington stood before them on the plains of Boston to fight the battles of liberty. (…) Soon as this great work was done, he took an affectionate leave of his gallant army and returned to cultivate his four acres with the same hands which had so gloriously defended the liberties of his country". Zitiert in: Garry WILLS, Cincinnatus. George Washington and the Enlightenment. Garden City/New York 1984: 35, 36. Washington wurde auch in der Druckgraphik des 18. Jahrhunderts als Cincinnatus dargestellt, der nach getaner heroischer Arbeit auf seine bescheidenen Äcker (die sich natürlich in Washingtons Fall nicht so bescheiden ausnahmen) zurückkehrte, s. Wendy C. WICK, George Washington. An American Icon. The Eighteenth-Century Graphic Portraits. Washington D. C. 1982: 134/135. Zur Cincinnatus-Legende s. auch das folgende Kapitel zur Heldenstrategie.
42 S. DER KLEINE PAULY. Lexikon der Antike. 5 Bde. Stuttgart (1964–1975), Bd. 1 (1964): Sp. 1189/1190.
43 Zitiert in: TROY 1991: 56.
44 George Templeton Strong zitiert in: TROY 1991: 56.

jährige Amtszeit abzuleisten. Eine offensive Kandidatur für das Präsidentenamt wäre dem Bruch dieses Wahlkampfversprechens gleichgekommen und hätte den politischen Ehrgeiz Deweys, seine „lust for office", bloßgestellt. „His strategy was thus to make the drive for the Presidency seem as much like a draft as possible. Dewey therefore refused to announce his candidacy, never undertook a political tour outside the state and never spoke out on any important political issues then dividing the party. (...) His silence had its advantages. THE NEW YORK TIMES commented in April that Dewey's reluctance to discuss the issues ‚permits different groups in different sections of the country to interpret his silence on controversial issues as they wish to interpret it for the sake of the most practical political results and to portray Mr. Dewey in different lights to different groups of people (...) this is a highly effective way of achieving a superficial political unity'."[45] Diese Art der Schweigetaktik erzeugt einen hohen Grad politischer Ambivalenz. Der Kandidat vermeidet eine Festlegung auf bestimmte politische Positionen und hält sich zugleich ein „Hintertürchen" offen, um doch noch aus dem Rennen auszusteigen, wenn die Erfolgsaussichten zu gering sind. Auf eben diese Ambivalenz der Gefühle setzte auch Ronald Reagans Medienberater Michael Deaver, der in die Trickkiste des „Hollywood-Starsystems" griff: „Je seltener (Kandidaten) vor möglichst vielen Leuten in Erscheinung treten, desto mehr Interesse finden sie. (...) Je seltener ein Politiker mit der Öffentlichkeit in Kontakt tritt, desto eher wird sein Auftritt zu einem ‚Ereignis', desto mehr ‚Appeal' hat er."[46] Michael Deaver war in dieser Hinsicht ein Meister des „elektronisch befestigten Schweigens"[47]. Das Bildnis Reagans erfüllte in der Republikanischen Medienstrategie nicht nur die Stellvertreterfunktion für die Person des Präsidenten, sondern „ersetzte" zugleich die verbale Kommunikation. TROY verglich diese Strategie der „Bilder ohne Text" mit den Methoden von Drogenlieferanten, die die Abhängigen – in diesem Fall die Bildmedien – mit „Stoff" versorgten:

> „Like drug pushers catering to an addict's needs, Reagan's aides met every morning at 8:15 A.M. to plan the day's news coverage, to choose the ‚line of the day.' Exploiting TV's ‚structural' biases, they offered one major story a day, dramatically illustrated. The ‚visual is as critical as what we're saying,' Deputy Chief of Staff Michael Deaver preached."[48]

Daß die „Hollywood-Feelgood-Strategie" der Reagan-Administration funktionierte, hatte auch mit der visuellen Kritikunfähigkeit der Bildmedien zu tun, die zwar auf verbale Äußerungen analytisch und kritisch zu reagieren verstanden, der Bilderflut aus dem Weißen Haus aber fast hilflos ausgeliefert waren. Reagan konnte sich hinter seinen inszenierten Bildnissen vor kritischen Sachfragen verstecken, ebenso wie das Schweigen im 19. Jahrhundert die Präsidentschaftskandidaten in einen ambivalenten Schutzmantel gehüllt hatte, der sie vor Angriffen der Gegner fast automatisch abschirmte, da ein Angriff immer nicht nur eine Attacke auf den Kandidaten, sondern zugleich auf die von ihm verkörperte Amtswürde darstellte. Daß die Schweigestrategie eine Rolle ist, die bevorzugt von Amtsinhabern gewählt wird, zeigte sich

---

45 Leon FRIEDMAN, Election of 1944. In: SCHLESINGER (Hg.) 1971: 3009–3038; hier: 3021.
46 Richard SENNETT, Verfall und Ende des öffentlichen Lebens. Die Tyrannei der Intimität. 2. Aufl. Frankfurt a. M. 1990: 369. Orig. Englisch: The Fall of Public Man. New York 1976.
47 Der Ausdruck stammt von Richard SENNETT und ist zugleich der Titel eines Kapitels in seinem unter Anm. 46 zitierten Buch.
48 TROY 1991: 247.

erneut im Vorwahlkampf 1996, zu dessen Auftakt Präsident Clinton im Januar die amerikanischen Truppen der IFOR-Friedensmission im bosnischen Tuzla besuchte und die gewünschten Pressebilder zur Unterstützung seiner Wiederwahl verbreitet wurden. Auf sämtlichen Pressefotos dieses Ereignisses wird Clinton im Profil dargestellt.[49]

Um dem tugendhaften Denkbild vom Präsidentenamt gerecht zu werden, waren die Kandidaten im 19. Jahrhundert gezwungen, jeglichen Eindruck von Ehrgeiz, Neid oder Machtstreben zu vermeiden. Ein Auftritt in der Öffentlichkeit für die eigene Nominierung oder Wahl widersprach diesem Image so eklatant, daß ein solches Verhalten bis zu Beginn des 20. Jahrhunderts nicht offen praktiziert wurde. Der steigende Einfluß der Parteien und der hinter der vorgeschobenen Schweigestrategie operierenden Wahlkampfmanager hatte vermutlich auch seinen Grund in dieser für den heutigen Betrachter widersprüchlich erscheinenden Rolle des Präsidentschaftskandidaten. Die Schwierigkeit der Wahlkämpfe im 19. Jahrhundert bestand vor allem darin, ein populäres öffentliches Image zu erzeugen, ohne machtgierig und amtsversessen zu wirken. Die Wahl erschien so eher als ein „Berufungszeremoniell", denn als die kompetitive Strategie, die sich hinter dem Image auch schon im frühen 19. Jahrhundert verbarg.

Der im 19. Jahrhundert im Zusammenhang mit den Qualitäten eines Kandidaten am häufigsten gebrauchte Begriff der „availability", einem Ausdruck, der sowohl „Verfügbarkeit" wie auch „Geeignetheit" bedeuten kann, verweist auf die Position eines Präsidentschaftskandidaten, der nicht als „self-made-man" ins Rennen geht, sondern aufgrund seiner geeigneten Verfügbarkeit „zum Amt berufen wird". Daß diese „Berufung" nur eine vorgegebene Fassade war, hinter der die Parteibosse den aussichtsreichsten Kandidaten in einem undemokratischen Machtpoker bestimmten, um ihn schließlich formaldemokratisch auf dem Nominierungsparteitag absegnen zu lassen, muß nicht eigens betont werden. Demokratischer Anspruch und demokratische Realität klaffen in dieser Hinsicht im 19. Jahrhundert weit auseinander. Die eigentlichen Auswahlkriterien für einen geeigneten Kandidaten werden am Beispiel William Henry Harrisons, der bereits 1836 für die Whigs kandidierte, deutlich:

> „Even though he had minimal governmental experience, the Whigs believed that Harrison would be a far more electable candidate than Clay. Because he had never held a major office, his views on most issues were unknown and thus unlikely to offend any group. Equally important, Harrison had achieved some renown as a military commander at the Battle of Tippecanoe (1811) and in the War of 1812. Whig leaders hoped the retired general could be molded into a great popular hero as Jackson had been a dozen years earlier."[50]

Die Strategie des Schweigens spiegelt sich in den Porträts der Kandidaten, die bildstrategisch versuchen, Distanz und Würde des angestrebten Amtes zum Ausdruck zu bringen. Kandidaten, die eine Strategie des Schweigens verfolgen, lenken die Aufmerksamkeit auf das von ihnen verkörperte Amt. Dies geschieht im Bild durch Strategien, die Autorität durch Distanz zum Dargestellten evozieren. Im Porträt wird diese Distanz erzeugt durch die Vermeidung des direkten Blickkontaktes (Abb. 39), durch die Ernsthaftigkeit des Gesichtsausdrucks, der meist den Eindruck einer gewissen Steifheit erzeugt, durch staatsmännische Kleidung mit weißem Hemd, Krawatte und dunklem Anzug sowie in Einzelfällen durch eine untersichtige Aufnah-

---

49 Vgl. Newsweek vom 22. 1. 1996: 8 (Foto: Stephen Jaffe – JB Pictures); Frankfurter Allgemeine Zeitung vom 15. 1. 1996: 3 (Foto: dpa); Neue Zürcher Zeitung vom 15. 1. 1996: 1 (Foto: Reuter).
50 DINKIN 1989: 49.

III. 1. Strategie des Schweigens

metechnik (Abb. 40). Das Präsidentenhafte wird in vielen Fällen auch durch subtile Farbgebung von Details, wie beispielsweise der Krawatte in Nationalfarben (Abb. 36), einer Flagge im Hintergrund (Abb. 34) oder der direkten Betitelung des abgebildeten Kandidaten als „The President" (Abb. 37 und 40) verstärkt. Die Verbindung zwischen der Amtswürde und der Verkörperung dieses Denkbildes durch eine visualisierte Bildwürde ist bereits in der Begriffsgeschichte von „dignity" angelegt. Auch hier führt die Geschichte zu antiken Ursprüngen, die im praktizierten politischen Diskurs der Vereinigten Staaten weiterleben. Die „dignity" des amerikanischen Präsidentenamtes stammt etymologisch vom lateinischen Begriff der „dignitas" ab. „Dignitas ist einer der zentralen politischen Begriffe im augusteischen Rom. Dignus aber gehört als Adjektiv zu dem Wort decus, das zu dem Bedeutungsumfeld des decor-Begriffs führt (…). Schon in seiner allgemeinen Bedeutung des Angemessenen und Schicklichen als sittliche Kategorie zielt der decor-Begriff auf einen gesellschaftlichen Normenkatalog an den die ästhetischen Ausdrucksformen angemessen und angepaßt sein müssen. Hierbei handelt es sich um eine Angemessenheit an die staatsrechtlich verankerte Rangskala und Statuszuweisung, also um ein Ausgestattetsein mit Zier und Schmuck im Sinne eines Prestige- und Rangbegriffs des staatlichen Ämterwesens, der als äußeres Abzeichen den gesellschaftlichen Rang einer Person bestimmt."[51] Die Würde (dignitas) drückt sich aus in ihren äußeren Abzeichen (decorum). Die Würde eines Amtes ist also an ihre äußerliche Erkennbarkeit geknüpft. Der gesellschaftliche Rang des Präsidentschaftskandidaten wird vor allem durch die in seinem Porträt erzeugte Distanz bestimmt. Meist wird der Kandidat im Dreiviertelporträt mit geschlossenem Mund in leichter Untersicht dargestellt (vgl. Abb. 39, 40). Die Gesichtszüge sollen Ehrfurcht erheischen. Die Wahlstrategie besteht darin, die Kandidaten in ihrem staatsmännischen Profil zu präsentieren. Diese Strategie wird meist von Amtsinhabern gewählt, die sich um eine Wiederwahl bewerben, also zum Zeitpunkt der Wahl tatsächlich Präsidenten sind und die Amtswürde verkörpern. Herausforderer greifen hingegen in der Regel eher zu aktiven Darstellungsmustern, als Volkstribun, Held oder Common man, der die Wähler direkt anspricht.

Die steifen Amtsporträts der Präsidentschaftskandidaten weisen eine gewisse Nähe zu dem Topos des Staatsporträts auf, auch wenn die massenhaft hergestellten Billigplakate in ihrer Beschaffenheit kaum mit den absolutistischen Monumentalporträts verglichen werden können, die *Marianna Jenkins*[52] in ihrer Studie zum Ursprung des Staatsporträts untersuchte: „In every case the figure is posed in a ceremonious attitude which seems to spring from a sense of inborn authority. In the treatment of the faces realism has been tempered with idealism, and any revelation of personal feeling is conspicuously lacking. The commanding note struck by the calculated poses is therefore reinforced by the suggestion that the subject is both physically and spiritually a remote and superior being."[53] Die Ähnlichkeit im Ausdruck zwischen absolutistischen Staatsporträts und den Porträts der amerikanischen Präsidentschaftsbewerber liegt in deren teilweise krampfhaftem Versuch, etwas anderes, als sich selbst auszudrücken. Im Unterschied zur „Common-man-Strategie", bei der ein Kandidat versucht, seine eigene bescheidene Herkunft zu thematisieren und damit möglichst viele Wähler zur Identifikation zu reizen, setzen die im Kontext einer Strategie des Schweigens entwickelten Kandidatenporträts

---

51 Hans-Joachim FRITZ, Zur Entleerung der klassischen Formensprache. Eine ideengeschichtliche Skizze. In: DAIDALOS 30, 1988: 78–87, hier: 82.
52 Marianna JENKINS, The State Portrait Its Origin And Evolution. o. O. 1947.
53 Ebd.: I.

auf einen Distanzierungsprozeß, in dessen Folge nicht der Kandidat als Mensch, sondern der Kandidat als Träger der präsidentiellen Amtswürde erscheint. Bestimmendes Charakteristikum ist hier, wie im Staatsporträt, die Unterdrückung jeglicher persönlicher Gefühle zugunsten der Ausstrahlung einer „inneren Autorität", die den Kandidaten eher als versteinertes Monument seiner Amtswürde wirken läßt, denn als Mensch aus Fleisch und Blut.

III. 2. Heldenstrategie

Die „Heldenverehrung" (hero-worship[54]) gehört zu den frühesten Bildstrategien im Plakat, die in den USA Verwendung fanden. Die Skepsis gegenüber der Heldenverehrung, die noch John Quincy Adams in dem zu Anfang von Kapitel I.1. zitierten Ausspruch zum Ausdruck brachte, wurde von seinem politischen Gegner Andrew Jackson konterkariert, indem er in seinem zweiten Präsidentschaftswahlkampf 1828 seine Rolle als Militärheld[55] werbewirksam betonte. Militärische Führungspersönlichkeiten prägten von der Gründung der Vereinigten Staaten an das Image des Präsidenten. Diese enge Verbindung zwischen Militärhelden und Präsidentenamt ist nicht zuletzt auf eine der Funktionen des Präsidenten zurückzuführen, der nicht nur Staatsoberhaupt und oberster Chef der Exekutive, sondern gemäß Art. II, Abs. 2 der amerikanischen Verfassung auch „Commander-in-chief" – Oberbefehlshaber der Streitkräfte ist. Von den 41 Präsidenten der USA hatten 22, und damit über die Hälfte, einen militärischen Background.[56]

Die Präsidentschaftskandidaten mit einer militärischen Vergangenheit lassen sich in Gruppen von Kriegsgenerationen unterteilen. So gehörten die Demokraten Andrew Jackson (Wahl-

---

54 Der Begriff „hero-worship" wurde 1757 von dem schottischen Moralphilosophen und Skeptiker David Hume (1711–1776) geprägt, der in seinen „Essays, Moral, Political, and Literary" anschließend an eine Analyse des Polytheismus schrieb: „the same principles naturally deify mortals, superior in power, courage, or understanding, and produce hero-worship." Zitiert in: Dixon WECTER, The Hero in America: A Chronicle of Hero-Worship. New York 1941: 8. Für ein umfangreicheres Verständnis der Bedeutung der Heldenverehrung in den USA wäre sicherlich die Rezeptionsgeschichte David Humes in den USA aufschlußreich. Zu dem Verhältnis zwischen britischem Heldenporträt und dem skeptischen Ansatz Humes hat Edgar WIND bereits wertvolle Vorarbeit geleistet: Humanitätsidee und Heroisiertes Porträt in der Englischen Kultur des 18. Jahrhunderts. In: Vorträge der Bibliothek Warburg. Bd. 9 (1930/31): 156–229; dieser Artikel ist in englischer Übersetzung in dem von Jayne Anderson herausgegebenen Sammelband mit Aufsätzen Edgar Winds enthalten: Hume and the Heroic Portrait. Studies in Eighteenth-Century Imagery. Oxford 1986.
55 Zum Begriff des „Militärhelden" s. Albert SOMIT, The Military Hero as Presidential Candidate. In: Public Opinion Quarterly, vol. 12, 2 (1948): 192–200, hier: 194. Nicht zur Kategorie „militärischer Helden" zählt SOMIT diejenigen Präsidenten, die zwar auf militärische Erfahrungen zurückblicken können, deren Militärkarriere jedoch nur von geringem Einfluß auf ihre Wahl zum Präsidenten war: Monroe, Buchanan, Lincoln und McKinley sind somit keine Militärhelden. Aus der Perspektive des Jahres 1994 kann Dwight D. Eisenhower zu den Militärhelden, John F. Kennedy, James Earl Carter und George Bush zu den „Nicht-Militärhelden" trotz militärischer Erfahrung gezählt werden.
56 SAFIRE 1993: 436. SAFIRE spricht von 42 Präsidenten, meint aber Präsidentschaften. Grover Cleveland war zweimal Präsident mit einer vierjährigen Unterbrechung seiner Amtszeit. Vgl. Jürgen HEIDEKING (Hg.), Die amerikanischen Präsidenten. 41 historische Portraits von George Washington bis Bill Clinton. München 1995.

kampf von 1824, 1828, 1832), Lewis Cass (1848) sowie die Kandidaten der Whigs, William Henry Harrison (1836, 1840), Zachary Taylor (1848) und Winfield Scott (1852) zu jener Generation von Kriegsveteranen, die noch im Zweiten Unabhängigkeitskrieg von 1812 gegen die Briten gekämpft hatten. Einige von ihnen setzten ihre militärische Karriere fort und waren sowohl in die Kriege gegen die Indianer, als auch in den Mexikanischen Krieg (1846 –48) involviert. William Henry Harrison etwa erwarb sich sein militärisches Renommee vor allem in den Kriegen gegen die amerikanischen Ureinwohner, die in den beiden berühmtesten Schlachten Harrisons als Verbündete der Briten agierten: der Schlacht von Tippecanoe (1811) und der Schlacht bei der Thames (1813).[57] Der Kandidat der Whigs 1852, Winfield Scott wiederum hatte unter dem Kommando Harrisons gegen die Indianer gekämpft und stieg im Laufe seiner Karriere zum General der U.S.-Armee auf, die er im Mexikanischen Krieg kommandierte. Auch Zachary Taylor wurde durch seine Taten im Mexikanischen Krieg berühmt und direkt im Anschluß an den Krieg 1848 zum Präsidenten gewählt. Die folgenden Präsidentengenerationen wurden vor allem durch den Bürgerkrieg (1861–65) geprägt. Die Ex-Generäle dominierten die Präsidentschaft in der Zeit nach dem Bürgerkrieg, ja der Dienst in der Unionsarmee schien geradezu eine Voraussetzung für das Präsidentenamt zu sein.[58] Außer George McClellan, der sich 1864 als Demokratischer Kandidat erfolglos gegen Abraham Lincoln um die Präsidentschaft bewarb, wurden alle von den Republikanern nominierten Unionssoldaten zum Präsidenten gewählt: Ulysses S. Grant (1868, 1872), Rutherford B. Hayes (1876), James A. Garfield (1880), Benjamin Harrison (1888) und schließlich William McKinley (1896, 1900). Die Wahl- und Bildstrategien der Reconstruction-Ära richteten sich gezielt an die Sieger des Bürgerkrieges. Diese wurden politisch von der Republikanischen Partei repräsentiert. Mit der Nominierung von Ex-Generälen zielten die Parteibosse auch auf das große Stimmpotential der Kriegsveteranen ab und konnten so sicher gehen, im Norden der USA regelmäßig die Mehrheit zu erringen, nach dem Motto „vote the way you fought".[59] Die Erinnerung an den Bürgerkrieg wurde in der Wahlkampfkultur wachgehalten. Der bereits in den 40er Jahren des 19. Jahrhunderts ausgeprägte „Rally-Style", der Wahlkämpfe in Massenveranstaltungen verwandelt hatte, wurde schon zu Lincolns Zeiten durch die Einführung von Marching Clubs wie etwa den Wide-Awakes[60] in einer militärähnlichen Art aufgezogen. An diese Tradition knüpften auch die Republikanischen Wahlkampforganisatoren 1868 an, als für General Ulysses S. Grant die „Boys in Blue" in großen Paraden marschierten.[61] Die Republikaner warben auch bei den Verlierern des Bürgerkriegs im Süden um Stimmen, allerdings mit weniger martialischen Slogans, wie etwa dem Schlußsatz aus Grants „letter of acceptance": „Let us have peace", der in einem

---

57 Beide Schlachten sind nach Flüssen benannt. Die Schlacht von 1811 fand in der Nähe von Prophetstown/Indiana am Tippecanoe-Fluß statt und war kein großer militärischer Erfolg, da die Verluste auf seiten der Truppen Harrisons sehr hoch waren. Dennoch wurde die Schlacht 29 Jahre später heldenhaft verklärt und von den Whigs in den Slogan „Tippecanoe and Tyler Too" umgemünzt. Zwischen der Schlacht bei Tippecanoe und dem Ticket-Partner Harrisons, John Tyler, bestand keinerlei Beziehung außer dem gemeinsamen Anfangsbuchstaben. Vgl. MELDER 1992: 8. Die Schlacht bei der Themse ging vor allem deshalb in die Geschichte ein, weil in ihr Häuptling Tecumseh getötet wurde.
58 Christine SCRIABINE, American Attitudes towards a Martial Presidency: Some Insights from Material Culture. In: Military Affairs, Vol. XLVII, 4 (1983): 165–172; hier: 169.
59 Ebd.
60 Zu den Wide-Awakes s. MELDER 1992: 102–109.
61 MELDER 1992: 109.

recht einfachen Wahlplakat von 1868 in „GOD GRANT US PEACE" – ein Wortspiel mit dem Namen des Kandidaten – umgewandelt wurde.

Der Armee-Stil nach dem Bürgerkrieg verstärkte die Parteizugehörigkeit und vergrößerte damit auch den Umsatz der Hersteller von Wahlkampfutensilien und Plakaten. Die Marching Clubs wollten mit Uniformen, Kappen, Flaggen, Bannern und Ölfackeln ausgestattet sein. Diese Waren wurden meist von Feuerwerksunternehmen, wie etwa der „Unexcelled Fireworks Company", hergestellt, die auch die Feuerwerkskörper für das große Abschlußfeuerwerk der politischen Paraden lieferten.[62] Militärischer Wahlkampfstil und kommerzieller Erfolg gingen in der zweiten Hälfte des 19. Jahrhunderts Hand in Hand. Die parteiorientierten Wahlkämpfe mit ihren Paraden schufen eine Massennachfrage nach politischen Paraphernalien, die von kommerziellen Anbietern befriedigt wurde. So pries ein Herausgeber von bis auf die Gesichter identischen Wahlkampfporträts der beiden Kandidaten von 1884 den Zwischenhändlern seine Waren folgendermaßen an:

> „Something Everybody Will Buy (…). Of course, where the politics of a family are known, an agent should show only the Republican picture to Republicans and the Democratic picture to Democrats. Every household will want this magnificent souvenir of the Presidential Campaign, but of course he will want the one that suits his political views, hence the advantage to agents of having two different editions for sale."[63]

In der Nachkriegsphase stellten die Demokraten nur einen einzigen Kandidaten mit militärischer Erfahrung auf, Winfield S. Hancock (1880), der sowohl im Mexikanischen wie im Bürgerkrieg gekämpft hatte. Als Berufsoffizier konnte er jedoch wie bereits Winfield Scott 1852, dessen aristokratische Prunk- und Prahlsucht ihm den Spitznamen „Old Fuss and Feathers" eingebracht hatte[64], zwei wesentliche Anforderungen an den amerikanischen Präsidenten nicht erfüllen: Bescheidenheit und Friedfertigkeit. Dies mag paradox erscheinen, hat jedoch in den USA eine lange Tradition: „As a people of peace, (Americans) distrust standing armies and the profession of arms, yet they expect their leaders to respond forcefully to challenges to their national honor and to triumph on the battlefield when war comes. They detest war, yet honor its heroes above all men, and regard participation in a martial struggle as the forge of manhood. Americans have rarely elected a President who has advocated war or been perceived as having a ‚military mind,' yet they have often elected men to this office on the basis of their martial feats."[65]

Das Vertrauen auf die Friedfertigkeit militärisch erfahrener Präsidenten scheint durch die Tatsache bestärkt zu werden, daß der einzige Präsident, der mit einem expansiv-militaristischen Programm zur Wahl antrat, ein Zivilist war. James Polk formulierte mit dem in seinem Slogan „Press Onward and Enlarge the Boundaries of Freedom" zum Ausdruck kommenden Expansionismus den Marschbefehl für den Krieg gegen Mexiko.[66]

---

62 Ebd.
63 Zitiert ebd.: 112.
64 SCRIABINE 1983: 167.
65 Ebd.: 165.
66 „The only American President elected on what was essentially a war platform was the nonmilitary James Polk. Polk's commitment to the annexation of Texas was symbolized by the use of the ‚Lone Star' on his campaign material." SCRIABINE 1983: 167. Der expansionistische Slogan „Press Onward" taucht auch unter den Wahlkampfporträts des Demokratischen Kandidaten Lewis Cass und des

III. 2. Heldenstrategie

Während das amerikanische Wahlvolk Erfahrung in der Menschenführung positiv zu honorieren schien, hatte der potentielle Präsident zusätzlich jedoch auch seine friedfertigen Intentionen und ein tugendhaftes Verhalten zu demonstrieren, um seine Wahlchancen zu erhöhen. Die Verkörperung des idealen amerikanischen Helden ist weder Cäsar noch Augustus, sondern Cincinnatus, der Bauer, der vom Pflug weg an die Spitze des Heeres berufen wurde, nur um nach getaner Arbeit wieder auf seine Äcker zurückzukehren.[67] Die Vorbildrolle des Cincinnatus-Mythos ist symptomatisch für die Antikenrezeption in den USA[68], die nicht auf konkrete historische Leitbilder, sondern auf den Legendenschatz Roms Bezug nahm. Die Cincinnatus-Legende erfüllt eine ähnliche Funktion wie das biblische Gleichnis: Sie bietet ein Vorbild, eine Handlungsanleitung und damit Orientierungshilfe, ohne an einen konkreten geschichtlichen Kontext gebunden zu sein, und erfordert lediglich, daß der Rezipient innerhalb der Logik eines vergleichbaren Wertekodexes denkt.

In dem Cincinnatus-Mythos, der außer auf George Washington auch auf andere amerikanische Präsidenten oder Präsidentschaftskandidaten, wie etwa Andrew Jackson[69], Franklin Pierce[70] oder William Henry Harrison übertragen wurde, kommt ein grundsätzliches Mißtrauen gegen eine Berufsarmee und besonders den Berufssoldaten zum Ausdruck. Das amerikanische Ideal des Militärhelden ist das eines „Bürgersoldaten", eines „Zivilisten in Uniform" (citizen soldier), der wie Washington an die Armeespitze berufen wird und keine Neigung verspürt, daraus eine Karriere zu machen, sondern aus selbstlosen, rein patriotischen Motiven handelt. In dieser Hinsicht paßt die Heldenstrategie ausgezeichnet zur Strategie des Schweigens.

So wie der Held aus dem Mexikanischen Krieg 1852, Winfield Scott, keine Chance bei der Wahl zum Präsidenten hatte, weil sein Lebenslauf keine, die militärische Karriere aufwiegenden zivilen Eigenschaften aufzuweisen hatte, so war auch der Demokratische Kandidat Winfield S. Hancock 1880 nicht wählbar: „Democratic managers were unable to create an image of Hancock that encompassed the necessary duality of martial achievement and pacific character

---

Whig-Kandidaten Zachary Taylor im Wahlkampf 1848 auf (s. Abb. 12, 13). Beide Kandidaten haben im Mexikanischen Krieg gekämpft und sich mit den expansiven Zielen identifiziert.

67 Vgl. Kapitel III. 1.
68 Im Bild wurde die Cincinnatus-Legende in einem Fresko von Constantino Brumidi im U.S. -Kapitol festgehalten. „Calling of Cincinnatus from the Plow" wurde 1855–56 für den Saal des Landwirtschaftsausschusses des Kongresses ausgeführt und der Berufung von Israel Putnam – einem Revolutionshelden – gegenübergestellt: „Calling of Putnam from the Plow to the Revolution". Vgl. Art in the United States Capitol. Prepared by the Architect of the Capitol. U.S. Government Printing Office, Washington 1978: 314.
69 „Throughout the campaign of 1828, Jackson's supporters painted him as ‚The Modern Cincinnatus,' ‚The Farmer of Tennessee,' ‚The Second Washington,' and the ‚Hero of Two Wars.' Portraits of Jackson in general's uniform astride a horse were carried in processions alongside portraits of him in the clothing of a Tennessee farmer, hickory cane in hand." JAMIESON 1988: 6.
70 Vgl. TROY 1991: 56; Nathaniel Hawthorne schrieb für Franklin Pierce die Wahlkampfbiographie und illustrierte das heldenhafte Verhalten eines Ahnen des Kandidaten während der amerikanischen Revolution folgendermaßen: „On the 19th of April 1775, being then less than eighteen years of age, the stripling was at the plough, when tidings reached him of the bloodshed at Lexington and Concord. He immediately loosened the ox chain, left the plough in the furrow, took his uncle's gun and equipments, and set forth towards the scene of action." Zitiert in: BROWN 1960: 20.
71 SCRIABINE 1983: 170.

and intent."⁷¹ Ein Präsidentschaftskandidat muß also mehr aufzuweisen haben, als eine heldenhafte militärische Karriere. Die Heldenstrategie muß durch weitere Wahl- und Bildstrategien ergänzt werden, um eine Chance auf Erfolg zu haben. In dieser Hinsicht besonders erfolgreich waren diejenigen Kandidaten, die wie Andrew Jackson oder William Henry Harrison zusätzlich zu ihrem Heldenimage einen „Common-man-Appeal" besaßen. Andrew Jackson wurde nicht nur als Held von New Orleans und „Old Hickory"⁷² gefeiert, er verkörperte in gewissem Sinne die Antithese des Politikers und Intellektuellen. Als Mann einfacher, bisweilen brutaler Umgangsart sprach er populärromantische Vorstellungen an, während Berufspolitikern mindestens ebenso mißtraut wurde, wie Berufssoldaten – beides soziale Gruppen, die als leicht korrumpierbar galten.⁷³

Auf ähnliche Art und Weise stellte die Common-man-Strategie William Henry Harrisons, der auf den Plakaten als einfacher Farmer porträtiert wurde (the Farmer from North Bend), ein Gegengewicht zu seiner Heldenstrategie als Sieger der Schlachten von Tippecanoe und von der Thames dar. Überhaupt erwies sich die Kombination von Militärheldenimage und Farmer als sehr erfolgreich, da sie durch die Nähe zur Cincinnatus-Legende unmittelbar an das Vorbild Washingtons, den gottähnlichen Landesvater, anknüpfen konnte. Zugleich sprach das Farmer-Image einen großen Adressatenkreis von Siedlern an, die gen Westen gezogen waren und mit eben jenen Problemen konfrontiert wurden, gegen die ein Mann wie Harrison gekämpft hatte. Der Krieg gegen die amerikanischen Ureinwohner erschien den europäischen Siedlern als gerecht, da es um ihre eigene Existenz ging. Harrison als Kriegsheld, der gegen die Indianer gekämpft, die Landnahme als Gouverneur verwaltet hatte und zugleich als Garant gegen die Ausdehnung der Sklaverei auf die neugewonnenen Gebiete galt, personifizierte die noch recht vagen, heterogenen ideologischen Positionen der Whigs, die später durch die 1854 gegründete Republikanische Partei programmatisch verfestigt werden sollten. Das duale Soldaten- und Farmerimage Harrisons wurde so zumindest für die Siedler an der „frontier" zu einem Identifikationsfaktor, der die Erwartungshaltung der folgenden zwanzig Jahren prägte.

Christine *Scriabine* faßt das Anforderungsprofil und die idealisierte Erwartungshaltung an Präsidentschaftskandidaten mit militärischer Vergangenheit folgendermaßen zusammen: „Successful generals have been almost automatically considered for the Presidency, but only those who could project a dual image – soldier and common man, warrior and farmer, general and gentle father – have achieved the office. Americans have generally preferred their heroes to be in the mold of the citizen soldier, men who have come from the plow to save their country

---

72 „Although the enemies of earlier presidents had lampooned them with unflattering nicknames, Jackson was the first identified by an affectionate one. The name ‚Hickory' was originally bestowed on him by his troops in 1813 ‚in testimony to his toughness' when, after his troops were stranded by his superiors, Jackson gave up his home, borrowed funds on his own note to procure rations, and escorted his sick and fever-ridden Tennessee militia home from Natchez. Consequently, the name ‚Old Hickory' implied ‚not only the sense of fraternity but the suggestion that here was a man who would act for justice untrammeled by forms'(12)."

73 JAMIESON 1988: 6. Anm. (12) im Text verweist auf: John William WARD, Andrew Jackson: Symbol for an Age. 2. Aufl. New York 1971: 57. Die Schwierigkeiten Jacksons in der Rechtschreibung waren weithin bekannt. Er wird auch als Urheber des Ausdrucks „O. K." angesehen – ein Kürzel mit dem er angeblich eine Akte abzeichnete und womit Jackson „Ole Kurrek" (all correct) zum Ausdruck bringen wollte. Dies ist allerdings nur eine Variante der Entstehungsgeschichte dieses populären Ausdrucks. S. BOLLER 1985: 76/77.

from peril. They honor the man of the sword but even more so those willing to pound them into plowshares."[74] Diese Einschätzung wird von Dixon *Wecter* in seiner Untersuchung zur Geschichte des Helden in Amerika unterstützt: „First of all, in a democracy the hero must be the people's choice. (…) In the second place, the major idols of America have been men of good will. The strong man without scruple – from Barbarossa to Lenin – does not belong in our halls of fame. The man who would be king (…) becomes a villain rather than a hero. Personal arrogance is disliked by average Americans (…). No hero must announce that he is infallible. He must be greater than the average, but in ways agreeable to the average. He may know their collective will better than they know it themselves, and he may wield even the dictatorial power of Lincoln or Wilson: but he must keep his personal modesty, his courtesy toward the People who gave him that power. The hero is an instrument. Among Anglo-Saxons, the doer of brave deeds is expected to belittle himself – to credit luck, or his soldiers, or his mother, or God. It is another way of saying he is the servant of his age."[75]

Auf die Bürgerkriegsgeneration folgte als nächster Militärheld in der amerikanischen Präsidentengeschichte 1901 Theodore Roosevelt, der „Rough Rider", der im spanisch-amerikanischen Krieg in der Kavallerie gekämpft hatte.[76] Die folgenden siebenunddreißig Jahre des 20. Jahrhunderts wurden von Zivilisten im Amt des Präsidenten bestritten. Woodrow Wilson war 1916 mit dem Slogan „He kept us out of war"[77] zur Wiederwahl angetreten, und auch Franklin D. Roosevelt versicherte 1940 bei seiner zweiten Wiederwahl dem Wahlvolk: „your boys are not going to be sent into any foreign wars"[78]. Beide konnten bekanntlich ihre Friedensversprechungen nicht einhalten. 1945 kam mit Harry S. Truman ein Veteran aus dem Ersten Weltkrieg an die Macht und wurde 1952 von General Eisenhower abgelöst. Weniger bekannt ist, daß bis auf Bill Clinton alle folgenden Präsidenten Militärerfahrung und, mit der Ausnahme Jimmy Carters, während des Zweiten Weltkrieges gedient hatten.[79] Im 20. Jahrhundert wurden die militärischen Qualifikationen eines Präsidentschaftskandidaten weniger deutlich betont, als dies im 19. Jahrhundert noch der Fall war. Aufgrund der militärischen Funktion des Präsidenten und der enormen Verantwortung, die er im Kriegsfall trägt, spielt die Einstellung des Kandidaten zum Militär während des Wahlkampfes jedoch auch heute noch eine wichtige Rolle, wie das Beispiel Clintons 1992 zeigte, dessen Umgehung der Wehrpflicht während des Vietnam-Krieges von den gegnerischen Republikanern zum Thema gemacht wurde.[80] Als erster

---

74 SCRIABINE 1983: 172.
75 WECTER 1941: 11.
76 Die Kriegserfahrung T. Roosevelts beschränkte sich allerdings auf einen nur einwöchigen Einsatz auf Kuba. Der Spitzname „Rough Rider" stammt von der Kavallerieeinheit, die der kriegsbegeisterte Roosevelt 1898 aufgestellt hatte und die er auf Kuba befehligte: „Roosevelt's combat experience amounted to one week's campaign in Cuba and one hard day of fighting, but it was enough to make him a national hero. When the war was over he published a book about his experiences entitled THE ROUGH RIDERS." Paul F. BOLLER, Presidential Anecdotes. Harmondsworth/England 1982: 197/198.
77 S. SHIELDS-WEST 1992: 151.
78 S. SCRIABINE 1983: 171.
79 John F. Kennedy war wie auch Gerald Ford und George Bush während des Zweiten Weltkrieges in der Marine. Jimmy Carter leistete unmittelbar nach dem Krieg seinen Militärdienst in der Marine ab und Ronald Reagan war zwar 1942–45 nicht im Kampfeinsatz, aber dennoch Mitglied der U.S. Armee. Vgl. zu den Lebensläufen der Präsidenten SHIELDS-WEST 1992.
80 Die sogenannte „draft evasion story" wird ausführlich von Tom ROSENSTIEL (Strange Bedfellows. How Television And The Presidential Candidates Changed American Politics, 1992. New York 1993:

Präsident der USA, der nach dem Zweiten Weltkrieg geboren wurde[81], markiert die Amtszeit Clintons einen Generationenwechsel, der nicht mehr den Zweiten Weltkrieg, sondern die Einstellung der Präsidentschaftsbewerber zum Vietnam-Krieg im Blick hat. Bob Doles Kandidatur ist in dieser Hinsicht ein Rückschritt. Der 73-jährige verfolgte zu Beginn seiner Kandidatur eine Kombination aus Schweige- und Heldenstrategie. Ein Werbespot, der Mitte Dezember 1995 von der Stuart Stevens Group produziert wurde[82] und den Titel „An American Hero" trug, schilderte Bob Doles heldenhaften Einsatz im Zweiten Weltkrieg und seine Verwundung auf dem Schlachtfeld. Doles Ticketpartner, U.S.-Senator Jack Kemp, wartete als ehemaliger Football-Spieler und Quarterback der San Diego Chargers mit einem moderneren Heldenimage auf.

Der kriegerische Kontext, der in der Kandidatur eines Militärhelden heraufbeschworen wurde, spiegelte sich auch in der Bildgestaltung wider. Während im 20. Jahrhundert auf die Kennzeichnung des Kandidaten durch militärische Kleidung in der Regel verzichtet wurde, gehörte die Charakterisierung des Kandidaten durch seine Uniform zu den typischen Darstellungsmustern militärischer Kandidaten im 19. Jahrhundert. Zachary Taylor (Abb. 12, 26), der Demokratische Vizepräsidentschaftskandidat William O. Butler (Abb. 13), John C. Frémont, George McClellan, Ulysses S. Grant und James A. Garfield wurden alle in Uniform abgebildet. Die Uniform erhöhte den Wiedererkennungswert, kennzeichnete den jeweiligen Kandidaten als Soldaten und kontrastierte ihn zu dem politischen Konkurrenten, der häufig ein Berufspolitiker war. Zugleich mußte die militärische Uniform im 19. Jahrhundert innerhalb der Paraden-Kultur weniger als Fremdkörper gewirkt haben, als dies heutzutage erscheinen mag. Vielmehr fügte sich ein Kandidat in Uniform direkter in den Handlungsablauf der Paraden und der politischen Festkultur ein, als ein Politiker, der es gewohnt war, Reden zu halten anstatt auf dem Pferd zu repräsentieren. Die Pose Michael Dukakis', der in Overall und Schutzhelm gekleidet aus der Luke eines Kampfpanzers auf den Betrachter zeigt (Abb. 41), wirkte wenig überzeugend, da zwischen der dargestellten Handlung und dem Vorleben des Gouverneurs von Massachusetts keine sinnfällige, inhaltliche Verbindung bestand, und sich der Versuch, ein militärisches Führungsimage des Kandidaten aus dem Boden zu stampfen, selbst entlarvte. Am Beispiel Michael Dukakis wird deutlich, daß über Bilder allein kein glaubhaftes politisches Image vermittelt werden kann, wenn die inhaltliche Grundlage der in den Bildern suggerierten Vorstellungen fehlt.

Im Unterschied zur Strategie des Schweigens ist die Heldenstrategie vor allem eine dynamische Strategie. Wird die schweigende Amtswürde meist durch ein nahsichtiges Brustporträt im Dreiviertelprofil verkörpert, so sind die meisten Heldendarstellungen auf eine Ganzkörpersicht angelegt (s. Abb. 26, 42–45). Die Gestik und eine Handlung stehen im Vordergrund, nicht der Gesichtsausdruck. Der Kandidat bemüht sich nicht, eine vorgestellte Amtswürde zu ver-

---

71–82), beschrieben. Die Bildmedien wurden erst durch die Printmedien auf dieses Thema aufmerksam. Dabei lag der Schwerpunkt des öffentlichen Interesses nicht darin, ob Bill Clinton den Vietnam-Krieg ablehnte und als Nicht-Kriegsteilnehmer für das Amt des Präsidenten ungeeignet sei, sondern in der Frage, wie Bill Clinton die Einberufung umgehen konnte und ob er durch persönliche Verbindungen privilegiert wurde.
81 Bill Clinton wurde 1946 geboren.
82 Der Spot ist 60 Sekunden lang und im Oklahoma Political Commercial Archive aufbewahrt.

III. 2. Heldenstrategie

körpern. Die Autorität des Helden beruht vielmehr auf dem Ruf seiner Taten, die im Plakat häufig direkt angesprochen oder symbolisch in Szene gesetzt werden. Eine typische Bildstrategie der Heldenpräsentation ist das Reiterporträt (vgl. Abb. 26, 42, 43). Der „Man On Horseback"[83] wird entweder auf oder neben seinem Pferd dargestellt. Zu den schönsten Beispielen eines Reiterporträts im Wahlplakat gehört die Darstellung Zachary Taylors 1848 auf dem ersten großformatigen Außenplakat, das überliefert ist (Abb. 26). Der fünffarbige Holzschnitt setzt den Kandidaten der Whigs vor einem dramatischen Hintergrund in Szene. Taylor sitzt aufrecht im Sattel eines weißen Offizierspferdes und hält mit seiner rechten Hand die Zügel fest im Griff, ohne dabei steif zu wirken. In seiner linken Hand hält er lässig einen Strohhut mit weiter Krempe, der an einen Sombrero erinnert und damit auf den Kontext des Mexikanischen Krieges verweist. Das Kandidatenbildnis ist zu beiden Seiten von schlanken, glatten Säulen begrenzt, um deren Schäfte sich jeweils ein Spruchband windet, das je zwei der vier herausragenden Schlachten Zachary Taylors nennt. Die Säulensockel sind mit „Justice" links und „Peace" rechts betitelt. Den beiden Mottos ist jeweils eine weibliche Allegorie als Säulenabschluß zugeordnet: links die Allegorie der Gerechtigkeit mit verbundenen Augen und Waage, und rechts die Allegorie des Friedens mit dem Olivenzweig als Friedenssymbol in der linken Hand. Die Friedensallegorie hält ihr Attribut auf eine ähnliche Art und Weise wie Taylor seinen Strohhut. Der Kriegsheld imitiert damit den Friedensgestus. Beide Allegorien breiten das „Star-Spangled Banner" einem Baldachin gleich über dem Kandidaten aus. Unterhalb der Mitte der Draperie ist der untere Teil des amerikanischen Wappens erkennbar und darunter eine weiße Taube mit einem Olivenzweig im Schnabel. Flagge, Wappen, Taube und der Kopf Taylors sind kompositorisch in einer Linie angeordnet und beziehen sich aufeinander. Die Taube als Friedenssymbol erinnert an vergleichbare Darstellungen aus der christlichen Ikonographie, in der die Taube Symbol des Heiligen Geistes und Mittlerin göttlicher Inspiration ist.[84] Die dramatische Szene im Hintergrund – der von dem Wappen ausgehende Sonnenaufgang und die sich über der friedlichen Landschaft mit Bergen im Hintergrund türmenden Wolkenmassen – unterstreichen das fast transzendente Ereignis der bildlichen „Weihung" Taylors zum Präsidenten. Taylor wird durch die Inszenierung im Plakat ein Auserwähltsein, ja eine „Gnadengabe" unterstellt. Taube, Friedensbotschaft und Sonnenaufgang vermitteln ein mystisches Charisma des Kandidaten, das in einer vergleichbaren pathetischen Form erst wieder in einem Plakat für William McKinley (Abb. 45) evoziert wird. Die in dem Plakat für Taylor angewandte Heldenstrategie zielt auf eine Legitimation des Kandidaten qua göttlich-nationaler Vorsehung und Vorbestimmung. Die Bildstrategie dient hier zur charismatischen Legitimation des Führungsanspruches Taylors. Sie spielt auf die Erwartungshaltung der Wähler an, eine Führungspersönlichkeit zum Präsidenten zu wählen, der zugleich ein Friedensbringer ist. Die Ambivalenz von militärischer Kompetenz und friedlichem Ansinnen, die dem amerikanischen Idealtypus des Helden inhärent ist, wird hier besonders deutlich.

---

83 SAFIRE 1993: 435/436.
84 Die christliche Taubensymbolik stammt aus dem Neuen Testament. Die Verbindung zwischen Taube und Kandidat ist einerseits Ausdruck einer Friedensbotschaft und suggeriert andererseits eine göttliche Berufung Taylors zum Präsidenten in Anlehnung an die im Matthäus-Evangelium 3,16 geschilderte Berufung Jesu: „Kaum war Jesus getauft und aus dem Wasser gestiegen, da öffnete sich der Himmel, und er sah den Geist Gottes wie eine Taube auf sich herabkommen. Und eine Stimme aus dem Himmel sprach: *Das ist mein geliebter Sohn, an dem ich Gefallen gefunden habe.*"

Die Darstellung der „Gnadengabe" im Taylor-Plakat wirft die Frage nach der Bedeutung von persönlichem Charisma als Legitimation für das Präsidentenamt auf. Zur Beurteilung dieser Frage ist die Typologie *Max Webers* hilfreich, der in seiner erst postum veröffentlichten Staatssoziologie[85] zwischen drei reinen Typen legitimer Herrschaft unterschieden hat: Der *Legalen Herrschaft*, die kraft Satzung wirkt und in ihrer reinsten Ausprägung bürokratische Herrschaft ist, der *Traditionalen Herrschaft*, die kraft Glaubens an die Heiligkeit von jeher vorhandener Ordnungen und Herrengewalten wirkt und am reinsten in Form der patriarchalischen Herrschaft zum Ausdruck kommt, und schließlich der *Charismatischen Herrschaft*, die „kraft affektueller Hingabe an die Person des Herrn und ihre Gnadengaben (Charisma), insbesondere: magische Fähigkeiten, Offenbarungen oder Heldentum, Macht des Geistes und der Rede"[86] wirkt und am reinsten in der autoritären Herrschaft zum Ausdruck kommt. Die Legitimierung von traditionaler und charismatischer Herrschaft beruht auf dem Prinzip des Glaubens, also einer emotionalen, affektiven Form der Zustimmung zur Herrschaft, während die Legitimierung legaler Herrschaft auf der Basis eines rationalen Verstehens erfolgt. Die drei von Weber avisierten Herrschaftstypen sind Idealtypen, die drei Formen und Begründungen von Autoritätsgewinn und Autoritätszuweisung enthalten: die rational-legale, die traditional-patriarchalische und die affektiv-charismatische. Das amerikanische Regierungssystem beruht auf einer Mischform der Extremtypen legaler und charismatischer Herrschaft. An den Präsidenten werden charismatische Erwartungen geknüpft, die jedoch immer im Kontext eines auf dem Primat von Recht und Gesetz beruhenden Systems beurteilt werden. Die formale Legalität eines Präsidenten begründet jedoch noch keine Legitimierung durch das Volk. Die Legitimierung erfolgt auf der Grundlage von Legitimationsstrategien, mit denen der Kandidat versucht, Zustimmung im Volk zu gewinnen. Diese Dialektik von Legitimation und Legitimierung bewirkt in ihrer Synthese erst die Legitimität, die schließlich durch die Wahl des Kandidaten manifestiert wird. Der Dualismus im amerikanischen Regierungssystem zwischen legaler und charismatischer Herrschaft wiederum führt zu einer Ausbalancierung der Gefahren alleiniger charismatischer Herrschaft, die durch ihre Personengebundenheit in sich allein instabil ist.[87] Die Dynamik charismatischer Herrschaft wird durch die Geordnetheit und Routine legaler Herrschaft gemildert. Dennoch muß das Charisma, das einem Kandidaten zugesprochen wird, als ein Movens betrachtet werden, das für die Wahlentscheidung Bedeutung hat. Charisma ist dabei jedoch nicht als Charaktereigenschaft eines Kandidaten zu verstehen, sondern als eine soziale Beziehung, die eine affektiv vermittelte Form persönlicher Autorität ist, jenseits dynastischer Vererbung oder institutionellem Determinismus.[88]

Amerikanische Heldenfiguren wie Jackson, Lincoln oder auch FDR erfüllten die Voraussetzungen einer charismatischen Herrschaft, weil sie einem affektiven Bedürfnis, einer emotionalen Erwartungshaltung entgegenkamen, die von Politikern und Führungspersönlichkeiten Visionen erwartet, mit denen sich der einzelne zu identifizieren vermag. Das charismatische

---

85 Als Max Weber im Juni 1920 verstarb, hatte er sein großes Werk „Wirtschaft und Gesellschaft" nicht abgeschlossen. Es wurde erst posthum veröffentlicht, darin auch seine Gedanken zur Staatssoziologie und Herrschaftstypologie. Im folgenden wird Max WEBER jedoch gemäß dem 1966 in zweiter Auflage erschienenen Band „Staatssoziologie. Soziologie der rationalen Staatsanstalt und der modernen politischen Parteien und Parlamente" (Berlin) zitiert. Zur Weber-Rezeption in den USA vgl.: Thomas E. DOW, The Theory of Charisma. In: The Sociological Quarterly. Vol. 10, 3 (1969): 306–317.
86 WEBER 1966: 104.

III. 2. Heldenstrategie

Verhältnis zwischen Präsidentschaftskandidat und Volk wird bestimmt von der Glaubwürdigkeit der von dem Kandidaten vorgebrachten Legitimationsstrategien. Dabei geht es nicht so sehr um die konkrete Umsetzungswahrscheinlichkeit der vorgestellten Vision, als vielmehr um die Frage, ob der Kandidat selbst das in seinen Bild- und Wahlstrategien vorgestellte Programm und Image glaubhaft zu verkörpern versteht. Horace Greeley benutzte, formal betrachtet, eine Heldenstrategie (vgl. Abb. 43 und 80), indem er sich in einem Reiterporträt bzw. in biblischer Gestalt als David, der den Riesen Goliath alias Ulysses S. Grant besiegt, darstellen ließ. Beide Bildstereotypen standen jedoch im Widerspruch zu dem bereits vorhandenen Image Greeleys als launisch-extravagantem Zeitungsherausgeber.[89] Auch Dukakis' heldenhafte Posen (Abb. 41) wirkten nicht überzeugend, da sie weder an bestehende Images des Gouverneurs aus Massachusetts anknüpften noch ein gemeinsames Konzept zu verfolgen schienen.

Bei der Heldenstrategie kommt es auf die plausible Verknüpfung des persönlichen Lebenslaufes mit dem angestrebten Amt an. Das Heldenimage muß eine besondere Eignung des Kandidaten für das Präsidentenamt begründen und auf eine Prädestinierung des Kandidaten für das Amt schließen lassen. Die Formen dieser „Vorbestimmung" wurden im 20. Jahrhundert säkularisiert. Während die Darstellung Taylors (Abb. 26) noch religiöse Attribute bemühte, um den Kandidaten als „Auserwählten" zu charakterisieren, haben säkulare Motive, wie Erfahrung, Erfolg, Kompetenz und Überzeugungskraft die militärische Heldenstrategie ersetzt. Will man *Richard Sennett* glauben, so ist diese säkulare Form des Autoritätsbeweises „zu einem Faktor der Trivialisierung statt der Intensivierung von Gefühl"[90] geworden. Für *Sennett* ist das Charisma zu einer typisch kleinbürgerlichen Beziehung verkommen: „In der säkularen Kultur ist aus der ‚Gnadengabe' die Schwächung der großen Masse geworden. (…) Der charismatische Politiker ist der kleine Mann, der den übrigen kleinen Leuten als Held vorkommt. Er ist ein Star, nett verpackt, nicht zu häufig im Fernsehen vorgeführt und überaus offenherzig."[91]

---

87 Vgl. DOW 1969: 312. Für die Stabilität eines Herrschaftssystems ist nach WEBER jedoch auch ein „gewisses Minimum von innerer Zustimmung – mindestens der sozial gewichtigen Schichten – der Beherrschten" eine Vorbedingung. Vgl. Max WEBER, Wirtschaft und Gesellschaft. Tübingen 5. Aufl., 1980: 851.

88 Ebd.: 315. Diese Beurteilung von Charisma wird indirekt von Murray EDELMAN geteilt: „Leadership (…) is not to be understood as something an individual does or does not have (…). It is always defined by a specific situation and is recognized in the response of followers to individual acts and speeches. If they respond favorably and follow, there is leadership, if they do not, there is not." EDELMAN, The Symbolic Uses of Politics. 2. Aufl. Urbana u. a. 1985: 75.

89 Horace Greeley (1811–1872) war Gründer und Herausgeber des NEW YORKER (1834–1841), bevor er sich 1840 im Wahlkampf William Henry Harrisons engagierte und die Parteizeitung „The Log Cabin" herausgab, die ein großer Erfolg wurde und von ihm anschließend an den Wahlkampf in die *New York Tribune* umgewandelt wurde. Greeley war an der Gründung der Republikanischen Partei beteiligt und betrieb bis zu seinem Lebensende als Zeitungsherausgeber aktive Politik. Seine Kandidatur 1872 gegen Ulysses S. Grant ist allerdings eher ein unrühmliches Kapitel im Leben dieses sonst so amüsant-versponnenen Menschen: „Impulsive and unpredictable, in his campaign Greeley cultivated his fads and idiosyncrasies to an extent that laid him open to ridicule." Thomas H. JOHNSON, The Oxford Companion to American History. New York 1966: 445. Greeley starb drei Wochen nach der verlorenen Wahl.

90 SENNETT 1990: 345.

91 Ebd.: 370.

Damit nimmt *Sennett* die Charakterisierung eines Populisten wie Ross Perot vorweg, der sein Image gezielt aus seinen Angriffen auf ein „Establishment" ableitet, zu dem er selbst insgeheim gehört. Die pauschale Kritik an der Politik diente Perot 1992 als Projektionsfläche sämtlicher Ängste der Bevölkerung. Zugleich verschaffte ihm diese Einstellung die Möglichkeit, sich selbst als Volksvertreter darzustellen und damit eine nicht-militärische Heldenstrategie zu verfolgen, in welcher sich der texanische Milliardär geschickt als Vertreter des „common man" präsentierte. Nicht-militärische Heldenstrategien sind auch bereits im 19. Jahrhundert nachweisbar: Als typisches Beispiel für eine solche Heldenstrategie können die Plakate für den ersten Präsidentschaftskandidaten der neugegründeten Republikanischen Partei, John C. Frémont, gelten (vgl. Abb. 42 und 44). Der populäre Abenteurer, der mehrere Expeditionen in den Westen der USA geleitet hatte, wurde als verwegener Reiter und patriotischer Gipfelstürmer dargestellt. Seine pathetischen Gesten verbreiteten eine Aufbruchstimmung, die durchaus dem Anti-Sklaverei-Programm seiner Partei entsprach. Das über die Bilder evozierte Heldenimage verwies auf konkrete Heldentaten, die bei den Betrachtern in Erinnerung gerufen wurden und zugleich Assoziationen zu dem, für die damaligen politischen Verhältnisse, gewagten Programm der Republikaner[92] herstellte. Die ausdrucksstarken Freiheitsgesten Frémonts stimmten überein mit dem Slogan der Kampagne: „Free Soil, Free Speech, Free Men, Frémont"[93]. Daß die Republikaner trotz einer konsequenten Heldenstrategie die Wahl verloren, hatte seine Gründe auch darin, daß das Sklavereithema das Wahlvolk gespalten hatte, der Süden fast geschlossen für den Demokratischen Präsidentschaftskandidaten James Buchanan stimmte[94], und zudem eine dritte Partei – die nationalistischen, einwandererfeindlichen Know-Nothings[95] – 25 Prozent der Stimmen erzielte[96]. Die Niederlage der Republikaner ging so als „victorious defeat"[97] in die Geschichte ein.

Während die Bildstrategie Taylors und Frémonts auf die Evozierung eines charismatischen Führerbildes über eindeutige Gesten im Ganzkörperformat setzte, wurde William Henry Harrison 1840 zwar als Common man direkt gepriesen und hemdsärmelig als Farmer am Pflug (Abb. 8) oder vor einer einfachen Holzhütte dargestellt. Die Werbung für sein Heldenimage erfolgte aber eher über den indirekten Weg der schriftlichen Legende, die, angeblich von einer unabhängigen Person verfaßt, seinen Lebensweg anhand der großen Ereignisse schilderte und diese in Form eines Bilderbogens illustrierte (Abb. 46 und 56). Der anonyme Verfasser der Biographie Harrisons, die im Plakat (Abb. 46) unter dem Titel „The Life And Public Services Of William H. Harrison" abgedruckt und mit Bildern illustriert wurde, beginnt seine Lobeshymne mit der Feststellung, daß die Amerikaner im Unterschied zu anderen Republiken ihren Kriegshelden dankbar seien. William Henry Harrison bedürfe eigentlich keiner Lobpreisungen, da seine Taten für sich sprächen: „Actions speak louder than words. Services like his need none of the embellishments of rhetoric" – nur um dann umso stärker in dem darauffolgenden Text die Eigenschaften des Kandidaten zu verherrlichen. Den Anforderungen der Bescheiden-

---

92 Die Republikaner bezeichneten die Sklaverei in ihrer Platform 1856 als Relikt der Barbarei (relics of barbarism) und sprachen sich offen für die Abschaffung der Sklaverei aus. Vgl. die Platform, abgedruckt in: JOHNSON/PORTER 1973: 27/28.
93 BOLLER 1985: 92.
94 Ebd.: 94.
95 Zu den „Know-Nothings" vgl. das Glossar im Anhang dieser Arbeit.
96 BOLLER 1985: 94.
97 Ebd.

III. 2. Heldenstrategie

heit und des Anti-Intellektualismus, die einen echten amerikanischen Helden ausmachen, wird denn auch im Text und in den neun erläuternden Illustrationen Genüge geleistet. Diese schildern jeweils eine Tat aus dem Leben des Kandidaten.[98] Der Text ist in der Mitte des Plakates angebracht, das in drei vertikale Abschnitte gegliedert ist. Links und rechts außen sind je vier Szenen dargestellt. Der mittlere Teil wird durch ein Ovalmedaillon mit dem Porträt Harrisons bekrönt, das den Kandidaten frontal in militärischer Uniform zeigt, umrahmt von Olivenzweigen als Symbole des Friedens. Ähnlich dem acht Jahre später entstandenen Plakat für den Whig-Kandidaten Zachary Taylor (Abb. 26) wird auch hier (Abb. 46) dem militärischen Kandidaten ein Friedenskranz geflochten und damit ein friedliches Image den kriegerischen Taten des Helden ausgleichend gegenübergestellt. Die Illustrationen sind jeweils untertitelt und können so leicht auf die kommentierenden Textabschnitte bezogen werden. Die einzelnen Szenen sind wiederum durch eine aufwendige Bildumrahmung eingefaßt, die bei allen neun Illustrationen identisch ist. Das einhellige Thema des Plakates ist der Konflikt zwischen Indianern und europäischen Siedlern. Die untertitelte Hauptszene ist jeweils von einer Figur rechts und links eingerahmt. Links ist ein Indianer dargestellt, der sich von einem Baum wegbewegt, aber in Richtung auf die zentrale Szene zu blicken scheint. Er trägt Federschmuck und macht einen erstaunten Gesichtsausdruck, in der rechten Hand hält er einen Tomahawk, in der linken ein Gewehr. Die rechte Figur ist ein Reiterporträt William Henry Harrisons, der unbewaffnet aber in Uniform dargestellt ist. Das Links-Rechts-Schema wird durch die diagonale Zuweisung der gegnerischen Waffen durchbrochen. Während oberhalb und unterhalb der Abbildung des Indianers die Gerätschaften, Lanzen und Bajonette, Militärhüte sowie das Zeltcamp der Truppen Harrisons abgebildet sind, ist das Reiterporträt Harrisons mit indianischen Waffen eingerahmt: Bogen, Pfeile im Köcher, eine Friedenspfeife, ein Tomahawk und Federschmuck. Das Blatt behandelt überwiegend militärische Themen. Die Bildrahmung symbolisiert den Grundkonflikt in einem Gut-Böse-Schema, bei dem links der aggressiv-heimtückische Indianer dem edlen Harrison bewaffnet hinter einem Busch aufzulauern scheint, und rechts der friedfertige Harrison unbewaffnet majestätisch einherreitet. Die Heldenstrategie wird so durch ein konkretes Feindbild untermauert. In den zentralen Textillustrationen erscheint Harrison als Handelnder, der entweder im Kampfeinsatz oder bei der friedlichen Beilegung einer kritischen Situation, wie bei der „Versammlung von Vincennes" (vgl. Abb. 56), seine charismatische Autorität unter Beweis stellt. Dabei werden die rein kriegerischen Handlungen mit friedfertigen Szenen wie etwa der Landübergabe durch die Indianer oder Schilderungen der menschlichen Größe Harrisons aufgewogen, der „einen Mörder" begnadigt, welcher es auf Harrisons Leben abgesehen hatte. Das Harrison-Broadside, das vermutlich für den öffentlichen Aushang bestimmt war, ist ein Paradebeispiel einer komplexen Heldenstrategie, die den Kandidaten als Mann der Tat porträtiert, zugleich aber nicht versäumt, seine menschlichen Qualitäten und friedfertigen Intentionen zu unterstreichen.[99]

---

98 Von dem Harrison-Plakat in Abb. 46 existieren zwei Versionen, die sich an unterschiedliche Zielgruppen wandten – eine in Deutsch und eine in Englisch. In der deutschen Version des Harrison-Plakates sind nur acht Begebenheiten dargestellt – die Illustration mit „Harrison in command at Fort Washington", im englischen Plakat das zweite Bild links oben, fehlt in der deutschen Version.

99 Stilistisch erinnert das Plakat an die deutsche Reformationspropaganda, besonders an die Bilderbögen, die Martin Luther in der zentralen Illustration darstellen, umgeben von Bildgeschichten, die Ereignisse seines Lebens schildern. Vgl. STAATLICHE LUTHERHALLE WITTENBERG (Hg.): Martin Luther. 1483–1546. Wittenberg 1984: 240, Ill. 127. Für diesen Hinweis danke ich Petra Roettig.

Militärische Anspielungen im Plakat können jedoch auch vor allem aus Gründen der Wählerwerbung erfolgen. Hierbei beruft sich der Kandidat nur indirekt auf seine militärische Vergangenheit und tritt nicht primär als Kriegsheld, sondern eher als Volksheld auf, wie dies exemplarisch bei William McKinley (Abb. 45) aufgezeigt werden kann. Auch er wird in einem pathetischen Gestus mit einer U.S.-Flagge vor einem Sonnenaufgang dargestellt. Die männlichen Volksvertreter, die zugleich als Repräsentanten unterschiedlicher sozialer Klassen charakterisiert sind, haben McKinley auf den Schild gehoben und tragen den triumphierenden Kandidaten einem Imperator gleich auf der Basis seiner monetären Politik, die durch die Goldmünze als Symbol für den von McKinley verfochtenen Goldstandard versinnbildlicht wird. Die vordersten drei Männer der insgesamt zehn Trägerfiguren sind durch ihre Kleidung und Kopfbedeckung als Stellvertreter der drei Klassen – Arbeiterschaft, Angestellte und Unternehmer – charakterisiert. Der „Blue-collar-worker" mit Hosenträgern und einer einfachen Schutzkappe (vgl. Abb. 75), die an eine Bäckermütze erinnert, steht neben dem Angestellten im schwarzen Anzug, weißem Hemd und Fliege und dem Unternehmer mit Zylinderhut. Der Jubel- und Grußgestus der Volksvertreter, die alle ihre Hüte heben, wird von McKinley wiederholt. Das Ziehen des Hutes, das eine fast stereotype Geste innerhalb der Heldenstrategie darstellt (vgl. Abb. 26, 42–45, 72), kann als Reverenz gegenüber dem Volk und der Volkssouveränität interpretiert werden.[100] Der Volksheld ist nicht Kandidat kraft eigener Anstrengung, sondern kraft der durch das Volk verliehenen „Gnadengabe" der Legitimität. Dieselbe Geste von seiten der auf den Plakaten dargestellten Volksmassen drücken eine Jubel- und Freudenstimmung aus, die den Plakaten Handlungsdynamik verleiht (vgl. Abb. 72). Hinter den Vertretern der sozialen Klassen in der ersten Trägerreihe (Abb. 45) sind rechts hinter dem Unternehmer und links hinten je ein Mann in blauer Kleidung abgebildet. Bei der rechten Figur handelt es sich um einen Matrosen, der an seiner Kappe identifizierbar ist, bei der linken hinteren Figur, deren Kopf nicht abgebildet ist, wird ebenfalls an der Kopfbedeckung der militärische Status erkennbar. Auf dem Hut sind die Buchstaben „G.A.R.", auf seiner Gürtelschnalle ist „U.S." aufgedruckt. Der „Boy in Blue", symbolisch für die blauen Uniformen der Unionstruppen im Bürgerkrieg, ist ein Repräsentant der „Grand Army of the Republic" (GAR)[101], einer einflußreichen Veteranenorganisation, der auch McKinley angehörte. Mit der Darstellung militärischer Figuren, die McKinley zu ihrem Kandidaten erklären, wird eindeutig die Zielgruppe der Bürgerkriegsveteranen als Adressaten und Wähler angesprochen, wie überhaupt das gesamte McKinley-Plakat eindeutig auf die Adressaten im Norden der USA abziel-

---

100 Die bevorzugte Verwendung des Hutabnehmens bei Republikanischen Kandidaten kann auch auf den Ausspruch eines Republikanischen Delegierten auf dem Parteitag von 1880 zurückgeführt werden, der mit dem Spruch, „I carry my sovereignty under my hat", seine Unabhängigkeit zum Ausdruck brachte. S. SHANKLE 1941: 85/86. Die verschiedenen Interpretationsebenen des Hutziehens nahm Erwin PANOFSKY 1955 zum Anlaß, die Vorgehensweise der ikonographischen Methode zu veranschaulichen. S. Erwin PANOFSKY II, Ikonographie und Ikonologie. In: KAEMMERLING (Hg.) 1987: 207–225, hier: 207–209. Orig. Englisch: Iconography and Iconology: An Introduction to the Study of Renaissance Art. In: PANOFSKY, Meaning in the Visual Arts. Garden City/New York 1955.
101 Die Grand Army of the Republic wurde 1866 als Veteranenverband der Unionssoldaten gegründet und war als Interessenvertretung dieser Personengruppe in der zweiten Hälfte des 19. Jahrhunderts sehr einflußreich. 1890 zählte der Verband über 400.000 Mitglieder.

te. Die große Chromolithographie wurde in Milwaukee gedruckt und vermutlich gezielt im Nordosten der USA verteilt. Die Darstellung von Schiffen und Fabriken mit rauchenden Schornsteinen im Hintergrund deuten ebenfalls auf einen nördlichen Adressatenkreis hin.

Anknüpfend an die von Montesquieu aufgestellten Herrschaftsprinzipien, auf die im Kapitel zur Strategie des Schweigens bereits näher eingegangen wurde[102], kann die Erwartungshaltung an den Helden in einer Republik als tugendhaft definiert werden. Mut, taktisches Geschick und Erfolg gehören zwar ebenso zum demokratischen Helden, dieser kann sich als Präsidentschaftskandidat jedoch nur behaupten, wenn er zugleich den überzeugenden Eindruck von Bescheidenheit, Friedfertigkeit und patriotischer Gesinnung vermittelt. Analog zu den drei Regierungsprinzipien – der Furcht als Prinzip des Despotismus, der Ehre als Prinzip der Monarchie und der Tugend als Prinzip der Demokratie – könnten die durch das jeweilige politische System bedingten Heldenstereotypen folgendermaßen charakterisiert werden: Der Held im Despotismus trägt übermenschliche Züge und ist furchterregend. Der Held der Monarchie ist ein Ehrenmann, ein Aristokrat[103], während der Held der Demokratie ein tugendhafter „common man" ist, dessen Heldentum nicht auf bloßer sozialer Distanz beruht, sondern auf der herausgehobenen Mittelstellung, die er zwischen „Volksverbundenheit" und „Auserwähltsein" einnimmt.

Die Heldenstrategie ist eine dynamische Strategie. Der Kandidat wird meist im Ganzkörperporträt dargestellt und bedient sich politischer Gesten, um sich als Mann der Tat zu profilieren. Der Idealtypus des amerikanischen Helden ist der „Zivilist in Uniform" (citizen soldier), der, getreu dem antiken Vorbild des Cincinnatus, als selbstloser Patriot handelt. Bescheidenheit, Friedfertigkeit, sowie ein Common-man-Appeal des Kandidaten wirken als regulative Faktoren des Heldenimages. Der amerikanische Held ist die Antithese zum Berufspolitiker und Intellektuellen. Während letztere ihre Führungskompetenz erst unter Beweis stellen müssen, wird diese Fähigkeit einem Kandidaten mit militärischer Erfahrung von vornherein zugesprochen. Die Heldenstrategie ist eine aktive Legitimationsstrategie, die auf eine charismatische Beziehung zwischen Kandidat und Wahlvolk abzielt. Diese der Person des Kandidaten zugeschriebene „Gnadengabe" kann jedoch nur evoziert werden, wenn der Kandidat ein glaubwürdiges Image seines Charakters und seiner bisherigen Leistungen vermitteln kann. Die Heldenstrategie kann folglich nur bei denjenigen Kandidaten funktionieren, die bereits vor

---

102 Vgl. Kapitel III. 1.
103 Dieser groben Charakterisierung würde auch die Aufzählung der mit Ludwig XIV. angestrengten Heldenvergleiche entsprechen, die sich im Unterschied zum legendenhaften Charakter eines Cincinnatus alle auf historisch nachgewiesene Personen und Taten konzentrieren: „Auch zu Heroen der Vergangenheit setzte man das Bildnis des Königs in Beziehung. Er wurde bezeichnet als neuer Alexander (sein bevorzugter Vergleich, zumindest in den 1660er Jahren), als neuer Augustus (der ein aus schäbigen Backsteinen erbautes Paris vorfindet und es in eine Stadt aus Marmor verwandelt). Weitere Namen auf der Liste illustrer Herrscher, die in der Gestalt Ludwigs ihre Reinkarnation erlebten, sind Cäsar, Karl der Große, Chlodwig, Konstantin, Justinian – der das Gesetz kodifizierte –, der hl. Ludwig, Salomon, Theodosius, der die Ketzerei der Protestanten vernichtet, so wie der erste Theodosius." Peter BURKE, Ludwig XIV. Die Inszenierung des Sonnenkönigs. Berlin 1993: 50.

ihrer Kandidatur ein heldenhaftes Image besaßen. Dieses persönliche Charisma, das den Kandidaten zugeschrieben wird und das sich im Wahlkampfritual erweisen muß, unterscheidet sich von dem „Amtscharisma"[104], der entpersonalisierten Autorität qua Amt, wie sie in der Strategie des Schweigens verfolgt wird und dem „Erbcharisma"[105] – dem Versuch der Anknüpfung an die Aura und den Ruhm eines toten Helden, der in der Ahnenstrategie zu einem wahltaktischen Zweck „wiederbelebt" wird.

III. 3. Ahnenstrategie

Die Ahnenstrategie ist eine Fortsetzung der Heldenstrategie mit anderen Mitteln, oder wie *Wecter* es ausdrückt: „Hero-Worship is a secular religion. In so far as it looks backward, it is a form of ancestor worship."[106] Weniger nüchtern könnte die Ahnenstrategie auch als „politische Leichenfledderei" bezeichnet werden, da tote Heldenfiguren zur Unterstützung eines Kandidaten herangezogen werden. Parallel zum politischen Ahnenkult wird der Kandidat häufig auch durch lebende Personen unterstützt, die als glaubhafte Zeitzeugen für die Qualitäten des Kandidaten bürgen. Diese Form der Werbung für einen Kandidaten über dritte, vorgeblich „neutrale" Personen wird „Endorsement" genannt. In sogenannten „Endorsement Spots"[107] plädieren die Freunde, Verwandten oder Kollegen des Kandidaten auch im Bild für ihren Favoriten. Im Unterschied zu den „Endorsements" durch lebende Personen wirkt jedoch die „Unterstützung" durch tote Präsidenten, die nach ihrer wahren Einschätzung des Kandidaten nicht mehr gefragt werden können, noch stärker. Denn die Ahnenstrategie stellt nicht nur eine intime Beziehung zwischen dem Kandidaten und seinen „Ahnen" her, sondern sie überbrückt die zeitliche Distanz und konstruiert eine Traditionslinie. Der Kandidat präsentiert sich als Nachfolger eines oder mehrerer Ex-Präsidenten und betont damit die Kontinuität seiner Politik. Das Anknüpfen an Vergangenes, das Heraufbeschwören vorgeblicher Größe, die in der Gegenwart verloren gegangen sei und durch den Kandidaten wiederbelebt werden könnte, enthält ein starkes emotionales Argument, das auf das Sicherheitsempfinden der Menschen, die Angst vor Veränderungen und eine gewisse nostalgische Verklärung von Erinnerungen abzielt. Die geschönte und dem Vorhaben entsprechend stilisierte Vergangenheit wird durch den Kandidaten auf die Zukunft projiziert. Der Kandidat strebt mit der Ahnenstrategie zwei Ziele an: zum einen die Stärkung seines politischen Profils und zum anderen die Assoziation mit erfolgreichen politischen Programmen der Vergangenheit. Zugleich hat die Ahnenstrategie eine überzeitliche Sinn- und Orientierungsfunktion, die Geschichte als logische Abfolge von Ereignissen erscheinen läßt. Das Anknüpfen an die Heldentaten der Vergangenheit wirkt im Bild bruchlos. Die entkontextualisierten, entzeitlichten Porträts der Ex-Präsidenten werden in einen direkten Bezug zum Präsidentschaftskandidaten gestellt und damit reaktualisiert. Diese Reaktualisierung hat jedoch nur fragmentarischen Charakter. Sie spielt auf die Denkbilder der Adressaten an, die über bestimmte stereotype Vorstellungen der

---

104 S. DOW 1969: 317.
105 Ebd.
106 WECTER 1941: 8.
107 Vgl. DIAMOND/BATES 1992: 307–309.

III. 3. Ahnenstrategie

zitierten Ahnen verfügen. Die Erinnerung an die meisten der insgesamt 41 amerikanischen Präsidenten[108] ist verblaßt. Kaum ein Amerikaner wird Franklin Pierce (1853–1857), Rutherford B. Hayes (1877–1881) oder Chester Arthur (1881–1885) gedenken. Nur wenigen Ex-Präsidenten ist die Ehre vergönnt, in die amerikanische „Hall of Fame" der politischen Vorbilder aufgenommen zu werden. George Washington, Thomas Jefferson, Andrew Jackson, Abraham Lincoln, Franklin D. Roosevelt und John F. Kennedy gehören zu diesen „politischen Ikonen", deren Lebenslauf, teilweise durch ihren tragischen Tod überschattet, nach ihrem Ableben in stilisierter Form und mythisch überhöht an die Folgegenerationen weitervermittelt wurde. Das Denkbild dieser Toten wird weniger von ihren konkreten Handlungen, ihrer Amtsführung oder ihrem politischen Credo bestimmt. Vielmehr dominiert eine auf wenige Zitate und Ereignisse verkürzte Sicht das Bild dieser ins Heldenhafte verklärten Persönlichkeiten. Das Bildnis Jacksons erinnert an den Haudegen und populären Kriegshelden und nicht an dessen hartes Regime im Krieg und als Sklavenhalter auf seiner Plantage. Das Gedenken an John F. Kennedy fördert nicht die Erinnerung an seine teilweise konfuse Amtsführung zutage, die die Welt an den Rand eines Nuklearkrieges brachte.[109] Vielmehr wird sie übertönt durch die Schüsse von Dallas, die dem „American dream" ein abruptes Ende setzten. Historische Aufrichtigkeit ist keine Sache der Helden- oder der Ahnenstrategie. Und auch dieses Kapitel sieht keine Aufdeckung der „wahren" Ereignisse vor, sondern eine Analyse der verklärten Sicht auf die Dinge.

Die meistbeschworenen politischen Ahnen sind unbestritten George Washington (vgl. Abb. 47–51) und Abraham Lincoln (vgl. Abb. 28, 49, 52). Während George Washington als nationaler Übervater beiden großen Parteien als Ahne gilt und auch in den Plakaten im Gegensatz zu den anderen Ex-Präsidenten besonders hervorgehoben wird (Abb. 47–49), dient Abraham Lincoln vor allem seiner eigenen Partei als Leitbild in den Wahlkämpfen. Die Demokraten hingegen berufen sich mit Vorliebe auf Thomas Jefferson (Abb. 51, 53, 54) und Andrew Jackson (Abb. 51, 53), den Gründer der Demokratischen Partei.[110] Ahnenvergleiche mit ehe-

---

108 Mit Bill Clinton sind insgesamt 41 verschiedene Personen Präsident der USA gewesen. In der Literatur wird Clinton jedoch als 42. Präsident der Vereinigten Staaten bezeichnet, da Grover Cleveland zweimal mit einer Unterbrechung durch die Präsidentschaft Benjamin Harrisons (1889–1893) Präsident war und damit Cleveland „doppelt" zählt. Es gibt also 42 Präsidentschaften aber nur 41 Präsidenten als natürliche Personen.

109 Den Versuch, John F. Kennedys Amtszeit aus einer distanzierten Perspektive zu bewerten, hat jüngst Richard REEVES in seinem Buch: „President Kennedy. Profile of Power" (New York u. a. 1993) unternommen.

110 Der Ahnenkult um Andrew Jackson erstreckt sich auch auf seine Grabstätte auf seinem Landsitz, der „Hermitage", die zu einer präsidentiellen Pilgerstätte geworden ist. Der Bildkult setzt sich also in einer Art Totenkult fort: „Two Presidents of the United States, since the Civil War, have visited the Hermitage and broken bread there. The first was Theodore Roosevelt, a staunch Jacksonian who years before had written, ,with the exception of Washington and Lincoln, no man has left a deeper mark on American history,' and whose next annual message to Congress drew forth a $ 5000 appropriation to restore the Hermitage. The second was Franklin D. Roosevelt, in 1934, who placed a wreath upon Jackson's tomb." WECTER 1941: 220. An diese Tradition knüpfte auch Bill Clinton 1992 an, als er das Grab Franklin D. Roosevelts und seiner Frau Eleanor besuchte, die beide auf dem Familiengrundstück in Hyde Park/N. Y. beerdigt sind. Das Ritual des Grabbesuches von Ex-Präsidenten steht in der Tradition des translatio imperii-Gedankens (vgl. dazu Werner GOEZ, Translatio Imperii. Ein

maligen Präsidenten, die der gegnerischen Partei angehören, sind selten, aber treten gerade in der jüngsten Vergangenheit häufiger auf. Präsident Bush berief sich 1992 auf seinen Demokratischen Amtsvorgänger Harry S. Truman, dem 1948 kaum Chancen auf eine Wiederwahl eingeräumt wurden und der dennoch den Republikaner Thomas E. Dewey (vgl. Abb. 84) schlug. Eine ähnliche überparteiliche Annäherung vollzog Präsident Clinton 1996. Wurden vier Jahre zuvor noch John F. Kennedy und Thomas Jefferson als Demokratische Ahnen herangezogen, so diente ihm als Vorbild für seine Wiederwahlstrategie kein anderer als der Republikanische Ex-Präsident Ronald Reagan. Bereits in seiner State-of-the-Union-Address am 23. Januar 1996 präsentierte sich Clinton „reaganesque".[111] Dieser Stilwandel, der sich vor allem in der Besetzung ehedem Republikanischer Themen ausdrückte, wurde von Clintons politischem Gegner im U.S.-Kongreß, Newt Gingrich, mit folgenden Worten quittiert: Bill Clinton is „governing like Lyndon Johnson and talking like Ronald Reagan."[112]

Washington und Lincoln stellen die großen Konstanten im amerikanischen Ahnenvergleich dar, auf die auch in der Gegenwart immer wieder Bezug genommen wird. Das Image dieser überzeitlichen Heroen dient oft als Hintergrundfolie für öffentliche Auftritte, wie etwa bei Pat Buchanans Wahlkampftournee 1996, auf der er sich im Anschluß an seinen Vorwahlsieg in New Hampshire vor der Kulisse der Präsidentenbildnisse des Mount Rushmore in South Dakota abbilden ließ und süffisant bemerkte, er hätte sich für sein Präsidentenporträt bereits einen freien Platz an der Felswand ausgesucht.[113] Weniger augenfällig wird der Ahnenvergleich meist geschickt in die Kandidatenbiographie eingeflochten. So gehörte es in der ersten Hälfte

---

Beitrag zur Geschichte des Geschichtsdenkens und der politischen Theorie im Mittelalter und der frühen Neuzeit. Tübingen 1958), der sich in der Proklamation des Nachfolgers am Totenbett des Herrschers mit den Worten „Le Roi est mort. Vive le Roi" zeremoniell verfestigte. „Am Grabe Karls VI. erklang erstmals in der Geschichte Frankreichs der von nun an traditionelle Ruf von St. Denis zur Herrschaftsübernahme: *Vive le roy!*, dessen spätere Voranstellung: *Le roi est mort* auch wörtlich das ausdrückt, was 1422 im ersten zeremoniellen Ansatz vorliegt: der sinnfällig gemachte Herrschaftswechsel ohne Interregnum, die rituelle Neu-Konstituierung einer als permanent vorgestellten, aber personal gedachten juristischen Institution: der des Königtums." Wolfgang BRÜCKNER, Bildnis und Brauch. Studien zur Bildfunktion der Effigies. Berlin 1966: 105/106. Die Aussage „Dignitas non moritur" trifft nicht nur auf die Königswürde, sondern auch auf die Präsidentenwürde zu. Insofern stellt der symbolträchtige Besuch von Präsidentschaftskandidaten an den Gräbern verstorbener Amtsvorgänger sehr wohl eine rituelle Form der Herrschaftsübertragung im Sinne einer symbolischen Legitimationsübertragung dar. Zum „translatio imperii"- Gedanken in den USA vgl. John G. A. POCOCK, The Machiavellian Moment. Florentine Political Thought and the Atlantic Republican Tradition. Princeton 1975: 511, 540.

111 Dieser Strategiewandel drückte sich am deutlichsten in Clintons Worten: „The age of big government is over" aus, mit denen er politisch deutlich in die Mitte rückte und sich von Franklin D. Roosevelts New Deal-Politik distanzierte. Verantwortlich für den Strategiewechsel zeichnete der konservative politische Berater Dick Morris, den Clinton für den Wahlkampf 1996 erneut engagierte, nachdem er bereits Clintons Comeback als Gouverneur von Arkansas 1982 erfolgreich geplant hatte. Vgl. Eleanor Clift/Mark Miller, The Morris Backlash. In: Newsweek, 19. 2. 1996: 33.
112 David ESPO, State of the Union. Associated Press, 24. 1. 1996: Internet.
113 Die „photo-opportunity" fand am 21. 2. 1996 statt. Das Bild mit Buchanan vor Mount Rushmore wurde in der Tageszeitung USA Today auf der Titelseite am 22. 2. sowie in der New York Times vom 2. 3. auf Seite 9 und im Wochenmagazin U.S. News & World Report vom 4. 3. in einem großen Bericht über Buchanan auf den Seiten 32 und 33 gebracht.

des 19. Jahrhunderts zum Standard und Stereotyp jeder politischen Biographie, einen Stammbaum zu konstruieren, der mindestens bis zu den Helden der Revolution, möglichst jedoch bis zur Landung der Mayflower 1620 reichte.[114] Ein nicht bis ins 17. Jahrhundert nachweisbarer Stammbaum kann von einem Kandidaten durch Ahnen, die sich im Unabhängigkeitskrieg engagierten, aufgewogen werden. William Henry Harrison hatte in dieser Hinsicht das Glück, von einem Revolutionshelden abzustammen und sich selbst als persönlicher Freund Thomas Jeffersons rühmen zu können.[115] Dieser gehörte neben Washington und Jackson zu den „begehrtesten" Ahnen, in dessen Nähe der Kandidat von seinen Beratern vermittels der Bildstrategie gerückt wurde.[116]

Der weitverbreitete Versuch der Präsidentschaftskandidaten, ihre Legitimation aus der persönlichen Genealogie abzuleiten, gehört in den Bereich der Konstruktion einer Prädestination für das Amt aufgrund einer durch die vorangegangenen Generationen erwiesenen besonderen Eignung, die sich vom Vater auf den Sohn überträgt. Frauen bleiben von dieser Form des Ahnenkultes ausgeschlossen. Von den Müttern der Kandidaten ist in den offiziellen Wahlkampfbiographien kaum die Rede, es sei denn in ihrer Verwandtschaftslinie befindet sich eine männliche Heldenfigur, die für die Biographie nutzbar gemacht werden kann. Heldentum wird damit in gewisser Hinsicht als vererbbar betrachtet. Die völlige Abwesenheit weiblicher Identifikationsfiguren im Lebenslauf der vorgestellten Kandidaten spiegelt zugleich den rein männlichen Adressatenkreis wider. Vor Einführung des Wahlrechts für Frauen 1920 richtete sich die bildliche und schriftliche Wahlpropaganda ausschließlich an ein männliches Publikum, das durch unterschiedliche Ahnenfiguren angesprochen wurde. Während Washington über alle Parteidivergenzen erhaben ist und als harmonisierende Einigungsfigur eingesetzt wird, die fast schon den Charakter einer nationalen Personifikation trägt, spricht eine historische Figur wie Thomas Jefferson, der Farmer aus Virginia und Dezentralist, eher südliche Wählergruppen an – obwohl er als Verfasser der Unabhängigkeitserklärung und dritter Präsident der USA durchaus ein nationales Appeal vorzuweisen hat.[117] Der Republikaner Lincoln verkörpert den Prä-

---

114 BROWN 1960: 17 und 19.
115 „His father was a patriot of the Revolution, the fearless advocate of our National Independence, and spent his private fortune in achieving his country's liberty; a leading member of the continental Congress in 1774, 5 and 6; chairman of the committee of the whole house, and presided over that august body, when the Declaration of Independence was adopted." Auszug aus dem Plakattext Abb. 9.
116 „Besides damning their opponent in one way or another, party leaders on the national level worked to associate their own candidate with notable figures from the past. Displays on behalf of Andrew Jackson often included a portrait of George Washington next to his. In campaign statements supporters depicted ‚Old Hickory' as a second Washington, the embodiment of true patriotism. ‚Under Washington our independence was achieved; under Jackson our independence has been preserved,' read one handbill in 1824. Jackson was also linked to Jefferson and his ‚republican' principles, as were other Democratic leaders of the time. Even Whigs such as William Henry Harrison claimed ties with Jefferson. Jefferson had, of course, challenged the Hamiltonian idea of an all-powerful executive branch and stood against all forms of corruption. Harrison would tell a large audience in Ohio in 1840 that ‚if the Augean stable is to be cleaned, it will be necessary to go back to the principles of Jefferson.'" DINKIN 1989: 35.
117 „Lincoln and Douglas both claimed they were following Jefferson in their positions on slavery, and in 1876, Democrat Samuel Tilden asserted in his acceptance letter that ‚the reformatory work of Mr.

sidenten in Krisenzeiten und ruft Erinnerungen an den Bürgerkrieg wach. Er spricht eher einen Adressatenkreis im Norden und Westen der USA als im Süden an. Die historischen Parteipräferenzen – der Süden wählt Demokratisch, der Norden Republikanisch – spiegeln sich noch immer in den Parteiidolen wieder, die zur Unterstützung von Kandidaten bemüht werden. Im Wahlkampf 1992 wurde vom mittleren Namen des Demokratischen Präsidentschaftskandidaten – William Jefferson Clinton – eine Ahnenverbindung zum gleichnamigen Ex-Präsidenten Thomas Jefferson konstruiert. Eine ähnlich vage assoziative Verbindung wurde mit Hilfe eines Fotos zwischen dem Demokratischen Kandidaten und John F. Kennedy hergestellt. Das Bild, das während eines Besuches des Schülers Bill Clinton im Weißen Haus aufgenommen wurde und John F. Kennedy zeigt, wie er dem späteren Kandidaten die Hand schüttelte, wurde als äußerst suggestive Form der Ahnenstrategie eingesetzt. Der Handschlag zwischen dem pubertierenden Clinton und Präsident Kennedy konnte als symbolischer Auftrag, als eine Art Amtsdelegation, interpretiert werden.[118] Die Fotografie wurde auch in dem identitätsbildenden Wahlspot Bill Clintons 1992 an zentraler Stelle eingefügt. Offiziell mit dem Titel „Journey"[119] bezeichnet, machte die rührselige Filmbiographie Clintons als „The Man from Hope"-Spot Furore. Zu den Schwarzweißbildern vom Besuch Clintons im Weißen Haus spricht er selbst den Text: „It was in 1963 that I went to Washington and met President Kennedy. And I remember just thinking what an incredible country this was. That somebody like me, who came from a little town in Arkansas, who, you know, had no money, no political position or anything, would be given the opportunity to meet the President." Das Bild vom hoffnungsvollen Halbwüchsigen aus dem Städtchen Hope, der dem mächtigsten Mann der Vereinigten Staaten

Jefferson in 1800 must now be repeated.'" DINKIN 1989: 71. Jeffersons Einstellung zur Sklavenfrage war Zeit seines Lebens zwischen Ideal und Wirklichkeit gespalten. Während Jefferson die Sklaverei aus ethischen Gründen ablehnte, war er gleichzeitig auf die Bewirtschaftung seiner Plantage „Monticello" durch Sklaven angewiesen.

118 Die Wahlkampfbiographie Clintons hebt dieses Ereignis besonders pathetisch hervor: „He was born William Jefferson Blythe IV in a small Arkansas town called Hope. He was born fatherless; months prior to his birth, his father, Bill Blythe, had died in an automobile accident. He would, as a teenager, take his stepfather's name. (...) It was as a high school senior that the 42nd President of the United States met the 35th. It was only the briefest of handshakes, but the memory of his American Legion-sponsored visit to the Rose Garden of John F. Kennedy would galvanize Bill Clinton to a life of public service." Zitiert aus dem Programm zur Inauguration Bill Clintons „The 52nd Presidential Inauguration. An American Reunion. New Beginnings. Renewed Hope", 1993. Die äußerst kritische Rezeption dieser Imagemanipulation demonstriert nur ihre nachhaltende Wirksamkeit. Clinton wird nicht mit seinem unmittelbaren Amtsvorgänger Bush, sondern mit der idealisierten Amtsführung John F. Kennedys gemessen. Ob diese Langzeitwirkung allerdings erwünscht war, ist zu bezweifeln. Vgl. Joel ACHENBACH, Let it be forgot that once there was a spot. Clinton should drop his fixation with JFK and Camelot. In: THE WASHINGTON POST, National weekly edition v. 1.–7. 08. 1994: 12.

119 Der 60-Sekunden-Spot wurde vom Clinton/Gore Creative Team produziert und am 11. 10. 1992, in der Endphase des Hauptwahlkampfes, ausgestrahlt. Der Spot beginnt mit Bill Clintons Stimme: „I was born in a little town called Hope/Arkansas three months after my father died." Bereits im Vorwahlkampf wurde eine 30-minütige Langspielversion produziert, die zur Vorführung auf Demokratischen Wahlkampfparties gedacht war. Beide Wahlkampffilme sind im Oklahoma Political Commercial Archive aufbewahrt.

die Hand schütteln durfte, evozierte den Mythos vom „American dream" und verband auf geschickte Weise die Ahnen- mit der Common-man-Strategie.

Ähnlich der doppelten Ahnenstrategie William Jefferson Clintons wurden meist die überzeitlichen Ahnen Washington, Jefferson oder Lincoln durch aktuellere Präsidentschaftsvorbilder ergänzt. So beriefen sich die Republikanischen Kandidaten Benjamin Harrison und Levi P. Morton 1888 nicht nur auf George Washington (Abb. 49), der in einem ungewöhnlichen Brustporträt mit zu einem Segensgestus ausgebreiteten Armen über den Kandidaten in Wolken schwebt, sondern über seiner rechten Schulter sind auch die Köpfe von Ulysses S. Grant und Abraham Lincoln abgebildet. Über seiner linken Schulter sind die Köpfe der Republikanischen Präsidenten Chester Arthur (1881–1885) und James A. Garfield (1881) zu sehen, an deren Präsidentschaft Harrison anzuknüpfen intendierte. James A. Garfield war nach nicht ganz halbjähriger Amtszeit ermordet worden, und Vizepräsident Chester A. Arthur war in sein Amt nachgefolgt. Arthur wurde jedoch 1884 von seiner eigenen Partei nicht nominiert, die statt dessen James G. Blaine ins Rennen schickte. Dieser verlor gegen den Demokratischen Herausforderer Grover Cleveland. Neben der Berufung auf die Republikanischen Präsidentenahnen wurde in dem Plakat (Abb. 49) der Republikanische Reformwille beschworen, symbolisiert durch einen Besen, der mit der Aufschrift „Republican Broom" versehen ist. Auf der Kehrschaufel liegen Zettel, die mit den Demokraten zugeschriebenen Politikinitiativen betitelt sind: „Veto Pension Bill", „Fishery Treaty", „Protection to Monopoly", „Return The Flags you captured", „Free Trade", welche die Republikanischen Kandidaten abzuschaffen versprechen. Rechts unterhalb des Morton-Porträts ist ein geschnallter Gürtel in Aufsicht dargestellt, in dessen Mitte die Einheit der Vereinigten Staaten durch die vier Himmelsrichtungen beschworen wird, symbolisiert durch vier Hände. Das Einheitssymbol sollte in Anspielung auf die Freihandelspolitik der Demokratischen Regierung demonstrieren, daß eine Republikanische Administration allen Regionen der USA gleichermaßen durch Zölle Protektionismus garantieren würde. Der Protektionismus als Hauptprogrammpunkt des Plakates stimmte mit der Republikanischen Parteilinie und mit der von den zitierten Ahnen vertretenen Politik überein. Die Bilddarstellungen und das Programm bestärkten sich wechselseitig.

Einen aktualisierten Ahnenbezug suchten auch die Demokratischen Kandidaten James Cox und Franklin D. Roosevelt, indem Thomas Jefferson die Porträts Grover Clevelands und Woodrow Wilsons zur Seite gestellt wurden (Abb. 54). Die Ahnenstrategie kann von den Bildproduzenten entweder auf das Amt an sich bezogen oder als persönlich-parteiliche Strategie eingesetzt werden. Der im 19. Jahrhundert eher seltene letztere Fall, wie am Beispiel des Benjamin Harrison-Plakates (Abb. 49) bereits erläutert, deutet auf ein Auftragsplakat hin, da für eine parallele Anwendung des Bildmotivs auf ein Plakat der gegnerischen Partei erhebliche Änderungen am Bildentwurf erforderlich gewesen wären. Die „objektive" Form der Ahnenstrategie mit dem Zitat aller Ex-Präsidenten ist leichter auf beide Parteikandidaten gleichermaßen anwendbar (vgl. Abb. 47, 48) und weist auf einen unabhängigen Plakatverleger als Produzenten hin. Die von Nathaniel Currier produzierten Wahlkampfplakate von Zachary Taylor (Abb. 17) und Lewis Cass (Abb. 18) zeigen die Kandidaten in einem fast identischen Kreis der Präsidenten. Das Porträtmedaillon von Cass ist jedoch kleiner als das etwa zwei Wochen später produzierte Porträt Taylors.[120] Der Demokratische Kandidat ist durch die Markierung

---

120 Zu den Erscheinungsdaten der Plakate vgl. REILLY 1991: 278/279.

„America" und „France" auf dem Globus über seinem Porträt als ehemaliger amerikanischer Botschafter in Frankreich charakterisiert. Seine zivile Kleidung fügt sich nahtlos in den Vergleich mit den ihn umringenden Präsidentenporträts ein. Das Taylor-Plakat betont im Gegenzug den Kriegshelden in Uniform und läßt ihn durch die Betitelung „The People's Choice for 12th President" als parteiunabhängigen Kandidaten erscheinen.

Die Abbildung der präsidentiellen Ahnen führt vor allem zu einer Aura der Wichtigkeit, welche die ansonsten recht langweiligen Porträts aufwertet. Die beiden kommerziellen Plakate für den Wahlkampf 1892 (vgl. Abb. 47 und 48) fassen die insgesamt 23 Vorgänger der Kandidaten in einer Gloriole zusammen, in deren Zentrum George Washington steht. Die kleinen Porträtmedaillons am Rande der Gloriole sind numeriert. Den Zahlen ist jeweils eine Namenslegende beigefügt, die links und rechts als wappenähnliche Schilder auf den beiden Säulen ruhen, die jeweils Unabhängigkeit und Freiheit (links) bzw. die Verfassung und Gerechtigkeit (rechts) symbolisieren. Die Größe der Plakate läßt vermuten, daß sie für den öffentlichen Aushang bestimmt waren und der Bekanntmachung der im mittleren Teil zwischen den Säulen abgedruckten Parteiprogramme dienten. Die kleinteilige Beschriftung deutet auf einen Bildniseinsatz hin, der auf Nahsicht abzielte. Während in den Gloriolendarstellungen vor allem die Amtsaura der Porträtierten unterstrichen wurde, stellen die Ahnenporträts in Abb. 28 und 49 die Ex-Präsidenten als Schutzheilige dar. Das Lincoln-Porträt über der historischen Zusammenkunft Präsident Theodore Roosevelts und Booker T. Washingtons (Abb. 28) gibt dem Geschehen den bildlichen Segen Lincolns und setzt die Szene in den historischen Bezug zur Politik Lincolns, die diese Zusammenkunft durch die Abschaffung der Sklaverei erst möglich machte.[121] Die komplexe Ahnenstrategie, die in den narrativen Plakaten zum Wahlkampf 1884 (Abb. 52 und 53) eingesetzt wurde, zitiert gleich mehrere tote und lebende Vorbilder, welche die Geschicke der Partei maßgeblich beeinflußt haben. Während das am 11. August 1884 zum Urheberschutz eingereichte Plakat für die Demokraten (Abb. 53) auf vier politische Ahnen abzielte, die neben den Kandidaten Grover Cleveland und Thomas A. Hendricks abgebildet werden, setzte das nur drei Tage später eingereichte Plakat für die Republikaner James G. Blaine und John A. Logan (Abb. 52) vor allem auf den Lincoln-Mythos. Lincoln wird in der zentralen unteren Illustration mit der Feder in der Hand am Schreibtisch sitzend dargestellt, auf dem ein Blatt mit der Aufschrift „Emancipation" liegt. Im Hintergrund links ist eine farbige Mutter mit zwei Kindern in einer Lichtgloriole zu sehen, die die Hände andächtig vor der Brust gekreuzt hat und dankbar gen Himmel blickt. Links unten ist eine Szene aus Harriet Beecher Stowes Roman „Onkel Toms Hütte" illustriert. „Uncle Tom and Little Eva" sitzen auf den Stufen zu Onkel Toms Hütte. Rechts von Lincoln ist eine Szene dargestellt, die mit „Suffrage and Free Schools" untertitelt ist und die positiven Folgen von Lincolns Politik für die ehemaligen Sklaven zeigt: sie dürfen nun wählen und die Schule besuchen. Lincolns Leistungen werden in dem unteren Schriftband noch einmal zusammengefaßt: „Lincoln Emancipating A Race. The Union Preserved. A Race Emancipated. Citizenship Conferred. Free Schools Established. A Nation Exalted. A Record Of Glorious Work And Achievement. Our Eternal Vigilance Shall Yet Gain Further Victories Of Right Over Wrong Which In The Grand Flood Of Years Will Ever Exalt Our Home And National Life." Die obere Darstellung zwischen den Kandidatenporträts zeigt Garfield nach der Ermordung Lincolns, der mit den folgenden Worten zitiert

---

121 Zum T. Roosevelt/Booker T. Washington-Plakat vgl. die ausführliche Beschreibung in Kapitel II. 4.

III. 3. Ahnenstrategie

wird: „God Reigns And The Government At Washington Still Lives". Mit dem eindeutigen Anti-Sklaverei Schwerpunkt richtete sich das „Republican Souvenir" vor allem an die afroamerikanischen Wähler, denen noch einmal die Rolle der Republikanischen Partei bei der Abschaffung der Sklaverei in Erinnerung gerufen werden sollte. Während dieses Ereignis in direkter Verbindung mit dem Bürgerkrieg steht, fehlen in dem Plakat jegliche militärische Untertöne. Hingegen werden die Demokratischen Kandidaten im Pendant-Plakat (Abb. 53) unter dem Titel „Victory And Reform" in eine militärische Tradition gestellt, die sogar den erfolglosen Bürgerkriegsgeneral George McClellan, links vor dem weißen Pferd, aufbietet. Rechts ist Andrew Jackson vor einem schwarzen Pferd zu sehen. Die beiden männlichen Allegorien links und rechts außen verkörpern die Armee und die Marine. In der Mitte sind der um die Präsidentschaft betrogene Samuel Tilden sowie unten Thomas Jefferson beim Verfassen der Unabhängigkeitserklärung abgebildet. Zivile und militärische Ahnen halten sich die Waage und sprechen eine große Bandbreite von Wählern an.

Die Ahnenstrategie wird jedoch nicht nur in einem positiven Sinne zur Prestigesteigerung eines Kandidaten eingesetzt. Wie das Plakat für den Republikanischen Präsidenten Ulysses S. Grant (Abb. 55) zeigt, kann die Ahnenstrategie auch „umgekehrt" und als Negativ-Attacke gegen den Gegner gewendet werden. Auf dem Plakat stehen sich die beiden Präsidentschaftskandidaten von 1872 gegenüber, rechts und links eingerahmt von ihren politischen Ahnen. Der Plakattitel „You Must Make Your Choice" und die Einfügung „versus" zwischen den beiden Bildblöcken unterstreichen den Wahlcharakter des Plakates, das den Adressaten auffordert, sich zwischen den beiden Optionen zu entscheiden. Während Grant links von Washington und rechts von Lincoln eingerahmt wird und alle drei den Adressaten direkt fixieren, wird der dumpf am Betrachter vorbeischauende Horace Greeley in eine Reihe mit den Südstaatlern John C. Calhoun und Jefferson Davis gestellt. Das positive Image der Grant-Trias wird durch die Verwendung von Efeu, Eichenlaub und Olivenzweigen sowie dem Slogan „National Unity" unterstrichen. Die Negativkonnotation Greeleys wird durch die Umrahmung mit Disteln, auf deren Dornenästen unter anderem die Namen der blutigsten Bürgerkriegsschlachten gedruckt sind[122], betont. Zudem wird Calhoun und damit mittelbar Greeley in den Kontext der „Nullification"-Kontroverse[123] von 1832 und der Sezession der Konföderierten 1861, deren Präsident

---

122 „Andersonville", „Fort Sumpter", „Jackson" u. a. Daneben wird Greeley durch die Dornenaufschrift „April 14, 1865" mit der Ermordung Abraham Lincolns assoziiert, wie auch durch die Aufschrift „K. K. K." mit dem Ku-Klux-Klan, der 1865 gegründet worden war. Vgl. REILLY 1991: 602.
123 Die Nullifikations-Kontroverse drehte sich um die Frage der institutionellen Verortung von Souveränität. Während die „nullifiers" wie John C. Calhoun die einzelnen Länderparlamente als Orte oberster Souveränität interpretierten und damit die übergeordnete Stellung den zentralen U.S. Regierungsorganen streitig machten, verfochten Präsident Jackson und seine Anhänger das Primat des nationalen Rechts vor dem Staatenrecht. Auf dem Höhepunkt der Kontroverse bestritten die „Nullifiers" sogar das Recht des Supreme Court auf Auslegung der Verfassung und drohten mit der Sezession. Die Bezeichnung „Nullifikations-Debatte", stammte von der Forderung her, daß im Umkehrschluß zu der üblichen Rechtshierarchie Landesrecht (state law) Bundesrecht (federal law) brechen (to nullify) könne. Hinter dieser Forderung, die die Vereinigten Staaten als föderativen Staatenbund mit schwacher Zentrale gemäß der Vorstellungen Thomas Jeffersons sah, standen handfeste ökonomische Interessen, die sowohl mit der Zollpolitik der Bundesregierung (federal government), wie auch mit dem Versuch von besonders radikalen Staaten wie South Carolina, die Sklaverei als Wirtschaftssystem für immer festzuschreiben, in Verbindung stand.

Jefferson Davis war, gestellt. Während Grant und seine Ahnen als Vorkämpfer der nationalen Einheit porträtiert werden, wird Greeley durch die ihm beigefügten „Konsorten" als Sektierer gekennzeichnet. Die Unmißverständlichkeit dieser Ahnenstrategie wird in dem das Plakat nach unten abschließenden Sprichwort noch einmal zum Ausdruck gebracht: „Birds Of A Feather Flock Together", was in etwa mit „gleich und gleich gesellt sich gern" zu übersetzen wäre und darauf hindeutet, daß auf den Charakter einer Person durch dessen gesellschaftliches Umfeld geschlossen werden kann. Während Grant also in eine Ahnenreihe mit den beiden größten amerikanischen Heldenfiguren gestellt wird, ist Greeley von den beiden meistgehaßten und verachteten Politikern seiner Zeit umgeben. Der Kontrast zwischen Heldenhimmel und Schurkenhölle könnte kaum eindeutiger sein.

Helden- und Ahnenstrategie sind dramatische Strategien durch die ein Kandidat emotional besetzt wird. Die Ahnenstrategie bedient sich bereits vorhandener Denkbilder über tote Heldenfiguren der amerikanischen politischen Geschichte und versucht, die diesen Personen zugeschriebenen Eigenschaften und Fähigkeiten auf den Präsidentschaftskandidaten zu übertragen. Dabei wird an reale oder konstruierte Verbindungen zwischen dem Kandidaten und dem Ahnen etwa durch Stammbaum oder eine tatsächliche Begegnung angeknüpft und daraus eine Art Übertragung von (Amts)Charisma abgeleitet. In der Ahnenstrategie werden große zeitliche Distanzen überwunden und eine Nachfolgekonsequenz aus der Geschichte konstruiert, die den Präsidentschaftskandidaten als prädestiniert und damit legitim erscheinen läßt. Der Umweg über einen toten Ahnen tut dem Gebot der Bescheidenheit Genüge, da ein Dritter als Fürsprecher für den Kandidaten eintritt und er nicht selbst seine Kandidatur vorantreiben muß. Die Konstruktion eines Ahnenmotivs erfüllt damit eine ähnliche Funktion wie das „Endorsement", das eine Unterstützungsleistung durch eine lebende Person darstellt.

Ahnenstrategien werden meist in mehreren Ausdrucksmedien zugleich verfolgt. Der Kandidat bezieht sich dabei nicht nur visuell auf sein adoptiertes Vorbild, sondern versucht auch, den Ahnen durch Zitate, rhetorischen Stil oder den Besuch der Grabstätte zu „beerben". Je offensichtlicher diese Strategie aufgrund ihrer weitverbreiteten Anwendung wird, desto eher sind auch Gegenattacken von seiten der politischen Konkurrenz wahrscheinlich, die dem Kandidaten den Nachfolgeanspruch streitig macht. Die „Anti-Ahnenstrategie" wurde während des Präsidentschaftswahlkampfes 1988 zum ersten Mal von dem Ticket-Partner Michael Dukakis', Lloyd Bentsen, in der Debatte gegen seinen jungen Republikanischen Konkurrenten Dan Quayle angewandt, der sich in eine Reihe mit John F. Kennedy zu stellen versuchte. Bentsen legte Quayles Profilierungsversuche mit vier Sätzen offen: „Senator, I served with Jack Kennedy, I knew Jack Kennedy. Jack Kennedy was a friend of mine. Senator, you're no Jack Kennedy."[124] Auf dem Republikanischen Parteitag 1992 griff Ex-Präsident Ronald Reagan mit dem ihm eigenen Humor die Paraphrase Bentsens auf und benutzte sie, um sich über Bill Clintons Wiederbelebung des Jefferson-Mythos lustig zu machen: „This fellow they've nominated claims he's the new Thomas Jefferson. Well, let me tell you something. I knew Thomas Jefferson. He was a friend of mine. And, Governor, you're no Thomas Jefferson."[125] Die todernste Ahnenstrategie kann also durchaus ihre unterhaltsamen Seiten haben. Um den Witz eines Zitates oder einer Anti-Ahnenstrategie wie der „You're no..."-Variante verstehen zu können, wird ein hohes Maß an Vertrautheit mit den bildlichen und sprachlichen Eigenheiten politi-

---

124 Zitiert in: SAFIRE 1993: 893.
125 Ebd.

scher Kommunikation beim Betrachter vorausgesetzt. Die Wirkung von Bildstrategien basiert auf einer möglichst akkuraten Einschätzung der Erwartungshaltungen der Adressaten. Bildstrategien, die eines inhaltlich-korrekten Kerns entbehren, verstärken den Eindruck der Unglaubwürdigkeit des Kandidaten. Wenn die Bilder nur auf sich selbst verweisen und keinen Bezug zu dem bestehenden Image des Kandidaten herzustellen vermögen, ja ihm womöglich sogar widersprechen, ist der „Zauber des Marketing" wirkungslos. Bedingung für den Erfolg ist nicht nur das perfekte Image, sondern auch der perfekte Kandidat, der diese Bilderwartung zu verkörpern versteht.

III. 4. Common-Man-Strategie

„The century on which we are entering can and must be the century of the common man."[126] Diese vom Vizepräsidenten der USA, Henry Wallace, 1942 für die zweite Hälfte des 20. Jahrhunderts propagierte Ära des einfachen Mannes stellte kein Novum in der amerikanischen Politik dar. Das Neuartige war nicht die Hofierung des „Mannes von der Straße" (Common man) per se, sondern der Bedeutungswandel, den das Common-man-Image erfahren hatte. Die Versprechungen Henry Wallaces bezogen sich konkret auf die ökonomische Gleichstellung der Menschen, ihr Anrecht, in einer freiheitlichen Demokratie nicht nur ihres Glückes eigener Schmied sein zu können, sondern sich dabei auch Unterstützung von der Regierung erhoffen zu dürfen.

Die Helden- und die Common-man-Strategien verfolgen ein komplementäres Image. In der amerikanischen Demokratie muß ein Held immer zugleich auch ein Mann einfacher Herkunft sein und diese nötigenfalls konstruieren, um als Präsidentschaftskandidat wählbar zu werden. Umgekehrt reicht „Commonness" allein jedoch nicht aus, um sich für das höchste Amt im Staate zu qualifizieren. Hier ergänzt wiederum die Heldenstrategie die nötige Portion „Außergewöhnlichkeit", die erforderlich ist, um sich „von der Masse" abzuheben. Helden- und Common-man-Strategie ergänzen sich so wechselseitig und erzeugen ein komplexes Spannungsverhältnis von gleichzeitiger Nähe und Distanz zwischen Kandidat und Adressaten. Das Problem liegt in der Tatsache, daß die wenigsten Kandidaten diesem doppelten Image entsprechen und die „politische Verpackungskunst" ihre Grenzen hat. Mit der Professionalisierung des Imagemakings ist dessen Limitierung offensichtlich geworden. In einer Zeit der Konkurrenz von Kandidaten, Parteien, PR-Agenturen und Presse hat sich auch die Kontrolle über das Imagemaking des Gegners erhöht. Das Schema, nach dem der eigene Kandidat in ein möglichst positives Licht gerückt, der Gegenkandidat negativ dargestellt wird, ist jedoch gleich geblieben. Ein künstliches Image, ohne jede reale Grundlage, wie es für den Kandidaten der Whigs William Henry Harrison 1840 massenwirksam inszeniert wurde, wäre unter den heutigen Bedingungen wohl kaum mehr glaubwürdig. Dieser erste auch in der Bildstrategie umgesetzte Common-man-Wahlkampf markierte einen Wendepunkt im amerikanischen Wahlkampfstil. Er wird in der Fachliteratur allgemein als der erste Image-Wahlkampf in der Geschichte der USA bezeichnet.[127] Der Kandidat der Whig-Partei wurde einerseits als Kriegsheld im Zweiten Unabhängigkeitskrieg 1812 und in den Kriegen gegen die Indianer dargestellt,

---

126 Zitiert in: SAFIRE 1993: 138/139.
127 MELDER 1992: 79/80.

andererseits als populärer Volksheld, als „common man" und einfacher Farmer, der in einer Holzhütte (Log cabin) aufgewachsen wäre und selbst seine Äcker bestellte. Um die Figur des Kandidaten noch volksnäher zu gestalten, wurden auf den meisten Broadsides zusätzlich zum Symbol der Holzhütte auch Hard-cider-Tonnen abgebildet (Abb. 8), welche die männlich-rustikalen Trinkgewohnheiten des Kandidaten betonen sollten.

Der Log-cabin- und Hard-cider-Symbolik liegt eine Motivumkehrung zugrunde. Der Herausgeber einer Demokratischen Zeitung verglich 1839 den gegnerischen Kandidaten mit einer alten Großmutter (Old Granny), die ihres Lebens zufrieden sei, wenn sie nur eine kleine Rente, eine Holzhütte und Hard cider hätte.[128] Der Angriff auf ihren Kandidaten wurde von den Whigs begeistert aufgenommen und in sein Gegenteil verkehrt, indem gerade die Holzhütte und Hard cider zu Symbolen der Demokratie erklärt wurden.[129] Harrison erschien so als Prototyp des Common man und bildete einen lebhaften Kontrast zu dem „aristokratischen" Image seines Demokratischen Gegners Martin Van Buren. Thurlow Weed, Harrisons Wahlkampfmanager, beschrieb die Bildstrategie wie folgt: „The Log Cabin (…) is a symbol of nothing that Van Burenism knows, feels, or can appreciate. (…) It tells of (…) the hopes of the humble – of the privations of the poor – (…) it is the emblem of rights that the vain and insolent aristocracy of federal office-holders have (…) trampled upon."[130] Mit der Log cabin hatte nicht nur der Wahlkampf 1840 ein populäres Symbol, auch die Whig Partei, die sich erst allmählich aus der Opposition gegen die Administration Andrew Jacksons und Martin Van Burens herauskristallisierte, kam so zu ihrem ersten Parteiemblem. John V. L. McMahon[131], der Vorsitzende des Parteitages von 1840, erklärte die Whig-Partei kurzerhand zu einer „Log-cabin-Party".[132] Die Symbolik wurde nicht nur im Bild umgesetzt, sondern lebte gerade von ihrer sämtliche Ausdrucksmedien durchdringenden Kraft. „Log cabin" und „Hard cider", sowie diverse andere Slogans und Spitznamen der Kandidaten wurden zu omnipräsenten Schlagwörtern und Bildern. Unzählige Wahlkampfutensilien, vom Bierkrug bis zur Miniaturholzhütte, verbreiteten die Symbole der Whigs.[133]

128 Robert Gray GUNDERSON, The Log Cabin Campaign. Lexington 1957: 110; DINKIN 1989: 50; MELDER führt aus: „Harrison's association with the log cabin and hard cider grew out of a joke from a Democratic newspaper sneering at ‚Old Granny' Harrison, who, the paper declared, would be content with ‚a barrel of hard cider, and (…) a pension of two thousand a year (to) sit the remainder of his days in his log cabin.'" MELDER 1992: 77.
129 Hinter der Motivumkehrung steckten zwei Whigs: Thomas Elder, ein Bankier und Richard S. Elliott, ein Herausgeber aus Pennsylvania. S. CHAMBERS 1971: 669.
130 GUNDERSON 1957: 110/111.
131 McMahon war einer der beiden Kandidaten, für die auf dem kleinen Wahlflugblatt von 1828 (Abb. 2) geworben und der 1840 zum Präsidenten der ersten Whig-Convention am 4. Mai 1840 in Baltimore ernannt wurde.
132 GUNDERSON 1957: 5.
133 MELDER 1992: 77; vgl. auch Roger A. FISCHER (Tippecanoe and Trinkets Too. The Material Culture of American Presidential Campaigns, 1828–1984. Urbana u. a. 1988: 34): „In addition to the visual devices made for parades and rallies, other 1840 innovations in our political material culture included lacquered wooden hairbrushes, ceramic caneheads, brass belt buckles, pewter spoons, lithographic prints, stationery, song sheets, and almanacs. Imaginative entrepreneurs even exploited the enthusiasm to market such consumables as ‚Tippecanoe Tobacco' and ‚Log Cabin Bitters' and such toiletries as ‚Tippecanoe Shaving Soap or Log-Cabin Emollient' and ‚Tippecanoe Extract,' the latter promoted as ‚a compound of the finest essences, and a most delicate perfume for handkerchiefs, gloves and the hair, leaving a rich and durable fragrance'."

Der Kandidat selbst bezog sich in seinen öffentlichen Auftritten auch auf die über ihn verbreiteten Stereotypen und erhöhte dadurch ihre Glaubwürdigkeit: „The speeches also provided a forum for Harrison to underscore the image capsulized in the broadsides and songs. So, for example, he interrupted a speech at Fort Meigs to beckon an old soldier from the crowd to stand with him on the platform; elsewhere in the speech he paused to drink hard cider."[134]

Symbolische Handlungen wie die kollektive Errichtung von Holzhütten, die dann als lokale Parteizentralen und Versammlungsorte dienten[135], oder der Whig Rolling Ball (vgl. Abb. 4) stellten Attraktionen dar, die Tausende von Menschen anzogen und zugleich eine Werbebotschaft für den Kandidaten verbreiteten.[136] Die Holzhüttensymbolik hatte einen durchschlagenden Erfolg, vor allem auch durch die Gründung einer Zeitung, die unter dem Titel „Log cabin" in einer Auflage von 80.000 Stück wöchentlich erschien, und mit deren Herausgabe Horace Greeley, selbst ein zukünftiger Präsidentschaftskandidat, von dem Wahlkampfmanager Thurlow Weed betraut wurde.[137] Daniel Webster, einer der charismatischsten Politiker seiner Zeit und Whig-Parteigänger, der bei der Nominierung 1840 zugunsten Harrisons übergangen worden war, faßte auf der Convention die Mission der Whigs wortstark zusammen: „The time has come, (...) when the cry is change. Every breeze says change, – Every interest of the country demands it (...). We have fallen, gentlemen, upon *hard times*, and the remedy seems to be HARD CIDER."[138] Diese offensichtliche Bildsymbolik wurde zudem durch den Versuch der Kandidatenetikettierung verstärkt. Die Vergabe von Spitznamen, mit denen der eigene Kandidat positiv charakterisiert werden soll oder der Gegenkandidat diffamiert wird, ist auch heute noch Teil fast jeden Wahlkampfes. Der positive Spitzname gehört zu jeder Common-man-Strategie dazu, weil er den Kandidaten in einen vertrauten Kontext stellt und zur Identifikation der Adressaten mit dem Kandidaten beiträgt, die nun nicht mehr von General Harrison oder General Eisenhower sprachen, sondern die Kandidaten nur noch als „Old Tip" oder „Ike" bezeichneten. Die Spitznamen verstärken die emotionale Bindung zwischen Wählern und Kandidaten und führen zu einer größeren Polarisierung im positiven oder negativen Sinn. Diese Form der Personalisierung im Wahlkampf hatte ihren Höhepunkt im 19. Jahrhundert.[139]

Harrison wurde mit dem Spitznamen „Old Tippecanoe" bezeichnet in Bezug auf eine Schlacht gegen die Indianer, die, nicht unbedingt heroisch, von Harrison 1811 am Tippecanoe

---

134 JAMIESON 1984: 14; vgl. auch GUNDERSON 1957: 167.
135 Vgl. WASHBURN 1963: 423.
136 S. beispielsweise die Aufschrift auf dem Whig Rolling Ball zitiert in: CHAMBERS 1971: 668. Der Whig Rolling Ball war die Umsetzung einer Bildmetapher, mit der der Gegner der Demokratischen Administration, Thomas Hart Benton, der auch schon Auftraggeber der „Coffin Handbills" 1828 war, die Opposition gegen Jackson „ins Rollen brachte": „At the culmination of his effort to get the Senate to expunge its resolution censuring Jackson for his withdrawal of federal funds from the Bank of the United States, Benton of Missouri had declared: ‚Solitary and alone, I put this ball in motion.'." Ebd.
137 MELDER 1992: 78. Die „Log cabin" wurde von Horace Greeley nach der Wahl in die „New York Tribune" umgewandelt. Ausführlicher über das Verhältnis von Thurlow Weed und Horace Greeley s. GUNDERSON 1957: 31.
138 GUNDERSON 1957: 5.
139 Ebd.: 35/36.

Fluß in der Nähe von Prophetstown, Indiana, angeführt worden war.[140] Demokraten nannten Martin Van Buren „Old Kinderhook" nach seinem Geburtsort im Staate New York.[141] Ein nicht unwichtiger Teil der Wahlstrategie bestand in dem Versuch, den politischen Gegner durch ein negatives Label zu diskreditieren. Ähnlich der Bildstrategie verfolgte diese Benennungsstrategie eine Taktik der Vereinfachung, die allerdings nicht immer erfolgreich sein muß. Der Versuch, Harrison als alte Großmutter zu deklarieren, scheiterte. Die Negativ-Bezeichnung für Martin Van Buren wurde jedoch von der Masse angenommen. Martin Van Buren, alias „Little Van", tauchte in vielen Wahlkampfliedern und Reimen auf, die neben der Bildstrategie wichtige Werbemechanismen für oder gegen einen Kandidaten darstellen.[142] Die Bezeichnung „Little Van" bezog sich nicht nur auf die geringe Körpergröße des Präsidenten, sie spielte auch auf seine politische Bedeutungslosigkeit an. „Little..." wird häufig als Kosename für Kinder benutzt. Im politischen Kontext machte er deutlich, daß Van Buren nicht ernst zu nehmen wäre. Der Hauptgrund für den Erfolg des negativen Spitznamens war jedoch vermutlich seine Anspielung auf ein weiteres Anti-Image, mit welchem Van Buren erfolgreich versehen wurde, dem des champagnertrinkenden, eingebildeten und hochnäsigen Aristokraten.[143] „Van" bezog

---

140   MELDER 1992: 8. „In 1811 the Shawnee chief, Tecumseh, gathered an Indian league to resist the white advance, and Harrison was persuaded to attack near the joining of the Tippecanoe and Wabash rivers. It was the Indians who took the initiative, and in an all-day fight Harrison's troops suffered heavy casualties. But in the end they beat back the Indians and burned their village. The engagement was not particularly glorious or decisive; but for a presidential campaign nearly thirty years later, it sufficed." CHAMBERS 1971: 658/659.

141   Eine Variante der Entstehungsgeschichte des populären Ausdrucks „O. K." erklärt „O. K." als Abkürzung von Van Burens Spitznamen: „In the spring of 1840, the Locofoco (radical) Democrats in New York City formed a new organization, the O. K. Club, to campaign for Van Buren's re-election. On the night of March 27, they broke into a Whig meeting shouting, ‚Down with the Whigs, boys, O. K. !' and their slogan attracted the attention of all the city's newspapers the next few days. The new term was at first a secret. The Whigs had fun trying to guess its meaning. Some suggestions: Out of Kash. Out of Kredit, Out of Karacter, Out of Klothes, Orful Kalamity. (...) By late May O. K. had become such a popular expression around town that the Locofocos decided to reveal its meaning. The ‚very frightful letters O. K.,' announced the *New Era*, a Locofoco paper, on May 27, ‚significant of the birth-place of Martin Van Buren, Old Kinderhook, is also the rallying word of the Democracy"'. BOLLER 1985: 76. Der umgekehrte Ausspruch „K. O.", der hauptsächlich, aber nicht nur in der Sprache des Boxsports („Knock Out") angewandt wird, stammt aus demselben politischen Kontext: „The *New York Times*, anti-Locofoco, insisted on reversing the initials. ‚K. O., Kicked Out,' announced a *Times* headline on April 6." Ebd.

142   *What has caused the great commotion, motion, motion.*
      Our country through?
      It is the ball a rolling on.
      For Tippecanoe and Tyler too – Tippecanoe and Tyler too,
      And with them we'll beat little Van, Van, Van,
      Van is a used up man,
      And with them we'll beat little Van.
      Zitiert in: GUNDERSON 1957: Vorwort.

143   Dieses Image wird auf einer Wahlkampfkarte dargestellt, die Van Buren mit beringten Fingern und einer Brosche mit dem Porträt Jacksons abbildet, wie er ein Champagnerglas in der Hand hält, auf dem die Initialen des Kandidaten „MVB" aufgedruckt sind. Die Szene ist untertitelt mit „A Beautiful Goblet Of White House Champaign". Bei der Karte handelt es sich um eine Spielkarte. Wenn man

sich nicht nur auf den ersten Teil des Nachnames sondern war zugleich die erste Silbe des Wortes „vanity", was soviel wie „Eitelkeit, Selbstgefälligkeit und Nichtigkeit" heißt. Das „Namecalling" mit dem impliziten Versuch der Etikettierung des Gegners wird bis in die Gegenwart als politische Wahlstrategie eingesetzt. So wurde aus Nixon „Tricky Dick"[144] und aus Bill Clinton „Slick Willie"[145]. Beide negativen Spitznamen sollten die Vertrauenswürdigkeit der Kandidaten in Frage stellen und zielten in ihrer Doppeldeutigkeit unter die Gürtellinie.[146] „Slick" hat die Bedeutung „glatt", „raffiniert". Die Bezeichnung „Slick Willie", die den Kandidaten als unberechenbar und ohne klare Positionen charakterisierte, könnte wohl am ehesten mit „aalglatter Kandidat" übersetzt werden. Im Vorwahlkampf 1996 bezeichnete der Republikanische Kandidat Pat Buchanan seinen innerparteilichen Konkurrenten und späteren Präsidentschaftskandidaten Bob Dole als „Beltway Bob".[147] Diese Diffamierung bezog sich auf Doles Verbandelung mit der amerikanischen Hauptstadt, in der er seit über 30 Jahren lebt und die durch eine Ringstraße (Beltway) von den sie umgebenden Staaten Virginia und Maryland abgegrenzt ist. Buchanans Polemik zielte auf Doles Zugehörigkeit zum politischen Establishment ab. Der selbst in Washington D.C. geborene Buchanan versuchte sich so auf Kosten Doles als Außenseiter und Common man zu profilieren.

Der Prototyp des demokratischen Kandidaten als Common man ist so alt wie die Demokratie in Amerika. Schon Thomas Jefferson legte vor seinem Amtsantritt alle Statussymbole ab und kleidete sich nach dem Vorbild George Washingtons statt mit teuren, importierten Kleidern in handgewebte Stoffe, die auf seiner Plantage hergestellt worden waren. Damit genügte Thomas Jefferson einer demokratischen Etikette, die sich bereits in den ersten Wahlkämpfen nach der Unabhängigkeit durchzusetzen begonnen hatte. Die Selbstdarstellung des Kandidaten als „common man" und gleichzeitige Charakterisierung des Gegenkandidaten als „Aristokraten" wurde schließlich zu Zeiten Andrew Jacksons zum Wahlkampfritual.[148]

Die Gegenimages Common man und Aristokrat bargen noch eine weitere politische Komponente. Neben der Demokratischen Partei erwiesen sich in den 30er Jahren des 19. Jahrhunderts die Anti-Freimaurer (Anti-Masons) als starke politische Bewegung, die dann in den 40er Jahren, neben anderen politischen Strömungen, in der Whig-Partei aufgingen. Die Anti-Freimaurer hatten ihre politische Basis vor allem in den ländlichen Gebieten im Westen New Yorks, Pennsylvanias, Vermonts und Ohios.[149] Die Anhänger dieser politischen Bewegung waren zum großen Teil Farmer und einfache Leute, die sich vermutlich selbst als Common men bezeichneten und deren Freimaurer-Feindbild durch die Vorstellung eines aristokratischen Dandys

---

an einem Papierstreifen zieht, erscheint ein ganz anderer Van Buren. Die Haltung ist zwar gleichgeblieben, aber die Augen sind nun nach oben verdreht und der Mund grimmig geschlossen. An die Stelle des Champagnerglases ist nun ein Becher mit den Initialen von Van Burens Gegner „WHH" getreten, und die neue Untertitelung erklärt den pikierten Gesichtsausdruck Van Burens mit: „An Ugly Mug Of Log Cabin Hard Cider". Abgebildet bei: MELDER 1992: 86.

144 S. SHIELDS-WEST 1992: 215.
145 S. ROSENSTIEL 1993: 79.
146 „Dick" ist eine der möglichen Abkürzungen für „Richard" und „Willie" für „William". Beide Kürzel werden im populären Sprachgebrauch aber auch zur Bezeichnung des männlichen Geschlechtsorgans benutzt.
147 The Economist vom 2. 3. 1996: 28. Vgl. auch das Glossar im Anhang.
148 DINKIN 1989: 34.
149 GUNDERSON 1957: 39.

bestimmt wurde: „Its doctrines appealed to democratic westerners, for in the humble eyes of most frontiermen Masons were representatives of a dandified, ruffled-shirt aristocracy."[150] Das Anti-Image des Aristokraten, das schon zur Denunziation Andrew Jacksons benutzt worden war („King Andrew") und auf Martin Van Buren übertragen wurde („King Mat"), enthielt zwei Kritikpunkte: Zum einen eine generelle Kritik an den regierenden Demokraten und zum anderen eine spezifischere Kritik an der Freimaurerei, die mit ihren geheimen Regeln Anstoß bei der einfachen Bevölkerung erregte. Die Whigs waren bis zu ihrem Sieg im 1840er Wahlkampf eine zusammengewürfelte Gruppe, die sich in gemeinsamer Opposition zur Regierung und der von Andrew Jackson eingeleiteten Politik befand. Auf ihren Wahllisten standen Freimaurer neben Anti-Freimaurern, Protektionisten neben Vertretern des Freihandels, Befürworter einer Zentralbank neben deren Gegnern und Plantagenbesitzer neben Abolitionisten.[151] Der Begriff „Whig" wurde zum ersten Mal 1832 verwendet[152], aber es war der „Log-cabin"-Wahlkampf, der dieser Partei eine eigene Identität gab. Harrison symbolisierte mit seinem Farmerimage auch die neue Bedeutung, die der Westen Amerikas in der Politik einnahm.[153] Der „Farmer from North Bend", der im Gegensatz zu seinem suggestiven Image keineswegs aus einfachen Verhältnissen stammte, sondern als Sohn eines wohlhabenden Farmers in Virginia aufgewachsen war[154] und in einem Backsteinhaus geboren wurde[155], galt als einer der Pioniere der Eroberung des Westens. Zumindest wurde diese Rolle in der Wahlkampfpropaganda immer wieder unterstrichen. Die Motive der Kameraderie und Gastfreundschaft sind auch in dem komplexen Holzschnitt aus demselben Jahr dargestellt (Abb. 56), der unter dem Titel „Log Cabin Anecdotes" die menschlichen Qualitäten des Kandidaten anpries. Der Text ist von insgesamt zwölf untertitelten Illustrationen eingerahmt, die wiederum von einem Rahmen aus Hard-cider-Tonnen eingefaßt werden. Die Bildunterschriften korrespondieren mit den Textüberschriften. Harrisons Menschlichkeit, seine Güte und sein herzlicher Charakter werden vor allem in den Illustrationen hervorgehoben. Besonders „herzerweichend" wirkt die letzte Illustration. Sie soll die Nächstenliebe Harrisons veranschaulichen, der einem verwundeten Feind seine letzte Decke gibt. Die Selbstlosigkeit des Kandidaten wird in der zweiten Abbildung von links unten dargestellt und im Text zum Bild erläutert: Während Harrison Gouverneur von Indiana war, beschloß er, seinen Sohn für die prestigeträchtige Militärakademie West Point anzumelden, in der es nur eine offene Stelle gab. Als sich jedoch ein benachbarter Farmer mit derselben Bitte für seinen Sohn an ihn wandte, nutzte Gouverneur Harrison seinen Einfluß nicht, um seinem eigenen, sondern dem Sohn seines Nachbarn den Studienplatz zu verschaffen. Die Selbstlosigkeit Harrisons wird mit den folgenden Worten im Text kommentiert: „The noble-hearted chief, ever ready to do more for others than for himself." Diese Charaktereigen-

---

150 Ebd.
151 Ebd.: 9.
152 Arthur C. COLE, Whig Party. In: Dictionary of American History, Bd. 7 (1976): 288.
153 GUNDERSON 1957: 11.
154 MELDER 1992: 77.
155 Die Titulierung als „Farmer from North Bend" bezog sich auf eine Holzhütte, die Harrison für seine Braut um die Jahrhundertwende in North Bend/Ohio errichtet hatte. „Harrison had been born not in a log cabin but in a fine two story brick home at Berkeley on the James River in Virginia and at the time of the campaign owned a palatial Georgian mansion in Vincennes, Indiana." JAMIESON 1988: 11. Sein für den amerikanischen Standard der Zeit luxuriöser Wohnsitz ist interessanterweise trotz dem Log-cabin-Mythos auf einem seiner Plakate abgebildet (vgl. Abb. 9).

III. 4. Common-Man-Strategie

schaft wird auch in der gegenüberliegenden Illustration ausgeführt und durch den Untertitel „Harrison's Self-Denial" betont. Jede der Illustrationen unterstreicht eine Harrison zugeschriebene Charaktereigenschaft anhand einer konkreten Begebenheit, die legendenhaft ausgemalt wird. Durch die Vielfalt der Szenen entsteht ein komplexes Bild von der Person Harrisons, das natürlich anekdotisch verklärt ist, aber nichtsdestotrotz zu einer emotionalen Besetzung führte. Harrison werden in dem Broadside folgende Charaktereigenschaften zugesprochen: Mut (Harrison Charging In Battle, At The Thames), Entschlossenheit (The Council of Vincennes), Güte (Harrison Saving The Life Of A Negro[156]), Menschlichkeit im Kriege (Harrison's Humanity in War), Nächstenliebe (Harrison Giving Away His Only Blanket), Gastfreundschaft (Harrison's treatment of an old fellow soldier, Harrison Giving His Horse To A Methodist Minister), Selbstlosigkeit (Harrison Prefering Another Man's Son To His Own, Harrison's Self-Denial) und kameradschaftliche Verantwortung jenseits von Standesdünkel (Harrison's Care For His Soldiers).

Die interessanteste Darstellung in dem Anekdoten-Broadside (s. Detail in Abb. 1), die von den übrigen Bildstereotypen abweicht, ist die mittlere Illustration unten, die mit „Delivering The Eagle" betitelt ist. Die Szene scheint auf eine tatsächliche Begebenheit anzuspielen, in der dem General von den Einwohnern von Crawford County, vermutlich anläßlich der Schlacht von Fort Meigs, ein lebender Adler übergeben wurde. Die Untertitelung dieser Illustration unterstreicht die antike Herkunft der Adlersymbolik als Attribut des olympischen Gottes Zeus. Das Siegessymbol wird in dem Text zum Broadside als Freiheitssymbol umgedeutet, das zugleich einen Auftrag an Harrison darstellt, den Adler erst dann in die Freiheit zu entlassen, wenn auch die Menschen in absoluter Freiheit leben können: „The General remarked that he thanked his friends of Crawford County for the present they were so obliging as to send him. Their request should be attended to; he would keep the Eagle until he could see the country restored to its liberty, either by this or any other administration; until men could go to the polls and exercise the elective franchise without fear of compulsion, by officeholders or others; until this people of this country could be free and independent, and the legislation of this country should be left to be done by the Legislators, and not the Executive. Then, and not till then, would he give the bird its freedom, that it might wing its way to its native air, and perch itself upon the tree of liberty, and be indeed the true ensign of our country's stand.rd." Daß die Adlersymbolik bis auf den heutigen Tag ihre symbolische Kraft nicht verloren hat, demonstrierte Präsident Clinton 1996, als er anläßlich des Nationalfeiertages, am 4. Juli, in Maryland einen Weisskopf-Seeadler namens „Liberty" in die Freiheit entließ.[157]

---

156   Dies ist die gleiche Szene, die auch in dem Broadside „The Life and Public Services of William H. Harrison" (Abb. 46) geschildert wird, nur daß hier aus dem „Mörder" ein „Neger" geworden ist.
157   „Das etwa dreijährige Adlerweibchen war am 4. April mit einer multiplen Schulterfraktur aufgegriffen und drei Monate lang gepflegt worden. (...) Nachdem sie von einem Zoologen (...) entfesselt worden war, schwang sich „Freiheit" photogen in die Lüfte und nahm Kurs auf die Chesapeake Bay. Dabei geriet sie offenbar zu nahe an das Nest zweier Fischadler, welche sich ohne viel Federlesens auf sie stürzten und sie nach kurzem, heftigem Kampf aufs Wasser zwangen. Zwanzig Minuten später wurde die solchermaßen gedemütigte „Freiheit" von einem Boot der Küstenwache, das zur Sicherheit Clintons vor der Küste patrouillierte, klitschnass und erschöpft aus dem Wasser gezogen. Im Delaware Rehabilitation Center, wo sie schon die letzten drei Monate verbrachte, soll sie nun beobachtet und wieder flugtauglich gemacht werden. Im Weissen Haus brachte man den missglückten Freiheitsflug etwas anders zur Darstellung, als er am Ort beobachtet worden war. Der Vogel, sagte ein Sprecher

Die Darstellung der Adlerübergabe in Abb. 1 enthält sämtliche patriotischen und Common-man-Motive. Neben dem Adler wird die Flagge dargestellt, rechts unten rollt ein Mann eine Hard-cider-Tonne heran und im Hintergrund ist ein Pflug vor der Holzhütte zu sehen. Harrison selbst wird pathetisch gestikulierend dargestellt und ist nicht in militärischer Uniform, sondern als Trapper bekleidet. Das Erstaunlichste an dieser Illustration ist allerdings die Darstellung des Publikums im Bild, das rechts hinten aus Soldaten besteht und links vorne eine Gruppe von Zivilisten zeigt, bis auf einen Mann ganz links und einen kleinen Jungen ausschließlich Frauen. Eine der Frauen, die durch ihre Hüte besonders auffallen, blickt aus dem Bild heraus und scheint den Betrachter zu fixieren. Die Darstellung des weiblichen Publikums ist eines der wenigen Beispiele, in denen Frauen überhaupt in der visuellen Wahlkampfkommunikation vor 1920 in Erscheinung treten. Das Bild verweist auf die zunehmende Bedeutung der Frauen im Wahlkampf. Die Massenattraktion, die der Wahlkampf von 1840 erzeugte, führte auch zu einer aktiveren Beteiligung des weiblichen Geschlechts. Frauen wurden zwar bis weit in das 20. Jahrhundert hinein nurmehr als politische Randfiguren wahrgenommen und konnten bislang die Präsidentschaft nicht erringen – sämtliche Frauen, von Victoria Woodhull bis zu Shirley Chisholm, die als Präsidentschaftskandidatinnen antraten, waren chancenlos –, im Wahlkampf spielten sie jedoch auch vor ihrer Funktion als Wählerinnen eine nicht zu unterschätzende Rolle, die von den Whigs bereits 1840 erkannt wurde: „At a rally outside Dayton, Ohio, observers claimed that ten thousand women waved ‚white handkerchiefs' as the Old Hero passed by. ‚From Maine to New Orleans,' a Whig editor declared, ‚our mothers, sisters, and daughters are now, as in the days of the Revolution, all Whig.' Although their activities still were circumscribed compared to later periods, women's presence in the campaign obviously was felt."[158]

Der typische Common man des 19. Jahrhunderts ist ein tugendhafter Farmer, der in einer einfachen Holzhütte lebt. Attribute dieser agrarischen Einfachheit sind der Pflug, die Axt, das Waschbärfell (coonskin), das entweder als Kopfschmuck dient oder demonstrativ an die Außenseite der Blockhütte genagelt wird. Das meistbenutzte Common-man-Symbol ist jedoch die Holzhütte selbst (vgl. Abb. 8). Sie ist nicht nur Symbol eines einfachen, bodenständigen Lebenswandels, sondern knüpft an antike Glücksvorstellungen an, die durch die europäische Aufklärung wiederbelebt worden waren. Bei den Zeitgenossen Harrisons verwies die Hüttensymbolik auf ein konkreteres Ideal in der Gegenwart. Die Log cabin entsprach dem romantisch-verklärten Bild vom Westen der USA, der mit dem Indian Removal Act von 1830 ethnisch von den Ureinwohnern „gesäubert" wurde. Gerechtfertigt wurde dieser Völkermord durch die Stilisierung der Indianer zum Feindbild.[159] Die Hüttenromantik in der ersten Hälfte des 19. Jahrhunderts erlaubte den europäischen Siedlern eine Selbststilisierung als mutige Helden, die auf der vorbestimmten Suche nach Glück und Freiheit allen Entbehrungen und Gefahren zum Trotz ihr Ziel erreichten. Die Hütte ist insofern auch eine Formel für den Fort-

---

Clintons, sei seines Wissens „ohne Zwischenfall" ausgesetzt worden." Ulrich Schmid, Aufrufe zur Verteidigung amerikanischer Werte. Kurzer Flug der „Freiheit" am Nationalfeiertag in den USA. In: NZZ vom 6./7. 6. 1996: 3.

158 DINKIN 1989: 50.

159 Die Darstellung der Indianer (Native Americans) in den Plakaten ist gespalten. Zum einen werden sie als wilde Bestien beschrieben, die skrupellos zum Skalpiermesser greifen, zum anderen werden sie als „edle Wilde" charakterisiert, wie etwa Häuptling Tecumseh, der in einer Schlacht den britischen General lehrt, was Menschlichkeit bedeutet.

III. 4. Common-Man-Strategie

schrittsoptimismus der damaligen Zeit. Mit der Hütte werden stets Konnotationen wie „Ursprünglichkeit, Einfachheit, Natürlichkeit, Freundschaft, Biedersinn, Moralität, Freiheit und Inspiration"[160] verbunden. Diese tradierten Bedeutungen der Log cabin paßten hervorragend in das Wahlkampfkonzept der Parteimanager der Whigs 1840.

Die Hüttensymbolik eignete sich als Herausforderstrategie, die durch den impliziten Kontrast zum „Palast" dem präsidentiellen Amtsinhaber im „Weißen Haus" einen aristokratischen Lebensstil unterstellte. Der Common man mit der Holzhütte im Hintergrund ist somit der Held und sein Gegner im weißen Palast wird zum Anti-Helden erklärt. Die Held vs. Anti-Held-Strategie ist eine Form der krassen Vereinfachung des politischen Diskurses, der, wenn der angegriffene Gegner nicht prompt und geschickt reagiert, sehr schnell die politische Kommunikation bestimmen kann und damit über die eigentlichen Themen und Positionen der Parteien und Kandidaten hinwegtäuscht. Die Propaganda der Whigs wurde bereits 1840 geschickt eingesetzt, um die Tatsache zu verdecken, daß die Partei keineswegs so geschlossen für die Interessen der Siedler im Westen eintrat, wie die Log-cabin- und Hard-cider-Symbolik dies suggerierte:

> „Whig businessmen and financiers demonstrated less interest in western demands for a liberal land policy and manufacturers, particularly, feared that cheap lands would jeopardize their labor supply. Democrats ridiculed ‚Log Cabin Federalists' in Congress who opposed the Preemption bill of 1840 which would have made it easier for settlers to buy homesteads. Fifty-three Whig congressmen voted against the bill and only twenty-seven supported it. Confronted with this damaging rejection of the settlers' welfare, Whigs resorted to emotionalism. ‚Who protected the Western homesteads and log cabins in the dangerous war days?' they taunted. In contrast to the heroism of Old Tip, what had Martin Van Buren done during the Indian wars?'."[161]

Die heute so häufig kritisierte Wahlkampfstrategie, Sachdiskussionen zu vermeiden und sich statt dessen auf das Imagemaking und die Personen zu konzentrieren, ist, wie das obige Beispiel beweist, ein alter Trick, der jedoch nur unter bestimmten Bedingungen funktionieren kann. Das Common-man-Image Harrisons muß so stark gewirkt haben, daß die Fakten dieses Bild nicht erschüttern konnten. Das Farmer-Image bezog seine Popularität auch zu einem nicht unwesentlichen Teil aus der Nähe zum Cincinnatus-Mythos und der damit hergestellten Ahnenverbindung zwischen Harrison und George Washington.[162] Harrison wurde wie Washing-

---

160　Rainer SCHOCH, Palast und Hütte. Zum Bedeutungswandel eines künstlerischen Motivs zwischen Aufklärung und Romantik. In: Kritische Berichte, 4 (1989): 42–59, hier: 47.
161　GUNDERSON 1957: 25. Eine ähnliche Form des symbolischen „Ausspielens" einer Heldenstrategie, die die Kriegstaten eines Kandidaten der angeblichen Untätigkeit des anderen gegenüberstellte, wandte auch Patrick Buchanan in seiner Parteitagsrede 1992 gegen Clinton an: „When Bill Clinton's time came in Vietnam, he sat up in a dormitory room in Oxford, England, and figured out how to dodge the draft. Which of these two men has won the moral authority to send Americans into battle? I suggest, respectfully, it is the patriot and war hero, Navy Lt. j. g. George Herbert Walker Bush." Zitiert nach: E. J. Dionne, „Buchanan Heaps Scorn On Democrats", The Washington Post vom 18. 08. 92: A18.
162　Vgl. dazu die Darstellung in GUNDERSON (1957: 4): „A huge Harrison parade ball had rolled all the way from Allegany County in western Maryland; and Henry Clay, in the vernacular of 1840, pronounced it „Lion of the Day." Mottoes and couplets on its buckskin surface forecast the downfall of President Martin Van Buren and extolled General Harrison, the Cincinnatus from North Bend."

ton als menschlicher Kriegsheld gepriesen. Dies war eine neue Variante, die im Gegensatz zu Andrew Jacksons recht eindeutiger Präsentation als traditionellem, unerbittlichem General im 1828er Wahlkampf stand. Die menschlich-populäre Seite fehlte im Jackson-Image, ein Umstand, auf den die „Coffin-Handbills" (vgl. Abb. 78) deutlich hinwiesen. Jacksons Wahl basierte auf der Heldenstrategie. Das zwölf Jahre später für William Henry Harrison entwickelte Bildprogramm stellte eine menschlichere Variante des Kriegshelden dar. Mit der Betonung des „human appeal" setzten die Bildstrategen der Whigs auch einen politischen Kontrapunkt zu dem von dem Demokraten Jackson geprägten Image des Kriegshelden.

Die Wurzeln des Farmer-Stereotyps reichen bis tief in die politische Theorie und Philosophie Thomas Jeffersons zurück. Sein Ideal und zugleich einzig denkbare soziale Voraussetzung für eine stabile republikanische Staatsform war der selbständige Farmer bzw. die soziale Schicht, die in der britischen Terminologie mit „landed gentry" bezeichnet wird. In dieser Hinsicht lehnte sich Jefferson an das politische Vorbild des Briten James Harrington an.[163] Für beide, Harrington wie auch Jefferson, war das Land, der Grundbesitz, Schlüssel zu Reichtum und politischer Stabilität. Landbesitz nicht Geldbesitz, war das Ideal, an welchem sich nicht nur Macht, sondern auch das Prestige und der politische Einfluß eines Bürgers der Republik maßen. Eine homogene Gesellschaft von Farmern wurde so als Sozialutopie entworfen und als bester Garant für den Fortbestand einer tugendhaften Republik interpretiert, in der das Gemeinwohl dem Einzelinteresse vorgeht. Die Betonung des Gemeinwohls und die Furcht vor der Dominanz von Partikularinteressen, die zu Korruption und damit zur Auflösung der tugendhaften Republik führen, zeigt sich auch heute noch in dem Versuch der Kandidaten, sich als persönlich bescheidene „Überfiguren", als harmonisierende Helden oder Common men, zu präsentieren und nicht als Vertreter von Partikularinteressen aufzutreten.

Für den Vizepräsidenten Henry Wilson scheint die Common-man-Charakterisierung auf dem Plakat von 1872 in Abb. 57 auch in der Realität zugetroffen zu haben. Carl Schurz, der deutsche Emigrant und berühmte Republikanische Redner, war ein Zeitgenosse Wilsons und charakterisierte den Vizepräsidenten folgendermaßen: „Ich lernte ihn später kennen und fand, daß er im eigentlichen Sinne des Wortes ein ‚Mann des Volkes' war. Ohne die Vorteile einer höheren Ausbildung genossen zu haben – seine frühere Verbindung mit dem Schuhgeschäft in Natick hatte ihm den Spitznamen ‚der Schuster von Natick' eingebracht – hatte er sich zu einer einflußreichen Stellung in der Politik emporgearbeitet."[164]

Die Common-man-Strategie im Grant-Wilson-Plakat (Abb. 57) erstaunt insofern, als Ulysses S. Grant kein Herausforderer war, sondern sich 1872 lediglich um seine Wiederwahl bemühte. Die unter der negativen Bezeichnung „Grantism" zusammengefaßte Administration des Republikanischen Ex-Generals war aufgrund ihrer kaum verdeckten Inkompetenz und bis zur offenen Korruption reichenden Ämterpatronage[165] in die Schußlinie nicht nur der öffentlichen Kritik, sondern auch der eigenen Partei geraten, von der aus sich Protest gegen die Vettern-

---

163 POLE 1971: 9.
164 SCHURZ 1952: 355.
165 „Grant was personally honest, but he appointed so many friends and relatives to office that one Senator said the country was suffering from ‚a dropsical nepotism swollen to elephantiasis.' Grant's appointments to his Cabinet and to other positions in the federal government were also misguided; some of his appointees turned out to be hopelessly incompetent and others shockingly corrupt." BOLLER 1985: 127.

III. 4. Common-Man-Strategie

wirtschaft regte, die in die Abspaltung der sogenannten Liberal Republicans mündete. Diese von fähigen Politikern wie Carl Schurz und Salmon P. Chase angeführte Gruppierung, die 1872 in Cincinnati ihren Gründungsparteitag abhielt, nominierte einen eigenen Kandidaten gegen Grant. Da sich die neugegründete Partei auf keinen ihrer Favoriten einigen konnte, führte der Abstimmungsmarathon schließlich zur Nominierung des Überraschungskandidaten Horace Greeley. Das Spektrum der Reaktionen auf dessen Kandidatur reichte von Bestürzung bis zu Lachkrämpfen.[166] Der exzentrische Herausgeber der New York Tribune war für seine kontroversen politischen Ansichten weitbekannt, doch als populär konnte er keinesfalls bezeichnet werden. Greeley als typischer versponnener „Egghead" stellte den Anti-Helden par excellence dar, und so erklärt sich die Strategie Grants, der über sein Common-man-Image als einfacher Gerber aus Galena („The Galena Tanner" Abb. 57)[167] das Wahlvolk für sich zu gewinnen hoffte. Die durchaus legitimen Anliegen der Liberal Republican Platform, die weitestgehend von Carl Schurz verfaßt wurde und eine Reform des Verwaltungsapparates zum Ziel hatte, ging in einer wahren politischen Schlammschlacht unter, über die Greeley nach dem Verlust der Wahl und kurz vor seinem Tode sagen sollte: „I have been assailed so bitterly, that I hardly knew whether I was running for the Presidency or the penitentiary."[168] Die Common-man-Strategie Präsident Grants drückte aber auch einen Erneuerungswillen aus, der durch die Nominierung von Henry Wilson als Vizepräsidenten faktisch bestätigt werden konnte. Schuyler Colfax, der amtierende Vizepräsident, wurde wegen seiner offensichtlichen Verwicklung in einen Korruptionsskandal[169] fallengelassen, und so bot die Neunominierung eines von Bestechungsvorwürfen unbelasteten Kandidaten für das präsidentielle Stellvertreteramt Anlaß für eine Bildstrategie, die die moralische Integrität der Regierung Grants zumindest visuell wiederherzustellen versuchte.

„Holz" als Material spielt in der amerikanischen Common-man-Strategie eine besonders symbolträchtige Rolle, die in dem bodenständigen Image Jimmy Carters 1976 ein Revival erlebte (s. Abb. 58). Der hemdsärmelige Demokratische Kandidat und Erdnußfarmer aus Georgia wird auf dem Plakat mit dem breiten Lachen, das später zu seinem Markenzeichen wurde, vorgestellt. Er lehnt lässig auf einem Holzzaun, und auch im Hintergrund sind Holzpfähle, die an Stallungen erinnern, sichtbar. Ungewöhnlich für ein Präsidentschaftsplakat ist außerdem die verwendete Schrifttype und die Farbe Grün, die durchgängig die Carter-Plakate auch noch im Wahlkampf 1980 prägte (vgl. Abb. 39), sowie die direkte Anredeform: „Hello! My Name Is Jimmy Carter. I'm running for President."

Ein weiteres Common-man-Image in Kombination mit dem Material Holz, ist das „Railsplitter-Image" Abraham Lincolns (vgl. Abb. 19), das in dem Plakat durch die Darstellung eines

---

166 Ebd.: 128; „the *Illinois State Journal* called it a huge joke on the nation; and the *New York Times* declared that if ‚any one man could send a great nation to the dogs, that man is Mr. Greeley'."
167 Die Republikaner benutzten das Plakat in Abb. 57 als Illustration eines Zitates aus der Republican Platform von 1868 in ihrem Parteiprogramm 1992: The Vision Shared. Uniting Our Family, Our Country, Our World, S. 46. Zwar sind der Präsidentschaftskandidat 1868 und der auf dem Plakat abgebildete identisch. Bei dem Grant/Wilson-Plakat handelt es sich aber um eine Wahlkampflithographie für 1872. Im Wahlkampf 1868 war Schuyler Colfax Vizepräsidentschaftskandidat. Dies ist ein typisches Beispiel des unwissenschaftlichen Umgangs mit dem Bild als purer Illustration. Für die Republikanische Partei ist dieser sorglose Umgang mit der eigenen Parteigeschichte peinlich.
168 Zitiert ebd.: 129.
169 Vgl. SHIELDS-WEST 1992: 97.

Zaunes (railfence) symbolisiert wird, auf dem ein Adler gerade zum Flug anzusetzen scheint. Das „Railsplitter-Image"[170] war Teil der gezielten Werbekampagne, die die politischen Berater des späteren Präsidenten anwandten:

> „In addition to all the hoopla, Lincoln's managers sent out tremendous amounts of literature about the life of the candidate. Several full-length biographies were prepared (…). All tried to promote certain basic ideas: that Lincoln was born in a log cabin, raised in a poor family, and worked hard as a youth to improve his condition. To underline his common origins each of the authors mentioned the fact that Abe had once been a ‚railsplitter'. This latter image soon caught on with the public beyond anyone's expectation. Posters and banners displayed the symbol everywhere. A campaign newspaper called THE RAILSPLITTER began to be published in Chicago. Rails or replicas of rails allegedly split by Lincoln as a young man were carried in every Republican procession. In Lincoln's home town of Springfield, a few persons developed a thriving trade, selling beat up old rails to sightseers as souvenirs."[171]

Der für die Kampagne 1860 erfundene Spitzname „Honest Abe, the Railsplitter of the West" beschwor Erinnerungen an den legendären Log-cabin- und Hard-cider-Wahlkampf von 1840 herauf[172], und tatsächlich wurde der karnevalistische Wahlkampfstil von vor 20 Jahren mit Enthusiasmus kopiert. Das „Railsplitter-Image" transportierte sämtliche Bedeutungswerte des Common-man-Appeals:

> „It connoted integrity and, implicitly, the American dream of the right to rise. By 1865, the year of his assassination, the Lincoln image had grown richer. Now he was also THE GREAT EMANCIPATOR, the SAVIOR OF THE UNION and the MARTYR OF LIBERTY. (…) Prints, in particular, had not only helped make Lincoln familiar but also palatable, romanticizing his homeliness and glorifying his accomplishments. They had traced his emergence as a dark horse, backwoods presidential candidate and his transformation into a bearded statesman, the Emancipator."[173]

Der Image-Wandel im Amt, vom Common man zum Präsidenten, machte sich also im Bild, vor allem in Form eines Bartes deutlich, mit dem Lincoln zum ersten Mal am 26. November 1860, nach seiner Wahl zum Präsidenten, aufgenommen wurde.[174] Während Lincoln als Herausforderer und „Dark Horse"-Kandidat 1860 eine bartlose Common-man-Strategie verfolgt hatte (vgl. Abb. 19–21), stellte er sich vier Jahre später mit Bart als „Honest Old Abe" zur

---

170 Das „Railsplitter-Image" materialisierte sich zum ersten Mal auf dem Republikanischen Parteitag 1860 in einem Ritual, als Fans des Kandidaten zwei alte Holzstämme auf die Bühne trugen und Lincoln zum „Rail Candidate" proklamierten. Vgl. HOLZER u. a. 1984: 6 und JAMIESON 1984: 12. Zu Lincolns Railsplitter-Image und den anderen Legendenbildungen vgl. das umfassende Standardwerk von Merrill D. PETERSON, Lincoln In American Memory. Oxford u. a. 1994.
171 DINKIN 1989: 80.
172 „Lincoln's ‚Railsplitter' image, created at the Illinois Republican convention in 1860 when enthusiastic supporters hauled in two old fence rails, the kind Lincoln had split thirty years before, immediately conjured up memories of the Harrison log cabin campaign." HOLZER u. a. 1984: 6.
173 HOLZER u. a. 1984: xvi. Zur Lincoln-Rezeption bis in die Gegenwart vgl. PETERSON 1994.
174 S. KAPLAN 1970: 136.

III. 4. Common-Man-Strategie

Wiederwahl (vgl. Abb. 16 und 79).[175] Der Bart symbolisierte das „in sein Amt Wachsen" des Kandidaten und verlieh ihm ein weises, würdevolleres Aussehen.

Das Ideal des Farmers oder Holzfällers als „Mann des Volkes" konnte nur so lange in den USA vorherrschen, wie das gesellschaftliche Leitbild sich homogen gestaltete und eine romantische Vorstellung vom Westen der USA und dem einfachen Leben in einer Holzhütte akzeptabel war. Mit dem ökomomischen Wandel der USA von einer Agrar- zu einer Industrienation wechselte auch das gesellschaftliche Leitbild, das nun nicht mehr von den einfachen Werten des Landlebens bestimmt wurde, sondern vom Lohnarbeiter, der seine Arbeitskraft veräußerte. Das Bildstereotyp des „Common man" als Farmer wurde seit dem Aufkommen von Drittparteien wie der Union Labor Party (gegründet 1887), der Populist Party (gegründet 1891) oder der Social Democratic Party (gegründet 1897)[176], die sich offen für Arbeitnehmerinteressen engagierten, durch typisierte Figuren von Industriearbeitern allmählich abgelöst, die im Plakat als Stellvertreter der neuen Adressaten auftraten (vgl. Abb. 29, 59, 60, 72). Die rustikalen Common-man-Symbole – Holzhütte, Axt und Pflug – wurden durch Hammer, Amboß und rauchende Schornsteine ersetzt. Dieser Bildtrend in der Common-man-Strategie ist zwischen dem ausgehenden 19. Jahrhundert und dem Ende des Zweiten Weltkrieges zu beobachten. Danach hielt vor allem die Pop-Kultur mit ihren neuen Idolen Einzug in die politische Bildsprache. Die Common-man-Symbole der Gegenwart sind Gitarre[177], Saxophon[178] und

---

175 Die bartlosen Porträts in den Plakaten gehen fast ausschließlich auf die „Cooper-Union"-Daguerreotypie zurück, die der berühmte Fotograf Mathew B. Brady im Auftrag des Young Men's Republican Club am 27. Februar 1860 nach der Rede Lincolns vor der Cooper Union aufgenommen hatte. Vgl. dazu ausführlicher Roy MEREDITH, Mr. Lincoln's Camera Man. Mathew B. Brady. New York 1946. Zur Geschichte des Bartes vgl. Maria JEDDING-GESTERLING/Georg BRUTSCHER (Hg.), Die Frisur. Eine Kulturgeschichte der Haarmode von der Antike bis zur Gegenwart. München 1990. Die Bartikonographie ist ein spannendes, bislang noch kaum erforschtes Gebiet, das durch die Rolle, die der Bart des sozialdemokratischen Kanzlerkandidaten im Bundestagswahlkampf 1994 spielte, wieder stärker ins öffentliche Bewußtsein gerückt wurde. Mit der Herausgabe des ersten Wahlkampfplakates für den christdemokratischen Kanzler Helmut Kohl zum Bundesparteitag der CDU in Hamburg Ende Februar 1994, wurde Rudolf Scharpings Kinntracht zum ersten Mal thematisiert. Der Titel des querformatigen Plakates lautete: „Politik ohne Bart" und zeigte den konservativen Kanzler verschmitzt lächelnd und tatsächlich ohne Bart.
176 Zu den Drittparteien in der amerikanischen Geschichte vgl. Earl R. KRUSCHKE, Encyclopedia of Third Parties in the United States. Santa Barbara/California u. a. 1991. Besonders nützlich ist die Übersicht auf S. 203–205.
177 George Bush hatte im Wahlkampf von 1988 ebenfalls einen Popauftritt, zusammen mit seinem inzwischen verstorbenen Wahlkampfmanager Lee Atwater, allerdings nicht mit Saxophon, sondern mit E-Gitarre.
178 Anfang Juni 1992 änderten die Medienberater Bill Clintons ihre Strategie, um den durch Ross Perot ins Medienabseits gedrängten Demokratischen Kandidaten wieder in die Schlagzeilen zu bringen. Federführend war hierbei Mandy Grunwald, die für ihren Kandidaten einige Auftritte in populären Shows, die vor allem jugendliche Zuschauer hatten, organisierte. Anfang Juni trat Bill Clinton mit seinem Saxophon in der Arsenio Hall-Show auf und machte die gewünschten Schlagzeilen. Fotos von der Szene, in der Clinton mit Sonnenbrille auftrat und Saxophon spielte, wurden auf T-Shirts und Buttons mit der Aufschrift „Blow Bill Blow" weiterverbreitet. Zur Pop-Strategie Clintons gehörte auch das ausführliche Interview, das er dem Musikmagazin „Rolling Stone" gab (Ausgabe vom 17. Sep-

Motorrad[179]. Durch die suggerierte Nähe zu Pop-Stars aus der Musikszene wie etwa Elvis Presley, versucht der Kandidat, eine Übertragung des emotional besetzten Kultstatus auf seine eigene Person zu erreichen. Von konservativen Kandidaten, wie etwa dem Republikanischen Präsidentschaftsbewerber Lamar Alexander, werden aber auch nostalgische Töne angeschlagen. Alexanders Markenzeichen im Vorwahlkampf 1996 waren rot-schwarz-karierte Holzfällerhemden, die nicht nur der Kandidat, sondern vor allem seine Anhänger auf Kundgebungen trugen.

Die Ausdrucksformen des Common-man-Images mögen sich seit der Log Cabin Campaign von 1840 gewandelt haben. Die über Symbole und Attribute vermittelten Bedeutungen erweisen sich jedoch als erstaunlich beständig. Mit der Common-man-Strategie wird versucht, den Kandidaten als Identifikationsfigur für die Masse der Wähler zu porträtieren. Der Dargestellte ist im Besitz glückverheißender Symbole, die die von vielen geteilte oder ersehnte Realität als einen erstrebenswerten Zustand visionär überhöhen. Der Kandidat ist der Garant dieses Zustandes. Er signalisiert, daß er die Erwartungen der Wähler nicht nur versteht, sondern sie im Falle seiner Wahl auch in die Realität umsetzen wird. Während im 19. Jahrhundert das Kriegsheldenimage als Ausgleich zum Common-man-Appeal eines Kandidaten diente, dominiert die Common-man-Strategie den Wahlkampf der Gegenwart. Sowohl der Helden- wie auch der Common-man-Strategie ist gemein, daß sie den Kandidaten als Nicht-Politiker und Anti-Intellektuellen porträtiert. Das Mißtrauen der Amerikaner gegenüber Berufspolitikern und „Eierköpfen" erweist sich so als beständiges Stereotyp, das auch noch zum Ausgang des 20. Jahrhunderts seine Gültigkeit in den USA behauptet.

III. 5. Die Familien-Strategie

Die Thematisierung der Familie im Wahlkampf ist ein Phänomen des 20. Jahrhunderts. Die „Family-Values"-Strategie der Republikaner im Wahlkampf 1992 machte die Familie zum zentralen Thema und führte zu einem Rechtsruck innerhalb der Republikanischen Partei, deren Platform von der „Christlichen Rechten" mit ihren Protagonisten Patrick Buchanan und dem „Televangelist" Pat Robertson dominiert wurde. Implizit steckte hinter dieser Wahlstrategie, die viele moderate Republikaner verschreckte, ein persönlicher Angriff auf den Demokratischen Kandidaten Bill Clinton und dessen Lebensstil. Die von den Republikanern verfolgte Bildstrategie, die durch rhetorische Ausfälle untermauert wurde, zielte jedoch ins Leere, da das Porträt der von den Republikanern gezeichneten amerikanischen Idealfamilie der sozialen Realität nicht mehr entsprach. Die traditionelle Familie – Vater und Mutter mit Trauschein und Kindern unter 18 Jahren, die zu Hause leben, traf laut einer Umfrage des Census Bureau von 1992 nurmehr auf 26% der amerikanischen Haushalte zu.[180] Die Strategie der Republika-

---

tember 1992: 40–54) und welches in derselben Ausgabe durch einen Artikel von Jann S. Wenner, „Bill Clinton for President", mit einem Wahlaufruf für Clinton unterstützt wurde. Zur Entwicklung der Pop-Strategie vgl. ROSENSTIEL 1993: 174/175.

179 Zu den Photo-Opportunities, die Clinton im Rahmen seiner Pop-Strategie wahrnahm, gehörte auch das Wahlkampffoto als „Easy-Rider" auf einer Harley Davidson der Polizei von Milwaukee. S. Hamburger Morgenpost vom 22. 10. 1992.

180 SAFIRE 1993: 237.

III. 5. Die Familien-Strategie

ner richtete sich nicht nur im positiven Sinne an rechtskonservative Wähler, sondern grenzte besonders Homosexuelle, alleinerziehende Frauen und Feministinnen gezielt aus. Das Beharren auf dem moralischen Zeigefinger, mit dem die Republikanische Partei meinte, geistige Führungskompetenz demonstrieren zu können und eine emotional begründete Legitimation zu erwirken, konterkarierte sich selbst in Person des Vizepräsidenten Dan Quayle, der sich ausgerechnet „Murphy Brown", eine der populärsten Sitcoms Amerikas zum Ziel seiner moralischen Attacken ausgewählt hatte. In seiner Rede[181] vom 19. Mai 1992, griff Quayle die populäre Serie an, in der es um eine Karriere-Journalistin gleichen Namens ging, die sich entschied, ihre Schwangerschaft ohne Beteiligung des Kindsvaters auszutragen und ihr Baby in einer „single-parent-family" aufzuziehen:

> „It doesn't help matters, when prime-time TV has Murphy Brown – a character who supposedly epitomises today's intelligent, highly paid, professional woman – mocking the importance of fathers by bearing a child alone, and calling it just another ‚life-style choice'."[182]

Hollywood reagierte auf diese Anwürfe prompt und verarbeitete Quayles Kritik in einer der folgenden „Murphy Brown"-Sendungen, die Quayles Einmischung in die Privatangelegenheiten der Protagonistin durch den Kakao zog. Anhand dieser eher amüsanten Episode aus dem Wahlkampf kann jedoch das Dilemma aufgezeigt werden, in welchem sich die Republikanische Partei befand, die unter einer Art Realitätsamnesie litt. Die Politik des ökonomischen Non-Interventionismus von Regierungsorganen in innenpolitische Angelegenheiten (limited government), die von den Republikanern traditionsgemäß verfochten wurde, widersprach dem Bild des moralischen Interventionismus, den die Partei im Wahlkampf 1992 praktizierte. Zwar forderte die Partei eine christlich-moralische Erneuerung, die sozusagen aus der „nuclear family" heraus geleistet werden sollte, vernachlässigte jedoch die soziale Realität, die immer eine Vorbedingung für solche Forderungen darstellt. Die Beschränkung der Republikaner auf die traditionelle Familie als Ansatzpunkt von Politik lieferte den gegnerischen Demokraten eine hervorragende Projektionsfläche für ihre sozialen Programme der Gesundheits- und Sozialhilfereform und wies konkrete Politikinitiativen auf, die im Republikanischen Programm fehlten, das vor allem auf die Eigeninitiative der „Familien" setzte. Die Republikanische Familien-Strategie schlug insofern fehl, als sie sich ausschließlich an einen Teil ihrer Stammwähler richtete, die ohnehin für die Partei gestimmt hätten. Im Bild wurden die Polemiken des Republikanischen Parteitages immer wieder durch das geschlossene Auftreten der beiden Kandidaten George Bush und Dan Quayle im Kreis ihrer Familie unterstrichen[183], auch wenn dabei die Hintergrundmusik nicht immer den ideologischen Prämissen entsprach.[184] Die Familien-Strategie im Wahlkampf 1992 versuchte, von der politischen Verantwortung der Administration Bush abzulenken, indem Verantwortlichkeit als „Familien-Angelegenheit" interpretiert wurde, und damit die Ursachen für die enormen sozialen Probleme in den USA – Armut, Drogen-

---

181 Vgl. THE ECONOMIST, „Dan, Dan, the morality man", v. 20. 06. 1992: 60. Die Rede wurde in San Francisco gehalten.
182 Ebd.
183 ROSENSTIEL 1993: 225.
184 SAFIRE 1993: 237 weist daraufhin, daß die Hintergrundmusik „The Best of Times" aus dem Hollywood-Musical „La Cage Aux Folles" stammte, in dem es gerade um die Akzeptanz von Homosexualität ging.

sucht und Kriminalität – nicht als Verfehlungen von programmatischer Politik, sondern als sozialmoralischer Notstand dargestellt wurden, dem nur eine geistig-religiöse Wende abhelfen könnte. Damit bezweckten die Republikaner, von den Versprechungen George Bushs bei seinem Amtsantritt 1989 abzulenken, als er angekündigt hatte, „a kinder and gentler America" zu schaffen und als Bildungs- und Umweltpräsident in die Geschichte einzugehen. „A kinder, gentler nation" war auch Thema eines Werbespots der Republikaner im Wahlkampf von 1988: Die mit ruhig-melodischer Musik unterlegte erste Szene zeigt das Motto des Werbespots „The Future", dem zwei Politspots unter den Titeln „The Experience" und „The Mission" vorausgegangen sind.[185] Zu dem Zitat „I want a kinder and a gentler nation" aus Bushs Parteitagsrede wird dann das Bild eines kleinen Mädchens eingeblendet, das in slow-motion über eine Wiese läuft. Danach folgt ein Cut und es wird die Masse begeistert jubelnder Republikaner auf dem Parteitag gezeigt. Ein Sprecher aus dem Off sagt „It's the President who defines the character of America". Dann folgt ein Close-Up von Bush mit den Worten „I am a quiet man, but I hear the quiet people others don't", worauf eine Serie von Cuts folgt, die jeweils mit den gesprochenen Worten Bushs korrespondieren „who raise the family" (Bush im Familienkreis am Kochtopf), „who pay the taxes" (Bush beim Familienpicknick), „meet the mortgage" (Bush mit Kleinkindern spielend), „and I hear them and I am moved". Zu dem Abschlußbild, in welchem sich das kleine Mädchen als Enkelkind George Bushs herausstellt, das er auf den Arm nimmt und küßt, ist wieder die Stimme aus dem Off zu hören: „The President, the heart, the soul, the conscience of the nation". Mit solchen emotionalen Appellen hatte George Bush 1988 Erwartungen bei den Wählern geweckt, die er vier Jahre später nicht einlösen konnte. Anstatt sich jedoch auf die Stärken seiner Präsidentschaft, die eindeutig in der Außenpolitik lagen, zu konzentrieren[186], wurde durch die Schwerpunktsetzung seiner Partei mit den „Family Values" an die nicht eingelösten Wahlversprechen Bushs von vor vier Jahren erinnert. Auch die Seitenhiebe auf Hillary Clinton, die bereits zu Anfang der 70er Jahre als Fürsprecherin für die Rech-

185 Alle drei Spots wurden von Bushs Medienberater Roger Ailes bzw. Ailes Communication Inc. produziert. Die Spots sind typische Beispiele für Ailes' emotional-sentimentalen Filmstil, den DIAMOND/BATES 1992: 162 folgendermaßen beschreiben: „Like Tony Schwartz, Ailes had concluded that ‚people watch TV emotionally,' and that view shaped his work. The camera should come in close on the candidate, the candidate should be strongly lighted; picture selection should stand in for the human eye – rear camera, placed behind the man in the arena, could show how the arena looked to the man. It sounds elementary now, but no one had done political advertising in exactly that way until Ailes. Before the Nixon campaign, Ailes explained, candidates were filmed in their commercials three-quarters front, from chest to a point twenty or thirty inches above their heads, ‚Eisenhower Answers America' fashion. ‚I changed this style. I insisted on close-ups. I felt that's what TV did better than anything else because people want to feel something from TV.'" Ailes hatte 1968 bereits für Nixons Kampagne gearbeitet. S. dazu JAMIESON 1988: 272/273.
186 Der überraschende Mangel an Republikanischen Werbespots, die die außenpolitische Rolle des Präsidenten betonten und vor allem seine Funktion im Golfkrieg hervorhoben, lag an einer plumpen Verfehlung seiner Medienberater, die vergessen hatten, entsprechende Bilder während der Aktion „Desert Storm" zu produzieren. Es gab also schlichtweg kein Filmmaterial, aus dem die üblichen national-pathetischen Werbespots hätten produziert werden können: „(…) and it turned out the White House had never shot any film footage of Bush with the troops in Saudi Arabia. ‚All we had was some beta cam shot by a Navy crew (…) barely a grade above home video,' one Bush aide sputtered." ROSENSTIEL 1993: 102.

III. 5. Die Familien-Strategie

te von Kindern gegenüber ihren Eltern hervorgetreten war, führten nicht zu dem von den Republikanern gewünschten Erfolg. Im Gegenteil verstärkten sie das Image der Kandidatengattin als engagierter Juristin, die mit ihren Forderungen bereits zwanzig Jahre früher der Zeit von Bush noch weit voraus war.[187]

Die Wahlstrategie der Republikaner 1992 versuchte, an ein Frauenbild aus den fünfziger Jahren anzuknüpfen – das Heimchen am Herd –, das retrospektiv nur reaktionär wirken konnte und in Verbindung mit der starken Position der Abtreibungsgegner auf dem Parteitag die „Pro-Choice"-Fraktion innerhalb der Republikaner als eine wichtige Wählergruppe von der Partei entfremdete. Dieser Entwicklung wurde auch durch die Rede von Marilyn Quayle auf dem Republikanischen Parteitag in Houston Vorschub geleistet, die mit eindeutigen Worten den Lebensstil der Clintons angriff und mit einem Seitenhieb auf die '68er-Revolution die Rolle der Frau als Hausfrau und Mutter betonte:

> „Not everyone joined the counterculture. Not everyone demonstrated, dropped out, took drugs, joined the sexual revolution, or dodged the draft. (...) Women's lives are different from men's lives. We make different trade-offs, we make different sacrifices, and we get different rewards. Helping my children as they grow into good and loving teenagers is a daily source of joy for me. There aren't many women who would have it any other way."[188]

Marilyn Quayle selbst verkörperte in dieser Ansprache die typische Rolle der ihren Mann unterstützenden Frau, die auch bereits andere Politikerfrauen vor ihr übernommen hatten. Die Rolle der „First Lady", die sich von Mamie Eisenhower und Pat Nixon über Jackie Kennedy bis zu Barbara Bush auf das ausschließlich ihre Männer unterstützende Repräsentieren beschränkt hatte, wurde erst 1992 durch die starke Persönlichkeit Hillary Clintons durchbrochen, die dafür auch den Preis der permanenten Position im Kreuzfeuer der Kritik bezahlen muß. Eine Situation, die sich ihre Vorgängerinnen durch ihre politische Zurückhaltung ersparten. Die Zurückstellung der eigenen politischen Interessen zugunsten der Agenda des Mannes wurde nichtsdestotrotz zum Teil recht klug und geschickt in der Rolle als subtile Wahlkampfhelferin eingesetzt, wie das Beispiel Lady Bird Johnsons zeigt, die 1964 als erste „First Lady" eine eigene und durchaus erfolgreiche Whistle-Stop-Kampagne im Süden der USA für die Wiederwahl ihres Mannes unternahm.[189]

Die Rolle der Kandidatengattin knüpfte damit an das aus der Revolutionszeit überlieferte Ideal der „republican motherhood"[190] an. Das Rollenklischee war klar umrissen als das einer fürsorglichen Mutter, die die politische Einstellung ihres Mannes teilte und ihre Aufgabe vor allem in der Haushaltsführung und Erziehung der Kinder zu guten Bürgern und parteiorientierten Patrioten sah.[191] Die wenigen Frauen, die aus dieser Rollenzuweisung auszubrechen

---

187 Dieser Eindruck wurde durch einen spektakulären Prozeß, der im Wahljahr stattfand, untermauert. Ein Junge, der immer wieder zwischen seinen geschiedenen Eltern, Pflegeheimen und Pflegeeltern herumgeschoben worden und nun bei seinen Pflegeeltern glücklich war, klagte vor Gericht erfolgreich auf Scheidung von seiner leiblichen Mutter, die das Sorgerecht für ihn erneut beantragt hatte. S. Ulrich SCHILLER, „Familie in Not", In: Die Zeit v. 25. 09. 1992: 89.
188 Zitiert nach: ROSENSTIEL 1993: 226.
189 Edith P. MAYO, Be a Party Girl: Campaign Appeals to Women. In: MELDER (Hg.) 1992: 149–160, hier: 159.
190 Ebd.: 150.
191 Ebd.

versuchten und sich als Kandidatinnen aufstellen ließen, wurden schnell in ihre „Grenzen" verwiesen oder mußten, wie die afro-amerikanische New Yorker Kongreßabgeordnete Shirley Chisholm bei ihrer Kandidatur in den präsidentiellen Primaries der Demokraten 1972 erkennen, daß „The Presidency is for white males."[192] Bis zur Präsidentschaft John F. Kennedys 1960 war das Bild vom Präsidenten per Tradition definiert als „tall, middle-aged, heterosexual, Caucasian, Protestant, and male."[193] Aber auch JFK machte aus dem WASP nur einen WASC (White Anglo-Saxon Catholic) und bestätigte die übrigen Klischeevorstellungen. Jacqueline Kennedy fügte sich in die von ihren Republikanischen Vorgängerinnen etablierte Wahlkampfrolle, wobei ihre Schwangerschaft medienwirksam inszeniert wurde. Der Wahlkampf von 1960, in welchem JFK seine große Familie zur Symbolisierung des Solidaritätsgedankens einsetzte, verdeutlichte, daß mit dem Einsatz der Familien-Strategie das Thema der Religion evoziert wurde. Kennedy trat 1960 dem Vorwurf, als Katholik sei er dem Papst zu mehr Treue verpflichtet als seinem eigenen Land, durch die „blunt truth technique"[194] entgegen, indem er seine Glaubenszugehörigkeit und deren Vereinbarkeit mit dem Präsidentenamt offen und überzeugend vor einem ihm feindlich gesonnenen Publikum aus protestantischen Pfarrern verteidigte. Clinton nutzte 1992 diesen Durchbruch JFKs geschickt – im Rahmen seiner Ahnenstrategie –, um katholische Wähler zu werben. Der Baptist Clinton berief sich auf sein katholisches Präsidentenvorbild und versuchte damit, die Attacken des katholischen Republikaners Patrick Buchanan zu konterkarieren, indem er bei einem Wahlkampfauftritt in der katholischen Notre Dame Universität im September 1992 an die intoleranten Tiraden der Republikaner gegen den Demokratischen Kandidaten von 1960 erinnerte: „Speaking to a cheering crowd of University of Notre Dame students, Clinton recalled the struggle of the country's first Catholic president, John F. Kennedy, to overcome religious bigotry in his 1960 campaign and linked that to the GOP's attempt this year to portray him as an enemy of traditional family values."[195] Die durch die Republikanische Familienstrategie geschaffene Atmosphäre, die politische Überzeugungen im privaten Lebens- und Glaubensumfeld des Kandidaten verortete, lieferte damit eine ausgezeichnete Vorlage für die Wirkung von Clintons Ahnenbezug, der zum Schluß seiner Rede an der Notre Dame Universität die Gemeinsamkeiten betonte und zusätzlich mit seinem Common-man-Appeal verband:

> „Both Baptists and Catholics are rooted in the spiritual riches of working people, people who know the pain of poverty and the bite of discrimination, people for whom life is a daily struggle in which they must sweat and sacrifice for themselves and their families, for whom life is made worthwhile not only through hard work and self-reliance, but through opening their hearts to God and their hands to their neighbours."[196]

Die Familien-Strategie wird meist zur Unterstützung des Common-man-Images eines Kandidaten eingesetzt; das war bei Bill Clinton der Fall wie auch bei George Bush in seinem oben beschriebenen Wahlkampfspot, in welchem er vorgab, die Sorgen der einfachen Menschen

---

192 Shirley CHISHOLM, The Good Fight. New York 1973: 2.
193 JAMIESON 1988: 122.
194 Vgl. DIAMOND/BATES 1992: 48.
195 Edward WALSH, „Clinton Decries ‚Voices of Intolerance'". In: The Washington Post v. 12. 09. 1992: A10.
196 Zitiert nach ebd.

III. 5. Die Familien-Strategie

aufgrund seiner eigenen großen Familie zu kennen. Die Rolle der Frau ist innerhalb dieser Wahlstrategie klar vorgegeben. Nur wenige Plakate bedienten sich jedoch der Familien-Strategie so offensichtlich, wie die Chromolithographie (Abb. 60), die 1896 für William Jennings Bryans Wahlkampf angefertigt wurde. Bryan wird im Kreis seiner ihm untergeordneten Familie – seiner Frau und den drei Kindern – porträtiert, eine Darstellungsweise, die vermutlich besänftigend auf sein Image als Radikalreformer wirken sollte. Auch der Demokrat Adlai Stevenson setzte in dem Plakat von 1956 (Abb. 61) zwecks Imageaufbesserung auf die Familien-Strategie, da sein Status als geschiedener Mann im Amerika der 50er Jahre noch immer als Disqualifikation für das Präsidentenamt galt.[197] Der erste Präsident, der dieses Tabu brach, war Ronald Reagan[198], der die religiös-moralische Klaviatur zu spielen vermochte und geschickt von diesem „Schönheitsfleck" in seiner konservativ-Republikanischen Biographie abzulenken verstand. Dieses Ablenkmanöver gelang auch dank der Nichtthematisierung der Familien-Strategie von seiten des Demokratischen Herausforderers Walter Mondale. Dessen Ticket-Partner, die erste weibliche Vizepräsidentschaftskandidatin – Geraldine Ferraro –, verursachte Protokollprobleme, da bei den Demokraten der Eindruck eines eventuellen „Techtelmechtels" zwischen den beiden Kandidaten unbedingt vermieden werden sollte. Für den Wahlkampf galt zwischen den beiden Demokratischen Kandidaten eine „don't touch policy"[199], die auch in dem Siegesgruß-Plakat (Abb. 34) zum Ausdruck kam, in welchem zwischen Mondale und Ferraro ein „Sicherheitsabstand" bestand, der in vergleichbaren Situationen von anderen Kandidaten etwa durch das gemeinsame Handhalten oder den Schulterschluß (Abb. 35, 36) überbrückt wurde. Dies verdeutlicht, wie kompliziert sich auch heute noch die Geschlechterkooperation auf der politischen Ebene gestaltet. Die eindeutige Rolle der Hausfrau und Kandidatengattin bereitete protokollarisch weniger Probleme. Im Unterschied zu diesem Klischee, standen jedoch auch diejenigen Frauen, die sich prinzipiell mit ihrer Heim- und Herd-Rolle identifizierten, nicht nur hinter dem Kochtopf oder als treusorgende Mutter vor der Kamera[200], sondern

---

197 Diese Tatsache wurde von seinen Republikanischen Gegnern geschickt ausgenutzt, indem Mamie Eisenhower eine besondere Rolle im Wahlkampf zukam.
198 Ronald Reagan war in erster Ehe mit der Schauspielerin Jane Wyman verheiratet. Diese Tatsache wurde auf Wahlkampfbuttons mit der Aufschrift: „Jane Wyman was right" verarbeitet, womit gemeint war, daß sie recht hatte, sich von ihm scheiden zu lassen.
199 „Mondale's staff issued precise instructions for his appearance on stage with his running mate after the nominations: ‚WFM remains on the right side of the rostrum and applauds Ferraro as she comes on stage from left. They shake hands at rostrum and the two candidates wave together at rostrum without arms. No joined hands held aloft – now or at any time during demonstration.'" BOLLER 1985: 375.
200 Ein Stereotyp innerhalb der Bildstrategie jeder Präsidentschaftskampagne ist die Veröffentlichung eines Familien-Fotos des Kandidaten zusammen mit seiner Wahlkampfbiographie. Vgl. dazu das Familien-Porträt von Michael Dukakis für seinen Präsidentschaftswahlkampf 1988, das von Richard BRILLIANT, Portraiture (Cambridge/Massachusetts 1991: 90–92), folgendermaßen kritisiert wird: „A classic instance of this failure to comprehend the objective of representation undermined the effort of the American politician, Michael Dukakis, to present himself properly as a presidential candidate in the *Dukakis Family Portrait* (…), issued in countless numbers to advance his campaign in the autumn of 1988. The private and public needs were at odds, so that Dukakis, the presidential candidate disappears in favour of a rather self-effacing family member whose body is the least conspicuous in the entire ensemble. Candidates in American politics have often demonstrated their allegi-

waren seit 1840 aktiv an der Wahlkampforganisation beteiligt.[201] Besonders in den 50er Jahren des 20. Jahrhunderts leisteten viele Frauen „Basisarbeit" per Telefon, durch die Organisation von „tea parties" oder als freiwillige, ehrenamtliche Helferinnen innerhalb der Wahlkampfbüros. Zudem stellten Frauen in den 50er Jahren die Hälfte der Wählerschaft:

> „Of the 61.2 million people casting ballots in 1952, 30.9 million were men and 30.3 million were women. The major political parties had to determine how to capture their ballots. The Republican party made a particularly concerted and effective effort. Led by Ivy Baker Priest, the assistant chair of the Republican National Committee and head of the party's women's division, the Republicans aimed a strong awareness campaign at women voters. Focusing on the fifties themes of women's return to the home and the solidarity of the family as a bulwark against communism, Republicans successfully translated their campaign issues into concepts that appealed to American women. Domestic images were potent because the American public craved stability after the economic chaos of the Depression and the devastation of World War II."[202]

Die Rolle der Hausfrau stellte für die Republikaner jedoch 1952/1956 auch einen Ansatzpunkt dar, um ökonomische Programmpunkte wie etwa die Kritik an der hohen Inflationsrate oder der Staatsverschuldung zu erläutern. Die Senkung der Inflationsrate, die eine Republikanische Administration erzielen würde, wurde als „More Take Home Pay" in Form prall gefüllter Einkaufstüten dargestellt; das Problem der Staatsverschuldung wurde durch die Analogie zwischen „Federal Budget" und „Family Budget"[203], wenn auch grob vereinfachend, so doch für die Wählerin nachvollziehbar veranschaulicht.

Neben Frauen und Kindern als Familiensymbolen (vgl. Abb. 60 und 61) werden aber auch immer wieder Haustiere als emotionsbeladene Identifikationsfiguren in die politische Kommunikation eingeführt. In die Ahnenreihe der Tiere, die politische Prominenz erlangten, sind FDRs Scotchterrier „Fala", Nixons Cockerspaniel „Checkers" und Clintons Katze „Socks" zu zählen. Roosevelt benutzte seinen Hund „Fala" in einer Wahlkampfrede im September

ance to traditional values by showing themselves with their families, and Dukakis is no exception. Rather, the failure in representation, and probably in self-representation as well, lies in his or the photographer's insensitivity to the implications of the candidate's relative invisibility in the family portrait; it could be interpreted by anyone, let alone a political opponent, as a sign of Dukakis' inability to take a leadership role even within the context of his own family, and if not in the family, then how in the nation?"

201 Weibliche Stump-Speaker waren bereits zu Ende des 19. Jahrhunderts ein Publikumsrenner bei Wahlveranstaltungen: „Among those traveling on the campaign trail in this era were an increasing number of women. Women had joined in parades and rallies beginning with the election of 1840, and by the next decade certain candidates' spouses such as Adele Cutts Douglas, wife of the Illinois senator, would accompany their husbands on tour and sit on the platform during their speeches. But in the 1860s and 1870s a handful of women actually spoke at gatherings of prospective voters. The first famous female stump orator was Anna Dickinson, a young Quaker girl from Pennsylvania. After having become a recognized figure in the prewar abolitionist movement, Dickinson was sent by Republican leaders to enhance the party's effort in state elections in Connecticut and New Hampshire in 1863." DINKIN 1989: 67.
202 MAYO 1992: 152.
203 Ebd.: 155.

III. 5. Die Familien-Strategie

1944, die er vor der International Brotherhood of Teamsters in Washington hielt, um die haltlosen Attacken der Republikaner gegen seine Person lächerlich zu machen, und erntete mit diesem Kniff einen großen (Lach)Erfolg:

> „These Republican leaders have not been content with attacks – on me, or my wife, or on my sons. No (...) they now include my little dog, Fala. Well, of course, I don't resent attacks, and my family doesn't resent attacks, but Fala *does* resent them. You know – you know – Fala's Scotch, and being a Scottie, as soon as he learned that the Republican fiction writers (...) had concocted a story that I had left him behind on the Aleutian island and had sent a destroyer back to find him – at a cost to the taxpayers of two or three, or eight or twenty million dollars – his Scotch soul was furious. He has not been the same dog since. I am accustomed to hearing malicious falsehoods about myself (...). But I think I have a right to resent, to object to libellous statements about my dog."[204]

Ähnlich medienwirksam setzte Richard Nixon in seiner im Fernsehen übertragenen Rede, die ihm die Kandidatur als Vizepräsident unter Eisenhower sicherte, die rührselige Geschichte über seinen Hund „Checkers" ein, der wie auch der Hinweis auf die Tatsache, daß seine Frau Pat keinen Nerzmantel, sondern nur einen schlichten „respectable, Republican cloth coat" besäße, dazu diente, sein durch Korruptionsvorwürfe erschüttertes Common-man-Appeal zu stärken.[205]

Hunde, Katzen, Kinder und auch Frauen sind Motive der Rührseligkeit und Sympathie, die eine emotionale Beziehung zwischen Kandidat und Adressaten evozieren und zur Identifikation mit dem Kandidaten beitragen. Als „unschuldig" und politisch unbelastet erweitern sie den Adressatenkreis des Kandidaten, indem sie an rein menschliche Regungen der Sympathie, des Mitleids oder des Humors appellieren, jenseits parteipolitischer oder programmatischer Standpunkte. Die Familien-Strategie ist eine emotionale Strategie, die entpolitisierend wirken kann und in der Regel politische Argumente durch moralische Appelle ersetzt. Sie zielt vor

---

204 Zitiert nach: BOLLER 1985: 262/263.
205 Ähnlich wie die „Fala"-Rede FDRs gehört die „Checkers-Speech" Nixons zu den „Klassikern" politischer Kommunikation in den USA. Nixon hielt seine Fernseh-Ansprache am 23. September 1952, um sich gegen Vorwürfe wegen seiner korrupten Praktiken in der Wahlkampffinanzierung zu verteidigen. Nixon hatte, wie auch andere Politiker, einen geheimen Wahlkampffonds, aus dem er seine Kampagne bezahlte. Diese, zu dem damaligen Zeitpunkt zwar nicht unübliche, jedoch öffentlich nicht bekannte Praxis, rückte Nixon in ein schlechtes Licht und kostete ihn beinahe die Vizepräsidentschaft. Nixon appellierte in seiner Rede an die Zuschauer und legte offen, daß er ein Wahlkampfgeschenk angenommen habe – seinen Hund „Checkers": „One other thing I probably should tell you, because if I don't they (the Democrats, A. d. V.) will probably be saying this about me, too. We did get something, a gift, after the nomination. A man down in Texas heard Pat on the radio mention the fact that our two youngsters would like to have a dog, and believe it or not, the day before we left on this campaign trip we got a message from Union Station in Baltimore, saying they had a package for us. We went down to get it. You know what it was? It was a little cocker spaniel dog, in a crate that he had sent all the way from Texas – black and white, spotted, and our little girl Tricia, the six-year-old, named it Checkers. And you know, the kids, like all kids, loved the dog, and I just want to say this right now, that regardless of what they say about it, we are going to keep it." Zitiert nach: DIAMOND/BATES 1992: 69/70. Zur „Checkers-Speech" vgl. auch JAMIESON 1988: 71–73 und ausführlich DIAMOND/BATES 1992: 64–73.

allem auf gefühlsmäßige Reaktionen der Adressaten ab und verlagert die Politikdiskussion von der Verantwortlichkeit von Institutionen, Politikprozessen und Politikern auf die Verantwortlichkeit des Individuums im Kreis seiner Familie. Die Familien-Strategie zieht die Diskussion von einer öffentlichen auf die private Ebene und leistet damit zugleich der „Charakterfrage" und Personalisierung der Kandidaten Vorschub. Als alleinige Strategie, die zudem „Religion" und „Abtreibung" zu Wahlkampfthemen macht, führt sie anstatt der intendierten Harmonie zu einer starken Polarisierung der Debatte und damit zu einer Radikalisierung der sie anführenden Partei, mit der Gefahr des Verlusts von Wählerstimmen aus der Mitte, wie das Beispiel der Republikaner 1992 zeigte. Eine erfolgreiche Familien-Strategie hat lediglich eine unterstützende Funktion, die das Kandidatenimage um einen privaten Aspekt bereichert und als emotionaler „Aufhänger" oder Bestätigung der Common-man-, der Ahnen- oder der Ökonomischen Strategie dient.

Die Familien-Strategie berührt aber noch einen anderen Punkt politischer Kommunikation, der nicht auf den ersten Blick sichtbar wird, sondern vielmehr auf ein in der amerikanischen Sozialgeschichte verborgenes Thema verweist. Die durch die Familien-Strategie evozierte Solidarität bezieht sich auf eine Kollektiverfahrung europäischer Einwanderer, die zum Überleben und zum ökonomischen Erfolg in der „Neuen Welt" unabdingbar war: der Familienzusammenhalt garantierte die Durchsetzungsfähigkeit der Immigranten. Unterschwellig werden in einer Familien-Strategie, die auf traditionelle Familienvorstellungen abzielt, nicht nur implizit alle „nichtkonform"-Lebenden ausgegrenzt, sondern auch die große Minderheitengruppe der am Existenzminimum lebenden Afro-Amerikaner, die auf keine heroische Familiensolidarität zurückblicken können und für die der Weg in die „Neue Welt" ein erzwungener war. Das kollektive historische Bewußtsein der afro-amerikanischen Bevölkerung wird zudem von der systematischen Zerstörung der Familienstrukturen durch das Sklavereisystem bestimmt, das auch heute noch, fast 130 Jahre nach dessen Abschaffung, für die desperate Situation vieler afro-amerikanischer Familien mitverantwortlich gemacht wird. Der Prozentsatz unehelicher Geburten liegt bei den Afro-Amerikanern bei 66%.[206] Die Familien-Strategie der Republikaner 1992 richtete sich an die konservative weiße und schwarze Mittel- und Oberschicht, die sich nicht nur durch den religiös-moralischen Ton der Kampagne angesprochen fühlte, sondern zugleich ein faktisches Wählerpotential darstellte. Wer arm ist, wählt nicht. Wer nicht wählt, ist auch kein Adressat von Wahlkampfkommunikation. Hier werden die Grenzen von politischer Kommunikation in Demokratien offensichtlich. Wahlkampfkommunikation wendet sich nur an einen Adressatenkreis, der seine Interessen zu artikulieren und damit sein Stimmpotential in die politische Waagschale zu werfen versteht. Bildstrategien zielen primär auf Wähler als Adressaten ab und schließen diejenigen Adressaten aus der Kommunikation aus, die bereits als politisch marginalisiert gelten.

---

206 The Economist v. 18. 06. 1994: 21–24, „Welfare Reform In America. You say you want a revolution", hier: 21.

III. 6. Edukative Strategie

Die „Edukative Strategie" löste die Phase der „Hurrah"-Campaigns mit ihrer starken parteipolitischen Bindung ab und setzte an die Stelle der massenhaften Beteiligung der Bevölkerung in Paraden, Demonstrationen, Aufmärschen und anderen Festivitäten den Versuch, auf die Wählerschaft erzieherisch zu wirken, im Sinne einer eher durch Information überzeugenden, denn durch politische Symbolik überredenden Strategie. Dieser Trend, der bereits in den 60er Jahren des 19. Jahrhunderts einsetzte, erlebte seinen Höhepunkt in den 80er und 90er Jahren und wurde maßgeblich von dem New Yorker Gouverneur und Demokratischen Präsidentschaftskandidaten Samuel J. Tilden beeinflußt.[207]

In Tildens Präsidentschaftswahlkampf 1876 drückt sich die neue Einstellung vor allem in der Produktion riesiger Mengen schriftlicher Informationsmaterialien aus. Auch die Plakate, auf denen er neben seinem Ticket-Partner Thomas A. Hendricks abgebildet wird (Abb. 62), stellen den edukativen Gedanken in den Vordergrund. Das typische Plakat innerhalb einer Edukativen Wahlstrategie ist ein Schrift-Bildplakat, wobei der Text im Unterschied zu den ebenfalls dichtbedruckten Broadsides 1840 (vgl. Abb. 9, 46, 56) möglichst objektiv gehalten ist und das Leben der Kandidaten „neutral" zu schildern versucht, statt Heldenpanegyrik wie zu Zeiten William Henry Harrisons zu betreiben. Die meisten dieser „aufklärerischen" Plakate stellen zwar auch die Kandidatenporträts in ihre Mitte, diese treten jedoch im Vergleich etwa zur Porträtdominanz in den „political banners" von Currier & Ives eher in den Hintergrund. Die edukative Bildstrategie setzt eindeutig auf die Schrift und versucht, auf dichtem Raum möglichst viele Informationen zu liefern. Die meisten Plakate enthalten, wenn nicht das gesamte Parteiprogramm im Wortlaut, so doch zumindest Auszüge aus der Platform. Diese programmatischen Informationen werden ergänzt durch ausführliche Kandidatenbiographien sowie die Auszählungsergebnisse aller vorangegangenen Präsidentschaftswahlen. Informationen über die Kandidaten werden so mit Informationen über Parteipositionen verbunden, deren Beurteilung dem Adressaten überlassen wird. Die Edukative Strategie unterscheidet sich damit sowohl in ihrem Adressatenbild wie auch in den verwendeten Ausdrucksmitteln von den übrigen Bildstrategien. Der Adressat wird als aufklärungsfähig eingeschätzt und das Einflußmittel ist die schriftliche Überzeugung durch Fakten anstelle von bildlichen Beeindruckkungsstrategien: „Tilden, *Harper's Weekly* noted, ,introduced the cold business methods (...) in political campaigns. Before his time much energy was wasted in hurrahs. He, however, was nothing if not businesslike, and believed that a systematic canvass quietly made would be much more effective than the old noisy method'."[208]

Tilden war kein Ikonoklast, der aus ideologischen Gründen die Bildwerbung für einen Kandidaten ablehnte, sie erschien ihm lediglich unter funktionalen Gesichtspunkten als ineffektiv. Dahinter stand jedoch auch die Überzeugung, daß Wähler primär rational, gemäß ihrer Interessen handelten, wenn sie über diese und die dazugehörenden Parteiprogramme richtig informiert würden. Der Edukativen Strategie lag insofern eine für Amerika neuartige Bewe-

---

207 Michael McGERR, The Decline of Popular Politics: The American North 1865–1928. New York 1986: 70.
208 Zitiert bei: McGERR 1986: 71 (der jedoch nicht das Erscheinungsdatum der Harper's Weekly-Ausgabe angibt, die er zitiert.)

gung zur politischen Bildung des Volkes zugrunde, die Tilden federführend ins Leben gerufen hatte.[209]

Das Schlagwort der Edukativen Strategie im letzten Drittel des 19. Jahrhunderts war „Reform". Dieser Begriff bestimmte nicht nur die Platform der Demokraten, sondern bezog sich auch auf die beiden Hauptforderungen der Partei: einer grundlegenden Reform des Beamtentums (Civil Service Reform), die der Korruption der Reconstruction-Ära endlich ein Ende setzen sollte[210] sowie einer Reform des Zollwesens (Tariff Reform). Der Bildungsgedanke kommt ebenfalls in der Platform zum Ausdruck. Weiter unten im Text ist von den Prinzipien der Demokratischen Partei die Rede und unter anderem wird auch „the faithful education of the rising generation" erwähnt. Die Bemühung um „objektive Information" wird in den Plakaten auch an der Kolorierung deutlich. Diejenigen Textteile, die „politisch gefärbt" sind, wie etwa die Platform, werden auch durch Kolorierung von den objektiven Fakten und Daten, die auf einem weißen Grund gedruckt sind, optisch abgesetzt. Die im Sprachgebrauch übliche Doppelbedeutung von „tainted" als koloriert und gefärbt im Sinne einer propagandistischen Verfälschung von Tatsachen wurde in den Plakaten auch visuell dargestellt und damit für den Adressaten nachvollziehbar. Das Anliegen der Reformer, die eine Edukative Strategie verfolgten, wurde von dem Demokratischen Wahlkampfmanager Abram S. Hewitt[211] treffend mit folgenden Worten beschrieben: „Instead of attempting to restrict suffrage, (…) let us try to educate the voters; instead of disbanding parties, let each citizen within the party always vote, but never for a man who is unfit to hold office. Thus parties, as well as voters, will be organized on the basis of intelligence."[212]

Zwischen 1876 und 1892 setzte sich der Wahlkampfstil der Edukativen Strategie in beiden großen amerikanischen Parteien durch und verdrängte nach und nach die spektakulär-populären Paraden und Fackelumzüge. Die Schrift-Bildplakate Tildens haben jedoch auch Vorläufer in Wahlkämpfen, die eher für ihre wenig aufklärerischen Methoden berüchtigt sind, wie beispielsweise die Wahlkämpfe 1868 und 1872. Ein edukatives Schrift-Bildplakat besteht aus informativen Text- und Bildteilen gleichermaßen, ohne Stellung für einen der beiden abgebildeten Kandidaten zu beziehen. Nicht nur sämtliche Ex-Präsidenten, deren Wahlergebnisse, die Zusammensetzung des Wahlmännergremiums sowie landeskundliche Informationen samt einer Landkarte werden häufig dargestellt, sondern auch beide Kandidaten-Teams samt ihrer Biographien. Die meisten Schrift-Bildplakate sind nicht als Lithographien, sondern in einer Hochdrucktechnik hergestellt worden. Die Druckvorlagen bestanden aus mehreren zusammengesetzten Metallblöcken.[213] Die Bildmotive wurden nicht, wie beim Flachdruck, extra für

---

209 Ebd.: 70.
210 Vgl. die auf Plakat Abb. 62 abgedruckten Auszüge aus der Demokratischen Platform von 1876. Als erster Programmpunkt führt der Reformgedanke die Präambel der Platform an: „We, the delegates of the Democratic party of the United States in National Convention assembled, do hereby declare the administration of the Federal Government to be in urgent need of immediate reform (…)."
211 Hewitt war 1876 DNC Chairman und Kongreßabgeordneter. 1886 wurde er Bürgermeister von New York. Vgl. McGerr 1986: 72.
212 Rede anläßlich der Einweihung der Brooklyn-Bridge in New York, 1883. Zitiert bei: McGerr 1986: 72. Hewitt verglich in seiner Rede die Aufgabe des Brückenbaus mit der Aufgabe politischer Bildung.
213 Diese Metallblöcke waren Abgüsse von Holzblöcken: „With the advent of the stereotyping process, all these woodcuts could be duplicated and cast in metal in unlimited quantities, resulting in low-

III. 6. Edukative Strategie

das Plakat entworfen, sondern stammten aus einem eigens von Drucktypengießereien vertriebenen Satz von vorgestanzten Druckvorlagen.[214] Der hohe Verbreitungsgrad von vorgestanzten Formen führte so zu einer starken Typisierung der Präsidentenporträts in Hochdrucken, während es sich bei der Lithographie meist um individuell für den Druck gestaltete Porträts handelte, die in Einzelfällen stark voneinander abweichen konnten. Die Stereotypisierung der Bildmotive kann am Beispiel des Tilden/Hendricks-Plakates von 1876 (Abb. 62) nachgewiesen werden. HORNUNG führt in seinem Handbuch der frühen amerikanischen Werbegraphik identische Drucktypen auf, wie diejenigen, die in dem Plakat von 1876 Verwendung fanden: Die Darstellung des jungen Mannes, der die amerikanische Flagge an den Mast nagelt in der linken oberen Ecke[215], die sich reichenden Hände vor der Verfassung, den Fasces und der Flagge in der rechten oberen Ecke[216], dem Adler auf dem U.S.-Wappen[217], ja sogar die zentrale mittlere Illustration unten ist eine vorgefertigte Drucktype; die letztere befand sich vermutlich unter der Bezeichnung „Temple of Liberty" im Handel[218].

Die Absicht, Bild- und Textinformationen in einem Plakat zu verbinden, führte so fast zwangsläufig zur Anwendung eines Hochdruckverfahrens, bei welchem auf die Kompositerfahrung aus der frühen Werbegraphik zurückgegriffen wurde. Die Edukative Strategie hatte damit eine stärkere Typisierung zur Folge, da im Hochdruck im Unterschied zum Flachdruck mit vorgefertigten Drucktypen gearbeitet und damit der künstlerische Anteil an der Plakatentstehung erheblich vermindert wurde. Die „Kunst" bestand nun vielmehr in der wirkungsvollen Komposition vorgefertigter Teile als in der Erfindung und Umsetzung einer Bildidee. Die Drucktypen des 19. Jahrhunderts wurden zu Nachfolgern der Emblemata des 17./18. Jahrhunderts.[219] Die amerikanischen Sinnbilder mögen zwar weniger komplex sein als ihre barocken Vorläufer, sie stehen aber ebenso für eine bildlich kodierte Information, die über Symbole eine Aussage an den Betrachter zu vermitteln sucht. Waren die Barock-Embleme eine elitärhöfische Kommunikationsform, so stellten die amerikanischen Druck-Embleme eher eine Art „Populärausgabe" dar, die allen verständlich war und meist durch unmittelbare Beschriftung der symbolischen Teile doppelt deutlich wurde. Ein Beispiel: Die Darstellung der Huldigung der Freiheit (Abb. 62), die vom Text der Demokratischen Platform eingefaßt wird, stellt die beiden Demokratischen Kandidaten in einen freiheitsliebenden Kontext. Die weibliche Allegorie der „Liberty" steht als goldene Statue mit Stab (vindicta) und phrygischer Mütze (pileus)

---

priced offerings within the reach of the smallest printshop. It was for this reason that the copperplate was eclipsed and wood engraving became, for the better part of the Nineteenth Century, the most popular and most inexpensive medium for the reproduction of advertising art." Clarence P. HORNUNG, Handbook of Early American Advertising Art. Picture Vol., 2. Aufl., New York 1953: xxiii.

214 Ebd.: xxxiii. HORNUNG schreibt über die Herstellung von Werbegraphiken im 19. Jahrhundert: „The cuts at the top of each ad were usually selected by the printer from his collection of stock material supplied by the type foundries in our leading cities."
215 Bei HORNUNG 1953: 79, Abb. 3.
216 Ebd.: 149, Abb. 1.
217 Ebd.: 64, Abb. 1.
218 Ebd.: 149, Abb. 2.
219 Vgl. William S. HECKSCHER/Karl-August WIRTH, Emblem, Emblembuch. In: RDK, Bd. V (1967): 85–228; Arthur HENKEL/Albrecht SCHÖNE (Hg.), Emblemata. Handbuch zur Sinnbildkunst des XVI. und XVII. Jahrhundert. Sonderausgabe Stuttgart 1978, und Gabriel ROLLENHAGEN, Sinn-Bilder. Ein Tugendspiel. Dortmund 1983.

in einem kleinen, weißen Rundtempel mit dem Adler auf der Kuppel. Dieser hält ein Spruchband im Schnabel mit dem nationalen Motto „E Pluribus Unum" als Aufschrift. Der aus einem Vers Vergils komponierte Satz weist auf den nationalen Einheitsgedanken der USA, die aus vielen Einzelstaaten eine Nation gebildet haben, hin.[220] Der Hintergrund der Illustration wird durch einen Sonnenaufgang mit 24 Sternen gebildet. Der Tempel steht auf einem großen, felsigen Berg, der mit „Constitution & Laws" betitelt ist. Unterhalb des Berges huldigen zehn Männer der Statue, indem sie ihre Arme zu ihr emporheben. Links außen steht ein Mann im blauen, langen Hemd, halb verdeckt von einem Mann im grünen Hemd, mit einer Peitsche in der linken Hand und einem gelben Strohhut auf dem Kopf. Der dritte Mann von links hat die Ärmel hochgekrempelt und trägt eine gelbe Schürze. Derjenige in der Mitte trägt weiße Hosen, eine blaue Jacke und ein rotes Halstuch und hält in seiner linken Hand die große U.S.-Flagge. Die Männer links der Flagge stehen stellvertretend für Handwerk und Industriearbeiterschaft. Am Boden sind ein Hammer, ein Winkelmaß und im Hintergrund ein Zahnrad erkennbar. Die Männer rechts repräsentieren die Agrarwirtschaft vor Weizenähren. Der vordere Mann der rechten Gruppe trägt ein rotes Hemd und blaue Hosen und hält eine Sichel in der linken Hand. Daneben ist ein älterer Herr dargestellt, der durch seine Kleidung historische Assoziationen auslöst. So verweist ein aus der Jackentasche herauslugendes Taschentuch mit der Aufschrift „1776" auf die Revolution. Es folgt halb rechts ein Mann in Hellblau, der seine rechte Hand auf sein Herz legt, während er die linke in die Höhe streckt. Hinter diesem sind weitere drei huldigende Männer, vermutlich Farmer, kaum noch sichtbar. Die Illustration ist schließlich mit dem Sinnspruch „Temple of Liberty" untertitelt. Die rechte obere Eckillustration des Plakates verweist ebenfalls auf den Einheitsgedanken, der durch den dargestellten Handschlag vor einem mit „Constitution" betitelten Papier, durch ein Liktorenbündel und die amerikanische Flagge symbolisiert wird. Das Adlerstereotyp über den Porträts der Kandidaten, die von der Allegorie des Sieges in der Mitte mit zwei Lorbeerkränzen gekrönt werden, ist ebenso ein patriotisches Motiv, wie der Flaggenbesteiger in der linken oberen Bildecke. Das eher harmlos wirkende Motiv, das 1876 vermutlich nurmehr eine allgemein-patriotische Aussage trug, hat seine Wurzeln in der nativistischen Bewegung der 50er Jahre. Die „Know Nothings" verwendeten 1853 auf dem Titelblatt einer Wahlkampfpolka[221] das Motiv des Matrosen, der die U.S.-Flagge an den Fahnenmast nagelt, auf dessen Spitze eine phrygische Mütze thront, als Symbol des Freiheitsstrebens, aber auch der Abgrenzung gegen (katholische) Einwanderer. Ob die xenophobische Konnotation, die das Emblem 1853 sicherlich hatte, auch noch in den 70er Jahren gegenwärtig war, ist nicht nachweisbar. Die Tatsache, daß sich gerade diejenigen Kandidaten, für die in ihrem Plakat das Emblem benutzt wurde, in ihrer in demselben Plakat abgedruckten Platform gegen einen Know-Nothing explizit aussprachen[222], unterstützt eher die Vermutung, daß der „Flaggennagler" zu einem allgemein-patriotischen Motiv geworden war, das zum Standardrepertoire der visuellen politischen Kommunikation im 19. Jahrhundert gehörte. Diese war ohnehin stark von national-patriotischen Motiven geprägt. Die

---

220 Vgl. das Glossar im Anhang dieser Arbeit.
221 Für eine Abbildung s. REILLY 1991: 380, Abb. 1853–2.
222 Tildens „victory for Azariah C. Flagg, in obtaining for him before the courts the position of City Controller, out of which he had been cheated by a Know Nothing named Giles, and his triumph in the great Burdell-Cunningham will case, will be remembered as among the most brilliant achievements (…)".

III. 6. Edukative Strategie

massive Verwendung patriotischer Motive wirkte im Falle Tildens und Hendricks als „Schutzsymbolik" der beiden Demokratischen Kandidaten, die noch immer durch die unrühmliche Rolle der Demokraten im Bürgerkrieg belastet waren und deshalb stärker als ihre Republikanischen Gegenkandidaten ihre klare Position gegenüber staatlicher Einheit und deren verfassungsrechtlichen Grundlagen unterstreichen mußten. Dies geschah auch vermittels der Farbsymbolik, die in Form der Nationalfarben auch in der Bekleidung der Männer in der „Temple of Liberty"-Illustration auftauchte. Hinter den rot-blau-weißen Nationalfarben steht eine auch heute noch in Broschüren der amerikanischen Verwaltung nachlesbare Bedeutung, die die nationalen Tugendideale zum Ausdruck bringen soll. In einer Beschreibung des U.S.-Wappens wird die Farbsymbolik folgendermaßen erläutert: Während Weiß als Farbe der Unschuld und Reinheit gilt, symbolisiert Rot die Ideale der Ausdauer und des Mutes und Blau steht für Wachsamkeit, Beharrlichkeit und Gerechtigkeit.[223] Die mit der Antikenrezeption verbundene Assoziation der weißen Unschuld und Reinheit wird auch etymologisch in dem Begriff des „Kandidaten" transportiert, der von lateinisch „candidus" stammt und die Tugendanforderung an den Kandidierenden zum Ausdruck bringt:

> „Since the days of ancient Rome, good republicans had yearned for modest leaders, but feared ambitious men. The word ‚candidate', from the Latin word for white, *candidus*, recalled the Roman politicians, whose white togas suggested their purity and implicitly proclaimed ‚I am no dictator; I am no demagogue'."[224]

Die Tugendhaftigkeit und der Patriotismus der Kandidaten wird in den Kompositporträts der Edukativen Strategie sowohl im Text, als auch durch die Bildsymbole betont. Die nationale Bedeutung der Wahl kommt auch in anderen Bildattributen zum Ausdruck, wie beispielsweise dem Adler oder dem U.S.-Siegel. Das 1782 vom Kongreß gebilligte nationale Siegel, mit dem Verträge und Gesetze auch heute noch besiegelt werden, zeigt auf der Vorderseite den amerikanischen Seeadler (bald eagle) mit gespreizten Klauen und dem U.S.-Wappen vor der Brust. Die dreizehn roten und weißen Streifen des Wappens symbolisieren die dreizehn Gründungsstaaten der USA. Der blaue Balken, der diese Staaten vereinigt, repräsentiert den U.S.-Kongreß. In der rechten Klaue hält der Adler einen Olivenzweig mit dreizehn Olivenfrüchten und in der linken Klaue dreizehn Pfeile. Olivenzweig und Pfeile symbolisieren die von der Nation ausgehende Macht in Krieg (Pfeile) und Frieden (Olivenzweig). Im Schnabel des nach rechts gewendeten Kopfes hält der Adler ein Spruchband mit dem nationalen Motto „E Pluribus Unum" und über dem Adler schwebt eine Sternenkonstellation – dreizehn weiße Sterne auf blauem Grund –, die von Sonnenstrahlen und Wolken umgeben ist und auf die Rolle der neuen Nation im Kreis der souveränen Staaten hindeutet. Die Rückseite des Siegels stellt eine abgeschnittene Pyramide mit der in römischen Zahlen eingravierten Inschrift „1776" dar, über der das Auge Gottes in einem Dreieck mit Sonnengloriole schwebt. Die Pyramide steht auf einer Ebene, im Hintergrund sind Berghügel sichtbar und darüber der Himmel. Das Pyramidenemblem wird durch die beiden lateinischen Sinnsprüche „Annuit Coeptis" (Er [Gott] billigt unsere Taten[225]) und „Novus Ordo Seclorum" (Eine neue Ordnung der Zeitalter) eingerahmt, die

---

223 Zitiert nach: U.S.-CONGRESS, „Our Flag", 100th Congress 2nd Session, H. Doc. 100–247. U.S. Government Printing Office, Washington 1989: 44.
224 TROY 1991: 8.
225 Wörtlich übersetzt: „Er ist dem Begonnenen gewogen."

das Selbstverständnis der neugegründeten Nation als neue und bessere Welt verdeutlichen sollten.[226] Diese Aufbruchstimmung und Dynamik, die in den Emblemen und Symbolen zum Ausdruck kam, stand im offensichtlichen Kontrast zu den eher statisch wirkenden Porträts der Kandidaten.

Während sich die Reformer innerhalb der Demokratischen Partei – nach einem kurzen Rückfall in die Heldenstrategie des militärischen Kandidaten Winfield S. Hancock 1880 – mit der Kandidatur Grover Clevelands 1884 durchsetzten[227], taten sich die Republikaner eher schwer mit der innerparteilichen Akzeptanz eines primär über Publikationen geführten Wahlkampfes. Hinter der Strategie Tildens 1876 stand jedoch nicht nur das hehre Bildungsideal, sondern auch der Versuch einer Zentralisierung der Wahlkampfführung. Die Edukative Strategie basierte auf der Beobachtung, daß mehr und mehr Wähler ihre alte Parteiorientierung verloren und, in einer Gegenbewegung zu der von den Parteien betriebenen korrupten Ämterpatronage, zu unabhängigen Wählern wurden, auf deren Stimmen es der Demokrat Tilden abgesehen hatte. Während die Adressaten des „Hurrah"-Wahlkampfstils vor allem die eigenen Parteigänger waren, die durch das Spektakel mobilisiert werden sollten, stellte die Edukative Strategie den ersten Versuch dar, auch Stimmen aus dem Konkurrenzlager sowie Wechselwähler und Protestwähler anzuziehen.[228] Die Edukative Strategie richtete sich also primär an unabhängige Wechselwähler.

Mit der Einrichtung eines „Literary Bureau" revolutionierte Samuel Tilden den Wahlkampfstil. In dem Literaturbüro waren ungefähr vierzig Personen beschäftigt, die insgesamt 27 Millionen Wahlkampfdokumente – Broschüren, Pamphlete, Reden – produzierten und damit einen ersten Rekord im Kampagnenoutput aufstellten.[229] Weitere Innovationen stellte die systematische Erfassung der Wähler und ihrer Parteipräferenzen auf Listen dar, die als eine Früh-

---

226 Zur Beschreibung des Siegels vgl. OUR FLAG 1989: 45. Zur Geschichte des U.S.-Siegels s. ausführlich Alain BOUREAU, L'Aigle. Chronique politique d'un emblème. Paris 1985: 141–157; Ernst LEHNER, American Symbols. New York 1957: 60/61; Clarence P. HORNUNG, The American Eagle in Art and Design. New York 1978: v–vii. HORNUNG geht davon aus, daß die Aufnahme des Adlers in das Staatssiegel als bewußte Antikenrezeption vollzogen wurde: „Thus the most probable explanation for the selection of the eagle as the national device is its association with classical antiquity. Since so many of the institutions of the new Republic were modeled on those of the old Roman Republic, and since this was the heyday of the Neoclassic revival in arts and letters, it was natural that the eagle of the Roman military standard, which had led the legions to victories on a thousand battlefields and which had been the emblem of the Caesars, with all its associations of majesty and power, prompted the choice of our emblem." Ebd.: v–vii; zu den beiden lateinischen Mottos vgl. auch das Glossar im Anhang dieser Arbeit.

227 Cleveland war nicht nur ein Bewunderer von Tildens Edukativem Stil, er übernahm auch dessen politische Berater. So erstaunt es auch nicht, daß Tilden auf dem Cleveland-Plakat von 1884 (Abb. 53) an prominenter Stelle als politischer Ahne auftaucht, zumal sich Cleveland mit dem Slogan „Victory and Reform" explizit auf Tilden beruft.

228 Tilden „offered a sober, rather intellectual approach aimed at uncommitted voters in place of emotional appeals intended for committed partisans." McGERR 1986: 74.

229 Ebd.: 73. Vgl. auch DINKIN 1989: 88. Diese Zahl an Veröffentlichungen wurde zwanzig Jahre später von den Republikanern überboten, die unter der Leitung Mark Hannas 200 Millionen Broschüren an insgesamt 15 Millionen Wähler verteilten. S. JENSEN 1969: 42.

III. 6. Edukative Strategie

form der „Attack Mail"²³⁰ gezielt genutzt wurden, um bestimmte Wählergruppen anzusprechen. Außerdem verfaßte Tildens Wahlkampfmanager, Abram Hewitt, ein voluminöses Wahlkampfhandbuch – 754 Seiten –, das konkrete Anweisungen für den Wahlkämpfer, Reden, Parteistandpunkte etc. enthielt.²³¹ Der edukative Wahlkampfstil kostete bei weitem mehr Geld als die unterhaltsamen „Hurrah"-Kampagnen. Während die Paraden und Umzüge von regionalen und lokalen Parteikomitees mit Geld aus der Zentrale organisiert wurden, stellte der edukative Wahlkampfstil, wie er von Grover Cleveland und seinem Gegner Benjamin Harrison 1892 perfektioniert wurde (vgl. auch Abb. 47 und 48), eine Umorientierung sowohl in der Finanzierung als auch in den Organisationsprinzipien dar:

> „The campaign of education sprang from the wealth as well as the example of big business. (…) Northern capitalists, anxious for power and legislative favors, gave the money that made expensive educational campaigns possible. In 1856, the Democratic National Committee raised only $ 100,000 and the fledgling Republican National Committee less than $ 50,000. As late as 1872, the Republicans (…) could muster only $ 200,000 for their headquarters. The Democratic National Committee managed to collect twice that figure for the first attempt at a campaign of education in 1876. Tilden was the first rich man to run for the presidency in many years; much of the Democratic campaign fund came from his personal fortune and from the bank accounts of his wealthy associates (…)."²³²

Mit der Edukativen Strategie wuchs auch der Einfluß einzelner wohlhabender Parteimitglieder auf Form und Stil des Wahlkampfes sowie die Auswahl des Präsidentschaftskandidaten. Die finanziellen Mittel und der politische Stil wurden damit von einigen wenigen diktiert und richteten sich an parteiunabhängige Wähler, die sich vor allem aufgrund ihrer eigenen Interessenlage zu entscheiden gedachten. Parteiintern wurde an dieser Strategie immer wieder Kritik geübt, die Parteien vernachlässigten die eigenen Anhänger und konzentrierten sich zu sehr auf die Stimmwerbung innerhalb der gebildeten Elite. Dies ist ein Vorwurf, der vor allem von den ländlichen Parteikomitees gegen die Edukative Strategie der Zentrale vorgebracht wurde. Viele der Broschüren und Pamphlete waren zu allgemein gehalten, um einen Farmer in Illinois zu interessieren und zugleich wurde durch die Konzentration auf die Publikation von Parteiliteratur das eigene Parteiklientel vernachlässigt, das die üblichen Barbecues und Paraden vermißte.²³³ Hinter der Edukativen Strategie steckte nicht zuletzt auch eine gehörige Portion Arroganz der gebildeten, städtischen Oberschicht, die über die Verschickung von Wahlkampfbroschüren den Abstand zum „Plebs" wahrte und die rituelle Fraternisierung zwischen Kandidaten und Wahlvolk, in der einmal alle vier Jahre die Distanz zwischen Herrschenden und Beherrschten wenigstens symbolisch aufgehoben wurde, unterband. Vor diesem Hintergrund erstaunt es nicht, daß die stärksten Befürworter eines aufklärerischen Wahlkampfstils zugleich entschiedene Gegner des allgemeinen Wahlrechts waren und, wie beispielsweise Tilden, sogar

---

230 Zur gegenwärtigen Praxis des „Attack Mailing" vgl. die Beispiele in: Campaigns & Elections, Vol. 14, No. 4 (1993): 30–33, No. 5 (1993): 55–57.
231 McGERR 1986: 72/73.
232 Ebd.: 104.
233 „By tailoring campaigns to attract the non-partisan and undecided minority, party managers lost the power to rouse the partisan majority." McGERR 1986: 89.

für Wahlrechtseinschränkungen eintraten.[234] Hinter dieser widersprüchlich anmutenden Position verbirgt sich das Vorurteil der Gutsituierten, daß nur ein Gebildeter auch die Fähigkeit habe, eine richtige politische Wahlentscheidung zu treffen. Diese Hochnäsigkeit, die die Bedürfnisse eines Großteils des Wahlvolkes negierte, kommt unmißverständlich in einer Kolumne der *New York Tribune* zum Ausdruck: „Banners are fine, (...) but the man who votes for the best-looking face on the costliest banner is not fit to vote at all."[235]

Trotz dieser negativen Aspekte des edukativen Wahlkampfstils muß die historische Leistung Tildens als Reformer betont werden, und es erscheint als Ironie des Schicksals, daß gerade derjenige Kandidat, der sich so stark für die Abschaffung korrupter Regierungspraktiken eingesetzt hatte, selbst durch eine parteipolitische Intrige um die Präsidentschaft betrogen wurde. Als 1876 die Stimmen ausgezählt wurden, war sich nicht nur Tilden sicher, gewonnen zu haben. Er errang eine Viertel Million mehr Stimmen (popular votes) als sein Republikanischer Gegner, Rutherford B. Hayes, wurde jedoch durch einen korrupten Deal bei der Auszählung der Wahlmännerstimmen mit einer Stimme Mehrheit – 185 zu 184 – geschlagen.[236]

Die edukative Wahlstrategie führte zu widersprüchlichen Ergebnissen. Einerseits fügte sie den Aufgaben der amerikanischen Parteien und des amerikanischen Wahlkampfes die Funktion einer politischen Bildungseinrichtung hinzu und wagte sich an komplexe ökonomische Themen, die dem Wahlvolk in einer Unzahl von Broschüren verständlich gemacht wurden. In dieser Hinsicht wurde sie sicherlich ihrem aufklärerischen Anspruch gerecht und ebnete den Weg für Ökonomische Strategien, die um 1900 die Tradition des edukativen Wahlkampfstils weiterführten. Andererseits führte die Abschaffung der öffentlichen Paraden, Barbecues und Fakkelumzüge zu einer Privatisierung der Politik, die von dem Republikanischen Wahlkampfmanager James S. Clarkson 1884 euphorisch vorangetrieben worden war:

„All men who were active in that campaign will remember the surprise that came when the brass band, the red light and the mass meeting seemed suddenly to have lost their power. That was the beginning of the change of political discussion from the open field, as in Lincoln's day, to the private home where each family began to examine and discuss for itself the policy of the parties to find which party promised the most for the elevation and comfort of that special home. It was an evolutionary result, arising from the demand of changing conditions from sentimental to economic issues, – the evolution into education as the superior force in American politics."[237]

Lange vor der Erfindung des Fernsehens begann sich also die Werbung um den Wähler bereits vom öffentlichen Spektakel in den privaten Familienkreis zu verlagern. Die Konsequenzen dieser „Entpopularisierung", ja der „Entöffentlichung" des politischen Diskurses, sind dem heutigen Wähler nur allzu bewußt. Die ersten Anzeichen von Lethargie, Wählerapathie und

---

234 Vgl. ebd.: 70.
235 Zitiert nach: McGERR 1986: 105.
236 Tilden hatte ungefähr 4. 300. 000 Stimmen, sein Gegner nur 4. 036. 000 auf sich vereinigen können. S. BOLLER 1985: 134/135.
237 Zitat aus dem Entwurf für eine Rede, die Clarkson auf der 6. Annual Convention of the Republican League of Clubs in Louisville, Kentucky am 10. Mai 1893 hielt, aus der jedoch die zitierten Zeilen vermutlich wegen Überlänge der Rede gestrichen wurden. James S. Clarkson Papers, Library of Congress.

„Politikverdrossenheit" machten sich bereits im vorbildlich edukativen Wahlkampf von 1892 bemerkbar.[238] Diese Entwicklung wurde durch die Agitation während der beiden Wahlkämpfe um den Geldstandard 1896/1900, die sich nicht nur edukative, sondern auch spektakuläre Stilformen zu eigen machten, wenn nicht aufgehalten, so doch belebend unterbrochen.

III. 7. Ökonomische Strategie

Es gibt zwei Kategorien von Wahlkämpfen – diejenigen, die sich um unmittelbare ökonomische Interessen, sprich um den Geldbeutel des Wählers drehen, und diejenigen, die das eigentliche Thema zu umgehen versuchen, indem der Schwerpunkt auf die eher prinzipiellen Aspekte des „American Way of Life" gelegt wird. Im Fachjargon werden diese beiden Wahlkampftypen als „Pocketbook"[239]- bzw. „Lifestyle"-Wahlkämpfe bezeichnet. Die wirtschaftliche Situation der USA, ob sich die Wirtschaft im Auf- oder Abschwung befindet, bestimmt zu einem großen Teil die Wahlstrategie der Kandidaten. Laut dem Republikanischen Wahlkampfmanager Ed Goeas[240] zählen für den Wähler in Zeiten der wirtschaftlichen Not oder Unsicherheit nur die „Pocketbook"-Issues, während in Zeiten ökonomischer Prosperität die „Lifestyle"-Issues stärker zum Tragen kommen. Dies trifft auf die Gegenwart zu[241], spielt jedoch auch, mit wenigen Ausnahmen, für die Analyse historischer Wahlkämpfe eine Rolle. Welcher Aspekt des Wirtschaftslebens im einzelnen herausgegriffen wird, um daran die Positionen des jeweiligen Kandidaten zu verdeutlichen, verändert sich in der geschichtlichen Perspektive. Ob das Wahlkampfteam entscheidet, die Wirtschaft zum Wahlkampfthema zu machen und dies auch in die Bildstrategie zu übersetzen, hängt von vielen Variablen ab. Die Atmosphäre, in der ein „Pocketbook"-Wahlkampf geführt wird, ist eindeutig durch die wirtschaftliche Situation der Wähler und ihre Erwartungen an die Kandidaten bestimmt. Präsidenten, die in Zeiten einer wirtschaftlichen Depression im Amt sind, haben es erfahrungsgemäß schwer bei ihrer Wiederwahl – ein Unterfangen, das meist vereitelt wurde: Martin Van Buren mußte die Verantwortung für die Depression von 1837 ebenso übernehmen wie Herbert Hoover 1932 oder George Bush 1992. Alle drei Kandidaten waren für ihre „Laissez-faire"-Haltung gegenüber dem ökonomischen Bereich bekannt und konnten dieses Image im Wahlkampf weder überspielen noch wandeln. Im Vorwahlkampf 1996 bestimmte der Republikanische Kandidat und Verleger des gleichnamigen Wirtschaftsmagazins, Steve Forbes, zeitweilig die Wahlkampfkommunikation

---

238 Vgl. McGERR 1986: 100/101.
239 So Ed Goeas, Republikanischer Wahlkampfberater, anläßlich eines Seminars „Politics & Public Affairs", organisiert von „Campaigns & Elections" und der AAPC in Washington D. C., 5. November 1993.
240 Edward A. Goeas III, Präsident und Geschäftsführer der Tarrance Group, einem Republikanischen Meinungsforschungs- und Beratungsinstitut. 1984 war Goeas politischer Direktor des National Republican Congressional Committee und arbeitete vor allem für Kongreßabgeordnete und Senatoren, unter anderen Phil Gramm (TX) und Malcolm Wallop (WY). S. Campaigns & Elections, Politics & Public Affairs Seminar 1993, Speaker Bios.
241 Der 1992er Wahlkampf ist dafür ein beredtes Beispiel, mit dem zentralen Spruch von Clinton's Wahlkampfmanager, James Carville: „It's the economy, stupid." Aber auch Ross Perots unverwüstlicher Einsatz wirtschaftlicher Statistiken in seinen Werbespots und in Talk-Shows verwies auf die zentrale Stellung der Wirtschaft im Wahlkampf.

mit seinem Vorschlag der Einführung eines einheitlichen Steuersatzes (Flat Tax) von 17 Prozent. Das ökonomische Thema der Steuerreform erzielte aber vor allem ein großes Medienecho, weil Forbes' Vorschlag die einzige substantielle Initiative war, die in der Frühphase des Vorwahlkampfes überhaupt von einem Kandidaten angeboten wurde.

Der Wahlkampf 1840 war der erste, in welchem wirtschaftliche Themen eine Rolle spielten.[242] Jenseits der Common-man-Strategie und dem „Hoopla" der Whigs standen auch Issues wie die Kontroverse um eine Zentralbank und die Depression von 1837 im Brennpunkt der Wahlkampfdiskussion. Beide Probleme hatte der amtierende Präsident Martin Van Buren von seinem Vorgänger und Förderer Andrew Jackson „geerbt". Andrew Jackson zerstörte die Nationalbank, indem er ihr die staatlichen Geldreserven entzog und sie stattdessen in kleinen Regionalbanken anlegte.[243] Eine landesweit einheitliche Währung fehlte zu dieser Zeit noch. Die Banken gaben selbst die Währung heraus und gewährten zugleich großzügige Kredite. Bei Jacksons Amtsantritt 1829 gab es 329 Banken in den USA. Als 1837 die erste Bankenpanik der Neuzeit in den USA ausbrach, war ihre Anzahl auf 788 gestiegen. Ihr Kapital war von $ 110 Millionen auf $ 290 Millionen und ihr Kreditvolumen von $ 137 Millionen auf $ 525 Millionen angewachsen.[244] Eine der Folgen dieser Kapitalausweitung war die hohe Inflation, die zu steigender

---

242 CHAMBERS 1971: 654. Vgl. auch DINKIN 1989: 35: „The Bank (...) ultimately became the big issue of Jackson's presidency; regardless of its effectiveness in stabilizing the financial system, it stood to many as a symbol of aristocracy and monopolistic control. Whether or not to retain the institution seemed so momentous a matter by the mid-1830s that Senator Thomas Hart Benton of Missouri predicted that ‚Every election State or Federal, now and for years to come, will be contested on the question of *Bank or no Bank*."

243 Der französische Zeitgenosse Jacksons, Michel Chevalier, beschrieb den Niedergang der amerikanischen Nationalbank in seinen Reiseberichten. Die erste Zentralbank der Vereinigten Staaten bestand bis kurz vor dem Zweiten Unabhängigkeitskrieg. Ihre Legitimation wurde jedoch 1811 aus Furcht vor ihrer Machtfülle nicht verlängert, so daß die USA während und nach dem Krieg gegen die Briten ohne eine institutionalisierte zentrale Geldkontrollinstanz dastanden. Dieses institutionelle Defizit wurde nach dem Krieg auch von den Politikern erkannt. In seinem Brief vom 1. Januar 1834 schilderte Chevalier das Dilemma: „At the peace of 1815 the banks were not able to resume specie payments, and the system of inconvertible paper money was continued. Imagine then 246 classes of paper money (the number of banks at that time), circulating side by side, having all degrees of value, according to the good or bad credit of the bank which issued them, at twenty per-cent, thirty per-cent, or fifty per-cent discount. Gold and silver had entirely disappeared. There was no longer any standard of price and value (...). It was now felt that to restore order in the bosom of this chaos there was needed a regulating power, capable of commanding confidence, with ample funds to enable it to pay out specie freely, and whose presence and, in case of necessity, whose autority should serve to recall the local banks to their duty. In 1816 the present Bank of the United States was, therefore, chartered by Congress for a term of twenty years, with a capital of 35 millions, and it went into operation on the first of January, 1817. The seat of the mother bank is Philadelphia and it has twenty-five branches scattered over the Union." Michel CHEVALIER, Society, Manners, and Politics in the United States: Letters on North America by Michael Chevalier. Hg. v. John William Ward, Gloucester/Massachusetts 1967: 34/35. Der Fehler in der Struktur der amerikanischen Zentralbank lag in ihrer zeitlichen Limitierung. Jackson verlängerte 1836 einfach den Vertrag nicht und machte die Bank zum Sündenbock für die fehlgeleitete Wirtschaftspolitik.

244 Stefan LORANT, The Glorious Burden. The History of the Presidency and Presidential Elections From George Washington to James Earl Carter, Jr. Lenox/Massachusetts 1976: 151.

III. 7. Ökonomische Strategie

Spekulation führte. Die Spekulanten kauften vor allem Boden vom Staat. Dieser verdiente zunächst nicht schlecht, $ 4.857.000 im Jahr 1834 und $ 24.877.000 zwei Jahre später.[245] Das Finanzministerium legte schließlich das Geld nicht in der Zentralbank, sondern in den Banken der Einzelstaaten an und diese liehen das Geld wiederum an die Bodenspekulanten. Der Geldboom hatte einerseits der Regierung ermöglicht, sämtliche Staatsschulden aus dem Zweiten Unabhängigkeitskrieg von 1812 zu tilgen, andererseits fürchtete Präsident Jackson die zunehmende Spekulation und kündigte im Juli 1836 an, daß das Schatzamt nach dem 15. August kein Papiergeld als Schuldtilgung mehr akzeptieren würde, sondern nur noch harte Währung, respektive Silber oder Gold.[246] Weder die Spekulanten noch die Banken der Einzelstaaten, die ihr Geld vor allem in aufwendige und langfristige infrastrukturelle Maßnahmen, wie den Bau von Kanälen und Straßen investiert hatten, konnten ihre Schulden an den Staat zurückzahlen. Die durch die großzügige Kreditpolitik der Banken enorm ausgeweitete Geldmenge hatte zudem zu einer Steigerung der Importquote von $ 6 Millionen im Jahr 1831 auf insgesamt $ 23 Millionen im Jahr 1836 bei gleichzeitiger Verringerung der eigenen Exportquote geführt. Die durch die Mißernte 1835 eingeführten Weizenmengen verstärkten diese unausgeglichene Handelsbilanz zusätzlich.[247] Mit der Einführung einer Hartwährungspolitik zur Schuldentilgung leitete Jackson die erste große Konkurswelle ein, da sich viele Schuldner als nicht zahlungsfähig erwiesen. Die Firmenpleiten führten zu Bankenpleiten[248] und diese schließlich in eine tiefe wirtschaftliche Depression, die wiederum internationale Auswirkungen zeitigte. Der wirtschaftliche Abschwung löste eine Kettenreaktion aus, in deren Folge Geld in den USA knapp wurde, der Preis für Baumwolle und andere Exportwaren dramatisch sank und sich damit das Produktionsvolumen verringerte. Die unmittelbare Folge für die Bevölkerung war neben der allgemeinen Geldknappheit vor allem eine Massenarbeitslosigkeit unbekannten Ausmaßes, die in einer Gesellschaft ohne jegliche soziale Absicherung mit Massenarmut gleichzusetzen war.[249] Dieser sozio-ökonomische Kontext bildete den Hintergrund der ersten „Common-man-Strategie", welche die wirtschaftliche Situation nur indirekt zum Thema machte, indem der „Common man" Harrison, der faktisch ein reicher Farmer war, als Identifikationsfigur des „einfachen Mannes auf der Straße" aufgebaut und dem Aristokraten Martin Van Buren alias „Martin Van Ruin" gegenübergestellt wurde.

---

245 Ebd.
246 Ebd.
247 Ebd.
248 „In the first weeks of May, 1837, all banks in New York City suspended payments and over 300 firms failed. By the following January, 618 banks had collapsed. Though 1838 saw a measure of recovery, 1839 was marked by 959 bank failures. During the prolonged crisis, contemporary auditors recorded 33,000 insolvencies with a resultant loss of 440 million dollars. (…) Bank failures precipitated a serious currency shortage which in turn prompted various awkward reversions to more primitive systems of exchange. Those who came by it jealously hoarded ‚hard money.' In some areas, particularly in the West, merchants resorted to a barter economy." GUNDERSON 1957: 13/14.
249 „Workers in large eastern industrial centers no doubt suffered most. The *Times* estimated 50,000 unemployed in New York City. (…) About one-third of the working population of the City was unemployed. (…) With umemployment came a decline in wages varying from 30 to 50 percent. Alert Whig politicians dramatized these embarrassing statistics, confident that they would bring working-class support." GUNDERSON 1957: 15/16.

Die Nationalbank[250], die ungerechtfertigterweise zum Sündenbock der ökonomischen Misere erklärt wurde, taucht in einem der Demokratischen Wahlplakate als Anti-Image auf, in Form einer vielköpfigen Schlange (Abb. 63), die von Andrew Jackson zertreten wird. Der Vorgänger des im Zentrum porträtierten Kandidaten Van Buren wird auf einer Säule stehend dargestellt, wie er die Hydra, deren Köpfe schlaff an der Säule herunterhängen, besiegt hat. In der rechten Hand hält er den gezogenen Hut als Ehrerbietungsgestus an das Volk und in der linken Hand ein Schriftstück mit dem Text „Veto U.S. Bank". Andrew Jackson hatte die Monstermetapher für die Bank selbst geprägt.[251] Die bildliche Darstellung in dem Van Buren-Plakat von 1840 geht jedoch auf eine Karikatur Jacksons und seiner Monstervorwürfe zurück, die der Anhänger der Whigs[252] und exzellente Karikaturist Henry R. Robinson in seiner Satire „General Harrison Slaying The Many Headed Monster" (Abb. 64) bereits 1836 umgesetzt hatte.[253] Die Horrifizierung von Institutionen der Geldakkumulation wurde auch sechzig Jahre später, im Wahlkampf von 1896 betrieben (vgl. Abb. 65). In dem Wahlplakat für William Jennings Bryan wird links unten eine Monsterkrake in schillernden Farben dargestellt. Sie symbolisiert nicht die Bank, sondern die Monopoltrusts, die in den Industriedarstellungen zwischen ihren Fangarmen aufgeführt sind: Der American Steel Trust, American Tobacco Trust, U.S. Biscuit und der Standard Oil Trust werden als Gegner markiert und als Riesenkrake

---

250   Die Nationalbank blieb bis ins 20. Jahrhundert hinein ein „heißes Eisen", das keine Administration anzufassen wagte. Die Übel einer fehlenden zentralisierten Geldpolitik verfolgten jedoch weiterhin die amerikanische Wirtschaft und führten immer wieder zu Krisen, wie etwa 1907, auf welche dann endlich mit strukturellen Maßnahmen reagiert wurde. Erst ein Bruder Aby Warburgs, Paul Warburg, der bereits durch seine Heirat 1895 mit der Amerikanerin Nina Loeb in die USA emigriert war, entwickelte das noch heute gültige Zentralbanksystem der USA: „However technical in application, Paul's banking reforms were simple in principle. He wanted a central bank that issued a uniform national currency. Instead of bank notes based on government bonds, he favored an elastic currency, backed by gold and commercial paper as well, that would ebb and flow in quantity with the business cycle. During panics, the nation's twenty-two thousand banks adopted a *sauve qui peut* attitude. By selfishly hoarding reserves to protect themselves, they aggravated the general instability of the banking system. A central bank, Paul knew, could mobilize scattered reserves during crises, much as a fire department could pool water." Ron CHERNOW, The Warburgs. The Twentieth-Century Odyssey of a Remarkable Jewish Family. New York 1993: 130. Zur spannenden Entstehungsgeschichte der Federal Reserve Bank vgl. ebenfalls CHERNOW 1993: 130–140, sowie Paul WARBURG, A Central Bank System and the United States of America. An Address Delivered Before the American Economic Association at Atlantic City on December 30, 1908, und dessen zweibändiges Standardwerk: The Federal Reserve System. It's Origin and Growth. New York 1930.
251   „Not only was Jackson skilfully able to personify his political opposition in the vocabulary of emotion with such terms as the ‚Monster Bank,' but he was able to project a positive image of himself as the knight who could slay the monster." WASHBURN 1963: 423.
252   Die Whigs waren für die Zentralbank, die ein Kernelement in dem kapitalistischen Entwicklungsplan von Henry Clay darstellte: „Its central features were a protective tariff, federal expenditures for roads, harbors, river-development, and other internal improvements; and a national bank to provide business capital and a stable common currency. When Jackson attacked Clay's conception, the battle was joined. When he went on to destroy the Bank of the United States, in which Clay, Webster, and many other Whigs had material as well as ideological interests, the great symbolic issue was made." CHAMBERS 1971: 654.
253   Zu dieser Karikatur vgl. REILLY 1991: 81/82.

visualisiert, die mit geweiteten Augen ihrem nahenden Ende in Form einer weiblichen beilschwingenden Demokratieallegorie entgegensieht. Auch im Falle des Trust-Monsters könnte dem Bild eine sprachliche Metapher zugrunde gelegen haben, wie etwa diejenige, die der zu religiös-pathetischer Rhetorik neigende Demokratische Kandidat in einer Wahlkampfrede 1903 anbrachte: „If the Democratic party is to save this nation, it must save it, not by purchase, but by principle. (...) Give us a pilot who will guide the Democratic ship away from the Scylla of militarism without wrecking her upon the Charybdis of commercialism."[254] Ob Bryans Hydra-Rezeption eine bewußte Anlehnung an sein Vorbild Andrew Jackson zugrundelag, kann im Falle der bildlichen Darstellung nur vermutet werden. Für die Wiederbelebung der sprachlichen Metapher legte Bryan jedoch selbst vermittels einer Ahnenstrategie Rechenschaft ab:

> „God raised up an Andrew Jackson who had the courage to grapple with that great enemy (the United States Bank), and by overthrowing it, he made himself the idol of the people and reinstated the Democratic party in public confidence."[255]

Im Martin Van Buren-Plakat von 1840 (Abb. 63) wird neben der Anti-Zentralbankpolitik, die sich auch in dem Slogan „Independent Treasury And Liberty"[256] ausdrückte, eine weitere Ökonomische Strategie verfolgt. Martin Van Buren versuchte, sein Aristokratenimage durch eine arbeitnehmerfreundliche Geste aufzubessern: Eine Arbeiterallegorie steht auf der rechten Säule und hält eine Axt in der linken und ein Blatt mit der Aufschrift „Ten Hours" in der rechten Hand. Im Unterschied zu der Jackson-Figur auf der gegenüberliegenden Säule trägt der Farmer seinen Hut auf dem Kopf. Das Blatt Papier ist ein Hinweis auf Van Burens Kürzung des Arbeitstages von Staatsangestellten auf zehn Stunden[257] – eine politische Maßnahme und Frühform der „Pork Barrel Deals"[258], durch die noch einmal kurz vor der Wahl versucht wurde, Stimmen für den Kandidaten zu sammeln.

Der „Working Man" als Adressat wird auch durch Arm und Hammer als Arbeitssymbol angesprochen. Diese Symbolik, die vermutlich aus der deutschen Arbeiterbewegung entlehnt wurde, gehörte bereits zu Anfang des 19. Jahrhundert zum politischen Formenschatz in Amerika. Der Arm mit Hammer tauchte auch in einem Wahlplakat für die Demokratischen Kandidaten Horatio Seymour und Frank P. Blair von 1868 (Abb. 66) auf und symbolisiert neben den Händen am Pflug in dem benachbarten Emblem den zweiten Adressatenkreis des Plakates, das sich außer an Farmer auch an die Arbeiter und Handwerker richtete. Die 1877 in Newark/New Jersey gegründete Socialist Labor Party kürte das Symbol schließlich zu ihrem Parteiem-

---

254 Zitiert in: William H. HARBAUGH, Election of 1904. In: SCHLESINGER (Hg.) 1971: 1965–1994, hier: 1982.
255 Zitiert nach: Keith MELDER, Bryan the Campaigner. Paper 46, Contributions from the Museum of History and Technology. Washington D. C. 1965: 64. MELDER zitiert einen weiteren Ausspruch Bryans, in welchem er Jackson zu seinem Vorbild erklärt und eine Parallele zwischen dessen Kampf gegen die Nationalbank und seinen Kampf gegen die Monopoltrusts zieht: „What we need is an Andrew Jackson to stand, as Jackson stood, against the encroachments of organized wealth." Ebd.: 72.
256 Der Slogan „Independent Treasury" bezog sich auf das Independent Treasury Gesetz, das vom Kongreß im Juli 1840 verabschiedet worden war und das ein unabhängiges Schatzamt (Treasury) in der Hauptstadt sowie untergeordnete Schatzämter in den Einzelstaaten vorsah und damit die ehemalige Bank of the United States ablöste. Vgl. zu der Lithographie auch REILLY 1991: 164.
257 S. CHAMBERS 1971: 654.
258 Zum Begriff „Pork Barrel" s. das Glossar im Anhang dieser Arbeit.

blem[259], und das, nachdem sich bereits 1867 die Waschmittel- und Sodafirma „Arm & Hammer" gegründet hatte und das politische Symbol in ein auch heute noch wirksames Markenzeichen der kommerziellen Werbung verwandelt hatte.[260] Die vorrangigen Zielgruppen der Ökonomischen Strategie sind seit Beginn des Bildwahlkampfes bis in die Gegenwart einerseits die städtischen Arbeitnehmer und andererseits die Farmer. Wenn sich auch die Ansprache des städtischen Wählers im 19. Jahrhundert vor allem über Schiffe als Symbole des Handels ausdrückte, so demonstrierte der Wechsel der Bildzeichen – von den Schiffen zu rauchenden Schornsteinen und Zügen – keinen Wechsel des eigentlichen Adressatenkreises, sondern einen Wandel in der ökonomischen Struktur der USA. Die Handelssymbolik wird durch Industriedarstellungen nach und nach verdrängt. Schließlich machen im Zuge der Ausdifferenzierung von Arbeit die rauchenden Schornsteine der Jahrhundertwende dem typisierten Arbeitnehmer selbst Platz, der jedoch selten so direkt in Szene gesetzt wurde, wie in der rot-blau-weißen Plakatserie für den Republikanischen Präsidentschaftskandidaten Wendell Willkie 1940 (Abb. 67–69). In diesen Arbeiterdarstellungen werden die Adressaten nach Berufsgruppen und bei der Ausübung ihrer Tätigkeit, sozusagen mit einer typischen Handbewegung oder einem typischen Attribut, gezeigt. Die Darstellung eines Bäckers, eines Bergarbeiters, einer Textilarbeiterin (Abb. 67), eines Flößers (Abb. 68), eines Metallgießers (Abb. 69), eines Ölarbeiters und eines Mechanikers sprechen jeweils bestimmte Arbeitertypen an, die jedoch nicht mehr aufgrund ihrer bloßen Klassenzugehörigkeit, sondern aufgrund ihrer spezifischen Tätigkeit definiert werden. Der Slogan der Serie „Work with Willkie" enthält das Versprechen auf Arbeit in einem konkreten Berufsfeld. Wohlstands- und Arbeitsversprechen gehören zum Standardrepertoire der Wahlkampfrhetorik. Sie sind aber zugleich konkrete Aussagen, an denen sich ein Kandidat, sollte er Präsident werden, messen lassen muß. Wie Willkie setzte auch sein Demokratischer Gegner und Amtsinhaber, Franklin D. Roosevelt, allerdings erst in dem folgenden Wahlkampf von 1944, auf die Zugkraft des Arbeits- und Wohlstandsversprechens, das in den von Ben Shahn ausdrucksstark gestalteten Plakaten mit dem Titel „for full employment after the war" (Abb. 29) und „from workers to farmers..." umgesetzt wurde.

Wirtschaft, Geld und Politik sind jedoch nicht nur als Wahlkampfthemen miteinander verbunden. Geld verwandelte sich bereits im 19. Jahrhundert in die „Muttermilch der Politik"[261]. Auf diese Weise haben wirtschaftliche Interessen traditionell die Politik, den Wahlkampf und die Auswahl der Wahlstrategie mitbestimmt. Im 19. Jahrhundert wurde der Wahlkampf in den

---

259 Vgl. das Sheet Music Cover von 1897 „The Hand with the Hammer. Song for Solo and Chorus" abgedruckt in: Katalog MUSEUM OF AMERICAN POLITICAL LIFE, Voices Of The Left, 1870–1960. Hartford 1991: 8, Ill. 9. Das Hand-und-Hammer-Emblem war auch das Zeichen der amerikanischen Gewerkschaftsbewegung.

260 Zur Geschichte von Arm & Hammer-Soda s. Warshaw Collection Of Business Americana, im Center for Advertising History/Archives Center/National Museum of American History/Smithsonian Institution, Washington D. C. Das Traditionsunternehmen Church & Dwight Co., alias „Arm & Hammer", ist eine der bis in die Gegenwart populärsten Waschmittel- und Backpulver-Produzenten der USA, und dieses Bildemblem ist nicht nur auf jeder Seifen- und Backpulverpackung angebracht, sondern stellte gerade im 19. Jahrhundert ein omnipräsentes Symbol dar, das auf vielen Werbebroschüren, Backbüchern und Rezeptbeilagen abgedruckt war. Möglicherweise läßt sich deshalb auf den gewerkschaftlichen Hintergrund der Firmengründer von Church & Dwight Co. schließen.

261 „Money is the mothermilk of politics" (Politisches Sprichwort).

III. 7. Ökonomische Strategie

USA noch größtenteils durch das System der Ämterpatronage finanziert. Dies bedeutete, daß Staatsangestellte, die über ihre Parteiverbindungen an ihre Positionen gekommen waren, vermittels Serienbriefen vor der Wahl ultimativ aufgefordert wurden, ihren Beitrag zu leisten:

> „Our books show that you have paid no heed to either of the requests of the Committee for funds. We look to you, as one of the Federal beneficiaries, to help bear the burden. Two percent of your salary is ———. Please remit promptly. At the close of the campaign we shall place a list of those who have not paid in the hands of the head of the bureau you are in."[262]

Wie diese recht unmißverständliche Aufforderung aus einem Serienbrief des Republikanischen Pennsylvania State Committee von 1876 an einen Staatsangestellten zeigt, spielte bereits im 19. Jahrhundert Geld im Wahlkampf eine große Rolle. Die Kosten eines Präsidentschaftswahlkampfes stiegen von ca. $ 150.000 im Wahlkampf 1860 ($ 100.000 für Lincoln, $ 50.000 für seinen Demokratischen Gegner Stephen Douglas) auf über $ 2.000.000 zwanzig Jahre später.[263] Vor dem Bürgerkrieg (1861–1865) wurden Wahlkämpfe vor allem aus drei Quellen finanziert: 10% der Gesamtsumme kamen aus den Kongreßdistrikten, ca. 25% von den Financiers in New York, Boston und Philadelphia, und der Rest wurde durch individuelle Spenden, meist von Geschäftsleuten und Unternehmern aufgebracht.[264] Nach dem Bürgerkrieg war die Summe individueller Wahlkampfspenden immer noch sehr hoch, allerdings hatte sich das sogenannte „Spoils System" schon stark verbreitet. Mit „Spoils System", im Unterschied zum Verdienstsystem, dem „Merit System", ist eine Parteipatronagestrategie gemeint, die vor allem unter Andrew Jacksons Präsidentschaft zur offenen politischen Praxis wurde und dem Präsidenten die Neubesetzung unzähliger Beamtenposten mit Parteimitgliedern und Anhängern ermöglichte, die sich im Wahlkampf verdient gemacht hatten.[265] Diese waren aber wiederum dem Präsidenten und der Partei bei der nächsten Wahl zu Dank in Form von barer Münze verpflichtet. Wie aus dem oben zitierten Brief ersichtlich, wurde ein nicht geringer Beitrag von 2% des Einkommens erwartet, um den Wahlkampf zu finanzieren. Das Spoils System wurde häufig während des Wahlkampfes zum Thema gemacht, nur um nach der Wahl alles beim Alten zu belassen.[266] Erst die Ermordung Präsident James A. Garfields 1881 durch einen Aspiranten für einen Patronageposten, der Garfield für seine Zurückweisung persönlich verantwortlich machte, bestärkte die Reformbestrebungen und führte schließlich zur Verabschiedung des Pendleton bzw. Civil Service Act von 1883, der die Beamtenkommission (Civil Service Commission)

---

262 Zitiert in: DINKIN 1989: 73.
263 Ebd.: 72; Herbert E. ALEXANDER, Financing Politics. Washington D. C. 1976: 20.
264 DINKIN 1989: 72.
265 Die Verbindung des Spoils System mit Andrew Jackson ist von Historikern zum großen Teil überbewertet worden. Die Verteilung öffentlicher Posten nach erfolgreicher Wahl ist eine bekannte politische Praxis, die bis in die Antike verfolgt werden kann und auch in den USA seit ihrer Gründung praktiziert wurde. „The worst that can be said of Jackson is that his administration helped to perpetuate an extant political practice. He is hardly more to blame than Jefferson for its introduction. Each removed about the same proportion of officeholders, and each made appointments on a partisan basis." Donald HERZBERG, Spoils System. In: Dictionary of American History, vol. VI 1976: 374/375. Vgl. auch SAFIRE 1978: 679/680.
266 Dies war schon unter Andrew Jackson üblich, der selbst während seines ersten Wahlkampfes seinen Konkurrenten John Quincy Adams dieser Patronagepraxis bezichtigte, nur um das System nach seinem Sieg für seine Zwecke zu nutzen. S. HERZBERG 1976: 375.

ins Leben rief und damit ein objektives Auswahlverfahren für den Beamtenapparat schuf.[267] Damit entfiel jedoch auch eine der Haupteinnahmequellen der Wahlkampffinanzierung. Eine Folge des Civil Service Act war die verstärkte Werbung der Parteimanager um finanzielle Unterstützung durch die Großindustrie. Zwar hatten auch die Wahlkampfbeiträge unter dem Spoils System der Eintreibung bedurft. Das System basierte jedoch auf einer finanziellen Zahlung für bereits geleistete Begünstigungen. Im Gegensatz dazu stellte das Fund-raising bei den Großindustriellen zwar ebenfalls ein hartes Geschäft dar, das jedoch nicht auf bereits erbrachten Leistungen, sondern vielmehr auf zukünftigen Leistungsversprechungen beruhte. Sah das Spoils System in der Wahlkampffinanzierung eine Dankesleistung, so bedeutete die neue Finanzierung eine Vorschußzahlung für später durch die neugewählte Administration zu leistende Dienste. Das Eintreiben der Wahlkampffinanzen bei Großindustriellen und Bankiers, im Wahlkampfjargon „frying the fat" genannt[268], bedeutete eine Überzeugungsarbeit auf der Basis von Versprechungen, die später, nach der siegreichen Wahl, in konkreten politischen Direktiven endete, die den Spender dann begünstigen sollten:

> „In pleading for money party officials tried to show industrialists how much they would benefit from tariff increases and other probusiness policies. Most corporate leaders came to favor Republicans, but some, especially those involved in importing, backed the Democrats."[269]

Hier zeigte sich schon früh ein Zusammenhang zwischen ökonomischen Interessen und Parteizugehörigkeit, zwischen Wahlkampffinanzierung und Wahlkampfthemen. Während sich das exportierende Gewerbe von der Hochzollpolitik der Republikaner angesprochen fühlte, kristallisierten sich vor allem die Farmer und Importeure als Klientel der Demokraten heraus, die für Zollsenkungen eintraten.[270]

Das ökonomische Thema schlechthin, das die Vereinigten Staaten seit ihrer Gründung beschäftigte, war und ist der Protektionismus. Für die Besteuerung eingeführter Waren mit einem „Schutzzoll" können in der Regel zwei Gründe geltend gemacht werden[271]: Zum einen die Abhängigkeit des Fiskus von den Zolleinnahmen, zum anderen der Schutz für junge Industrien, die sich im Aufbau befinden und noch keinem ruinösen internationalen Wettbewerb gewachsen sind. Als Variante des Schutzzollarguments wurde vor allem in der jüngeren Gegenwart das Argument des unfairen Wettbewerbs und Schutzes des inländischen Lebensstandards vorgebracht, der durch Niedriglohnländer bei einem freien Wettbewerb bedroht würde. Das staatliche Einnahmenargument war bis ins 20. Jahrhundert von nicht geringer Bedeutung, finanzierte sich doch der amerikanische Staat zum größten Teil aus den Zolleinnahmen.[272] Erst

---

267 HERZBERG 1976: 375.
268 DINKIN 1989: 73. Vgl. auch SAFIRE 1993: 238/239 und das Glossar im Anhang dieser Arbeit.
269 DINKIN 1989: 73/74.
270 Ebd.: 108.
271 Vgl. Hans Hinrich GLISMANN/Ernst-Jürgen HORN/Sighart NEHRING/Roland VAUBEL, Weltwirtschaftslehre. Bd. I: Außenhandels- und Währungspolitik. 3. Aufl. Göttingen 1986: 20–22.
272 „With the exception of two years, 1814–15, during war with England, and a short period in the middle 1830's, when the land boom was at its height, money for the maintenance of the government until 1860 was derived overwhelmingly from the customs dues. From 1868 until the end of the first deca-

mit der langsamen Zunahme der Einkommens-, Umsatz- und Gewerbesteuern wurde das Zollaufkommen durch eine direkte Besteuerung der Bevölkerung ersetzt und damit ein Zollabbau auch finanztechnisch möglich. Mit der Forderung nach Schutzzöllen zur Stärkung der heimischen Industriezweige war jedoch auch ein emotional besetztes Argument der Unabhängigkeit von Fremdimporten verbunden, das sich besonders auf die noch Jahrzehnte nach Staatsgründung bestehende Abhängigkeit von britischen Produkten bezog. Mitte des 19. Jahrhunderts hatten sich die Positionen der beiden großen amerikanischen Parteien in der Außenwirtschaftspolitik bereits herauskristallisiert. Während die Republikaner schon früh für den offenen Protektionismus und die Erhöhung der Zölle eintraten, profilierten sich die Demokraten eher als Niedrigzollpartei. Hinter diesen beiden Polen stand jeweils ein unterschiedliches Klientel mit diversen Interessen.[273]

Die Demokratische Gegenposition hob zwei Kritikpunkte an der protektionistischen Politik der Republikaner hervor. Als immer wiederkehrendes Argument, das in William Jennings Bryans Wahlkampfplakat von 1896 so augenfällig ins Bild gesetzt wurde (vgl. Abb. 65), führten die Demokraten an, daß die Folge von Protektionismus eine Monopolisierungstendenz wäre, die große Konzerne gegenüber kleinen mittelständischen Unternehmen übervorteilte.[274] Das zweite Argument drückte die Nähe der Demokraten zu ihrem bedeutendsten Wählerklientel, den Farmern, aus, die von den Profiten der Zölle im Unterschied zum verarbeitenden Gewerbe ausgeschlossen wären: „The tariff, they said, favored manufacturers over farmers, who sold in a free world market and bought in a closed one."[275] Die Demokratische Partei präsentierte sich jedoch in dieser Frage kaum je so geschlossen, wie ihre Republikanischen Gegner, die fast einmütig für eine Hochzollpolitik eintraten, während das Für und Wider von Zöllen das Demokratische Klientel gemäß ihren individuellen ökonomischen Interessen spaltete.

Als Bildstrategie traten nur die Republikaner explizit für den Protektionismus ein. Dieser ließ sich mit einer Ahnenstrategie kombinieren, die sich auf protektionistische Vorfahren wie etwa Alexander Hamilton, Henry Clay und Abraham Lincoln berief.[276] Eines der frühesten Plakate, das den Protektionismus in seinem Slogan thematisierte, ist die 1860 für die Republikanischen Kandidaten Abraham Lincoln und Hannibal Hamlin entworfene Lithographie (Abb. 21), die neben der Erhaltung der staatlichen Einheit und dem Slogan „Free Speech, Free Homes, Free Territory" auch auf dem Wappen zwischen den beiden Staffagefiguren in der Mitte „Protection To American Industry" einforderte. In dieser Tradition standen auch die Kandidaten derselben Partei 1888, Benjamin Harrison und Levi P. Morton, in deren Wahlkampfplakat (Abb. 70) unter dem Motto „Principles of the Republican Party of the United States" eine Landkarte der USA abgebildet wird, aus deren Mitte die „Standard Pyramid of the Republican Party" herausragt. Mit Bezug auf das Symbol des amerikanischen Siegels, das auch

---

de of the 20th century the tariff, thoroughly protectionist, was, except for a half dozen years in the 1890's, still the greatest single contributor of revenue." Vgl. James A. BARNES, Tariff. In: Dictionary of American History, VI (1976): 462–472; hier: 463.
273 H. Wayne MORGAN, The Republican Party 1876–1893. In: SCHLESINGER (Hg.) 1973: 1411–1433; hier: 1415.
274 Vgl. ebd.: 1416.
275 Ebd.: 1417.
276 Ebd.: 1415.

auf der Rückseite der Ein-Dollar-Note abgedruckt ist, versinnbildlicht die Pyramide Stärke und Prinzipientreue der Republikanischen Partei, die ihre protektionistische Tradition auch weiterhin vertritt. Neben den beiden Slogans „Protection To Our Farms And Miners", links der Pyramide, und dem Pendant „Protection To Our Trades And Industries", rechts der Pyramide, die beide auch geographisch korrekt angeordnet sind[277], knüpfen Harrison und Morton an die Tradition Lincolns und Garfields an, die symbolisiert durch zwei abgebrochene Säulen rechts und links des Pyramidenschaftes eine mahnende Position einnehmen. In den Wahlkämpfen von 1888 und 1892 stellte die Auseinandersetzung um die Zollpolitik das Hauptthema dar, das auch noch im Wahlkampf von 1896 nachwirkte, wie das Plakat für die Republikanischen Kandidaten William McKinley und Garret A. Hobart (Abb. 71) belegt. Diese werden in den zentralen Porträts dargestellt und durch den sie überwölbenden Spruch zu „Our Home Defenders" erklärt. Das programmatische Plakat stellt unter dem Titel „Protection vs. Free Trade" die positiven Aspekte des Protektionismus in der linken Bildhälfte den negativen Auswirkungen des Freihandels in der rechten Bildhälfte gegenüber. Der obere Bildteil besteht aus insgesamt sechs Illustrationen, die teilweise ineinandergesetzt sind. Während „Protection" in den Nationalfarben koloriert ist, ist „Free Trade" in einem alarmierenden Rot-Ton gestaltet. In der linken oberen Ecke wird Uncle Sam gezeigt, wie er mit einem Hammer eine Flagge an einen Mast heftet: „The Flag Of Protection". Rechts daneben ist eine Fabrik mit rauchenden Schornsteinen abgebildet. Im mittleren, oberen Bild links ist ein Familie bei einem Sonntagsspaziergang dargestellt – eine Frau, ein Mann im schwarzen Anzug mit Zylinder und Stock und ein kleines Mädchen. Auf ihrem Weg kommen sie an einem Bienenkorb mit fliegenden Bienen vorbei, der mit der Aufschrift „Industry" betitelt ist, darunter das gelbe Spruchband: „In the sunshine of protection". Den Wohlstandsallegorien wird rechts daneben eine arme Familie entgegengesetzt, mit einem Mädchen in Lumpen und einem umgestürzten Bienenkorb, der mit „Idleness" betitelt ist. Darunter steht auf dem gelben Spruchband: „Under The Cloud Of Free Trade". Der Übeltäter wird als Wolf dargestellt, der sich nach dem Honigraub aus dem Bild trollt. Daneben ist die gleiche Fabrik wie links zu sehen, allerdings nun verlassen und als Ruine. Die rauchenden Schornsteine wurden in den Wahlkämpfen von 1896/1900 besonders von den Republikanern als zentrale Wohlstandssymbole eingesetzt (vgl. Abb. 45, 71, 72). Im unteren Bildteil des McKinley/Hobart-Plakates (Abb. 71) werden schließlich die negativen Auswirkungen der Demokratischen Niedrigzollpolitik beschworen, die in Paarvergleichen nach einem Vorher-Nachher-Schema illustriert sind. Der Weizenhändler, der sich im linken unteren Bild 1892 noch zufrieden auf seinen Weizensäcken ausruhen konnte, für die er $ 1.25 erhielt, faßt sich in der rechten Illustration zwei Jahre später an den Kopf ob des Preisverfalls: nur noch 46 Cents pro Weizensack. Die Bildvergleiche werden noch auf weitere Produkte angewandt: Schafe, Tabakpflanzen und Messer oder die Heuhaufen, an denen die explosionsartige Steigerung der Einfuhren verdeutlicht werden soll, die einsetzen würde, sollten die Demokraten ihre Niedrigzollpolitik ungehindert fortsetzen. Die Furcht vor Zollsenkungen wurde in dem Bildplakat drastisch geschürt. Zugleich wurde den Menschen in demselben Plakat eine wirtschaftspolitische und personelle Alternative zur Cleveland-Administration in Form der Republikanischen Kandidaten McKinley und Hobart offeriert.

---

277 Die Minen und Farmer befanden sich mehr im mittleren Westen der USA, Industrie und Handel in den Ostküstenstädten.

III. 7. Ökonomische Strategie

Die Ängste vor ausländischer Konkurrenz, hoher Inflation und Arbeitslosigkeit sind auch in der Gegenwart leicht gegen eine Freihandelspolitik zu mobilisierende Stimmungen, wie das Beispiel des Populisten Ross Perot 1992 und 1993 zeigte. Spielte die amerikanische Handelspolitik im Präsidentschaftswahlkampf 1992 noch nicht die zentrale Rolle, so wurde ein Jahr später die Abstimmung im Kongreß über das Nordamerikanische Freihandelsübereinkommen (NAFTA) zwischen den USA und Mexiko zu der ersten innenpolitischen Bewährungsprobe für die Administration Clinton. Ross Perot hatte sich inzwischen auf die Seite der Protektionisten geschlagen, welche die Zukunft der USA bei einer Vertragsunterzeichnung mit Mexiko in den düstersten Farben schilderten. Er fand aufgrund seiner einfachen Rezepte erstaunlich hohe Zustimmung in der Bevölkerung, die durch die Horrorgemälde Perots und seiner Verbündeten verunsichert worden war. Wenige Tage vor der Ratifizierung von NAFTA im U.S.-Kongreß brachte ein Fernsehduell in der populären Talkshow „Larry King Live" (vgl. Abb. 73) den Meinungsumschwung und damit die Entscheidung für NAFTA. Ähnlich dem propagandistischen Schlagabtausch in den Zoll-Wahlkämpfen von 1888 und 1892 trafen im Fernsehzeitalter die gegnerischen Positionen, verkörpert von Vizepräsident Al Gore als NAFTA-Befürworter und Ross Perot als NAFTA-Gegner, direkt aufeinander. Der Vizepräsident entschied das an ein sportliches Spitzenereignis erinnernde Politmatch[278] schließlich für sich, indem er eine Bildfinte anwandte. Gore zog ein Porträt der beiden Politiker Smoot und Hawley aus der Tasche. Der Senator und der Kongreßabgeordnete hatten 1930 das nach ihnen benannte Zollgesetz durch den amerikanischen Kongreß gebracht, das die höchsten Zölle in der Geschichte der USA einführte und entscheidend zu einer Verfestigung der Großen Depression beitrug. Gore setzte den historischen Fehler der beiden Senatoren mit dem politischen Irrtum von Perots Position dreiundsechzig Jahre später gleich. Der Vergleich saß auch aufgrund der visuellen Ähnlichkeit zwischen den in Grau gekleideten Senatoren und Ross Perot, der ebenfalls einen grauen Anzug trug und durch seine ungeschickte Reaktion – er knallte das Porträt einfach kopfüber auf den Tisch – seine Niederlage nur noch verstärkte. Mit einer Perot vergleichbaren populistischen Rhetorik[279] erregte auch Pat Buchanan in den Primaries 1996 Aufmerksamkeit. Buchanans New Hampshire-Sieg über den Favoriten Bob Dole[280] brachte Abwechslung in den ansonsten durch langweilige Reden und viel Negativ-Werbung[281] gekennzeichneten Republikanischen Wahlkampf. Die Presse griff Buchanans Angriffe auf Manager von Großkonzernen, die er schlicht als „job killers" bezeichnete, bereitwillig auf. So brachte das Nachrichtenmaga-

---

[278] Nicht nur der dramatische Aufbau der Sendung, auch die Einschaltquoten von 45% landesweit, rechtfertigen diesen Vergleich. S. auch „NAFTA Gotcha" Kommentar im NEW YORKER v. 22. 11. 1993: 4/5 und Marion G. MÜLLER, „Wie die Bilder sich gleichen: Die Depression kommt im grauen Anzug" in: FAZ v. 16. 03. 1994: N5.

[279] Zur Geschichte und den Charakteristika des U.S.- amerikanischen Populismus vgl. die ausgezeichnete Studie von Michael KAZIN, The Populist Persuasion. An American History. New York 1995.

[280] Neben Robert „Bob" Dole und Pat(rick) Buchanan bewarben sich weitere sieben Kandidaten um die Republikanische Nominierung: Lamar Alexander (ehemaliger Gouverneur von Tennessee und Bildungsminister in der Bush-Administration), Malcolm „Steve" Forbes (Zeitungsverleger und Multimillionär), Phil Gramm (U.S.-Senator des Staates Texas), Richard „Dick" Lugar (U.S.-Senator des Staates Indiana), Alan Keyes (afro-amerikanischer Publizist und ehemaliger UNO-Botschafter der USA in der Reagan-Administration), Robert „Bob" Dornan (Journalist und U.S.-Abgeordneter von Kalifornien) sowie Maurice „Morry" Taylor (Ingenieur und Millionär aus Detroit).

zin „Newsweek" am 26. Februar 1996 eine Cover-Story mit dem Titel „Corporate Killers". Auf dem Titelblatt erschienen vier Porträts von Topmanagern, die an Fahndungsfotos erinnerten. Unter den Fotografien stand jeweils der Name, die Firma und die Anzahl der von dem Abgebildeten vernichteten Arbeitsplätze. In der darauf folgenden Woche brachte „Newsweek" dann Patrick Buchanan auf der Titelseite. „Preaching Fear. Why America Is Listening" zeigte ein frontales Halbporträt Buchanans, der, in ein diabolisches Blau-Rot getaucht, den Betrachter entschlossen anblickt und seine Hände in Brusthöhe fest ineinanderpresst. Buchanan verstand es auch, seinen Wirtschaftspopulismus mit Hilfe einer Ahnenstrategie zu legitimieren: „All four presidents on Mt. Rushmore were protectionists."[282]

Neben dem Protektionismus hat wohl kaum ein anderes Thema die Gemüter jemals so erregt, wie die Frage nach dem richtigen Geldstandard in den beiden Wahlkämpfen 1896 und 1900.[283] Diese beiden sogenannten „Sound Money Campaigns" stellten nicht nur Rekorde im Output von Wahlkampfmaterialien auf, sondern revolutionierten den Wahlkampfstil von Grund auf. In kaum einem anderen Wahlkampf wurden ökonomische Themen so konsequent und direkt in eine Bildstrategie übersetzt, wie zur Zeit der Jahrhundertwende. Die Darstellung komplexer ökonomischer Themen stellte eine Herausforderung für die Bildgestalter dar und die Ergebnisse gehören zu den farbenprächtigsten und interessantesten Plakaten des amerikanischen Wahlkampfes. Fast alle Plakate sind außergewöhnlich groß und mit ikonographisch reichhaltigen Bildprogrammen versehen. Auch in den „Sound Money Campaigns" spielten ökonomische Interessen nicht nur im Bild sondern auch in den Hintergründen der Wahlkampffinanzierung eine große Rolle. Der neue verkaufsorientierte Wahlkampfstil führte zu einer enormen Steigerung der Wahlkampfkosten. Vor 1890 hatte der Umfang der Wahlkampfkosten pro Partei für Präsidentschaftswahlen nie die 1,5 Millionen Grenze überschritten.[284] Nach 1890 erweiterte sich diese Grenzmarge systematisch nach oben. Art und Umfang der Wahlkampffinanzierung erfuhren auch aufgrund der neuen Wirtschaftsstrukturen und der neuen politischen Themen einen Wandel.[285] Während sich das Big Business stärker politisch engagierte, trug auch die effizientere Gestaltung der politischen Wahlkampfstrukturen, vor allem in der Republikani-

---

281 Steve Forbes hatte bis Ende 1995 bereits annähernd 18 Mio. Dollar in seinen Wahlkampf gesteckt, wovon der Löwenanteil für Fernsehwerbung in Iowa und New Hampshire ausgegeben wurde: „Mr. Forbes, a wealthy publisher, began this year's record run of negative ads. He began to run negative ads all the way back in the fall, a time when primary candidates traditionally have not advertised at all. He poured an unprecedented amount of money into his attacks – more than $ 10 million – most of them aimed at Senator Dole. (...) The beneficiaries of both men's advertising turned out to be Mr. Buchanan and Mr. Alexander. In surveys of voters at polling sites, fully third of Mr. Alexander's supporters said it was ‚very important' to them to ‚send a message' against negative advertising." Elizabeth KOLBERT, Experts Saying Negative Ads Will Be Around for a While. In: The New York Times, 2. 3. 1996: 9.
282 Pat Buchanan's syndicated column, 5. 12. 1994. Zitiert in: S. Thomas Colfax (Hg.), „Deng Xiaoping Is a Chain-Smoking Communist Dwarf". The Sayings of Pat Buchanan. New York 1996: 58. Für die Rolle der Präsidentenporträts von Mount Rushmore in Buchanans Wahlkampf vgl. auch Kapitel III. 3.
283 Für eine ausführliche Analyse des Wahlkampfes von 1896 s. Stanley L. JONES, The Presidential Election of 1896. Madison/Wisconsin 1964.
284 DINKIN 1989: 105.
285 Ebd.

III. 7. Ökonomische Strategie

schen Partei, zu einer Ausweitung des Wahlkampfes und seiner Kosten bei. Einen entscheidenden Einfluß auf diesen Prozeß übte der Republikanische Wahlkampfmanager und wohlhabende Stahlindustrielle Mark Hanna[286] aus.[287] Unter Mark Hannas geschickter Führungsstrategie konnte das Republican National Committee 1896 fast dreimal soviel Geld zur Finanzierung des Wahlkampfes auftreiben als in jedem vorangegangenen Wahlkampf. Über die konkrete Summe besteht Unklarheit, aber es handelte sich um mindestens 3,5 bis 7 Millionen Dollar. Hannas Technik war nicht unbedingt neu, er wandte die alten Methoden nur effektiver und systematischer an:

> „Contributions were determined on the basis of ability to pay, with quotas set on certain institutions. The rate for banks was one-quarter of one percent of their capital. Some major corporations were assessed fixed amounts: Standard Oil, for example, paid $ 250,000 starting in 1896. Hanna, states his chief biographer, ‚always did his best to convert the practice from a matter of political begging on one side and donating on the other, into a systematic assessment according to the means of the individual and institution.' Hanna took pains to avoid situations where favors were implied in return for contributions. To keep his candidate McKinley from becoming tainted, Hanna, during the election of 1900, returned a $ 10,000 gift to a Wall Street firm that seemed to be making a political demand."[288]

Im Gegensatz zur Republikanischen Partei taten sich die Demokraten schwer mit der Entwicklung eines effektiven Fundraising-Systems. Als Folge waren die meisten Kandidaten zu Ende des 19. und Anfang des 20. Jahrhunderts unterfinanziert. So konnte William Jennings Bryan im 1896er Wahlkampf nur zwischen $ 300,000 und $ 675,000 auftreiben, im Vergleich zu den schon erwähnten 3 bis 7 Millionen, die seinem Republikanischen Gegner William McKinley zur Verfügung standen.[289] Im darauffolgenden Wahlkampf, der dieselbe Kandidatenkonstellation wie vier Jahre zuvor aufwies, sah es für Bryan wenig besser aus, mit $ 425.000 im Vergleich zu McKinleys $ 3 Millionen.[290] Die Vielfalt und Brillanz der McKinley-Plakate ist somit zu einem nicht unwesentlichen Teil auch auf die hervorragende finanzielle Ausstattung des Kandidaten zurückzuführen, bei dem es auf ein Plakatmotiv mehr oder weniger nicht ankam.

Während die Zollfrage die Wahlkämpfe von 1888 und 1892 eindeutig dominierte, wandelte sich der Themenschwerpunkt – bedingt durch die kurz nach Grover Clevelands Amtsantritt 1893 einbrechende Bankenpanik und nachfolgende wirtschaftliche Rezession – von handels- zu finanzpolitischen Fragen. Die Parteien hatten sich hinsichtlich protektionistischer Maßnahmen auf eindeutige parteipolitische Gegenpositionen festgelegt – die Republikaner als Protektionisten, die Demokraten als Niedrigzollpartei. Diese Einmütigkeit der wirtschaftspolitischen Positionen wurde durch die Frage des Geldstandards unterminiert. Die Nominierung des für den Bimetallismus eintretenden Demokratischen Kandidaten William Jennings Bryan 1896

---

286 Zum Leben Mark Hannas vgl. die ausführliche Biographie von Herbert CROLY, Marcus Alonzo Hanna. His Life and Work. Orig.: New York 1912, 2. Aufl. Hamden/Connecticut 1965.
287 DINKIN 1989: 106; George THAYER, Who Shakes the Money Tree? New York 1973: Kapitel 3; Herbert E. ALEXANDER, Financing Politics. Washington D. C., 1976: 64–67. Ausführlicher zum Thema der Wahlkampffinanzierung s. Louise OVERACKER, Money in Elections. New York 1974.
288 DINKIN 1989: 106.
289 Ebd.
290 Ebd.

führte zur Abspaltung der „Golddemokraten" unter der Ägide des amtierenden Demokratischen Präsidenten Grover Cleveland, dessen öffentliches Ansehen durch seine Untätigkeit angesichts der wirtschaftlichen Not der Massen schwer gelitten hatte. Die „Golddemokraten", die für die Beibehaltung des Goldstandards eintraten, votierten schließlich für den Republikanischen Kandidaten und Goldbefürworter William McKinley. Aber auch die Republikanische Partei mußte Federn lassen. Die Silberfraktion der Republikaner spaltete sich von der Mutterpartei ab und unterstützte den Demokratischen „Silverite" Bryan ebenso wie die Populistische Partei, die seit ihrer Gründung 1891 für den Bimetallismus eingetreten war. Hinter der Forderung nach der Wiedereinführung des Bimetallismus, der bis 1834 die Finanzpolitik der USA bestimmt hatte, stand die enorme Geldknappheit, die die Panik von 1893 und die folgende Depression ausgelöst hatten. Unter dem Geldmangel, den dadurch verursachten Liquiditätsschwierigkeiten von Schuldnern und Banken sowie der unvermeidlichen Konkurswelle, die wiederum Massenarbeitslosigkeit nach sich zog, litten vor allem die kleinen Leute, die einfachen Arbeitnehmer, die keine finanziellen Reserven hatten und der Verzweiflung preisgegeben waren.[291] Aber nicht nur das städtische Proletariat war von der wirtschaftlichen Depression betroffen. Auch die Farmer waren durch die ständig fallenden Agrarpreise von Verarmung und Bankrott bedroht.[292] Der im McKinley-Plakat von 1896 aufgeführte Preisverfall (Abb. 71) und die Misere der Landwirtschaft stellte insofern kein statistisches Horrorgemälde dar, sondern waren für die Farmer Realität. McKinley appellierte in seinem Plakat, das vor allem die Demokratische Administration Cleveland angriff, geschickt an ein Wählerpotential, das eigentlich auf seiten der Bryan-Silverites stand.

Die dritte Gruppe, die sich von der Wiedereinführung des Bimetallismus einen finanziellen Aufschwung erhoffte, waren die Silberminenbesitzer im Westen der USA. Deren Erlöse fielen 1873 drastisch, nachdem das Wertverhältnis von Silber zu Gold auf dem Weltmarkt unter 16 : 1 gesunken war, da im Vergleich zum Gold ein übergroßes Angebot an Silber bestand. Für alle drei Interessengruppen – die Farmer, das Industrieproletariat und die Minenbesitzer – stellte William Jennigs Bryan mit seiner Silberpropaganda einen Hoffnungsträger dar. Die Anhänger Bryans erhofften sich von dem Bimetallismus eine Erweiterung der Geldmenge und dadurch einen Wechsel von der praktizierten deflationären zu einer inflationären Politik, die Geld und Kredite nicht nur verfügbarer sondern zugleich günstiger machte und damit den erhofften wirtschaftlichen Aufschwung herbeiführen sollte.[293] Die Weigerung der Demokratischen Regierung Cleveland, den Bimetallismus einzuführen, wie auch die Position der Republikaner wurde von den unter der wirtschaftlichen Not leidenden Bevölkerungsschichten als Komplott der Großindustriellen und Besitzenden gegen die Farmer und Arbeitnehmer interpretiert, da Eigentümer, Unternehmer, Bankiers und Spekulanten von der Geldknappheit profitierten. Gold wurde zum Symbol dieser Ausbeutung.[294]

Mit den Golddemokraten hatten jedoch zugleich die eigentlichen Geldgeber und Organisatoren die Demokratische Partei verlassen. Die größte Schwäche in Bryans Wahlkämpfen war neben seiner Unterfinanzierung die fast völlige Abwesenheit organisatorischer Strukturen. Bryan selbst war zwar ein großer Orator, aber nur ein wenig begabter Organisator: „He him-

---

291 Gilbert C. FITE, Election of 1896. In: SCHLESINGER (Hg.) 1971: 1787–1825; hier: 1792.
292 Ebd.: 1792/1793.
293 Vgl. dazu FITE 1971: 1788.
294 Ebd.: 1790.

self had little interest in organizational matters and the Democratic National Committee under Senator James K. Jones was poorly staffed and inadequately financed. Jones set up the national headquarters in Chicago with another major office in Washington D.C. The National Committee sent out literature about free silver, provided a speaker's bureau, and half-heartedly tried to raise campaign funds. Appeals to the common people for small contributions brought in some money, but not much."[295] Bryan war somit allein auf seine Stimme und seine physische Stärke als Wahlkampfmittel angewiesen und führte so den ersten, von der Parteiorganisation fast unabhängigen, persönlichen Wahlkampf in der Geschichte der USA. Binnen 100 Tagen reiste er über 18.000 Meilen, besuchte 27 Staaten, hielt ungefähr 600 Reden und wurde von einer geschätzten Zahl von 5 Millionen Menschen gesehen.[296]

Diese erste offen geführte „Whistle-Stop-Campaign" war jedoch nicht nur durch das geringe Wahlkampfbudget und die fehlenden organisatorischen Voraussetzungen bedingt. Der persönliche Kontakt zwischen Wählern und Kandidat durch das Medium der öffentlichen Rede war vielmehr ein politisches Glaubensbekenntnis des jungen Kandidaten. Bryan, der in Illinois aufgewachsen war, eine juristische Ausbildung besaß und seinen späteren Heimatstaat Nebraska zweimal als Kongreßabgeordneter in Washington D.C. repräsentierte, wurde vor allem von seinem religiösen Hintergrund und dem ländlichen Ambiente des Westens geprägt, die ihn beide zum Proponenten des „Common man" machten. Politik und Moral waren für ihn untrennbar:

> „The great questions of state are, after all, simple in their last analysis. Every political question is first a great economic question, and every great economic question is in reality a great moral question. Questions are not settled until the right and wrong of the questions are determined. Questions are not settled by discussion of the details; they are not settled until the people grasp the fundamental principles, and when these principles are fully comprehended, then the people settle the question and they settle it for a generation."[297]

Bryan verlor zwar die Wahlen 1896 und 1900[298], er revolutionierte jedoch den Wahlkampfstil, indem er seine Nachfolger zwang, den Kontakt zum Volk zu suchen, das als eigentliche Quelle demokratischer Legitimation von Bryan wieder in sein Recht gesetzt wurde. Bryan fügte den bestehenden Funktionen des Präsidentschaftskandidaten eine neue hinzu: die der Stimme des Volkes (Voice of the People).[299]

Das von Bryan so unermüdlich und enthusiastisch verfochtene politische Programm kommt am deutlichsten in seinem Plakat für den Wahlkampf 1900 zum Ausdruck (Abb. 65). Die Chromolithographie, die ebenso wie die gegnerischen Plakate für William McKinley vorwiegend im industriellen Westen der USA gedruckt wurden, stammte aus der Presse der Strobridge

---

295 Ebd.: 1813.
296 MELDER 1965: 73.
297 Diese Textstelle ist ein Ausschnitt aus einer Rede während des Wahlkampfes 1896 vor den Frauenorganisationen von Minneapolis. Zitiert in: ebd.: 50.
298 Bryan kandidierte zum dritten Mal 1908 gegen den Republikanischen Präsidenten William Howard Taft. Das beste Wahlergebnis erzielte er jedoch bei seiner ersten Präsidentschaftskandidatur 1896 mit insgesamt 6.492.559 Stimmen, was immerhin 47,7% entsprach, im Gegensatz zu dem Gewinner McKinley, der 7.102.246 Stimmen und damit 51,1% für sich verbuchen konnte. Vgl. SHIELDS-WEST 1992: 128.
299 MELDER 1965: 79/80.

Litho. Company[300] in Cincinnati/Ohio. Im Zentrum des Plakats steht das Brustporträt Bryans, der im weißen Hemd mit schwarzer Fliege dargestellt wird. Das Inkarnat seines Gesichtes läßt den Kandidaten sehr lebendig erscheinen. Er blickt den Betrachter nicht direkt an. Das Ovalporträt ist in einen bronzefarbenen Rahmen gefaßt, aus dessen unterer Mitte zwei Lorbeerzweige entspringen. Links und rechts öffnen zwei amerikanische Flaggen das Bild kompositorisch nach oben. In den Zwischenräumen zwischen den Flaggen und dem Porträtrahmen sind links ein Hahn als Symbol der Demokratischen Partei und rechts ein Pflug und ein Hammer als Common-men-Attribute abgebildet. Bryans Porträt wird überwölbt von seinem in silberner Farbe gestalteten Namenszug, dem links und rechts jeweils die Schlußzitate aus seiner berühmten Nominierungsrede 1896 beigefügt sind: *„Having behind us the producing masses of this nation and the world, supported by the commercial interests, the laboring interests and the toilers everywhere, we will answer their demand for a gold standard by saying to them: You shall not press down upon the brow of labor this* **crown of thorns**. *You shall not crucify mankind upon a* **cross of gold**.*"*[301] Die Themen werden explizit als Überschrift des Plakates formuliert: „The Issue – 1900. Liberty. Justice. Humanity". Darunter wird ein direkter zeitlicher Bezug zwischen den Zielen der Unabhängigkeitsbewegung 1776 und den Zielen 1900 hergestellt, anhand der Gegenüberstellung der Freiheitsglocke links mit der Aufschrift „1776 Liberty" und der Silberglocke rechts mit der Aufschrift „1900 No Imperialism". Im unteren Bildteil rechts wird diese Forderung noch einmal unterstrichen durch drei Männer, die ihre Landesflaggen schwenken und der New Yorker Statue of Liberty huldigen. Diese Szene ist mit der Forderung untertitelt „Give Us Liberty Or Give Us Death" und bezieht sich auf die Freiheitsbestrebungen der Kubaner, der Puerto Ricaner und der Filippinos, die von der Demokratischen Partei unterstützt wurden.[302] Zwischen diesen beiden Szenen führt eine Längsachse von der Fliege Bryans über das nationale Motto „E Pluribus Unum" im Porträtrahmen zu einer weißen Schriftrolle, die mit „Declaration of Independence" betitelt ist, zu einem in Form der U.S.-Flagge gestalteten Ordensband, an dem ein großer silberfarbener Dollar hängt; er trägt die Aufschrift „Dollar Of The Daddies" und in der unteren Mitte die Zahl 16. An dem großen Dollar hängt ein kleinerer mit der Aufschrift „1". Die beiden Ordensmünzen verdeutlichen den von Bryan eingeforderten Bimetallismus mit einem 16 : 1 Wertverhältnis von Silber zu Gold. Das Bildprogramm Bryans wird schließlich abgeschlossen durch den der Populistischen Partei entlehnten Slogan „Equal Rights To All, Special Privileges To None".

---

300   Vgl. Künstlerbiographie im Anhang dieser Arbeit.
301   Der komplette Redetext ist auf dem Plakat Abb. 60 abgedruckt.
302   Die Demokratische Platform von 1900 enthält gleich zu Beginn eine klare Absage an jede Form von Imperialismus und amerikanischer Hegemonie: „(...) we denounce the Porto Rican law, enacted by a Republican Congress against the protest and opposition of the Democratic minority, as a bold and open violation of the nation's organic law and a flagrant breach of the national good faith. (...) We demand the prompt and honest fulfillment of our pledge to the Cuban people and the world that the United States has no disposition nor intention to exercise sovereignty jurisdiction, or control over the Island of Cuba, except for its pacification. (...) We condemn and denounce the Philippine policy of the present administration. It has involved the Republic in an unnecessary war, sacrificed the lives of many of our noblest sons, and placed the United States, previously known and applauded throughout the world as the champion of freedom, in the false and un-American position of crushing with military force the efforts of our former allies to achieve liberty and self-government." Zitiert nach: JOHNSON/PORTER 1973: 112/113.

III. 7. Ökonomische Strategie

Entgegen diesen populistischen Forderungen hielten die Republikaner beharrlich am Goldstandard fest. In ihrer Platform von 1896 sprachen sie sich explizit für die Beibehaltung des Goldstandards und gegen den Bimetallismus aus.[303] Die Republikaner hofften, erneut die Frage des Protektionismus zum Hauptwahlkampfthema zu machen und widmeten der Frage von „Protectionism and Reciprocity" einen großen Teil ihrer Platform. Schutzzölle wurden dabei als Heilmittel gegen die ökonomische Depression empfohlen, dessen Ursache ungerechtfertigterweise der Demokratischen Niedrigzollpolitik in die Schuhe geschoben wurde.[304] Die intendierte Strategie der Republikaner ging nicht auf, da der Bimetallismus als einfachere Lösungsperspektive ständig größere Unterstützung in der Bevölkerung gewann und die Rückkehr zu altbewährten Mitteln wie dem Zoll keine die Massen überzeugende Lösung darstellte. Das neue, komplexe Thema war eine Herausforderung für die Republikanischen Wahlkampfmanager, die in einem bislang unbekannten Umfang die Aufgabe der politischen Bildung der Massen übernahmen und tonnenweise Wahlkampfmaterial verteilten, das auch intensiv gelesen wurde: „,The people display an amount of interest in pending questions which is astonishing,' a man reported from Kansas. ,They listen to long and tedious discussions with extraordinary patience. They even bear the reading of coinage acts and quantities of dry statistics.'"[305] Diesem Wissensdurst der Wähler kamen auch Hanna und seine beiden Literaturbüros in New York und Chicago entgegen: „At Hanna's direction, the New York headquarters, in the center of corporate wealth, served as the campaign's fund-raising center. Much of the money collected in New York went west to Chicago, where Hanna established a vast educational organization. Along with a large Speakers' Bureau, the Chicago headquarters included departments for relations with a variety of constituencies including labor, blacks, Germans, Scandinavians, traveling salesmen, college students, and Republican clubs."[306] Ein weiteres Wählerpotential, das von den Republikanern geschickt umworben wurde, stellten die Bürgerkriegsveteranen dar. McKinley, selbst Mitglied ihrer Lobbygruppe, der Grand Army of the Republic (GAR), wird in dem Plakat für den Wahlkampf von 1900 (Abb. 45) als Bannerträger der Partei (Standardbearer) und „Advance Agent of Prosperity" von Stellvertretern diverser sozialer Klassen auf ein Schild in Form einer Goldmünze mit der Aufschrift „Sound Money" gehoben. Der Kandidat, der im Schein der aufgehenden Sonne „Prosperity At Home, Prestige Abroad" verheißt, wird im Hintergrund auch durch eine Figur getragen, die in eine blaue Soldatenuniform gekleidet ist und auf deren Hut die Buchstaben „GAR" aufgedruckt sind.

McKinleys Sieg basierte nicht allein auf der Edukativen Strategie der Literaturbüros. Vielmehr stellten gerade die Wahlkämpfe von 1896 und 1900 eine Mixtur aus allen bislang bekannten Wahlkampfstilen dar, die von den Republikanern aufgrund der besseren finanziellen Möglichkeiten und des effektiveren Managements gezielt eingesetzt wurden.[307]

---

303 „The Republican party is unreservedly for sound money. (...) We are unalterably opposed to every measure calculated to debase our currency or impair the credit of our country. We are therefore opposed to the free coinage of silver (...)." Republican Platform von 1896, zitiert nach: JOHNSON/PORTER 1973: 108. Die Republican Platform von 1900 bekräftigte diese Position noch einmal: „We renew our allegiance to the principle of the gold standard and declare our confidence in the wisdom of legislation of the Fifty-sixth Congress, by which the parity of all our money and the stability of our currency upon a gold basis has been secured." Zitiert nach: ebd.: 122.
304 Zitiert nach: JOHNSON/PORTER 1973: 107.
305 McGERR 1986: 142.
306 Ebd.: 140.
307 Ebd.: 144/145.

Die Funktion der Plakate in den „Sound Money Campaigns" bestand vor allem in der symbolhaften Reduktion der komplexen Themen. Die Bildstrategie ergänzte damit die edukative Funktion von Pamphleten und anderen primär auf schriftlicher Wissensvermittlung aufbauenden Kommunikationsmedien. Die McKinley-Plakate, die auf den Geldstandard direkt eingingen, erwähnten den Begriff „Gold" allerdings nie in der Schrift. Das negativ besetzte Edelmetall wurde nur symbolisch, wie in Abb. 45 als Schild, oder indirekt angesprochen, indem die Silberpolitik der Demokraten kritisiert wurde. Wo jedoch McKinley auftrat, ging auch bildlich die Sonne auf. Durch diese Symbolik wurde McKinley mit dem Wohlstandsversprechen identifiziert. McKinley und seine Berater verkehrten die Absichten Bryans geschickt in ihr Gegenteil, indem sie in einem Plakat von 1896, das als Bild im Bild vier Jahre später werbewirksam wiederverwendet wurde (Abb. 72), McKinley seinem Demokratischen Herausforderer in einem typischen Links-Rechts-Schema gegenüberstellten. In dem mit „The Real Issue" betitelten Plakat wird McKinley vor den Toren amerikanischer Fabriken dargestellt, wie er den Arbeitnehmern Zutritt gewährt, während Bryan nebenan vor der U.S. Münze stehend ausländische Silberproduzenten zum Absatz ihrer Ware in den USA einlädt. Das Plakat ist untertitelt mit einem Auszug aus einer Rede, die McKinley am 12. August 1896 vor Kriegsveteranen gehalten hatte: „I do not know what you think about it, but I believe it is a good deal better to open up the mills of the United States to the labor of America than to open up the mints of the United States to the silver of the World." Dieser Feststellung hätte sicherlich auch Bryan zugestimmt, der durch den Bimetallismus ja gerade auch den amerikanischen Silberminenbesitzern und -arbeitern helfen wollte. Im Plakat wird jedoch suggeriert, daß McKinley ein nationalprotektionistisches Anliegen verträte, das primär der arbeitenden Bevölkerung zugute käme, während Bryan Politik betriebe, von der ausschließlich ausländische Silberexporteure profitierten.

Beim Vergleich von Wahlkampfstil und Bildstrategie des Demokratischen und Republikanischen Kandidaten ist eine Gemeinsamkeit bemerkenswert. Bryan, der einen aktiven Whistle-Stop-Wahlkampf betrieb, erscheint auf seinen Wahlplakaten im Brustporträt auffallend würdig und ruhig. McKinley, der einer Strategie des Schweigens folgte und während seiner Front-Porch-Campaign nur wohlpräparierte Statements abgab[308], wird in den Plakaten grundsätzlich im dynamischen Ganzkörperporträt, meist in einer bewegten Geste vor einem großen, ihm zujubelndem Publikum, dargestellt. Bei beiden Kandidaten wurde also die Bildstrategie als Kompensation für ihren Wahlkampfstil eingesetzt: Der bei Gegnern als Demagoge verschriene Bryan[309], wirkte auf den Plakaten präsidentiell-erhaben über jene Form der politi-

---

308 „McKinley, who still adhered to the tradition of presidential dignity, would not take the stump himself, but he did agree to speak to delegations of supporters who traveled to his home at Canton, Ohio. Hanna organized this front-porch campaign in an unprecedented manner, making arrangements for hundreds of groups representing diverse interests to make the trip to Canton. Any group wishing to hear McKinley had to be in touch with the candidate beforehand, giving details about its membership and sending a copy of the greeting to be presented by its leader, in order that the candidate might prepare remarks appropriate to the occasion. The railroads alone brought 507,000 persons, most of them in trains especially hired for the purpose, to hear McKinley. In this way, the candidate was able to control his audience, he knew exactly how to address each group, and most of the danger of error was taken out of the campaign." MELDER 1965: 75/76.

309 „William Allen White (...) recalled that as a conservative if somewhat brash young newspaper editor in Kansas, he feared Bryan's unusual appeal to the masses: ‚To me, he was an incarnation of demagogy, the apotheosis of riot, destruction, and carnage.'" MELDER 1965: 49, Anm. 7.

schen Agitation, die er tagtäglich auf seiner Tour durch das Land praktizierte; McKinley wiederum besserte im Bild seine physische Abwesenheit im Wahlkampf auf und ließ sich als würdevollen Redner und Volksvertreter porträtieren. Hatte Bryan den persönlichen Wahlkampfstil in die politische Kultur der USA eingeführt, so gebührt Mark Hanna und William McKinley die Auszeichnung, als erste einen landesweiten, massenwirksamen Werbewahlkampf durchgeführt zu haben. Nach 1900 fusionierten diese beiden Wahlkampfstile zu dem Konglomerat von Image- und Werbemethoden, die den gegenwärtigen präsidentiellen Wahlkampfstil auszeichnen – ein Gemisch aus unmittelbarer Nähe zum Wahlvolk, bildlicher Omnipräsenz und doch zugleich Autorität erheischender Distanzierung des Kandidaten.

Die Ökonomische Strategie in Wahlkämpfen des 20. Jahrhunderts kreist meist um Themen wie Inflation, Steuern, Staatsverschuldung und Arbeitslosigkeit. Die ökonomischen Versprechungen eines Kandidaten in Wahlkampfzeiten können sich schnell in konkrete Erwartungen wandeln, denen der gewählte Präsident zu entsprechen hat. George Bushs geflügelte Worte „Read my lips – no new taxes", die er 1988 in seiner Nominierungsrede auf dem Republikanischen Parteitag unter großem Beifall anbrachte, wendeten sich gegen ihn, als er 1990 in einem Kompromiß mit dem U.S. Kongreß doch die Steuern erhöhte. Die Ökonomische Strategie macht komplexe Problemfelder zum Wahlkampfthema und riskiert damit, diese Probleme und die mit ihrer Lösung verbundenen Entscheidungsstrukturen zu simplifizieren. Für einen Kandidaten bedeutet die Entscheidung für eine Ökonomische Strategie ein hohes Risiko, da sämtliche im Wahlkampf gemachten Versprechungen Erwartungen bei den Wählern wecken, die in den vier Jahren der folgenden Amtszeit eingelöst werden müssen. Die Wohlstandsversprechungen, Steuerlügen und Defizitreduktionsmythen, wenn sie denn glaubhaft in Wort und Bild an die Wähler vermittelt wurden, stellen ein Vertrauens- und Verantwortungsverhältnis zwischen Kandidat und Wahlvolk her, das in der Regel nach der Wahl nur schwer erfüllt werden kann.[310] Denn die wirtschaftliche Entwicklung wird nicht primär von politischen Entscheidungen beeinflußt, sondern stellt ein System sui generis dar, das durch politische Direktiven nur zum Teil kontrolliert und manövriert, jedoch niemals völlig gesteuert werden kann. Dennoch haben auch psychologische Faktoren, wie etwa das Vertrauen in die Fähigkeiten des neugewählten Präsidenten, Auswirkungen auf das wirtschaftliche Wohlergehen einer Nationalökonomie. Mit der Ökonomischen Strategie sind Hoffnungen und Ängste verbunden, besonders in Krisenzeiten. Diese werden nicht selten von den Kandidaten instrumentalisiert. Die Ökonomische Strategie, die ursprünglich ein komplexes Thema dem Wahlvolk vermitteln und zur Entscheidung stellen wollte, kann so schnell in das Fahrwasser von Gefühlen geraten und in eine Emotionale Strategie umschlagen, wie das Beispiel von Ross Perots Anti-NAFTA-Kampagne bewiesen hat. Die Argumentations- und Reaktionsmuster innerhalb einer Emotionalen Strategie sind andere als in der primär auf ökonomisches Eigeninteresse und rationales Abwägen angelegten Ökonomischen Strategie.

---

310 Dennoch versuchen fast alle gewählten Präsidenten, ihre im Wahlkampf gemachten Versprechungen auch in die Tat umzusetzen, wie die Studie Thomas E. Pattersons von 1994 belegt. Allerdings versäumten es die Medien, laut Patterson, ein adäquates Bild von den Schwierigkeiten dieser ernsthaften Umsetzungsbemühungen zu zeichnen.

III. 8. Emotionale Strategie

Emotionale Appelle und gefühlsmäßige Reaktionen gehören zum Repertoire fast jeder Wahl- und Bildstrategie. Die Identifikation mit dem Common man, die Würde des schweigenden Kandidaten oder auch der Respekt, der dem politischen Helden gezollt wird, basieren auf einer emotionalen Reaktion der Adressaten. Auch die zwischen Vertrauen und Gleichgültigkeit, Verzweiflung und Hoffnung schwankenden Erwartungen der Menschen an ihre Repräsentanten gehören in das Kalkül eines emotionsgeladenen politischen Appells, dessen faktische Wirkung jeweils von seinem psycho-historischen Kontext abhängig ist.

Im Unterschied zu diesen allgegenwärtigen Gefühlsregungen stellt die Emotionale Strategie einen gezielten Angriff auf die psychischen Prädispositionen ihrer Adressaten dar. Sie ist auf rein gefühlsmäßige Reaktionen gerichtet und versucht, rationale Erwägungen in den Hintergrund zu drängen. In dieser Hinsicht schließen sich Edukative und Emotionale Strategie aus, da sie auf diametral entgegengesetzte Responsivitäten des Publikums abzielen. Während sich die Edukative Strategie stärker an programmatischen Aussagen orientiert, spricht die Emotionale Strategie die volle Palette des menschlichen Empfindens an. Im Unterschied zur Negativ-Strategie, die ebenfalls auf Sinnes- statt Verstandesregungen setzt, operiert die Emotionale Strategie jedoch subtiler. Sie nimmt den politischen Gegner nicht direkt ins Visier, sondern arbeitet mit suggestiven Methoden, die die Erwartungshaltungen, Wünsche, Ideale und Ängste der Betrachter geschickt in ihr Wirkungsmuster integriert. Zur Manipulation gerät die Emotionale Strategie, sobald sie auf beim Adressaten bereits bestehende Images trifft, diese verstärkt, und weder von unabhängigen Instanzen wie der Presse oder dem Gegenkandidaten korrigiert und damit objektiviert wird. Ohne diese Kritik bliebe die Imageversion unwidersprochen im massenkommunikativen Raum als „asymmetrische Kommunikation" stehen. Hier kommt der Unterschied zwischen diktatorisch-totalitärer Propaganda auf der einen Seite und demokratischer Propaganda auf der anderen deutlich zum Vorschein. Sowohl die nationalsozialistische wie auch die kommunistische Propaganda funktionierte aufgrund einer unwidersprochenen Imageversion der Herrschenden, denen weder öffentliche Kritik noch Imagealternativen entgegengestellt wurden. Das Bild von den Repräsentanten war dogmatisch festgelegt, durch eine zentralisierte Propagandainstitution orchestriert und kontrolliert und verdeutlichte sich in den über Jahrzehnten statischen Ikonen ihrer Führer, die wie Stalin, Ceausescu oder Kim Il Sung im Bild nie alterten, ewig jung blieben und Heiligen gleich verehrt wurden. Imagemanipulation in der Demokratie ist um einiges komplizierter, was nicht heißt, daß sie nicht immer wieder versucht würde. Der Unterschied liegt einerseits in der Kontrolle, die von den Medien, aber auch vom Gegenkandidaten auf die politische Bildproduktion ausgeübt werden kann.[311] Andererseits manifestiert sich das Demokratische aber auch im ständi-

---

311 „Die Verwendung aller verfügbaren Mittel – die durch die technische Entwicklung und Verbreitung der Massenmedien Rundfunk, Film und Fernsehen noch bereichert wurden – zum Erzielen des größtmöglichen Konsenses ist also keineswegs eine Besonderheit der nicht demokratisch verfaßten Staatswesen. Für diese ist nicht notwendigerweise ein Mehr an Propaganda typisch, sondern die Monopolisierung von Propaganda in der Hand der Machthaber; sofern es sich um Systeme handelt, die sich wie das nationalsozialistische Deutschland oder die Sowjetunion durch die Verkündigung von Heilsbotschaften und Ideologien legitimieren, kommt als Merkmal noch die vollständige Ausrichtung an den verordneten Weltsichten hinzu. Das regulative Prinzip, das demgegenüber in den demokratisch verfaßten Industriegesellschaften über Formen und Inhalte der Propaganda entscheidet, ist der Markt."

gen personellen Wechsel und damit in den neuen Gesichtern, für die politische Werbung betrieben wird. Der Unterschied zwischen demokratischer und ademokratischer Kommunikation liegt damit nicht primär in der Form der Adressatenreaktion begründet, sondern in dem pluralistischen Bildkontext. Die amerikanischen Anhänger Jacksons oder Lincolns verehrten das Bild ihres Repräsentanten möglicherweise ebenso sehr wie die Bewunderer Hitlers oder Stalins. Die emotionale Zuneigung zum politisch Mächtigen in Form seines stellvertretenden Bildnisses ist keine quantitativ meßbare Größe und kann auch kein Kriterium von demokratischer oder ademokratischer Kommunikation sein. Die Frage ist vielmehr, ob sich diese private Verehrung in eine staatlich sanktionierte und damit einen andere Images unterdrückenden Staatskult verwandelt, also eine einzige Bildversion institutionalisiert wird, oder ob sich das Politikerimage in einer freien Konkurrenz mit anderen Varianten und politischen wie auch personellen Alternativen bewegt. Die Aus-Wahl zwischen mehreren Alternativen ist hier das konstitutive Moment der demokratischen Kommunikation. Wahlkampfkommunikation als kompetitives Verfahren kann somit nur in Demokratien stattfinden, die auch die Totalkritik an dem angebotenen Image zulassen und die Urteilsfähigkeit des Wahlvolkes herausfordern, dem dann auch die tatsächliche Entscheidung in Form der folgenreichen Wahl überlassen wird. Die Bildstrategie der Kandidaten spielt hier eine zentrale Rolle innerhalb demokratischer Darstellungspolitik und als Vermittlung von politischen Programmvorstellungen via Identifikation mit einem Individuum. Auch die Wahlentscheidung für einen telegeneren Kandidaten ist somit eine demokratische Form der Entscheidung, die unter aufklärerisch-rationalen Gesichtspunkten kritisiert werden kann. Die Kritik an der Wahl medienwirksamer und zugleich politisch unfähiger Kandidaten, wie etwa im Falle Ronald Reagans, verschafft sich meist Ausdruck in Form eines intellektuellen Lamentos ob der fehlenden Urteilsfähigkeit des Wahlvolkes. Dabei wird feinsäuberlich zwischen einer demokratisch-rationalen und einer ademokratisch-irrationalen Beurteilung der Kandidaten getrennt, ohne zu erkennen, daß affektive und durch Verstandes- oder Interessenüberzeugung geschaffene Beziehungen zwischen Wähler und Kandidat voneinander untrennbar sind. Das demokratische Kommunikationsverhältnis zwischen Wahlvolk und Kandidaten zielt auf die Etablierung eines Vertrauensverhältnisses ab, als dessen Ergebnis dem gewählten Kandidaten Macht auf Zeit übertragen wird. Für die Wahlentscheidung ist dabei das Vertrauen auf die politischen Programmpunkte des Kandidaten ebenso wichtig wie das Vertrauen in seine persönliche Integrität und die Fähigkeiten, seine politischen Vorstellungen auch in die Praxis umzusetzen. Rationale und emotionale Bewertungen gehen dabei Hand in Hand. Die Wahl ist insofern kein Akklamationsritual, sondern führt im Idealfall zur ritualisierten, kurzfristigen Politisierung der Massen und deren Legitimation des demokratischen Systems. Wahlkampf ist damit ein Legitimationsritual, das der Stabilisierung des politischen Systems dient[312] und einen langsamen gesellschaftspolitischen Wandel institutionalisiert.

Ute DANIEL/Wolfram SIEMANN im Vorwort „Historische Dimensionen der Propaganda" zu dem von ihnen herausgegebenen Band: „Propaganda. Meinungskampf, Verführung und politische Sinnstiftung 1789–1989", Frankfurt a. M. 1994: 15. Zum Propaganda-Begriff vgl. auch Wolfgang SCHIEDER/Christof DIPPER, Propaganda. In: BRUNNER/CONZE/KOSELLECK (Hg.), Bd. 5 (1984): 69–112.

312 Vgl. dazu Bruce E. GRONBECK, Functional and Dramaturgical Theories Of Presidential Campaigning. In: Presidential Studies Quarterly. Vol. XIV, 4 (1984): 486–499; hier: 489–491. Zum Legitimationsritual von Parteitagen vgl. auch Thomas B. FARRELL, Political Conventions As Legitimation

Zwei Typen der Emotionalen Strategie sind voneinander zu unterscheiden. Entweder spielt die Emotionale Strategie auf positive psychische Grunddispositionen wie etwa Glück, Zufriedenheit, Selbstvertrauen, Erfolg, Stolz an, oder sie konzentriert sich auf die dunkle Seite der menschlichen Psyche – Ängste, Vorurteile und Traumata. Wie diese psychischen Motive und Dispositionen dann ins Bild übersetzt werden, bestimmt zu einem großen Teil die spätere Wirkung der Bildstrategien. Der Stil einer Bildstrategie beeinflußt die Wirkung des vermittelten Motivs. Emotionsbeladene Motive wurden bereits in Wahlplakaten des 19. Jahrhunderts zur Reduktion von Komplexität eingesetzt. Erinnert sei hier nur an die Monster-Gebilde, welche die Wahlkämpfe 1840 (Abb. 63) und 1900 (Abb. 65) hervorbrachten. Als statische Bilder zielen die Plakate zwar auf die gleichen Ängste und Hoffnungen ab, wie ihre bewegten Nachfolger, der Film als Medium der emotionalisierten politischen Botschaft ist dem Plakat jedoch an Effektivität weitaus überlegen. Der Werbespot operiert auf mehreren Sinnesebenen gleichzeitig. Neben den Bildern und der häufig eingeblendeten Schrift stehen dem Medium auch noch das gesprochene Wort und die Musik als Ausdrucksträger zur Verfügung, die meist subtil aufeinander abgestimmt parallel eingesetzt werden. Dieses „Prinzip des kombinierten Ausdrucks"[313] erkannte bereits *Erwin Panofsky* Ende der 30er Jahre. Es ist auch auf die kurzen Werbespots übertragbar, die in 30 bis 60 Sekunden einen psycho-politischen Mikrokosmos konstruieren, für den ähnliche kompositorische Regeln in komprimierter Form gelten wie für den Spielfilm. Die von *Panofsky* konstatierte „Dynamisierung des Raumes"[314] und die damit einhergehende „Verräumlichung der Zeit"[315] wirkt nicht nur im Kino, sondern auch im trauten Heim vor dem TV-Bildschirm.[316] Die Logik des filmischen Bildes ist eine kompositorisch-assoziative. In dieser Bildstruktur liegt auch das manipulative Potential begründet. Ein assoziatives Vorgehen ermöglicht die Verknüpfung beliebiger Ab- und damit Denkbilder. Ähnlich der Produktwerbung können in einem Politspot rational-argumentativ nicht vergleichbare Motive durch assoziative Gegenüberstellung miteinander verbunden werden. Ein sinnvoller und rational nachvollziehbarer Gedankengang wird so durch eine affektiv-ästhetische Assoziationskette ersetzt.[317]

Vertrauen und Hoffnung, Vorurteile und Ängste prägen neben rationalen Interessenabwägungen nicht nur die Erwartungshaltungen der Adressaten sondern auch ihre Wahrnehmung

---

Ritual. In: Communication Monographs, vol. 45, November 1978: 293–305. Zum Begriff des Rituals in der politischen Kommunikationsforschung vgl. die wegweisende Arbeit von Murray EDELMAN, The Symbolic Uses Of Politics. Orig. 1964. Urbana u. a. 1985. Zum Ritualbegriff mit Bezug auf die visuelle politische Kommunikation der Gegenwart vgl. Elfriede FÜRSICH, Fernsehnachrichten als Ritual. Ein neuer Ansatz zur Interpretation. In: Publizistik, 1 (1994): 27–57.

313 Vgl. Erwin PANOFSKY, Stil und Medium Im Film. Orig. Englisch 1936/37. Neu veröffentlicht in: DERS., Die Ideologischen Vorläufer des Rolls-Royce-Kühlers. Hg. v. Helga und Ulrich Raulff, Frankfurt a. M. u. a. 1993: 19–48; hier: 24. Das „Prinzip des kombinierten Ausdrucks" wurde von PANOFSKY im Original als „principle of co-expressibility" bezeichnet.
314 Ebd.: 22.
315 Ebd.
316 Erwin PANOFSKY zitiert nach: Siegfried KRACAUER, Von Caligari zu Hitler. Eine psychologische Geschichte des deutschen Films. Orig. Englisch: „From Caligari to Hitler. A Psychological History of the German Film, 1947. 2. Aufl. Frankfurt a. M. 1993: 12.
317 Kathleen Hall JAMIESON, Dirty Politics. Deception, Distraction, and Democracy. New York u. a. 1992: 59.

III. 8. Emotionale Strategie

der Realität und damit die Wahrnehmung der Kandidaten. Werbespots, die auf einer Emotionalen Strategie beruhen, versuchen diese bereits bestehenden Erwartungshaltungen, Ängste, Harmoniebedürfnisse oder Ressentiments ihres Publikums aufzugreifen und sie für den von ihnen angepriesenen Kandidaten zu instrumentalisieren. Das Perfide gut gemachter emotionaler Werbespots ist ihre oberflächliche Unangreifbarkeit. Sie offerieren eine Wirklichkeitsinterpretation, die eher als illusionär, denn realistisch zu bezeichnen wäre, ohne jedoch einen direkten Angriff auf den politischen Gegner vorzunehmen. Nicht das gegnerische Image ist ihr primäres Ziel, sondern die Psyche der Adressaten. Die indirekte Attacke des Gegners vermittels der Emotionalen Strategie ist häufig wirksamer als die unmittelbare Verunglimpfung des gegnerischen Kandidaten, die von den Betrachtern meist als unfaires Mittel im Stimmenkampf betrachtet wird. Die subtilen Wirkungsmuster der Emotionalen Strategie können am besten an zwei Beispielen veranschaulicht werden: Im Wahlkampf 1984 produzierte ein Team aus Madison Avenue-Werbeprofis[318] unter der Leitung von Hal Riney[319] eine Serie von Werbespots für Ronald Reagan. Sie alle wiederholten unter dem Titel „Morning Again in America", Motive, die vor Optimismus und Patriotismus nur so sprühten und von einem Kritiker aus dem gegnerischen Mondale-Lager als „Hollywood-feel-good"-Strategie[320] bezeichnet wurden. „It's morning again in America" tönt die beruhigende Stimme des Spot-Produzenten in der ersten Einstellung, die mit sanfter Musik unterlegt ist und ein auslaufendes Fischerboot bei Morgengrauen zeigt. „Today more men and women will go to work than ever before in our country's history" – ein Schnitt transportiert den Betrachter vom idyllischen Kutter direkt in die Großstadt, wo ein Geschäftsmann aus einem Taxi aussteigt und vor ihm männliche und weibliche Angestellte über die Straße hasten. Dann folgt bei gleichbleibend ruhiger Musik ein weiterer Schnitt zu einem Rancher, der seine Pferde in eine Koppel treibt – ein Hinweis darauf, daß mit den im gesprochenen Text adressierten Arbeitnehmern nicht nur die Großstädter des Nordens und Mittleren Westens, sondern natürlich auch die Farmer und Viehzüchter im Süden der Vereinigten Staaten gemeint sind. Zu dem Text „With interest rates and inflation down more people are buying new homes" wird ein Auto mit Anhänger gezeigt, wie es vor ein strahlend weißes Haus fährt, „and our new families can have confidence in the future", wozu eine Hochzeitsszene gezeigt wird, in der sich die weißgekleidete Braut in Zeitlupe ihrer Großmutter vor Glück in die Arme wirft. „America today is prouder…" (ein alter Mann zieht die Stars'n Stripes auf einen Fahnenmast auf), „and stronger…" (der alte Mann wird überblendet durch einen Polizisten, der dieselbe Geste des Fahnehissens wiederholt), „and better" (ein Close-Up auf zwei glücklich staunende Kinder asiatischer Abstammung, die scheinbar das Hissen der U.S.-Fahne beobachten) und schließlich eine Totale der wehenden Stars'n Stripes, zu denen der lakonische Abschlußkommentar gesprochen wird: „Why would we ever want to return to where we were less than four short years ago?" Erst ganz zum Abschluß dieses nur 25 Sekunden dauernden Spots erscheint ein Tableau mit dem Porträt Präsident Reagans vor der amerikanischen Flagge, unter der Überschrift „President Reagan. Leadership that's working". Diese

---

318 Vgl. das Glossar im Anhang dieser Arbeit.
319 „(…) the campaign ultimately created its own ad agency by borrowing talent from Madison Avenue agencies. The Tuesday Team, as the group was called, was headed by James Travis, the president of the agency Della Femina, Travisano. Aside from Hal Riney, team members included Phil Dusenberry, who had produced Pepsi's Michael Jackson ads, and Ron Travisano, who had created the singing cat ads for Meow Mix." DIAMOND/BATES 1992: 25.
320 Ebd.

kurzen Spots und Soundbites, bei denen kaum Zeit zum „Zappen" besteht, werden in der Regel so häufig und meist zwischen den Sendungen mit den höchsten Einschaltquoten ausgestrahlt, daß sie mindestens einmal, meist mehrmals von einem Großteil der Fernsehteilnehmer gesehen werden und sich durch die Wiederholung der knappen Sätze und eindringlichen Bilder in das Bewußtsein einprägen. Reagans Spots sprachen Werte an wie Patriotismus, Fortschrittsglaube, Vertrauen auf die Zukunft und angeblich omnipräsenten Wohlstand. Reagans bereits bestehendes Bild des national gesinnten Optimisten wurde durch den Spot verstärkt und damit die Republikanische Schwarzweißmalerei subtil untermauert, die zugleich den gegnerischen Kandidaten Walter Mondale als hoffnungslosen Pessimisten, seine Partei als „party of gloom and doom"[321] brandmarkte. Auch der letzte gesprochene Satz in dem „Morning again in America"-Spot ist ein versteckter Seitenhieb auf Mondale. Dieser wurde 1984 noch immer mit der in äußerst schlechtem Ruf stehenden Carter-Administration assoziiert, die Reagan vier Jahre zuvor abgelöst hatte und in der Mondale als Ticket-Partner und Vizepräsident wirkte und für deren Fehler er mitverantwortlich gemacht wurde.

Die Vorgehensweise der Emotionalen Strategie führt zu einer Verdrängung argumentativer Fakten durch affektive Assoziationen. Diese sind nicht mit rationalen Argumenten widerlegbar, sondern lediglich durch Reaktionen auf derselben emotionalen Wellenlänge. Die Demokraten reagierten 1984 auf die Emotionale Strategie jedoch primär mit rationaler Kritik an der „Gefühlssoße", die über die politischen Argumente gekippt wurde. Sie konnten sich nicht von ihrem Label als „Schlechtmacher" und „Miesepeter" befreien und dadurch auch ihren Hauptprogrammpunkt – die in astronomische Höhe wachsende Staatsverschuldung – nicht ins rechte Licht setzen, da die Wahrnehmung dieser sehr realen ökonomischen Gefahr immer bereits durch die vermittels Republikanischer Imagestrategien getönte Brille gesehen wurde. So kam die Kritik der Demokraten nur als ein erneuter Fall von „Schwarzmalerei" bei den Adressaten an. Zugleich hatten die Republikaner das subtile Negativbild des Demokratischen Gegners geschickt auf bereits bestehenden Denkbildern und Eindrücken aufgebaut: Walter Mondale hatte sich früh im Wahlkampf für einen aufrichtigen Politikstil entschieden, indem er offen verkündete, er werde bei Amtsantritt die Steuern erhöhen: „Here is the truth about our future. We are living on borrowed money and borrowed time. These deficits hike interest rates, clobber exports, stunt investment, kill jobs, undermine growth, cheat our kids and shrink our future. Whoever is inaugurated in January, the American people will pay Mr. Reagan's bills. The budget will be squeezed. Taxes will go up. And anyone who says they won't is not telling the truth. I mean business. By the end of my first term, I will cut the deficit by two-thirds. Let's tell the truth. Mr. Reagan will raise taxes, and so will I. He won't tell you. I just did."[322] So ehrlich und aufrichtig Mondale dieses Bekenntnis auch gemeint hatte, er stellte sich damit nicht wie beabsichtigt in die „blunt truth"-Tradition John F. Kennedys[323], sondern erfüllte das traditio-

---

321 Vgl. BOLLER 1985: 372. Zur Geschichte des Begriffs vgl. SAFIRE 1993: 285.
322 Zitiert nach: Kathleen Hall JAMIESON, Packaging the Presidency. A History and Criticism of Presidential Campaign Advertising. Oxford u. a. 1988: xviii.
323 John F. Kennedy wandte diese Technik 1960 mit Bezug auf seine Religionszugehörigkeit an, indem er das Thema seines katholischen Glaubens nicht erst von den Republikanern besetzen ließ, sondern sich offen mit ihm feindlich gesonnenen Gesprächspartnern darüber unterhielt. Vgl. dazu DIAMOND/BATES 1992: 48.

III. 8. Emotionale Strategie

nelle Bild des „Tax and Spend"-Demokraten[324] – ein Begriff, mit dem die Demokraten seit dem New Deal regelmäßig von den Republikanern etikettiert wurden.[325] Die Werbespots der Republikaner verstärkten damit nur bereits vorhandene Images der Kandidaten – Reagan als glückbringender Optimist und Mondale als durch Gewerkschaftsinteressen gelenkter Pessimist, der zudem noch die Steuern erhöhen wollte. Dieser immer wiederkehrende Konflikt im Wahlkampf zwischen Kandidaten, die idealistischerweise einen „ehrlichen" Wahlkampf führen, indem sie die wahren Probleme ansprechen und denen, die durch „Gefühlspolitik" ihre eigene Führungsschwäche und Tatenlosigkeit übertünchen, zeigt deutlich, daß es im Wahlkampf nicht um Wahrheit geht, sondern um Pragmatik. Eine erstaunliche Parallele zum amerikanischen Wahlkampf von 1984 ereignete sich 1990 in dem ersten Wahlkampf im wiedervereinten Deutschland. Dem kritischen SPD-Kandidaten Oskar Lafontaine, der die Kosten der Einheit immer wieder ins öffentliche Bewußtsein rückte, trat Kanzler Kohl mit sprühendem Optimismus entgegen und verhieß „blühende Landschaften" und „Keinem wird es schlechter gehen".[326] Die Mehrheit der Wähler zog es sowohl 1984 in den USA wie auch 1990 in Deutschland vor, an die zweite Variante zu glauben, statt der Realität ins Auge zu blicken.[327]

Das politische Kalkül mit Hoffnungen, Wunschträumen und Erwartungen der Wähler ist eine der unlauteren Seiten des Wahlkampfes. Die weitaus gefährlichere Emotionale Strategie ist jedoch nicht die, die Optimismus mobilisiert – denn einmal enttäuschte Wähler geben dem Kandidaten und meist auch der Partei nicht nochmals ihre Stimme. Eine noch stärkere psychische Kraft als Hoffnung und Glücksverheißung ist die Furcht. Die Strategie der Angst setzt noch radikaler sämtliche rationale Erwägungen außer Kraft und rührt an die Fundamente eines aufgeklärt-demokratischen Politikdiskurses: „Seit je hat Aufklärung im umfassendsten Sinn fortschreitenden Denkens das Ziel verfolgt, von den Menschen die Furcht zu nehmen und sie als Herren einzusetzen. (...) Das Programm der Aufklärung war die Entzauberung der Welt."[328] Den umgekehrten Fall hatte Aby Warburg bereits als die Gefahr der magischen Verleibung erkannt, den Distanzverlust der Welt und das Aufgesogenwerden von Ängsten, denen

---

324 Zum Begriff des „Tax and Spend" vgl. SAFIRE 1993: 739.
325 Der Begriff „Tax and Spend-Democrats" wurde auch von George Bush und anderen Republikanern im Wahlkampf 1992 aufgetischt, zog aber nicht, da Bush ja selbst als Präsident die Steuern erhöht hatte, und sich vielleicht auch die Einsicht bei der Bevölkerung breit machte, daß die Argumente der Demokraten von 1984 nicht so falsch gewesen sein könnten, wie es damals erschien.
326 Die Weltuntergangsstimmung, die durch die SPD verbreitet wurde, drückte sich auch in einem ihrer Plakate aus, in welchem Oskar Lafontaine vor einer sengend wirkenden Sonne und knallorangefarbenem Hintergrund posierte. Der Plakatslogan „Jetzt das moderne Deutschland wählen" stand in Widerspruch zu dem an Ozonloch und Treibhauskatastrophe erinnernden Bild. Für eine ausführlichere Interpretation des Plakates vor allem mit Bezug auf die Herrschersymbolik und ihre Tradition s. Martin WARNKE, Der Kandidat unter der Sonne. Eine Wahlanalyse. In: Das Magazin. Wissenschaftszentrum Nordrhein-Westfalen, 1 (1991): 16/17.
327 Für einen Vergleich zwischen deutschen und amerikanischen Bildstrategien im Wahlkampf s. Marion G. MÜLLER, Das visuelle Votum. Politische Bildstrategien im amerikanischen Präsidentschaftswahlkampf. In: JARREN/SCHATZ/WEßLER (Hg.) 1996: 231–250.
328 Max HORKHEIMER/Theodor W. ADORNO, Dialektik der Aufklärung. Philosophische Fragmente. Orig. 1944. Frankfurt a. M. 1988: 9. S. dazu auch Cornelia KLINGER, Flucht, Trost, Revolte. Die Moderne und ihre ästhetischen Gegenwelten. München 1995.

nur durch die rationale Kraft der Aufklärung zu entkommen wäre, um erneut „Denkraum" zu schaffen.[329] Die Strategie der Angst bewirkt, wenn sie erfolgreich ist, einen Denkraumverlust beim Betrachter und führt zu einer starken emotionalen Besetzung der Kandidaten, die nicht mehr als Wettstreiter um politische Programme gesehen werden, sondern als Retter und Erlöser oder als Gefahr und Unsicherheitsfaktor. Im Unterschied zur Negativ-Strategie, die ebenfalls versucht, den Gegenkandidaten zu verunglimpfen und damit unwählbar zu machen, arbeitet die Strategie der Angst mit Mitteln, welche die letztendliche Meinungsbildung über den nur assoziativ evozierten Gegenkandidaten nicht einem Sprecher aus dem Off, sondern der Beurteilung der Adressaten selbst überläßt – natürlich nur, nachdem in dem Werbespot die assoziative Schlußfolgerung bereits angedeutet wurde.

Wohl der berühmteste Politspot in der amerikanischen Geschichte ist der 1964 für den Demokratischen Präsidenten Lyndon B. Johnson produzierte „Daisy-Spot".[330] Der neue Stil, den Tony Schwartz, der Erfinder des Daisy-Spots, in die politische Werbung einführte, basierte auf der Erkenntnis, daß Werbung nicht auf den angepriesenen Vorzügen und suggerierten Wirkungen eines Produktes beruht, wie dies in der sogenannten „Hard-Sell"-Methode verfochten wurde, sondern vielmehr auf den Erwartungen der Konsumenten:

> „Advertising has power, Schwartz concluded, when people feel that the ad ‚is putting them in touch with reality,' when they feel the ad ‚strikes a responsive chord with the reality the listener or viewer experienced'."[331]

Schwartz' Soft-Sell-Methode pries, angewandt auf die Politik, nicht das „Produkt" Lyndon B. Johnson an oder versuchte, das „Produkt" Barry Goldwater schlecht zu machen. In seinem Spot griff Schwartz vielmehr eine weitverbreitete Einschätzung des Republikanischen Präsi-

---

329 Zum Begriff des „Denkraumes", der sich aus dem „Andachtsraum" entwickelt hat, vgl. Aby WARBURG, Schlangenritual. Ein Reisebericht. Hg. v. Ulrich Raulff, Berlin 1988: 59. Das Buch kreist um einen Vortrag, den Aby Warburg 1923 in der Heilanstalt Bellevue/Kreuzlingen unter dem Titel „Bilder aus dem Gebiet der Pueblo-Indianer in Nord-Amerika" gehalten hatte und der ausdrücklich nicht zur Veröffentlichung gedacht war. In seinem Aufsatz „Heidnisch-antike Weissagung in Wort und Bild zu Luthers Zeiten", der als Sitzungsbericht der Heidelberger Akademie der Wissenschaften 1919 veröffentlich wurde (neu abgedruckt in: WUTTKE (Hg.) 1992: 199–304), spricht WARBURG sowohl vom „Denkraum der Besonnenheit" wie auch von der „tragischen Geschichte der Denkfreiheit des modernen Europäers" (in: WUTTKE (Hg.) 1992: 267). Zu Warburgs Denkraumbegriff vgl. Dorothee BAUERLE, Gespenstergeschichten Für Ganz Erwachsene. Ein Kommentar zu Aby Warburgs Bilderatlas Mnemosyne. Münster: 1988; hier: 14/15 – „Erst dadurch, daß der Mensch sich ein gleichnishaftes Bild von der Welt als dem Anderen macht, den Phänomenen dieser Welt einen Namen gibt, wird der Bereich des Bewußtseins von dem der Außenwelt geschieden und der Kulturprozeß möglich. Die ‚ausdrückliche' Bezugnahme des Ichs auf die (nun in Distanz gehaltene) Welt umfaßt Warburg mit dem Begriff der Orientierung. (…) In Bildern und Zeichen also prägt sich das Bewußtsein des Zwischenraums zwischen Subjekt und Objekt aus; im Gleichnis und im Begriff versucht sich der Mensch zu orientieren. Die Art und Weise der Denkraumschöpfung wie auch der Orientierung ist gekennzeichnet als eine wesentlich symbolische. Das Symbol ist das zur Erscheinung gebrachte Distanzbewußtsein. (…) Bilder sind geronnene Denkräume."
330 Der „Daisy-Spot" ging auf eine Idee des Tonspezialisten Tony Schwartz zurück, den die Agentur Doyle Dane Bernbach (DDB) zur Entwicklung der LBJ-Werbespots engagierte. Zur Vorgeschichte des Daisy-Spot vgl. DIAMOND/BATES 1992: 112–116.
331 Ebd.: 115.

dentschaftskandidaten Barry Goldwater auf, der als „trigger happy" galt[332] – als überzeugter Antikommunist, der, wie in einem anderen Anti-Goldwater-Spot betont wurde, die Atombombe als lediglich eine andere Art von Waffe („merely another weapon") bezeichnet hatte. Der Daisy Spot beginnt mit einer idyllischen Szene, in der ein kleines Mädchen auf einer Wiese gezeigt wird, wie es die Blüten einer Margerite abpflückt und dabei langsam und noch etwas unbeholfen zählt. Im Hintergrund ist Vogelgezwitscher zu hören. Das kleine Mädchen pflückt und zählt: One, Two, Three, Four, Five, Seven, Six, Six, Eight, Nine, Nine… An diesem Punkt wird die Kamerastellung eingefroren und ein Sprecher aus dem Off beginnt rückwärts den Countdown zu zählen, wobei die Kamera schrittweise im Stil einer Iris-Abblendung zoomt, bis sie schließlich auf der Pupille des Mädchens stehen bleibt. Bei „Zero" schließlich explodiert im Augapfel des Mädchens eine Atombombe. Der Pilz dehnt sich zum Geräusch einer Explosion aus. Die Feuer- und Wolkenmassen füllen den Bildschirm. Diese beeindruckende Szene wird akustisch unterlegt mit der Stimme LBJs, der einen existentialistischen Schlußkommentar spricht: „These are the stakes. To make a world in which all of God's children can live. Or to go into the dark. We must either love each other. Or we must die."[333] Erst ganz zum Schluß in der Einblendung eines schwarzen Tableaus mit weißer Schrift erfährt der Zuschauer den Namen des Kandidaten, für den der Spot werben sollte: „Vote for President Johnson on November 3. The stakes are too high for you to stay at home." Der gegnerische Kandidat, auf dessen Image die Bildstrategie abzielte, wird mit keinem Wort erwähnt. Johnson macht keine wahlprogrammatischen Aussagen, sondern stellt die Betrachter vor zwei klare Alternativen – sich entweder zu lieben und zu vertragen oder vom „Dunkel" verschluckt und getötet zu werden. Der Daisy-Spot spielt damit auf die Urängste einer durch den Kalten Krieg geprägten und durch innere und äußere Bedrohungsperspektiven sensibilisierten Wählerschaft an. Der Spot wurde nur einmal ausgestrahlt[334] und provozierte eine Welle des Protestes:

> „According to Bill Moyers, the White House switchboard ‚lit up with calls protesting it, and Johnson called me and said, ‚Jesus Christ, what in the world happened?' and I said, ‚You got your point accross, that's what.' He thought a minute and said, ‚Well, I guess we did.' So Johnson was very pleased with it.' Lyndon Johnson pronounced himself satisfied with Daisy because it had accomplished the purpose he had in mind. As Moyers remembers, Johnson worried that ‚Goldwater the radical was becoming Goldwater the respectable as the campaign progressed'."[335]

---

332 Zu diesem Image vgl. JAMIESON 1988: 204.
333 Zitiert nach: JAMIESON 1992: 55 mit einer kleinen Abweichung: In JAMIESONs Text wird Johnsons Spruch mit „Or to go into the darkness" zitiert, während die Spotversion, die der Verfasserin bekannt ist, statt „darkness" nur von „dark" spricht. Schwartz beschrieb die Vorgehensweise bei der Auswahl der gesprochenen Worte zu der bereits vorhandenen Bildidee folgendermaßen: „(…) I went and listened to all the recent tapes of Johnson's Rose Garden speeches to find the right sound symbol. I found a quote that didn't make much sense on paper, but that worked emotionally on the listener when cut to the right length." Zitiert nach: DIAMOND/BATES 1992: 123. Die Beschreibung seiner Suche nach einem „Tonsymbol" zeugt von Schwartzs Verständnis politischer Kommunikation als symbolischem Handeln.
334 Auf CBS „Monday Night at the Movies" am 7. September 1964. Vgl. DIAMOND/BATES 1992: 124.
335 Bill Moyers war 1964 Johnsons Pressesprecher. Zitiert nach: DIAMOND/BATES 1992: 125. Das Republican National Committee legte formelle Beschwerde gegen den Daisy-Spot beim Fair Campaign Practices Committee ein.

Die Effektivität des Spots wurde durch die Proteste nur noch verstärkt. Schwartz analysierte die Wirkungsweise seines Spots rückblickend: „the best political commercials (…) do not tell the viewer anything. They surface his feelings and provide a context for him to express those feelings."[336] Schwartz sieht seine Spots als Ausdrucksmittel für Gefühle seiner Betrachter an, als symbolische Kommunikation, die Ängsten und Hoffnungen eine ästhetische Form gibt. Aus derselben Perspektive sind die politischen Bilder, jenseits der Fragen nach politischer Angemessenheit oder Fairness, von großem Interesse für die Kulturwissenschaft. In der Emotionalen Strategie werden kollektive Wunsch- und Angstvorstellungen visualisiert und damit an das Licht der Öffentlichkeit gebracht. Die Emotionale Strategie verleiht psycho-politischen Befindlichkeiten Ausdruck, die ohne ihre visuelle Umsetzung in der unterschwelligen Bewußtseinsebene weiterschlummern würden. Emotionale Strategien können also nicht nur eine Gefahr für den rationalen politischen Diskurs darstellen, sie können auch befreiend wirken im Sinne der im bewegten Bild gebannten kollektiven Angstvorstellungen, die auf diese Weise artikulierbar, thematisierbar und kritisierbar sind.

Ein wichtiges Kriterium bei der Analyse der Emotionalen Strategie ist dabei deren Form und Stil. Wirkte das Monster im 19. Jahrhundert noch als abschreckendes politisches Symbol, so ist die Furcht vor Machtakkumulation im 20. Jahrhundert der durchaus realen Furcht vor physischer Gewalt gewichen. Die Angst vor Gewalt, sowohl im außenpolitischen wie im innenpolitischen Bereich, wird in den Werbespots zunächst evoziert, um ihr dann die Politik des jeweiligen Kandidaten als Heilmittel gegenüberzustellen. In der Nachfolge des „Daisy-Werbespots" geriet diese Art der politischen Instrumentalisierung kollektiver Ängste zu einem in Krisenzeiten häufig angewandten Mittel. Richard Nixons Wahlkampfmanager setzten die Furcht vor inneren Unruhen wie auch die Abneigung gegen den immer noch nicht beendeten Vietnam-Krieg, der täglich neue amerikanische Opfer forderte, 1968 geschickt in Szene, um den Kandidaten als „Law & Order"-Republikaner zu profilieren. Zu Bildern von städtischen Unruhen und Anti-Vietnam-Krawallen versichert ein Sprecher aus dem Off „The first civil right is freedom from violence. We shall have order in the U.S.".[337] Hal Riney, derselbe Medienberater, der bereits die „Morning again in America"-Serie produziert hatte, zeichnete auch verantwortlich für einen subtilen Angst-Spot, der ebenfalls 1984 für Ronald Reagan eingesetzt wurde. „The Bear" zeigt einen Braunbären auf seinem Weg durch eine amerikanische Berglandschaft. Zu dem pulsierenden Geräusch seines Herzschlages sagt ein Sprecher aus dem Off: „There's a bear in the woods. Some people say the bear is tame. Others say it's vicious and dangerous." In der Schlußsequenz des Spots läuft der Bär auf einer Hügelkuppe. Am rechten Bildrand wird ein Mann mit geschultertem Gewehr eingeblendet, wie er den Bären betrachtet. Dazu sagt der Sprecher: „Since no one can really be sure who's right, isn't it smart to be as strong as the bear?" Das Abschlußtableau blendet die Worte ein: „President Reagan: Prepared for Peace." Der Werbespot erwähnt mit keinem Wort die implizierte außenpolitische Bedrohung durch die Sowjetunion, die nur in der allegorischen Form des Bären angesprochen wird. Die Bedrohungsatmosphäre wird jedoch ebenso vermittelt wie das Moment der Unsicherheit: „Tests showed the spot achieved an extraordinarily high recall rate. Many viewers missed the Soviet

---

336 Zitiert nach DIAMOND/BATES 1992: 128.
337 Zum Wahlkampf und den Spots 1968 vgl. die ausführliche Analyse bei JAMIESON 1988: 221–275.

allegory but got the messsage of peace through strength. (…) the ad attracted two demographic groups whose views often diverge: women liked the peace-through-strength appeal, and blue-collar-men warmed to the macho theme."[338]

Die kollektiven Ängste und ihre Schrecken haben sich über die Jahrzehnte gewandelt und so auch die technischen Möglichkeiten ihrer Evokation. Während Aby Warburg im Bildschaffen noch primär ein Mittel der Bezwingung von Alltagsängsten sah[339], die durch ihre Bannung aus der Verleibung gelöst und in der Distanz analysierbar und damit bewältigbar werden, ist der Film als Propaganda längst auch zu einem potentiellen Instrument der Angsterzeugung geworden. Als Politspot in der Art von „Daisy" ist das Bild nicht nur ein politisches Wahlkampfmittel, sondern auch ein Ausdrucksmittel für kollektive Ängste. Die Gefahr solcher Filme, in Manipulation umzukippen und nicht mehr ein diskutables Ausdrucksmittel politischer Auseinandersetzungen zu sein, besteht erst dann, wenn eine Auseinandersetzung mit diesen „Filmen" – von dem Lob ihres künstlerisch-ästhetischen Wertes bis zur Totalkritik als böswillige Verleumdung und Propaganda – verunmöglicht wird, wenn also die Politspots als asymmetrische Kommunikation kritik- und alternativenlos im Raum stehen bleiben. Manipulation wird nicht durch den bloßen Einsatz von Emotionen in einem politischen Kontext erzeugt, sondern erst durch die Gerinnung von Bildern zu Dogmen, die durch ein staatliches Gewaltmonopol vor Wandel und Kritik geschützt werden. Erst der institutionalisierte Unterdrückungsmechanismus einer zensorisch wirkenden Behörde beginnt Realitätsinterpretationen zu „Wahrheiten" zu stilisieren und damit eine pluralistische Weltsicht durch eine monoimaginäre und monovisionäre zu ersetzen:

> „One paramount character distinguishes totalitarianism from democracy; the monopoly of propaganda. So long as not one voice only is heard, the ‚danger' is at least partly banned. The influence of persuasion in a competitive position is bound to be transitory, persuasion is less likely to develop into hypnotism."[340]

Die besondere Gefahr bei der Anwendung Emotionaler Strategien im Wahlkampf liegt in deren Verschiebung der Argumentationsstrukturen, die von einer rational-argumentativen auf eine assoziativ-intuitive Ebene verlagert werden und deren Rückkehr zu einem an vernünftigen Programmen orientierten Diskurs schwierig ist, da die einmal evozierten psychischen Dispositionen die Sichtweise der Betrachter bereits beeinflußt haben. Die Emotionale Strategie wendet die Wahlkampfkommunikation in eine moralisierende Richtung. Nicht mehr die Abwägung zwischen Interessengegensätzen, programmatischen und personellen Politikalternativen steht im Vordergrund. Die kritisch-argumentative Rezeption macht einem dichotomischen Beurteilungsschema Platz, in welchem nach Gut und Böse, nach Sympathie und Antipathie geurteilt wird. Die Simplifizierung der politischen Kommunikation durch Reduktion auf zwei Gegner und eine klare Alternative ist nicht nur ein unterhaltsam-dramatischer Effekt, der Wahlkampf gleich einem Sportereignis spannend macht, hinter ihm steht auch ein dramaturgisches Kalkül, das von den eigentlichen Fragen und Politikentscheidungen zugunsten einer Konzentration auf den personellen Zweikampf abzulenken versucht. Als polarisierende

---

338 DIAMOND/BATES 1992: 26.
339 Hierin folgt die Verfasserin der Interpretation von BAUERLE 1988: 22/23.
340 Ernst KRIS, The ‚Danger' Of Propaganda. In: American Imago, vol. 2 (1941): 3–42, hier: 39.

Strategie kann die Gegenüberstellung zweier Alternativkandidaten einerseits dazu beitragen, komplexe Themen sinnvoll zu reduzieren, andererseits aber auch geschickt zur Verunglimpfung des politischen Gegners eingesetzt werden, der nurmehr zum Verlierer eines Spieles wird, das jedoch ernste Konsequenzen zeitigt. Stilelemente der Emotionalen Strategie sind einerseits die Stilisierung der Wahlentscheidung auf eine klare Alternative, andererseits die Suggestion, welche dieser beiden personellen Alternativen die richtige sei. Dabei wird der gegnerische Kandidat nicht direkt attackiert, sondern nur als schlechtere der beiden Alternativen impliziert. Zur Vermittlung dieser Botschaft ziehen die Imagestrategen alle Register der Spielfilmgefühle, vom Beschützerinstinkt für ein kleines Mädchen bis zu der Furcht vor Gewalt. Die Stilisierung und Emotionalisierung findet meist jedoch anhand von Bildabläufen statt, in denen der eigentliche Kandidat erst zum Schluß, sozusagen als Lösung des Bildrätsels auftritt. Die Emotionale Strategie ist damit eine personalisierend wirkende Strategie, die direkt auf bestehende Denkbilder der Adressaten abzielt, ohne jedoch notwendigerweise, wie dies in den meisten der anderen Strategien der Fall ist, den Kandidaten in seinem Abbild zu evozieren. Im Unterschied zu dieser subtilen Methode, zeichnet sich die Negativ-Strategie gerade durch ihre Direktheit aus. Der Gegner wird im Bild gebannt.

III. 9. Negativ-Strategie

Die Negativ-Strategie kommt einer politischen Kampfansage gleich. Negative Advertising ist „die Infragestellung der persönlichen Integrität bzw. politischen Glaubwürdigkeit, die Fixierung des politischen Gegners am Rande des politischen Koordinatensystems oder die Unterstellung persönlicher oder politischer Täuschungsabsichten."[341] Der Gegner wird im Bild als Betrüger, Unterdrücker, Despot, Mörder oder Hochverräter charakterisiert und meist dem strahlenden Helden- und Wohltäterimage des Konkurrenten gegenübergestellt, für den das Plakat wirbt. Dualismus und Dichotomie dieser Strategie spiegeln sich in Komposition und Bildstil. Meist sind die Plakate der Negativ-Strategie in zwei Teile gegliedert, die als Links-Rechts- oder Oben-Unten-Schema zu lesen sind (vgl. Abb. 74–77 und 55). Dem dualen Abbild entspricht das duale Denkbild, das auf eine klare personelle Alternative zwischen dem „guten" und dem „bösen" Kandidaten abzielt. Ähnlich der Emotionalen Strategie polarisiert die Negativ-Strategie und zieht die Kommunikation auf eine moralisierende und assoziativ-operierende Ebene. Auf dem Plakat in Abb. 55 wird dieser Aufforderungscharakter, zwischen zwei Kandidaten zu wählen, durch die Schrift zusätzlich unterstützt: „You Must Make Your Choice" sowie durch die Einfügung „versus" zwischen den beiden Bildblöcken des 1872 zur Wiederwahl antretenden Ulysses S. Grant. Dessen Porträt ist eingerahmt von George Washington, Abraham Lincoln, ehrwürdigem Efeu, Lorbeer und Eichenlaub. Hingegen ist das untere Porträt des Liberal-Republikanischen Gegenkandidaten Horace Greeley in Disteln eingefaßt.

Negativ-Strategien werden selten aus dem „Nichts" aufgebaut. Sie knüpfen meist, wie auch Emotionale Strategien, an bereits bestehende Denkbilder, Images, Gerüchte und Vorurteile an. Im Fall von Greeley bezog sich seine Darstellung im Kreis der beiden konföderierten Hoch-

---

341 Ulrich SARCINELLI (Hg.), Politikvermittlung. Beiträge zur politischen Kommunikationskultur. Stuttgart 1987: 304. Zitiert nach: STEGNER 1992: 100.

verräter und Bürgerkriegstreiber auf seine Beteiligung an der Kaution, die 1867 für den Ex-Präsidenten der Konföderierten Staaten, Jefferson Davis, gestellt worden war, der zur linken Seite Greeleys dargestellt ist: „Greeley had been one of the signers of a bail bond to release Confederate president Jefferson Davis from jail, prompting Republicans to rant: ‚Grant beat Davis – Greeley bailed him.'"342 Greeley war ursprünglich für die Liberal-Republikanische Partei angetreten, um einen programmatischen Wahlkampf gegen die Korruption der Nachkriegszeit und für die Versöhnung der ehemaligen Kriegsgegner zu führen, aber der Wahlkampf „rapidly degenerated into a campaign of mudslinging. More name-calling probably went on than in any contest since 1840. Reform spokesmen denounced Grant as corrupt and incompetent; regular Republicans jumped on Greeley for his offbeat ways. The latter's strange appearance – in white coat and hat, carrying an umbrella – soon became the object of ridicule. All the radical schemes he had ever hinted at in editorials, such as vegetarianism and free love, were held against him. The Republicans also vigorously waved the bloody shirt. Without any basis in fact, they charged Greeley with having favored the southern cause and advocating pensions for rebel soldiers. It was said that if he were elected he quickly would become a tool of the Democrats and appoint ex-Confederates to his cabinet. The Republicans furthermore claimed responsibility for the existing economic prosperity, implying that it would come to an end if the other side took over."343 Der skurrile Kandidat Horace Greeley344, der mit exzentrischen Plakatmotiven aufwartete (vgl. Abb. 43, 77, 80), bot eine große Angriffsfläche für die Negativ-Strategie der Republikaner, die im Plakat von 1872 (Abb. 55) den Gegenkandidaten nicht nur in unliebsame Gesellschaft stellten, sondern ihn auch mit seiner Brille, dem zu einer Halskrause sich formierenden Backenbart und dem übergeworfenen charakteristischen weißen Mantel als versponnenen Intellektuellen und Separatisten brandmarkten. Im Bildvergleich wirkt der Ex-Unionsgeneral Grant mit weißem Hemd und Fliege sowie gepflegtem Vollbart eher respektabel.

Das Oben-Unten- bzw. Links-Rechts-Schema steht in der Tradition des „antithetischen Kampfbildes", das Kurt *Reumann* in seiner gleichnamigen Dissertation345 als „Archetyp des politischen Bildes"346 begreift:

---

342 SHIELDS-WEST 1992: 100; vgl. auch BOLLER 1985: 129.
343 DINKIN 1989: 87.
344 Greeley (1811–1872), der Gründer des NEW YORKER, Herausgeber der New York Tribune und Veteran der Log-cabin- und Hard-cider-Kampagne von 1840, ist wahrlich zu den skurrilsten und zugleich widersprüchlichsten Figuren der amerikanischen Geschichte des 19. Jahrhunderts zu zählen, der wohl nicht zu Unrecht als „Don Quichotte" Amerikas (vgl. SHIELDS-WEST 1992: 100) bezeichnet wird. Als überzeugter Atheist, Anhänger des französischen Sozialutopisten Charles Fourier (1772–1837), der die Schaffung kleiner, überschaubarer Kommunen und damit die Vorläufer des Genossenschaftswesens mit dem Ziel der sozialen Gerechtigkeit anstrebte, Verfechter der freien Liebe und zugleich überzeugter Vegetarier, der der Lehre Dr. Sylvester P. Grahams, dem Erfinder des Graham-Mehls, huldigte, hob sich Greeley durchweg vom gängigen Geschmack seiner Zeit ab. Seine visuellen Markenzeichen waren ein weißer Mantel, ein hoher weißer Hut und ein grüner Schirm. Vgl. SHIELDS-WEST 1992: 100; GUNDERSON 1957: 31 sowie die Autobiographie Greeleys von 1868, „Recollections of a Busy Life".
345 Kurt REUMANN, Das antithetische Kampfbild. Beiträge zur Bestimmung seines Wesens und seiner Wirkung. (Diss. phil.) FU Berlin 1966.
346 Frank KÄMPFER, Der Rote Keil. Das politische Plakat. Theorie und Geschichte. Berlin 1985: 37.

„Die Kontrahenten (...) sind (...) nicht gleichwertig, sondern die eine der entgegengesetzten Größen wird als positiv, die andere als negativ herausgestrichen. (...) Die bildpolemische Gegenüberstellung von Gut und Böse ist jedoch noch nicht hinreichend charakterisiert, wenn man sie als Kampfbild bezeichnet. Nicht alle Bilderantithesen sind Kampfbilder, und nicht alle Kampfbilder stellen Antithesen dar. Es gibt Bilderantithesen, die unpolemisch sind, und es gibt Kampfbilder, die lediglich die angegriffene Partei als schlecht brandmarken, ihr aber keine positive Partei entgegenstellen. Kampfbilder, die Gut und Böse gegeneinander abwägen, sollen daher exakter antithetische Kampfbilder genannt werden."[347]

Diese Kategorie kann nicht nur auf die von *Reumann* untersuchten Karikaturen angewandt werden, sie trifft auch auf die nicht-karikierende Plakatpropaganda in den USA zu. Das antithetische Kampfbild wird vorzugsweise im Rahmen einer Negativ-Strategie eingesetzt. Aber auch hier ist zu unterscheiden zwischen bloßen Antithesen und Kampfbildern und dem oben beschriebenen antithetischen Kampfbild per se.

Ein Charakteristikum antithetischer Kampfbilder ist, daß sie „nicht Ideen, sondern deren Träger miteinander"[348] konfrontieren. Die Negativ-Strategie wirkt also personalisierend, wie dies auch in den antithetischen Plakaten zum Ausdruck kommt. Diese Plakate erfüllen alle die Voraussetzungen eines antithetischen Kampfbildes, das in der Terminologie *Reumann*s, den positiven und den negativen Helden als „Pluspartei" mit der „Minuspartei"[349] konfrontiert: „Der Höchstwert, zu dem sich die Pluspartei bekennt, soll (...) Ideal oder Plusideal genannt werden. Das Gegenteil des Plusideals bezeichnen wir demnach als Minusideal. Nach Auffassung der Pluspartei huldigt die Minuspartei dem Minusideal."[350]

In dem Holzstich von 1864 (Abb. 75) wird die Republikanische Pluspartei auf der linken Seite durch Präsident Lincoln verkörpert, der einen mit „Workman" untertitelten Arbeiter an die Hand nimmt und ihm beruhigend auf die Schulter faßt. Der Arbeiter ist zusätzlich durch eine Säge in der rechten Hand und einen typischen Arbeiterhut (vgl. Abb. 45) charakterisiert. Im Hintergrund der Plussequenz weht die Unionsflagge auf einem Schulhaus, aus dem weiße und schwarze Kinder strömen. Das Plusideal ist ein Vertrauensverhältnis zwischen Lincoln und dem weißen Arbeitnehmer, das „Union and Liberty!" garantiert. Dieser Forderung wird die Minuspartei der abgespaltenen Südstaatler rechts gegenübergestellt, personifiziert durch deren Präsidenten, Jefferson Davis. „Jeff", wie seine Darstellung untertitelt ist, drückt die Hand von George B. McClellan, dem Ex-Unionsgeneral, der 1864 für die Demokraten gegen Lincoln antrat. McClellan, der an seiner Uniform mit den Schulterklappen des Dreisterne-Generals erkennbar ist, hat den Hut vor dem konföderierten Präsidenten und Hauptgegner der Nordstaaten gezogen – eine Geste die in der Endphase des Bürgerkriegs als nationale Blasphemie gewirkt haben muß. Im Hintergrund der Minuspartei weht die konföderierte Flagge. Sklaven werden von Weißen versteigert und die Alternative zu Einheit und Freiheit links im Bild wird rechts als Minusideal der „Union and Slavery!" proklamiert. Das Propagandablatt von 1864 lehnt sich an den Bedeutungssinn und die Richtungszuweisung der christlichen Ikono-

---

347 REUMANN 1966: 10.
348 REUMANN 1966: 11.
349 Ebd.
350 Ebd.

III. 9. Negativ-Strategie

graphie an, die in antithetischen Topoi wie den Darstellungen des Jüngsten Gerichts seit dem Mittelalter die linke Bildseite als positiv, die rechte als negativ bewertet.[351] Dieses Links-Rechts-Schema wird sowohl in dem Plakat von 1864 (Abb. 75) wie auch in dem Plakat für die Liberal-Republikanischen Kandidaten Horace Greeley und Benjamin Gratz Brown 1872 (Abb. 77) befolgt. Diese detailreiche Lithographie gliedert sich in zwei Bildteile, die durch eine Mittelachse mit den Porträts Washingtons oben im Bild und Lincolns unten kompositorisch voneinander getrennt werden. In der linken unteren Ecke ist das Porträt Horace Greeleys in einem Ovalmedaillon dargestellt, während die rechte untere Ecke durch das Porträt des Vizepräsidentschaftskandidaten Gratz Brown abgeschlossen wird. Die eigentliche Antithese liegt in dem Bildraum hinter den Porträts, deren Angelpunkt eine Unionsflagge mit Adler über dem Ovalporträt Lincolns bildet. Links der Flagge ist eine kaum überschaubare Menschenmenge versammelt, die sich im Vordergrund auf einen Zeitungsjungen zu stürzen scheint, der die New York Tribune verteilt. Links neben dem Lincoln-Porträt ist Horace Greeley, der Herausgeber der New York Tribune und Präsidentschaftskandidat, in der vordersten Reihe der Menge stehend mit seinen typischen Utensilien abgebildet – dem weißen Hut und Mantel und dem Schirm in der Hand. Hinter ihm stehen Männer mit Hüten, vermutlich Kriegsveteranen und im Hintergrund verleihen wild gestikulierende Menschen der Euphorie der Massen Ausdruck. Ein Mann ist sogar an einem Telegrafenmasten hochgeklettert und schwenkt den Hut. Ein Raddampfer stößt Dampf aus, Sesselballons fliegen über einer Stadt, von deren Kirchturm die Unionsflagge gehißt ist. Auf den Dächern jubeln die Menschen und die Schornsteine rauchen. Am linken Bildrand kniet Victoria auf einem Podest, umgeben von Siegeskränzen und U.S.-Flaggen. Die weibliche Siegesallegorie, neben der ein Adler abgebildet ist, streckt ihren linken Arm mit dem Siegeskranz über die darunterliegende Friedensszenerie aus. Links unterhalb der Victoria ist ein indianischer Häuptling mit Federschmuck sowie ein kleiner Militärtrommler zu sehen. Im linken Vordergrund, unmittelbar neben dem Lincoln-Medaillon liegen Ausgaben der New York Tribune, eine Aktentasche, ein Buch und ein Tintenfaß mit Feder auf dem Boden. Diesen Symbolen des Friedens werden auf der rechten Seite Symbole des Krieges – Kanonenkugeln und ein zerbrochener Säbel – gegenübergestellt. Spiegelverkehrt zu der jubelnden friedlichen Menge werden in der rechten Bildhälfte Schlachten aus dem Bürgerkrieg evoziert. Die Gemetzel zu See und zu Land werden von zerstörerischen Rauchschwaden und einem Gewitter begleitet. Im Bildvordergrund rechts stehen die Generäle vor einer Kanone, die gerade abgefeuert wird. Rechts liegt ein toter Trommler und daneben wird ein Sklave von seinen Ketten befreit. Im rechten Hintergrund schwingen die siegreichen Unionsgeneräle ihre Hüte. Unmittelbar hinter dem Gratz Brown-Medaillon scheint die Figur des Gouverneurs aus Missouri verdoppelt zu sein. Dies deutet auf eine militärische Vergangenheit Gratz Browns hin.

---

351 In dem berühmten Gemälde des „Jüngsten Gerichts" von Rubens ist diese rigide links-rechts Symmetrie zwar einer barock-bewegten Asymmetrie gewichen, die Seitenzuordnung der Erlösten auf der linken Bildhälfte (zur rechten Seite des Erlösers) und die der Verdammten auf der rechten Bildhälfte (zur linken Seite des Erlösers) ist jedoch beibehalten, was bei aller kompositorischen Dynamik auf einen festgelegten Bedeutungskanon hindeutet, der die „Guten" auf der linken Bildseite, die „Bösen" auf der rechten ansiedelt. Das sogenannte „große" Jüngste Gericht, das sich in der Alten Pinakothek in München befindet und 605 x 474 cm groß ist, wurde zwischen 1615 und 1616 gemalt. Vgl. Abb. 118 in: P. P. Rubens. Des Meisters Gemälde in 538 Abbildungen. Hg. v. Rudolf Oldenbourg. 4. Aufl. Stuttgart u. a. o. J.

Er hebt seinen Hut und hält zugleich eine aufgeschlagene Zeitung in der Hand, vermutlich um die Sieges- und Friedensbotschaft schwarz auf weiß zu lesen.

Das antithetische Kampfbild stellt Horace Greeley als Friedens-, Wohlstands- und Fortschrittsbringer auf der linken Seite dem Minusideal des Krieges auf der rechten Seite gegenüber. Diese Botschaft wird durch die an Bibelzitate erinnernden Slogans im Zentrum des Plakates unterstrichen: „Be It Peace And The Sword Has To Cease" und „The Pen Is Mightier Then The Sword". Diese Aussagen werden im Bild sowohl durch das zentrale Emblem des gekreuzten Säbels mit der Feder im Lorbeerkranz als auch durch die links und rechts des Lincoln-Porträts liegenden Schriftstücke und Kanonenkugeln visualisiert. Die programmatischen Forderungen der Liberal-Republikanischen Kandidaten werden schließlich in dem geschweiften Spruchband über der apokalyptischen Szenerie mit stilisiertem Sonnenaufgang formuliert: „Universal Amnesty, Liberty, Equality and Fraternity, Impartial Suffrage". Über dieser gesamten Darstellung schwebt das Ovalporträt Washingtons zu dessen Seiten links und rechts Bänder mit den Siegeldarstellungen der U.S.-Einzelstaaten dynamisch-verschlungen wogen. Der biblische Kontext, in dem die gesamte Strategie Greeleys zu stehen schien (vgl. Abb. 80), wird noch einmal durch die Bildunterschrift in Abb. 77 zum Ausdruck gebracht: „In The Beginning Was The Word, Then Followed The War, Yet We Shall Seal The Peace." Das Greeley-Plakat evoziert die noch lebendigen Erinnerungen an den sieben Jahre zuvor beendeten Bürgerkrieg und ruft zu einer Versöhnung zwischen Nord und Süd auf. Die ovale Gestaltung der Bildmitte, die zwischen Weltuntergangs- und Sonnenaufgangsstimmung schwankt, verdeutlicht die überzeitliche Bedeutung der von Greeley gestellten Forderungen nach allgemeinem Wahlrecht und zugleich einer allgemeinen Amnestie für die Südstaatler im Namen von Freiheit, Gleichheit und Brüderlichkeit. Das Links-Rechts-Schema mit der christlichen Bedeutungsdimension, die die guten Dinge auf der linken, die schlechten auf der rechten Bildhälfte anordnet, wird bei einer überzeitlichen Lesart der dargestellten Antithese angewandt. Der Konflikt zwischen Frieden und Krieg, Freiheit und Sklaverei wird als zeitlos und grundlegend gesehen, die Entscheidung ähnlich dem Schema des Jüngsten Gerichts als endgültig dargestellt.

Von dieser Bedeutungszuweisung der Bildhälften unterscheiden sich jedoch andere Plakate der Negativ-Strategie, die das Gut-Böse-Schema unter umgekehrten Vorzeichen visualisieren (vgl. Abb. 76). In dem antithetischen Kampfbild für den Demokratischen Kandidaten Horatio Seymour von 1868 erscheint der Kandidat selbst als Friedensbringer auf der rechten, sein in der Rolle des rücksichtslosen Gewaltherrschers dargestellter Konkurrent Ulysses S. Grant auf der linken Seite. Wie erklärt sich diese Motivumkehrung, die sich nicht mehr an dem Bildschema der christlichen Ikonographie orientiert? Der Seitenwechsel der Bedeutungen ist einer anderen intendierten Lesart zuzuschreiben. Während die Gut-Böse-Schemata in Abb. 75 und 77 auf überzeitliche Entscheidungen abzielten und einen Vergleich grundlegender politischer Positionen implizierten, ist das Links-Rechts-Schema der Abb. 76 gemäß der Leserichtung aufgebaut und impliziert eine zeitlich-chronologische Lesart. Die linke und die rechte Bildhälfte verkörpern jeweils die zeitlich gebundenen Alternativen mit einem Vorher-Nachher-Effekt, wobei das zeitlich vorausliegende Ereignis links, das daraufolgende rechts dargestellt wird. Dabei kann es sich sowohl um einen Vergleich von Vergangenheit und Gegenwart als auch um eine Gegenüberstellung von Gegenwart und Zukunft handeln. In dem Plakat „A Match" (Abb. 76) werden dem Betrachter zwei politische Alternativen angeboten. Links im Bild reitet der Republikanische Präsidentschaftskandidat Ulysses S. Grant auf einem Pferd rücksichtslos über verzweifelt am Boden sich windende weiblichen Figuren hinweg, die die

Südstaaten und ihr Los bei einer Präsidentschaft Grants symbolisieren. Grant ist gerade dabei den Säbel zu ziehen, auf dessen Scheide sein Wahlmotto „Let us have peace" geschrieben steht. Das Bildnis Grants soll diesen als Zyniker entlarven, der Frieden verspricht, aber gewaltsame Unterdrückung meint. Diese Assoziation wird auch durch die Handlungen im Hintergrund verstärkt. Während rechts hinten das Schiff der Einheit untergeht, tanzen und vergnügen sich die freigelassenen Sklaven. Links hinter dem Pferdekopf sind gebrandschatzte Städte des Südens und Erschießungskommandos dargestellt. Dies alles geschieht unter einer gehißten Flagge mit gekreuztem Säbel und Gewehr und der Aufschrift: „The Empire is Peace". Die Pluspartei, verkörpert durch den Demokratischen Präsidentschaftskandidaten Horatio Seymour rechts im Bild, vertritt hingegen die „wahre" Friedens- und Wohlstandsverheißung. Seymour, im Unterschied zum militärischen Grant, in ziviler Kleidung, hält in der rechten Hand dem Gegner zu Pferde einen Palmzweig als Zeichen des Friedens entgegen. In der linken Hand hält er ein ausgerolltes Schriftstück mit den Worten „Constitution our Richer Law". Seymour tritt die Symbole von Gewalt und Zerstörung – ein Kanonenrohr, ein Wagenrad und ein Gewehr – mit Füßen und verspricht unter der gehißten Unionsflagge Frieden und Prosperität, symbolisiert durch den pflügenden Farmer, die großen Heuhaufen, rauchende Fabrikschornsteine, ein fahrendes Schiff und geschäftige Hafendocks im Hintergrund. Rechts im Vordergrund wird eine stillende weiße Mutter mit ihrem Baby und eine sich um sie kümmernde schwarze Frau mit Kind dargestellt. In dem Halbkreis in der unteren Mitte, der durch den Fahnenmast ebenfalls in zwei Teile geteilt wird, werden links die ruinösen ökonomischen Auswirkungen einer Präsidentschaft Grants aufgezeigt: „Gold And No Taxes For the Bondholder" – die steuerliche Begünstigung der Reichen, bei gleichzeitiger absoluter Verarmung der Kriegsveteranen, die ein Bettlerleben fristen müssen – „A Beggars Life. Reward For The Boys In Blue". Auf der Seite Seymours wird Weiß und Schwarz gleichermaßen „Equal Taxation & One Currency For The Rich And The Poor" versprochen. Die Unmißverständlichkeit der Wahlentscheidung zwischen der dargestellten Minuspartei links und der Pluspartei rechts wird schließlich durch die Bildunterschriften auf den Punkt gebracht: „Radical Destruction" vs. „Democratic Reconstruction". Die Lithographie ist zugleich ein gesellschaftspolitisches Dokument, das wie kaum ein anderes Bildplakat die Rolle der Frau thematisiert. Sowohl auf der Plus- wie auch auf der Minusparteiseite sind es Männer, die Entscheidungen fällen, unter denen primär die Frauen zu leiden haben. Die Opferrolle der Frau, die links der Willkür eines Gewaltherrschers ausgeliefert ist und rechts in der Aufopferung als Mutter, egal ob schwarz oder weiß, ihre Erfüllung sieht, wird in dem Bild bestärkt. Das Bildprogramm drückt so nicht nur die Alternative zwischen zwei politischen Kandidaten aus, sondern versinnbildlicht ein innergesellschaftliches Gewaltverhältnis, bei dem die Frauen in der Hierarchie jeweils unten, die Männer oben stehen.

Eine besonders geschickte Variante der Negativ-Strategie stellt ihre oberflächliche Tarnung dar, die erst auf den zweiten Blick entlarvt wird. Der von einem der berühmtesten amerikanischen Cartoonisten des 19. Jahrhunderts entworfene Holzschnitt für die Wiederwahl Abraham Lincolns 1864 (Abb. 74) wirkt oberflächlich betrachtet wie eine Illustration der Demokratischen „Chicago Platform". Der Gegenkandidat Lincolns, George B. McClellan, ist in dem zentralen Ganzkörperporträt des Plakates dargestellt. Erst bei eingehender Betrachtung wird deutlich, daß sich das Plakat in einer bissigen, detailreichen Satire gegen McClellan wendet. Die kleingedruckten Untertitel zu den gewalttätigen Szenen übersäen die Demokratische Partei mit Spott und Hohn. Unter dem Titel „The Chicago Platform" ist eine Kanone direkt auf den Betrachter gerichtet und mit „Union Failures" übertitelt, einer Anspielung auf das Versagen McClellans als Unionsgeneral[352], der aufgrund seiner militärstrategischen Unfähigkeit den Tod unzähliger Unionssoldaten zu verantworten hatte. Thomas Nasts Holzschnitt war zunächst als doppelseitige Illustration in der Wochenzeitung *Harper's Weekly* erschienen[353], für die Nast zwischen 1862 und 1885 regelmäßig zeichnete.[354] Die Illustration erwies sich aber als derartiger Erfolg, daß sie von den Republikanern schließlich auch als Einzelblattplakat vertrieben wurde:

> „In the enormously influential ‚The Chicago Platform' (...), Nast conveyed the meaning that the war had come to have for the influential segment of Northern public opinion to which he spoke. Precisely because it touched on causes that transcended the ordinary political concerns of place and power, his art had a special impact on his audience. The potential of these drawings was speedily recognized by the Union Republican party, which distributed copies by the hundreds of thousands."[355]

Die Demokraten, die im Wahlkampf von 1864 auf die Kriegsmüdigkeit der Bevölkerung setzten und zugleich die Frustrationen ob der vielen Niederlagen der Uniontruppen ausnutzten, bewirkten nur einen stärkeren Zusammenhalt der Republikaner, die gerade auch in der Bildpropaganda wenig zimperlich mit dem politischen Gegner umgingen.[356]

Der politische Sieg Lincolns[357] wurde in dieser vergifteten Atmosphäre nicht nur als Befreiungsschlag, sondern als Symbol für den zu erwartenden militärischen Sieg gewertet.[358] Die nationale Krise und Ausnahmesituation des Bürgerkrieges hatte neben der Fortsetzung altbewährter Bildschemata auch das Experiment mit neuen Ausdrucksmitteln politischer Propaganda zur Folge. Der dynamische Bildstil Nasts (Abb. 74) arbeitete mit dem hohen Informationsgrad der Bevölkerung ebenso wie mit deren verständlichem Bedürfnis nach psychisch entlastenden Darstellungen todernster Entscheidungen. Die „Chicago Platform" setzte auf die mentale Mitarbeit der Betrachter, die den Doppelsinn zwischen Originalzitaten aus dem Demokratischen Programm und deren bildlicher Sinnverkehrung entlarven mußten und dadurch beim Betrachter den Eindruck hinterließen, selbst das falsche Spiel der Demokraten durchschaut zu haben. Der Wahlkampf von 1864 führte so zu neuen Bildkonzepten, die zuerst neben den traditionellen politischen Bannerdarstellungen bestanden, um sie gegen Ende des 19. Jahrhunderts endgültig abzulösen.

---

352 „Union Failure" ist zugleich ein tatsächliches Zitat aus der Demokratischen Platform, das jedoch durch seine Verbindung mit der Bilddarstellung in den obigen Sinn verkehrt wird. „The platform written by the extreme peace faction stressed the ‚four years of failure to restore the Union by the experiment of war.' It called for an immediate armistice with the hope of returning to constitutional relationships as they had existed prior to 1861." DINKIN 1989: 82.
353 In der Ausgabe vom 15. Oktober 1864.
354 Vgl. Morton KELLER, The Art and Politics of Thomas Nast. New York 1968: vii.
355 Ebd.: 41. Für eine ausführlichere Beschreibung des Plakates und der historischen Personen s. REILLY 1991: 531/532.
356 DINKIN 1989: 83.
357 In den 25 Staaten, in denen gewählt wurde, erzielte Lincoln 2. 206. 938 popular votes und 212 Wahlmännerstimmen gegenüber McClellans 1. 803. 787 popular votes und 21 Wahlmännerstimmen. Vgl. SHIELDS-WEST 1992: 89.
358 KELLER 1968: 41.

III. 9. Negativ-Strategie

Die Negativ-Strategie funktioniert aufgrund der Personalisierung politischer Programme. Die Reduktion komplexer politischer Entscheidungen auf die Wahl zwischen zwei Personen führt zu dualistischen Bildprogrammen, die diese Wahlsituation visualisieren. Dabei werden die Porträts der beiden konkurrierenden Kandidaten einander gegenübergestellt. Zur Hervorhebung des Plusideals wird meist zur Heldenstrategie gegriffen. Der Kandidat der Pluspartei erscheint häufig im agitatorisch-dynamischen Ganzkörperporträt. Dieser wird mit einem etwas kleineren oder durch den Bildkontext verunglimpften Gegner kontrastiert. Die Verunglimpfung des Gegners im Wahlkampf ist somit keine Erfindung der Telekratie, sondern gehörte schon seit dem ersten Auftreten politischer Konkurrenten zu den Wahlstrategien in der Demokratie[359]:

> „If Jefferson is elected, proclaimed Yale president Rev. Timothy Dwight, the Bible will be burned, the French ‚Marseillaise' will be sung in Christian churches, and ‚We may see our wives and daughters the victims of legal prostitution; soberly dishonored; speciously polluted'."[360]

Wie unziemlich die Parteien jeweils mit den gegnerischen Kandidaten umsprangen, wird nicht nur in offensichtlichen Beschimpfungen deutlich – William Henry Harrison wurde 1840 als greise Großmutter[361], Andrew Jackson 1828 als Ehebrecher und Frauenverführer[362], sein Gegenkandidat John Quincy Adams als Zuhälter[363] und der Demokratische Kandidat Franklin Pierce 1852 schlicht als „dwarfish abortion of a statesman"[364] bezeichnet. Im Wahlkampf der Gegenwart werden auch die nächsten Angehörigen nicht verschont. So bezeichnete der rechtskonservative Publizist William Safire 1996 First Lady Hillary Clinton mit Bezug auf die Whitewater-Immobilien-Affäre als „geborene Lügnerin".[365]

---

359 Kathleen Hall JAMIESON bringt diesen Tatbestand auf den Punkt: „Since the founders, sloganeering – not substance – has been the stuff of politics." In: DIES., Dirty Politics. Deception, Distraction, and Democracy. New York u. a. 1992: 9.
360 Zitiert in: ebd.: 43.
361 SHIELDS-WEST 1992: 60.
362 „But Jackson found nothing amusing in the attacks on his family. He was reduced to tears when he came across the following statement in newspapers opposing his election: ‚General Jackson's mother was a COMMON PROSTITUTE, brought to this country by the British soldiers. She afterward married a MULATTO MAN, with whom she had several children, of which number General JACKSON IS ONE!!!' But he flew into rage when he read about the assaults on his beloved wife Rachel in Adamsite newspapers and pamphlets. Jackson's marriage had long been a target of his enemies. He had wooed, won, and wed Rachel in 1791 after her first husband, Lewis Robards, had left her to get a divorce. Robards, it turned out had delayed getting the divorce and then sued for divorce on the ground that his wife was living in sin. As soon as the divorce came through, the Jacksons remarried; but malicious stories about Rachel's ‚adultery' dogged Jackson for the rest of his life." BOLLER 1985: 46.
363 S. DINKIN 1989: 45, „Adams was accused of being a pimp for the czar while serving as a diplomat in Russia."
364 Zitiert nach: TROY 1991: 57.
365 „Americans of all political persuasions are coming to the sad realization that our First Lady (…) is a congenital liar." William Safire in der New York Times vom 8. 1. 1996, hier zitiert nach: TIME vom 22. 1. 1996: 50.

Der Vorwahlkampf 1996 fiel jedoch nicht nur wegen der harten Angriffe auf die Präsidentengattin auf, sondern auch wegen des rücksichtslosen Umgangs der Republikanischen Bewerber miteinander. Zum ersten Mal konnte die amerikanische Wählerschaft eine Schlammschlacht zwischen den Konservativen verfolgen, die im Unterschied zu den Demokraten bislang eher umsichtige Primärwahlkämpfe geführt hatten. Besonders Steve Forbes, der als Außenseiter ohne politische Amtserfahrung und dank seines eigenen Reichtums auch unabhängig von den Ausgabengrenzen agieren konnte, die für die übrigen Kandidaten verbindlich waren, schoß mit seinen Negativ-Spots weit über das Ziel hinaus. Insgesamt gab allein Forbes über zehn Millionen Dollar für Wahlwerbespots aus, die größtenteils den Republikanischen Favoriten Bob Dole attackierten.[366] Ein Forbes-Spot stellte die beiden Kandidaten einander gegenüber mit dem gesprochenen Kommentar und schriftlichen Untertiteln: „Bob Dole, a Washington politician. Bob Dole – Washington values. Steve Forbes – conservative values."[367] Forbes' Spot verstärkte ein Image, das bereits durch Polemiken Pat Buchanans geprägt worden war, der Bob Dole als „Beltway Bob" bezeichnet hatte und damit die elitäre Position Doles, seine Weltfremdheit und potentielle Korrumpierbarkeit betonte. Aber auch Doles Wahlkampfteam zögerte nicht, wenn es um die Diffamierung innerparteilicher Konkurrenten ging. In einem Spot, der eine Woche vor den Wahlen in New Hampshire ausgestrahlt wurde, wird der Republikaner Alexander als „tax-and-spend"-Politiker bezeichnet, ein Vorwurf, mit dem in der Vergangenheit regelmäßig Demokratische Konkurrenten konfrontiert wurden. Der 30-Sekunden-Spot beginnt mit der Frage: „Just how liberal is Lamar Alexander?", um dann aufzuzählen, wie häufig er als Gouverneur von Tennessee die Steuern erhöht hätte und mit dem einprägsamen Bild Alexanders zu schließen, das folgendermaßen kommentiert wurde: „Liberal on Taxes. Liberal on Spending. Liberal on Crime. Lamar Alexander: He's Not What He Pretends to be."[368] Von der Negativ-Strategie Doles und Forbes' profitierten vor allem Pat Buchanan und Lamar Alexander, die beide keine Negativ-Strategien in ihren Spots zum Einsatz brachten. Viele Wählerinnen und Wähler in New Hampshire stimmten aus Protest gegen die Negativ-Werbung für diese beiden Kandidaten und verhalfen so Buchanan zum ersten und Alexander zum überraschenden dritten Platz.[369] Der Republikanische Vorwahlkampf 1996 wurde zum schmutzigsten in der amerikanischen Geschichte erklärt. Wie das folgende Beispiel zeigt, haben die Negativ-Strategien jedoch eine lange Tradition und die Anwartschaftsliste auf den negativen Spitzenplatz ist lang.

Wie kaum ein anderes Plakat griffen die sogenannten „Coffin Handbills" 1828 den Demokratischen Kandidaten Andrew Jackson an (vgl. Abb. 78) und machten seine militärische Vergangenheit zum Thema:

---

366   Elizabeth KOLBERT, Experts Saying Negative Ads Will Be Around for a While. In: The New York Times, 2. 3. 1996: 9.
367   Der Spot ist im Oklahoma Political Commercial Archive archiviert. Zur kritischen Analyse des Spots vgl. Judi HASSON, '88 all over again: Dole engages a wealthy rival. In: USA Today, 23. 1. 1996: 5A.
368   Der Spot befindet sich im Besitz der Verfasserin.
369   Das Republikanische Vorwahlergebnis von New Hampshire lautete: 27% für Buchanan, 26% für Dole, 23% für Alexander, 12% für Forbes. Über die Wirkung negativer Werbespots gehen die Meinungen auseinander: „On the surface, the results seemed to be a repudiation of negative advertising. But political strategists argue the opposite conclusion is just as valid: the results confirmed the efficacy of negative ads. Mr. Forbes' attacks clearly damaged Mr. Dole, as the Senator himself has often said. And Mr. Forbes' surge in the polls started to turn into a slide shortly after Mr. Dole's attacks." KOLBERT 1996: 9.

III. 9. Negativ-Strategie 255

„Jackson's opponents emphasized the negative side of his martial image. They also saw him as a Napoleonic figure, a military chieftain, out to seize power and to become a military dictator. Jackson's brutality as a military leader became a campaign issue. These ideas were most directly expressed in the famous ‚coffin handbill' composed by the editor of the *Philadelphia Democratic Press*. This handbill is decorated by six black coffins and recounts Jackson's unjustified execution of six of his own soldiers at the Battle of New Orleans and his brutality to the Indians in the Florida campaign. Was a brutal man with delusions of grandeur fit to be President of a democracy? was the question his opponents brought to the electorate, and one that would be raised about future military hopefuls. In Jackson's case this strategy backfired. Jackson was elected, and the author of the handbill lost his newspaper and had his house attacked by angry mobs."[370]

Die Schwarzmalerei und Angstmacherei falscher Propheten gehörte zum Wahlkampf ebenso wie die Schönfärberei und Schilderung der Zukunft in den leuchtendsten Farben. Die Verklärung der Realität, ihre emotionale Steigerung und Überhöhung führten dabei schon immer nicht nur die Beeinflussung der Massen, sondern auch eine unterhaltsame Dramaturgie im Schilde. Kritik entfaltet ihr stärkstes Wirkungspotential bei einer narrativen Verkleidung und der dramatischen Konfrontation zweier Hauptdarsteller, von denen der eine „gut", der andere „böse" ist. Die dramatischen Momente ersetzen so faktische Argumente, die visuelle Assoziation überlagert den aufklärerischen Diskurs. So eindeutig mag es zumindest auf den ersten Blick scheinen. Die Gleichsetzung von Bild und Irrationalität vs. Argument und Rationalität operiert jedoch auf demselben undifferenziert-dichotomischen Niveau, wie die Bilder, denen sie gerade diese Undifferenziertheit zum Vorwurf macht. Visuelle Wahlkampfkommunikation ist in Wirklichkeit jedoch um einiges komplexer, da sich die Bildproduzenten der von ihnen ausgelösten Wirkungen niemals sicher sein können und bei einem Kontextwandel die Bildstrategie auch „nach hinten" losgehen kann. Michael Dukakis' Medienberater hatten mit ihrem „Tank Ad", in dem der Kandidat bei einer Fahrt in einem M1-Panzer gezeigt wurde (vgl. das Plakat zum Werbespot, Abb. 41), beabsichtigt, eine Diskussion um die Verteidigungspolitik der beiden Präsidentschaftskandidaten auszulösen, wobei Dukakis' Beharren auf einer konventionellen Nachrüstung amerikanischer Waffensysteme in den Vordergrund gestellt werden sollte.[371] Die Panzerfahrt Dukakis' sollte diese programmatische Position symbolisieren und Medienaufmerksamkeit erzeugen. Die Adressaten des Spots – vor allem die Medien selbst und nicht die Wähler – sahen darin jedoch nicht die politische Botschaft, sondern lediglich den plumpen Versuch des in den Meinungsumfragen zurückliegenden Kandidaten, durch militärisches Gehabe sein schwaches Image aufzubessern.[372] Die Spotproduzenten hatten sich bei der Einschätzung ihrer Adressaten deutlich verkalkuliert. Die Presse, die ihre eigene Rolle primär in der Aufdeckung der Strategie hinter der Strategie sieht, wurde mit einem eindimensionalen Bildprogramm konfrontiert, das hinter der eigentlichen Botschaft, daß Dukakis für konventionelle Aufrüstung im Gegensatz zu Bushs Schwerpunktsetzung auf Nuklear- und Raum-

---

370 SCRIABINE 1983: 166. Zu den berühmten Coffin-Handbills vgl. auch Robert V. REMINI, Martin Van Buren and the Making of the Democratic Party. New York 1959: 151ff.; James A. BARBER, Old Hickory. A Life Sketch of Andrew Jackson. Washington D. C. u. a. 1990: 65; BOLLER 1985: 45/46; MELDER 1992: 41; REILLY 1991: 33/34; DINKIN 1989: 45.
371 S. JAMIESON 1992: 4.
372 Ebd.: 5.

fahrttechnologie stand, keine zweite, von den Medien aufdeckbare Strategie enthielt. Die Lehre aus Flops wie diesen ist eine wahrnehmungspsychologische: „(…) in politics as in life, what is known is not necessarily what is believed, what is shown is not necessarily what is seen, and what is said is not necessarily what is heard."[373]

Diese Erkenntnis wird bestärkt durch die Analyse der Funktionsweise weiterer Werbespots aus dem Präsidentschaftswahlkampf von 1988, die einen Tiefpunkt in der Geschichte politischer Schlammschlachten markierten:

Der Wahlkampf 1988 machte neben den beiden Spitzenkandidaten auch einen dritten Mann berühmt – Willie Horton. Er wurde der Star eines Politspots, den eine konservative Lobbygruppe, das National Security Political Action Committee (NSPAC), produziert hatte und der in der zweiten Septemberwoche ausgestrahlt wurde.[374] In dem Werbespot wurde Michael Dukakis visuell mit einem überführten Mörder assoziiert, der zu lebenslanger Haft verurteilt, während eines Hafturlaubes entflohen war und in der Folge eine Frau in Maryland vergewaltigt und ihren Verlobten körperlich verletzt hatte. Die Verbindungslinie zwischen dem Demokratischen Präsidentschaftskandidaten und Gouverneur aus Massachusetts und dem entwichenen Häftling wurde durch die Tatsache verstärkt, daß Hortons Hafturlaub von einem Gefängnis in Massachusetts gewährt worden war und somit in den Verantwortungsbereich von Gouverneur Dukakis zu fallen schien. Der Spot selbst begann mit einer objektiv anmutenden schriftlichen Ankündigung auf einem Tableau: „BUSH & DUKAKIS ON CRIME". Zwei Fotos der Kandidaten werden als antithetische Kampfbilder einander gegenübergestellt. Bushs helles Porträt links und das dunkel-verschwommene Porträt des ungekämmten Dukakis rechts daneben. Darauf folgt eine weitere antithetische Bildgegenüberstellung, indem das Bush-Porträt aus dem Tableau leicht vergrößert eingeblendet wird und darunter die Todesstrafe zum Plusideal erklärt wird: Bush „Supports Death Penalty". Ein Sprecher aus dem Off sagt: „Bush supports the death penalty for first-degree murderers." Darauf folgt wieder ein dunkles Foto von Dukakis mit hochgezogenen Augenbrauen und einem Mikrofon, darunter das Minusideal: Dukakis „Opposes Death Penalty". Der Sprecher aus dem Off erklärt: „Dukakis not only opposes the death penalty, he allowed first-degree murderers to have weekend passes from prisons". Im folgenden Bild wird dasselbe Dukakis-Porträt mit dem zu den Worten des Sprechers passenden Text untertitelt: „Allowed Murderers to Have Weekend Passes". Jetzt folgt das Horton-Porträt. Ein Polizeifoto, das den Häftling in Frontposition darstellt und in seiner Verschwommenheit vor allem zwei Charakteristika übermittelt: Horton trägt einen wilden Vollbart und Horton ist schwarz. Dazu der Text des Sprechers: „One was Willie Horton, who murdered a boy in a robbery, stabbing him 19 times". Das Horton-Foto wird beibehalten und im nächsten Cut erscheint sein Name unter dem Bild. Darauf folgt ein verschwommenes Foto, das Horton bei seiner Verhaftung mit einem Polizisten zeigt. Das Bild ist untertitelt mit: „Horton Received 10 Weekend Passes From Prison", der Sprecher sagt: „Despite a life sentence, Horton received 10 weekend passes from prison." Das Bild von der Festnahme wird durch die Worte „Kidnapping, Stabbing, Raping" untertitelt und der Sprecher ergänzt: „Horton fled, kidnapped a young couple, stabbing the man and repeatedly raping his girlfriend." Darauf folgt ein Cut zu dem zweiten Dukakis-Porträt mit Mikrofon und der Untertitelung: „Weekend Prison

---

373 Ebd.: 16.
374 Ebd.: 17.

Passes/Dukakis On Crime."[375] Das zweite Foto Dukakis', das ihn mit hochgezogenen Augenbrauen vor einem Mikrofon zeigt, suggeriert, daß sich Dukakis ausdrücklich für Hafturlaube ausgesprochen hätte. In Wirklichkeit hat Dukakis als Gouverneur nur ein Programm fortgesetzt, das sein Republikanischer Vorgänger eingeführt hatte und das in vielen anderen Einzelstaaten der USA gängige Praxis im Strafvollzug ist.[376] Die Auswahl des Horton-Falles war kein Zufall, sondern eine gezielte Taktik der Republikaner. Willie Horton mobilisierte kollektive und individuelle Urängste sowie rassistische Vorurteile. Das Verbrechen, die Vergewaltigung einer weißen Frau durch einen schwarzen Mann, ist an sich untypisch, da die meisten Vergewaltigungen wie auch andere Gewaltdelikte innerhalb derselben ethnischen Gruppe erfolgen.[377] Der schwarze Vergewaltiger als lebende Horrorfigur und exemplarische Gefahr sprach jedoch das große Wählerpotential weißer Frauen an und brandmarkte zugleich Dukakis als den Verantwortlichen für die Untaten Hortons. Der Horton-Spot verband so auf ideale Weise eine Negativ- mit einer Emotionalen Strategie und erhöhte die Wirkung durch das Stilmittel des antithetischen Kampfbildes, das dem Minusideal der Hafturlaubsgewährung das Sicherheit versprechende Argument der Todesstrafe als Plusideal, verkörpert durch George Bush, entgegenstellte. Die Wirkung des Spots wurde sowohl von den Republikanischen Medienberatern wie auch durch die Presse durch permanente Wiederholung der „Horton-Story" verstärkt. Bush integrierte immer wieder Verweise auf Horton oder auf Hafturlaub und Todesstrafe in seine Reden. Wahlkampfparaphernalien in Form von „get out of jail free courtesy of Dukakis"-Karten wurden in Texas verteilt[378], und schließlich produzierten die Republikaner einen weiteren Politspot, der auf die Verstärkung desselben Themas abzielte:

> „When the Bush campaign's ‚revolving door' ad began to air on October 5, viewers read Horton from the PAC ad into the furlough ad. This stark black-and-white Bush ad opened with bleak prison scenes. It then cut to a procession of convicts circling through a revolving gate and marching toward the nation's living rooms. By carefully juxtaposing words and pictures, the ad invited the false inference that 268 first-degree murderers were furloughed by Dukakis to rape and kidnap. As the bleak visuals appeared, the announcer said that Dukakis had vetoed the death penalty and given furloughs to ‚first-degree murderers not eligible for parole. While out, many committed other crimes like kidnapping and rape'."[379]

Ähnlich der Emotionalen Strategie beeinflußt eine Negativ-Strategie, die erfolgreich Gefühle, oder wie Tony Schwartz es nennen würde „a responsive chord" berührt, die Art der Realitätswahrnehmung bei den Betrachtern. Durch die Strategie der Angst, die die Republikaner und die ihnen nahestehenden Interessengruppen in einem aufeinander abgestimmten Plan zur Wir-

---

375 Für eine ausführlichere Beschreibung des Spots und weiterer Versionen des Gewaltthemas im Wahlkampf 1988 vgl. JAMIESON 1992: 15–63; DIAMOND/BATES 1992: 277–283. Zum Kommunikationskontext vgl. Katherine HALE, The Spinning of the Tale: Candidate and Media Orchestrations in the French and U.S. Presidential Elections. In: KAID/GERSTLÉ/SANDERS (Hg.) 1991: 195–210, hier: 196–201.
376 JAMIESON 1992: 20.
377 „Horton was not a representative instance of the furlough program. Nor were his crimes typical of crime in the United States, where murder, assault, and nearly nine out of ten rapes are intraracial, not interracial." JAMIESON 1992: 24.
378 Ebd.: 22.
379 Ebd.: 19.

kung brachten, konnten sie geschickt das Hauptwahlkampfthema bestimmen und sich damit als führungskompetent erweisen, während sich die Demokratische Gegenseite in der Defensive befand. Zugleich lenkte die Schwerpunktsetzung auf Hafturlaube von den eigentlichen Wahlkampfthemen, der Wirtschafts- und Umweltpolitik sowie dem Drogenproblem ab, alles Policy-Bereiche, in denen der Demokratische Kandidat seinem Republikanischen Herausforderer überlegen gewesen wäre. Mit den Bildstrategien wird so auch ein Kampf um die Bestimmung der Themen via Medienaufmerksamkeit geführt. Spektakuläre Bildstrategien verschaffen dem Kandidaten ein Presseecho durch das er die Schlagzeilen besetzt und damit seinen Gegner und dessen Versuche, Themen zu definieren, aussticht. Die Plusseiten des Kandidaten werden hervorgehoben, die Minusseiten verdeckt. Wie wirksam Negativ-Spots sind, hängt jedoch nicht nur von ihrer immanenten Qualität und der Frage ab, ob sie einen Widerhall bei einer Vielzahl der Adressaten finden. Mindestens ebenso entscheidend für die Wirkung von Politspots ist die Reaktion des angegriffenen Kandidaten: „From the beginnings of the Republic, politicians and their partisans have recognized that an attack unrebutted is an attack believed. ‚A falsehood that remains uncontradicted for a month, begins to be looked upon as a truth'."[380]

Jamieson empfiehlt als effektivste Form der Antwort auf eine Negativ-Attacke die „counter-attack" vermittels „counter-advertising"[381]. Dabei geht es nicht um die Wiederholung der unfairen Angriffe unter umgekehrten Vorzeichen, sondern um die Rückgewinnung der argumentativ-rationalen Ebene, indem die Betrachter von der ihnen offerierten Realitätsversion distanziert werden. Die Strategie der Angst wird durchbrochen durch die Schaffung von Distanz zu den assoziativen Bildern und deren Rückbindung an die Urteilskraft der Betrachter, die durch eine andere Perspektive auf die negative Bildstrategie Distanz gewinnen: „Successful responses invite audiences to question the legitimacy of the attack and, by implication, the person who has sunk so low. They distance the viewer from the original ad by using humor, testing the plausibility of the ad's claims, and establishing that the ad has gulled the unwary viewer. This is best done by citing credible sources such as respected newspapers or employing credible respondents, by using accurate information, and by inviting central analytic processing of the problematic ad. In other words, successful responses reframe."[382] Dieser Prozeß des „reframing" – des Neu-ins-Bild-Setzens – stellt einen Akt der Kommunikation über Kommunikation, also eine Art Metakommunikation dar. Der Betrachter wird mit demselben Abbild und damit implizit demselben Denkbild in neuer Rahmung konfrontiert. Dieser Perspektivenwechsel verändert den Kontext, in dem die Negativ-Strategie wirkt. Sie selbst wird zum Thema gemacht und versetzt so den Betrachter in die Rolle des Beurteilenden. Der Zuschauer wandelt sich zum Kritiker: „Reframing casts the person who was being controlled as the controller of the situation and its definition. It empowers."[383] In Aby Warburgs Terminologie kann die Funktion wie auch die Wirkung der Negativ-Strategie als Distanzverlust erklärt werden, der durch die bildhafte Heraufbeschwörung negativer Assoziationen und verdrängter Ängste ausgelöst wird und zu einer beschränkten Wirklichkeitswahrnehmung führt. Eine erfolgrei-

---

380 Ebd.: 102.
381 Ebd.: 106.
382 Ebd.: 108.
383 Ebd. Für konkrete Beispiele von „counter-advertising" vgl. die pragmatisch-analytischen Ausführungen bei JAMIESON 1992: 108–120.

che Negativ-Strategie evoziert und lenkt Gefühle, die den Denk- und Urteilsprozeß überschatten, anstatt sie für die Erhellung der menschlichen Dimension von Politik zu aktivieren. Erst durch den Prozeß der Distanzierung kann der einmal verlorene Denkraum wiedergewonnen werden, „Athen will eben immer wieder neu aus Alexandrien zurückerobert sein"[384], die Denkfreiheit immer wieder neu aus Distanz und Toleranz geschöpft werden.

---

384 Aby WARBURG, Heidnisch-antike Weissagung in Wort und Bild zu Luthers Zeiten. Orig. 1920. Reprint in: WUTTKE (Hg.) 1992: 199–268 (nur Text ohne Beilage), hier: 267.

IV. Kapitel
Stil und Funktion visueller Kommunikation in Demokratien

IV. 1. Politische Allegorese

Visuelle Wahlkampfkommunikation hat sich seit Beginn des 19. Jahrhunderts vorrangig auf die Person des Kandidaten konzentriert. Die in der Gegenwart so heftig kritisierte Omnipräsenz der Politprominenz[1] fehlte in der Anfangsgeschichte des demokratischen Wahlkampfes. Der Kandidat wurde so in Abwesenheit mittels Paraden vergegenwärtigt, die jedoch einer Heiligenprozession näher kamen, als es der profaneren Auswahl eines demokratischen Staatsoberhauptes angemessen schien. Erst mit der Verbreitung einer Drucktechnik, welche die massenhafte Bildreproduktion erlaubte, war Mitte des 19. Jahrhunderts die Voraussetzung für die landesweite Verbreitung von Kandidatenbildnissen in Form der „political banners" gelegt. Das Bild wirkte hier zum ersten Mal als Stellvertreter für den potentiellen obersten politischen Repräsentanten der Vereinigten Staaten. Als kommerzielle Idee geschaffen, führten die frühen Plakatlithographien einen demokratischen Umgang mit dem Bildnis potentieller Herrschaftsträger ein: Jeder, der die paar Cents investieren wollte, konnte ein Bildnis der Präsidentschaftskandidaten besitzen. Dies alles geschah auf freiwilliger Basis und war nicht „von oben" verordnet. Die erschwinglichen Lithographien füllten eine Marktlücke, denn zwar wurde über die Kandidaten ausführlich in den Parteizeitungen berichtet – eine unabhängige Presse fehlte in den USA –, aber von Angesicht sahen nur die wenigsten Wähler ihre Kandidaten. Durch die politischen Banner wurde nun zum ersten Mal eine visuelle Vorstellung der Person des Kandidierenden verbreitet, jenseits der Heldenpanegyrik, die in den begleitenden Wahlkampfbiographien betrieben wurde. Die Macht bekam ein Antlitz. Sicherlich wurde an dem ein oder anderen Bild retuschiert – welcher Kunde wollte sich schon eine Ausgeburt an Häßlichkeit an die Wand hängen – die kommerzielle Natur der frühen Wahlplakatproduktion führte jedoch zu einer relativen Objektivität, die meist, aus ökonomischen Gründen, zu fast identischen Bildausschmückungen bei konkurrierenden Kandidaten führte. Nathaniel Currier, der Erfinder des „political banner", prägte den Stil der ersten amerikanischen Wahlplakate, der das ganze 19. Jahrhundert über vorherrschte und in dem typischen Brustbildnis in Dreiviertelansicht auch heute noch nachwirkt. In der Art und Weise wie der Kandidat porträtiert wird, spiegelt sich im Vergleich der Politikerbildnisse der Rollenkonflikt des Präsidentschaftskandidaten, in dessen Abbild Annäherung und Distanzierung zwischen Kandidat und Adressaten konkur-

---

[1] Zum Begriff der „Prominenz" und seiner Unterscheidung von „Elite" vgl. den aufschlußreichen Artikel von Thomas MACHO, Von der Elite zur Prominenz. Zum Strukturwandel politischer Herrschaft. In: Merkur, 47. Jg., 1993: 762–769.

rieren. Als „legitimer Exhibitionist"[2] ist der politische Kandidat bestrebt, nur seine Schokoladenseite zu zeigen, Profil zu gewinnen, ohne sich Blößen zu geben, bürgernah, sympathisch, kompetent und respektabel zugleich zu erscheinen. Das Wahlkampfporträt kann so einerseits als Medium der Annäherung an die Wählerschaft dienen, andererseits aber auch eine Distanzierungsbotschaft in sich tragen. In der Strategie des Schweigens, der Helden- und der Ahnenstrategie wird ein Image der autoritären Distanz angestrebt, das den Kandidaten zwar bekannt macht, jedoch zugleich eine präsidentielle, prädestinatorische oder genealogische Aura des Porträtierten vermitteln soll. Grundsätzlich erzeugen „minimalistische" Brustporträts ohne allegorische Rahmung Nähe, zumal wenn sie den Blickkontakt mit dem Betrachter aufnehmen (vgl. Abb. 82–84), da sie die Intimität eines Privatfotos vermitteln. Allegorisch gerahmte oder durch Ganzkörperdarstellungen überhöhte Figuren sowie vom Betrachter stark abgewandte Gesichtsbildnisse erzeugen Distanz und implizieren damit persönliche Würde, Amtsautorität und Hochachtung. Das primäre Ziel des Wahlkampfporträts ist die Verknüpfung zwischen Name und Bildnis des Kandidaten. In den einfühlsameren Porträts wird darüber hinaus ein Charakterbild des Dargestellten erzeugt, das beim Betrachter Respekt hervorrufen soll. Die Distanz der Schweige-, Helden- und Ahnenstrategie ist eine Distanz der Ehrfurcht. Common-man-, Familien- und Emotionale Strategie versuchen diese Distanz durch die suggerierte Nähe zum Kandidaten zu brechen und Identifikationsangebote an den Wähler zu machen, der seinen Repräsentanten nicht aufgrund seiner perfekten Verkörperung des Amtes wählt, sondern weil er sich mit ihm identifiziert, sich durch ihn vertreten fühlt. Im Charakterporträt wird die Vereinigung der beiden Pole angestrebt. Der Kandidat wird durch den im Bild übermittelten Gesichtsausdruck charakterisiert und in der Schrift als Bewerber für das Präsidentenamt kenntlich gemacht (Abb. 82) oder sogar vorzeitig zum Präsidenten erklärt (Abb. 84). Gelegentlich wird auch der Schriftteil des Plakates benutzt, um den präsidentiellen Charakter des Kandidaten zu unterstreichen, der im Falle Alfred E. Smiths (Abb. 82) als „aufrichtig, fähig und furchtlos" gepriesen wird.

Bei allen Unterschieden im Detail ist die Konstanz des Kandidatenimages verblüffend.[3] Das Denkbild vom idealen Präsidentschaftsbewerber hat sich über die Jahrzehnte kaum gewandelt, der sich vollziehende Bildwandel ist eher ein stilistischer, der weniger die Gestaltung der Person des Dargestellten betrifft, als deren Bildumraum. Der Vergleich zwischen Kandidatenporträts des 19. Jahrhunderts im Stil von Currier & Ives (Abb. 10–13) und Porträtplakaten des 20. Jahrhunderts (Abb. 82–84) offenbart, daß sich vor allem die Rahmengestaltung des Porträts verändert hat, welches im 20. Jahrhundert, bar jeder Verzierungen, den Kandidaten als einzige Bildbotschaft zeigt. Freilich gab es für diese bildliche Reduktion bereits im 19. Jahrhundert Vorläufer (Abb. 20). Das völlig entdekorierte Plakat ist jedoch zu diesem Zeitpunkt eher eine Seltenheit und deutet aus unterschiedlichen Gründen auf eine intime Anbringungsart hin. Das Lincoln-Porträt erinnert durch den direkten Blickkontakt und die passepartoutähnliche, ovale Umrahmung an ein privates Bildnis eines Familienangehörigen.

---

2 Der Begriff „legitimate exhibitionist" stammt von James E. COMBS, Dimensions of Political Drama. Santa Monica/California 1980: 145.
3 Dieses stereotype Denkbild wird auch von William Burlie BROWN (The People's Choice. The Presidential Image in the Campaign Biography. Baton Rouge/Louisiana 1960: 144/145) in seiner Analyse von Wahlkampfbiographien zwischen 1824 und 1960 festgestellt.

IV. 1. Politische Allegorese

Die meisten Wahlplakate des 19. Jahrhunderts sind jedoch Kompositporträts[4], die sich aus einem oder zwei Bildnismedaillons und einer Bildrahmung zusammensetzen. Der ovale Rahmen und die Bildniskommentare verweisen auf die Tradition graphischer Herrscherporträts im Barock.[5] Ein allegorisch gerahmtes Herrscherbildnis ist „ein Porträt in Medaillonform oder beschriftetem Oval in einer Bogen- oder Trumpharchitektur, deren ikonographisches Programm Aussagen zur Person des Dargestellten macht: Allegorien mit entsprechenden Attributen als Darstellung typischer Herrschertugenden, Plaketten als Hinweis auf wichtige historische Ereignisse, Personifikationen von eroberten bzw. zu regierenden Territorien kommentieren das Bildnis aus seinem historischen Umfeld heraus."[6] Die Broadsides für William Henry Harrison 1840 (vgl. Abb. 9)[7] stellen die Kandidatenporträts in einen ähnlichen architektonischen Rahmen wie die Herrscherbildnisse des Barock.[8] Eine architektonische Rahmung erfuhr auch Zachary Taylor, der als Held des Mexikanischen Krieges in einem Reiterporträt dargestellt wurde (Abb. 26), wie er einen ephemeren Triumphbogen durchreitet. Auf den Säulenbanderolen stehen die siegreichen Schlachten des Kandidaten geschrieben, ähnlich der Säulen im Harrison-Plakat (Abb. 9), auf deren Sockeln jeweils die beiden wichtigsten Schlachten dargestellt sind.[9] Während in dem Harrison-Broadside die Allegorie der Freiheit, links mit Vindicta und Pileus, und die Allegorie der Gerechtigkeit, rechts mit ihren Attributen Waage und Schwert, als politische Tugenden des Kandidaten dargestellt werden, symbolisieren die beiden weiblichen Allegorien im Taylor-Plakat von 1848 (Abb. 26) Justitia (Justice), mit verbundenen Augen und Waage, und Frieden (Peace), mit dem Olivenzweig in der Hand. Ähnlich der barocken Herrscherallegorien verfolgen die Bildniskommentare im amerikanischen Wahlplakat des 19. Jahrhunderts die Visualisierung der Kandidatentugenden und damit die Versprechung auf Erfüllung der versinnbildlichten demokratischen Werte – Freiheit, Gerechtigkeit und Frieden.

Lichtsymbolik, Vorhang, Säule, Adler, Weltkugel und Füllhorn gehören zum Standardrepertoire des amerikanischen Wahlplakats im 19. Jahrhundert. Sie unterscheiden „sich von der Struktur her nicht von Szepter, Reichsapfel, Krone: sie signalisieren das Amt und die mit dem Amt verbundenen Ansprüche in einfacher Weise (…): Das Füllhorn signalisiert Wohlfahrt, die Sonnensymbolik oder der Sternenmantel göttliche Ausstrahlung und transzendente Begünstigung, die Weltkugel Sieghaftigkeit und Macht, das Reichsschwert Wehrhaftigkeit und Schutz. Solche Leistungen sind Versprechen, deren Realisierung angekündigt und vom potentiellen

---

[4] Der Begriff des „Kompositporträts" wird hier nicht in dem von Edgar WIND (Studies in Allegorical Portraiture I. In: Journal of the Warburg Institute. Bd. 1 (1937/38), Reprint 1965: 138–162) definierten Sinn als „allegorisches Porträt" verwandt.

[5] S. Elisabeth von HAGENOW, Bildniskommentare. Allegorisch gerahmte Herrscherporträts in der Graphik des Barock: Entstehung und Bedeutung. Diss. phil. Hamburg 1990. (Im Druck) Voraussichtliches Erscheinungsdatum: 1996.

[6] Ebd.: 12.

[7] Für eine ausführliche Beschreibung des Broadsides s. REILLY 1991: 162/163.

[8] Vgl. dazu Abb. 4–13 in: HAGENOW 1996.

[9] Die Banderolen, die die Säulenschäfte umwinden wie auch die Schlachtenszenen in den Säulensockeln haben ihre Vorbilder ebenfalls in der barocken Herrscherikonographie. Vgl. etwa den Kupferstich Enea Vicos um 1550 von Kaiser Karl V. (S. Adam BARTSCH, Le peintre graveur. Reprint der Ausgabe Würzburg 1920–22, Hildesheim u. a., 1970. Vico Bd. 15, Nr. 255, S. 189) Abb. 5 in: HAGENOW 1996.

Empfänger als einzulösende erwartet werden."¹⁰ Die Ausschmückung des Bildnisrahmens mit Vorhängen, Wolken, Flaggen, Adlern und pastoralen Szenen verfolgte den Zweck, dem Abgebildeten Würde zu verleihen oder dessen Würde widerzuspiegeln, ähnlich den Attributen der Fürsten und absoluten Herrscher, die sich mit Reichsäpfeln, Zeptern, Schwertern, Kriegstrophäen, Hermelinmänteln und Göttinnen umgaben, um ihre Macht und ihren Besitz ehrfurchteinflößend zu vergegenwärtigen.¹¹ Diese Hoheitsmotive wurden fast das gesamte 19. Jahrhundert hindurch in der visuellen Wahlkampfkommunikation beibehalten. Auch die ovale Form des Kandidatenporträts ist der barocken Herrscherikonographie entlehnt und wurde selbst zuweilen im 20. Jahrhundert wieder aufgegriffen (vgl. Abb. 37), wenn es um die Darstellung eines staatsmännischen Images ging. Die Kompositform des Kandidatenporträts im 19. Jahrhundert erklärt sich aus kontextspezifischen, produktionsbedingten und funktionsorientierten Gründen. Die Adressaten des frühen Wahlplakats waren vor allem die Anhänger des Politikers, für den das Plakat warb. Die Ikonographie richtete sich also vor allem an bereits von der Partei überzeugte Wähler, die das Plakat gerade aus dem Grund erwarben, daß es ihren politischen Favoriten abbildete. Die politische Überredungskunst des Kandidatenporträts war damit im 19. Jahrhundert noch stark durch parteiliche Bindungen limitiert. Wechselwähler oder Parteiabweicher gehörten nicht zum primären Adressatenkreis der amerikanischen Bildpropaganda des 19. Jahrhunderts. Die Zielrichtung erklärt so auch bestimmte Bildstereotype, die nur von Kandidaten einer bestimmten Partei verwandt wurden und durch die auch nur ein bestimmtes Klientel angesprochen werden sollte. So fällt beispielsweise auf, daß die Commonman-Strategie im 19. Jahrhundert vor allem von den Republikanern verfolgt wurde – ein Indikator für die Erwartungshaltung der Republikanischen Wähler an ihre Kandidaten. Aufgrund der starken parteipolitischen Bindung der Wähler erlaubt der Stil und die Wahl der Motive auf den politischen Bannern Rückschlüsse auf die politischen Erwartungshaltungen und Kollektivinteressen von Parteien und Adressaten. Besonders die Rahmengestaltung, die auf den ersten Blick beliebig wirkt und kaum parteipolitische Unterschiede erkennen läßt, ist hier aufschlußreich. Am Beispiel der unterschiedlichen Interpretationen der Freiheitsallegorie können die programmatischen Differenzen und Wahrnehmungsebenen von Demokraten und Republikanern in der Bürgerkriegszeit veranschaulicht werden.

---

10 Jörg-Dieter GAUGER, Staatsrepräsentation – Überlegungen zur Einführung. In: GAUGER/STAGL (Hg.) 1992: 9–17, hier: 13/14.
11 „Ludwig erscheint meist umgeben von einem ganzen Haufen von würdevollen oder Würde verleihenden Requisiten wie Reichsäpfeln, Zeptern, Schwertern, Blitzen, Wagen und diversen Kriegstrophäen, Göttinen wie Minerva und Victoria und Famafiguren stehen oder schweben über dem Monarchen, wenn sie ihm nicht gerade einen Lorbeerkranz aufsetzen." Peter BURKE, Ludwig XIV. Die Inszenierung des Sonnenkönigs. (Berlin 1992: 48). Die postumen Porträts der Gründerväter der USA zeigen diese in der typischen Haltung des Herrscherporträts im 19. Jahrhundert, am Schreibtisch sitzend, Säule, Vorhang und Ausblick auf eine Wolkenlandschaft mit Sonnenstrahlen, ein Buch oder ein Schriftstück in der Hand haltend. Zu Säule und Vorhang im Herrscherporträt des 19. Jhdts. vgl. Rainer SCHOCH, Das Herrscherbild in der Malerei des 19. Jahrhunderts. München 1975: 40; zum Schreibtischporträt s. DERS., 1975: 62. „Im Anschluß an die Tradition des Gelehrtenporträts wurde das Buch im 18. Jahrhundert mit Vorliebe auch dem Monarchen als Attribut beigegeben. Konnte es im privaten Bildnis das literarische Interesse des Modells bekunden, so war es im Repräsentationsporträt oftmals als staatswissenschaftliches Werk näher gekennzeichnet. Häufig wurde Montesquieus ,Esprit des Lois' als fürstliches Attribut verwendet, um den Fürsten in der Rolle des Gesetzgebers zu zeigen." Ebd.: 36.

IV. 1. Politische Allegorese

Die Allegorie der Freiheit (Liberty/Freedom) ist mit Abstand die dominanteste Allegorie im Bildprogramm amerikanischer Wahlplakate. Sie gehörte bereits seit dem 18. Jahrhundert zum Formenschatz der amerikanischen Kolonien und figurierte unter den ersten Bildsymbolen der jungen Republik, die nicht nur im graphischen Abbild, sondern auch als lebendes Bild in der politischen Festkultur omnipräsent war. Die Darstellung der weiblichen Allegorie im Broadside erfolgte zunächst nach einem klassischen Muster, das die Freiheit als weißgekleidete Frau mit einem Freiheitsstab (Vindicta) und einer Mütze (Pileus) abbildete. Im Holzschnitt von 1834 (Abb. 85), der vermutlich als Vorlage für ein Textilbanner diente[12], sind gleich drei Allegorien auf einmal abgebildet. Gerechtigkeit mit ihren Attributen Waage und Schwert steht auf dem linken Podest und die antike Kriegsgöttin Minerva[13] steht mit Brustpanzer, Adlerhelm und Speer auf dem rechten Podest. Zwischen diesen beiden ist ein mit Tabakblättern gedeckter Rundtempel dargestellt, in dessen Mitte eine Freiheitsallegorie aus dem Feuer steigt. Sie hält zu ihrer Kennzeichnung einen Stab mit einer Rundmütze auf der Spitze in ihrer rechten Hand und ein Schriftstück mit der Aufschrift „Bill of Rights" in ihrer linken. Das altarähnliche Podest, aus dem die Freiheit hervorzugehen scheint, ist betitelt mit „Preserved by Concord". Die Idee der Freiheit als Frucht der Eintracht wird in dem Motto des von einem Adler über dem Rundtempel gehaltenen Spruchbandes aufgegriffen: „The Union Must And Shall Be Preserved." Zu diesem Zweck opfern die beiden männlichen Figuren im Rundtempel der Freiheitsgöttin. Der Mann links im Bild bietet Weizen dar. Der als Indianer gekennzeichnete Mann rechts bringt der Freiheitsgöttin ein Tierfell. Die dreizehn Sterne im Hintergrund des Tempels symbolisieren die dreizehn Gründungsstaaten der USA. Die kultische Handlung wird schließlich durch die Banderole unterhalb der mittleren Szene im „Temple of Liberty" lokalisiert. Die Darstellung der Freiheit mit ihren Attributen des Freiheitsstabes und der Freiheitsmütze war bereits zu Ende des 18. Jahrhunderts ein verbreiteter Bildtopos[14], der in die politische Bildsprache des 19. Jahrhunderts übernommen wurde. Er kann bis in die griechische und römische Antike zurückverfolgt werden und wird in Cesare Ripas „Ikonologie", die 1644 auf Französisch erschien[15], ausführlich beschrieben. In Ripas Emblem der „Liberté"[16] erscheint die „Freiheit" als weibliche Figur in einfacher Kleidung, ein Zepter in der rechten Hand und eine Freiheitsmütze in der linken haltend. Als weiteres Attribut der „Freiheit" ist eine Katze abgebildet. Ripa erklärt die Bedeutung des Zepters als Symbol für die Herrschaft der Freiheit (L'Empire de la Liberté), während die Mütze auf den antiken Brauch der Sklavenfreilassung anspiele. In diesem Zeremoniell, der sogenannten „manumissio", wurde dem freizulassenden Sklaven zu-

---

12 Vgl. REILLY 1991: 59.
13 Minerva ist der lateinische Name der griechischen Göttin Athene, die als Tochter des Zeus eine der zwölf großen olympischen Gottheiten war und als Schutzgöttin des Krieges, der Weisheit und der Künste galt.
14 Zur politischen Ikonographie im Amerika des 18. Jahrhunderts vgl. die ausführliche Untersuchung von Lester C. OLSON, Emblems of American Community in the Revolutionary Era. A Study in Rhetorical Iconology. Washington D.C. u. a. 1991.
15 Übersetzt von Jean Baudoin, Iconologie ou Explication Nouvelle De Plusieurs Images, Emblemes, Et Autres Figures. Paris, 1644. Nachdruck New York und London 1976. Im folgenden wird diese Ausgabe zitiert. Auf das Reprint des Originaldruckes sei an dieser Stelle jedoch hingewiesen: Cesare RIPA, Iconologia. Mit einer Einführung von Erna Mandowsky. Reprographischer Nachdruck der Ausgabe Rom 1603. Hildesheim u. a. 1970.
16 RIPA 1644/1976: Abbildung S. 99, Text S. 100/101.

nächst der Kopf geschoren, um ihm dann auf einem Stab – der „vindicta" –, eine Mütze als Symbol seiner neugewonnenen Freiheit zu übergeben.[17] Statt der „vindicta" hält *Ripa*s „Liberté" jedoch ein Zepter. Die Katze wird von *Ripa* als Symbol des Freiheitsstrebens beschrieben, da die Katze dasjenige Tier sei, das Gefangenschaft am wenigsten ertragen könne.

In den Vereinigten Staaten wurde *Cesare Ripa*s „Iconologia" durch eine englische Ausgabe, die 1779 in London in vier Bänden erschien, bekannt gemacht. Das von *George Richardson* herausgegebene Werk[18] listet in seinem ersten Band die Namen der Abonnenten auf, unter denen sich auch viele Künstler befanden, die bekanntesten Sir Joshua Reynolds[19] und der in England lebende amerikanische Maler Benjamin West[20]. Die Figur der „Liberty"[21] ist in der englischen Ausgabe aus dem 18. Jahrhundert im Unterschied zur französischen aus dem 17. Jahrhundert als sitzende weibliche Allegorie dargestellt, die einen „pileus" – eine Rundkappe – auf dem Kopf trägt. In der rechten Hand hält sie das Zepter, in der linken ein Joch, das sie gerade mit ihren Füßen zerbrochen hat. Neben ihr auf dem Podest sitzt eine Katze und links fliegt ein kleiner Vogel aus dem Bild. Das Podest trägt die Inschrift: „Pro Aris Et Focis". Das Emblem wird wie folgt erläutert:

17 Das Zeremoniell der römischen Sklavenfreilassung wurde „capere pileum" (die Mütze nehmen) genannt. In welcher Beziehung dieser Ausdruck zu der umgangssprachlichen Redeweise „den Hut nehmen", „seinen Hut nehmen", für „von seinem Amt zurücktreten" steht, kann nicht nachgewiesen werden, es ist jedoch zu vermuten, daß es einen Bedeutungsbezug zum antiken „Mütze nehmen" gibt. (Lutz RÖHRICH, geht in seinem Artikel zum „Hut" in: „Das große Lexikon der sprichwörtlichen Redensarten", Bd. 2 (1992): 776, zwar auf die Bedeutung des Ausdrucks „seinen Hut nehmen" ein, verweist jedoch diesbezüglich auf keine antike Quelle). Zur Beschreibung der antiken Zeremonie der Sklavenfreilassung (manumission) vgl. Thomas WIEDEMANN, Greek And Roman Slavery. Baltimore u. a. 1981, Kapitel 3: „Manumission appears to have been so much more frequent in the Roman world than in Greece that there is some justification for seeing it as a temporary phase through which an outsider, if he had proved reliable, would pass to Roman citizenship. The reservations expressed by Greeks and by Romans themselves (…) only underline how normal manumission was. A Roman might free his slave informally, in the presence of his family council (…). But if the slave was to obtain full citizenship, certain procedures had to be followed (…). There was a legal formula for manumission ‚by the touch of the magistrate's rod' (vindicta), in the presence of a Roman magistrate with full powers (imperium)." WIEDEMANN 1981: 50.
18 George RICHARDSON, Iconology Or, A Collection Of Emblematical Figures, Containing Four Hundred And Twenty-Four Remarkable Subjects, Moral And Instructive In Which Are Displayed The Beauty Of Virtue And Deformity Of Vice. London 1779.
19 Der Malerfürst des 18. Jahrhunderts schlechthin. Zu den ästhetischen Kontroversen des 18. Jahrhunderts vgl. Edgar WIND, Humanitätsidee und Heroisiertes Porträt in der Englischen Kultur des 18. Jahrhunderts. In: Vorträge der Bibliothek Warburg. Bd. 9 (1930/31): 156–229.
20 Benjamin West wurde 1738 in Pennsylvania geboren und fand schon früh über den mit seiner Familie befreundeten Maler William Williams zur Malerei. Er avancierte um 1758 zum bekanntesten amerikanischen Porträtisten, dem sogar von Gönnern 1759 eine Bildungsreise nach Italien gezahlt wurde. 1763 ließ sich West in London nieder, wo er maßgeblich von Joshua Reynolds beeinflußt und 1772 zum Royal Painter of History Pieces ernannt wurde, bevor er schließlich über annähernd dreißig Jahre als Präsident der Royal Academy fungierte. West starb 1820. Zur Biographie und künstlerischen Entwicklung Wests vgl. Alfred NEUMEYER, Geschichte der amerikanischen Malerei. Von der kolonialen Frühzeit bis zur naiven Malerei im 18. und 19. Jahrhundert. München 1974: 79–94. Zu seinem vieldiskutierten Historienbild „The Death of General Wolfe" s. Edgar WIND, Penny, West, and The Death of General Wolfe. In: Journal of the Warburg and Courtauld Institute, X (1947): 162–165.
21 Fig. 285, Seite 55 in: RICHARDSON 1779, Text zur Abbildung S. 56.

Fig. 285 Liberty Denotes a state of freedom, as opposed to slavery. It is allegorically expressed by the figure of a woman dressed in white robes, with a cap on her head. She holds a sceptre in the right hand, and with the left is breaking a yoke, as a mark of releasement. A bird flying in the air seems to escape from its confinement, by the broken thread hanging at its feet, and is an attribute to Liberty. The motto pro aris et focis *alludes to a sincere wish of the state of freedom being preserved to our friends and families. The cap of Liberty on her head, is in allusion to the custom of the Romans, in setting their slaves free, who also shaved their heads, and permitted them to be covered in presence of those who gave them their liberty. This ceremony was performed in the temple of the goddess Feronia, the patroness of Liberty. — The sceptre is a sign of independence; and the cat is an emblem to this subject, the being tenacious of Freedom. She is dressed in white robes, to denote the various blessings that this goddess bestows on mankind in promoting their happiness and welfare.*[22]

Die Verbindung zwischen Freiheit und Sklaverei als kontradiktorische Begriffe wird durch die ausdrückliche Erwähnung des antiken Brauchs der „manumissio" deutlich gemacht. Diese Gegensätzlichkeit kommt auch in der optischen Gegenüberstellung des „Liberty"-Emblems mit dem Emblem der „Servitude"[23] in der Ausgabe von *Richardson* zum Ausdruck. „Servitude" wird in Gestalt einer jungen Frau verbildlicht, die ein kurzes weißes Gewand trägt und Flügel an ihren Füßen hat. Sie wendet dem Betrachter den Rücken zu und trägt das gleiche Joch, das die „Liberty" im benachbarten Emblem gerade zerbricht. Daß Sklaverei und Knechtschaft nicht prinzipiell moralisch verdammt wurden, sondern als akzeptierter Teil gesellschaftlicher Reproduktion verstanden wurden, kommt in der Beschreibung des „Servitude"-Emblems zum Ausdruck, die den Zustand der Knechtschaft zwar als „unangenehme Situation" beschreibt, von der Geknechteten aber dennoch Loyalität und Dienstbeflissenheit verlangt.[24]

---

22 RICHARDSON 1779: 56.
23 Fig. 286 in RICHARDSON 1779.
24 *Fig. 286. Servitude, Is personified by the figure of a young woman dressed in short white robes, with a yoke upon her shoulders. She has wings at her ancles, and walking on ground overspread with thorns. A crane is placed at her feet, holding a stone in its claws, ready to give an alarm. She is represented young, as being more able to resist the inconveniences of fatigue. The white robes allude to the candour and fidelity which should prevail in persons under servitude*. The yoke is the symbol of Servitude; + the wings at her ancles denote the promptitude with which she obeys her superiors. The disagreeable situation alludes to the troublesome duty of a state of servitude, and the inconvenience she suffers therein.++ The cranes feed in flocks, and while some of them are feeding, others stand like centinels upon duty; therefore the crane is an emblem of the attention and vigilance which servants ought to have about their master's business, according to the world of the Evangelist.§* RICHARDSON 1779: 56/57. Die Zeichen im Text stehen für Zitate aus biblischen oder antiken Quellen, die als Fußnoten angefügt sind.
  *   „Euge, serve bone & fidelis, quia in pauca fuisti fidelis, &c." St. Matthew, Cap. 25.
  +   „Quot iste famulus tradidit reges neci,
       Cur ergo regi servit, & patitur jugum?" Seneca
       „Nam homini servo suos
       Domitos oportet habere oculos, & manus." Plautus.
  ++ „Tu proverai sí come sá die sale
       Lo pane altrui, & quanto é duro calle
       Lo scendere, e'l salir per l'altrui scale." Dante
  §   „Beati sevi illi, quos cum venerit Dominus, inveniret vigilantes."

Im Zuge einer neoklassischen Antikenrezeption findet die weibliche Allegorie der Freiheit im weißen Gewand mit den dem antiken Zeremoniell der „manumissio" entlehnten Attributen der „vindicta" und des „pileus" Eingang in die politische Formensprache der jungen Republik, die „Freiheit" zum zentralen politischen Wert des neuen Gemeinwesens erkoren hatte. Die antike Bedeutung des Zeremoniells der Sklavenfreilassung wird zwar transportiert, jedoch politisch nicht auf die amerikanischen Sklaven, sondern abstrakt auf das Freiheitsstreben der europäischstämmigen Amerikaner bezogen. Die ursprüngliche Bedeutung von Freiheitsstab und Freiheitsmütze schlummerte so unter der oberflächlichen Neudefinition der weiblichen Personifikation weiter.

Der Ursprung der Freiheitsmütze als politisches Symbol wird meist in der französischen Revolution und den Jakobinermützen gesehen.[25] Über ihre Allgegenwart in der französischen Revolutions- und Staatsikonographie geriet ihr eigentlicher neuzeitlicher Ursprung in Vergessenheit: Das Symbol der „phrygischen Mütze" ist eine anglo-amerikanische Erfindung. Die französische Revolution schöpfte ihr Freiheitssymbol nicht etwa aus der direkten Antikenrezeption, sondern kopierte vielmehr die „phrygische Mütze" aus der amerikanischen Freiheitsikonographie.[26] Als ursprünglicher „spiritus rector" der antiken Vindicta/Pileus-Symbolik wirkte vermutlich William Hogarth[27], der 1763 in der Karikatur des John Wilkes, diesen in einem Stuhl sitzend darstellte, wie er den Freiheitsstab mit der Rundmütze und der Aufschrift „Liberty" hält und dabei diabolisch grinst.[28] Die despektierliche Hogarth-Karikatur verwandelte sich vermittels einer Motivumkehrung in eine positive Freiheitsdarstellung, die im letzten Drittel des 18. Jahrhunderts als Bildgravur auf Porzellan Verbreitung in den amerikanischen Kolonien fand.[29]

Während *Ripas* Katze als Freiheitssymbol nicht von der amerikanischen Freiheitsikonographie aufgegriffen wurde, entwickelte sich der „pileus" bereits in vorrevolutionärer Zeit, allerdings nicht in Paarung mit einem Zepter, sondern auf dem Freiheitsstab, zum zentralen Attribut der amerikanischen Freiheitsallegorie. Im Zuge der amerikanischen Revolution und der sie begleitenden Emanzipationsbestrebungen in der amerikanischen Gesellschaft begann die Freiheitsallegorie die ihr inhärente doppelte Bedeutung als Symbol des amerikanischen

---

25 Vgl. Arnold RABBOW, dtv-Lexikon politischer Symbole. München 1970: 95/96; Manfred LURKER, Wörterbuch Symbolik. 5. Aufl. Stuttgart 1991: 214. Einen hervorragenden Überblick über die Bedeutung und Verbreitung der „phrygischen Mütze" in Frankreich bietet: Maurice AGULHON, Marianne into Battle: Republican Imagery and Symbolism in France, 1789–1980. Cambridge/England 1981. Den Ursprung des republikanischen Symbols in den USA behandelt aber auch er nicht.

26 Yvonne KORSHAK, The Liberty Cap as a Revolutionary Symbol in America and France. In: Smithsonian Studies in American Art, Vol. 1, 2 (1987): 52–69, hier: 53.

27 Ebd.: 55/56.

28 Ebd.: Ill. 6.

29 Mit politischen Motiven dekoriertes Porzellan scheint eine begehrte Ware in der zweiten Hälfte des 19. Jahrhunderts gewesen zu sein: „These bowls, which enjoyed broad circulation among those engaged in the struggle for independence on both sides of the Atlantic, were an important vehicle for the dissemination of the liberty cap image along with other symbols of freedom." KORSHAK 1987: 56/57. Wie populär die Freiheitsallegorie mit Vindicta und Pileus im späten 18. und frühen 19. Jahrhundert in den USA war, ist auch an ihrer weitverbreiteten Abbildung auf Textilien ablesbar. Vgl. COLLINS 1979: Abb. 6, 8, 11, 19, 25 (hier wird die Freiheitsallegorie auf einem Taschentuch, das die vier Kontinente darstellt, als Repräsentation der „America" verwendet), 37.

IV. 1. Politische Allegorese

Unabhängigkeitsstrebens und Erinnerung an das antike Ritual der Sklavenfreilassung langsam zu entfalten.[30] Die Freiheitsallegorie wurde bereits 1792 in ihrer Bedeutung als Symbol der Sklavenemanzipation in den Vereinigten Staaten in Form eines Gemäldes für die Library Company of Philadelphia wiederbelebt.[31] Die weißgekleidete Frau mit Stab und Mütze war in der amerikanischen Ikonographie somit bereits zu Ende des 18. Jahrhunderts mit zwei konkurrierende Bedeutungsebenen versehen.

Der „pileus" war ursprünglich die Kopfbedeckung römischer Bürger, die ihren Lebensunterhalt durch eigene Arbeit verdienten. Diese Mütze war oben abgerundet und unterschied sich in ihrer Form von der sogenannten „phrygischen Mütze", die nach oben spitz zulief und aufgrund ihrer Länge einen Knick machte.[32] Die phrygische Mütze kann bis in die griechische Kunst zurückverfolgt werden, wo sie als Kennzeichen der Phryger, eines kleinasiatischen Volkes aus dem Altertum, bekannt war. In der Folge wurde die phrygische Mütze zum Symbol für Menschen exotischer Herkunft, die aus Regionen des östlichen Mittelmeerraums stammten.[33] Als exotisches Attribut wurde es auch häufig zur Kennzeichnung von Ausländern, vor allem

---

30 „Paul Revere employed the figure with a pole surmounted by the cap, possibly for the first time in the American colonies, in 1766 on the obelisk for the celebration of the repeal of the Stamp Act. Twenty-four years later, Samuel Jennings used Liberty in his ‚Liberty Displaying the Arts and Sciences' (…) not as a symbol of political freedom but as a reference to the possible emancipation of blacks in the United States. Jennings executed this painting for the Library Company of Philadelphia in support of the directors' abolitionist activities. In the work, he juxtaposed a benign and beautiful white woman as Liberty with the slaves in the lower-right-hand corner. In the background, a group of African-Americans dance around the liberty pole in celebration of their freedom." Vivien Green FRYD, Political Compromise in Public Art. Thomas Crawford's Statue of Freedom. In: SENIE/WEBSTER (Hg.) 1993: 105–114, hier: 109. Das erwähnte Gemälde „Liberty Displaying the Arts and Sciences" wurde 1792 fertiggestellt und stammte von Samuel Jennings, einem amerikanischen Maler aus Philadelphia, der aber in London lebte und arbeitete. Es ist das erste abolitionistische Gemälde in den USA und hat eine spannende Geschichte, die Robert C. SMITH in ‚Liberty Displaying the Arts and Sciences. A Philadelphia Allegory by Samuel Jennings' detailreich schildert. In: Winterthur Portfolio II 1965: 85–105.

31 Für eine Abbildung dieses Gemäldes s. Marion G. MÜLLER, Die Obszönität der Freiheit. Politische Ästhetik und Zensur in den USA des 19. Jahrhunderts. In: Kritische Berichte, 23. Jg., Nr. 4, 1995: 29–39, hier: 34.

32 „Phrygische Mütze – lateinisch *phrygium* – wird jene aus der Antike stammende, ursprünglich orientalische Kopfbedeckung genannt, die einen vom Scheitel her stirnwärts geneigten rundlichen Zipfel aufweist. Träger der phrygischen Mütze waren in erster Linie die *Phryger* oder *Perser*, aber auch eine Reihe anderer Volksstämme des Orients und des östlichen Mittelmeerraumes." Die Mütze wurde ursprünglich aus Stierhaut hergestellt und fand vor allem im Mithras-Kult eine symbolische Verwendung. Sie wurde jedoch auch als Kopfbedeckung der Amazonen, des Adonis, Ganymed und Odysseus verwendet. Eine weitere Bezeichnung statt phrygischer Mütze war „Tiara" oder „Mitra". (Gérard SEITERLE, Die Urform der Phrygischen Mütze. In: Antike Welt, 3 (1985): 2–13, hier: 3 und 10). Dies deutet auf einen gemeinsamen Ursprung der religiösen und der später revolutionär besetzten Kopfbedeckungen hin.

33 KORSHAK 1987: 58. Diese „Exoten-Charakterisierung" ist ein Grund für die phrygische Mütze, die der Trojaner Paris in Jacques Louis Davids Gemälde „Paris und Helena" trägt, s. KORSHAK 1987: 58/59 und DIES., *Paris and Helen* by Jacques Louis David: Choice and Judgment on the Eve of the French Revolution. In: The Art Bulletin 69, March 1987: 102–116.

von ausländischen Gefangenen, verwendet[34] und wurde so zum visuellen Symbol der Gefangenschaft schlechthin. Hier überschneidet sich die Bedeutung von „pileus" und phrygischer Mütze, die beide ein Symbol von Sklaverei bzw. Gefangenschaft sind, jedoch ursprünglich entgegengesetzte Bedeutungen zum Ausdruck brachten. Während die Rundmütze den Zustand der erlangten Freiheit symbolisierte, stand die Spitzmütze in der Antike für den Zustand der Gefangenschaft. Diese konkreten Form- und daraus folgenden Bedeutungsunterschiede scheinen jedoch in der Antikenrezeption des 18. Jahrhunderts verwischt worden zu sein, so daß die Mütze, ob spitz oder rund, gleichermaßen die Freiheit der um ihre Unabhängigkeit kämpfenden Kolonien symbolisierte. Ihre antike Bedeutung wurde jedoch in der formalen Rezeption mittransportiert und durch die abolitionistische Bewegung in den USA bereits gegen Ende des 18. Jahrhunderts wiederbelebt[35], so daß davon ausgegangen werden kann, daß die Freiheit mit Vindicta und Pileus in einem doppelten Sinn gelesen werden konnte: Einerseits als Symbol der Unabhängigkeit der europäischen Siedler von der britischen Kolonialmacht, andererseits als Symbol für die Freilassung antiker Sklaven, die an das zeitgenössische Sklavensystem gemahnten und dessen Abschaffung beschworen.[36]

Im amerikanischen Wahlplakat tauchte die Allegorie der Freiheit zum ersten Mal in dem Broadside für William Henry Harrison 1840 auf (Abb. 9), als sitzende barfüßige Göttin im weißen, schulterfreien Gewand, Vindicta und Pileus in der rechten, ein Schriftstück, das vermutlich die Unabhängigkeitserklärung darstellen soll, in der linken Hand. Am rechten oberen Bildrand gegenüber thront ihre Schwesterallegorie, die Gerechtigkeit. Sie hält mit der rechten Hand die Waage empor, deren Schalen ausbalanciert sind, um die gerechte Abwägung des in Amerika herrschenden Gesetzes zu versinnbildlichen. Zu ihren Füßen liegt ein Schwert, das in der Regel verdeutlicht, daß der gefällte Rechtsspruch auch mit staatlicher Gewalt in die Tat umgesetzt wird, mithin Recht und Gesetz durch staatliche Macht gedeckt sind. Mit ihrer linken Hand stützt sich die Gerechtigkeitsallegorie auf einen Schlangenstab, der sowohl als Symbol der Ewigkeit wie als Zeichen der Wandlung und Erneuerung gedeutet werden kann – beide Bedeutungen können auch auf das Motto des Plakates „Westward the March of Empire Takes

---

34 KORSHAK 1987: 59/60.
35 Samuel Jennings' Gemälde „Liberty Displaying the Arts and Sciences" entstand 1790–1792 und wurde für das Direktorium der abolitionistisch gesinnten Philadelphia Library Company gemalt. Das Bild zeigt die Freiheit mit einem Freiheitsstab und der Freiheitsmütze sitzend, den freigelassenen Sklaven zugewandt. Das Gemälde befindet sich heute in der Ridgway Library, Sammlung The Library Company of Philadelphia. Eine kleinere Gemäldeversion ist im Henry Francis du Pont Winterthur Museum aufbewahrt.
36 KORSHAK 1987: 61/62 sieht in dieser Doppeldeutigkeit der Freiheitsallegorie den Grund für ihr Verschwinden aus der politischen Ikonographie. Nachdem die Phase des Freiheitsrausches in den ehemaligen Kolonien verflogen war, mußte aus einem recht provisorischen nationalen Verband eine Union geschmiedet werden. Der Hauptspaltungsgrund wurde schon damals in den unterschiedlichen ökonomischen Reproduktionsweisen des Nordens und des Südens gesehen und vor allem in der Institution der Sklaverei. Der Einigung eines so sehr von Separatismus gefährdeten neuen Staatenbundes konnte ein Emblem, das implizit eine Kritik an der Sklaverei vermittelte, nur abträglich sein. KORSHAK sieht in diesem politischen Konflikt den Grund für das Verschwinden von Vindicta und Pileus aus dem Entwurf für die erste 10 Cents Münze (dime), die nur noch eine junge Frau mit offenem Haar abbildet und Stab und Mütze aus der ursprünglichen Vorlage von Augustin Dupré – Libertas Americana – eliminierte.

Its Flight" bezogen werden. Den Abschluß zum Plakatrand bildet bei beiden Allegorien jeweils ein Füllhorn als Symbol des Wohlstandes, der für die Aufrechterhaltung von Frieden und Gerechtigkeit unerläßlich ist. So wie das gesamte Harrison-Broadside noch stark mit der Tradition barocker Herrscherporträts verwurzelt ist, entsprechen auch die Allegorien dem barocken Darstellungsmuster. Allerdings beziehen sich die amerikanischen Allegorien in ihrer Bedeutung weniger auf die im Plakat Porträtierten. Sie versinnbildlichen keine Herrscherpanegyrik, sondern vielmehr die Vorzüge eines demokratisch-republikanischen Systems, das die Porträtierten zu respektieren und zu verteidigen geloben. Anstelle der umschmeichelnden Fama- und Athene-Figuren besetzen „Liberty" und „Justitia" einen eigenen Bereich im Bild, denen nicht die Kandidaten, sondern Ovalmedaillons mit den Bildnissen ihrer politischen Gönner, dem New Yorker Senator Nathaniel P. Tallmadge und dem Senator von Virginia William C. Rives, vorgelagert sind.[37]

Die eigentliche Neuerung in der Ikonographie war jedoch nicht die Figur der Gerechtigkeit, die bereits in barocken Herrscherporträts zum Standardrepertoire gehörte[38], sondern die Allegorie der Freiheit, die nicht unmittelbar aus der Antike etwa in Gestalt einer „Libertas" übernommen werden konnte[39], sondern aus dem antiken Zeremoniell der „manumissio" abgeleitet wurde. Die Verbildlichung der Freiheit im Wahlplakat verläuft im 19. Jahrhundert wenig doktrinär und so taucht „Liberty" mal mit Füllhorn, Freiheitsmütze, Brustpanzer und Sternenbanner (Abb. 7) auf oder als sitzende Göttin mit U.S.-Wappen, Vindicta und Pileus sowie Attributen des Ackerbaus (Abb. 22). Freiheitsstab und Freiheitsmütze gehörten jedoch bis 1864 zu ihren charakteristischen Erkennungsmerkmalen. Die Lithographenanstalt Currier & Ives aus New York knüpfte in ihren Wahlplakaten an die Tempelikonographie des Textilbannerentwurfes von 1834 (Abb. 85) an und zeigte die stehende, weißgekleidete Freiheitsallegorie mit Vindicta und Pileus in einem Rundtempel, der an die antike Form des Tholos erinnert. Die Freiheitsfigur steht damit im Allerheiligsten des Tempelbereichs und wird meist unter den schützenden Schwingen des amerikanischen Seeadlers und Nationalsymbols dargestellt. Dieser Bildtopos in den Lithographien von Currier & Ives wiederholte sich kontinuierlich zwischen 1844 und 1864 (Abb. 14–16).

Die Allegorien der Freiheit und Gerechtigkeit symbolisieren die Grundwerte des amerikanischen politischen Systems: individuelle Freiheit sowie Recht und Gesetz als Grundlage der

---

37 Vgl. auch REILLY 1991: 163.
38 Vgl. Aegidus Sadelers Kupferstich von Ferdinand II. (Abb. 18), Peter Isselburgs Kupferstich von Kaiser Matthias und seiner Gattin Anna (Abb. 20), dem anonymen Kupferstich von Ferdinand II. und seiner Gattin Maria (Abb. 25), Wolfgang Kilians Kupferstich des Erzbischofs zu Trier (Abb. 34) und dem Kupferstich von Heinrich IV. von Frankreich (Abb. 43) in: HAGENOW 1996.
39 Bezeichnend ist hierbei, daß die für eine Allegorie notwendige Identität von Wort- und Bildsymbol fehlte, da die Freilassung der Sklaven nicht im Tempel der „Libertas" praktiziert wurde, sondern wie RIPA ausführt, im Tempel der Göttin „Feronia": „Liberté. (…) Elle est peinte avec un Bonnet en main, d'autant que par une ancienne coustume, les Romains le faisoient porter à celuy de leurs Esclaves qu'ils vouloient affranchir, & le remettre en liberté, apres luy avoir razé les cheveux; Ceremonie qui se faisoit d'ordinaire dans le Temple de la Deesse Feronia." RIPA zitiert nach der französischen Ausgabe von 1644 im Reprint von 1976: 100. Im Zitat wurde die Schreibweise des 17. Jahrhunderts stellenweise der französischen Rechtschreibung der Gegenwart angepaßt (z.B. statt des altfranzösischen „auec", das neufranzösische „avec").

politischen Verfassung. Die Abbildung der Kandidatenporträts unter den Allegorien bestätigte den Grundkonsens und politischen Kontext, in welchem sie sich zur Wahl stellten. Diese universalen Prinzipien bildeten die Hintergrundfolie, vor der sich die einzelnen Kandidaten mit mehr oder weniger originären Slogans abhoben. Häufig tauchte jedoch „Freiheit", manchmal auch „Gerechtigkeit" als Wert in den Spruchbändern ein zweites Mal auf. So warb beispielsweise 1860 die Constitutional Union Partei mit ihren beiden Kandidaten John Bell und Edward Everett mit dem Slogan „Liberty and Union. Now And Forever One And Inseparable". Vier Jahre später lautete das Wahlmotto für den Republikaner Abraham Lincoln „Liberty, Union and Victory" (Abb. 16). Im Vergleich der beiden Plakatslogans von 1860 und 1864 wird oberflächlich betrachtet kein Unterschied deutlich. Die Worte sind dieselben, die Bedeutung von „Liberty" ist jedoch eine andere. Die Constitutional Union Party trat 1860 unter dem alleinigen Programmpunkt an, die Union zu erhalten. John Bell, selbst Sklavenhalter[40], konnte mit „Liberty" nur die Freiheit der Weißen meinen, wie auch die Freiheit der einzelnen Staaten, über ihr eigenes ökonomisches Reproduktionssystem zu entscheiden – ein traditioneller Rechtfertigungsgrund für die Fortführung der Sklaverei. Der Begriff „Liberty" hatte 1864 jedoch eine andere Bedeutung gewonnen, nachdem die Abschaffung der Sklaverei zu einer wesentlichen Rechtfertigung der Fortsetzung des Bürgerkrieges geworden war. Lincolns Slogan 1864 „Liberty, Union and Victory" (Abb. 16) macht deutlich, daß der Präsident zur Fortführung des Krieges bereit war und der Zusatz „Victory", daß dies auch den Sieg der „Abolitionists"[41] beinhaltete. Inwiefern „Liberty" und „Freedom" zu diesem Zeitpunkt noch mit unterschiedlichen Bedeutungen besetzt waren und nicht, wie heutzutage, synonym gebraucht wurden, ist schwierig zu bestimmen. Die Bevorzugung des „Liberty"- Vokabulars bis 1864 durch Demokratische Kandidaten im Vergleich zu den Forderungen nach „Free Soil, Free Speech, Free Men" durch die Free Soilers und später die Republikaner könnte jedoch ein Anhaltspunkt für die unterschiedlichen Konnotationen von „Liberty" und „Freedom" in der Zeit vor dem Bürgerkrieg sein, wobei mit „Liberty" das revolutionäre Erbe des Unabhängigkeitskrieges gemeint, und damit vor allem individuelle Freiheit von staatlichem Zwang und die Selbstbestimmung der Einzelstaaten verbunden wurden, während mit „Freedom" das individuelle Recht auf Eigentum und selbständige Arbeit sowie Meinungsfreiheit (Free Speech) anklangen. In dem Wahlslogan Lincolns 1864 ist die „Freedom"-Propaganda jedoch dem Liberty-Begriff gewichen.

Die unterschiedlichen Auffassungen des Freiheitsbegriffes kommen nirgendwo deutlicher zum Ausdruck, als in der Gestaltungsgeschichte der Freiheitsstatue, die 1855 aus Anlaß der Kapitolserweiterung in Auftrag gegeben wurde (Abb. 87).[42] Thomas U. Walter, der Kapitolarchitekt, der zunächst mit der Erweiterung des Kapitols betraut worden war, hatte als erster eine

---

40 Elting MORISON, Election of 1860. In: SCHLESINGER (Hg.) Bd. 2 (1971): 1097–1127, hier: 1101.
41 Zur Geschichte des Abolitionist Movement – der Sklaverei-Gegner s. Dwight Lowell DUMOND, Antislavery. The Crusade for Feedom in America. Ann Arbor 1961 und Jean Fagan YELLIN, Women & Sisters: the antislavery feminists in American Culture. New Haven u. a. 1989.
42 Zur politischen Ikonographie des Kapitols und besonders der Freiheitsstatue vgl. die hervorragende Studie von Vivien Green FRYD, Art and Empire. The Politics of Ethnicity in the U.S. Capitol, 1815–1860. New Haven u. a. 1992, besonders Kapitel 8, „Liberty, Justice, and Slavery", S. 177–208.

IV. 1. Politische Allegorese

Skizze für die Bekrönung der Kapitolskuppel durch eine Freiheitsstatue angefertigt.[43] Mit der Bauausführung und der Auftragsvergabe wurde jedoch nicht der Architekt des Kapitols betraut, sondern der leitende Ingenieur sowie, überraschenderweise, das Kriegsministerium. Captain Montgomery Meigs, der Kapitolsingenieur und sein Vorgesetzter, Kriegsminister (Secretary of War) Jefferson Davis, entschieden sich 1855 dafür, den Auftrag für die Anfertigung einer Freiheitsstatue an den amerikanischen Bildhauer Thomas Crawford[44] zu vergeben, der in Rom lebte und bereits eine Reihe von Skulpturen für die Flügel des Senats und des Repräsentantenhauses geschaffen hatte.

Meigs machte Crawford den Vorschlag zu einer „Freedom Triumphant in War and Peace".[45] Der Künstler nahm diese Anregung auf und entwickelte zunächst ein Konzept, das eine weibliche Figur mit einem Weizen-Lorbeerkranz darstellte, die in ihrer linken Hand einen Olivenzweig als Zeichen des Friedens und in ihrer rechten ein Schwert hielt.[46] In seinem zweiten Entwurf ist der Olivenzweig einer phrygischen Mütze gewichen. Die Statue wurde außerdem mit einer Sternenkrone versehen „to indicate her heavenly origin" sowie einem Globus als Podest. Der Globus sollte, in den Worten des Bildhauers, ihren Schutz für die amerikanische (sic!) Welt zum Ausdruck bringen.[47] In der Interpretation seiner eigenen Skulptur brachte der Bildhauer seinen Glauben an die Vorbildfunktion des amerikanischen Systems für den Rest der Welt zum Ausdruck. Diese Rollenkonzeption Amerikas stimmte mit dem Zeitgeist über-

---

43 Die ursprüngliche Kapitolskuppel war eine Flachkuppel nach dem Vorbild des Pantheons in Rom und trug keine bekrönende Statue. Thomas U. Walter entschied sich für eine neue Kuppelkonstruktion, nachdem er die Erweiterung der beiden Flügel für Repräsentantenhaus und Senat geplant hatte und sich die bestehende Kuppel im Zentralbau als zu klein im Verhältnis zu den Flügelbauten erwies. Die neue Kuppel, die 1863 vollendet wurde und in diesem Zustand heute erhalten ist, wurde nach vier architektonischen Vorbildern konzipiert: der St. Paul's Cathedral in London, dem Petersdom in Rom, dem Pantheon in Paris und der St. Isaaks-Kathedrale in St. Petersburg, s. U.S. CONGRESS (Hg.): The United States Capitol: A Brief Architectural History. Verfaßt von William C. Allen. House Document 101–144. 101st Congress, 1st Session. Washington D.C. 1990: 22.
44 Thomas Crawford (1813–1857) s. Robert L. GALE, Thomas Crawford: American Sculptor. Pittsburgh 1964. Crawford gehörte zu den amerikanischen Bildhauerpionieren. „American art before the Revolution, and indeed for at least a generation after it, was regularly imitative of British; while the result was some fine literature and some fair painting, it did not include much worthy sculpture. (…) Bronze casting at this time was a secret jealously kept from ingenious Yankees by founders in Paris and Munich." GALE 1964: 2. Crawford, der eine Lehre bei den New Yorker Bildhauern John Frazee und Robert E. Launitz absolvierte, trat 1835 seine erste Reise nach Rom an, mit einem Empfehlungsschreiben von Launitz, der bei Thorwaldsen studiert hatte und seinen Auszubildenden an seinen ehemaligen Professor weiterreichte. Crawford verbrachte den Großteil seines restlichen Lebens in Rom und starb 1857 an einem Gehirntumor. Zur Geschichte der amerikanischen Skulptur und der frühen amerikanischen Bildhauer s. Albert TenEyck GARDNER, Yankee Stonecutters: The First American School of Sculpture 1800–1850. New York 1945.
45 S. FRYD 1993: 106.
46 Eine Abbildung dieses Entwurfes findet sich in: FRYD 1992: 192, Ill. 119.
47 Crawford an Meigs, 18. Oktober, 1855. Meigs Letterbook, zitiert in: FRYD 1993: 106.
48 Unter „Millenarismus" wird eine amerikanische Variante des Chiliasmus verstanden, der die Geschichte der amerikanischen Nation als teleologisch-missionarisch interpretiert und in der Politik einen göttlichen Auftrag erblickt, der in der Errichtung eines „Tausendjährigen Reiches" und letztendlich in der Apokalypse seine Erfüllung findet. S. auch „Manifest Destiny" im Glossar dieser Arbeit.

ein, der von Millenarismus⁴⁸ und „manifest destiny"⁴⁹ geprägt war und mit dem ein aggressiver Expansionismus der Vereinigten Staaten gen Westen sowie nach Kuba und in die Karibik einherging. Crawfords „bewaffnete Freiheit" spiegelte so die militaristische Rhetorik der 50er Jahre des 19. Jahrhunderts wider und erfüllte die Erwartungen Jefferson Davis' in allen Punkten – bis auf einen. Davis, selbst ein Anhänger des „manifest destiny"-Gedankens, der die Annexion Kubas und Nicaraguas befürwortete und seinen Abgeordnetensitz aufgegeben hatte, um im Krieg gegen Mexiko zu kämpfen, akzeptierte Crawfords zweiten Entwurf bis auf ein Detail. Er wies die Freiheitsmütze im Entwurf zurück mit der Begründung, daß ihre Geschichte dieses Symbol unangebracht erscheinen lasse, für ein Volk, das frei geboren sei und nicht versklavt würde.⁵⁰ Davis, selbst Sklavenhalter und fünf Jahre später, im Bürgerkrieg 1861, zum Präsidenten der abtrünnigen Konföderierten ernannt, war offenbar die Bedeutung der phrygischen Mütze als Symbol der Sklavenbefreiung sehr wohl bewußt.⁵¹ Sein Freiheitsbegriff bezog sich ausschließlich auf die frei geborenen Weißen. In einem Brief an Crawford machte Meigs dieses restriktive Verständnis von „Freiheit" deutlich und nannte den konkreten Grund für die Zurückweisung der phrygischen Mütze als Freiheitsattribut: „Mr. Davis says that he does not like the cap of Liberty introduced into the composition. That American Liberty is original & not the liberty of the freed slave – that the cap so universally adopted & especially in France during its spasmodic struggles for freedom is derived from the Roman custom of liberating slaves thence called freedmen & allowed to wear this cap."⁵² Meigs, der eigentlich Nordstaatler

---

49 Mit „manifest destiny" wird eine Doktrin umschrieben, die es als die Bestimmung und das Schicksal der USA ansah, nach Süden und nach Westen bis in die pazifische Region hinein zu expandieren. Die erste Verwendung des Begriffes wird Andrew Jackson zugeschrieben, der die USA als „a country manifestly called by the Almighty to a destiny which Greece and Rome, in the days of their pride, might have envied" bezeichnet hatte. Zitiert in: William SAFIRE, Safire's New Political Dictionary. New York u. a. 1993: 433. Vgl. auch das Glossar im Anhang dieser Arbeit.

50 „its history renders it inappropriate to a people who were born free and would not be enslaved." Zitiert in: FRYD 1993: 108. Davis hatte bereits zuvor die Freiheitssymbolik in Form des Pileus als unangebracht zurückgewiesen. Der Entwurf von Thomas Crawford für die Gesimsgestaltung der Eingangstür zum U.S.- Senat sah die Allegorien der Gerechtigkeit und Freiheit vor: „The artist intended both female personifications to be reclining figures, with Liberty identified by the pileus (...) and Justice by the lictor rods, a pen, and a palm branch. The secretary of war, Jefferson Davis, reviewed Crawford's proposals, recommending that the fasces be replaced by scales and that the liberty cap be eliminated. Davis objected that the lictor rods and ax, which in ancient Rome stood for the power to summon, arrest, or execute citizens, were an inappropriate symbol for the U.S. system of justice. Meigs concurred: although the artist meant the fasces to show that ‚in Union is strength,' the original Roman meaning would intrude. Together, the secretary of war and the engineer convinced Crawford of the object's impropriety for the United States, as the artist replaced the fasces with the more traditional image of scales and added a book inscribed ‚Justice, Law, Order.' He furthermore transformed Liberty into History, avoiding the objectionable liberty cap that became associated with bondage in the South." FRYD 1992: 184.

51 Wie FRYD 1993 detailreich nachweist.

52 Meigs an Crawford, 24. April, 1854. Meigs Letterbook, zitiert in: FRYD 1993:108/109. GALE 1964: 124, Anm. 26 datiert den Briefwechsel zwischen Meigs und Crawford auf den 26. April. Die von Meigs übermittelte Kritik Jefferson Davis' an der phrygischen Mütze als Attribut bezieht sich nicht auf die Freiheitsstatue, die zu diesem Zeitpunkt noch nicht in Planung war, sondern auf eine Skulptur der Allegorie der Geschichte, die in Crawfords Entwurf mit einer phrygischen Mütze ausgestattet ist.

war, aber durch persönliche Kontakte vom „Goodwill" seiner südstaatlichen Verbündeten im Kongreß abhing, setzte Crawford mit seinen Briefen entsprechend unter Druck und so änderte der Künstler seinen Entwurf.[53] Die phrygische Mütze verschwand aus dem Konzept, das sich vollends in eine „bewaffnete Freiheit" wandelte und so auch ausgeführt wurde. Davis bevorzugte eine Freiheitsikonographie, die der Athena Parthenos[54], der Schutzgottheit der griechischen Demokratie sowie der Kriegsgöttin Minerva entlehnt war. Davis schlug statt der phrygischen Mütze einen Helm vor, ein klassisches Attribut Minervas, und so verwandelte sich die Friedensgöttin in eine Synthese aus „Liberty", „Minerva" und „Amerika". Dem Helm mit Adlerkopf wurde ein Federschmuck beigefügt und das antikisierende Gewand in ein indianisches umgewandelt (vgl. Abb. 87).

Crawford starb 1857 und Jefferson Davis war bereits zum Präsidenten der Südstaaten ernannt worden, als die Freiheitsstatue am 2. Dezember 1863 in einer großartigen Zeremonie auf die Kuppel gesetzt wurde. Der Bürgerkrieg hatte ikonographische Details in den Hintergrund treten lassen und zu einem Bedeutungswandel der Freiheitsstatue geführt. Präsident Lincoln, der 1860 noch vor einer „Kapitolsruine" eingeschworen worden war, hatte mehrfach versucht, die Bauarbeiten an der Kuppel voranzutreiben, weil die Kuppel und die Freiheitsstatue zum Symbol der Union geworden waren. Diesen symbolischen Charakter brachte Lincoln unmißverständlich zum Ausdruck in den Worten: „(w)hen the people see the dome rising it will be a sign that we intend the union to go on."[55] Die Freiheitsstatue wurde so zum Symbol staatlicher Einheit und zugleich Vorbild für die Freiheitsdarstellung im Wahlplakat. Ein Jahr nach ihrer Einweihung ist ihr formaler Einfluß deutlich an dem Lincoln/Johnson-Wahlplakat (Abb. 88) ablesbar. Während in einem parallelen Wahlplakat von Currier & Ives für die Republikanischen Kandidaten, die aus wahltaktischen Gründen als „Union Ticket" firmierten, weiterhin

---

Obwohl Crawford den Stab und die Mütze aus dem Schlußentwurf für die Allegorie der Geschichte herausnimmt, reichte er beide Symbole, vermutlich in Voraussicht ihrer erneuten Zurückweisung, für den zweiten Entwurf seiner „Freedom"-Statue ein. In einem Brief an Meigs erläuterte der Künstler seinen Entwurf: „In mid-October Crawford could report that he had revised his sketch of the dome figure. Its new liberty cap and fasces he fully expected Jeff Davis to deplore; however, ‚the work is for the people, and they must be addressed in language they understand and which has become unalterable for the masses. ‚He went on to explain his symbolism:'(…) the statue represents ‚Armed Liberty'. She rests upon the shield of our country, the triumphs of which is (sic) made apparent by the wreath held in the same hand which grasps the shield. In her right hand she holds the sheated sword to show the fight is over for the present but ready for use (sic) whenever required. The stars upon her brow indicate her heavenly origin. Her position upon the globe represents her protection of the American world, the justice of whose cause is made apparent by the emblem (wreaths) supporting it." GALE 1964: 150. Meigs beantwortete diesen Brief mit einer positiven Bemerkung zum Entwurf, fügte aber hinzu: „I anticipate some objection (from Davis) to the cap and rods." Zitiert in: GALE 1964: 153. Davis, nachdem er zwei Fotografien des Modells gesehen hatte, gibt schließlich am 15. Januar 1856 die Statue in Auftrag und deutet an, daß er anstelle der Freiheitssymbole einen Helm bevorzugen würde, die letzte Entscheidung jedoch dem Bildhauer, den er hoch schätze, überlassen würde. GALE 1964: 155.

53 FRYD 1992: 189/190.
54 S. dazu auch die Abb. in FRYD 1992: 197, Ill. 122.
55 Zitiert in: Lois CRAIG and the staff of the Federal Architecture Projekt, The Federal Presence: Architecture, Politics, and National Design. Cambridge 1978: 136. Eine weitere Variante des Lincoln-Zitats in: Festbroschüre „In Commemoration of The Bicentennial of the United States Capitol 1793–1993". Dort lautet das Zitat: „If people see the Capitol going on, it is a sign we inted the Union to go on."

die traditionelle Freiheit im Freiheitstempel dargestellt wurde (Abb. 16), zeigte das Plakat[56] in Abb. 88 die beiden Kandidatenporträts von Olivenzweigen eingerahmt, in deren Mitte eine pazifizierte Version der Kapitolsfreiheit steht. Die Art, in der die Flagge als Gewand um den Körper gewunden ist, wie auch die mit „U.S." betitelte Brustmedaille und der Helm mit Adler und Sternenkranz verweisen auf die Kapitolsstatue als Vorbild. Anstelle des Schwertes und U.S.-Wappens hält sie jedoch Symbole des Friedens, einen Olivenzweig und ein ausgerolltes Schriftstück in der Hand. Der Freiheitstempel steht verlassen hinter ihr, der Adler sitzt am Boden neben ihr. Links und rechts sind Attribute des Krieges wie auch des Friedens sowie ein Anker als Symbol der Hoffnung abgebildet. Als direktes Vorbild wird sie ein weiteres Mal, wenn auch in starker Abwandlung, 1884 in einem großformatigen Wahlplakat für die Republikanischen Kandidaten James G. Blaine und John A. Logan evoziert (Abb. 89) sowie in einem kleineren Plakat für dieselben Kandidaten (Abb. 52). Statt des Schwertes trägt sie eine Flagge und zu ihren Füßen steht ein Liktorenbündel. Das Vorbild kommt jedoch im Sockel zum Vorschein, einer Weltkugel mit der Aufschrift „E Pluribus Unum". Dies ist ein direktes Zitat der Kapitolsstatue.

Die Kontroversen um die Ikonographie der Freiheitsgöttin und ihren Bedeutungswandel verdeutlichen, daß „Freiheit" als zentraler Begriff und politischer Wert des amerikanischen politischen Systems einerseits allgegenwärtig, andererseits unterschiedlich kodiert ist. Die Vorstellung von dem, was „Freiheit" ausmacht und der Personengruppe, auf die sich „Freiheit" bezieht, ist einem kontinuierlichen Wandel unterworfen, ohne daß dies jedoch zwangsläufig zu einem Wandel in der formalen Darstellung der Freiheit als weiblicher Allegorie führen muß. Dasselbe Symbol kann, wie die Geschichte der Kapitolsskulptur zeigt, mit unterschiedlichen Freiheitsbegriffen besetzt werden. Während sich Jefferson Davis an dem Pileus störte, und stattdessen eine bewaffnete Freiheit in Auftrag gab, die den kämpferisch-expansionistischen Geist der Zeit zum Ausdruck bringen sollte, wurde dieselbe Statue unter den veränderten politischen Bedingungen des Bürgerkrieges als Einheits- und Durchhaltesymbol interpretiert, das die Beendigung des Krieges bei gleichzeitiger Abschaffung der Sklaverei versinnbildlichte und damit nicht in ihrer Form, jedoch in ihrer Rezeption, an die ursprünglich aus der antike übernommene Freiheitsbedeutung wieder anknüpfte. Was bedeutet dies aber für die Interpretation der dem Bürgerkrieg vorangegangenen Freiheitsdarstellungen im Plakat? War die Freiheit im Tempel mit Pileus und Vindicta nur ein ästhetisches Accessoire, das aufgrund der kommerziellen Interessen ihrer Hersteller beliebig austauschbar war und ohne Rücksicht auf die konkrete politische Haltung zur Frage der Sklaverei Verwendung finden konnte? Mithin, war die klassische Freiheitsikonographie eine vergessene Bedeutung, die erst in der Vorphase des Bürgerkriegs „wiederentdeckt" wurde?

Die Bildgeschichte läßt das Gegenteil vermuten. Zwar wird die Freiheit mit phrygischer Mütze und Freiheitsstab zunächst im Kontext des Unabhängigkeitskrieges als bildlicher Ausdruck für das Freiheitsstreben der Kolonien wiederentdeckt, aber ihr Erscheinen in einer Serie kommerziell produzierter politischer Banner (Abb. 14–16) entspringt weder einer rein dekorativen Beliebigkeit, noch stellt es den Versuch dar, ein kommerzielles Markenzeichen zu etablieren – beides unter dem Aspekt des Produktionsprozesses durchaus einleuchtende Gründe

---

56 Der Plakatproduzent ist anonym, eine Abbildung des Plakates mit knappem Text findet sich bei: MELDER 1992: 12.

für die Freiheitstempel im Plakat. Ein Vergleich mit den von derselben Lithographenanstalt herausgegebenen politischen Bannern für die jeweiligen Gegenkandidaten ergibt jedoch, daß zumindest im Fall des Free Soil Banners von 1848 (Abb. 14) nur dieses Plakat mit einem Freiheitstempel geschmückt ist, während die Kandidaten der Demokraten und der Whigs (Abb. 12 und 13) in stilistisch und größenmäßig vergleichbaren Plakaten derselben Lithographenanstalt nicht mit diesem Freiheitssymbol gekennzeichnet sind. Die Rahmengestaltung mit der Freiheitsgöttin im oberen Bildteil und der Farmerpastorale im unteren Bildteil wurde zwei weitere Male kopiert, jedoch jeweils nur für Republikanische Kandidaten, die für die Abschaffung der Sklaverei eintraten. Die beiden dem Free Soil Banner vorangegangenen Plakate des 1844er Wahlkampfes enthalten keine Freiheitsallegorien, wie auch die übrigen Banner von 1848 für die Kandidaten anderer Parteien keine freidenkerischen Anspielung enthalten. Die Freiheitsallegorie in den Plakaten für die Free Soilers 1848 und die Republikaner 1856 und 1864 scheint also nicht nur dekorative Funktionen erfüllt, sondern auch der Identifizierung parteipolitischer Positionen gedient zu haben, die auch in den Slogans der Plakatuntertitel als gemeinsames Element zum Ausdruck kommen. Im Van Buren-Plakat (Abb. 14) ist der Parteislogan über den Schwingen des Adlers abgedruckt: „Free Soil, Free Labor, Free Speech" und im Frémont-Plakat (Abb. 15) erscheint der Freiheitsgedanke in der Untertitelung als „Free Labor, Free Speech, Free Territory". Das Lincoln-Plakat (Abb. 16) verwendete schließlich den Slogan „Liberty, Union And Victory" als Untertitel. Die Verbindung zwischen dem bildlichen Freiheitssymbol und dem politischen Programm wird so in allen drei Plakaten offensichtlich. Daß sich der „Freiheitsgedanke" in diesen Fällen auch auf die Emanzipation der amerikanischen Sklaven beziehen läßt, ist in Anbetracht der Parteiprogramme der porträtierten Kandidaten naheliegend. Alle drei angesprochenen Innenraumplakate, die eine „Freiheit im Tempel"-Allegorie abbilden, beziehen sich auf Kandidaten, deren Parteiprogramme das Thema „Sklaverei" explizit behandelten, aus welchen Motiven auch immer.[57] Die erste Darstellung der „Freiheit im

---

57 Das unterschiedliche Freiheitsverständnis von Demokraten und Republikanern kommt deutlich bei einem Vergleich der beiden Parteiprogramme von 1864 zum Ausdruck. Während die Demokraten unter „Freiheit" vor allem die Freiheit der Einzelstaaten von bundesstaatlichem Zwang sowie die Rechte der Weißen meinen, bekennt sich die Republikanische Platform von 1864 direkt zum Kriegsziel der Abschaffung der Sklaverei: „3. Resolved, That as slavery was the cause, and now constitutes the strength of this Rebellion, and as it must be, always and everywhere, hostile to the principles of Republican Government, justice and the National safety demand its utter and complete extirpation from the soil of the Republic; and that, while we uphold and maintain the acts and proclamations by which the Government, in its own defense, has aimed a deathblow at this gigantic evil, we are in favor, furthermore, of such an amendment to the Constitution, to be made by the people in conformity with its provisions, as shall terminate and forever prohibit the existence of Slavery within the limits of the jurisdiction of the United States." Zitiert nach: JOHNSON/PORTER 1973: 35. Die Demokraten verwenden den Freiheitsbegriff in ihrer Platform von 1864 folgendermaßen: „Resolved, That this convention does explicitly declare, as the sense of the American people, that after four years of failure to restore the Union by the experiment of war (...) the material prosperity of the country essentially impaired, justice, humanity, liberty, and the public welfare demand that immediate efforts be made for a cessation of hostilities (...). Resolved, That the aim and object of the Democratic party is to preserve the Federal Union and the rights of the States unimpaired, and they hereby declare that they consider that the administrative usurpation of extraordinary and dangerous powers not granted by the Constitution – (...) the suppression of freedom of speech and of the press (...); and the right of the people to bear arms in their defense is calculated to prevent a restoration of the Union (...)." Zitiert nach: JOHNSON/PORTER 1973: 34.

Tempel" könnte als Versuch interpretiert werden, den Programmpunkt, den diese Partei von den anderen unterschied, mit dem Namen der Partei – „Free Soil Party" – in Verbindung zu bringen. Die Freiheitsallegorie figurierte demnach in den folgenden Plakaten als Indikator für eine irgendwie geartete programmatische Ausrichtung der Kandidaten auf freiheitliche Ziele.

Von den Abolitionisten wurde die Freiheit im Tempel nie als Emblem verwendet und war damit kein offensichtliches Symbol gegen die Sklaverei. Sie brachte jedoch eine komplexe Definition von „Freiheit" zum Ausdruck, die zumindest den Aspekt der Sklaverei implizierte. Die Platform der „Free Soil Party" von 1848 bezog mehrfach Stellung gegen die Ausdehnung der Sklaverei auf die neuen Territorien im Westen der USA. So beispielsweise in dem Plank: „(…) putting our trust in God for the triumph of our cause, and invoking his guidance in our endeavors to advance it, do now plant ourselves upon the NATIONAL PLATFORM OF FREEDOM, in opposition to the Sectional Platform of Slavery."[58] Der Grund für diese eindeutige Stellungnahme lag jedoch nicht etwa in einer moralisch-humanitären Motivation der Free Soilers, sondern in deren Klientel, das vor allem aus einfachen Farmern und Siedlern aus dem Norden bestand, die sich gen Westen aufgemacht hatten, um dort eine neue Existenz zu gründen. Der Parteislogan, der auch in dem Plakat von 1848 (Abb. 14) auftauchte und im Schlußsatz der Free Soil Platform definiert wurde, brachte die Hauptinteressen dieser kleinen Splitterpartei zum Ausdruck: „FREE SOIL, FREE SPEECH, FREE LABOR, and FREE MEN." Diese Aspekte des Freiheitsbegriffs spielten eine große Rolle und sind vermutlich der Grund und die primär intendierte Aussage der Freiheit im Tempel, die hier weniger als Symbol der Sklavenbefreiung denn als Symbolisierung der konkreten Freiheitsforderungen der Free Soil Party zu lesen ist. Die logische Verbindung zwischen einer Anti-Sklaverei-Position und der Vertretung der Nordstaaten- und Free Labor-Interessen lag in der Furcht der Nordstaatler und Siedler begründet, daß ein System, das auf unbezahlter Sklavenarbeit beruhte, nicht mit einem ökonomischen Lohnsystem, wie es im Norden praktiziert wurde, vereinbar war. Die Siedler waren zudem beunruhigt über die Frage der Landverteilung in den neuen Territorien. In einem Plantagensystem, das auf extensivem Landbesitz und nicht entlohnter Arbeit gründete, war für den einfachen Farmer kein Platz, der entweder auf Lohnarbeit oder auf eigenen Landbesitz angewiesen war. Der Adressaten- und Wählerkreis, den die Free Soilers vertraten, wurde in ihrem Programm von 1848 klar umrissen: „(…) That we demand Freedom and established institutions for our brethren in Oregon, now exposed to hardships, peril, and massacre, by the reckless hostility of the Slave Power to the establishment of Free Government for Free Territories – and not only for them, but for our new brethren in California and New Mexico" und weiter unten „(…) That the FREE GRANT TO ACTUAL SETTLERS, in consideration of the expenses they incur in making settlements in the wilderness, which are usually fully equal to their actual cost, and of the public benefits resulting therefrom, of reasonable portions of the public lands, under suitable limitations, is a wise and just measure of public policy(…)."[59]

Der Zusammenhang zwischen Freiheitsinterpretation und den Interessen der Wählerschaft der Free Soil bzw. der Republican Party drückt sich in der Bildrhetorik der Wahlplakte aus. Neben den stereotypen Fahnen, dem Adler und der Vorhangumrahmung tritt die Freiheit im

---

58 Zitiert in: JOHNSON/PORTER 1973: 13.
59 Zitiert in: JOHNSON/PORTER 1973: 14.

Tempel in den Plakaten von Currier & Ives immer gepaart mit einer weiteren Darstellung im unteren Bildraum auf und bildet ein eigenes Schema: Die Freiheit im Tempel als obere und der pflügende Farmer als untere Bildallegorie. Alle drei Plakate, die dieses Bildstereotyp verwenden, appellierten damit vor allem an die Wähler der abgebildeten Kandidaten und deren Bildinterpretation und Verständnis von „Freiheit" als „Free Labor and Free Soil". Dennoch ist für einen abolitonistisch eingestellten Betrachter die Interpretation der Freiheit als Symbol für die Abschaffung der Sklaverei potentiell vorhanden. Wie *Robert C. Smith* und *Vivien Green Fryd*[60] nachweisen, war das Symbol der Freiheit mit Stab und Mütze, zumindest in den gebildeten Gesellschaftsschichten, sehr wohl in seinem Verweis auf das antike Zeremoniell der Sklavenfreilassung bekannt. Die Plakate von Currier & Ives bergen damit zwei Lesarten in sich, die sich an zwei unterschiedliche Adressatenkreise richteten. Für den Hauptadressatenkreis, die Siedler und einfachen Farmer, die sich in der pastoralen Medaillondarstellung im unteren Bildraum wiedererkannten, stand die Freiheitsallegorie für die im Slogan postulierten Freiheiten: Free Soil, Free Labor, Free Speech and Free Men – allesamt Werte, die sich auf diesen Personenkreis bezogen und keine Stellungnahme zur Sklaverei per se beinhalteten.[61] Für den gebildeten Betrachter der Plakate in den Ostküstenstädten appellierte die Freiheit im Tempel an seine humanistische Bildung und er erkannte das Symbol als Anspielung auf die Sklaverei des Südens und damit als abolitionistisches Statement. Tatsächlich näherte sich die Free Soil Party und später die Republican Party dem Abolitionist Movement, um eine Koalition gegen die regierenden Demokraten zu schmieden, die vor allem die Interessen des Südens vertraten. Es ist nicht auszuschließen, daß Currier, obwohl als kommerzielles und damit primär unparteiisches Plakat intendiert, dennoch diese Koalitionsbildung und die damit einhergehende Ausweitung des Adressatenkreises berücksichtigte, gerade weil die Doppelallegorie – die Personifikation der Freiheit und der exemplarische Farmer – zwei unterschiedliche Adressatenkreise und damit, aus der Perspektive des Geschäftsmannes, zwei potentielle Käuferschichten ansprach. Die Abbildung des Farmers und der Freiheitsallegorie wäre damit nicht nur die Markierung politischer Positionen und deren Assoziation mit bestimmten Kandidaten, sondern zugleich eine bewußte Verkaufsstrategie[62], die auf unterschiedlichen Freiheitsinterpretationen und Bildungsniveaus beruhte.

Die Freiheitsallegorie im Tempel wurde sicherlich nicht als offensichtliches Zeichen des Abolitionismus interpretiert. Ihre Auffassung als moderat-abolitionistisch war eine Interpretations- und vor allem Verständnisfrage, die von der politischen Position und dem Bildungsniveau der Betrachter abhing. Die weibliche Figur mit Stab und Mütze war nie ein Emblem der Abolitionisten, die selbst eine ungleich vehementere Propagandakampagne unter bewußtem Einsatz bildlicher Überzeugungsmittel betrieben. Ein kurzer Exkurs in den politischen Bildkontext des zweiten Drittels des 19. Jahrhunderts fügt der Interpretationsbandbreite der Freiheit im Tempel eine neue Facette hinzu. Im Kontrast zu der direkten Bildsprache der Abolitionisten erscheint die „Freiheit im Tempel" als moderates Freiheitssymbol, das keine konkreten

---

60 Robert C. SMITH, Liberty Displaying the Arts and Sciences. A Philadelphia Allegory by Samuel Jennings. In: Winterthur Portfolio II, 1965: 85–105. FRYD 1992: 185–200.
61 Der Ausdruck „free men", der auf eine Anti-Sklaverei-Aussage hindeuten könnte, wurde nicht so verstanden. Free Men waren diejenigen, die frei geboren waren. Die Bezeichnung für freigelassene Sklaven war „*Freedmen*", ein kleiner, aber signifikanter Unterschied.
62 Vgl. Kapitel II.3. dieser Arbeit.

Appelle an die Adressaten enthielt, vielmehr eine generell humanistisch-moralische Antipathie gegen die Sklaverei voraussetzte, und damit eine Motivation gegen den Süden begründete, ohne jedoch auf aktive Maßnahmen zur Abschaffung der Sklaverei abzuzielen.

Das Emblem der amerikanischen Abolitionisten wurde ebenfalls der antiken Formensprache entlehnt und wie Vindicta und Pileus, jedoch ohne einer Motivumkehrung zu bedürfen, aus England importiert. Der Ursprung der abolitionistischen Bewegung ist vor allem bei den Quäkern und besonders in Philadelphia zu suchen. Im Zentrum der ersten abolitionistischen Gesellschaft stand kein geringerer als Benjamin Franklin, der mit anderen Mitgliedern der Library Company of Philadelphia zu einem Zirkel von 16–24 Personen gehörte, die in engem Kontakt mit dem 1787 gegründeten English Committee for the Society for the Abolition of Slavery standen.[63] Benjamin Franklin war Mitbegründer der Library Company of Philadelphia und einer der Auftraggeber des oben bereits erwähnten Gemäldes „Liberty Displaying the Arts and Sciences"[64]. Das Symbol des English Committee for the Society of the Abolition of Slavery war die Profilansicht eines halbnackten, knienden Sklaven in Ketten, der seinen Blick und die gefalteten Hände zu einem flehenden Gestus erhebt (s. Abb. 86). Josiah Wedgwood, der englische Porzellanfabrikant, selbst ein engagierter Abolitionist und Mitglied im English Committee for the Society for the Abolition of Slavery, stellte in seiner Fabrik 1787 das Emblem der englischen Abolitionisten in Form einer Medaillonminiatur aus schwarzem Basalt und weißem Jaspis her, das er in größerer Auflage reproduzieren ließ, um unter anderem auch einige Exemplare im selben und im folgenden Jahr an Benjamin Franklin zu schicken.[65] Das Emblem mußte einen starken Eindruck auf Franklin gemacht haben, denn er verteilte seine Exemplare an Freunde mit der Bitte, sie öffentlich als Buttons, Broschen, Hutnadeln oder Knöpfe zu tragen, wie dies in den Londoner Kreisen üblich war.[66] Der flehende Sklave und nicht die antikisierende „Freiheit im Tempel" wurde damit zum öffentlichen Propagandasymbol der Abolitionisten erkoren. Ja, der Beeindruckungseffekt basierte gerade nicht auf der distanzierten Antikenrezeption, sondern auf der Aktualisierung und Konkretisierung des Freiheitsbegriffes in der Majolikaminiatur. Die verwendeten Gesteinssorten führten zu einem star-

---

63 SMITH 1965: 90.
64 Dieses erste abolitionistische Gemälde war keine Auftragsarbeit im eigentlichen Sinne. Vielmehr hatte sich der Künstler Samuel Jennings, der selbst aus Philadelphia stammte und in London lebte und arbeitete, aus freien Stücken und ohne Entlohnung anerboten, ein Gemälde für die neue Bibliothek in seiner Heimatstadt anzufertigen. Die konkrete Bildidee ging jedoch von dem Verwaltungsrat der Library Company und damit unter anderem von Benjamin Franklin aus. Jennings hatte drei Allegorien angeboten: Clio, Calliope und Minerva, die konkrete Themenauswahl jedoch dem Verwaltungsrat überlassen. Dieser antwortete mit dem Vorschlag eines völlig neuen Bildmotivs, das vom Künstler jedoch begeistert aufgenommen und getreu der Beschreibung umgesetzt wurde: „(...) as a more general latitude has been so politely granted, they take the liberty of suggesting an Idea of Substituting the figure of Liberty (with her Cap and proper Insignia) displaying the arts by some of the most striking Symbols of Painting, Architecture, Mechanics, Astronomy & ca. whilst She appears in the attitude of placing on the top of a Pedestal, a pile of Books, lettered with Agriculture, Commerce, Philosophy & Catalogue of Philadelphia Library. A Broken Chain under her feet, and in the distant back Ground a Groupe of Negroes sitting on the Earth, or in some attitude expressive of Ease & Joy." Zitiert in: SMITH 1965: 89.
65 Ebd.: 90.
66 Ebd.: 90/91.

IV. 1. Politische Allegorese 281

ken Schwarzweißkontrast, der keinen Zweifel an der Identität des Flehenden als amerikanischem Sklaven ließ. Der Topos des antiken Sklaven in Ketten durch ein Joch gebeugt[67], wurde durch die Farbzuweisung, die den in der Antike farblich-neutralen Sklaven in einen Afro-Amerikaner umwandelte, aktualisiert und ohne Umschweife auf die konkrete politische Situation bezogen.[68] Die farbliche Kennzeichnung wurde auch in den druckgraphischen Werken wie etwa dem in Abb. 86 dargestellten Holzschnitt übernommen.[69] Benjamin Franklin beschrieb in einem Brief an Wedgwood 1788 die Wirkung der Sklavenmedaillons auf die Betrachter:

> „I have seen in their countenances (...) such Mark of being affected by contemplating the Figure of the Suppliant (which is admirably executed) that I am persuaded it may have an Effect equal to that of the best written Pamphlet in procuring favour to those oppressed People."[70]

Ein weiteres Element in der Anti-Sklaverei-Propaganda, das die Amerikaner von den Engländern übernahmen, war der Slogan, der auch auf dem Sklavenmedaillon abgebildet war und die Bildaussage mit einem fragenden Appell untermauerte: „Am I Not a Man and a Brother?" (vgl. Abb. 86).

Die Sklaverei, die als politisch-kontroverses Thema vor 1860 keinen direkten Eingang in die Wahlplakate, Banners und Broadsides gefunden hatte, war bereits zu Ende des 18. Jahrhunderts mit einem klar identifizierbaren Bildemblem verbunden, das vor allem auch in den 30er und 40er Jahren des 19. Jahrhunderts, also parallel zu dem ersten Plakat der „Freiheit im Tempel" (Abb. 14), weitverbreitet war. Die abolitionistische Bewegung wurde in dieser Zeit vor allem von Frauen getragen, den „Antislavery Feminists", wie sie von *Jean Fagan Yellin*[71] bezeichnet werden. 1836 existierten 60 amerikanische Anti-Sklaverei-Gesellschaften, die von Frauen organisiert wurden.[72] Die Frauenorganisationen hatten von Ben Franklins Pennsylvania Society for Promoting the Abolition of Slavery, the Relief of Free Negroes Unlawfully Held in Bondage[73], das Emblem übernommen und es geschlechtsspezifisch umgewandelt. Statt

---

67 Jean Fagan YELLIN, Women & Sisters. The Antislavery Feminists in American Culture. New Haven u. a. 1989: 5.
68 „The ground was a most delicate white, but the Negro, who was seen imploring compassion in the middle of it, was his own native color." Thomas CLARKSON, History of the Rise, Progress, and Accomplishment of the Abolition of the African Slave Trade by the British Parliament. 2 vols., London, 1808. Hier: vol. II: 191.
69 Das Broadside ist mit einem abolitionistischen Gedicht von John Greenleaf Whittier „My Countrymen in Chains" bedruckt und wurde für 2 Cents das Stück, $ 1.00 pro Hundert verkauft. S. REILLY 1991: 110.
70 Harry M. BUTON, Josiah Wedgwood and Benjamin Franklin. In: Bulletin of the National Philatelic Museum, III, 1951: 157–165. Zitiert in: SMITH 1965: 91.
71 Jean Fagan YELLIN, Women and Sisters. The Antislavery Feminists in American Culture. New Haven u. a. 1989.
72 YELLIN 1989: 7.
73 Die Gesellschaft wurde 1775 unter anderem von Benjamin Franklin gegründet und umfaßte ursprünglich 24 Mitglieder. Vgl. SMITH 1965: 90 und Thomas Edward DRAKE, Quakers and Slavery in America. Yale Historical Publications Miscellany, LI. New Haven, 1950: 90.

des knieenden männlichen Sklaven war nun eine halbnackte Sklavin dargestellt mit dem Motto „Am I Not A Woman and a Sister?"[74]. Das Anti-Sklaverei-Emblem wurde auf allen möglichen Materialien verbreitet. Die Frauen gründeten Stickerei-Clubs, in denen sie Bildnisse der flehenden Sklavin anfertigten, um sie dann auf Wochenmärkten und Wohltätigkeitsveranstaltungen zu verkaufen. Mit dem Erlös dieser politischen Textilien wurden weitere Propagandamittel finanziert. In einem anderen Fall wird davon berichtet, daß Frauen bei einer ähnlichen Gelegenheit und zu demselben Zweck Briefpapier verkauften, das die flehende Sklavin auf dem Briefkopf trug.[75] Kein Material blieb für die Sache der Emanzipation ungenutzt.[76] 1845 war das Bild der flehenden Sklavin so populär, daß es als Drucktype zu 75 Cents das Stück angeboten wurde und damit in die typisierte Bildsprache der frühen Werbung Eingang fand.[77]

Vor dem Hintergrund dieses eindeutigen und weitverbreiteten Emblems der Anti-Sklaverei-Bewegung erscheint die Abbildung einer weißen Göttin der Freiheit im Tempel als gemäßigtes Symbol, das keinem wehtat. Die Freiheit im Tempel erfüllte damit vor allem dekorative Funktionen und kombinierte sie mit einer moderaten politischen Aussage, die nur von einem kleinen Adressatenkreis verstanden wurde. Sie traf damit vermutlich genau den Geschmack der bürgerlichen Mittelschicht des Nordostens, an den sich Currier & Ives als Kundschaft vor allem wandten.[78]

Die allegorischen Rahmenprogramme kamen aber nicht nur dem Nationalbewußtsein und der moderat bis konservativen Orientierung der Käuferschichten entgegen. Sie wirkte auch als Markenzeichen für den Lithographen, der sich durch die stereotype Beibehaltung seiner individuellen Ausschmückung der wechselnden Ovalporträts einen Wiedererkennungswert auf dem kompetitiven Lithographenmarkt sicherte. Schließlich reflektiert der Kompositcharakter der Wahlporträts aus dem 19. Jahrhundert die Multifunktionalität der politischen Banner. Die handkolorierten kommerziellen Wahlplakate waren vor allem als Innenraumporträts gedacht, deren primäre politische Funktion wie auch die ihrer Nachfolger im 20. Jahrhundert in der Verbindung von Name, Porträt und parteilicher Zugehörigkeit des politischen Kandidaten bestand. Als Innenraumplakat wurden die Kandidaten faktisch in den Familienkreis aufgenommen und vermutlich unmittelbar neben die Porträts von Verwandten gehängt. Ein Fremder wird so über sein Bildnis affektiv besetzt, die menschliche Distanz aufgehoben und

---

74 YELLIN 1989: 3–26. S. dort auch Abbildungen des Emblems. Wie wichtig auch für die abolitionistischen Frauenorganisationen das Bild als Propagandamittel war, kommt in einer Resolution der ersten Anti-Sklaverei Convention amerikanischer Frauen 1837 zum Ausdruck:"we regard anti-slavery prints as powerful auxiliaries in the cause of emancipation, and recommend that these ‚pictorial representations' be multiplied a hundred fold, so that the speechless agony of the fettered slave may unceasingly appeal to the heart of the patriot, the philanthropist, and the christian." Ebd.: 5.
75 Ebd.: 7.
76 Zitiert in: YELLIN 1989: 7.
77 Ebd.: 23/24.
78 „The values reflected in Currier's work must have been shaped largely by the interests and biases of his clientele – New Yorkers in the mercantile and financial industries. The interests of this segment of society dominated the commercial lithographic industry from the outset. The manufacturers and merchants formed the emerging middle class that bought Currier & Ives' prints and no doubt looked to them for subtle confirmation of their own values, values which also manifest themselves in a more blatant way in the political events of the day." Bernard F. REILLY, Politics in the Parlour: The Ideologies of Currier & Ives. Unveröffentlichter Vortragstext, Mai 1992: 11.

der politische Repräsentativgedanke – „Einer von uns" – versinnbildlicht. Über diese politische Funktion hinaus erfüllte das kommerzielle Wahlplakat aber auch andere Aufgaben: Als buntes Bild war es ein dekorativer Wandschmuck und ein Bekenntnis der politischen Zugehörigkeit. Als Druckprodukt war es eine verkäufliche Ware, deren Herstellung und Vertrieb die Geschäftsgrundlage des Lithographen bildete. Das politische Banner des 19. Jahrhunderts war damit Wahlwerbung, Erinnerungsbild, Wandschmuck und Ware zugleich. Es erfüllte politische ebenso wie ästhetische, emotionale wie ökonomische Bedürfnisse. Der schleichende Wandel der Produktionsverhältnisse von Wahlplakaten um die Jahrhundertwende bereitete dieser Multifunktionalität des Kandidatenporträts ein Ende. Zeitgleich mit der Regression der dekorativen Elemente im Wahlplakat, die schließlich zwischen 1912 und 1932 zu einer völligen Reduktion auf das Brustbildnis des Kandidaten ohne schmückendes Beiwerk führte, veränderten sich auch Adressatenkreis und Anbringungsort visueller politischer Werbung. Die farbigen, dekorativen Innenraumplakate wichen einfachen Schwarzweißporträts mit Namenszuweisung, die alternativ für die Anbringung in Innen- oder Außenräumen gedacht waren. An die Stelle des Parteianhängers als Käufer trat ein unspezifischer Adressatenkreis, der das Plakat nicht mehr käuflich erwarb, sondern lediglich als vorübergehender Betrachter wahrnahm. Die Anonymisierung des Wählers, die durch den Verlust parteipolitischer Bindungen zu Ende des 19. Jahrhunderts ausgelöst worden war, machte ihn zum parteipolitisch neutralen Wähler, dem über das Wahlplakat weniger eine programmatische Aussage, als vielmehr nur noch eine Kandidatenpersönlichkeit angeboten wurde. Das Wahlplakat wurde so auf eine einzige Funktion reduziert: Name und Gesicht des Amtsanwärters zu einer Identität zu verschmelzen und diese durch die massenhafte Vervielfältigung dem Wählerbewußtsein einzuprägen. Die Funktionalitätseinschränkung des Wahlplakates zu Anfang des 20. Jahrhunderts tritt an die Stelle der Multifunktionalität graphischer Wahlpropaganda im 19. Jahrhundert. Dieser zu Anfang des 20. Jahrhunderts eingeleitete Prozeß propagandistischer „Spezifizierung" und werbetechnischer Reduktion auf wenige Aussagen, die häufig repetiert werden, wirkt, wenn auch mit subtileren Mitteln, in den unterschiedlichen dramaturgischen Phasen des heute üblichen TV-Wahlkampfes nach.[79] In der ersten Phase (pre-primary phase) werden die Kandidaten in Form von identitätsbildenden Wahlspots (ID-Spots)[80] vorgestellt.[81] Durch einen narrativen Stil des

---

79 „Baldly, the first act (pre-primary phase) allows us to identify and examine critically the would-be-actors; the second act (primary phase) provides tests-of-power among those key actors; the third act (conventions) is comprised of celebrations or legitimation rituals for offering adoration of victorious candidates and party platforms; and, Act (I)V (the general election) contains the denouement, the struggle for political-institutional life and death between the remaining contenders." GRONBECK 1984: 495. Im Originaltext spricht GRONBECK von „Act V", obwohl er zuvor nur drei Akte aufgezählt hat. Die Verfasserin geht davon aus, daß es sich um einen Tippfehler im Originaltext handelt, und GRONBECK „Act IV" meinte.

80 Die darauf folgenden drei Phasen entwickeln sich in der Regel folgendermaßen: Auf die *ID-Phase* folgt die *Argumentationsphase* mit einem Argument-Spot: „Once the characters have been introduced, the complicating action begins. This is the argument stage of the media campaign. We have been told who the candidate is; now we are supposed to be told what the candidate stands for." (DIAMOND/BATES 1992: 306). Die dritte Phase ist die *Angriffsphase*, in der Attack-Spots produziert werden. Auf diese folgt dann kurz vor der Wahl eine letzte ruhigere *Phase der Besinnung* und der Abwägung: „It remains now for each candidate to sum up, to appear on camera in repose, thoughtful and dignified without the overpowering visuals and the strident noises of the campaign. In higher-level campaigns, particularly

ID-Spots wird die suggerierte Nähe zwischen Kandidat und Zuschauer besonders stark betont.[82] Auf den ID-Spot folgen argumentative Spots (primary-phase), die den Kandidaten mit politischen Programmpunkten assoziieren sollen und dann meist in eine Angriffsphase (conventions) überleiten mit Attack-Spots. Die Endphase des Wahlkampfes (the general elections) ist schließlich durch ein mildes Ausklingen – ein denouement – charakterisiert, das meist durch „Feelgood-Spots" visualisiert wird.[83] Diese idealtypische Parallele zwischen Wahl- und Bildstrategien, die sich so wechselseitig verstärken, mag auf die Gegenwart zutreffen, sie kann jedoch nicht stereotyp zur Charakterisierung des Verhältnisses zwischen Wahl- und Bildstrategien im 19. Jahrhundert, vor Einführung der Primaries und vor der Verselbständigung professioneller Wahlkampfmanager, verwendet werden. Der System- wie auch der zeitgeschichtliche Kontext haben sich verändert. Gleichgeblieben sind der Kandidat und sein Gegner als Bestimmungsfaktoren von Bild- und Wahlstrategie. Auch im 19. Jahrhundert diente die Bildstrategie zunächst der Vorstellung des Kandidaten, durch dessen Bildnis eine Beziehung zwischen Name und Gesicht der Person, also eine Identität, hergestellt werden sollte. Die zweite Phase der Wahlstrategie widmete sich der Charakterisierung des Kandidaten, die über diverse präsidentielle Bildtopoi – den schweigenden Kandidaten, den Helden, den politischen Erben oder den Common man – angestrebt wurde. Die Angriffsstrategie setzte damals wie heute die Abfolge der beiden ersten Imagephasen voraus, um wirksam sein zu können. Beide Kandidaten und deren Positionen müssen bekannt sein, um eine nachvollziehbare Gegenüberstellung im Plakat wagen zu können. Es gibt also durchaus Determinanten der Bildstrategie, die über große Zeiträume konstant bleiben. Das Kandidatenporträt wird zunächst, ob in Form eines Plakates oder eines ID-Spots, am Anfang einer Kampagne stehen. Dabei werden von der Strategie des Schweigens über die Ahnen-, Helden-, Common-man- bis zur Familienstrategie diverse Bildtopoi eingesetzt, um den Kandidaten zu charakterisieren. Darauf folgen programmatische Bildstrategien, wie etwa die Ökonomische oder die Edukative Strategie, die jeweils um emotionale Strategieelemente ergänzt werden können und möglicherweise einen Bezug zwischen den Charakterisierungs- und den Programmstrategien herzustellen versuchen. Kurz, der Kandidat soll in der zweiten Bildphase als Person dargestellt werden, die sich aufgrund ihres Charakters besonders eignet, die in dieser programmatischen Strategie aufgezeigten Probleme auch faktisch lösen zu können. Das Image des Kandidaten wird nach der ID- und Programmphase durch die Abgrenzung von seinem Konkurrenten in vergleichenden Negativ-Bildern bzw. „Attack-Ads", die häufig auch Stilelemente der emotionalen Strategie einbauen, konturiert, um schließlich in der vierten und letzten Phase durch Zuversicht ausstrahlende Images resümiert zu werden.

Neben diesem durchgängigen „Plot" gibt es jedoch auch Bildstrategien, die vor allem zeitbedingte Funktionen zu erfüllen haben oder auf inzwischen gewandelte Anforderungen an den Präsidentschaftskandidaten zurückzuführen sind. Die Strategie des Schweigens ist heutzutage nur noch als temporär begrenzte Taktik, etwa im Sinne einer „rose-garden-strategy" denkbar.

---

for the presidency, this has come to mean an election-eve program of thirty or sixty minutes (lower-level campaigns frequently return to positive advertising during the final week). In the past such election-eve specials usually offered hoopla and Hollywood." Ebd.: 340.
81 DIAMOND/BATES 1992: 297.
82 Ebd.: 302.
83 DIAMOND/BATES 1992: 339.

Im 19. Jahrhundert entsprach sie den populären Erwartungen an einen tugendhaften, schweigsamen Kandidaten, der das Amt nicht aus Eigennutz anstrebte. Auch die Edukative Strategie mit ihrer detaillierten Schriftprogrammatik hatte ihre Hochphase im letzten Drittel des 19. Jahrhunderts und wurde durch polarisierendere Bildstrategien abgelöst, welche die Wähler nicht nur objektiv zu informieren suchten, sondern auch eine konkrete, mit derjenigen des politischen Gegners kontrastierende Handlungsalternative anboten. Das Auftauchen der Familien-Strategie im 20. Jahrhundert kann mit einer langsam sich entwickelnden Entprivatisierung des Kandidaten erklärt werden, dessen private Lebensführung zunächst zum Maßstab seiner öffentlichen Vertrauenswürdigkeit genommen wurde, bis sie schließlich in die jegliche Schamgrenzen überwindende öffentliche Introspektion in das Privatleben der Präsidentschaftskandidaten gegen Ende des 20. Jahrhunderts mündete.

Im Vergleich mit der Ausdruckskomplexität von Politspots nehmen sich die persuasiven Möglichkeiten der Graphik eher bescheiden aus. Von ihrer Intention und ihrem Wirkungsfeld nähern sich die politischen Werbespots des ausgehenden 20. Jahrhunderts dennoch ihren plakativen Vorläufern aus dem 19. Jahrhundert an. Der ID-Spot Bill Clintons trifft den potentiellen Wähler zu Hause, so wie sich der Anhänger Abraham Lincolns seinen politischen Favoriten in Form des Wahlkampfporträts privatisierte. Die politischen Banner des 19. Jahrhunderts und die großen Chromolithographien der Jahrhundertwende versuchten jedoch häufig die heutzutage in diverse Spots ausdifferenzierte Strategie in einem Bild zu bündeln. Kandidat und Programm sind durch die Gestaltungsintentionen ihrer kommerziellen Produzenten untrennbar miteinander verwoben und spiegeln so den politischen Kontext ihrer Zeit wider. Der Verlust der Allegorie, der den Stil des Wahlplakates zu Beginn des 20. Jahrhunderts abrupt veränderte, hat tiefergehende Gründe, die mit dem soziokulturellen Wandel der Vereinigten Staaten zusammenhängen: Je mehr sich die Wahrnehmung von zentralen demokratischen Werten wie Freiheit und Gerechtigkeit von einer ideellen auf eine reale Ebene verschob und zum Gradmesser für die Verwirklichung dieser Ideale nicht mehr die Zukunft, sondern die Gegenwart genommen wurde, desto stärker wurden auch aus der visuellen Kommunikation allegorische Ausdrucksformen zugunsten von realistischen verdrängt.[84] Waage und Schwert als Zeichen

---

84 An dieser Stelle sei auf einen ähnlichen Gedankengang Martin WARNKEs hingewiesen, der bereits 1985 zu einem vergleichbaren Ergebnis kam: Die visuellen Präsentationstechniken in der Politik „liegen längst nicht mehr in den Händen von Künstlern, sondern es sind die Photographen, die Film- und Fernsehregisseure, die Cutter und Moderatoren, die heute die bildliche Umsetzung politischer Werte besorgen. Sie produzieren keine Allegorien mehr, sie verkleiden die Machtträger nicht mehr als Herkulesse und die Politikerfamilien als Heilige Familien; diese Technik einer rein fiktiven Werteübertragung, die den Politiker als mythischen oder christlichen Heros zeigt, lebt nur noch in der Karikatur fort. Sie ist hinfällig geworden, nachdem christliche Wertvorgaben in die Parteiprogramme geschrieben sind und der mündige Bürger durch ein Kreuz auf dem Stimmzettel darüber entscheiden kann, ob er sie glaubwürdig vertreten sieht oder nicht." WARNKE in: Funkkolleg Kunst, Studienbegleitbrief 7, hg. v. Deutschen Institut für Fernstudien an der Universität Tübingen. Weinheim u. a. 1985: 82. DERS. auch in anderem Zusammenhang: „Der geschichtliche Rückblick erlaubt die Feststellung, daß in der politischen Bildproduktion von Jahrtausenden sich ein Fundus von politischen Wünschen, Phantasien, von sinnlich plausibel gemachten Normen, Leitbildern und Idealen angesammelt hat, der in den politischen Umwälzungen des 19. Jahrhunderts dann auch paraphiert und in die Verfassungen eingegangen ist. Dies mag der tiefere Grund dafür sein, daß die Hochkunst damals grundsätzlich aus der unmittelbaren Tagespolitik ausschied." WARNKE in: LEGGEWIE (Hg.) 1994: 177.

einer juristischen Gerechtigkeit verloren ihre Bedeutung als immer wieder einklagbaren Anspruch, sobald sie sich institutionell im Rechtswesen und der Rechtspraxis verfestigt hatten. Friedensallegorie und Freiheit von Unterdrückung sind Hoffnungsträger und Mahner in Kriegs- und Krisenzeiten, sie erscheinen jedoch fehl am Platz in Zeiten langanhaltenden Friedens und dauerhafter Prosperität. Allegorische Ausdrucksformen werden vor allem zur Einforderung von Rechten und Idealen, zur Kritik bestehender Zustände und als Ausdrucksmittel kollektiver Wunschvorstellungen eingesetzt. Sie sind damit vor allem zukunftsorientiert. Die weitgehende Ablösung der allegorischen Rahmung der Wahlplakate durch exemplarische Repräsentanten und Arbeiterstereotypen im 20. Jahrhundert ist so auch mit einem gesellschaftlichen Definitionswandel der zur Debatte stehenden politischen Grundwerte sowie dem Anspruch auf ihre Realisierung in einer nicht allzufernen Zukunft zurückzuführen.

Neben dieser langfristigen Beobachtung einer stilistischen Entwicklung im Medium des Wahlplakates kann jedoch auch davon ausgegangen werden, daß es taktische Gründe für den Einsatz allegorischer Formen gibt. Die assoziative Wirkung von Allegorien, die zwar einer Tradition, jedoch keiner logischen Erklärung bedürfen, ermöglicht es dem Bildproduzenten, verschiedene Sinnebenen in einem Bild zu verknüpfen und den Kandidaten nicht nur zu porträtieren, sondern sein Charakterbild durch den Bezug auf eine allegorische Figur, mit der er im Bild verschmilzt, zu erweitern. Das allegorische Porträt, oder „portrait historié", das den Kandidaten mit bestimmten Göttern oder Heroen gleichsetzt und sie in deren Verkleidung präsentiert, war vor allem in der Renaissance und im Barock weitverbreitet[85], findet jedoch im Wahlplakat nur selten Anwendung (vgl. Abb. 79–81). Mitten im Bürgerkrieg 1863 wurde Lincoln in der Lithographie von Dominique Fabronius (Abb. 79) als „Mäher" dargestellt, mit Strohhut und weißem Hemd eine Sense schwingend. Die doppelte Anspielung auf den Präsidenten als Farmer und Common man und den Präsidenten als „Sensenmann", der als Oberbefehlshaber über Leben und Tod entscheidet, ist hier geschickt in der allegorischen Form verborgen. Der Zeitungsherausgeber und Liberal-Republikanische Präsidentschaftskandidat Horace Greeley wurde 1872 in der Lithographie von Svobodin Merinsky in der Rolle des biblischen David dargestellt (Abb. 80), wie er vermittels einer Tintenschleuder gegen seinen übermächtig erscheinenden Gegner Ulysses S. Grant in der Rolle des Goliath ankämpft. Die allegorische Verkleidung der beiden Figuren setzt den Sieg des kleinen David über den riesigen Goliath mit dem angeblich zu erwartenden Sieg des unbeholfenen Greeley über den Militärhelden Grant gleich – ein assoziativer Vergleich, der als wörtlicher Anspruch Greeleys unglaubwürdig gewirkt hätte, als Bildvergleich jedoch akzeptabel war. Schließlich wurde 1976 in einem kommerziellen Wahlplakat für den Demokratischen Kandidaten Jimmy Carter (Abb. 81) eine allegorische Darstellungsweise gewählt, die Carter, passend zur Flower-Power-Bewegung der 70er Jahre und Rockmusicals wie „Hair" oder „Jesus Christ Superstar", als „Jesus" präsentierte, mit langem Haar, Bart und Heiligenschein sowie der Gleichsetzung seiner Initialen mit denen Jesu Christi in dem Slogan „J. C. Can Save America!". Das Plakat, das als Werbegag auf dem Demokratischen Parteitag verkauft wurde, spielte so einerseits auf den Zeitgeschmack an, andererseits überhöhte es, wie auch die beiden anderen Beispiele allegorischer Kandidatenporträts, den Kandidaten und seine potentiellen Fähigkeiten. Während sich das Carter-Porträt jedoch in dieser Überhöhungsstrategie erschöpft und die Greeley-Darstellung sowohl der Überhöhung

---

85 Vgl. BURKE 1993: 41 und allgemein WIND 1965.

IV. 1. Politische Allegorese   287

Greeleys als auch der gleichzeitigen offensichtlichen Verunglimpfung Grants, der als Philister beschimpft wird, dient, birgt die vordergründige Common-man-Strategie im Lincoln-Plakat einen hintergründigen Angriff auf seine politischen Gegner, der erst bei genauerer Betrachtung der Lithographie (Abb. 79) zum Vorschein kommt: Im Hintergrund offenbart sich ein Links-Rechts-Schema. Links scheint die Sonne, rechts braut sich ein Gewitter zusammen. Der schwarze Landarbeiter links hinter Lincolns Rücken übt dieselbe Tätigkeit wie der Präsident im Vordergrund aus. Dabei schaut ihm seine Frau mit einem Baby auf dem Arm zu, während drei Hühner Korn picken. Am Horizont sind links Farmhäuser sichtbar. Diesen gegenübergestellt werden am rechten Bildrand schäbige Hütten dargestellt, vor denen Sklaven unter der Aufsicht eines weißen Mannes mit Peitsche, der an einer Palme lehnt, Getreide oder Baumwolle in Körbe füllen. Im mittleren Hintergrund wird ein fliehender Sklave gezeigt, der von drei Hunden verfolgt wird. Die Auflösung des Bildrätsels liefert schließlich ein Detail im Vordergrund der Lithographie. Auf der rechten Bildhälfte im Gras sind drei Schlangen dargestellt. Eine windet sich um die Spitze von Lincolns Sense, zwei weitere lauern verschlungen rechts daneben. Die politische Anspielung wird in der vierzeiligen Bildunterschrift erläutert:

> „We have battles to fight, we have foes to subdue
> Time waits not for us, and we wait not for you!
> The mower mows on, though the adder may writhe
> And the copperhead coil round the blade of his scythe."[86]

Das allegorische Porträt Lincolns spielt auf sein Durchhaltevermögen im Bürgerkrieg an. Trotz der Gefahren und des Widerstandes ist der Präsident bereit, den Kampf fortzuführen. Mit den „Copperheads" war natürlich nicht die Bedrohung durch Schlangen gemeint, sondern durch eine Gruppe von Nordstaatlern, die auf die Seite der Südstaatler gewechselt hatten oder sich zumindest von den Kriegszielen der Union distanzierten.[87] Das allegorische Porträt Lincolns heroisierte damit den Präsidenten im Gewande des Common man und markierte zugleich den Gegner des im linken Hintergrund idealisierten Emanzipationsprozesses der Schwarzen. Die Verkleidung des Präsidenten ermöglichte so zugleich die Vermittlung eines komplexen Kandidatenimages und wahlkampfstrategischer Programmpunkte. Die bildliche Allegorie vereint Gegensätze wie die militärische Helden- und die friedfertige Common-man-Strategie mit einem konkreten Feindbild, ohne den Kandidaten widersprüchlich erscheinen zu lassen. Ähnlich den von *Edgar Wind* beschriebenen Kompositporträts liegt in der Transformation des Kandidaten der eigentliche Zauber seiner Macht: „What began in fiction terminates in reality (…). The joining of incompatibles has ever been the secret of witchcraft. The painters at the court of Louis XIV made it very clear that the men and women portrayed by them were masters in the blending of contraries. While they had themselves adorned with the traits of the

---

86 Vgl. auch REILLY 1991: 511. Die Lithographie wurde am 15. Dezember zum Urheberrechtsschutz eingereicht.
87 „The term ‚Copperhead' appeared in the NEW YORK TRIBUNE on July 20, 1861, and within a year was common. Strongest in Ohio, Indiana, and Illinois, the Copperheads, sometimes known as Butternuts or Peace Democrats, were encouraged by Democratic success in the election of 1862. Generally described as treasonable, the Copperheads advocated a union restored by negotiation rather than war. They denounced military arrests, conscription, emancipation, and other war measures." Charles H. COLEMAN, „Copperhead" in: Dictionary of American History, vol. 2 (1976): 222.

gods they laid stress on the retention of their own. The union of the two was what they aspired to (...)."[88] Diese Vereinigung konträrer Positionen, die Bündelung diverser Interessen in einer Person ist auch das eigentliche Funktionsprinzip der amerikanischen Präsidentschaft und der Ursprung ihrer symbolischen Bedeutung[89] als Verkörperung der amerikanischen Nation. Das Amt des Präsidenten ist eine allegorische Rolle. Die Dominierung dieser Rolle durch Männer europäischer Abstammung führt zu einer wechselseitigen Verfestigung von männlicher Rollenerwartung und der repetitiven Auswahl desselben Kandidatentypus für das Amt. Das veröffentlichte Bild vom Präsidenten beeinflußt so das Denkbild vom Präsidentenamt. Beide Bilder verfestigen sich wechselseitig zu dem dauerhaften Stereotyp des amerikanischen Präsidentschaftskandidaten. Während weibliche Allegorien in der amerikanischen Ikonographie vor allem im 19. Jahrhundert als Personifikationen von Prinzipien und Grundwerten auftreten, beginnt mit dem wachsenden Realismus dieser Prinzipien auch der Anspruch an deren realistischere Verkörperung zu steigen, die in Form der Allegorie des Präsidentenamtes männliche Züge trägt.[90] Männliche Allegorien wurden so als aktive Charaktere auch von Anbeginn mit dem Staat und seinen Handlungen identifiziert.[91] Diese assoziative Identifikation kann auch durch ein geschicktes Stilmittel verstärkt werden, das den Kandidaten überhöht, ihn aus seiner wenig schmeichelhaften Konkurrentenrolle heraushebt und ihm eine nationale Aura verleiht. Das Stilmittel ist in diesem Fall die Negierung von Person und Image, die mythische Übertragung auf seinen Namen, der die Nation verkörpert: „Taylor" (Abb. 90) wurde in dem Plakat von 1848 auf ähnliche Weise zu einer nationalen Verheißung erklärt wie 1992 „Perot" (Abb. 91 und 92). Das für die Mitte des 19. Jahrhunderts erstaunlich abstrakte Namensplakat für den Kandidaten der Whigs, Zachary Taylor, plaziert den Nachnamen des Kandidaten in himmlischer Umgebung. Ein Adler fliegt mit Donnerkeil und Blitzen, den Attributen des Zeus, nieder, während sich hinter den Wolken Sonnenstrahlen zeigen, die von einer die amerikanischen Einzelstaaten symbolisierenden Sternenkonstellation ausgehen. Die einzelnen Buchstaben, die Taylors Namen bilden, werden durch miniaturhafte Schlachtendarstellungen verziert, die sich auf die militärische Karriere des Kandidaten beziehen. Im Vergleich zu dieser außergewöhnlichen Namensallegorie wird in dem Perot-Plakat von 1992 (Abb. 91) auf keine konkreten Taten des Kandidaten verwiesen, der eher allgemein als Zukunftsverheißung vor dem Hintergrund einer im Lichtschein des Feuerwerks wehenden U.S.-Flagge gepriesen wird, ohne sich selbst der Amtsanmaßung im Bild schuldig zu machen.

---

88 WIND 1965: 139.
89 Vgl. dazu ausführlicher: Barbara HINCKLEY, The Symbolic Presidency. How Presidents Portray Themselves. New York u. a. 1990. Fred GREENSTEIN faßt die Bedeutung des Präsidenten für das amerikanische Volk in folgende Kategorien: „The president is (1) a symbol of the nation; (2) an outlet for affect – a way of feeling good about one's country; (3) a cognitive aid, allowing a single individual to symbolize and substitute for the complexity and confusion of government; and (4) a means of vicarious participation through which people identify and feel more a part of events occurring around them." Zitiert nach: HINCKLEY 1990: 9/10 mit Verweis auf Fred GREENSTEIN, What the President Means to Americans. In: James David BARBER (Hg.), Choosing the President. New York 1974: 130/131.
90 John HIGHAM, America in Person: The Evolution of National Symbols. In: Amerikastudien 4 (1991): 473–493, hier: 482/483.
91 Ebd.: 473.

Die Voraussetzung für die Wirkung allegorischer Bildformen in einem auf Massendistribution und damit Massenverständnis angelegten Medium wie dem des Wahlkampfporträts ist, daß der Kandidat bei den Betrachtern bereits hinlänglich bekannt ist. Das Stilmittel der Allegorie ist charakteristisch für die Bildsprache des 19. Jahrhunderts und ihr idealisiertes Verständnis politischer Grundwerte wie Freiheit und Gerechtigkeit. Mit der zunehmend realitätsbezogenen Erwartung des Wahlvolkes an Programm, Versprechungen und Person des Präsidenten verschwinden die idealisierenden Allegorien aus den politischen Bildprogrammen und werden durch realistischere Darstellungsformen ersetzt. Der Präsidentschaftskandidat ist nicht mehr nur Projektionsfläche von Zukunftswünschen, sondern Garant realer Stabilisierungs- oder Wandlungspolitik, an deren Erfolg er sich messen lassen muß. Die Erwartungshaltung an den Präsidenten fordert so, bei einem hohen ethisch-moralischen Standard, die Übereinstimmung zwischen Person und Bild, zwischen dem Individuum und seiner öffentlichen Präsentation im Amt. Der Präsident selbst ist zur Allegorie geworden.

IV. 2. Das Bild als Botschaft

Vor nunmehr über drei Jahrzehnten brachte Marshall McLuhan das Funktionsprinzip visueller Kommunikation auf den Punkt: „The medium is the message".[92] Diese Erkenntnis verbreitete sich jedoch nicht rasch genug, um ein die Politik- und Kommunikationswissenschaft durchziehendes Forschungsschisma zu verhindern, das die Analyse politischer Ausdrucksformen feinsäuberlich von ihren Inhalten zu trennen sucht. Die Kritik an der vorgeblichen Dominanz der „images" über die „issues"[93] – ein weitverbreitetes Stereotyp zur Charakterisierung des politischen Programmverlustes – hat so auch das moderne Credo „form follows function"[94] übertönt.

Das Medium oder vielmehr der Stil einer Ausdrucksform ist ein Indikator ihrer Funktionen und umgekehrt drückt sich die Funktion visueller Kommunikation nicht nur in ihrem „Gehalt", nicht nur in dem bloß Dargestellten aus, sondern in der spezifischen Art und Weise seiner bildhaften Vergegenwärtigung. Der politische Kommunikationsstil ist nicht von den Kom-

---

92 Marshall McLUHAN, Understanding Media, Original Amerikanisch 1964. Deutsche Übersetzung von Dr. Meinrad Amann, erneut erschienen unter dem Titel: „Die magischen Kanäle. Understanding Media. Dresden 1994: 23.
93 Gegen diese binäre Unterscheidung argumentierte bereits 1930 der Kunsthistoriker Erwin PANOFSKY in seinem Aufsatz über „Hercules am Scheidewege": „Man begegnet noch immer dem Zweifel, ob ikonographische Untersuchungen zur eigentlichen ‚Kunstgeschichte' gehören, oder (was wichtiger ist) ob sie für das Verständnis von Kunstwerken von irgendwelchem Belang seien. Man wird erwidern müssen, daß eine Absonderung der ‚Form' vom ‚Inhalt' – weit entfernt, das ‚Künstlerische' von den Schlacken des angeblich Nicht-Künstlerischen zu befreien – vielmehr eine tatsächlich gegebene Einheit sub specie einer rein dialektischen Disjunktion zerreißen würde, und daß sie im Grunde überhaupt nicht durchführbar ist; denn in Wahrheit kann selbst die ‚formalistische' Kunstwissenschaft gar nicht umhin, in ganz erheblichem Umfang ‚Inhaltsexegese' zu betreiben (...)." PANOFSKY 1930: Vorwort.
94 Dem amerikanischen Architekten Louis H. Sullivan (1856–1924) zugesprochenes Diktum, das von den Bauhaus-Architekten und zuvorderst von Le Corbusier in die architektonische Praxis umgesetzt wurde.

munikationsinhalten zu trennen, vielmehr gilt für die visuelle Kommunikation im politischen Bereich, daß das Bild die Botschaft ist und sie nicht nur transportiert: The image is the message. Der mediale Wandlungsprozeß von öffentlicher Kommunikation hat zur Folge, daß dem Bild als Botschaft verstärkte Aufmerksamkeit von seiten der Publizistik, aber auch der Wissenschaft geschenkt wird. Dies geschieht häufig vorurteilsbeladen unter der, meist unbewußten, Prämisse, daß Bilder weniger Informationswert besitzen als Texte, daß Bilder, ganz im Sinne von *Neil Postmans* Bestseller „Amusing Ourselves To Death"[95], unterhalten statt informieren, ja, daß Bilder den Betrachter zu manipulieren verstehen.

Was für die bildende Kunst nicht ohne weiteres behauptet werden kann, nämlich die Zweckgebundenheit einer Ausdrucksform, gilt sehr wohl für den Bereich polit-kommerzieller Bildproduktion. Die Zweckorientierung politischer Kommunikationsformen und ihre Ausrichtung auf ein Massenpublikum machen ihre mediale Form und damit ihren Stil zum aussagefähigen Indiz ihrer Intentionen. Der Erkenntniswert des „Wie" kann so die Aussagekraft des „Was" bestimmen. Der Stil politischer Kommunikation wird zum eigentlichen Aussage- und damit Funktionsträger. Die Bedeutung – der eigentliche „Gehalt" – wird komplex verschlüsselt und von den Intentionen der Bildgestalter überlagert. Ob diese bewußt oder unbewußt vorgehen, ob ein Politiker versucht, sich „natürlich" zu geben und absichtlich ein ungeschöntes Bild von sich zu vermitteln, oder umgekehrt, grundsätzlich „gestylt" erscheint, es entsteht ein Bild, eine Vorstellung von ihm, welche seine Wahrnehmung als politischer Repräsentant prägt. Die Selbstdarstellung und Stilisierung von Politikern ist ein Kommunikationsprozeß, der in Demokratien zwar geschickt beeinflußt, aber nicht komplett kontrolliert werden kann. Ob die Botschaft des Kandidaten in seinem Sinne interpretiert wird, hängt von vielen Faktoren ab, die den komplexen öffentlichen Kommunikationsprozeß beeinflussen. Nun zählt der Begriff „Stil" zu den schlecht gelittenen Begriffen, nicht nur in Kunst- und Kulturwissenschaft. Dem Sozialwissenschaftler muß er ein Grauen verursachen, ist er doch denkbar vage und unpräzise. Dies scheint nur oberflächlich ein Handicap, denn gerade seine Offenheit macht den Stilbegriff zu einem Analyseinstrument, das auch über große historische Zeiträume hinweg angewandt werden kann. So bietet sich der Stilbegriff nicht nur zur Analyse politischer Gegenwartsimages an, sondern eignet sich in besonderer Weise zur Erforschung und zum Vergleich historischer Kommunikationskontexte.

Bilder sind, ähnlich der Sprache, Mittel der kommunikativen Orientierung in Raum und Zeit. Sie dienen der Konstruktion von politischer und sozialer Realität. Hinter dieser Aussage steht die Einsicht, daß Wirklichkeit kein statisches Endprodukt eines argumentativen Informationsaustausches ist, sondern ein ephemer-flexibles Konstrukt, das sich aus dem Zusammenspiel aller sinnlichen Erfahrungsebenen ergibt und sowohl verstandesmäßige als auch gefühlsbedingte Bewertungskriterien enthält. „Wirklichkeit" wird als „Qualität von Phänomenen" verstanden, „die ungeachtet unseres Wollens vorhanden sind – wir können sie ver- aber nicht wegwünschen."[96] Politische Kommunikationsforschung in Demokratien bedeutet damit nicht

---

95 Neil POSTMAN, Wir amüsieren uns zu Tode. Urteilsbildung im Zeitalter der Unterhaltungsindustrie. 3. Aufl. Frankfurt a. M. 1985. Orig. Amerikanisch.
96 Peter L. BERGER/Thomas LUCKMAN, Die gesellschaftliche Konstruktion der Wirklichkeit. Eine Theorie der Wissenssoziologie. Orig. Englisch: The Social Construction of Reality. New York 1966. Unveränderter Nachdruck der 5. Aufl., Frankfurt a. M. 1992: 1.

„Wahrheitsfindung" sondern Sinnkonstruktion. Diese hat kein Ende in sich selbst, vielmehr ist der einmal erzeugte kollektive Sinn unbeständig und ephemer. Sinnkonstruktion ist ein Prozeß, der Demokratie in einen unablässigen Wandel verwickelt und sie vor ideologischer Erstarrung bewahrt. Das Kriterium für demokratische Repräsentation ist ihre Wandlungsfähigkeit und die einer zeitlichen Begrenzung unterworfene Stellvertreterrolle, deren Legitimation in regelmäßigem Abstand erneuert werden muß. Dies spiegelt sich auch in ihrer bildlichen Form wider, indem der visuelle Ausdruck demokratischer Repräsentation kompetitiv ist und zugleich einem kontinuierlichen Stil- und Porträtwandel unterliegt. Politische Kommunikationsforschung in repräsentativen Demokratien kreist also nicht um die Erkenntnis von „Wahrheit", sondern um „Wissen", „as a matter of acquiring habits of action for coping with reality."[97] Eine Analyse politischer Kommunikation in der Demokratie versucht primär, Realität zu verstehen, um mit ihr umgehen zu können. Im Wahlkampf werden den Adressaten verschiedene Realitätsinterpretationen angeboten, die von den beobachtenden Repräsentierten als solche angenommen oder zurückgewiesen, kritisiert oder nur teilweise akzeptiert werden können. Die politische Diskussion dieser Wirklichkeitsversionen und ihrer jeweiligen Überzeugungskraft im öffentlichen wie im privaten Bereich führt schließlich zu einer gemeinsamen Aktualisierung von Sinn und dem Ergebnis der zeitlich begrenzten Legitimierung eines Kandidaten im Ritual der Wahl. Der Prozeß der „Legitimation durch Kommunikation"[98] ist jedoch nicht mit der Wahl abgeschlossen. Die von den Beteiligten evozierten Wirklichkeitskonstruktionen müssen sich im politischen Alltag bewähren, oder sie müssen modifiziert werden. Politikvermittlung „bewegt sich dabei in einem schwer auflösbaren Spannungsverhältnis, das einerseits dadurch gekennzeichnet ist, daß notwendige ‚Übersetzungsleistungen' zu erbringen sind, sei es durch Selektion, Reduktion, Vereinfachung, Bewertung oder Pointierung. Andererseits erfolgen solche Transferleistungen absichtsvoll und mit Blick auf zu erwartende Reaktionen bei bestimmten Publika, deren Zustimmung über rational begründete Überzeugungsarbeit ebenso wie über eine gleichsam bewußtlose Akklamation zu erreichen versucht werden kann. Politikvermittlung reicht deshalb vom technisch perfektionierten, sozialpsychologisch subtil kalkulierten Kommunikationsmanagement, von der politischen Dramaturgie und Inszenierung von Pseudorealität bis zur sachbezogenen Information und Aufklärung, vom politischen ‚Showgeschäft' bis zur informationsgesättigten politischen Bewußtseinsbildung."[99] Demokratische Realitätskonstruktionen sind zudem schwierig zu analysieren, weil sie nicht den rationalen Ansprüchen der Wissenschaft entsprechen. Sie sind vielschichtige, sich ständig wandelnde Gebilde, die sich auch aus sinnlichen Erfahrungsebenen zusammensetzen, welche einer rein argumentativen Analyse verschlossen bleiben. Der amerikanische Kommunikationswissenschaftler W. Lance Bennett hat das Problem politischer Realitätsinterpretation in eine Metapher gefaßt und die politischen Alltagsmythen mit Brillengläsern verglichen, die so schwie-

---

97 Richard RORTY, Introduction: Antirepresentationalism, ethnocentrism, and liberalism. In: „Objectivism, Relativism, and Truth", Cambridge 1991: 1–17, hier: 1.
98 Ulrich SARCINELLI, Massenmedien und Politikvermittlung – Eine Problem- und Forschungsskizze. In: Gerhard W. WITTKÄMPER (Hg.), Medien und Politik. Darmstadt 1992: 37–62, hier: 43, im Rekurs auf: Heinrich OBERREUTER, Legitimität und Kommunikation. In: Erhard SCHREIBER/Wolfgang LANGENBUCHER/Walter HÖMBERG (Hg.), Kommunikation im Wandel der Gesellschaft. Otto B. Roegele zum 60. Geburtstag. Düsseldorf 1980: 21–33.
99 SARCINELLI 1992: 38.

rig zu analysieren sind, weil sie nicht die Dinge sind, die wir sehen, sondern *mit* denen wir sehen.[100]

Historisch betrachtet hat sich die politische Realität in den Vereinigten Staaten von Amerika aus einer Re-Konstruktion antiken Gedankenguts entwickelt. Sowohl in der politischen Theorie, die als Handlungsanleitung für die real-legale Konstruktion politischer Institutionen diente, als auch in der visuellen Realitätskonstruktion war die via italienische Renaissance erfolgte Antikenrezeption bestimmend. Der republikanische Gedanke, modifiziert durch den von Montesquieu definierten Tugendbegriff, prägte nicht nur die Verfassung und die politischen Vorstellungen der amerikanischen geistigen Elite des 18. Jahrhunderts. Er diffundierte über die dem demokratischen Repräsentationsgedanken – no taxation without representation – inhärente Logik im Verlauf des 19. Jahrhunderts in breitere Bevölkerungsschichten, die langfristig nicht mehr nur auf die Zuschauerränge verwiesen werden konnten, sondern zwangsläufig, wenn auch langsam, in den politischen Repräsentationsprozeß miteinbezogen werden mußten. Parallel zu dieser politischen Entwicklung leitete sich auch die visuelle Konstruktion politischer Realität in den USA aus teilweise fehlinterpretierten[101] antiken Vorbildern ab. Zunächst in der Architektur, später in Monumentalskulptur und Druckgraphik gewannen diese Selbstdefinitions- und Orientierungsversuche einer neugegründeten Nation ihren visuellen Ausdruck und damit, ähnlich dem republikanischen Tugendkanon, Einfluß auf die Erwartungshaltungen und politischen Vorstellungen der Menschen.

Zu Anfang des 19. Jahrhunderts war die Auffassung von „Demokratie" noch von dem Ideal demokratischer Bildnislosigkeit geprägt. Die Personalisierung von Politik, das politische „heroworshipping", wurde von der Gründergeneration der USA weitgehend abgelehnt. Die ersten Wahlplakate mit Kandidatenporträts entstanden so auch erst, nachdem sich die politische Repräsentation von einem tugendhaften Berufungszeremoniell in ein kompetitives Verfahren gewandelt hatte, das von Andrew Jackson 1828 zum ersten Mal im Bild visualisiert wurde. Aber nicht nur die Kandidaten für das Präsidentschaftsamt wurden in der Folge in Form ihres Abbildes unter das Volk gebracht, auch politische Leitbilder, wie „Freiheit", „Gerechtigkeit" und „Einheit" materialisierten sich in dem bildlichen Beiwerk der Personendarstellungen. Sie standen zunächst in der antiken Tradition und bedienten sich allegorischer Ausdrucksformen. „Gerechtigkeit" trat so als „Justitia" auf, „Freiheit" im Temple of Liberty und die Idee der „Einheit" wurde meist als Liktorenbündel in Form dreizehn zusammengebundener Fasces versinnbildlicht. Amerika emanzipierte sich im Rückgriff auf die Antike von der englischen Kolonialmacht und ersetzte deren visuelle Interpretation Amerikas als Indianerin und Tochter von „Britannia" durch eine antikisierende Freiheit im Tempel mit Vindicta und Pileus. Dabei wirkten sowohl antike Vorbilder als auch zeitgenössische, europäische Repräsentationsformen in der frühen politischen Graphik nach. Parallel entwickelten die USA aber auch eigene Sym-

---

100 BENNETT 1980: 167.
101 Thomas Jefferson rezipierte beispielsweise die Maison Carré in Nimes, ein ca. 40 v. Chr. errichteter augusteischer Bau, als Prototyp republikanischer Architektur und nahm ihn zum Vorbild für das von ihm entworfene Virginia State Capitol in Richmond (1785–1790). Vgl. dazu Kathleen S. WOOD, Capital Architecture: Grand Visions, Monumental Reality. In: HÖNNIGHAUSEN/FALKE (Hg.) 1993: 117–139, hier: 123. Jefferson Davis wich in der von ihm bestimmten Ikonographie der Statue of Freedom auf dem Washingtoner Capitol aus den in Kapitel IV.1. dargelegten politischen Gründen von dem antiken Vorbild ab.

IV. 2. Das Bild als Botschaft

bole und Ausdrucksformen, wozu vor allem das Ideal des „Common man" gehörte, das nach dem Vorbild der antiken Gestalt des Cincinnatus modelliert wurde und zugleich repräsentativ für die soziale Realität der USA war.

Mit dem Reifeprozeß der neuen Staats- und Gesellschaftsform, der Festigung staatlicher Einheit nach dem Bürgerkrieg und der Entwicklung einer eigenen Geschichte verblaßte das antike Erbe und wurde von neuen visuellen Ausdrucksformen politischer Realität abgelöst. In der demokratischen Wirklichkeit ist Politikerzeugung mit ihrer Darstellung und Vermittlung untrennbar verbunden. „Der entscheidende konzeptionelle Zug politischer Kommunikation besteht darin, daß die politischen Ziele nicht von den kommunikativen Methoden zu trennen sind."[102] Das politische Image ist Teil dieser kommunikativen Methoden. Wahlplakate und Politspots sind (Ausdrucks)Mittel der politischen Kommunikation in Demokratien. Im Unterschied zu den im Wahlkampf eingesetzten politischen Sprachstrategien, dem Besetzen von Begriffen und der dadurch bestimmten politischen Agenda, eignen sich Bildstrategien besonders zur Überbrückung der dem repräsentativen System inhärenten Ambivalenz zwischen Identifikation und Distanz. Die assoziativen Möglichkeiten von Bildern erlauben es, zwei unterschiedliche Images in einem komplexen Bild zu verbinden, ohne das Ergebnis widersprüchlich erscheinen zu lassen. Idealtypisch verbindet ein politisches Image Identifizierungs- mit Distanzierungsmerkmalen. So trat William Henry Harrison 1840 als Held von Tippecanoe und Log-cabin-Common-man auf. Auch Zachary Taylor stellte sich 1848 zwar vorrangig als Held des Mexikanischen Krieges dar, versäumte jedoch nicht, sich auf den Plakaten als Candidate of „the People's Choice" anpreisen zu lassen. Auf ähnliche Art und Weise polierte auch Ulysses S. Grant 1872 als „Galena Tanner" sein Common-man-Image auf, das sein Appeal als Bürgerkriegsheld ergänzte. Abraham Lincoln setzte sich 1860 durch die Strategie des Schweigens klar von seinem Konkurrenten Douglas ab, nur um im Bild umso stärker als Railsplitter und Common man angepriesen zu werden. Für Grant wurde gegen Greeley schließlich auch die Kombination von Negativ- und Ahnenstrategie angewandt, die ihn mit Washington und Lincoln identifizierte und ihn damit zugleich von der Negativ-Trias Greeley, Calhoun und Davis differenzierte. Das auf diese Weise zusammengesetzte Kandidatenimage ist so komplex wie möglich und so reduziert wie nötig. Im Kandidatenporträt kann die Ambivalenz des Repräsentationsgedankens assoziativ überbrückt werden. Der Kandidat erfüllt im Idealfall eine widersprüchliche Erwartungshaltung, die an ihn gestellt wird: „einer von uns" zu sein und zugleich „etwas anderes, besonderes" zu verkörpern.

Die Bildstrategien reflektieren die sie ursprünglich bedingenden Wahlstrategien. Im Unterschied zu den letzteren finden die Bildstrategien im Bewußtsein der Menschen jedoch nicht mit dem Wahlausgang ihren Abschluß. Als Mittel der visuellen Konstruktion politischer Realität beeinflussen sie die Wahrnehmung der politischen Geschehnisse nach der Wahl ebenso wie das bleibende Image der Politiker. „Die Wahrnehmung und Beurteilung politischer Spitzenakteure ist dabei keineswegs ein eindimensionaler technokratischer steuer- bzw. kontrollierbarer Vorgang. Politiker-Images sind *mehrdimensionale Vorstellungsbilder*, die von spezifischen Erwartungen, Eindrücken und Bewertungen wie vom aktuellen politischen Problemkontext geprägt und koloriert werden (…)."[103]

---

102 RADUNSKI 1980: 12.
103 Fritz PLASSER (Tele-Politik, Tele-Image und die Transformation demokratischer Führung. In: Österreichische Zeitschrift für Politikwissenschaft, 4 (1993): 409–425, hier: 414) führt weiter aus: „Ergebnisse amerikanischer Studien, die sich vorrangig mit dem Präsidenten-Image auseinandersetzten,

Innerhalb der Wahlstrategie erfüllen die Bilder zunächst die Funktion strategischer Kommunikationsmittel, mit denen vermittels der Image-Kontrolle eine Kontrolle der Wahlkampfagenda erzielt werden soll. So geht *Rosenstiel* beispielsweise mit Bezug auf den Präsidentschaftswahlkampf 1992 davon aus: „the presidency was won by controlling the images and soundbites that appeared on television."[104] Unabhängig von ihrer Funktion im Wahlkampfkontext leben die Bilder jedoch auch nach dem Wegfall des konkreten politischen Kontextes weiter. Sie haben sich den Betrachtern aufgrund ihrer kondensierenden Wirkung und ihrer aus diversen Sinnesebenen zusammengesetzten Struktur eingeprägt und können selbst nach längerer Zeit wiederbelebt werden. Das Image haftet so einem Politiker und einem bestimmten Ereignis noch lange an und findet Eingang in den nächsten Wahlkampf, bei dem Erinnerungen und Bewertungen des vorangegangenen Wahlrituals vergleichend beschworen werden. Bildstrategien haben so auch einen mnemotechnischen Wert, der vergangene politische Kommunikation reaktualisieren kann und damit eine räumlich-zeitliche Beziehung zwischen Gegenwart und Vergangenheit herstellt. Das politische Bild kann damit potentiell kommunikationssteuernde, sprich persuasive Funktionen haben, es kann aber auch der politischen Orientierung dienen und potentiell aufklärerisch wirken, indem die Menschen in der Distanz zu vergangener politischer Kommunikation und der vergleichbaren Nähe zu aktuellen Kommunikationsprozessen ihren eigenen politischen Standpunkt bestimmen. „Image" und „Issue", Person und Programm, sind dabei untrennbar miteinander verbunden. „In der Regel kennt der Wähler nur das Image, das Bild vom Politiker. Er wählt nicht den Politiker, wie er tatsächlich ist, sondern wofür er ihn hält."[105] Oder komplexer ausgedrückt: „Akteure sind durchaus programmlos, Programme aber nicht trägerlos denkbar. Programme können nicht freischwebend als Produkte ‚an sich' angeboten und verkauft werden, sondern immer nur in trauter Zwangsgemeinschaft mit ihren Produzenten. Die Entscheidung der WählerInnen bezieht sich nicht nur auf Programme, sondern immer auch auf ihre Proponenten, die nach ihren kognitiv-instrumentellen und sozialen Kompetenzen, ihrer Glaubwürdigkeit und ihren normativen Orientierungen beurteilt werden (genauer wohl: sie werden nach ihrem ‚Prestige' beurteilt, etymologisch also – praestigium, das Blendwerk – nach dem Schein politischer Kompetenzen). Nur so kann auch die Kontrollfunktion periodisch stattfindender Wahlen realisiert werden, die nicht nur darin besteht, implementierte Programme zu evaluieren, sondern auch darin, die Rechenschaft (accountability) konkreter Akteure zu institutionalisieren."[106] Personalisierung von Politik in demokratisch verfaßten Systemen hat so auch die positive Seite der konkreten Verantwortung

---

destillieren aus ihren Daten vier zentrale Kriterien für die Beurteilung politischer Führungspersönlichkeiten: ‚competence, leadership, integrity, and empathy' (…)." PLASSER bezieht sich bei der obigen Aussage auf die Studie von Donald R. KINDER, Presidential Character Revisited. In: Richard R. LAU/David O. SEARS (Hg.), Political Cognition. Hillsdale/New Jersey 1986: 233–256, hier: 237. In seinen weiteren Ausführungen weist PLASSER überdies daraufhin, daß „vergleichende Studien zur öffentlichen Wahrnehmung von Spitzenpolitikern auf erstaunliche interkulturelle Ähnlichkeiten der ‚television-induced-perceptions' (…) verweisen", s. auch Lynda Lee KAID/Jacques GERSTLÉ/Keith R. SANDERS (Hg.), Mediated Politics in Two Cultures. Presidential Campaigning in the United States and France. New York 1991.

104 ROSENSTIEL 1993: 111.
105 RADUNSKI 1980: 16.
106 SCHEDLER 1994: 29.

IV. 2. Das Bild als Botschaft

von Personen für politisches Handeln. Individuelle Verantwortlichkeit, Verantwortungsethik, ist immanenter Bestandteil demokratischer Politik, die ein menschliches Antlitz trägt – das „Moment, in dem Politik ihre Abstraktheit verliert, in dem Politik und Persönliches (...) zusammengedacht"[107] werden können. Das Image eines Kandidaten ist nicht Verführung, sondern Information, das Abbild ein Schlüssel zum Denkbild.

„The reason advertising is important is that it reveals what a candidate thinks his best arguments are. Ads are windows into a campaign but not the engine that drives elections."[108]

Die Wirkung visueller politischer Werbung kann mangels empirischer Daten nur spekulativ ermessen werden. Jenseits der tatsächlichen Wirkungen hat die Funktionsanalyse der amerikanischen Bildstrategien jedoch ergeben, daß das Image eines Kandidaten – das Bild, das wir uns von ihm aufgrund seiner Selbstdarstellungsversuche machen – das einzige ist, was wir über einen Kandidaten wirklich wissen können. Je kompetitiver und kritischer die öffentliche Auseinandersetzung um die visuellen Darstellungsversuche der konkurrierenden Kandidaten verläuft, desto überzeugter können die Wähler sein, sich auch einen umfassenden Eindruck von der politischen Kommunikation und den betroffenen Repräsentationskandidaten gemacht zu haben. Hierbei wird deutlich, daß politische Kommunikation relational ist. Der politischen Kommunikation fehlt ein „tertium comparationis", ein Standard, mit dem sie idealtypischerweise verglichen werden könnte. Sie ist vielmehr Ergebnis eines Wettstreits verschiedener politischer Positionen, die den Wählerinnen und Wählern bestimmte Realitätsversionen anbieten. Die Bildstrategien sind die Markierungszeichen, welche die Grenzen der Realitätsinterpretationen aufzeigen und als Orientierungshilfen dienen können.

Die Kritik an der potentiellen Verführungskraft der Bilder wird begleitet von einer grundsätzlichen Ablehnung der Personalisierungstendenz im Wahlkampf. In dieser weitverbreiteten Kritik an der Personalisierung demokratischer Strukturen scheint das Mißtrauen eines John Quincy Adams gegenüber der Macht der Bilder wieder auf. Dies hat mit der Selbstdefinition von Demokratie als Überwindung willkürlicher Macht- und Herrschaftsstrukturen zu tun, die als personal gebunden betrachtet werden. Willkürliche Herrschaft wird als personalisierte Herrschaft verstanden.[109] Die Idee aufgeklärter Politik wird hingegen meist mit der Entpersonalisierung von Herrschaftsbeziehungen gleichgesetzt. Demokratie als egalitäre Herrschaftsform, in der idealerweise der Mensch frei geboren und mit gleichen Chancen ausgestattet ein Leben im Streben nach Glück und Selbstvervollkommnung führt, widerstrebt der bildlichen Darstellung und Verherrlichung einzelner, die aus der egalitären Masse durch ihr Bildprivileg herausgehoben werden. Ausgehend von John Quincy Adams' Abneigung gegen politische Bildnisse kann die Geschichte der USA im Rückblick als ein Prozeß der Re-Personalisierung politischer Strukturen betrachtet werden. Beginnend mit Adams' Zeitgenossen Andrew Jackson setzte die personalisierte Werbung für Politik ein. Personalisierung kann dabei ebenso wie

---

107 Klaus WAGENBACH in seinem Nachwort zu Ulrike MEINHOF, Die Würde des Menschen ist antastbar. Berlin 1994: 188.
108 ROSENSTIEL 1993: 274.
109 Dieses Argument steht in engem Zusammenhang mit der Diskussion um die Moderne als „Entzauberung der Welt" und der Bedrohung der Moderne durch eine Remythologisierung des Denkens, eine „Wiederverzauberung der Welt". S. dazu Cornelia KLINGER, Flucht Trost Revolte. Die Moderne und ihre ästhetischen Gegenwelten. München 1995.

ihre bildliche Darstellung positive und negative Auswirkungen zeitigen.[110] Hierbei ist jedoch das Phänomen der personengebundenen Herrschaft via Repräsentation von dem Phänomen persönlicher Herrschaft zu trennen. „Auctoritas" und „Potestas" fallen im demokratischen Prozeß nicht in einer Person unkontrolliert zusammen. Demokratische Personalisierung ist kein Machtinstrument im dynastischen Sinne, da mit ihr keine Monopolisierung einhergeht, wie etwa in Diktaturen. Re-Personalisierung von Politik ist vielmehr ein System der Vereinfachung politischer Strukturen. Die personale Zuordnung von „Macht" kann ebenso zur Verklärung mächtiger Personen führen, wie es Orientierung innerhalb komplexer politischer Strukturen ermöglichen kann, deren Funktionsweise und Verantwortlichkeiten undurchschaubar geworden sind. Auch Demokratien sind nicht prinzipiell gegen Macht- und Bildmißbrauch gefeit. Dennoch stellt die Verbindung von Person und Amt, die Rückführbarkeit politischer Entscheidungen auf menschliche Amtsträger, und nicht auf bürokratische Prozesse, ein wichtiges Element demokratischer Herrschaftskontrolle dar. Daß Wähler also Personen wählen, ist eine dem repräsentativen System inhärente Funktion und keine Degenerierung eines auf ideologischen Programmpunkten aufbauenden Systems. Die Repräsentierten wählen immer auch einen Stellvertreter als Person bzw. das Bild, das sie sich von dieser Person machen, und damit mittelbar die Programmpunkte, für die der Gewählte steht. Person und Programm, „Image" und „Issue", sind in repräsentativen Demokratien nicht voneinander trennbar. Die Person ist vielmehr die Nahtstelle über die der Prozeß der Repräsentation erst funktionieren kann. Solange die Wähler also nicht unmittelbar per Volksentscheid über Sachthemen abstimmen, sondern, ob über Parteilisten oder in Direktwahl, Vertreter zur Entscheidung von eben diesen Sachthemen bestellen, bleibt die Forderung nach stärker sachorientierten, weniger personalisierten Wahlkämpfen widersinnig. Zurechenbarkeit und Transparenz politischen Handelns sind Kernelemente demokratischer Politik. Diese können jedoch nur gewährleistet werden, wenn sie an persönliche Verantwortlichkeiten rückgebunden sind und nicht durch einen Ver-

---

110 „Personalisierung ist auch eine notwendige Konsequenz demokratischer Regierungsweise, in der Herrschaft auf Zeit mit der Möglichkeit auch personaler Zuordnung von politischer Verantwortung geknüpft wird. Als problematisch muß Personalisierung jedoch dann angesehen werden, wenn sie so auf die Spitze getrieben wird, daß sich entsprechende Politikvermittlungsofferten auf mehr oder weniger themenlose Personalplebiszite oder reine Imageduelle reduzieren." SARCINELLI 1992: 53. Dies ist eine gemäßigte Variante der Beurteilung von Personalisierung in der Demokratie. Die Totalkritik dieser Personalisierungstendenz bezeichnet ihre Auswirkungen schlicht als „Placebo-Politik" (s. Thomas MEYER, Die Inszenierung des Scheins. Essay-Montage. Frankfurt a. M. 1992: 150). In letztgenannter Veröffentlichung wird das Bild als Illustration von unterstellten, nicht nachgewiesenen Wirkungen eingesetzt, die im essayistischen Stil als kritische Lebensweisheiten präsentiert werden und sich damit einer wissenschaftlichen Kritik zu entziehen vermeinen, die MEYER nichtsdestotrotz beispielsweise gegenüber SARCINELLI übt: „Er (Sarcinelli, A. d. V.) paßt seine Erklärungen vollständig in den Rahmen dessen, was nach systemfunktionalem Verständnis eine Theorie zu sein hat, ein. Und er stützt seine Betrachtungen auf Zeitungsnachrichten allein. Grammatik und Semantik des visuellen Scheins finden keine Beachtung." (MEYER 1992: 151). MEYERs Mißverständnis des Bildes als analog zur Sprache analysierbarer Ausdrucksform wird hier offensichtlich und macht erneut deutlich, daß ein kritischer Analyseansatz, der die verführerische Wirkung von Bildern nicht von vornherein unterstellt und diese Unterstellung dann anhand von Bildmaterial zu dokumentieren vermeint, dringlicher denn je benötigt wird, um die Kommunikationswissenschaft vor fortgesetzter Selbstverblendung zu bewahren.

IV. 2. Das Bild als Botschaft

weis auf die Systemabhängigkeit, Entscheidungshierarchien, Weisungsbefugnisse und Kollektivverantwortlichkeiten abgeschoben werden.

Die Verknüpfung von Bild und Politik im Repräsentationsgedanken macht deutlich, daß Repräsentation per se kein Definitionskriterium für „Demokratie" darstellen kann. Auch absolute Herrscher, totalitäre Despoten und Parteidiktaturen bedienten und bedienen sich visueller Darstellungsmittel repräsentativer Herrschaft. Personalisierung ist insofern kein Spezifikum von bestimmten politischen Systemen, sondern ein Charakteristikum von repräsentativer Herrschaft, die auf der Auswahl von Personen als Stellvertretern basiert. König, Kaiser und Tyrann sind insofern nicht minder repräsentative Stellvertreter wie der demokratisch gewählte Politiker. Dieser kann Unterscheidungsgründe wie seine durch demokratische Verfahren legitimierte Position, seine temporär begrenzte Amtszeit, das kompetitive Setting, aus dem sein repräsentativer Status hervorgegangen ist, oder aber das humanitärere System, in dem er wirkt, für sich reklamieren, jedoch nicht den Fakt, repräsentativer zu sein, als politische Repräsentanten, die aus einer anderen als der demokratischen Auswahlform hervorgegangen sind. Repräsentative Herrschaftsformen bedienen sich grundsätzlich visueller Selbstdarstellung, um den Repräsentierten ihre Realitätskonstruktion aufzunötigen. Das „Demokratische" ist also kein formales Kriterium von Bildrepräsentation – Brustporträts und sympathisch lächelnde Führer gibt es auch in Diktaturen –, sondern prägt sich in Stil und Kontext und damit im wechselweisen Verhältnis politischer Bildnisse zur Form politischer Repräsentation aus. Den demokratischen Stil gibt es in Porträtdarstellungen ebensowenig wie in der Architektur.[111] Es gibt jedoch einen räumlich, zeitlich und strukturell bedingten Kontext, der die jeweilige Ausprägung von politischer und bildlicher Repräsentation bestimmt und politische Bildnisse im Kontext von Wahlen als Ausdrucksmittel demokratischer Kommunikation wirken läßt. Es gibt folglich keinen demokratischen Stil, aber demokratische Funktionen von politischer Kommunikation. Ein vorgefertigtes monumentales Stalin-Porträt in einer sowjetischen Parade funktionierte als ikonisierte Huldigung des Diktators und ließ nur Akklamation oder politische Marginalisation als Reaktionen der Repräsentierten zu. Es diente der monolithischen Selbstdarstellung und Selbstversicherung des Einparteienstaates und seiner Machtstrukturen sowie der Bestätigung der Repräsentierten in ihrer Rolle als Kollektiv. In Demokratien hingegen ist bildliche Repräsentation eine kompetitive Angelegenheit, die zudem ephemer ist. Bildnismonopole sind ihr fremd. Politische Bildnisse wie beispielsweise Wahlplakate haben keinen Monopolcharakter. Sie sind angreifbar. Alternativversionen sind möglich und nötig. Fällt diese Pluralität der Bildproduktion weg, so ist die Verabsolutierung einzelner Images nicht auszuschließen und damit auch nicht die Zentralisierung von Bildkontrolle, die zumindest die versuchte Steuerung von Wahrnehmungsstrukturen bei den Betrachtern nach sich zieht. Macht wird auch in Demokratien mißbraucht und dies kann auch in Demokratien durch Bildstrategien geschickt getarnt werden. Das Demokratische der Bildstrategien drückt sich in ihrer Konkurrenz um Gültigkeit

---

111 „Man kann es drehen und wenden, wie man will: es gibt keinen inneren Zusammenhang zwischen dem neuen Bauen und der Demokratie, zwischen Kunst und freier Gesellschaft. Nicht einmal der Umkehrschluß ist möglich: daß die Säulenfassade die ‚Heil!' brüllende Masse im Gleichschritt bedingt. Die National Gallery of Art in Washington stammt von 1941 und ist ebenso eine neoklassizistische Schöpfung wie Hitlers Haus der Kunst in München." Ignaz MILLER: „Architektur im Italien Mussolinis" in: NZZ v. 28. 05. 1994: 51.

aus, in der sowohl wechselseitig als auch durch Rezipienten und unabhängige Medien ausgeübten kritischen Kontrolle. Nicht das Bildnis per se ist also demokratisch oder ademokratisch, sondern der Kontext, in dem es wirkt und dessen Wahrnehmung es maßgeblich beeinflußt. Das Funktionsprinzip des freiheitlich-demokratischen Verfassungsstaates ist die Verantwortung des Individuums. Diese Form der Verantwortungsethik spiegelt sich auch in einem politischen System, das zeitlich begrenzte Macht an menschliche Repräsentanten überträgt und dieses in Wahlen zum Ausdruck gebrachte Vertrauen auch wieder zu entziehen vermag. Re-Personalisierung von Politik kann also nicht nur als Gefahr für die Demokratie, sondern als Chance ihrer Bewahrung in menschlicher Gestalt begriffen werden.

Demokratie drückt sich im Ephemeren, im friedlichen politischen Wandel und in der Wertschätzung des Individuums aus. Der demokratische Anspruch führt zu Bildniskonkurrenzen und damit zum Verfall von Bildhierarchien und Bildnismonopolen. Die Verbreitung von Vervielfältigungstechniken unterstützte den Prozeß der visuellen Demokratisierung, indem der Besitz politischer Bildnisse für jeden erschwinglich wurde. Nicht nur die politische Partizipation, auch der Besitz politischer Bildnisse hat damit eine Demokratisierung erfahren. Ehemalige Untertanen werden so zu Adressaten, denen im Bild Versprechungen gemacht werden, deren Nichteinhaltung langfristige Konsequenzen hat.

Die Aufgabe von politischer Ikonographie sowie der politischen Kommunikationsforschung ist mithin nicht nur die Messung von Wirkungen politischer Werbung, sondern die Analyse ihrer Funktionen und Bedeutungen. Stilfragen sind auch Machtfragen. Mit Ästhetik wird Politik gemacht. In Demokratien spielt das Wahlvolk bei der politischen Inszenierung eine entscheidende Rolle. Das Niveau politischer Kommunikation in Demokratien wird zu einem nicht unwesentlichen Teil von den Ansprüchen der Rezipienten bestimmt. Je teleliterater dieses Publikum ist und je bewußter Bildstrategien als Angebote von Realitätskonstruktionen gelesen und analysiert werden, desto stärker müssen sich die Bildproduzenten auch an diesem Anspruchsniveau und den damit verbundenen politischen Erwartungen orientieren. Weder Zuschauer noch Wähler sind machtlos, solange sie sich ihrer bildinterpretatorischen Fähigkeiten bewußt sind. Realitätsinterpretation findet schließlich in den Köpfen der Menschen statt und ist ein kontinuierlicher Prozeß, der in Demokratien zwar beeinflußt, aber nicht vollständig gesteuert werden kann. Die Ungewißheit des Ausgangs ist es letztlich, die Politik in repräsentativen Demokratien spannend macht. Diese „political suspense" wird auch in Zukunft dazu beitragen, daß sich das Publikum vom politischen Wettstreit nicht nur informieren, sondern auch unterhalten läßt.

Anhang

Plakatregister

Die abgebildeten Plakate stellen nur eine Auswahl dar. Nicht jeder Wahlkampf der amerikanischen Geschichte seit 1828 und nicht jeder Kandidat konnte mit einem Bildbeispiel bedacht werden. So konzentriert sich die Bildauswahl auf die Hochphasen der graphischen Wahlkampfpropaganda im 19. Jahrhundert. Die abgebildeten Plakate stammen aus folgenden Archiven: Library of Congress, Prints & Photographs Division/Washington D.C.; New York Historical Society (NYHS)/New York City, N. Y.; Smithsonian Institution, Museum of American History, Division of Political History/ Washington D.C.; Museum of American Political Life/Hartford, Conn.; Franklin D. Roosevelt Library (FDRL)/Hyde Park, N. Y.; Hoover Institution Archives On War, Revolution, and Peace/Stanford, CA; Jimmy Carter Presidential Library/Atlanta, Georgia (JCPL).

Wahljahr: *1828*
Flugblatt
Kandidat: George H. Steuart/John V. L. McMahon
Aufschrift: „Jackson Ticket. For The Assembly. George H. Steuart/John V. L. McMahon"
Druck: vermutlich in Baltimore gedruckt
Porträtvorlage: nach einem Gemälde von Joseph Wood
Maße: 4,6 x 3,7 cm
Technik: Holzschnitt
Aufbewahrungsort: Library of Congress
Literatur: Reilly 1991: 34/35
Abbildung: 2

Wahljahr: *1828*
Kandidat: Andrew Jackson
Aufschrift: „Some Account of some of the Bloody Deeds of General Jackson"
Herausgeber: John Binns
Maße: 55,7 x 38,5 cm
Technik: Holzschnitt
Aufbewahrungsort: Library of Congress
Literatur: Reilly 1991: 32/33
Abbildung: 78

Wahljahr: *1836*
Karikatur
Kandidat: Martin Van Buren

Aufschrift: „General Jackson Slaying the Many Headed Monster"
Druck: Henry R. Robinson/N. Y.
Maße: 30,2 x 36,5 cm
Technik: Lithographie
Aufbewahrungsort: Library of Congress
Literatur: Reilly 1991: 81/82; Weitenkampf: 39/40
Abbildung: 64

Wahljahr: *1840*
Kandidat: William Henry Harrison
Aufschrift: „Public Meeting. A general MEETING of the friends of HARRISON"
Druck: –
Maße: 12 x 17 cm (Bild)
Technik: Holzstich
Aufbewahrungsort: Library of Congress
Literatur: Reilly 1991: 151
Abbildung: 8

Wahljahr: *1840*
Kandidat: William Henry Harrison
Aufschrift: „The Life And Public Services Of William H. Harrison"/„Züge Aus Dem Öffentlichen Leben Des Generals William Henry Harrison"
Druck: Croome, Meignelle & Minot/Philadelphia
Schriftsatz: J. Fagan

Maße: 56,2 x 43,4 cm (Blatt, englische Version)
    61 x 48 cm (Blatt, deutsche Version)
Technik: Holzstich
Aufbewahrungsort: Library of Congress
Literatur: Reilly 1991: 155/156
Abbildung: 46

Wahljahr: *1840*
Kandidat: William Henry Harrison
Aufschrift: „Log Cabin Anecdotes"
Herausgeber: J. P. Giffing, at the Office of the Harrison Almanach/ N. Y
Druck: J. F. Trow, printer/N. Y.
Maße: 57,7 x 44 cm
Technik: Holzschnitt
Aufbewahrungsort: Library of Congress
Literatur: Reilly 1991: 154/155
Abbildung: 1 und 56

Wahljahr: *1840*
Kandidat: William Henry Harrison/John Tyler
Aufschrift: „Westward The March Of Empire Takes Its Flight."
Druck: Benjamin Owen Tyler/Albany N. Y.
Künstler: Baker/N. Y.
Maße: 75 x 56,5 cm (Bild)
Technik: Lithographie
Aufbewahrungsort: Library of Congress
Literatur: Reilly 1991: 162/163.
Abbildung: 9

Wahljahr: *1840*
Kandidat: Martin Van Buren
Aufschrift: „Independent Treasury And Liberty. Martin Van Buren."
Druck: Thayer, successor to Moore/Boston
Maße: 49 x 39,4 cm (Bild)
Technik: Lithographie
Aufbewahrungsort: Library of Congress
Literatur: Reilly 1991: 164
Abbildung: 63

Wahljahr: *1844*
Kandidat: James K. Polk/George M. Dallas
Aufschrift: „Grand, National, Democratic Banner. Press Onward"
Druck: Nathaniel Currier/N. Y.
Maße: 32,1 x 21,4 cm (Bild)
Technik: Handkolorierte Lithographie
Aufbewahrungsort: Library of Congress; Smithsonian
Literatur: Reilly 1991: 209; Fischer 1988: 52; GALE 1984: no. 2713
Abbildung: 11

Wahljahr: *1844*
Druck: 1843
Kandidat: Henry Clay
Aufschrift: „Henry Clay" und zwei Zitate aus seinen Reden: „The colors that float from our masthead should be the credentials of our Seamen" und „I shall stand erect with a spirit unconquered, whilst life endures, ready to second the exertions of the people in the cause of Liberty, the Union, and the National Prosperity."
Druck: W. Bender & Co. /Philadelphia
Künstler: engraved by John Sartain after orig. pic.
Porträtvorlage: Ino. Neagle Pinxit 1843
Maße: 61,5 x 46,7 cm
Technik: Halbtonradierung
Aufbewahrungsort: Library of Congress
Literatur: Reilly 1991: 198/199
Abbildung: 3

Wahljahr: *1844*
Kandidat: Henry Clay
Aufschrift: „Grand National Whig Prize Banner Badge"
Druck: Wm Curlett/John Cade
Künstler: Edward Weber & Co. Baltimore/MD
Maße: 40,7 x 25,7 cm (Bild)
Technik: Lithographie
Aufbewahrungsort: Library of Congress
Literatur: Reilly 1991: 206; Collins 1979: 18–20, 115
Abbildung: 5

Wahljahr: *1844*
Kandidat: Henry Clay/Theodore Frelinghuysen
Aufschrift: „Grand National Whig Banner. Onward"
Druck: Nathaniel Currier/N. Y.
Maße: 32,3 x 24,4 cm (Bild)
Technik: Handkolorierte Lithographie
Aufbewahrungsort: Library of Congress
Literatur: Reilly 1991: 208; GALE 1984: no. 2734
Abbildung: 10

Wahljahr: *1844*
Kandidat: Henry Clay

Aufschrift: „Grand National Whig Banner. Onward"
Druck: Nathaniel Currier/N. Y.
Maße: 33 x 24 cm
Technik: Handkolorierte Lithographie
Aufbewahrungsort: Smithsonian
Literatur: Melder 1992: 90; GALE 1984: no. 2732
Abbildung: 6

Wahljahr: *1848*
Kandidat: Zachary Taylor
Aufschrift: „Union"
Druck: James Ackerman/N. Y.
Künstler: Thomas W. Strong
Maße: 108,4 x 84 cm (Bild)
Technik: Fünffarbiger Holzschnitt
Aufbewahrungsort: Library of Congress
Literatur: Reilly 1991: 284/285
Abbildung: 26

Wahljahr: *1848*
Kandidat: Zachary Taylor/Millard Fillmore
Aufschrift: „Grand National Whig Banner. Press Onward"
Druck: Nathaniel Currier/N. Y.
Maße: 31,2 x 23 cm (Bild)
Technik: Handkolorierte Lithographie
Aufbewahrungsort: Library of Congress
Literatur: Reilly 1991: 280; Tripp 1976: 13
Abbildung: 12

Wahljahr: *1848*
Kandidat: Zachary Taylor
Aufschrift: „Zachary Taylor, The People's Choice for 12th President"
Druck: Nathaniel Currier/N. Y.
Maße: 34,2 x 22,8 cm (Bild)
Technik: Lithographie
Aufbewahrungsort: Library of Congress
Literatur: Reilly 1991: 282; GALE 1984: no. 7443
Abbildung: 17

Wahljahr: *1848*
Kandidat: Zachary Taylor
Aufschrift: „Taylor"
Druck: John H. McBlair
Künstler: John Goldsborough Bruff/Washington D.C.
Maße: 33 x 44,8 cm (Bild)
Technik: Farblithographie
Aufbewahrungsort: Library of Congress

Literatur: Reilly 1991: 285
Abbildung: 90

Wahljahr: *1848*
Kandidat: Lewis Cass/William O. Butler
Aufschrift: „Grand National Democratic Banner. Press Onward."
Druck: Nathaniel Currier/N. Y.
Maße: 31,9 x 23,9 cm (Bild)
Technik: Handkolorierte Lithographie
Aufbewahrungsort: Hartford; Library of Congress
Literatur: Reilly 1991: 279; GALE 1984: no. 2716
Abbildung: 13

Wahljahr: *1848*
Kandidat: Lewis Cass
Aufschrift: „Lewis Cass, Democratic Candidate for 12th President"
Druck: Nathaniel Currier/N. Y.
Maße: 34 x 22,6 cm (Bild)
Technik: Lithographie
Aufbewahrungsort: Library of Congress
Literatur: Reilly 1991: 278; GALE 1984: no. 5311
Abbildung: 18

Wahljahr: *1848*
Kandidat: Martin Van Buren/Charles F. Adams
Aufschrift: „Grand Democratic Free Soil Banner"
Druck: Nathaniel Currier/N. Y.
Porträtvorlage: From Daguerreotypes by (John) Plumbe
Maße: 33,2 x 23,1 cm
Technik: Handkolorierte Lithographie
Aufbewahrungsort: Library of Congress
Literatur: Rawls 1979: o. S.; Reilly 1991: 280/281; GALE 1984: no. 2690
Abbildung: 14

Wahljahr: *1848*
Kandidat: Martin Van Buren/Charles F. Adams
Aufschrift: „Free Soil Candidates For President And Vice-President"
Druck: Kelloggs & Comstock/Hartford
Agent: G. Needham/Buffalo
Maße: –
Technik: Handkolorierte Lithographie
Aufbewahrungsort: Privatsammlung Sherman Adams
Literatur: –
Abbildung: 23

Wahljahr: *1856*
Kandidat: John C. Fremont
Aufschrift: „Col. John C. Fremont, Republican Candidate For President of the United States"
Druck: Baker & Godwin/N. Y.
Maße: 42,8 x 56 cm (Bild)
Technik: Holzschnitt
Aufbewahrungsort: Library of Congress
Literatur: Reilly 1991: 392/393
Abbildung: 42

Wahljahr: *1856*
Kandidat: John C. Fremont
Aufschrift: „Col. Fremont Planting The American Standard On The Rocky Mountains"
Druck: Baker & Godwin/N. Y.
Maße: 44,6 x 56 cm (Bild)
Technik: Holzstich
Aufbewahrungsort: Library of Congress
Literatur: Reilly 1991: 394
Abbildung: 44

Wahljahr: *1856*
Kandidat: John C. Fremont/William L. Dayton
Aufschrift: „Grand National Republican Banner. Free Labor, Free Speech, Free Territory"
Druck: Nathaniel Currier/N. Y.
Maße: 33 x 22,3 cm (Bild)
Technik: Handkolorierte Lithographie
Aufbewahrungsort: Library of Congress
Literatur: Rawls 1979: o. S; GALE 1984: no. 2723
Abbildung: 15

Wahljahr: *1856*
Kandidat: John Fremont/William Dayton
Aufschrift: „Jno. C. Fremont. Wm L. Dayton. The Champions of Freedom"
Herausgeber: C. E. Lewis/Buffalo
Druck: Chs. Grebner Printed/Buffalo
Porträtvorlage: nach einer Fotografie von Marcus Root
Maße: 40,5 x 46,8 cm (Bild)
Technik: Lithographie
Aufbewahrungsort: Library of Congress
Literatur: Reilly 1991: 392/393
Abbildung: 50

Wahljahr: *1856*
Kandidat: Millard Fillmore
Aufschrift: „Millard Fillmore, American Candidate For President Of The United States"
Druck: Baker & Godwin
Maße: 41 x 55 cm (Bild)
Technik: Holzschnitt
Aufbewahrungsort: Library of Congress
Literatur: Reilly 1991: 395/396
Abbildung: 24

Wahljahr: *1860*
Kandidat: Abraham Lincoln
Aufschrift: „Abraham Lincoln, Republican Candidate For President Of The United States"
Druck: Baker & Godwin, Tribune Buildings/N. Y.
Maße: 39,3 x 55 cm (Bild)
Technik: Holzschnitt
Aufbewahrungsort: Library of Congress
Literatur: Reilly 1991: 428/429
Abbildung: 25

Wahljahr: *1860*
Kandidat: Abraham Lincoln
Aufschrift: „Abraham Lincoln"
Druck: Edw. Mendel/Chicago
Künstler: Dominique C. Fabronius
Porträtvorlage: Nach einer Daguerreotypie von Samuel M. Fassett vom Oktober 1859
Maße: 46 x 32,8 cm (Bild)
Technik: Lithographie
Aufbewahrungsort: Library of Congress
Literatur: Reilly 1991: 424/425; Holzer u. a. 1984: 32
Abbildung: 20

Wahljahr: *1860*
Kandidat: Abraham Lincoln/Hannibal Hamlin
Aufschrift: „The Union Must And Shall Be Preserved"
Druck: W(illiam) H. Rease/Philadelphia; Cor. 4th & Chestnut Sts.
Künstler: W. H. Rease
Porträtvorlage: Nach einer Fotografie von Samuel Fassett
Maße: 30,3 x 42,9 cm (Bild)
Technik: Farblithographie
Aufbewahrungsort: Library of Congress
Literatur: Reilly 1860: 427; Fischer 1988: 91; Holzer 1984:36
Abbildung: 21

Plakatregister

Wahljahr: *1860*
Kandidat: Abraham Lincoln/Hannibal Hamlin
Aufschrift: „Lincoln and Hamlin"
Herausgeber: C. H. Brainard/Boston
Druck: John H. Bufford
Künstler: Dominique C. Fabronius (draw on stone), entworfen von J. N. Hyde
Maße: 34 x 28 cm (Bild)
Technik: Lithographie
Aufbewahrungsort: Library of Congress
Literatur: Reilly 1991: 426
Abbildung: 19

Wahljahr: *1860*
Kandidat: John Bell/Edward Everett
Aufschrift: „The Union, The Constitution And The Enforcement Of The Laws."
Druck: W. H. Rease/Philadelphia; Cor. 4th & Chestnut Sts.
Künstler: William H. Rease
Maße: 30,6 x 42,6 cm (Bild)
Technik: Farblithographie
Aufbewahrungsort: Library of Congress
Literatur: Reilly 1991: 431/432
Abbildung: 22

Wahljahr: *1864*
Druck: 1863
Kandidat: Abraham Lincoln
Aufschrift: „The Mower"
Druck: A. Trochsler/116 Washn. St. Boston
Künstler: Dominique C. Fabronius/Mass.
Maße: 23,8 x 25,7 cm
Technik: Lithographie
Aufbewahrungsort: Library of Congress
Literatur: Reilly 1991: 511
Abbildung: 79

Wahljahr: *1864*
Kandidat: Abraham Lincoln/Andrew Johnson
Aufschrift: „Grand National Union Banner For 1864. Liberty, Union and Victory"
Druck: Currier & Ives/N. Y.
Maße: 32,2 x 22,4 cm (Bild)
Technik: Handkolorierte Lithographie
Aufbewahrungsort: Library of Congress
Literatur: Reilly 1991: 523; Holzer 1984: 130; GALE 1984: no. 2730.
Abbildung: 16

Wahljahr: *1864*
Kandidat: Abraham Lincoln/Andrew Johnson
Aufschrift: „Union Nomination. For President Abraham Lincoln of Illinois. For Vice President Andrew Johnson."
Druck: –
Maße: ca. 51 x 36 cm
Technik: Farblithographie
Aufbewahrungsort: Privatsammlung
Literatur: Melder 1992: 12
Abbildung: 88

Wahljahr: *1864*
Programmatisches Plakat
Kandidat: Abraham Lincoln
Aufschrift: „Union And Liberty! And Union And Slavery!"
Druck: M. W. Siebert/ 28 Centre Street, N. Y.
Maße: 26,3 x 52,2 cm (Bild)
Technik: Holzstich
Aufbewahrungsort: Library of Congress
Literatur: Reilly 1991: 534
Abbildung: 75

Wahljahr: *1864*
Programmatisches Plakat
Kandidat: George McClellan
Aufschrift: „The Chicago Platform."
Künstler: Thomas Nast
Maße: 38,2 x 52,6 cm (Bild)
Technik: Holzschnitt
Aufbewahrungsort: Library of Congress
Literatur: Reilly 1991: 529–531; Keller 1968: 41
Abbildung: 74

Wahljahr: *1868*
Kandidat: Horatio Seymour
Aufschrift: „Radical Destruction/ Democratic Reconstruction. A Match"
Druck: Samuel Stern/N. Y.
Künstler: Heppenheimer & Co/N. Y.
Maße: 48,3 x 60,7 cm
Technik: Lithographie
Aufbewahrungsort: NYHS
Literatur: –
Abbildung: 76

Wahljahr: *1868*
Kandidat: Horatio Seymour/Francis Preston Blair

Aufschrift: „National Democratic Banner of Victory"
Druck: Currier & Ives/N. Y.
Maße: 34,8 x 22 cm (Bild)
Technik: Lithographie
Aufbewahrungsort: Library of Congress; NYHS
Literatur: Reilly 1991: 575; GALE 1984: no. 4765; Tripp 1976: 19
Abbildung: 66

Wahljahr: *1872*
Programmatisches Plakat
Kandidat: Ulysses S. Grant vs. Horace Greeley
Aufschrift: „You Must Make Your Choice. Birds Of A Feather Flock Together."
Druck: W. Miller/N. Y.
Künstler: Wm. Miller
Maße: 35,4 x 23,1 cm (Bild)
Technik: Stich
Aufbewahrungsort: Library of Congress
Literatur: Reilly 1991: 601
Abbildung: 55

Wahljahr: *1872*
Kandidat: Ulysses S. Grant/Henry Wilson
Aufschrift: „The Working Man's Banner. For President. For Vice President. Ulysses S. Grant ‚The Galena Tanner'. Henry Wilson ‚The Natick Shoemaker'."
Druck: Currier & Ives, 125 Nassau St. /N. Y.
Maße: 32,2 x 23 cm (Bild)
Technik: Lithographie
Aufbewahrungsort: Hartford; Library of Congress; NYHS
Literatur: Reilly 1991: 602/603; Fischer 1988: 104
Abbildung: 57

Wahljahr: *1872*
Kandidat: Horace Greeley
Aufschrift: „The Chappaqua Farmer"
Druck: Lith. by D. Chalmers/Springfiedl, Mass.
Künstler: Kuriger
Porträtvorlage: nach einem Gemälde von Chapman
Maße: 39,6 x 49,8 cm (Bild)
Technik: Lithographie
Aufbewahrungsort: Library of Congress
Literatur: Reilly 1991: 598/599
Abbildung: 43

Wahljahr: *1872*
Kandidat: Horace Greeley/Benjamin Gratz Brown
Aufschrift: „Grand National Liberal Republican Banner For 1872"
Druck: Currier & Ives/ New York, 125 Nassau St.
Maße: 35,2 x 24 cm (Bild); 41,5 x 32,3 cm (Blatt)
Technik: Lithographie
Aufbewahrungsort: Library of Congress
Literatur: Reilly 1991: 595; GALE 1984: no. 2721
Abbildung: 7

Wahljahr: *1872*
Kandidat: Horace Greeley
Aufschrift: „David and Goliath"
Druck: Svobodin Merinsky
Maße: 30,8 x 39,6 cm (Bild)
Technik: Lithographie
Aufbewahrungsort: Library of Congress
Literatur: Reilly 1991: 598
Abbildung: 80

Wahljahr: *1872*
Kandidat: Horace Greeley/Benjamin Gratz Brown
Aufschrift: „Universal Amnesty, Liberty, Equality, Fraternity and Impartial"
Druck: Svobodin Merinsky, 319 Pearl St. /N. Y.
Künstler: Henry Brueckner
Maße: 40,8 x 48,1 cm
Technik: Lithographie
Aufbewahrungsort: Library of Congress
Literatur: Reilly 1991: 597/598; Tripp 1976: 20/21
Abbildung: 77

Wahljahr: *1876*
Kandidat: Samuel J. Tilden/Thomas A. Hendricks
Aufschrift: „The Champions Of The People's Rights"
Druck: Haasis & Lubrecht, Map & Chart Publishers/N. Y.
Künstler: Holt N. Y. (Porträts)
Maße: 86,5 x 66,2 cm (Bild)
Technik: Handkolorierter Holzschnitt
Aufbewahrungsort: Library of Congress
Literatur: Reilly 1991: 611
Abbildung: 62

Wahljahr: *1884*
Kandidat: Grover Cleveland/Thomas A. Hendricks
Aufschrift: „Our Country's Choice Democratic Nominees"

Plakatregister

Druck: The Continental Publishing Co., 148 Monroe St., Chicago/Ill.
Maße: 56,3 x 72,2 cm
Technik: Chromolithographie
Aufbewahrungsort: Library of Congress
Literatur: –
Abbildung: 51

Wahljahr: *1884*
Kandidat: Grover Cleveland/Thomas A. Hendricks
Aufschrift: „The Democratic Souvenir. Standard Bearers, Heroes and Statesmen. Victory and Reform."
Herausgeber: R. H. Curran & Co, Publishers Boston
Druck: Steincopied by the Hatch Eng. Co. N. Y.
Maße: 47,2 x 59,7 cm (Bild) 52 x 68,1 cm (Blatt)
Technik: Lithographie
Aufbewahrungsort: Library of Congress
Literatur: –
Abbildung: 53

Wahljahr: *1884*
Kandidat: James G. Blaine/John A. Logan
Aufschrift: „The Republican Souvenir. Standard Bearers And Illustrious Statesmen."
Herausgeber: R. H. Curran & Co., Publishers Boston
Druck: Steincopied by the Hatch Eng. Co. N. Y.
Maße: 47,2 x 59,7 cm (Bild) 56 x 71,6 cm (Blatt)
Technik: Lithographie
Aufbewahrungsort: Library of Congress
Literatur: –
Abbildung: 52

Wahljahr: *1884*
Kandidat: James G. Blaine/John A. Logan
Aufschrift: „For President James G. Blaine of Maine. For Vice President John A. Logan of Illinois"
Druck: J. H. Bufford's Sons, publishers Boston, New York & Chicago
Künstler: S. S. Frizzell (r. u. signiert)
Maße: 71,2 x 105,7 cm
Technik: Chromolithographie
Aufbewahrungsort: Library of Congress
Literatur: –
Abbildung: 89

Wahljahr: *1888*
Programmatisches Plakat
Kandidat: Benjamin Harrison/Levi P. Morton
Aufschrift: „Principles of the Republican Party"
Druck: Raabe
Maße: 35,6 x 52,5 cm
Technik: Lithographie
Aufbewahrungsort: Library of Congress
Literatur: –
Abbildung: 70

Wahljahr: *1888*
Kandidat: Benjamin Harrison/Levi P. Morton
Aufschrift: „Republican Nominees. For President Benjamin Harrison. For Vice-President Levi P. Morton. Any Government Is Safest In The Hands Of Its Preservers."
Druck: Kurz & Allison, Wabach Ave./Chicago/Ill.
Maße: 56 x 71,3 cm
Technik: Lithographie
Aufbewahrungsort: Library of Congress
Literatur: –
Abbildung: 49

Wahljahr: *1888*
Kandidat: Alson J. Streeter/Charles E. Cuningham
Aufschrift: „Union Labor Party. The Product of Labor Belongs to the Producer."
Druck: Kurz & Allison copyright Art Publishers, 76 & 78 Wabash Ave./Chicago
Maße: 56,5 x 72,4 cm
Technik: Chromolithographie
Aufbewahrungsort: Library of Congress
Literatur: –
Abbildung: 59

Wahljahr: *1892*
Kandidat: Grover Cleveland/Adlai Stevenson
Aufschrift: „Democratic Platform and Presidential Nominees"
Druck: E. M. Beckerman; Beckerman Bros. Chicago, USA
Maße: 54,2 x 70,3 cm
Technik: Lithographie
Aufbewahrungsort: Library of Congress
Literatur: Tripp 1976: 28
Abbildung: 47

Wahljahr: *1892*
Kandidat: Benjamin Harrison/Whitelaw Reid

Aufschrift: "Republican Platform and Presidential Nominees."
Druck: E. M. Beckerman; Beckerman Bros. Chicago, USA
Maße: 55,5 x 70,1 cm
Technik: Lithographie
Aufbewahrungsort: Library of Congress
Literatur: –
Abbildung: 48

Wahljahr: *1896*
Programmatisches Plakat
Kandidat: William McKinley
Aufschrift: "The Real Issue"
Druck: –
Maße: –
Technik: Lithographie
Aufbewahrungsort: Privatsammlung Robert A. Fratkin; Smithsonian
Literatur: Fischer 1988: 161
Abbildung: Bild im Bild Abb. 72

Wahljahr: *1896*
Programmatisches Plakat
Kandidat: William McKinley/Garret A. Hobart
Aufschrift: "Protection vs. Free Trade. Our Home Defenders"
Druck: Gillespie, Metzgar & Kelley
Maße: 55,6 x 40,3 cm
Technik: Chromolithographie
Aufbewahrungsort: Library of Congress
Literatur: –
Abbildung: 71

Wahljahr: *1896*
Kandidat: William Jennings Bryan
Aufschrift: "William J. Bryan and Family"
Druck: The Henderson Lith. Co. /Cincinnati
Künstler: copyrighted by Peter Tracy/Memphis on the Mississippi
Maße: 61 x 40,3 cm
Technik: Chromolithographie
Aufbewahrungsort: Library of Congress
Literatur: –
Abbildung: 60

Wahljahr: *1900*
Programmatisches Plakat
Kandidat: William Jennings Bryan
Aufschrift: "The Issue – 1900. Liberty. Justice. Humanity."
Druck: The Strobridge Lith. Co. Cin./O.
Künstler: Neville Williams/Columbus, Ohio
Maße: 87 x 51 cm
Technik: Chromolithographie
Aufbewahrungsort: Library of Congress
Literatur: Fischer 1988: 166
Abbildung: 65

Wahljahr: *1900*
Kandidat: William McKinley
Aufschrift: "Prosperity At Home, Prestige Abroad."
Druck: Northwestern Litho Corporation/Milwaukee
Maße: 103 x 66 cm (Bild); 108,5 x 69 cm (Poster)
Technik: Chromolithographie
Aufbewahrungsort: Smithsonian; Hartford; Library of Congress
Literatur: –
Abbildung: 45

Wahljahr: *1900*
Programmatisches Plakat
Kandidat: William McKinley
Aufschrift: "The Real Issue."
Herausgeber: copyright Perry S. Heath. Secty National Rep. Committee Chicago
Druck: Edwards, Deutsch & Heitmann Inc. Lithographers/Chicago
Maße: 122 x 87,5 cm
Technik: Lithographie, Remake eines Plakates von 1896
Aufbewahrungsort: Smithsonian
Literatur: Fischer 1988: 161
Abbildung: Bild im Bild Abb. 72

Wahljahr: *1900*
Programmatisches Plakat
Kandidat: William McKinley/Theodore Roosevelt
Aufschrift: "McKinley was Right"
Herausgeber: Perry S. Heath, Sct'y National Rep. Committee Chicago (copyr.)
Druck: Edwards, Deutsch & Heitmann Lithographers/Chicago
Maße: 123 x 85,5 cm
Technik: Chromolithographie
Aufbewahrungsort: Smithsonian; Library of Congress

Plakatregister

Literatur: Tripp 1976: 32
Abbildung: 72

Wahljahr: *1904*
Druck: 1903
Kandidat: Theodore Roosevelt
Aufschrift: „Equality. Dinner Given At The White House By President Roosevelt To Booker T. Washington October 17th, 1901"
Herausgeber: C(harles) H. Thomas/P. H. Lacey copyright 1903
Druck: published by Royal Picture Gallery Co., 152 Lake St., Chicago
Maße: ca. 43 x 52 cm
Technik: Lithographie
Aufbewahrungsort: Smithsonian (gerahmt)
Literatur: Melder 1992: 132; Fischer 1988: 172–175
Abbildung: 28

Wahljahr: *1920*
Kandidat: James Middleton Cox/Franklin D. Roosevelt
Aufschrift: „Peace and Plenty. Prosperity"
Druck: Hoover, Phila.
Maße: 51 x 40,6 cm
Technik: Monochrome Lithographie
Aufbewahrungsort: Smithsonian; FDRL
Literatur: Tripp 1976: 37
Abbildung: 54

Wahljahr: *1928*
Kandidat: Alfred E. Smith
Aufschrift: „For President Alfred E. Smith. Honest. Able. Fearless"
Druck: M. B. Brown Printing & Binding Co./N. Y.
Maße: 56 x 35,7 cm
Technik: Fotodruck
Aufbewahrungsort: Smithsonian
Literatur: –
Abbildung: 82

Wahljahr: *1932*
Kandidat: Franklin D. Roosevelt
Aufschrift: „A Progressive Candidate With Constructive Policies For President"
Maße: 27,8 x 21,6 cm
Technik: Fotodruck
Aufbewahrungsort: FDRL
Literatur: –
Abbildung: 31

Wahljahr: *1940*
Serienplakat
Kandidat: Wendell Willkie
Aufschrift: „Work with Willkie"
Druck: –
Maße: 48,3 x 30,5 cm
Technik: Farbsiebdruck
Aufbewahrungsort: Hoover Archive
Literatur: –
Abbildung: 67 (Textilarbeiterin), 68 (Flößer), 69 (Metallgießer)

Wahljahr: *1940*
Kandidat: Wendell Willkie
Aufschrift: „For Peace, Preparedness, Prosperity. Wendell Willkie for President"
Herausgeber: Republican National Committee
Druck: –
Maße: 55,9 x 40,6 cm
Technik: Fotodruck
Aufbewahrungsort: Hoover Archive
Literatur: –
Abbildung: 83

Wahljahr: *1944*
Programmatisches Plakat
Kandidat: Franklin D. Roosevelt
Aufschrift: „for full employment after the war. Register Vote"
Herausgeber: CIO Political Action Committee
Künstler: Ben Shahn
Maße: 101 x 76,5 cm
Technik: Farblithographie
Aufbewahrungsort: FDRL
Literatur: Pohl 1989: 11
Abbildung: 29

Wahljahr: *1944*
Kandidat: Franklin D. Roosevelt
Aufschrift: „Our Friend"
Herausgeber: National Citizens Political Action Committee
Künstler: Ben Shahn
Maße: 76,6 x 101,5 cm
Technik: Farblithographie
Aufbewahrungsort: FDRL
Literatur: Pohl 1989: 17
Abbildung: 32

Wahljahr: *1944*
Kandidat: Thomas E. Dewey
Aufschrift: „Our Next President Thomas E. Dewey"
Herausgeber: Republican National Committee
Druck: Tenny Press/N. Y.
Foto: Greystone Studios/N. Y.
Maße: 35,6 x 27,9 cm
Technik: Fotodruck
Aufbewahrungsort: Hoover Archive
Literatur: –
Abbildung: 84

Wahljahr: *1952*
Kandidat: Adlai Stevenson
Aufschrift: „Stevenson For President"
Herausgeber: National Volunteers For Stevenson-Kefauver, D.C.
Foto: Robert Root
Maße: 55,5 x 43,5 cm und 83 x 65 cm
Technik: Fotodruck
Aufbewahrungsort: Smithsonian
Literatur: –
Abbildung: 38

Wahljahr: *1956*
Kandidat: Adlai Stevenson
Aufschrift: „Vote For Stevenson. Pledged To Action On School, Construction And Child Welfare."
Herausgeber: Stevenson-Kefauver Campaign Committee
Maße: 56 x 39,5 cm
Technik: Fotodruck
Aufbewahrungsort: Smithsonian
Literatur: Tripp 1976: 51
Abbildung: 61

Wahljahr: *1972*
Kandidat: Richard M. Nixon
Aufschrift: „The President"
Herausgeber: Finance Committee To Re-Elect the President
Druck: Jimini Productions/Hollywood, CA
Maße: -
Technik: Fotomontage
Aufbewahrungsort: Smithsonian
Literatur: Fischer 1988: 270; Tripp 1976: 60
Abbildung: 37

Wahljahr: *1976*
Kandidat: Jimmy Carter
Aufschrift: „Hello! My Name Is Jimmy Carter. I'm Running For President."
Maße: 43 x 28 cm
Technik: Fotodruck
Aufbewahrungsort: Carter Presidential Library
Literatur: –
Abbildung: 58

Wahljahr: *1976*
Kandidat: Jimmy Carter
Aufschrift: „J. C. Can Save America!"
Druck: Chelsea Marketing Corp. , 333 Avenue of the Americas/ N. Y.
Künstler: Another Cebendella/Mehlman Poster
Maße: 73,8 x 58,5 cm
Technik: Fotomontage
Aufbewahrungsort: Smithsonian
Literatur: –
Abbildung: 81

Wahljahr: *1976*
Kandidat: Gerald Ford
Aufschrift: „President Ford '76"
Herausgeber: The President Ford Committee, Howard Callaway
Maße: 63,8 x 47,7 cm
Technik: Farbiger Fotodruck
Aufbewahrungsort: Hartford; Smithsonian
Literatur: Tripp 1976: 62
Abbildung: 40

Wahljahr: *1980*
Kandidat: Jimmy Carter/Walter Mondale
Aufschrift: „Re-Elect Carter-Mondale. A Tested and Trustworthy Team."
Herausgeber: The Carter/Mondale Re-Election Committee
Maße: 48,2 x 30,4 cm
Technik: Farbiger Fotodruck
Aufbewahrungsort: JCPL; Smithsonian
Literatur: –
Abbildung: 39

Wahljahr: *1984*
Kandidat: Walter Mondale/Geraldine Ferraro
Aufschrift: „For Education... For America... Vote Mondale Ferraro"
Druck: National Education Association
Maße: –

Technik: Farbiger Fotodruck
Aufbewahrungsort: Hartford
Literatur: –
Abbildung: 34

Wahljahr: *1988*
Kandidat: George Bush/Dan Quayle
Aufschrift: „Bush/Quayle 88. Leadership For America."
Druck: Reagan/Roosevelt-Reed/Revels Republican Club
Maße: 40,7 x 40,7 cm
Technik: Farbiger Fotodruck
Aufbewahrungsort: im Besitz der Verfasserin
Literatur: –
Abbildung: 35

Wahljahr: *1988*
Kandidat: Michael Dukakis
Aufschrift: „Keep America Strong. Vote Democratic."
Druck: Political Animal TM
Maße: 56 x 37 cm
Technik: Fotodruck
Aufbewahrungsort: im Besitz der Verfasserin

Literatur: –
Abbildung: 41

Wahljahr: *1992*
Kandidat: Bill Clinton/Al Gore
Aufschrift: „Clinton. Gore"
Herausgeber: United Food & Commercial Workers International Union. AFL-CIO. Active Ballot Club
Maße: –
Technik: Farbiger Fotodruck
Aufbewahrungsort: –
Literatur: –
Abbildung: 36

Wahljahr: *1992*
Kandidat: Ross Perot
Aufschrift: „Perot for President"
Herausgeber: Robert Mark Lerner, Cranston RI
Gestaltung: Robert Mark Lerner
Maße: 60,5 x 45 cm
Technik: Farbiger Fotodruck
Aufbewahrungsort: im Besitz der Verfasserin
Literatur: –
Abbildung: 91

Namensregister

Abell, Walter 120
Abromeit, Heidrun 44
Adams, Charles F. Abb.: 14, 23
Adams, John 157–158
Adams, John Quincy 23, 164, 295
– erste Präsidentschaftswahl 1824: 54 (Fn 20), 60, 253
Adorno, Theodor W. 44
AFL-CIO (American Federation of Labor – Congress of Industrial Organizations) 119–126
Ailes, Roger 202 (Fn 185)
Alaska 140
Alexander, Lamar 200, 254
American Anti-Slavery Society 72, 92, 280–282
American Lithographic Company 110
Arthur, Chester 179
– als Ahne/Vorbild: 183
Athena Parthenos 275

Baltimore 66, 70
Barber, James D. 148
Barnum, Phineas T. 91
Beecher, Henry Ward 91
Bell, John 272, Abb.: 22
Bennett, W. Lance 45, 291
Bentsen, Lloyd 186
Birney, James G. 72
Blaine, James G. 183–184, 276, Abb.: 52, 89
Blair, Frank P. 221, Abb.: 66
Boston 56, 68, 74, 223
Bradley, Bill 130
Brady, Mathew B. 199 (Fn 175)
Browder, Earl 120 (Fn 319)
Bryan, William Jennings 117, 152–154, 230–231, 235
– Präsidentschaftswahlkampf 1896: 159, 205, 229, 234, Abb.: 60
– Präsidentschaftswahlkampf 1900: 110, 220, 221, 225, 229, 231–232, Abb.: 65

Buchanan, James 174
Buchanan, Pat 145, 180, 191, 195 (Fn 161), 200, 204, 227–228, 254
Bundesrepublik Deutschland 37, 47, 130
Burke, Edmund 28
Bush, Barbara 203
Bush, George
– Präsidentschaftswahlkampf 1988: 125, 235, 255 bis 257, Abb.: 35
– Präsidentschaftswahlkampf 1992: 201–202, 204, 217, 241 (Fn 325)
Butler, William O. 170, Abb.: 13

Calhoun, John C. 99, 107, 185, 293, Abb.: 55
Carey, John Thomas 72
Carter, Jimmy (James Earl) 169, 197
– Präsidentschaftswahlkampf 1976: 286, Abb.: 58, 81
– Präsidentschaftswahlkampf 1980: 155, Abb.: 39
Carville, James 136, 217 (Fn 241)
Cass, Lewis 94, 96, 165, 166 (Fn 66), 183–184, Abb.: 13, 18, 94
Cassirer, Ernst 9, 35 (Fn 42)
Ceausescu 30 (Fn 30), 236
Chase, Salmon P. 197
Checkers 206
Chevalier, Michel 58–60, 67
Chicago 116, 137, 233
Childs, Cephas G. 74
Chisholm, Shirley 194, 204
Cincinnatus 159–160, 167, 177, 195, 293
CIO-PAC (Congress of Industrial Organizations – Political Action Committee) 119–126
Clarkson, James S. 216
Clay, Henry 60 (Fn 42), 65, 68–69, 79, 99, 136, Abb.: 3, 5, 6, 10
Cleveland, Grover

- Präsidentschaftswahlkampf 1884: 183–184, Abb.: 53
- Präsidentschaftswahlkampf 1892: 230, Abb.: 47, 51
- als Vorbild/Ahne: 183, 214

Clinton, Bill (William Jefferson) 169–170, 179 (Fn 108), 285
- Präsidentschaftswahlkampf 1992: 125, 182 bis 183, 186, 199–200, 204, Abb.: 36
- Präsidentschaftswahlkampf 1996: 180, 193

Clinton, Hillary 202–203, 253
Colfax, Schuyler 197
Cox, James 183, Abb.: 54
Crawford, Thomas 273–274
Crawford, William H. 60 (Fn 42)
CREEP (Committee to Re-Elect the President) 140 (Fn 402)
Cromwell, Oliver 95
Cronkite, Walter 130
Cunningham, Charles E. Abb.: 59
Currier & Ives 73 (Fn 118), 79, 83–101, 105, 209, 262, 271, 275, 279, 282
- „Darktown Series": 91–92
- Produktionsstrukturen 86–88, 106

Currier, Nathaniel 68 (Fn 90), 74, 83, 101, 105, 261

Daguerre, Louis Jacques Mandé 76
Dallas, George M. Abb.: 11
David und Goliath 173, 286
Davis, Jefferson 107, 185–186, 247–248, 273–276, 292 (Fn 101), 293, Abb.: 55, 75
Day, Benjamin H. 91
Dayton, William L. Abb.: 15, 50
DDB (Doyle, Dane, Bernbach) 242 (Fn 330)
Deaver, Michael 161
Deutschland 86, 241
Dewey, Thomas E.
- Präsidentschaftswahlkampf 1944: 121–122, 160–161, Abb.: 84
- Präsidentschaftswahlkampf 1948: 126–127, 180

Diamond, Edwin/Bates, Stephen 127, 146
Dickinson, Anna 153, 206 (Fn 201)
DNC (Democratic National Committee) 112, 114, 215, 231
Dole, Bob 170, 191, 227, 254
Douglas, Stephen 151, 153–154
Drepperd, Carl W. 106
Dukakis, Michael 126, 170, 173, 186, 255–257, Abb.: 41
Dupré, Augustin 270

Eaton, John H. 65, 136
Edelman, Murray 46
Ehrgott, Forbriger & Co. 95
Eisenhower, Dwight D. 127–128, 169
Eisenhower, Mamie 130, 203
Erwin, Wasey Co. 129
Everett, Edward 272, Abb.: 22

Fabronius, Dominique 97, 286
Fala 206–207
FAP (Federal Art Project) 119
Fassett, Samuel M. 97
Ferraro, Geraldine 205, Abb.: 34
Fillmore, Millard Abb.: 12, 24
Filmer, Sir Robert 27 (Fn 22)
Florida 139
Forbes, Steve (Malcolm) 143, 217–218, 228 (Fn 281), 254
Ford, Gerald Abb.: 40
Franklin, Benjamin 107, 280–281
Frankreich 73, 86, 108, 184
Frelinghuysen, Theodore Abb.: 10
Frémont, John C. 170, 174
- Präsidentschaftswahlkampf 1856: Abb.: 15, 42, 44, 50

Fryd, Vivien Green 279

GAR (Grand Army of the Republic) 176, 233
Garfield, James A. 165, 170, 223
- als Ahne/Vorbild: 183

George III 29, 38
Gingrich, Newt 180
Glotz, Peter 47
Goeas, Ed 217
Goldwater, Barry 242–243
Gore, Al(bert)
- Präsidentschaftswahlkampf 1992: 125, Abb.: 36
- NAFTA-Debates: 227, Abb.: 73

Grant, Ulysses S. 104, 107, 118, 165, 170, 173, 196–197, 246–247, 286, 293
- Präsidentschaftswahlkampf 1868: 155 (Fn 22), 250–251, Abb.: 76
- Präsidentschaftswahlkampf 1872: 185, Abb.: 55, 57, 80
- als Ahne/Vorbild: 183

Gratz Brown, Benjamin 249, Abb.: 7, 77
Greeley, Horace 91, 104, 136, 173
- Präsidentschaftswahlkampf 1872: 107, 185–186, 189, 197, 246–250, 286, 293, Abb.: 7, 43, 55, 77, 80

Namensregister

Gronbeck, Bruce 43, 48
Großbritannien 57, 73, 86
Grunwald, Mandy 199 (Fn 178)
Gustav Adolph, König 95

Hagstrom, Jerry 41
Hamilton, Alexander 34 (Fn 39), 64, 225
 – Hamiltonian Federalists 64 (Fn 66)
Hamlin, Hannibal 225, Abb.: 19, 21
Hancock, Winfield S. 166, 167, 214
Hanna, Marcus Alonzo 136–137, 154, 159, 229, 233–235
Harding, Warren G. 155
Harrington, James 196
Harrison, Benjamin 165
 – Präsidentschaftswahlkampf 1888: 183, 225, Abb.: 49
 – Präsidentschaftswahlkampf 1892: Abb. 48
Harrison, William Henry
 – Präsidentschaftswahlkampf 1836: 69
 – Präsidentschaftswahlkampf 1840: 59, 69, 136, 165, 168, 174–175, 181, 187, 189, 192–196, 219, 253, 263, 270, 293, Abb.: 1, 8, 9, 46, 56
Hart, Gary 143 (Fn 411)
Hawthorne, Nathaniel 79
Hayes, Rutherford B. 54 (Fn 20), 165, 179, 216
Hegel, Georg Wilhelm Friedrich 33 (Fn 37)
Hendricks, Thomas A.
 – Vizepräsidentschaftskandidat 1876: 209, 213, Abb.: 62
 – Vizepräsidentschaftskandidat 1884: 184, Abb.: 51, 53
Hewitt, Abram S. 210, 215
Hillmann, Sidney 119, 121
Hitler 237
Hobart, Garret 226, Abb.: 71
Hobbes, Thomas 36 (Fn 48)
Hofmann, Hasso 27
Hogarth, William 268
Hoover, Herbert 217
Horkheimer, Max 44
Horton, Willie 256–257
Hume, David 164 (Fn 54)
Hutchinson, Thomas 30 (Fn 30)

Inman, Henry 74
Iowa 140
Ives, James Merritt 83

Jackson, Andrew 23, 57, 59, 65, 70, 104, 136, 165, 168, 172, 192, 196, 218, 220, 223, 237, 274 (Fn 49), Abb.: 2, 63, 64
 – Präsidentschaftswahlkampf 1824: 54 (Fn 20), 65
 – Präsidentschaftswahlkampf 1828: 57–58, 65–66, 253–255, 292, Abb.: 64
 – als Kriegsheld: 60, 167
 – als Vorbild/Ahne: 100, 179, 221, Abb.: 51, 63
Jamieson, Kathleen Hall 134, 258
Jefferson, Thomas 33 (Fn 37), 58 (Fn 36), 67, 191, 196, 292 (Fn 101)
 – Präsidentschaftswahlkampf 1796: 54, 253
 – Präsidentschaftswahlkampf 1800: 54
 – Jeffersonians 64 (Fn 66), 65
 – über Jackson 67 (Fn 83)
 – als Vorbild/Ahne: 179–186, Abb.: 51, 53, 54
Jenkins, Marianna 163
Jennings, Samuel 269, 280 (Fn 64)
Jensen, Richard 62, 114
Jesus 286
Johnson, Andrew Abb.: 16, 88
Johnson, Lady Bird 203
Johnson, Lyndon B. 180, 242–243
Johnston, Josiah S. 65, 136
Joseph-Katz-Agentur 129

Kaplan, Milton 95
Karl I 95
Karl VI 180 (Fn 110)
Kefauver, Estes 140
Kelloggs & Comstock 79, 86, 93, 98
Kemp, Jack 170
Kennedy, Jackie (Jacqueline) 203–204
Kennedy, John F. 155, 131, 204
Kim Il Sung 236
King, Larry Abb.: 73
Kohl, Helmut 199 (Fn 175), 241
Kracauer, Siegfried 14, 122
Krasner, Lee 119 (Fn 313)
Kuba 274
Kulturwissenschaftliche Bibliothek Warburg 12, 15, 24

La Follette, Robert 139
Lafontaine, Oskar 241
Layard, George Somes 94
Le Bon, Gustave 19
Le Corbusier 289 (Fn 94)
Lenin 30 (Fn 30)

Leonhardt, Theodor   75
Lewis, Charles E.   97
Library Company of Philadelphia   269, 280
Lincoln, Abraham   104, 153, 172, 237, 275–276, 285
– Präsidentschaftswahlkampf 1860:   262, 293, Abb.: 19, 20, 21, 25
– Präsidentschaftswahlkampf 1864:   248–249, 252, 272, 286–287, Abb.: 16, 75, 79, 88
– als Railsplitter   198
– als Vorbild/Ahne: 115, 180, 183–185, 225, 246, 249, Abb.: 49, 52, 55, 77
Livingston, Robert R.   54
Locke, John   26, 27 (Fn 22), 32, 36 (Fn 47)
Logan, John A.   184, 276, Abb.: 52, 89
Lombart, Pierre   95
Louisiana   55, 140
Ludwig XIV   20 (Fn 45), 33 (Fn 35), 95, 177 (Fn 103), 264 (Fn 11), 287
Luhmann, Niklas   46

Machiavelli, Niccolo   156
Madison, James   34, 55 (Fn 22)
Maryland   53 (Fn 13), 55 (Fn 22), 66
Maurer, Louis   87–88
McCarthy, Joe   121
McClelland, George   165, 170, 185, 248, 251–252, Abb.: 74, 75
McGovern, George   131, 140–141
McKinley, William   155, 124, 136, 154, 165, 226, 230, 233–235
– Präsidentschaftswahlkampf 1896:   159, 229, Abb.: 71
– Präsidentschaftswahlkampf 1900:   176, 229, Abb.: 45, 72
McLuhan, Marshall   289
McMahon, John Van Laer   66, 188
Meigs, Montgomery   273–274
Merinsky, Svobodin   286
Minerva   265, 275
Mondale, Walter
– Vizepräsident 1980: Abb. 39
– Präsidentschaftswahlkampf 1984:   125, 143 (Fn 411), 155, 205, 239–241, Abb.: 34
Monroe, James   65
Montesquieu   156–158, 177, 264 (Fn 11), 292
Morton, Levi P.   225, Abb.: 49
Moyers, Bill   243
Mueller, Gregory   145
Münkler, Herfried   11

Murdoch, Rupert   130
Murray, Philip   119
NAACP (National Association for the Advancement of Colored People)   118
Nast, Thomas   252, Abb.: 74
NEA (National Education Association)   125
Neagle, John B.   68
New Hampshire   140, 254
New Orleans   65
New York   29, 54, 55 (Fn 22), 56–58 (Fn 36), 63, 68, 74, 119. 137, 143, 223, 233
Niepce, Nicéphor   76
Nixon, Pat   203, 207
Nixon, Richard
– Checkers-Ansprache: 207
– Präsidentschaftswahlkampf 1960:   131
– Präsidentschaftswahlkampf 1968:   244
– Präsidentschaftswahlkampf 1972:   125–126, 140 bis 141, Abb. 37
NSPAC (National Security Political Action Committee)   256

Oregon   99
Otis, Bass   68, 73
OWI (Office of War Information)   120

Paine, Thomas   34 (Fn 39)
Palmer, Fanny (Francis Flora Bond)   87
Panofsky, Erwin   12–13, 34 (Fn 42), 121–122, 133, 176 (Fn 100). 238, 289 (Fn 93)
Pantheon   273 (Fn 43)
Patterson, Thomas E.   143
Pendleton, William S. & John   74
Pennsylvania   53 (Fn 13)
Perot, Ross   174, 217 (Fn 241), 227, 288, Abb.: 73, 91, 92
Perskie, Jakob   123
Peters, Harry T.   84, 86, 132
Petersdom   273 (Fn 43)
Philadelphia   56, 68, 74, 223, 280
Pierce, Franklin   79, 98, 160, 167, 179, 253
Pocock, John G. A.   35 (Fn 42)
Pole, Jack R.   52
Polk, James K.   99–100, 166, Abb.: 11
Pollock, Jackson   119 (Fn 313)
Postman, Neil   290

Quayle, Dan   125, 186, 201, Abb.: 35
Quayle, Marilyn   203

Namensregister

Radunski, Peter 148
Rawls, Walton 89
Reagan, Ronald 161, 186, 237, 241
– Präsidentschaftswahlkampf 1980: 131, 205
– Präsidentschaftswahlkampf 1984: 155, 239, 244
– als Vorbild/Ahne: 180
Rease, William H. 97
Reeves, Rosser 127
Reid, Whitelaw Abb. 48
Reumann, Kurt 247
Revere, Paul 269 (Fn 30)
Reynolds, Sir Joshua 266
Rhode Island 55
Richardson, George 266–267
Riney, Hal 239, 244
Ripa, Cesare 265–266
Rives, William C. 271
RNC (Republican National Committee) 112–113, 243 (Fn 335)
Robertson, Pat 200
Robinson, Henry R. 220
Roosevelt, Franklin D.
– Fala-Rede: 206–207
– Vizepräsidentschaftskandidatur 1920: 183, Abb.: 54
– Präsidentschaftswahlkampf 1932: Abb.: 31
– Präsidentschaftswahlkampf 1940: 169
– Präsidentschaftswahlkampf 1944: 119–126, 172, 222, Abb.: 32, 33
– als Vorbild/Ahne: 129, 179
Roosevelt, Theodore 139, 169, 184
– Progressive Party: 62
– Vizepräsidentschaftskandidat 1900: Abb. 72
– Präsidentschaftswahlkampf 1904: 115–116, Abb.: 28
Root, Robert 129
Rosenstiel, Tom 294

Safire, William 253
Salinger, Pierre 155
Sarcinelli, Ulrich 39, 45–46
Sarony, Napoleon 87
Sartain, John 69, 95
Saxl, Fritz 10, 24
Scharping, Rudolf 199 (Fn 175)
Schedler, Andreas 47
Schmitt, Carl 30, 31
Schumpeter, Joseph A. 43–45
Schurz, Carl 113 (Fn 284), 196–197

Schwartz, Tony 202, 242–244, 257
Schwartzenberg, Roger-Gérard 148
Scott, Winfield 165–167
Scriabine, Christine 168
Senefelder, Aloys 68, 72
Sennett, Richard 173–174
Seward, William H. 136
Seymour, Horatio 221, 250–251, Abb.: 66, 76
Shahn, Ben 120–124, 222
Smith, Alfred E. Abb.: 82
Smith, Robert C. 279
Socks 206
South Carolina 54
Sowjetunion 244
Stalin 236–237, 297
Stephanopoulos, George 136
Steuart, George H. 66
Stevenson, Adlai E.
– Präsidentschaftswahlkampf 1892: Abb. 47
Stevenson, Adlai 129
– Präsidentschaftswahlkampf 1952: Abb.: 38, 38a
– Präsidentschaftswahlkampf 1956: 129, 140, 205, Abb.: 61
St. Isaaks-Kathedrale 273 (Fn 43)
St. Paul's Cathedral 273 (Fn 43)
Streeter, Alson J. Abb.: 59
Strobridge Lithographic Company 110
Stuart Stevens Group 170
Sullivan, Edmund 132
Sullivan, Louis H. 289 (Fn 94)

Taft, Howard 139, 231 (Fn 298)
Tallmadge, Nathaniel P. 271
Taylor, Zachary 93–94, 96, 107, 165, 167 (Fn 66), 170–171, 175, 183–184, 263, 288, 293, Abb.: 12, 17, 26, 90
Ted-Bates-Agentur 127–128
Temperance Movement 92
Texas 98–100, 103, 105
Thomas, Charles H. 116, 118
Thurmond, Strom 127 (Fn 343)
Tilden, Samuel J. 54 (Fn 20), 209–210, 213–216, Abb.: 62
– als Vorbild/Ahne: 185
Tocqueville, Alexis de 35
Troy, Gil 161
Truman, Harry S. 126–127, 169
– als Vorbild/Ahne: 180

Tuzla 162
Tyler, John 99, Abb.: 9
Unexcelled Fireworks Company 166
United Food And Commercial Workers 125

Van Buren, Martin 96, 136, 188, 190–192, 217–220
– Präsidentschaftswahlkampf 1836: 71
– Präsidentschaftswahlkampf 1840: 221, Abb.: 63, 69
– Präsidentschaftswahlkampf 1848: 98, 103, Abb.: 14, 23
– und die Texas-Annexion: 99
Vergil 212
Virginia 28, 51 (Fn 1), 55

Wallace, Henry 127 (Fn 343), 187
Walter, Thomas U. 272–273
Warburg, Aby 9–10, 12, 24, 241, 245, 258
Warburg, Paul 220 (Fn 250)
Washington, Booker T. 115–118, 184, Abb.: 28
Washington D.C. 31 (Fn 32)
Washington, George 54, 167
– als Cincinnatus: 159–160
– als Vorbild/Ahne: 79, 179–180, 183–185, 195, 249, Abb.: 47–51, 55, 77

Weber, Max 172
Webster, Daniel 67 (Fn 83), 189
Wecter, Dixon 79, 169
Wedgwood, Josiah 280
Weed, Thurlow 136, 188–189
Weischenberg, Siegfried 148
West, Benjamin 266
Whitman, Walt 61
Wilkes, John 268
Willkie, Wendell 222, Abb.: 67–69, 83
Wilson, Henry 196–197, Abb.: 57
Wilson, Woodrow 64, 139, 169
– als Vorbild/Ahne: 183
Wind, Edgar 287
Wisconsin 139
Woman's Rights Movement 92
Wood, Joseph 66
Woodhull, Victoria 153, 194
Worth, Thomas 91
WPA (Work Progress Administration) 119

Yellin, Jean Fagan 281

Zeus 59, 193, 288

Sachregister

Abbild(er) 12–13, 24, 40, 246, 261, 292, 295
Abolitionismus 72, 91, 99, 269 (Fn 30), 270, 272, 276–282
Adler
– lebender 59, 193
– als Symbol: 67, 81, 95–96, 198, 212–214, 265, 276
Adressat(en) 31, 38–40, 84, 103, 109, 124–125, 127, 134, 145, 168, 176–178, 181–182, 185, 187, 199, 207–210, 214, 222, 236–238, 240, 242, 246, 255, 258, 261–262, 264, 279, 282–283, 291, 298
Ästhetik 10, 40, 48, 244, 283, 298
Ahnenkult 178–187
„Akzeptanz von Führung" 45–46
Allegorie 171, 212, 221, 226, 244, 249–251, 262–263, 265–282, 285–288, 292
– verlust 285–286
Amendment
– Vierzehntes: 116 (Fn 296)
Amtsbonus des Präsidenten 155, 159
Amtsscheu 158–159
Amtswürde 153, 163–164, 170
Angst (Furcht) 157, 177–178, 235–239, 241–246, 256–259
Anikonismus 18, 146
Annuit Coeptis 213
Anti-Intellektualismus 168, 174, 177, 200
Antike (s. Nachleben der Antike)
Anti-Masonic Party 70 (Fn 99), 71, 191
Antisemitismus 120–122
antithetisches Kampfbild 247–250, 256, 257
Arbeit
– Begriff: 104, 117–118
– als Wahlkampfthema: 121, 221–222
Arcana 20
Arm und Hammer 221–222
assoziativ, Assoziation 49, 238, 286, 288, 293
Aufklärung 16, 241–242, 294–295
– Umkehrung von Aufklärung in Mythos 44–45
Auftraggeber 14, 19

Autorität 27, 31, 162, 172, 175, 178, 235, 262, 296
„availability" 158, 162

„ballyhoo" 60
Barbecue 55
Barock 12, 69, 78, 87, 211, 263, 271, 286
Bart 198–199, 247
Bedeutungssinn 13
Bestattungsriten 26
Bewußtsein 24, 100, 242 (Fn 329), 293
Bewußtseinssysteme 14, 92–93, 208
Bild
– begriff: 24, 134–135, 146
– erwartungen: 39
– hermeneutik: 13
– kult: 23, 237, 297
– lebendes: 265
– produktion: 24, 245
– als Quelle: 11, 16, 18
– strategien: 15, 19, 21, 24, 33, 39, 41–42, 49, 101, 115, 126, 144–145, 147
– wissenschaft: 10, 12, 20 (Fn 45)
Bilderstürme 23
bildlicher Analphabetismus 18
Bildniskommentare 263
Bildnismonopol 125–126, 297–298
Bill of Rights 33 (Fn 37), 34–35, 265
Bimetallismus 229–233
„blunt truth technique" 204, 240
„body natural, body politic" 26–27
Bürgerkrieg (amerikanischer) 165–166, 250, 252, 264, 274, 276, 287

„canvassing" 55, 57
Caput-corpus-Repräsentation 27
Cartes de Visites 76
Caucus 139–140
Charisma 171–172, 175–178, 186
„checks and balances" 34

Civil Service Act 223
Chromolithographie 88, 106, 109
„co-expressivity" 134
„coffin handbill" 196, 254–255
Common man 53, 65, 125, 160, 163, 174, 177, 194, 199, 231, 236, 293
Common-man-Strategie 155, 198, 200
Convention
– Democratic 1840: 70
– Democratic 1968: 140
– Republican 1860: 152
– Whig 1839: 70
– Whig 1844: 80
Copperheads 287
Copyright (s. Urheberrecht)
Counter-attack 258–259
„cultural belief systems" 14
Cultural Studies 15

Daisy-Spot 242–243
„dark horse candidate" 99, 198
Darstellungspolitik 135, 237
Debatten 153
Demokratie 15, 33, 157–158
demokratische Bildnislosigkeit 23, 295
demokratische Bildprogramme 19, 236–237, 253
demokratische Kommunikation 237
Demokratische Partei 63 (Fn 60)
Demokratisierung 64, 139, 298
„demos" 34, 123
Denkbild(er) 12–13, 24, 65, 128, 132, 145, 147–148, 178–179, 186, 238, 240, 246, 258, 262, 288, 295
Denkraum 242, 259
„denouement" 284
Detail(analyse) 9, 18, 100, 102, 105, 163
dichotomischer Bildaufbau 246–253
Diffamierungskampagne 100
„dignitas" (Würde) 35, 153, 156, 162–163, 180 (Fn 110), 262, 264
Distanz 14, 162, 178, 215, 242 (Fn 329), 245, 258–259, 262, 294
– verlust 241, 258
– Ambivalenz von Distanz und Nähe 293
Dred-Scott-Case 105
Drittparteien 62, 197, 199, 212, 221–222, 230, 232, 272, 277–278
Dokumentsinn 13
Dramatisierung 255, 283–284
dramaturgische Theorie der Politik 45–49, 146, 245
Dynamisierung des Raumes 238

Effigies 26
– executio in effigie 29–30, 57 (Fn 36)
Ehre 157
Ehrgeiz 152, 158–160, 162
Eigentum(sbegriff) 32, 102
Elite 261 (Fn 1), 292
Electoral College 53–54, 60 (Fn 42), 122, 139 (Fn 394)
Endorsement 125, 178, 186
Entpolitisierung 20 (Fn 45), 207
Entscheidungspolitik 135
Entscheidungsstrukturen 20, 235
„Entzauberung der Welt" 241, 295 (Fn 109)
ephemer 13–14, 57, 90, 112, 263, 291, 297–298
E Pluribus Unum 212, 232, 276
Erinnerungsarbeit 12
Erster Mai (Feiertag) 58 (Fn 36)
Erwartungen 42, 46, 148, 200, 217, 235–236, 241, 289, 298
Erwartungshaltungen 21, 39–40, 46–47, 51, 61, 114, 147, 153, 160, 168, 171–172, 177, 187, 236, 238 bis 239, 264, 289, 292–293
Eucharistiefeiern 59
Europa 24, 106, 113
Exekutive 38, 43–44, 53
Expansionismus 98, 166, 274, 276

Fackelumzüge 57, 58, 114
„family values" 200, 202, 204
Feindbild 175
Fernsehen in den USA
– Einführung 127
– und Politik 132–133 (Fn 363), 140, 283–284
Festkultur 10, 57–59, 64, 170
– Niedergang der politischen 114
FGI (Focus-Group-Interview) 147 (Fn 426)
Fiktionsapparate 33
Film 13, 133–135, 144, 238, 245
First Ladies 203
Form und Funktion 289–290
Fotografie in den USA 76–77
Frauen
– in der Politik 102, 140, 153, 181, 194, 203–206, 251, 281–282
– wahlrecht 116 (Fn 293)
Free Soil Party 72, 103
Freiheit 174, 184, 193, 211, 263, 264–282, 285–286, 289, 292
– von willkürlicher Gewalt 53, 272
Freiheitsallegorie 98, 105, 211, 232, 264–282, 292

Sachregister

Freiheitsbäume (liberty poles) 57–58 (Fn 36)
Freimaurer
- Anti-Freimaurer Bewegung 71
Frieden 171, 263, 271, 286
„front porch campaign" 154–155, 159, 234
Funktion
- von Bildern 16, 18, 19, 21, 37, 146, 161, 245, 258, 289, 294
- von Wahlen 41–47
- von Wahlkampf 42–43, 45, 48, 52, 291
- von Wahlplakaten 57, 81, 100–101, 110, 112, 115, 124, 144–145, 152, 283
- von Werbespots 128, 145–148, 256–258, 295
Funktionsbedingungen 24
Funktionszusammenhang 18–19

GAR (Grand Army of the Republic) 176, 233
Gemeinwohl 29, 153, 196
Gerechtigkeit 171, 263, 265, 270–272, 285–286, 289
Geschichtsprozeß 14
Gesellschaftsvertrag 36
Gesetzgebung 27, 36, 38
Gewaltenteilung 31 (Fn 32), 37
Gewerkschaften 119–126, 138
Glaubwürdigkeit 173
Gleichheit 61, 64–65, 115–118, 250, 292
Gold-Standard 124, 176, 228–235
Gottesgnadentum 26
„graphic revolution" 74
Grenzwächtertum 24

Hard cider 59, 194
Haustiere und Politik 206–207
Herrschaft 19, 21, 28–29, 37, 40, 47, 295, 297
- Instrument 20 (Fn 45)
- Konstitution 42
- Typen 16
- Übertragung 179 (Fn 110), 180–182
- Verbürgerlichung 26
- Verhältnis 16
- Vertrag 36
Herrscher 28, 30, 264, 297
Herrscherhommage 54
Houses of Burgesses 51, 52
Hüttensymbolik 194–195, 199
Humanitas 34
Hutsymbolik 176, 194, 220, 221, 248, 266 (Fn 17)

Identifikation 46–47, 124, 163, 168, 172, 189, 207, 236, 237, 262, 284, 288, 293

Ideologie 102, 104, 105, 117–118
Ikonisierung 18
Ikonographie 11–13, 264, 269, 288, 289 (Fn 93)
- christliche 59, 152 (Fn 9), 171, 249
- als Hilfswissenschaft 14
- politische 12, 15, 147–148, 298
Ikonoklasmus 23, 29–30
Ikonologie 13–15 (Fn 25)
Image(s) 19–20, 26, 33, 38, 40, 65, 123–124, 126, 132–133, 148, 159, 162, 164, 170, 173, 177–178, 187, 236, 255, 262, 264, 284, 289, 294, 295
- Gegen-Images 82
- Negativ-Images 129–130
- und Issues 289–290, 294, 296
Imagewahlkampf, erster 23
Immigrantinnen 89
Imperialismus 232
Indian Removal Act 194
Inhaltsanalyse 9, 132 (Fn 362)
Instrumentalisierung 235, 239, 244
Inszenierung 30, 33, 69, 171, 291, 298
Intellektuelle 247
- Antithese des 168, 177, 197
Interpretation 13, 17–18, 24, 239, 290–292

Kalter Krieg 243
Kampagne 42
Kandidat
- als „legitimer Exhibitionist" 262
- und Katholizismus 204
- und Ehescheidung 205
Kandidatenlisten 53
Kapitol (Washington D.C.) 273–276
Katze (ikonographische Bedeutung) 265–266
King in Parliament 26–27
Know-Nothings 174, 212
Körper (des Herrschers) 26–27
Kolonialzeit 28–29, 51–55, 153, 265
kommerzielle Kunst 13
Kommunikationswissenschaft 15, 289
kommunikative Kompetenz 42
Komplexitätsreduktion 46, 234–235, 238, 245–246, 253
Kondensationssymbol 46
konstitutionelle Monarchie 27
Kontrolle 29, 143, 290, 294, 296–298
Korruption 196–197, 210, 216, 247
Kriegsgenerationen 164–165
Ku-Klux-Klan 185 (Fn 122)
Kulturpessimismus 91 (Fn 199)

Kulturwissenschaft 24, 244, 290
Kunstgeschichte 10, 12–13, 18
Kuppelbauten 273 (Fn 43), 275

Larry King Live 227
Legislative 28, 36 (Fn 47), 38, 51
„legitimer Exhibitionist" 262
Legitimation 28–29, 35–36 (Fn 48), 37–38, 47–48, 171–172, 181, 201, 231, 237, 291
Legitimierung 29, 35, 40, 45, 48, 172, 176
Legitimität 29, 37, 39, 45, 48, 172, 176
– als rituell herbeigeführter Konsens 47
Liberal Republicans 197
Liberty Party 72, 99, 103 (Fn 251)
„limited-effects-Modell" 41, 43
„limited government" 34
Lithographen
– Lebensumstände 75, 88
Lithographenanstalten 106, 109–110
Lithographie 66 (Fn 76), 67, 72–74, 79 (Fn 146)
– Einführung in den USA 57, 68, 74–76, 83–106
– Handkolorierung 89–90
– Verkauf/Distribution 85–87
Log cabin 59, 194–195, 198
Log-cabin-and-Hard-cider-Kampagne 136, 188 bis 190, 192, 198

Macht 16, 31, 36–37, 40, 237, 261, 264, 270, 296–298
– der Bilder 23, 39, 237, 295
– zur Benennung 39
magische Verleibung 241, 245, 288
Magna Charta 28
Maibäume (may poles) 57–58
„manifest destiny" 98, 274
Manipulation 17, 20 (Fn 45), 38 (Fn 54), 39, 44, 135, 236, 238, 245, 290
„manumissio" 265, 267, 271
Massen 14, 19 (Fn 42), 20 (Fn 45)
Material Culture 14–15
„mehrdimensionale Vorstellungsbilder" 148
Meinungsbildung 43, 51, 55
„Meister des elektronisch befestigten Schweigens" 161
Menschenrechte 34
– ökonomische (Economic Bill of Rights) 124
Menschenwürde 35
Mexikanischer Krieg 165–167, 171, 263, 274, 293
Millenarismus 274
Mittelalter 26, 29, 35 (Fn 42), 249
monoimaginär 245

Monopolisierung 296
monovisionär 245
Moral und Politik 231, 245–246, 278
motivgeschichtlich 18
Motivrecycling 97
Motivumkehrung 268, 280
„Murphy Brown" 201
mythisches Denken 46–47, 288
Mythos 44, 145, 183
– Alltagsmythen 291

Nachleben der Antike 24, 34–35, 59, 167, 265–282, 292
Nähe 262, 284
NAFTA (North American Free Trade Agreement) 145 (Fn 417), 227
Namenssymbolik 288
Nationalbewußtsein 101
Nationalismus/das Nationale 64, 288
Nationalsozialismus 10, 236
Negativ-Strategie 107, 118, 227, 246–259
New Deal 119
Nominierung 132, 139–140, 151–152, 158, 232
No taxation without representation 28, 292
Novus Ordo Seclorum 213–214
„nullification" 185

Oberflächenphänomene 14, 132
Öffentlichkeit 54, 61, 79, 161–162, 244
ökonomische Rationalität politischen Handelns 43–44
Orientierung 24, 39, 48, 178, 242 (Fn 329), 290, 292, 296

PACs (Political Action Committees) 119–126, 128, 131, 138, 142
Panzer-Ad (Michael Dukakis) 255–256
Paraden 58–61, 63, 70, 104, 113, 118, 170, 209–210, 261
parlamentarische Demokratien 47
Parteiendemokratie 37
Parteiensystem
– erstes U.S. 53, 64–65
– zweites U.S. 63–65, 71–72, 81
– drittes U.S. 63, 64 (Fn 66), 102–105, 112–114
Parteiidentifikation 56
Parteizeitungen 56
Partizipation 33, 40, 48, 53, 60, 62, 64, 69–70, 298
Patriotismus 239–240
Patronage 63, 113, 196, 214, 223

Sachregister

Pendleton Act 223
Persönlichkeitswahl 54
Personalisierung 19–20, 82, 115, 137, 142, 189, 208, 248, 253, 283, 292, 294–297
    Re-Personalisierung politischer Strukturen 295, 298
Personenkult 45
Personifikation 28, 181, 263, 268, 279, 288
Personifizierung 27, 31, 168
Phänomensinn 13
phrygische Mütze 211–212, 263, 265–266, 268–271, 273–276, 279, 292
Pileus (s. phrygische Mütze)
Platform 47, 70, 118, 158, 174 (Fn 92), 209–210, 233, 277–278
pluralistischer Bildkontext 237, 245, 297
Politik
- erzeugung 39, 135, 293
- Herstellung und Darstellung 39
- (er)verdrossenheit 47, 216–217
- vermittlung 21, 39, 135, 291
Politikerimage 39, 148, 168, 237, 261–262, 293
Politikwissenschaft 10–12, 15–16, 33, 42 (Fn 72), 135 (Fn 375), 289
politische Berater 20–21, 49, 127–131, 135–137, 143, 162
politische Bilder 12, 16, 18–19, 41, 244
politische Form 30
politische Kommunikation 15, 17, 19, 28, 37, 39, 45 bis 46, 49, 82, 208, 291, 293, 295
- Asymmetrie 38, 236, 245
politische Kultur 15, 24, 33, 51, 62, 98–104, 153, 235
politische Sprache 17
politische Steuerung 19
politische Werbespots 127–134, 145–147
politische Willensbildung 20, 51, 113
politisch-kultureller Kontext 19
politisches Handeln 20, 31, 41, 48, 134–135, 295
Politisierung 53, 61, 237
Popularisierung der Wahl 53
„popular votes" 54, 60 (Fn 42), 99–100, 122, 139 (Fn 394), 252
Populismus 174, 227–228
Prädestination 173, 181, 186
Präsident
- Funktion 27–28
Pragmatik 241
Presse
- als demokratisches Kontrollorgan 143–144, 236, 255–256
- unabhängige 56, 261
Primaries 138–144, 227–228 (Fn 281)
- Primaries 1992: 142 (Fn 408),·143
- Primaries 1996: 142–143 (Fn 408), 145, 162, 254
Prinzip des kombinierten Ausdrucks 238
Produktionsstrukturen 18, 21, 111, 124, 261, 283
Progressive Movement 62, 139
Prominenz 261
Propaganda 19, 38 (Fn 54), 61, 116, 279, 282
Protektionismus 102, 183, 224–230, 233
Protest 53
psycho-historischer Kontext 23, 236, 244, 297
Publikum 13, 20, 45–46, 60 (Fn 45), 61, 124, 127, 194, 234, 236, 239
Pyramidensymbolik 225–226

Quellen 16, 24, 40, 100, 149
- politisch-kulturhistorische 49, 88, 132, 236, 245

Rassismus 116, 256–257
Rational-choice-Ansatz 42
Reconstruction 106–107, 210
Reform 183, 197, 210, 223
„reframing" 258–259
Reiterporträt 171, 263
Religion und Politik 231
Renaissance 12, 24, 35 (Fn 42), 286, 292
Repräsentantenhaus 28, 60 (Fn 42)
Repräsentation 16, 26–34, 36, 296–297
- absorptive 36–37 (Fn 48)
- Besitzrepräsentation 32
- bildliche 37–38
- demokratische 33–35, 37, 44, 291
- Funktion 37
- individuelle 34, 37
- multiple 37–38
- symbolische 40
- virtuelle 28–29, 36 (Fn 47)
- Volksrepräsentation 34
Repräsentative Demokratie 18–19, 24, 29, 31, 34
Repräsentatives Regierungssystem 21
Responsivität 236, 242, 257
Revolution
- amerikanische 28, 38, 53, 78, 181, 212, 268
- französische 28, 268
Rhetorical Iconology 15 (Fn 25)
Ritual(isierung) 46–48, 51, 54, 57, 59, 61, 64, 69, 158, 178, 237, 267, 291
„rose-garden-strategy" 155, 284

„same-body-new-head-treatment" 94–95
Schema-Theorie 147–148
Schlacht bei der Thames 165, 168
Schlacht von Tippecanoe 165, 168
Schlangensymbolik 220–221
Schweigen 99, 151–164
Segregation 116–117
Selbstdarstellung 18, 33, 48, 290, 295, 297
Selbstherrschaft 35
Selbstverwaltung 35
selektive Wahrnehmung 44 (Fn 76)
Senat 28
Serienbriefe 55
Sezession 185
Showbusiness 19
Sinn (soziale Systeme) 18, 24, 39, 178, 291
Skandal 21, 91 (Fn 199), 131 (Fn 361), 253
Sklavenfreilassung 265–266, 269, 274, 278–279
Sklaverei 103–105, 174, 184, 208, 265–267, 270, 277 bis 282
Smith-Connally-Act 119
Solidarität 208
„Sound Money"-Wahlkämpfe 115, 118, 228–235
Souveränität 28
„spoils system" 159, 223–224
Spots 127, 146–147, 238, 255–257, 285, 295
– Typen 146–147, 283–284
Staat 26–28, 33–35, 237, 288
Staatsformen 156, 196
Staatsporträt 163, 237
Stabilisierung (des politischen Systems) 41, 48, 135 (Fn 375), 237
Stamp Act 28
stellvertretendes Bildnis 26, 30, 152, 161, 237, 261
Stellvertreter 32, 47, 296–297
Stellvertretung 26, 31, 38, 291
Steuern 28, 57 (Fn 36), 64, 218, 235, 241, 254
Stil 18, 78, 105, 107–108, 133–134, 146, 238, 242, 246, 261, 285–286, 289–290, 297–298
– Wahlkampfstil 43, 60–64, 126–127, 136, 141–142, 147, 153, 228, 231, 233–235, 264
Stimmzettel 56
Streben nach Glück 157
„stump speech" 152–154
Suggestion 19, 41, 236, 246, 262, 284
Supreme Court
– Dred Scott 105
– „separate but equal" 116–118
Symbolik 10, 16, 24, 28, 38–40, 59, 101, 108, 124, 209, 252, 274–275, 278, 280, 293

– Farbsymbolik 213
symbolischer Führungsstil 134
symbolisches Handeln 30–31, 45, 47, 60, 152, 243 (Fn 333), 288
symbolisch repräsentierte Erwartungsstrukturen 39
Symbolisierungskraft des Bildes 39, 234, 288

Taube 171
theatralische Politik 19, 47
The War Room 144
Todesstrafe 256
Toleranz 35 (Fn 42), 259
Totenkult 179 (Fn 110)
Translatio Imperii 179 (Fn 110)
Transparenz 20, 296
Tugend 156–160, 177, 213, 263, 292
tugendhafte Republik 151, 196
Typisierung von Präsidentenbildnissen 211

Unabhängigkeit 28–29, 34, 53, 79, 181, 184, 270, 272
Unabhängigkeitserklärung 29, 33 (Fn 37), 51, 232
„unbeteiligte Teilnahme" 46
Uncle Sam 226
Unterhaltung und Politik 19, 55 (Fn 22), 61, 69–70, 102, 114
Unterhaltungseffekte 20, 48, 52, 90
Urheberrecht 96–97
U.S.-Siegel 213

Verantwortung 35 (Fn 42), 201, 208, 235, 294–296, 298
Verbildlichung 31
Verfassung 29, 34, 36, 64, 184, 292
Verfassungsstaat 53
Verfassungszusatz (s. Amendment)
Verräumlichung der Zeit 238
Vertrauen 237, 285, 298
Vertrauensverhältnis 29, 37 (Fn 49), 39–40, 52, 235–237, 248
Vietnam-Krieg 169–170, 244
Vindicta 211–212, 263, 265–271, 279, 292
Vision 172–173
Visualisierung 31, 101, 244, 253, 263, 297
visuelle politische Kommunikation 18, 38–39, 49, 285, 289–290
visuelle Wahlkampfkommunikation 20, 38–39, 108, 255, 264
visuelles Verstehen 42
Volkssouveränität 28, 32, 33 (Fn 37), 35, 40, 61, 176

Sachregister

Vorwahlkampf (s. Primaries)
Vorwahlsystem 138–143

Wähler 13, 29, 38, 44–46, 51, 56, 62–63, 117–118, 127–128, 143, 176, 237, 295
Wählerauftrag 47
Wahlbeteiligung 61–62, 64, 66
Wahlen
– Definition 42–49
– getrennt für Präsident und Vizepräsident 53 (Fn 12)
– kompetitiver Kontext 43–44
– Popularisierung 53, 64, 69, 79, 82
Wahlkampagne 20, 122
Wahlkampf als „kommunikativer Lernprozeß" 48
Wahlkampffinanzierung 113, 119, 122, 125–126, 138, 141 (Fn 402), 142–143, 154, 215, 223–224, 228–231
Wahlkampfkommunikation 10, 19, 38, 40–41, 57, 100, 114, 146, 208, 237, 245
Wahlkampfmanager 65
Wahlkampfstil (s. Stil)
Wahlkampfstrukturen 21, 62, 137, 142, 159
Wahlmänner 52–54, 60 (Fn 42), 210, 216
– entscheidend für den Wahlausgang 54 (Fn 20)
Wahlplakate 13–19, 31, 77–78
– Erfindung des politischen Banners 86
– erstes Kandidatenporträt 57
Wahlrecht 53–55, 60, 64, 116 (Fn 293), 117 (Fn 301)
Wahlstrategien 42, 49, 127–128, 130, 151, 294
Wahlversprechen 47
Wahlvolk 21, 53, 216, 237, 298
Wahlwerbung 14, 55, 114, 137
Wahrheit 23, 241, 245, 291
Wandel 237, 245, 285, 291, 298

„we are whom we elect" 48
Wechselwähler 71, 214, 264
Werbeagenturen 20, 127, 138
Werbestrategie 19–20, 235
Werbung 107–108, 145, 242, 282
westliche Demokratien 15
Whig rolling ball 70, 102, 189, Abb.: 4
Whigs
– amerikanische 59, 64 (Fn 66), 65, 70–71, 168, 192
– britische 27 (Fn 22), 28, 71
Whistle-Stop-Campaign 127, 231, 234
„Wide Awakes" 63, 101–102, 165
Wirklichkeit
– emotionale 146
– politische 9, 11, 19 (Fn 42), 24, 41, 49
Wirklichkeitskonstruktion 15, 45, 239, 245, 257, 290–293, 297
Wirkung 19, 21, 44, 145, 238
– von Kommunikation 41–43, 46
Wirkungsforschung 128 (Fn 352), 129 (Fn 355)
Wirkungszusammenhang 18, 236
Würde (s. dignitas)

Zeitungswesen
– Funktion 53, 55–56, 74, 114, 189
Zentralbank 218–221
Zeremoniell 265, 266 (Fn 17), 268, 275, 279, 292
Zielgruppen 123
ziviler Ungehorsam 57 (Fn 36)
„zusammengesetzte Ausdrückbarkeit" 134
Zweikörperlehre 26
Zweiparteiensystem 62, 72, 81
Zweiter Unabhängigkeitskrieg 165, 187, 219
Zweiter Weltkrieg 124, 170, 199

Bibliographie

ABELL, Walter: Art and Labor. In: Magazine of Art 39 (1946): 231–239.

ABELS, Jules: The Degeneration of Our Presidential Election. New York 1968.

ABROMEIT, Heidrun: Politische Werbung. In: NOHLEN/SCHULTZE (Hg.) 1985: 792–794.

– : Das Politische in der Werbung. Wahlwerbung und Wirtschaftswerbung in der Bundesrepublik. Opladen 1972.

ACHENBACH, Joel: Let it be forgot that once there was a spot. Clinton should drop his fixation with JFK and Camelot. In: THE WASHINGTON POST, national weekly edition, 1.–7. 8. 1994: 12.

ACKERMANN, Volker: Nationale Totenfeiern in Deutschland. Von Wilhelm I. bis Franz Josef Strauß. Stuttgart 1990.

ADAMS, John: A Defence of the Constitution of Government of the United States of America. London 1788.

AGNOLI, Johannes: Von der kritischen Politologie zur Kritik der Politik. In: ALBRECHT/ALTVATER/KRIPPENDORFF (Hg.) 1989: 13–24.

AGRANOFF, Robert (Hg.): The New Style in Election Campaigns. 2. Aufl. Boston 1976.

– : The New Style Of Campaigning: The Decline of Party and the Rise of Candidate-Centered Technology. In: DERS. (Hg.) 1976: 3–48.

AGULHON, Maurice: Marianne into Battle: Republican Imagery and Symbolism in France, 1789–1980. Cambridge/England 1981.

ALBRECHT, Ulrich; ALTVATER, Elmar; KRIPPENDORFF, Ekkehart (Hg.): Was bedeutet und zu welchem Ende betreiben wir Politikwissenschaft? Opladen 1989.

ALEXANDER, Herbert E.: Financing Politics. Washington D.C. 1976

ALLGEMEINE PLAKATGESELLSCHAFT (APG): Plakatforschung Schweiz. Qualitative Spezialstudie. Strassenplakate B 12. o. O. 1992.

ALMOND, Gabriel A.; VERBA, Sidney: The Civic Culture: Political Attitudes and Democracy in 5 Nations. Princeton/New Jersey 1963.

AMELUNXEN, Hubertus von; UJICA, Andrei (Hg.): Television/Revolution. Das Ultimatum des Bildes. Marburg 1990.

ANDERSON, Patricia A.: Promoted to Glory: The Apotheosis of George Washington. Northampton/Massachusetts 1980.

ANONYMOUS (KLEIN, Joe): Primary Colors. A Novel of Politics. New York 1996.

ARVIDSSON, Claes; BLOMQVIST, Lars Erik (Hg.): Symbols of Power. The Esthetics of Political Legitimation in the Soviet Union and Eastern Europe. Stockholm 1987.

AVENARIUS, Hermann: Kleines Rechtswörterbuch. Bonn 1987.

BAILYN, Bernard: The Ordeal of Thomas Hutchinson. Cambridge/Massachusetts 1974.

BARBER, James A.: Old Hickory. A Life Sketch of Andrew Jackson. Washington D.C. u. a. 1990.

BARBER, James David: The Presidential Character: Predicting Performance in the White House. 3. Aufl. Englewood Cliffs/New Jersey 1985.

– : Choosing the President. New York 1974.

BARBER, James G.: Andrew Jackson. A Portrait Study. Washington D.C. u. a. 1991.

BARINGHORST, Sigrid: Öffentlichkeit als Marktplatz – Solidarität durch Marketing? In: Vorgänge, 34. Jg. Nr. 4, 1995: 55–66.

– : Protest und Mitleid – Politik als Kampagne. In: Leggewie (Hg.), 1994: 179–190.

BARNES, James A.: Tariff. In: Dictionary of American History. Vol. VI, 1976: 462–472.

BARTLETT, John Russell: Dictionary of Americanisms. A Glossary of Words and Phrases usually regarded as peculiar to the United States. Boston 1848.

BARTSCH, Adam: Le peintre graveur. Reprint der Ausgabe Würzburg 1920–22, Hildesheim u. a. 1970.

BAUELRE, Dorothee: Gespenstergeschichten Für Ganz Erwachsene. Ein Kommentar Zu Aby Warburgs Bilderatlas Mnemosyne. Münster 1988.

BELDEN, Louise Conway: Liberty and the American Eagle on Spoons by Jacob Kucher. In: Winterthur Portfolio 3 (1967): 103–111.

BELLAH, Robert N.: Civil Religion in America. In: Daedalus 96 (1967): 1–21.

BELTING, Hans: Bild und Kult. Eine Geschichte des Bildes vor dem Zeitalter der Kunst. München 1990.

BENIGER, James R.: The Control Revolution. Technological and Economic Origins of the Information Society. Cambridge/Massachusetts u. a. 1986.

BENNET, James: For Buchanan, It's a Costume Change Every Day. In: The New York Times, 2. 3. 1996: 9.

BENNETT, W. Lance: Myth, Ritual, and Political Control. In: Journal of Communication. 4 (1980): 166–179.

– : The Ritualistic and Pragmatic Bases of Political Campaign Discourse. In: The Quarterly Journal of Speech, 3 (1977): 219–257.

BENOIT, Jean-Marc; BENOIT, Philippe; LECH, Jean-Marc: La politique à l'affiche: affiches électorales & publicité politique 1965–1986. Paris 1986.

BERG-SCHLOSSER, Dirk; SCHISSLER, Jacob: Politische Kultur in Deutschland. Bilanz und Perspektiven der Forschung. PVS-Sonderheft 18 (1987).

BERG-SCHLOSSER, Dirk: Politische Kultur. In: NOHLEN/SCHULTZE (Hg.), Bd. 1 (1985): 746–751.

BERGER, Peter L.; LUCKMANN, Thomas: Die gesellschaftliche Konstruktion der Wirklichkeit. Orig. Englisch „The Social Construction of Reality" 1966. Übersetzt v. Monika Plessner, 7. Aufl. Frankfurt a. M. 1991.

BERTELSMANN STIFTUNG (Hg.): Politik überzeugend vermitteln. Wahlkampstrategien in Deutschland und den USA. Gütersloh 1996.

BERTRAM, Jürgen: Die Wahlen zum Deutschen Reichstag vom Jahre 1912. Parteien und Verbände. Düsseldorf 1964.

BEYER, Andreas (Hg.): Die Lesbarkeit der Kunst. Zur Geistes-Gegenwart der Ikonologie. Berlin 1992.

BEYME, Klaus von: Hauptstadtsuche. Frankfurt a. M. 1991.

BIALOSTOCKI, Jan: Skizze einer Geschichte der beabsichtigten und der interpretierenden Ikonographie. Orig. Englisch: Iconography. In: Dictionary of the History of Ideas. New York 1973, Bd. 2: 524–541. Abgedruckt in: KAEMMERLING (Hg.) 1987: 15–63.

BIANCULLI, David: Teleliteracy. Taking Television Seriously. New York u. a. 1992.

BIBLIOTHEK WARBURG (Hg.): Kulturwissenschaftliche Bibliographie zum Nachleben der Antike. 2 Bde., 1. Band: Die Erscheinungen des Jahres 1931, Berlin u. a. 1934. 2. Band: Publications of 1932–1933, London 1938.

BING, Gertrud; WIND, Edgar: Der Begriff der Kulturwissenschaft und die Bibliothek Warburg. In: Anhang zu WUTTKE 1993: 27–30.

BOHRMANN, Hans (Hg.): Politische Plakate. 3. Aufl. Dortmund 1987.

BOLLER, Paul F.: Presidential Campaigns. 2. Aufl. New York u. a. 1985.

– : Presidential Anecdotes. 2. Aufl. Harmondsworth/Middlesex 1982.

BOORSTIN, Daniel J.: The Image. A Guide To Pseudo-Events In America. Orig. 1961. New York 1992.

BOUREAU, Alain: L'aigle. Chronique politique d'un emblème. Paris 1985.

BREDEKAMP, Horst; DIERS, Michael; SCHOELL-GLASS, Charlotte (Hg.): Aby Warburg. Akten des internationalen Symposions Hamburg 1990. Weinheim 1991.

BREDEKAMP, Horst: Das Bild als Leitbild. Gedanken zur Überwindung des Anikonismus. Typoskript eines unveröffentlichten Vortrages gehalten am Kernforschungszentrum Karlsruhe 1992.

– : Du lebst und tust mir nichts! Anmerkungen zur Renaissance Aby Warburgs. In: TAZ v. 9. 6. 1990: 36.

BREIDECKER, Volker (Hg.): Siegfried Kracauer – Erwin Panofsky. Briefwechsel 1941–1966. Berlin 1996.

BREIDECKER, Volker: Einige Fragmente einer intellektuellen Kollektivbiographie der kulturwissenschaftlichen Emigration. In: REUDENBACH (Hg.) 1994: 83–108.

– : Kracauer und Panofsky. Ein Rencontre im Exil. In: Jahrbuch der Hamburger Kunsthalle. Im Blickfeld 1994: 27–147.

– : Florenz oder: Die Rede, Die Zum Auge Spricht. Kunst, Fest und Macht im Ambiente der Stadt. München 1990.

BRILLIANT, Richard: Portraiture. Cambridge/Massachusetts 1991.

BROSIUS, Hans-Bernd; HOLICKI, Sabine; HARTMANN, Thomas: Einfluß der Gestaltungsmerkmale von Wahlplakaten auf Personenwahrnehmung und Kompetenzzuschreibung. In: Publizistik, 3 (1987): 338–353.

BROWN, Joseph G.: If Elected... Presidential Campaign Memorabilia. Illustrated from the Collection of the Western Reserve Historical Society, Cleveland/Ohio 1988.

BROWN, William Burlie: The People's Choice: The Presidential Image in the Campaign Biography. Baton Rouge/Louisiana 1960.

BRÜCKNER, Wolfgang: Bildnis und Brauch. Studien zur Bildfunktion der Effigies. Berlin 1966.

BRUNNER, Otto; CONZE, Werner; KOSELLECK, Reinhart (Hg.): Geschichtliche Grundbegriffe. Historisches Lexikon zur politisch-sozialen Sprache in Deutschland. 6 Bde. Stuttgart 1972–1990.

BURKE, Kenneth: A Grammar of Motives. Berkeley 1969.

BURKE, Peter: Ludwig XIV. Die Inszenierung des Sonnenkönigs. Orig. Englisch „The Fabrication of Louis XIV" New Haven u. a. 1992. Übersetzt von Matthias Fienbork, Berlin 1993.

BURNHAM, Walter Dean: The Current Crisis in American Politics. New York 1982.

– : Critical Elections and the Mainsprings of American Politics. New York 1970.

– : The Changing Shape of the American Political Universe. In: American Political Science Review. LIX 1965: 7–28.

BUSCH, Werner (Hg.): Funkkolleg Kunst. 2 Bde. München u. a. 1987.

BUSH, Clive: The Dream of Reason: American Consciousness and Cultural Achievement from Independence to the Civil War. London 1977.

BUTON, Harry M.: Josiah Wedgwood and Benjamin Franklin. In: Bulletin of the National Philatelic Museum, III (1951): 157–165.

CAMPAIGNS & ELECTIONS: The Magazine for Political Professionals. Washington D.C., Vol. 14, No. 4, 5 (1993).

CAREY, John Thomas: The American Lithograph From Its Inception To 1865. Diss. phil Ohio State University 1954.

CASSIRER, Ernst: Der Mythus des Staates. Philosophische Grundlagen politischen Verhaltens. Abschluß des Manuskriptes: 1945. Frankfurt a. M. 1988.

– : Philosophie der Symbolischen Formen. Orig. 1923–29. 3. Bde., 9. Aufl. Darmstadt 1988.

– : Wesen und Wirkung des Symbolbegriffs. Darmstadt 1956.

CDU-BUNDESGESCHÄFTSSTELLE (Hg.): Wahlkampf-Regiebuch. Impulse für den Wahlsieg '94. Bonn 1994.

CHAMBERS, William Nisbet: Election of 1840. In: SCHLESINGER (Hg.) 1971: 643–744.

CHERNOW, Ron: The Warburgs. The 20th-Century Odyssey Of A Remarkable Jewish Family. New York 1993.

CHEVALIER, Michel: Society, Manners and Politics in the United States. Letters on North America. Orig. Boston 1839. Hg. v. John William Ward, Gloucester/Massachusetts 1967.

CHISHOLM, Shirley: The Good Fight. New York 1973.

CLARKSON, Thomas: History of the Rise, Progress, and Accomplishment of the Abolition of the African Slave Trade by the British Parliament. 2 vols. London 1808.

CLIFT, Eleanor/MILLER, Mark: The Morris Backlash. In: Newsweek, 19.2.1996: 33.

COLE, Arthur C.: Whig Party. In: Dictionary of American History. Bd. 7 (1976): 288.

COLEMAN, Charles H.: Copperhead. In: Dictionary of American History, Bd. 2 (1976): 222.

COLFAX, S. Thomas (Hg.): ‚Deng Xiaoping Is a Chain-Smoking Communist Dwarf'. The Sayings of Pat Buchanan. New York 1996.

COLLINS, Herbert Ridgeway: Threads of History. Americana Recorded On Cloth 1775 to the Present. Washington D.C. 1979.

COMBS, James E.: Dimensions of Political Drama. Santa Monica/California 1980.

COMSTOCK, Helen: American Lithographs of the Nineteenth Century. New York 1950.

CONNINGHAM, Frederic A.: Currier & Ives Prints: An Illustrated Check List, o.O. 1949.

CONVERSE, Philip E.: Change in the American Electorate. In: Angus CAMPBELL; Philip E. CONVERSE (Hg.): The Human Meaning of Social Change. New York 1972.

CRAIG, Lois and the staff of the Federal Architecture Project: The Federal Presence: Architecture, Politics, and National Design. Cambridge 1978.

CROLY, Herbert: Marcus Alonzo Hanna. His Life And Work. Orig. 1912, Hamden/Connecticut 1965.

CUNNINGHAM, Noble E. (Hg.): Circular Letters of Congressmen to Their Constituents. 3 Vols., Chapel Hill/North Carolina 1978.

DANIEL, Ute; SIEMANN, Wolfram (Hg.): Propaganda. Meinungskampf, Verführung und politische Sinnstiftung 1789–1989. Frankfurt a. M. 1994.

DARRAH, William C.: Cartes de Visite. In Nineteenth Century Photography. Gettysburg/Pennsylvania 1981.

DAVIS, James W.: Presidential Primaries. Westport/Connecticut 1980.

DeNOON, Christopher: Posters of the WPA. Los Angeles 1987.

DENTON, Robert E.: The Primetime Presidency of Ronald Reagan: The Era of the Television Presidency. New York 1988.

DER KLEINE PAULY: Lexikon der Antike. Hg. von Konrat Ziegler und Walther Sontheimer. 5 Bd. München 1964–1975.

DEVLIN, Patrick L.: Campaign Commercials. In: Society, vol. 22, 4 (1985): 45–50.

DIAMOND, Edwin; BATES, Stephen: The Spot. The Rise of Political Advertising on Television. 3. Aufl. Cambridge u. a. 1992.

DICTIONARY OF AMERICAN HISTORY: 8 vols. New York: Charles Scribner's Sons. Orig. 1940, revised edition 1976.

DIERS, Michael: Warburg aus Briefen. Kommentare zu den Kopierbüchern der Jahre 1905–1918. Weinheim 1991.

DINKIN, Robert J.: Campaigning in America: a history of election practices. New York 1989.

– : Voting In Provincial America: a study of elections in the thirteen colonies, 1689–1776. Westport/Connecticut 1977.

DÖRNER, Andreas: Politischer Mythos und Symbolische Politik. Sinnstiftung durch symbolische Formen. Opladen 1995.

DOVIFAT, Emil (Hg.): Handbuch der Publizistik. 3 Bde. Berlin 1968/69.

DOW, Thomas E.: The Theory of Charisma. In: Sociological Quarterly, 3 (1969): 306–317.

DOWNS, Valérie Cryer: The Debate about Debates: Production and Event Factors in the 1988 Broadcast Debates in France and the United States. In: KAID/GERSTLÉ/SANDERS (Hg.) 1991: 183–194.

DRAKE, Thomas Edward: Quakers and Slavery in America. Yale Historical Publications Miscellany, LI. New Haven 1950.

DREPPERD, Carl W.: Early American Prints. New York u. a. 1930.

DÜDING, Dieter; FRIEDEMANN, Peter; MÜNCH, Paul (Hg.): Öffentliche Festkultur. Politische Feste in Deutschland von der Aufklärung bis zum Ersten Weltkrieg. Reinbek B. Hamburg 1988.

DUMOND, Dwight Lowell: Antislavery: The Crusade for Freedom in America. Ann Arbor 1961.

EBBIGHAUSEN, Rolf; NECKEL, Sighard (Hg.): Anatomie des politischen Skandals. Frankfurt a. M. 1989.

EDELMAN, Murray: Politik als Ritual. Die symbolische Funktion staatlicher Institutionen und politischen Handelns. Deutsche Neuausgabe der beiden englischen Originalausgaben: „The Symbolic Uses of Politics" 1964, und „Politics as Symbolic Action, Mass Arousal and Quiescence" 1971. Übersetzt von Holger Fliessbach, Frankfurt a. M. 1990.

– : The Symbolic Uses Of Politics. Orig. 1964, Urbana u. a. 1985.

EDWARDS, Gary (Hg.): International Guide To Nineteenth-Century Photographers And Their Works. Boston 1988.

FARRELL, Thomas B.: Political Conventions as Legitimation Ritual. In: Communication Monographs, 45 (1978): 281–292.

FARWELL, Beatrice: The Cult of Images: Baudelaire and the Nineteenth-Century Media Explosion. Santa Barbara/California 1977.

FEHR, Burkhard: Die Tyrannentöter. Oder: Kann man der Demokratie ein Denkmal setzen? Frankfurt a. M. 1984.

FERRETTI, Silvia: Cassirer, Panofsky + Warburg. Symbol, Art, and History. Orig. Italienisch: Il demone della memoria. Simbolo e tempo storico in Warburg, Cassirer, Panofsky, 1984. New Haven u. a. 1989.

FISCHER, Roger A.: Tippecanoe and Trinkets Too. The Material Culture of American Presidential Campaigns, 1828–1984. Urbana u. a. 1988.

FISCHER, Roger A.; SULLIVAN, Edmund B.: American Political Ribbons and Ribbon Badges, 1825–1981. Lincoln/Massachusetts 1985.

FISHER, Sydney George: The True Benjamin Franklin. Philadelphia 1899.

FITE, Gilbert C.: Election of 1896. In: SCHLESINGER (Hg.) 1971: 1787–1873.

FLAGGE, Ingeborg; STOCK, Wolfgang Jean (Hg.): Architektur und Demokratie. Bauen für die Politik von der amerikanischen Revolution bis zur Gegenwart. Stuttgart 1992.

FLEMING, E. McClung: From Indian Princess to Greek Goddess: The American Image, 1783–1815. In: Winterthur Portfolio, 3 (1967): 37–66.

– : The American Image as Indian Princess, 1765–1783. In: Winterthur Portfolio, 2 (1965): 65–81.

FOERSTER, Cornelia: Das Hambacher Fest 1832. Volksfest und Nationalfest einer oppositionellen Massenbewegung. In: DÜDING/FRIEDEMANN/MÜNCH (Hg.) 1988: 113–146.

FONER, Eric: Free Soil, Free Labor, Free Men. The Ideology of the Republican Party before the Civil War. New York 1970.

FORSTER, Kurt W.: Aby Warburg's History of Art: Collective Memory and the Social Mediation of Images. In: Daedalus, Winter 1976: 169–176.

FORSTER-HAHN, Françoise: Inventing the Myth of the American Frontier: Bingham's Images of Fur Traders and Flatboatmen as Symbols of the Expanding Nation. In: GAEHTGENS/ICKSTADT (Hg.) 1992: 119–146.

FOUCAULT, Michel: Die Ordnung der Dinge. Orig. Französisch: „Les mots et les choses" 1966. Übersetzt von Ulrich Köppen, 7. Aufl. Frankfurt a. M. 1988.

FRAENKEL, Ernst: Das amerikanische Regierungssystem. Eine politologische Analyse. 3. Aufl. Opladen 1976.

FREEDBERG, David: The Power Of Images. Studies in the History and Theory of Response. Chicago u. a. 1989.

FRIEDLÄNDER, Saul: Kitsch und Tod. Der Widerschein des Nazismus. München 1986.

FRIEDMAN, Leon: Election of 1944. In: SCHLESINGER (Hg.) 1971: 3009–3038.

FRITZ, Hans-Joachim: Zur Entleerung der klassischen Formensprache. Eine ideengeschichtliche Skizze. In: Daidalos, 30 (1988): 78–87.

FRYD, Vivien Green: Political Compromise in Public Art. Thomas Crawford's Statue of Freedom. In: SENIE/WEBSTER (Hg.) 1993: 105–114.

– : Art and Empire. The Politics of Ethnicity in the U.S. Capitol, 1815–1860. New Haven u. a. 1992.

FÜRSICH, Elfriede: Fernsehnachrichten als Ritual. Ein neuer Ansatz zur Interpretation. In: Publizistik, 1 (1994): 27–57.

FUNKKOLLEG KUNST: Studienbegleitbrief 7. Hg. v. Deutschen Institut für Fernstudien an der Universität Tübingen. Weinheim u. a. 1985.

GAEHTGENS, Thomas W.; ICKSTADT, Heinz (Hg.): American Icons. Transatlantic Perspectives on Eighteenth- and Nineteenth-Century American Art. The Getty Center for the History of Art and the Humanities, Santa Barbara/California 1992.

GAER, Joseph: The First Round: The Story of the CIO Political Action Committee. New York 1944.

GALE (RESEARCH COMPANY Hg.): Currier & Ives. A Catalogue Raisonné. A comprehensive catalogue of the lithographs of Nathaniel Currier, James Merritt Ives and Charles Currier, including ephemera associated with the firm, 1834–1907. Detroit/Michigan 1984.

GALE, Robert: Thomas Crawford: American Sculptor. Pittsburgh 1964.

GAMBONI, Dario; GERMANN, Georg (Hg.): Zeichen der Freiheit. Das Bild der Republik in der Kunst des 16. bis 20. Jahrhunderts. 21. Europäische Kunstausstellung unter dem Patronat des Europarats. Bern 1991.

GARDNER, Albert Ten Eyck: Yankee Stonecutters: The First American School of Sculpture 1800–1850. New York 1945.

GAUGER, Jörg-Dieter; STAGL, Justin (Hg.): Staatsrepräsentation. Berlin 1992.

GAUGER, Jörg-Dieter: Staatsrepräsentation – Überlegungen zur Einführung. In: GAUGER/STAGL (Hg.) 1992: 9–17.

GEBHARDT, Manfred: Ein Hauch von Maienblüte. Postkarten der deutschen Arbeiterbewegung zum 1. Mai. Berlin (Ost) 1989.

GERVEREAU, Laurent: La Propagande Par L'Affiche. Paris 1991.

GINZBURG, Carlo: Repräsentation – das Wort, die Vorstellung, der Gegenstand. In: Freibeuter 53, 1992: 2–23.

GLISMANN, Hans Hinrich; HORN, Ernst-Jürgen; NEHRING, Sighart; VAUBEL, Roland: Weltwirtschaftslehre. Eine problemorientierte Einführung. Bd. 1 Außen- und Währungspolitik. 3. Aufl. Göttingen 1986.

GLOTZ, Peter: Politisches Wrestling – eine Schlachtbeschreibung. Nachtrag zum Bundestagswahlkampf 1994. In: Bertelsmann Stiftung (Hg.) 1996: 25–32.

GÖLDNER, Markus: Politische Symbole der europäischen Integration. Fahne, Hymne, Hauptstadt, Pass, Briefmarke, Auszeichnungen. Zgl. Diss. iur. Kiel. Frankfurt a. M. u. a. 1988.

GOEZ, Werner: Translatio Imperii. Ein Beitrag zur Geschichte des Geschichtsdenkens und der politischen Theorien im Mittelalter und in der frühen Neuzeit. Tübingen 1958.

GOMBRICH, Ernst; SAXL, Fritz: Aby Warburg – An Intellectual Biography. London 1970.

GREENSTEIN, Fred: What the President Means to Americans. In: BARBER (Hg.) 1974.

GREVEN, Michael Th.: Kampagnenpolitik. In: Vorgänge, 34. Jg., Nr. 4, 1995: 40–54.

GRIFFITH, Lucille Blanche: The Virginia House of Burgesses, 1750–1774. PhD thesis Brown University 1957.

GRONBECK, Bruce E.: Functional and Dramaturgical Theories of Presidential Campaigning. In: Presidential Studies Quarterly, Vol. 14, 4 (1984): 486–499.

– : The Functions of Presidential Campaigning. In: Communication Monographs, 45 (1978): 268–280.

GRUNER, Paul-Hermann: Die inszenierte Polarisierung: die Wahlkampfsprache der Parteien in den Bundestagswahlkämpfen 1957 und 1987. Frankfurt a. M. u. a. 1990.

GUNDERSON, Robert Gray: The Log-Cabin Campaign. Lexington 1957.

HABERMAS, Jürgen; LUHMANN, Niklas: Theorie der Gesellschaft oder Sozialtechnologie – Was leistet die Systemforschung? Frankfurt a. M. 1971.

HABERMAS, Jürgen: Strukturwandel der Öffentlichkeit. Untersuchungen zu einer Kategorie der bürgerlichen Gesellschaft. Orig. 1962. 16. Aufl. Darmstadt u. a. 1986.

– : Legitimationsprobleme im Spätkapitalismus. Frankfurt a. M. 1973.

HAGENOW, Elisabeth von: Bildniskommentare. Allegorisch gerahmte Herrscherporträts in der Graphik des Barock: Entstehung und Bedeutung. Diss. phil. Universität Hamburg 1990. (Im Druck) Voraussichtliches Erscheinungsdatum 1996.

HALE, Katherine: The Spinning of the Tale: Candidate and Media Orchestrations in the French and U.S. Presidential Elections. In: KAID/GERSTLÉ/SANDERS (Hg.) 1991: 195–210.

HALL, Peter: A Symbolic Interactionist Analysis of Politics. In: Sociological Inquiry, vol. 42, 1972.

HALLER, Benedikt: Repräsentation: ihr Bedeutungswandel von der hierarchischen Gesellschaft zum demokratischen Verfassungsstaat. Münster 1987.

HALTON, Eugene: Zum Vergleich: Die symbolische Selbstrepräsentation der Demokratie – Der Fall Amerika: In: GAUGER/STAGL (Hg.) 1992: 131–156.

HAMILTON, Alexander; MADISON, James; JAY, John: The Federalist Papers. Orig. 1787. New York 1961.

HANSEN, Judith W.: Pennsylvania Prints from the Collection of John C. O'Connor and Ralph M. Yeager: Lithographs, Engravings, Aquatints, and Watercolors from the Tavern Restaurant. University Park/Pennsylvania 1980.

HARBAUGH, William H.: Election of 1904. In: SCHLESINGER (Hg.) 1971: 1965–1994.

HARLAN, Louis R.: Booker T. Washington. The making of a black leader 1856–1901. 2 vols. New York 1972/1984.

HART, Roderick P.: The Sound of Leadership. Presidential Communication in the Modern Age. Chicago u. a. 1987.

HARTLEY, John: The Politics of Pictures. The creation of the public in the age of popular media. London, New York, 1992.

HARTMANN, Wolfgang: Der historische Festzug. Seine Entstehung und Entwicklung im 19. und 20. Jahrhundert. München 1976.

HASSON, Judi: '88 all over again. Dole engages a wealthy rival. In: USA Today, 23.1.1996: 5A.

HECKSCHER, William S.; WIRTH, Karl-August: Emblem, Emblembuch. In: RDK, Bd. 5 (1967): 85–228.

HEIDEKING, Jürgen (Hg.): Die amerikanischen Präsidenten. 41 historische Porträts von George Washington bis Bill Clinton. München 1995.

HELLER, Eva: Wie Werbung wirkt: Theorien und Tatsachen. 2. Aufl. Frankfurt a. M. 1991.

HELLWEG, Susan A.; PFAU, Michael; BRYDON, Steven R.: Televised Presidential Debates. Advocacy in Contemporary America. New York u. a. 1992.

HENKEL-SCHÖNE: Henkel, Arthur; Schöne, Albrecht (Hg.), Emblemata. Handbuch zur Sinnbildkunst des XVI. und XVII. Jahrhundert. Sonderausgabe, Stuttgart 1978.

HENKELS, Stan V.: Currier & Ives And Other Lithographs. Auktionskatalog Philadelphia, October 27th 1932. Warshaw Collection of Business Americana/Smithsonian Archives, No. 60, Box 3 of 4 „Lithography".

HERDING, Klaus; MITTIG, Hans-Ernst: Kunst und Alltag im NS-System. Albert Speers Berliner Straßenlaternen. Gießen 1975.

HERZ, Rudolf: Hoffmann & Hitler. Fotografie als Medium des Führer-Mythos. München 1994.

HERZBERG, Donald: Spoils System. In: Dictionary of American History. Vol. VI, 1976: 374/375.

HESS, Stephen; KAPLAN, Milton: The Ungentlemanly Art. A History of American Political Cartoons. 2. Aufl. New York 1975.

HESSELTINE, William B. (Hg.): Three Against Lincoln: Murat Halstead Reports the Caucuses of 1860. Baton Rouge/Louisiana 1960.

HEUSER, Uwe Jean: Der Chef als Künstler. Wie Unternehmer sich selbst sehen. In: Die Zeit v. 20. 03. 1992: 43.

HICK, Edward A.: Enacting the Presidency. Political Argument, Presidential Debates, and Presidential Character. Westport 1993.

HIGHAM, John: America in Person: The Evolution of National Symbols. In: Amerikastudien 4 (1991): 473–493.

– : Indian Princess and Roman Goddess: The First Female Symbols of America. In: Proceedings of the American Antiquarian Society, 100 part 1 (1990): 45–79.

HINCKLEY, Barbara: The Symbolic Presidency. How Presidents Portray Themselves. New York u. a. 1990.

HÖNNIGHAUSEN, Lothar; FALKE, Andreas (Hg.): Washington, D.C. Interdisciplinary Approaches. Tübingen u. a. 1993.

HOFMANN, Hasso: Der spätmittelalterliche Rechtsbegriff der Repräsentation in Reich und Kirche. In: RAGOTZKY/WENZEL (Hg.) 1990: 17–42.

– : Repräsentation. Studien zur Wort- und Begriffsgeschichte von der Antike bis ins 19. Jahrhundert. Habilitationsschrift der Juristischen Fakultät Erlangen-Nürnberg, Berlin 1974.

HOFMANN, Werner; SYAMKEN, Georg; WARNKE, Martin: Die Menschenrechte des Auges. Über Aby Warburg. Frankfurt a. M. 1980.

HOFMANN, Werner: Die Geburt der Moderne aus dem Geist der Religion. In: DERS. (Hg.): Luther und die Folgen für die Kunst. Ausstellungskatalog der Hamburger Kunsthalle. München 1983: 23–71.

HOLTMANN, Everhard; BRINKMANN, Heinz-Ulrich; PEHLE, Heinrich (Hg.): Politik-Lexikon. München u. a. 1991.

HOLTZ-BACHA, Christina; KAID, Lynda Lee (Hg.): Die Massenmedien im Wahlkampf. Untersuchungen aus dem Wahljahr 1990. Opladen 1993.

– : Wahlspots im Fernsehen. Eine Analyse der Parteienwerbung zur Bundestagswahl 1990. In: DIES. (Hg.), 1993: 46–71.

HOLZER, Harold; BORITT, Gabor S.; NEELY, Mark E. (Hg.): The Lincoln Image. Abraham Lincoln and the Popular Print. New York 1984.

HOLZER, Werner: Von Hexenmeistern und Media-Handwerkern. Politische Öffentlichkeitsarbeit in den USA – ein (un-)heimliches Wesen. In: Bertelsmann Stiftung (Hg.) 1996: 117–148.

HORKHEIMER, Max; ADORNO, Theodor W.: Dialektik der Aufklärung. Philosophische Fragmente. Orig. 1947. Frankfurt a. M. 1991.

HORLACHER, Friedrich W.: Washington, D.C., and the American Constitution. In: HÖNNIGHAUSEN/FALKE (Hg.) 1993: 11–23.

HORNUNG, Clarence Pearson: The American Eagle in Art and Design: 321 Examples. New York 1978.

–: The Handbook of Early American Advertising Art. 2. Aufl. New York 1953.

HORWITZ, Elinor Lander: The Bird, the Banner, and Uncle Sam: Images of America in Folk and Popular Art. Philadelphia u. a. 1976.

HUTCHINSON, Peter O. (Hg.): The Diary and Letters of His Excellency Thomas Hutchinson, Esq. 2 Bde. Boston 1884–86. Reprint New York 1971.

INGALLS, Zoe: Oklahoma's Archive of 50,000 Radio and TV-Commercials for Political Candidates. In: The Chronicle of Higher Education, April 28 1993: B4/5.

JÄGER, Wolfgang: Fernsehen und Demokratie. Scheinplebiszitäre Tendenzen und Repräsentation in den USA, Großbritannien, Frankreich und Deutschland. München 1992.

JAMIESON, Kathleen Hall: Dirty Politics: Deception, Distraction and Democracy. New York u. a. 1992.

–: Packaging the Presidency: A History and Criticism of Presidential Campaign Advertising. 2. Aufl. Oxford u. a. 1988.

JARREN, Otfried/BODE, Markus: Ereignis- und Medienmanagement politischer Parteien. Kommunikationsstrategien im ‚Superwahljahr 1994'. In: Bertelsmann Stiftung (Hg.) 1996: 65–114.

JARREN, Otfried/SCHATZ, Heribert/WEẞLER, Hartmut (Hg.): Medien und politischer Prozess. Politische Öffentlichkeit und massenmediale Politikvermittlung im Wandel. Opladen 1996.

JEDDING-GESTERLING, Maria; BRUTSCHER, Georg (Hg.): Die Frisur. Eine Kulturgeschichte der Haarmode von der Antike bis zur Gegenwart. München 1990.

JENKINS, Marianna: The State Portrait. Its Origin And Evolution. The College Art Association of America, Monographs III, o.O. 1947.

JENSEN, Richard: Armies, Admen, And Crusaders: Types of Presidential Election Campaigns. In: The History Teacher. Vol. 2, 2 (1969): 33–50.

JOHNSON, Donald B.; PORTER, Kirk H. (Hg.): National Party Platforms, 1840–1972. 5. Aufl. Urbana/Illinois 1973.

JOHNSON, Thomas H.: The Oxford Companion to American History. New York 1966.

JOHNSTON, Anne: Political Broadcasts: An Analysis of Form, Content, and Style in Presidential Communication. In: KAID/GERSTLÉ/SANDERS (Hg.) 1991: 59–72.

JONES, Stanley L.: The Presidential Election of 1896. Madison 1964.

JUNG, Thomas/MÜLLER-DOOHM, Stefan (Hg.): ‚Wirklichkeit' im Deutungsprozeß. Frankfurt a. M., 2. Aufl. 1995.

KAEMMERLING, Ekkehard (Hg.): Ikonographie und Ikonologie. Theorien, Entwicklung, Probleme. 4. Aufl. Köln 1987.

KÄMPFER, Frank: Der Rote Keil: Das Politische Plakat. Theorie und Geschichte. Berlin 1985.

KAID, Lynda Lee; GERSTLÉ, Jacques; SANDERS, Keith R. (Hg.): Mediated Politics in Two Cultures: Presidential Campaigning in the U.S. and France. New York u. a. 1991.

KAID, Lynda Lee: The Effects of Television Broadcasts on Perceptions of Presidential Candidates in the United States and France. In: KAID/GERSTLÉ/SANDERS (Hg.) 1991: 59–72.

KAMMEN, Michael: Mystic Chords Of Memory. The Transformation of Tradition in American Culture. New York 1991.

–: Spheres of Liberty: Changing Perceptions of Liberty in American Culture. Madison/Wisconsin 1986.

KANTOROWICZ, Ernst H.: Die zwei Körper des Königs. Eine Studie zur politischen Theologie des Mittelalters. Orig. Englisch: „The King's Two Bodies. A Study in Mediaeval Political Theology", Princeton 1957. Übersetzt von Walter Theimer, München 1990.

KAPLAN, Milton: Heads of States. In: Winterthur Portfolio, 6 (1970): 135–150.

KAZIN, Michael: The Populist Persuasion. An American History. New York 1995.

KELLER, Harald: Effigie. In: RDK, Bd. IV (1958): 743–749.

KELLER, Morton: The Art and Politics of Thomas Nast. New York 1968.

KEPPLINGER, Hans Mathias: The Impact of Presentation Techniques: Theoretical Aspects and Empirical Findings. In: Frank BIOCCA (Hg.), Television and Political Advertising. Vol.1, Psychological Processes. Hillsdale/New Jersey 1991: 176–196.

–: Darstellungseffekte. Experimentelle Untersuchungen zur Wirkung von Pressefotos und Fernsehfilmen. Freiburg/Brsg. 1987.

KERSCHGENS, Edda: Das gespaltene Ich, 100 Jahre afroamerikanischer Autobiographie. Frankfurt a. M. u. a. 1980.

KERTZER, David I.: Ritual, Politics and Power. New Haven u. a. 1988.

KINDER, Donald R.: Presidential Character Revisited. In: Richard R. LAU/David O. SEARS (Hg.), Political Cognition. Hillsdale/New Jersey 1986: 233–256.

KLEIN, Josef (Hg.): Politische Semantik. Bedeutungsanalytische und sprachkritische Beiträge zur politischen Sprachverwertung. Opladen 1989.

KLEMPERER, Victor: LTI. Lingua Tertii Imperii. Die Sprache des Dritten Reiches. Notizbuch. Orig. 1946. 11. Aufl. Leipzig 1991.

KLEPPNER, Paul: Who Voted? The Dynamics of Electoral Turnout, 1870–1980. New York 1982.

KLINGER, Cornelia: Flucht Trost Revolte. Die Moderne & ihre ästhetischen Gegenwelten. München u. a. 1995.

KLOEPFER, Rolf/LANDBECK, Hanne: Ästhetik der Werbung. Der Fernsehspot in Europa als Symptom neuer Macht. Frankfurt a. M. 1991.

KOLBERT, Elizabeth: Experts Saying Negative Advertising Will Be Around for a While. In: The New York Times, 2.3.1996: 9.

KORSHAK, Yvonne: The Liberty Cap as a Revolutionary Symbol. In: Smithsonian Studies in American Art. Vol.1, 2 (1987): 53–69.

KOSCHATZKY, Walter: Die Kunst der Graphik: Technik, Geschichte, Meisterwerke. 2. Aufl. Herrsching 1990.

– : Die Kunst der Photographie. Technik, Geschichte, Meisterwerke. München 1987.

KOSELLECK, Reinhart; JEISMANN, Michael (Hg.): Der Politische Totenkult. Kriegerdenkmäler der Moderne. München 1994.

KRACAUER, Siegfried: Von Caligari zu Hitler. Eine psychologische Geschichte des deutschen Films. Orig. Englisch: „From Caligari to Hitler. A Psychological History of the German Film" Princeton 1947. Übersetzt von Ruth Baumgarten und Karsten Witte, 2. Aufl. Frankfurt a. M. 1993.

– : Das Ornament der Masse. Essays. Frankfurt a. M. 1977.

KRIS, Ernst: The ‚Danger' of Propaganda. In: The American Imago. Vol. 2, 1 (1941): 3–42.

KRISCHKE, Wolfgang: Radikale Konstruktivisten. Pailetten-Glanz. In: Frankfurter Allgemeine Zeitung v. 21.12.1994: N5.

KROTZ, Friedrich: Kommunikation als Teilhabe. Der ‚Cultural Studies Approach'. In: Rundfunk und Fernsehen, 3 (1992): 412–431.

KRUSCHKE, Earl R.: Encyclopedia of Third Parties in the United States. Santa Barbara/California u. a. 1991.

LASSWELL, Harold D.: Propaganda and Communication in World History. 3 vols. Honolulu 1979.

– : The Analysis of Political Behaviour. An Empirical Approach. Hamden/Connecticut 1947.

LAU, Richard L.; SEARS, David O. (Hg.): Political Cognition. Hillsdale/New Jersey 1986.

LAU, Richard L.: Political Schemata, Candidate Evaluations and Voting Behavior. In: LAU/SEARS (Hg.) 1986: 95–126.

LAVIN, Irving: Ikonographie als geisteswissenschaftliche Disziplin. ‚Die Ikonographie am Scheidewege'. In: BEYER (Hg.) 1992: 11–22.

LAYARD, George Somes: The Headless Horseman. Pierre Lombart's Engraving Charles or Cromwell? London 1922.

LAZARSFELD, Paul F.; BERELSON, Bernard; GAUDET, Hazel: The peoples choice. How the voter makes up his mind in a presidential campaign. 2. Aufl. New York 1949.

LeBON, Gustave: Psychologie der Massen. Orig. Französisch „Psychologie des Foules" 1895. Übersetzt von Rudolf Eisler, 15. Aufl. Stuttgart 1982.

LEE, Alfred M.: The Daily Newspaper in America. New York 1937.

LEGGEWIE, Claus (Hg.): Wozu Politikwissenschaft? Über das Neue in der Politik. Darmstadt 1994.

LEHNER, Ernst: American Symbols. A pictorial history. New York 1957.

LERCH, Edith: Die Maifeier der Arbeiter im Kaiserreich. In: DÜDING/FRIEDEMANN/MÜNCH (Hg.) 1988: 352–372.

LIEDTKE, Frank; WENGELER, Martin; BÖKE, Karin (Hg.): Begriffe besetzen. Strategien des Sprachgebrauchs in der Politik. Opladen 1991.

LIPPERT, Ekkehard; RÄDER, Hans-Georg; WEISS, Hans-Jürgen: Wahlkämpfe als spezifische Form politischer Kommunikation. In: Politikfeld-Analysen 1979. Hg. v. Thomas Ellwein. Opladen 1979: 109–122.

LOCKE, John: Two Treatises of Government. Orig. 1690. Deutsche Übersetzung: „Zwei Abhandlungen über die Regierung" von Hans Jörn Hoffmann, hg. v. Walter Euchner, Frankfurt a. M. 1977.

LODGE, Milton; McGRAW, Kathleen M.; STROH, Patrick: An Impression-Driven Model of Candidate Evaluation. In: American Political Science Review, 83 (1989): 399–420.

LOIPERDINGER, Martin; HERZ, Rudolf; POHLMANN, Ulrich (Hg.): Führerbilder. Hitler, Mussolini, Roosevelt, Stalin in Fotografie und Film. München u. a. 1995.

LORANT, Stefan: The Glorious Burden. The American Presidency: The History of the Presidency and Presidential elections from George Washington to James Earl Carter, Jr. 2. Aufl. Lenox/Massachusetts 1976.

LUBBERS, Klaus: Popular Models of National Identity in Currier & Ives's Chromolithographs. In: Amerikastudien, 40. Jg., Nr. 2, 1995: 163–182.

LUHMANN, Niklas: Ökologische Kommunikation. Kann die moderne Gesellschaft sich auf ökologische Gefährdungen einstellen? 2. Aufl. Opladen 1988.

– : Macht. 2. Aufl. Stuttgart 1988a.

– : Soziale Systeme. Grundriß einer allgemeinen Theorie. Frankfurt a. M. 1984.

LURKER, Manfred: Wörterbuch Symbolik. 5. Aufl. Stuttgart 1991.

MACHO, Thomas: Von der Elite zur Prominenz. Zum Strukturwandel politischer Herrschaft. In: Merkur, 47. Jg., 1993: 762–769.

MANTLE FIELDING's: Dictionary of American Painters, Sculptors & Engravers. 2. Aufl. hg. v. Glenn B. Opitz, Poughkeepsie/New York 1986.

MARZIO, Peter C.: The Democratic Art. Pictures for a Nineteenth-Century America: Chromolithography 1840–1900. Boston 1979.

MAYO, Edith P.: Be a Party Girl: Campaign Appeals to Women. In: MELDER (Hg.) 1992: 149 bis 160.

McCORMICK, Richard P.: The Presidential Game: The Origins of American Presidential Politics. New York 1982.

McGERR, Michael: The Decline of Popular Politics: The American North 1865–1928. New York u. a. 1986.

McLUHAN, Marshall: Understanding Media. Orig. Amerikanisch 1964. Deutsche Übersetzung von Meinrad Amann, neu erschienen unter dem Titel: Die magischen Kanäle. Understanding Media. Dresden 1994.

MEDEBACH, Friedrich: Das publizistische Plakat. In: DOVIFAT (Hg.) Bd. 3 (1969): 1–38.

MELDER, Keith (Hg.): Hail To The Candidate. Presidential Campaigns From Banners To Broadcasts. Washington D.C. u. a. 1992.

– : Bryan the Campaigner. Paper 46 The Museum of History and Technology. Pages 45–80 from United States National Museum Bulletin 241. Washington D.C. 1970.

MEREDITH, Roy: Mr. Lincoln's Camera Man. Mathew B. Brady. New York 1946.

MERELMAN, Richard M.: The Dramaturgy of Politics. In: Sociological Quarterly, vol. 10, 2 (1969): 216–241.

MERTEN, Klaus; SCHMIDT, Siegfried J.; WEISCHENBERG, Siegfried (Hg.): Die Wirklichkeit der Medien. Eine Einführung in die Kommunikationswissenschaften. Opladen 1994.

MERTEN, Klaus: Django und Jesus. Verbal-nonverbales Verhalten der Kanzlerkandidaten Kohl und Rau im Bundestagswahlkampf 1987. In: OPP DE HIPT/LATNIAK (Hg.) 1991: 188–210.

MEWES, Horst: Einführung in das politische System der USA. 2. Aufl. Heidelberg 1990.

MEYER, Thomas: Inszenierung des Scheins. Essay-Montagen. Frankfurt a. M. 1992.

MICKELSON, Sig: From Whistle-Stop to Sound-Bite. Four Decades of Politics and Television. New York 1989.

MILLER, Arthur H.: Schema Theory in Political Psychology – Comment. In: American Political Science Review, 85 (1991): 1369–1380.

MILLER, Ignaz: Architektur im Italien Mussolinis. In: NZZ v. 28.05.1994: 51.

MOLS, Manfred: Politikwissenschaft. In: NOHLEN/SCHULTZE (Hg.) Bd.1, 1985: 716–720.

MONTESQUIEU: Vom Geist der Gesetze. Orig. Französisch: „De L'Esprit Des Lois" 1748. Übersetzt von Kurt Weigand, Stuttgart 1989.

MORGAN, Wayne H.: The Republican Party 1876–1893. In: SCHLESINGER (Hg.) Bd. 2 (1973): 1411–1433.

MORISON, Elting: Election of 1860. In: SCHLESINGER (Hg.) 1971: 1097–1127.

MOTT, Frank L.: American Journalism. 3. Aufl. New York 1962.

MÜLLER, Gerd: Das Wahlplakat: pragmatische Untersuchung zur Sprache in der Politik am Beispiel von Wahlplakaten aus der Weimarer Republik und der Bundesrepublik. Tübingen 1978.

MÜLLER, Marion G.: Das visuelle Votum. Politische Bildstrategien im amerikanischen Präsidentschaftswahlkampf. In: JARREN/SCHATZ/WEßLER 1996: 231–250.

–: Die Obszönität der Freiheit. Politische Ästhetik und Zensur in den USA des 19. Jahrhunderts. In: Kritische Berichte, 23. Jg., Nr. 4, 1995: 29–39.

–: Wie die Bilder sich gleichen: Die Depression kommt im grauen Anzug. In: FAZ v. 16.03.1994: N5.

MÜLLER-DOOHM, Stefan: Visuelles Verstehen – Konzepte kultursoziologischer Bildhermeneutik. In: JUNG/MÜLLER-DOOHM (Hg.) 1995: 438–457.

MÜNKLER, Herfried: Politische Bilder, Politik der Metaphern. Frankfurt a. M. 1994.

MULLEN, James G.: Newspaper Advertising in the Kennedy-Nixon Campaign. In: Journalism Quarterly, Winter 1963: 3–11.

MURRELL, William: History of American Graphic Humor. 2 Vols. New York (1933–1938).

MUSEUM OF AMERICAN POLITICAL LIFE (Hg.): Voices of the Left, 1870–1960. Hartford 1991.

– : Hell-Bent for the White House. Text: Edmund B. Sullivan, Hartford 1988.

NERDINGER, Winfried: Politische Architektur. Betrachtungen zu einem problematischen Begriff. In: FLAGGE/STOCK (Hg.) 1992: 10–31.

NEUMEYER, Alfred: Geschichte der amerikanischen Malerei. Von der kolonialen Frühzeit bis zur naiven Malerei im 18. und 19. Jahrhundert. München 1974.

(NYHS) NEW YORK HISTORICAL SOCIETY: Dictionary of Artists in America 1564–1860. Hg. v. George C. Groce und David H. Wallace. New Haven 1957.

NIMMO, Dan: Elections as Ritual Drama. In: Society, 22 (1985): 31–38.

NOHLEN, Dieter; SCHULTZE, Rainer-Olaf (Hg.): Pipers Wörterbuch zur Politik. Politikwissenschaft. 2 Bde., München u. a. 1985.

OBERREUTER, Heinrich: Legitimität und Kommunikation. In: Eberhard SCHREIBER; Wolfgang LANGENBUCHER; Walter HÖMBERG (Hg.), Kommunikation im Wandel der Gesellschaft. Otto B. Roegele zum 60. Geburtstag. Düsseldorf 1980: 21–33.

OELLERKING, Christian: Marketingstrategien für Parteien. Gibt es eine Technologie des legalen Machterwerbs ? Kieler Schriften zur Politischen Wissenschaft Bd. 2., Frankfurt a. M. 1988.

OLDENBOURG, Rudolf (Hg.): P.P. Rubens. Des Meisters Gemälde in 538 Abbildungen. 4. Aufl. Stuttgart u. a., o.J.

OLSON, Lester C.: Emblems of American Community in the Revolutionary Era. A Study in Rhetorical Iconology. Washington D.C. u. a. 1991.

OPP DE HIPT, Manfred; LATNIAK, Erich (Hg.): Sprache statt Politik? Politikwissenschaftliche Semantik- und Rhetorikforschung. Opladen 1991.

ORREN, Garry; POLSBY, Nelson: Media and Momentum. The New Hampshire Primary and Nomination Politics. Chatham/New Jersey 1987.

OVERACKER, Louise: Money in Elections. New York 1974.

PAINE, Thomas: Rights of Man. Orig. 1791. Harmondsworth/England 1985.

PALLISTER, Anne: Magna Carta: The Heritage of Liberty. Oxford 1971.

PANOFSKY, Dora und Erwin: The Iconography of the Galérie Francois Ier at Fountainebleau. In: Gazette des Beaux-Arts 52 (1958): 113–190.

PANOFSKY, Erwin: Die ideologischen Vorläufer des Rolls-Royce-Kühlers & Stil und Medium im Film. Orig. Englisch: Style and Medium in motion pictures. Übersetzt v. Helmut Färber. Frankfurt a. M. 1993. Hg. v. Helga und Ulrich Raulff.

– : Zum Problem der Beschreibung und Inhaltsdeutung von Werken der bildenden Kunst. In: KAEMMERLING (Hg.) 1987 (I): 185–206.

– : Ikonographie und Ikonologie. In: KAEMMERLING (Hg.) 1987 (II): 207–225.

– : Meaning in the Visual Arts. Orig. 1955. Reprint Chicago 1982.

– : The History of Art as a Humanistic Discipline. In: DERS. 1982: 1–25.

– : Stilarten und Medium des Films. Erweiterte und revidierte Fassung von 1947 des ursprünglich auf Englisch 1936/37 erschienenen Artikels. Abgedruckt in: SILBERMANN (Hg.) 1973: 106–122.

PATTERSON, Thomas E.: Out Of Order. New York 1994.

PATTERSON, Thomas E.; McCLURE, Robert D.: The Unseeing Eye. The Myth of Television Power in National Elections. New York 1976.
PAUL, Gerhard: Aufstand der Bilder. Die NS-Propaganda vor 1933. Bonn 1990.
PEIL, Dietmar: Untersuchungen zur Staats- und Herrschaftsmetaphorik in Literarischen Zeugnissen von der Antike bis zur Gegenwart. Zgl. Habilitations-Schrift Münster 1982. München 1983.
PETERS, Harold Twyford: Currier & Ives. Printmakers to the American People. Garden City/New York 1942.
– : America on Stone. The other printmakers to the American people. New York 1931.
PETERSON, Merrill D.: Lincoln in American Memory. Oxford u. a. 1994.
PFISTER, Harold Francis: Facing the Light: Historic American Portrait Daguerreotypes. Washington D.C. 1978.
PHILIPPE, Robert: Political Graphics: Art as a Weapon. New York 1980.
PITKIN, Hanna Fenichel: The Concept of Representation. Berkeley u. a. 1967.
PLACHETKA, Manfred Günther: Das politische Plakat als Mittel der politischen Bildung. In: Frankfurter Hefte, 1 (1975): 30–40.
PLASSER, Fritz: Tele-Politik, Tele-Image und die Transformation demokratischer Führung. In: Österreichische Zeitschrift für Politikwissenschaft, 4 (1993): 409–425.
POCOCK, John G. A.: Politics, Language and Time. Orig. 1971. 2. Aufl. Chicago 1989.
– : Civic Humanism and Its Role in Anglo-American Thought. In: DERS. 1989: 80–103.
– : The Machiavellian Moment. Florentine Political Thought and the Atlantic Republican Tradition. Princeton 1975.
PODLECH, Adalbert: Repräsentation. In: BRUNNER/CONZE/KOSELLECK (Hg.) 1984: 509–547.
POHL, Frances K.: Ben Shahn. New Deal Artist In A Cold War Climate, 1947–1954. Austin/Texas 1989.
POLE, Jack R.: Political Representation in England and the Origins of the American Republic. Orig. 1966. Berkeley u. a. 1971.
POLLACK, Peter: The Picture History of Photography. New York 1969.
POMERANTZ, Sidney I.: Election of 1876. In: SCHLESINGER (Hg.) Bd. 2 (1971): 1379–1487.
POSTMAN, Neil: Wir amüsieren uns zu Tode. Urteilsbildung im Zeitalter der Unterhaltungsindustrie. Orig. Englisch: „Amusing ourselves to death", 3. Aufl. Frankfurt a. M. 1985.
PRO PLAKAT e.V. (Hg.): Politische Kommunikation durch das Plakat. Bonn-Bad Godesberg 1975.
PROSS, Harry: Politische Symbolik. Theorie und Praxis der öffentlichen Kommunikation. Stuttgart u. a. 1974.
PROWN, Jules: Mind in Matter: An Introduction to Material Culture Theory and Method. In: Winterthur Portfolio, Vol. 17, 1 (1982): 1–19.
– : Style as Evidence. In: Winterthur Portfolio, Vol. 15, 3 (1980): 197–210.

QUÉRÉ, Henri: French Political Advertising: A Semiological Analysis of Campaign Posters. In: KAID/GERSTLÉ/SANDERS 1991: 85–98.

RABBOW, Arnold: dtv-Lexikon Politische Symbole A–Z. München 1970.
– : Visuelle Symbole als Erscheinung der nicht-verbalen Publizistik. Zgl. Diss. phil. Münster 1966. Münster 1968.
RADUNSKI, Peter: Politisches Kommunikationsmanagement. Die Amerikanisierung der Wahlkämpfe. In: Bertelsmann Stiftung (Hg.) 1996: 33–52.
– : Wahlkämpfe: Moderne Wahlkampfführung als politische Kommunikation. München u. a. 1980.
RAGOTZKY, Hedda; WENZEL, Horst (Hg.): Höfische Repräsentation. Das Zeremoniell und die Zeichen. Tübingen 1990.
RAUSCH, Heinz (Hg.): Zur Theorie und Geschichte der Repräsentation und Repräsentativverfassung. Darmstadt 1968.
RAWLS, Walton: The Great Book of Currier & Ives' America. New York 1979.
(RDK) REALLEXIKON ZUR DEUTSCHEN KUNSTGESCHICHTE. Hg. v. Otto Schmitt, Ernst Gall, L.H. Heydenreich. 8 Bde. Stuttgart und München 1937–1987.
REEVES, Richard: President Kennedy. Profile of Power. New York u. a. 1993.
REICHEL, Peter: Der schöne Schein des Dritten Reiches. Faszination und Gewalt des Faschismus. München u. a. 1991.

– : Politische Kultur. In: HOLTMANN/BRINKMANN/PEHLE (Hg.) 1991a: 473–476.
– : Politische Kultur in Europa: Bürger und Staaten in der Europäischen Gemeinschaft. Frankfurt a. M. 1984.
– : Politische Kultur der Bundesrepublik. Opladen 1981.
REICHLEY, A. James: The Life Of The Parties. A History of American Political Parties. New York 1992.
REILLY, Bernard F.: Politics In The Parlour: The Ideologies of Currier & Ives. Unveröffentlichter Vortragstext, Mai 1992.
– : American Political Prints. 1766–1876. A Catalog of the Collections in the Library of Congress. Boston/Massachusetts 1991.
– : Introduction. In: GALE (Hg.) 1984: XXI–XXXVI.
REINLE, Adolf: Das Stellvertretende Bildnis. Zürich u. a. 1984.
REMINI, Robert V.: Martin Van Buren and the Making of the Democratic Party. New York 1959.
REPS, John W.: Washington On View. The Nation's Capital Since 1790. Chapel Hill u. a. 1991.
REUDENBACH, Bruno (Hg.): Erwin Panofsky. Akten des Symposiums ‚Hamburg 1992'. Berlin 1994.
REUMANN, Kurt: Das antithetische Kampfbild. Beiträge zur Bestimmung seines Wesens und seiner Wirkung. Diss. phil. FU Berlin 1966.
RICHARDSON, George: Iconology: or, a Collection of Emblematical Figures Containing Four Hundred and Twenty Four Remarkable Subjects, Moral and Instructive, in Which Are Displayed the Beauty of Virtue and the Deformity of Vice. 2 Vols. London 1777–1779.
RIPA, Cesare: Iconologie. Nachdruck der französischen Ausgabe von 1644. New York u. a. aus dem Italienischen übersetzt von Jean Baudoin 1976.
RÖHRICH, Lutz: Das große Lexikon der sprichwörtlichen Redensarten. 3 Bde. Freiburg u. a. 1992.
ROLLENHAGEN, Gabriel: Sinn-Bilder. Ein Tugendspiel. Dortmund 1983.
RORTY, Richard: Objectivity, Relativism, and Truth. Cambridge 1991.
ROSENSTIEL, Tom: Strange Bedfellows. How Television and the Presidential Candidates Changed American Politics, 1992. New York 1993.

RUBINSTEIN, Nicolai: Political Ideas in Sienese Art. The Frescoes by Ambrogio Lorenzetti and Taddeo Bartolo in the Palazzo Pubblico. In: Journal of the Warburg and Courtauld Institutes, 21 (1958): 179ff.
SABATO, Larry J.: PAC Power. Inside the World of Political Action Committees. New York u. a. 1984.
– : The Rise of Political Consultants: New Ways of Winning Elections. New York 1981.
SAFIRE, William: Safire's Political Dictionary. The Definitive Guide To The New Language Of Politics. Orig. 1968. Erweiterte und überarbeitete Ausgabe, New York 1993.
– : Safire's Political Dictionary. New York 1978.
SALINGER, Pierre: J.F. Kennedy. Düsseldorf, Wien 1992. Orig. Amerikanisch, 1966.
SARCINELLI, Ulrich: Massenmedien und Politikvermittlung – Eine Problem- und Forschungsskizze. In: WITTKÄMPER (Hg.) 1992: 37–62.
– (Hg.): Demokratische Streitkultur. Opladen 1991
– : Symbolische Politik und politische Kultur. Das Kommunikationsritual als politische Wirklichkeit. In: Politische Vierteljahres Schrift, 2 (1989): 292–309.
– : Symbolische Politik: Zur Bedeutung symbolischen Handelns in der Wahlkampfkommunikation der Bundesrepublik Deutschland. Zgl. Habilitations-Schrift Mainz. Opladen 1987.
– : Politikvermittlung. Beiträge zur politischen Kommunikationskultur. Stuttgart 1987.
SARTORI, Giovanni: Demokratietheorie. Orig. Englisch: „The Theory of Democracy revisited" 1987. Übersetzt von Hermann Vetter, hg. v. Rudolf Wildenmann, Darmstadt 1992.
SAXL, Fritz: Das Kapitol im Zeitalter der Renaissance – Ein Symbol der Idee des Imperiums. In: WARNKE (Hg.) 1984: 74–105.
SCHEDLER, Andreas: Die (eigensinnige) kommunikative Struktur demokratischer Wahlen. In: Zeitschrift für Politik, 1 (1994): 22–44.
SCHIEDER, Wolfgang; DIPPER, Christof: Propaganda. In: BRUNNER/CONZE/KOSELLECK (Hg.) Bd. 5 (1984): 69–112.
SCHILLER, Ulrich: Familie in Not. In: Die Zeit v. 25.09.1992: 89.
SCHLESINGER, Arthur M. (Hg.): History of U.S Political Parties, 1789–1972. 4 Vols. New York u. a. 1973.

– : (Hg.): History of American Presidential Elections. 4 Vols., New York u. a. 1971.
– : Liberty Tree: A Genealogy. In: New England Quarterly, 25 (1952): 435–458.
SCHLOSSER, Julius von: Geschichte der Porträtbildnerei in Wachs. Ein Versuch. Orig. in: Jahrbuch der Kunsthistorischen Sammlungen des Allerhöchsten Kaiserhauses. Wien 1910/11: 171–258. Neuausgabe hg. v. Thomas Medicus unter dem Titel „Tote Blicke", Berlin 1993.
SCHMID, Ulrich: Aufrufe zur Verteidigung amerikanischer Werte. Kurzer Flug der ‚Freiheit' am Nationalfeiertag in den USA. In: NZZ, 6./7.6.1996: 3.
SCHMIDT, Siegfried J. (Hg.): Der Diskurs des Radikalen Konstruktivismus. Frankfurt a. M. 1987.
SCHMITT, Carl: Römischer Katholizismus und Politische Form. Orig. 1923. Stuttgart 1984.
– : Die geistesgeschichtliche Lage des heutigen Parlamentarismus. Orig. 1926. 6. Aufl. Berlin 1985.
SCHOCH, Rainer: Palast und Hütte. Zum Bedeutungswandel eines künstlerischen Motivs zwischen Aufklärung und Romantik. In: Kritische Berichte, 4 (1989): 42–59.
– : Das Herrscherbild in der Malerei des 19. Jahrhunderts. München 1975.
SCHOCKEL, Erwin: Das politische Plakat. Eine psychologische Betrachtung. Bd. 1 der Schriftenreihe der Reichspropagandaleitung der NSDAP. 2. Aufl. München 1939.
SCHRAM, Martin: The Great American Video Game: Presidential Politics in the Television Age. New York 1987.
SCHRAMM, Percy Ernst: Das Herrscherbild in der Kunst des frühen Mittelalters. In: Vorträge der Bibliothek Warburg. Bd. 2, Teil 1 (1922/23): 145–224.
SCHÜTZ, Alfred: Der sinnhafte Aufbau der sozialen Welt. Eine Einleitung in die verstehende Soziologie. Orig. 1932. 6. Aufl. Frankfurt a. M. 1993.
SCHÜTZ, Astrid: Selbstdarstellung von Politikern. Analyse von Wahlkampfauftritten. Zgl. Bamberg Univ. Diss. 1990. Weinheim 1992.
SCHUMPETER, Joseph A.: Kapitalismus, Sozialismus und Demokratie. Orig. Englisch: Capitalism, Socialism and Democracy 1942. Übersetzt von Susanne Preiswerk, 6. Aufl. Tübingen 1987.
SCHURZ, Carl: Lebenserinnerungen. Orig. 1905. Berlin 1950.
SCHWARTZENBERG, Roger-Gérard: Politik als Showgeschäft. Moderne Strategien im Kampf um die Macht. Düsseldorf 1980. Orig. Französisch: L'Etat Spectacle. Essai sur et contre le Star System en politique. Paris 1977.
SCRIABINE, Christine: American Attitudes Towards A Martial Presidency: Some Insights from Material Culture. In: Military Affairs, December 1983: 165–172.
SEITERLE, Gérard: Die Urform der phrygischen Mütze. In: Antike Welt, vol. 16, 3 (1985): 2–13.
SENIE, Harriet F.; WEBSTER, Sally (Hg.): Critical Issues In Public Art. Content, Context, And Controversy. 2. Aufl. New York 1993.
SENNETT, Richard: Verfall und Ende des öffentlichen Lebens. Die Tyrannei der Intimität. Orig. Englisch „The Fall of Public Man" 1977. Übersetzt von Reinhard Kaiser, Frankfurt a. M. 1990.
SHANKLE, George Earlie: American Mottoes And Slogans. New York 1941.
SHEARER, Augustus H.: Broadsides. In: Dictionary of American History. Vol. 1 (1976): 368.
SHEDD, Oliver: A Transient Industry – Millions Spent for Campaign Paraphernalia. In: LESLIE'S WEEKLY v. 13.10.1904: 342.
SHIELDS-WEST, Eileen: The World Almanac of Presidential Campaigns. New York 1992.
SILBERMANN, Alphons (Hg.): Mediensoziologie. Düsseldorf u. a. 1973.
SMITH, Larry David; NIMMO, Dan: Cordial Concurrence: Orchestrating National Party Conventions in the Telepolitical Age. New York u. a. 1991.
SMITH, Robert C.: Liberty Displaying the Arts and Sciences. In: Winterthur Portfolio, 2 (1965): 84–105.
SOMIT, Albert: The Military Hero as Presidential Candidate. In: Public Opinion Quarterly, 12 (1948): 192–200.
SPURLIN, Paul: Montesquieu in America 1760 – 1801. University Louisiana 1940.
STAATLICHE LUTHERHALLE WITTENBERG (Hg.): Martin Luther. 1483–1546. Wittenberg 1984.
STAPP, William F.: Curatorial Preface. In: PFISTER 1978: 12–14.
STEGNER, Ralf: Theatralische Politik Made In USA. Das Präsidentenamt im Spannungsfeld von moderner Fernsehdemokratie und kommerzialisierter PR-Show. Münster u. a. 1992.

STOCKHAUSEN, Tilman von: Die Kulturwissenschaftliche Bibliothek Warburg. Architektur, Einrichtung und Organisation. Hamburg 1992.

STOURZH, Gerald: Die tugendhafte Republik. Montesquieus Begriff der ‚vertu' und die Anfänge der Vereinigten Staaten von Amerika. In: Festschrift für Hugo Hantsch, „Österreich und Europa", Graz u. a. 1965: 247–267.

STUCKEY, Mary E.: The President as Interpreter-in-Chief. Chatham/New Jersey 1991.

SULLIVAN, Denis D.; MASTERS, Roger D.: „Happy Warriors": Leaders' Facial Displays, Viewers' Emotions, and Political Support. In: American Journal of Political Science, 2 (1988): 345–368.

SULLIVAN, George: Ballots and Bandwagons. Choosing the Candidates. Englewood Cliffs/New Jersey 1991.

TALKENBERGER, Heike: Von der Illustration zur Interpretation: Das Bild als Historische Quelle. Unveröffentlichtes Typoskript eines auf dem 39. Historikertag in Hannover, 23–26. September 1992, gehaltenen Vortrages.

THAYER, George: Who Shakes the Money Tree? New York 1973.

THE ECONOMIST: Pomp and impertinence. 30.07.1994: 42.

– : Welfare Reform In America. You say you want a revolution. 18.06.1994: 21–24.

– : Dan, Dan, the morality man. 20.06.1992: 60.

THE NEW YORKER: NAFTA Gotcha. 22.11.1993: 4/5.

THIELBEER, Siegfried: Es muß Blut fließen. Deng gab den Schießbefehl. Die Entscheidung in Peking. In: FAZ v. 16.06.1989: 3.

THIEME-BECKER (Hg.): Allgemeines Lexikon der Bildenden Künste von der Antike bis zur Gegenwart. 37 Bde. Leipzig 1907–1950.

TOCQUEVILLE, Alexis de: Über die Demokratie in Amerika. Orig. Französisch: De la démocratie en Amérique, 1835. Übersetzt von Hans Zbinden, hg. v. J.P. Mayer, Stuttgart 1990.

TRENT, Judith S.; FRIEDENBERG, Robert V.: Political Campaign Communication. 2. Aufl. New York u. a. 1991.

TRIPP, William R.: Presidential Campaign Posters. New York u. a. 1976.

TROY, Gil: See How They Ran. The Changing Role of the Presidential Candidate. New York 1991.

TULIS, Jeffrey K.: The Rhetorical Presidency. Princeton/New Jersey 1987.

TYLER, Ron (Hg.): The Image of America in Caricature and Cartoon. Fort Worth/The Amon Carter Museum of Western Art 1976.

U.S. CONGRESS (Hg.): The United States Capitol: A Brief Architectural History. House Document 101–144. 101st Congress, 1st Session. Washington D.C. 1990.

– : Our Flag. House Document 100–247, 100th Congress, 2nd Session. Washington D.C. 1989.

– : Art in the United States Capitol. Prepared by the Architect of the Capitol. House Document No. 94–660, 94th Congress, 2nd Session. Washington D.C. 1978.

VOIGT, Rüdiger (Hg.): Politik der Symbole. Symbole der Politik. Opladen 1989.

WAGENBACH, Klaus (Hg.): Nachwort. In: Ulrike Meinhof, Die Würde des Menschen ist antastbar. Berlin 1994.

WALSH, Edward: Clinton Decries Voices of Intolerance. In: The WASHINGTON POST v. 12.09.1992: A10.

WARBURG, Aby: Heidnisch-antike Weissagungen in Wort und Bild zu Luthers Zeiten. Orig. 1920. Abgedruckt in: WUTTKE (Hg.) 1992: 199–304.

– : Schlangenritual. Ein Reisebericht. Hg. v. Ulrich Raulff. Berlin 1988.

– : Bildniskunst und florentinisches Bürgertum. Orig. 1902. Reprint in: WUTTKE (Hg.) 1992: 65–102.

WARBURG, Paul Moritz: The Federal Reserve System. It's Origin and Growth. New York 1930.

– : A central bank system and the United States of America. An Address Delivered Before the American Economic Association At Atlantic City/New Jersey Dec. 30, 1908.

WARD, John William: Andrew Jackson: Symbol for an Age. 2. Aufl. New York 1971.

WARNEKEN, Bernd Jürgen (Hg.): Massenmedium Straße. Zur Kulturgeschichte der Demonstration. Frankfurt u. a. 1991.

WARNKE, Martin: Politische Ikonographie. Hinweise auf eine sichtbare Politik. In: LEGGEWIE (Hg.) 1994: 170–178.

– : Politische Ikonographie. In: BEYER (Hg.) 1992a: 23–28.

– : Der Kandidat unter der Sonne. In: Das Magazin, Wissenschaftszentrum Nordrhein-Westfalen 1 (1991): 16/17.
– (Hg.): Bildersturm. Die Zerstörung des Kunstwerks. Frankfurt a. M. 1988.
– : Das Bild als Bestätigung. In: BUSCH (Hg.) 1987: 483–506.
– : Das Bild als Herrschaftsbestätigung. In: Funkkolleg Kunst. Studienbegleitbrief 7, 1985: 51–82.
– (Hg.): Politische Architektur in Europa vom Mittelalter bis heute. Repräsentation und Gemeinschaft. Köln 1984.
WASHBURN, Wilcomb E.: The Great Autumnal Madness: Political Symbolism in Mid-Nineteenth-Century America. In: Quarterly Journal of Speech, 49 (1963): 417–431.
WASMUND, Klaus: Politische Plakate aus dem Nachkriegsdeutschland. Zwischen Kapitulation und Staatsgründung. Frankfurt a. M. 1986.
WASSER, Hartmut: Die USA – der unbekannte Partner. Paderborn 1983.
WATTENBERG, Martin: The Rise of Candidate-Centered Politics. Cambridge/Massachusetts 1991.
WEBER, Max: Politik als Beruf. Orig. 1919. 8. Aufl. Berlin 1987.
– : Wirtschaft und Gesellschaft. Tübingen, 5. Aufl., 1980.
– : Staatssoziologie. Soziologie der rationalen Staatsanstalt und der modernen politischen Parteien und Parlamente. 2. Aufl. Berlin 1966.
WECTER, Dixon: The Hero in America: A Chronicle of Hero-Worship. New York 1941.
WEISCHENBERG, Siegfried: Gladiatoren oder Propagandisten? Die Akteure politischer Kommunikation in einer medialen Streitkultur. In: SARCINELLI (Hg.) 1991: 101–120.
WEITENKAMPF, Frank: Political Caricature in the United States in Separately Published Cartoons. New York 1953.
– : Painter-Lithography in the United States. In: Scribner's Magazine 33 (1903): 537–550.
WELSH, Peter C.: Henry R. Robinson: Printmaker to the Whig Party. In: New York History, Vol. LIII, 1 (1972): 25–53.
WHITE, Theodore H.: America in Search of Itself. The Making of the President 1956–1980. New York u. a. 1982.

WHITMAN, Walt: Leaves of Grass. Orig. 1855. Reprint hg. von Malcolm Cowley, Harmondsworth/England 1986.
WICK, Wendy C.: George Washington. An American Icon. The Eighteenth-Century Graphic Portraits. Washington D.C. 1982.
WIEDEMANN, Thomas: Greek and Roman Slavery. Baltimore u. a. 1981.
WILLS, Gary: Cincinnatus: George Washington and the Enlightenment. Garden City/New York 1984.
WILSON, Vincent (Hg.): The Book of the Presidents. 11. Aufl. Brookeville/Maryland 1993.
– (Hg.): The Book of the States. 3. Aufl. Brookeville/Maryland 1992.
– (Hg.): The Book of Great American Documents. 4. Aufl. Brookeville/Maryland 1987.
WIND, Edgar: Hume and the Heroic Portrait. Studies in Eighteenth-Century Imagery. Orig. 1932. Oxford 1986.
– : Einleitung in die Kulturwissenschaftliche Bibliographie zum Nachleben der Antike. Orig. 1934. Abgedruckt in: WUTTKE (Hg.) 1989: 279–293.
– : Studies in Allegorical Portraiture I. In: Journal of the Warburg Institute. Bd. 1 (1937/38), reprint 1965: 138–162.
– : Penny, West, and the Death of General Wolfe. In: Journal of the Warburg and Courtauld Institute, X (1947): 162–165.
– : Humanitätsidee und Heroisiertes Porträt in der Englischen Kultur des 18. Jahrhunderts. In: Vorträge der Bibliothek Warburg. Bd. 9 (1930/31): 156–229.
WITTKÄMPER, Gerhard W. (Hg.): Medien und Politik. Darmstadt 1992.
WOLFF, Kurt H. (Hg.): Wissenssoziologie: Auswahl aus dem Werk Karl Mannheim. Berlin 1964.
WOOD, Gordon S.: Representation in the American Revolution. Charlottesville/Virginia 1969.
WOOD, Kathleen S.: Capital Architecture: Grand Visions, Monumental Reality. In: HÖNNIGHAUSEN/FALKE (Hg.) 1993: 117–139.
WOODWARD, C. Vann: The Strange Career of Jim Crow. Orig. 1957. 3. Aufl. New York 1974.
WUTTKE, Dieter: Aby M. Warburgs Kulturwissenschaft. In: Historische Zeitschrift 256, 1 (1993): 1–30.
– (Hg.): Aby M. Warburg. Ausgewählte Schriften und Würdigungen. 3. Aufl. Baden-Baden 1992.

– : (Hg.): Kosmopolis der Wissenschaft. E.R. Curtius und das Warburg Institute. Briefe 1928 bis 1953 und andere Dokumente. Baden-Baden 1989.

– : (Hg.): Mnemosyne. Beiträge zum 50. Todestag von Aby M. Warburg. Göttingen 1979.

YANKER, Gary: Prop Art. Over 1000 contemporary political posters. London 1972.

YELLIN, Jean Fagan: Women & Sisters: The Antislavery Feminists in American Culture. New Haven u. a. 1989.

YOUNG, Michael L.: The American Dictionary of Campaigns and Elections. Lanham u. a. 1987.

YOUNG, William (Hg.): A Dictionary of American Artists, Sculptors and Engravers. Cambridge/Massachusetts 1968.

ZANKER, Paul: Augustus und die Macht der Bilder. München 1990.

ZAREFSKY, David: Lincoln, Douglas and Slavery. In the Crucible of Public Debate. Chicago u. a. 1990.

ZELLER, Ursula: Die Frühzeit des politischen Bildplakats in Deutschland 1848–1918. Zgl. Diss. phil. Tübingen 1987. Stuttgart 1988.

ZHAO, Xinshu; CHAFFEE, Steven H.: Campaign Advertisements Versus Television News As Sources Of Political Issue Information. In: Public Opinion Quarterly, Spring 1995: 41–65.

Künstlerbiographien

ACKERMAN, James – New York – Lithograph. Die bei PETERS angegebene Adresse stimmt nicht mit der Adresse auf dem außergewöhnlichen, fünffarbigen Holzschnitt überein, den Ackerman von Zachary Taylor für die Wahl 1848 anfertigte. Laut PETERS firmierte Ackerman zwischen 1848 und 1849 unter 120 Fulton Street. Allerdings gibt PETERS keine Firmenadresse für das Jahr 1847 an, so daß es möglich ist, daß Ackerman in diesem Zeitraum unter 110 Nassau Street firmierte. James Ackerman scheint ein Verwandter der Ackerman-Familie zu sein. Die Ackermans, ursprünglich aus Deutschland stammend, wirkten in verschiedenen amerikanischen Städten als Lithographen. Emil Ackerman(n) wurde 1840 in Dresden als Sohn des Bürgermeisters geboren und emigrierte 1848 zusammen mit seinem Vater in die USA, wo er 1856 in die Lehre bei Max Rosenthal in Philadelphia ging. Später machte er sich mit einer Lithographenanstalt in Boston selbständig. James Ackerman, möglicherweise ein Onkel Emil Ackermans, ist neben dem Taylor-Plakat für Illustrationen in Regierungsberichten und botanischen Büchern bekannt. – Quellen: PETERS 1931: 71/72. – Plakate: Taylor 1848. – Abb.: 26.

BAKER & GODWIN – New York – PETERS gibt als Firmenadresse für den Zeitraum zwischen 1864–65 und 1871–72 Nr. 1 Spruce Street in New York an. Die Wahlkampfporträts aller drei Kandidaten 1856 und Lincolns 1860 sind jedoch keine Lithographien, sondern Holzschnitte. Vermutlich hat die Firma vorwiegend im Hochdruckverfahren gearbeitet. – Quellen: PETERS 1931: 87. – Plakate: Frémont 1856, Fillmore 1856, Buchanan 1856, Lincoln 1860. – Abb.: 24, 25, 42, 44.

BENDER, C. W. & Co. – Philadelphia – Lithographenanstalt, die um 1844 unter 71 Dock Street firmierte und auch Drucke in anderen Techniken herausgab. PETERS bezieht sich auf eine Lithographie von P.S. Duval nach einem Originalgemälde von Neagle. Das hier aufgeführte Porträt Henry Clays als Halbtonradierung von John Sartain, einem der herausragenden Graphikporträtisten seiner Zeit, scheint nach derselben Gemäldevorlage wie die Duval-Lithographie angefertigt worden zu sein. Das Wahlkampfporträt von Sartain wurde von Charles W. Bender & Co. unter der obigen Adresse herausgegeben, aber vom Künstler selbst am 16. Dezember 1843 zum Copyright eingereicht. Zu diesem Zeitpunkt war Clay der mutmaßliche, wenn nicht sogar der öffentlich bekanntgegebene Kandidat der Whigs. Aufgrund ihrer ungewöhnlichen Größe (61,5 x 46,7 cm) im Vergleich zu den kleinformatigen Porträts auf Wahlkampfansteckern dürfte die Halbtonradierung mit ihrem reichen ikonographischen Programm Aufsehen erregt haben. – Quellen: PETERS 1931: 92; REILLY 1991: 198–200. – Plakate: Clay 1843. – Abb.: 3.

BRADY, Mathew B. – (1823–1896) New York und Washington D.C. – Bekanntester amerikanischer Fotograf des 19. Jahrhunderts, der vor allem durch seine Aufnahmen während des amerikanischen Bürgerkriegs Weltruhm erlangte, allerdings schon vor dem Bürgerkrieg in den USA durch seine Aufnahmen von Berühmtheiten und Politikern, besonders aber von Abraham Lincoln, bekannt wurde. Brady hatte bereits 1844 sein erstes Daguerreotypiestudio eröffnet. Seine größten kommerziellen Erfolge lagen vor den Bürgerkriegsfotos. Seine Porträtdaguerreotypien gewannen Preise, und das 1850 herausgegebene Album „Gallery of Illustrious Americans" verkaufte sich gut. In der Vorkriegszeit unterhielt er drei Fotogalerien in New York und eröffnete 1858 eine weitere in Washington D.C. Die Bürgerkriegsfotografien entpuppten sich jedoch als kommerzieller Flop, der Brady zweimal in den Konkurs zwang. Dank Brady sind die herausragenden Persönlichkeiten des 19. Jahrhunderts fast vollständig dokumentiert. Viele seiner Porträts dienten als Vorlagen für lithographierte Kandidatenporträts. Zu den berühmtesten zählt Lincolns „Cooper Institute"-Foto. – Quellen: EDWARDS 1988: 75; PFISTER 1978: 33–39. Vorlagen für Plakate: Buchanan 1856; Lincoln 1860.

BRU(E)CKNER, Henry – New York – PETERS führt den New Yorker Lithographen als Henry Bruckner auf, während vermutlich derselbe Künstler auf dem Wahlplakat für den Liberal-Republikanischen Kandidaten Horace Greeley mit „e" geschrieben wird. Das Blatt enthält weiterhin die Information „Henry Brueckner painted. Lith. by *S. Merinsky*. Composed, Lithographed, Printed & Published at Merinsky's Establishment 319 Pearl St. New York". Das Banner ist außergewöhnlich groß und sehr detailreich und originell in Komposition und Ausführung. Über den Künstler ist leider kaum etwas bekannt. PETERS erwähnt Bruckners außergewöhnliches Porträttalent anhand der ihm bekannten Lithographie Schillers von 1859, ein Umstand, der auf eine deutsche oder österreichische Herkunft des Künstlers schließen lassen könnte. – Quellen: PETERS 1931: 117; REILLY 1991: 598. – Plakate: Greeley 1872. – Abb.: 77.

BUFFORD, John H. – Boston und New York – Bufford gehörte wie *Nathaniel Currier* zu der ersten Generation amerikanischer Lithographen. Auch er hatte, wie Currier, das Handwerk bei William S. Pendleton in Boston gelernt, bevor er sich 1841 zusammen mit *Benjamin W. Thayer* und J. E. Moody selbständig machte. Bufford hatte in New York anfangs sogar für Currier und für Endicott gearbeitet und kehrte dann nach Boston zurück, wo er bis 1867 unter verschiedenen Adressen, sämtlich in der Washington Street, firmierte. Porträts, historische Szenen, Kunstdrucke und Stadtansichten, aber auch Seelandschaften, vor allem vom Walfang, waren mit die prominentesten Sujets, die Bufford herausgab. Zu seinen besten Mitarbeitern gehörten *Dominique C. Fabronius*, der auch die exzellenten Lincoln- und Hamlin-Porträts lithographierte, sowie Winslow Homer, der, zwischen 1855 und 1857, bevor er sich der Malerei zuwandte, bei Bufford eine Lithographenlehre absolvierte. Bufford zählte zu den großen und erfolgreichen Lithographenanstalten mit über 100 Beschäftigten. Um 1867 wurde Bufford Manager der New England Steam Lithographic Printing Company. – Quellen: PETERS 1931: 118. – Plakate: Lincoln/ Hamlin 1860; Blaine/Logan 1884. – Abb.: 89.

CHILDS, Cephas G. – (1793–1871) Philadelphia – Einer der Pioniere der amerikanischen Bildpublizistik. Childs wurde 1793 in Plumstead Township/Pennsylvania als Sohn eines Farmers geboren. Früh verwaist wuchs er bei einem Lebensmittelhändler in Philadelphia auf. 1812 ging er bei dem Stecher Gideon Fairman in die Lehre und meldete sich im Jahr darauf freiwillig bei den Washington Guards of Philadelphia gegen die Engländer im Zweiten Unabhängigkeitskrieg. 1818 machte er sich als Stecher selbständig und wurde vor allem durch seine Stadtansichten berühmt, die 1824 in der Pennsylvania Academy ausgestellt wurden. Vermutlich kam er über John Pendleton, mit dem er befreundet war, zur Lithographie. Zusammen mit Pendleton eröffnete Childs um 1830 die erste Lithographenanstalt der USA. 1831 reiste Childs nach Europa, um seine Kenntnisse in der Lithographietechnik zu verbessern. Nach seiner Rückkehr schloß er sich mit dem Maler Henry Inman zusammen. Sie engagierten den französischen Lithographen P.S. Duval als Produktionsleiter. Childs & Inmans Markenzeichen waren Stadtansichten und Porträts. Jacksons Wahlkampfporträt stammt jedoch noch aus Childs Phase als Stecher. – Quellen: PETERS 1931: 136–139; REILLY 1991: 33/34, 42/43. – Plakate: Andrew Jackson 1828.

CROOME, W. – Philadelphia – PETERS hält Croome für einen guten Architekturlithographen, der um 1850 für P.S. Duval arbeitete. Ob dieser W. Croome identisch ist mit dem Teilhaber der Firma Croome, Meignelle & Minot, die ebenfalls in Philadelphia zehn Jahre zuvor tätig war, ist nicht nachweisbar. Das von dieser Firma herausgegebene Campaign-Broadside für William Henry Harrisons Wahlkampf 1840 ist ein aufwendiger Holzschnitt mit großem Textteil in der Mitte und umrahmenden Illustrationen, welche die im Text geschilderten Anekdoten unter dem Titel „The Life And Public Services of William H. Harrison" bebildern. Das Schrift-Bildplakat wurde relativ früh im Wahlkampf, am 11. April 1840, zum Copyright eingereicht. Die gleichen Bildstereotypen tauchen nur unter geringer Veränderung in einer zweiten Version, allerdings mit deutschem Text, auf. – Quellen: PETERS 1931: 148; REILLY 1991: 155–157. – Plakate: Harrison 1840. – Abb.: 46.

CURRIER & IVES – (1834–1907) New York – Berühmteste Lithographenanstalt der USA, von *Nathaniel Currier* 1834 gegründet. Currier, der eine Firmenverbindung mit einem gewissen Stodart eingegangen war, die jedoch nur ein Jahr währte, arbeitete zunächst auf Auftragsbasis. In den 40er Jahren wandelte Currier seine Firma in einen eigenen Lithographenverlag um, der selbständig Bilder publizierte und Aufträge nur in Ausnahmefällen annahm. 1857 wurde Curriers Schwager, James Merritt Ives, der bislang als Buchhalter in der Firma gearbeitet hatte, zum Teilhaber. In der Phase der Umstrukturierung der Firma entwickelte Currier das politische Banner als Wahlkampfutensil und prägte damit einen neuen Bildstil, der die Kandidatenporträts des 19. Jahrhunderts entscheidend beeinflußte. Currier & Ives hatten bis zu ihrer Auflösung 1907 insgesamt über 7.000 unterschiedliche Lithographiemotive entwickelt, die vom Historienbild über Landschaftsszenen und moralischen Erbauungsstücken bis zum Früchtestilleben reichen. Das Ladengeschäft firmierte in der 152 Nassau Street, die Werkstatt in der Spruce Street. – Quellen: PETERS 1942; RAWLS 1979; GALE 1984. – Abbildungen: 6, 7, 10–18, 57, 66.

CURRIER, Charles – (1818–1887) New York – Lithograph, Bruder von *Nathaniel Currier*. Charles betrieb seine eigene Lithographenanstalt in New York City, 33 Spruce Street. Er hat vor allem Illustrationen für Notenblätter herausgegeben. – Quellen: MANTLE FIELDING'S 1986: 195.

CURRIER, Nathaniel – (1813–1888) New York – Lithograph und Inhaber von *Currier & Ives*. Nat Currier wurde 1813 in Roxbury/Massachusetts geboren. Er starb 1888 in New York City. – Quellen: MANTLE FIELDING'S 1986: 195.

FABRONIUS, Dominique C. – Philadelphia, Cincinnati, Boston, New York – Fabronius hat hauptsächlich Lithographien, Aquarelle und Kreideporträts hergestellt. Seine exakten Lebensdaten sind nicht bekannt. Er war der Sohn eines belgischen Lithographen. Seine Karriere begann er in England. Nach Amerika kam er vermutlich in den 1850er Jahren, wo er für eine Firma in Philadelphia namens Rosenthal, Duval & Prang arbeitete. 1859 wurde er bei *Middleton, Strobridge & Co.* in Cincinnati angestellt, wo vermutlich auch ein Verwandter – Christian Fabronius – lebte. Von 1861 bis 1864 arbeitete Fabronius in Boston und von 1865 bis 1872 in New York. 1888 taucht sein Name wieder in Philadelphia auf, dieses Mal vor allem als Aquarellporträtist. Seinen Lebensabend scheint er in New York City verbracht zu haben, wo er ein Atelier hatte und Lithographie- und Zeichenunterricht gab. Fabronius zählt zu den besten amerikanischen Porträt-Lithographen. Seine Porträts von Lincoln sind äußerst detailgetreu und lebendig. – Quellen: NYHS DICTIONARY 1957: 218; YOUNG 1968: 159; PETERS 1931: 183. – Plakate: Lincoln/Hamlin 1860; Lincoln 1860, 1863. – Abb.: 19, 20, 79.

FASSETT, Samuel Montague – Chicago – Die Daguerreotypien und Fotografien von Samuel Fassett datieren zwischen 1856 und 1870. Er arbeitete vor allem als Daguerreotypist, aber auch Salz- und Albuminverfahren gehörten zu seinem Repertoire. Fassett arbeitete im Staate Illinois und hatte sein Studio in Chicago. Der Fotograf kam aus demselben Staat wie Abraham Lincoln, den er am 4. Oktober 1859 in Chicago aufnahm. Diese Fotografie diente als Vorlage für viele Kandidatenporträts, unter anderem auch für die beiden hervorragenden Wahlplakate von *William H. Rease*/Philadelphia sowie dem von *Dominique C. Fabronius* lithographierten, großen Porträt, das von *Edward Mendel* in Chicago herausgegebenen wurde. – Quellen: EDWARDS 1988: 185; HOLZER u. a. 1984: 32; REILLY 1991: 424. – Plakate: Fotovorlagen für Plakate von Lincoln/Hamlin und Lincoln (von Fabronius lithographiert) 1860. – Abb.: 19, 20.

HAASIS & LUBRECHT – New York – Über diese Lithographenanstalt ist nur wenig bekannt. Ihr Gründer scheint J. Haasis gewesen zu sein, der 1851 in New York, 26 Spruce Street registriert war. Die Firma Haasis & Lubrecht ist 1871 ebenfalls in New York, allerdings unter einer anderen Adresse aufgeführt: 107 Liberty Street. Die von Haasis & Lubrecht für die Demokratischen Kandidaten 1876 hergestellte Lithographie ist grob koloriert. Die Farben sind verlaufen. Die Ikonographie des Schrift-Bildplakates, das in die Edukative Kampagnenstrategie der Kandidaten paßt, ist sehr komplex und neben dem umfangreichen Textteil und den Doppelporträts der Kandidaten mit drei weiblichen Allegorien und diversen Symbolen versehen. – Quellen: PETERS 1931: 201. – Plakate: Tilden/Hendricks 1876. – Abb.: 62.

HATCH & Co. – New York – New Yorker Lithographenanstalt, vermutlich 1855 von George W. Hatch Jr. gegründet. – Quellen: NYHS DICTIONARY: 300. – Plakate: Garfield 1880; Blaine 1884; Cleveland 1884. – Abb.: 52, 53.

HATCH, George W. Hatch, Jr. – New York – Lithograph in New York City. Vermutlich ein Sohn von George W. Hatch (1805–1867). Hatch sen. hatte vor allem Banknoten entworfen und gedruckt, war gleichzeitig einer der Gründer der „American Bank Note Company", der er von 1863 bis 1866 vorstand. Hatch jr. leitete zwei Lithographenanstalten, Hatch & Severyn und *Hatch & Co.* – Quellen: NYHS DICTIONARY: 300. – Plakate: Garfield 1880; Blaine 1884; Cleveland 1884. – Abb.: 52, 53.

Künstlerbiographien

HEPPENHEIMER & Co./HEPPENHEIMER & MAURER – New York – F. Heppenheimer firmierte unter diversen Adressen in der North William Street in New York. Die von *Samuel Stern*, 22 North William Street, herausgegebene Lithographie wurde bei F. Heppenheimer gedruckt, der in Übereinstimmung mit der zeitlichen Angabe bei PETERS 1868 unter 22 and 24 North William Street firmierte. Die für den Demokratischen Kandidaten Horatio Seymour erstellte Lithographie ist vermutlich eine Auftragsarbeit. 1872 wurde Louis Maurer, ein Lithograph, der lange Jahre für *Nathaniel Currier* gearbeitet hatte, Teilhaber der Heppenheimer Co. – Quellen: PETERS 1931: 213. – Plakate: Horatio Seymour 1868. – Abb.: 76.

KELLOGG & HANMER/KELLOGG & COMSTOCK/KELLOGG(S) & BULKELEY – Hartford – Lithographenanstalt in Hartford/Connecticut. Trotz der unterschiedlichen Teilhabernamen scheinen die drei Firmen identisch zu sein. Vgl. *Jarvis Griggs Kellog(g)* und *Elijah Chapman Kellogg*. Die einzige Lithographenanstalt, die es vielleicht mit *Currier & Ives* aufnehmen konnte. Der Firmengründer, *Daniel Wright Kellogg*, hat die Firma von 1833 bis 1842 allein betrieben, bevor *Edmund Burke* und *E(lijah) C(hapman) Kellogg* 1843 Partner wurden. 1846/47 bestand die erste Partnerschaft mit *Horace Thayer*, darauf folgte von 1849 bis 1852 die Partnerschaft mit J.G. Comstock. J.G. Kellogg betrieb seine eigene Firma 1844–1855 mit einer kleinen Unterbrechung durch eine Partnerschaft mit Samuel Hanmer, Jr. Während der Thayer- und der Comstock-Partnerschaften war *D. Needham* der Agent in Buffalo. In den 60er Jahren heiratete Frank Bulkeley in die Kellogg-Familie und wurde Firmenpartner. Um 1860 wird auch Charles E. Kellogg, der Sohn *Edmund Burke Kelloggs*, Firmenmitglied. Die Kellogg-Brüder arbeiteten ähnlich wie *Currier & Ives* nicht als Auftragsbetrieb sondern als selbständiger Verlag. – Quellen: PETERS 1931: 242–247. – Plakate: Clay/Frelinghuysen 1844; Taylor/Fillmore 1848; Van Buren/Adams 1848; Pierce/King 1852. – Abb.: 23.

KELLOGG, Daniel Wright – (1807–1872) Hartford – Bruder von *Jarvis Griggs Kellogg* und *Elijah Chapman Kellogg*. Gründer der Kellogg-Lithographenanstalt mit diversen Teilhabern. Gelernter Stecher, der aber auch die Lithotechnik beherrschte und neben *Nathaniel Currier* zu den Pionieren der Massenproduktion billiger Populärgraphik gehörte. Tief in der Tradition Neuenglands verwurzelt, verbrachte Kellogg sein Leben in Hartford/Connecticut. Sein Ururgroßvater, Daniel Kellogg, war zwischen 1645 und 1650 von England nach Amerika emigriert. Sein Vater, Daniel (1766 geb.), hatte Susanna Griggs geheiratet. Aus der Ehe gingen 12 Kinder hervor, neben den vier Brüdern, die alle Lithographen wurden, ein weiterer Bruder und sieben Schwestern. – Quellen: PETERS 1931: 243.

KELLOGG, Edmund Burke – Der nach dem englischen Politiker und Philosophen benannte Lithograph wurde 1809 geboren. Er ging nach Vernon/Connecticut, später nach New London. Dort betätigte er sich im Druckgewerbe und Journalismus, bevor er nach Boston und dann nach Toronto zog, wo er stellvertretender Herausgeber einer Zeitung wurde. Edmund Burke Kellogg ging dann nach New York City und trat schließlich in die Lithographenfirma seiner Brüder in Hartford ein. Zusammen mit *Elijah Chapman Kellogg* gab er das politische Banner für Lincoln und Johnson 1864 heraus, das im Louis A. Warren Lincoln Museum aufbewahrt ist. Von diesem Plakat, das im Bildteil dieser Arbeit nicht abgebildet ist, findet sich aber eine Reproduktion in HOLZER u. a. Das ca. 30 x 23 cm große Plakat ist im Stil der politischen Banner gehalten, enthält keinen Slogan und könnte Anfang 1865 herausgegeben sein. Unter den Ovalmedaillonporträts des Präsidenten und des Vizepräsidenten steht zwischen den beiden für Kellogg typischen Füllhörnern eine Gerechtigkeitsallegorie. Links und rechts sind Kanonen dargestellt. – Quellen: PETERS 1931: 244; HOLZER u. a. 1984: 131. – Plakate: Lincoln/Johnson 1864.

KELLOGG, Elijah Chapman – (1811–1881) Hartford – Lithograph, 1811, wie *Jarvis Griggs Kellogg*, in Tolland/Connecticut geboren. Hat ausschließlich in Hartford/Connecticut gearbeitet und ist zweimal als Lithograph auf den Drucken erwähnt (einmal nur als Elijah Chapman und einmal als Kellogg, E. C.). Laut PETERS erlernte Elijah im Alter von siebzehn Jahren die Radier- und Stechtechnik und machte sich bald als Stecher selbständig. Er war zugleich einer der ersten in den USA, die um 1855 eine künstliche Forellenzucht betrieben. 1860 ging er nach Europa, um sich Kenntnisse in der professionellen Fischzucht zu erwerben und zog sich 1865 aus dem Lithographengeschäft völlig zurück. – Quellen: YOUNG 1968: 260; PETERS 1931: 244–247. – Plakate: Pierce/King 1852; Lincoln/Johnson 1864/65; Van Buren/Adams 1848. – Abb.: 23.

KELLOG(G), Jarvis Griggs – (1805–1873) Hartford und Boston – Lithograph und Stecher, in Tolland/Connecticut geboren. Laut YOUNG arbeitete er von ca. 1841 bis 1862 in Hartford/Connecticut und zwischen 1862 und 1870 in Boston. MANTLE FIELDING'S gibt an, daß er um 1850 in New Haven/Connecticut tätig war. Jarvis Griggs Kellogg ist wohl der Bruder von *Elijah Chapman Kellogg*, worauf der identische Geburtsort hindeutet. Beide scheinen denselben Beruf ergriffen zu haben, es kann aber nicht geklärt werden, ob sie gemeinsam die Lithographenanstalt betrieben haben. Laut PETERS 1931: 243 hat Jarvis, dessen mittlerer Name der Mädchenname seiner Mutter, Susanna Griggs, ist, seine Lehre als Stecher in Boston absolviert und nach seiner Rückkehr nach Hartford eine eigene Lithographenanstalt betrieben, nach 1845 dann mit seinem Partner, Samuel Hanmer Jr., über dessen Leben aber nichts bekannt ist. Jarvis Griggs Kelloggs Spezialität waren historische Szenen. – Quellen: MANTLE FIELDING'S 1986: 284; YOUNG 1968: 260; PETERS 1931: 243. – Plakate: Henry Clay/Theodore Frelinghuysen 1844.

KURZ & ALLISON – Chicago – Lithographenanstalt in Chicago, 1881 von Louis Kurz und Alexander Allison gegründet. Die Firma spezialisierte sich vor allem auf Chromolithographien. Das NYHS Dictionary gibt an, daß die Firma mindestens bis 1899 Chromolithographien herstellte. Das Wahlplakat für die Republikanischen Kandidaten Theodore Roosevelt und Charles W. Fairbanks spricht jedoch dafür, daß die Firma auch noch zu Beginn des 20. Jahrhunderts aktiv war. – Quellen: NYHS DICTIONARY 1957: 378/379; PETERS 1931: 259/260. – Plakate: Streeter/Cunningham 1888; Harrison/Morton 1888; Parker/Davis 1904; Roosevelt/Fairbanks 1904. – Abb.: 49, 59.

KURZ, Louis – (1834–1921) Chicago – Österreichisch-amerikanischer Dekorationsmaler und Lithograph. Er emigrierte 1848 in die USA. 1852 zog er mit seiner Familie nach Chicago, wo er seine Karriere als Bühnenbildner (scene painter) begann. In den 50er Jahren experimentierte er mit der Lithographietechnik in Milwaukee/Wisconsin und war Teilhaber einer Firma mit Henry Seifert. Im Bürgerkrieg kämpfte er auf Seiten der Unionsarmee und war ein persönlicher Freund Abraham Lincolns. Nach Ende des Bürgerkriegs kehrte er nach Chicago zurück, wo er die Chicago Lithographic Company (1863–71) gründete. In den 70er Jahren war er der

Geschäftsführer der American Oleographic Company in Milwaukee, bevor er 1881 zusammen mit seinem Teilhaber Alexander Allison seine zweite Lithographenanstalt *Kurz & Allison* gründete. Kurz war auch eines der Gründungsmitglieder des Chicago Art Institute. Er starb 1921 in Chicago.– Quellen: NYHS DICTIONARY 1957: 378/379; PETERS 1931: 259/260; THIEME-BECKER XXII, 1978: 136.

LEWIS & GREBNER – Buffalo/New York – PETERS gibt die Adresse der Lithographen mit 13 West Seneca Street/Buffalo an. Auf dem außergewöhnlich detailgetreuen Wahlplakat der Kandidaten John C. Frémont und William L. Dayton werden C.E. Lewis als Lithograph und Herausgeber und Charles Grebner als Drucker genannt, die beide unter derselben Adresse firmierten: 208 Main Street, Buffalo. Der samtige Druck verstärkt die sehr lebensnahen Porträts, die, wie einem kleingedruckten Hinweis auf dem Plakat zu entnehmen ist, nach einer Fotovorlage angefertigt worden sind. Die beiden von PETERS erwähnten Lithographien sind ebenfalls Porträts und wenn man von dem hier vorliegenden Exemplar auf das Können des Lithographen schließen darf, so gehörte C.E. Lewis zu den besten Porträtlithographen seiner Zeit. – Quellen: PETERS 1931: 267. – Plakate: Frémont/Dayton 1856. – Abb.: 50.

MENDEL, Edward – Chicago – Verleger von Lithographien. Über Edward Mendel ist kaum etwas bekannt. PETERS hält die ihm bekannten, von Mendel publizierten Lithographien jedoch für äußerst interessant und auch das hier vorliegende Porträt, das von *Dominique C. Fabronius* auf den Stein gebannt wurde, gehört zu den herausragenden Porträtlithographien seiner Zeit. Dieses frühe Wahlkampfporträt Lincolns wurde nach einer Fotografie angefertigt, die im Oktober 1859 von *Samuel M. Fassett* aufgenommen worden war. Ein größeres Wahlkampfporträt von Lincoln, das ebenfalls von Mendel im Juni 1860 herausgegeben wurde, ist bei HOLZER u. a. abgedruckt. – Quellen: PETERS 1931: 279; REILLY 1991: 424; HOLZER u. a. 1984: 32. – Plakate: Lincoln 1860. – Abb.: 20.

MERINSKY, Svobodin – New York – Über den Künstler ist wenig bekannt. YOUNG gibt an, daß Merinsky Lithograph war und um 1859 in New York City gearbeitet hat. Die beiden von Merinsky für Horace Greeleys' Wahlkampf 1872 angefertigten Lithographien sind ungewöhnlich in ihrem Sujet und in ihrer Ausführung. Im Vergleich zu den konkurrierenden Drukken sind Merinsky's Lithographien außergewöhnlich detailgetreu und voller allegorischer Anspielungen. Merinsky gehörte mit Sicherheit zu den Meistern seines Faches. – Quellen: YOUNG 1968: 315. – Plakate: Greeley 1872. – Abb.: 77, 80.

NAST, Thomas – (1840–1902) – In Deutschland geboren kam Nast 1846 nach Amerika. Dort begann er für die erste amerikanische Illustrierte, Frank Leslie's Illustrated Newspaper, als Cartoonist und Illustrator vorzüglich im Medium des Holzschnittes zu arbeiten. Ab 1857 entwarf er auch für Harper's Weekly. Nast avancierte zum einflußreichsten politischen Karikaturisten Amerikas, der vor allem seit der Bürgerkriegszeit durch seine eindeutige abolitionistische Haltung, der er in seinen Karikaturen Ausdruck verlieh, Aufsehen erregte. Nast schuf die bekanntesten Bild- und Parteisymbole des 19. Jahrhunderts: den Tammany Tiger, den Republikanischen Elefanten und den Demokratischen Esel. Nast starb als amerikanischer Botschafter in Ecuador an Gelbfieber. – Quellen: KELLER 1968. – Plakate: Anti-McClellan 1864. – Abb.: 74.

NEAGLE, John B. – (1796–1866) – Die Gemälde Neagles dienten als Vorlagen für Drucke von Henry Clay. – Quellen: PETERS 1931: 294. – Plakate: Clay 1843/1844. – Abb.: 3.

NEEDHAM, D. – Buffalo – Partner und Vertriebsleiter der diversen Kellogg-Unternehmen/ Hartford in Buffalo/N.Y. – Quellen: PETERS 1931: 295. – Plakate: Taylor/Fillmore 1848; Van Buren/Adams 1848. – Abb.: 23.

REASE, William H. – Philadelphia – Lithograph, um 1818 in Pennsylvania geboren. Er hat zwischen 1844 und 1860, wahrscheinlich aber noch länger, in Philadelphia gearbeitet und seine eigene Lithographenanstalt betrieben. Die beiden kommerziellen Plakate für den Wahlkampf 1860 sind mit großer Genauigkeit und Liebe zum Detail ausgeführt. Sie wurden von ihm selbst gedruckt und veröffentlicht. PETERS gibt drei Firmenadressen an. 1844–1854: 17 South 5th Street, 1855–1856: 97 Chestnut Street, 1857–1860: northeast corner of 4th and Chestnut Street, alle in Philadelphia. Die beiden Lithographien für den 1860er Wahlkampf wurden unter der letzten Adresse veröffentlicht. PETERS erwähnt das Lincoln/Hamlin-Banner als Rückseite eines Panzerschiffdruckes, dem „U.S. Clad Steamer, New Ironsides". – Quellen: NYHS DICTIONARY 1957: 527; YOUNG 1968: 379; PETERS 1931: 331. – Plakate: Lincoln/Hamlin 1860; Bell/Everett 1860. – Abb.: 21, 22.

ROBINSON, Henry R. – New York – Henry Robinson war zwischen 1831 und 1850 in New York City als Lithograph, Herausgeber und Karikaturist tätig. Er firmierte unter Nr. 52 Courtland Street. Robinson ist der herausragende Bildsatiriker seiner Zeit. Als überzeugter Anhänger der Whigs kritisierte er in seinen bissig bis boshaften Karikaturen vor allem die Demokratische Administration, an erster Stelle Andrew Jackson und dessen Nachfolger Martin Van Buren. – Quellen: WELSH 1972; WEITENKAMPF 1953: 39–40. – Karikaturen: General Jackson Slaying the Many Headed Monster 1836. – Abb.: 64.

SHAHN, Ben – (1898–1969) – Ben Shahn wurde in Kowno/Litauen geboren und emigrierte 1906 mit seiner Familie in die Vereinigten Staaten, wo er nach einer Lithographenlehre in New York Malerei studierte. 1927 bis 1929 unternahm er Reisen nach Europa, wo er von Kubismus und Expressionismus beeinflußt wurde. Nach seiner Rückkehr in die Vereinigten Staaten entwickelte er einen realistischen Malstil. Die für FDRs vierte Präsidentschaftskampagne angefertigten vier Plakate, die allesamt von der CIO-Gewerkschaft finanziert wurden, zeigen realistische Darstellungen von Arbeitern. Shahn arbeitete während des Zweiten Weltkrieges für das U.S. Kriegspropagandaministerium (OWI = Office of War Information). Davor hatte er schon für das Stahlarbeiterkomitee der neugegründeten Gewerkschaft CIO gearbeitet. 1944 erhielt er eine Festanstellung als künstlerischer Leiter in der Graphikabteilung des CIO Political Action Committees. In dieser Funktion entstanden die Wahlplakate. 1954 vertrat Shahn zusammen mit Willem de Kooning die USA auf der 27. Biennale in Venedig. – Quellen: PHILIPPE 1982: 329; POHL 1989: 7–9. – Plakate: vier FDR Plakate 1944. – Abb.: 29, 32.

SAMUEL STERN PUBLISHING COMPANY – Samuel Stern war der Herausgeber für das von *Heppenheimer* produzierte Seymour-Plakat. – Quellen: PETERS 1931: 375. – Plakate: Seymour 1868. – Abb.: 76.

THE STROBRIDGE LITHO. CO. – (ca. 1880–1890) Cincinnati – Nachfolgefirma von *Middleton, Wallace, Strobridge & Co.* in Cincinnati/Ohio. Die Firmengeschichte ist typisch für das Lithographengeschäft: MIDDLETON, WALLACE & COMPANY: 1855–1858 (Elijah C. Middleton, W.R. Wallace, *Hines Strobridge*); MIDDLETON, STROBRIDGE & COMPANY: 1859–1864 (statt W.R. Wallace ist nun *Dominique C. Fabronius* Teilhaber); STROBRIDGE, GERLACH & WAGNER: 1862–1866 (*Hines Strobridge*, Herman Gerlach, H.E. Wagner); STROBRIDGE & COMPANY: 1867– ca. 1877 (John Schobe, H.E. Wagner); THE STROBRIDGE LITHO. CO.: 1880er–1890er Jahre. – Quellen: PETERS 1931: 284; NYHS DICTIONARY 1957. – Plakate: Programmatisches Plakat 1892; Bryan 1900. – Abb.: 65.

STRONG, Thomas W. – New York – New Yorker Lithographie- und Druckanstalt. Zwischen 1842 und 1843 hatte Strong sein Geschäft in der Fulton Street, danach in 98 Nassau Street. Das erste großformatige Außenplakat wurde ein paar Straßennummern weiter bei James Ackerman, 101 Nassau Street gedruckt. Strong vertrieb auch populäre Musiknoten und veröffentlichte einen Farmer-Almanach. Die großzügige Anlage des Zachary Taylor-Plakates könnte von seinen (Zirkus-) Plakaten für P.T. Barnum herrühren. – Quellen: PETERS 1931: 377. – Plakate: Taylor 1848. – Abb.: 26.

THAYER, Benjamin W. – Boston – Thayer firmierte zwischen 1840 und 1851 unter 208 Washington Street/Boston. Als Nachfolger von Thomas Moore stand Thayer in direkter Linie von einem der frühesten Lithographenunternehmen, William S. Pendleton, bei dem *Nathaniel Currier* in die Lehre gegangen war. Thayer arbeitete eng mit *John H. Bufford* zusammen und ragte besonders in der Gestaltung von Musiktitelblättern (sheet music) heraus. Das vergleichsweise großformatige Wahlkampfporträt für Martin Van Buren gehört zu den wenigen Bildmaterialien, die für den amtierenden Präsidenten herausgegeben wurden. Das Plakat zielte vor allem auf Arbeiter als Adressaten ab und wurde recht spät im Wahlkampf, am 5. Oktober 1840, zum Urheberrechtsschutz eingereicht. – Quellen: PETERS 1931: 382; REILLY 1991: 164. – Plakate: Martin Van Buren 1840. – Abb.: 63.

TROCHSLER, Albert & Company – Boston – Lithographenanstalt in Boston, von 1859 bis 1863 unter der Adresse 116–118 Washington Street, die auch auf dem feinen Druck von *Fabronius* angegeben ist. PETERS zählt kleinere Porträts von *Fabronius*, sowie pittoreske Camps, Forts und Mühlen als typische Trochsler-Sujets auf. – Quellen: PETERS 1931: 390. – Plakate: Lincoln 1863. – Abb.: 79.

WEBER, Edward & Company – (ca. 1835–1854) Baltimore – Als Vorläufer der späteren A. Hoen & Company Lithographenanstalt in Baltimore wurde Edward Weber & Company 1835 gegründet und vermutlich um 1848 von den Neffen Edward Webers in A. Hoen & Company umbenannt. Von der Lithographenanstalt sind schon von Anbeginn politische und militärische Themen und Seeschlachtszenen bekannt sowie Formularvordrucke, Stadtansichten, Buchillustrationen und Illustrationen über die Erforschung des Westens. Von Edward Weber sind nicht nur Papierlithographien, sondern auch Textildrucke bekannt, z.B. ein Satinanhänger (satin badge) mit dem Porträt William Henry Harrisons. Bei der sehr ziselierten und schönen Lithographie des „Grand National Whig Prize Banner Badge" handelt es sich vermutlich um einen Papierproof für ein Textilsouvenir, das eine Kopie des Originalbanners aus Seide darstellte, welches ursprünglich als Unikat in seiner Funktion als Zeremonialbanner und Preis für den Parteitag hergestellt worden war. – Quellen: PETERS: 397; REILLY 1991: 205/206; COLLINS 1979: 18–20 und 115. – Plakate: Grand National Whig Prize Banner 1844. – Abb.: 5.

WOOD, Joseph – (geb. ca. 1778) Washington D.C. – Joseph Wood wurde bei Clarkstown/New York geboren. In jugendlichem Alter verließ er die elterliche Farm und schlug sich mit allerlei Gelegenheitsjobs in New York durch, unter anderem lernte er dabei, Porträt-Miniaturen anzufertigen. 1802 ging er eine acht Jahre währende Geschäftsverbindung mit John Wesley Jarvis ein. Die beiden Partner spezialisierten sich auf schnelle Porträtgemälde für die sie eine nicht geringe Entlohnung verlangten. Nach Beendigung der Partnerschaft arbeitete Wood zunächst in Philadelphia und Baltimore, bis er sich schließlich in Washington D.C. niederließ, wo er den Rest seines Lebens verbrachte. Zu dem Zeitpunkt des Jackson-Gemäldes war Wood schon bekannt für seinen unsteten Lebenswandel und seine Neigung zu alkoholischen Getränken. Nichtsdestotrotz entstand das Porträt Jacksons und wurde zum meistnachgeahmten und weitverbreitetsten Bildnis Jacksons in den 20er Jahren des 19. Jahrhunderts. Der Stich von *Cephas G. Childs* ist nur eine von vielen Reproduktionen des verlorengegangenen Originals. – Quellen: BARBER 1991: 82–85. – Plakate: Vorlage für das Andrew Jackson Porträt. – Abb.: 2.

Glossar[1]

AAPC
American Association of Political Consultants. Berufsorganisation der amerikanischen politischen Berater, die 1969 von Joseph Napolitan gegründet wurde und ungefähr 200 Vollmitglieder zählt, sowie weitere 200 Assoziierte. Diese Organisation, die mit der International Association of Political Consultants (IAPC) verbunden ist, zeigt, welchen hohen Grad an Professionalisierung das Gewerbe des politischen Beraters in den USA erreicht hat.

ABOLITIONISMUS
Politische Bewegung in den Vereinigten Staaten, die sich bereits zu Ende des 18. Jahrhunderts, vor allem aber im 19. Jahrhundert für die Abschaffung der Sklaverei einsetzte. Ein „Abolitionist" ist generell jemand, der für die Abschaffung einer Institution eintritt. In den 20er Jahren des 20. Jahrhunderts wurde der Begriff von den Gegnern der Todesstrafe aktualisiert, die sich ebenfalls als Abolitionisten bezeichneten.

ADVOCACY
Euphemistischer Begriff für „Lobbying", der vor allem von politischen Beratern zur Nobilitierung ihres Berufsstandes eingesetzt wird.

AFL-CIO
American Federation of Labor – Congress of Industrial Organizations. Die AFL wurde als unparteiischer Gewerkschaftsdachverband 1886 gegründet. Nach 1908 näherte sich die AFL der Demokratischen Partei an. Durch die fortgeschrittene Industrialisierung während des *New Deal* spaltete sich 1935 eine speziell auf die Organisation großer Industriebetriebe ausgerich-

---

1 Das Glossar wurde nach dem Beispiel von Hartmut WASSER, (Die USA - der unbekannte Partner. Paderborn 1983) erstellt, in Anlehnung an dessen Glossar auch einige Definitionen und Formulierungen übernommen wurden, ohne diese jedoch, aus Gründen der besseren Lesbarkeit, im Text selbst explizit kenntlich zu machen. Weitere Quellen für die obige Begriffszusammenstellung sind: John Russell BARTLETT, Dictionary of Americanisms. A Glossary of Words and Phrases usually regarded as peculiar to the United States. New York 1848; Paul F. BOLLER, Presidential Campaigns. 2. erweiterte Aufl. New York u.a. 1985; William SAFIRE, Safire's New Political Dictionary. 3. revidierte Aufl. New York 1993; George Earlie SHANKLE, American Mottoes and Slogans. New York 1941; Eileen SHIELDS-WEST, The World Almanac of Presidential Campaigns. New York 1992; Michael L. YOUNG, The American Dictionary of Campaigns and Elections. Lanham u.a. 1987; sowie ausgewählte Artikel aus THE ECONOMIST und THE NEW YORKER.

tete Gewerkschaftsgruppe unter dem Namen CIO von der AFL ab. Der CIO unterstützte Franklin D. Roosevelt offen durch die Herausgabe von Plakaten (vgl. Abb. 29). Während des Zweiten Weltkrieges bestanden die AFL und die CIO als getrennte Organisationen. Sie schlossen sich erst 1955 wieder zu einem Dachverband zusammen. 1945 war ein Drittel der amerikanischen Arbeiterschaft Mitglied in der AFL-CIO. 1990 ist dieser Anteil auf weniger als ein Fünftel gesunken.

ANNUIT COEPTIS
Lateinisches Motto auf der Rückseite des Staatssiegels der USA mit der Bedeutung „Er (Gott) billigt unser begonnenes Werk". Das Motto geht auf Vergil zurück und kommt sowohl in seiner „Aeneis" wie in seiner „Georgica" vor. Der Entwerfer des amerikanischen Staatssiegels, William Barton, verkürzte den Vergilschen Satz auf die obige Formel.

ANTI-INCUMBENCY-MOOD
Gegen „incumbents" – politische Amtsinhaber, die eine weitere Amtszeit anstreben – gerichtete Stimmung in der Bevölkerung. Der Anti-Incumbency-Mood ist ein Phänomen der 90er Jahre, das den bisherigen Amtsbonus eines Kandidaten zu unterwandern, wenn nicht sogar abzulösen scheint. Als Ursache werden die vermehrt zu Tage tretenden Korruptionsskandale sowie eine allgemeine Politikerverdrossenheit angenommen.

ANTI-MASONIC PARTY
Anti-Freimaurer-Partei, 1826 in Batavia/New York gegründet. Heterogene Zusammensetzung mit dem gemeinsamen Ziel, den Einfluß des Freimaurer-Geheimbundes zu unterbinden.

A PUBLIC OFFICE IS A PUBLIC TRUST
Slogan der Demokraten für ihren Präsidentschaftskandidaten Grover Cleveland 1884. Der Slogan bezog sich auf die Integrität Clevelands, der sich 1882 als Bürgermeister von Buffalo/New York einen Namen gemacht hatte, als er das öffentliche Interesse über Parteiloyalitäten und Lobby-Interessen stellte und die Unterstützung politischer Organisationen zurückwies, die an Verpflichtungen oder Begünstigungen gebunden waren. Der Slogan steht im Zusammenhang mit einem neuen Bewußtsein für politische Verantwortung, das vor allem durch edukative Bild- und Wahlstrategien angesprochen werden sollte.

BALLOT
Stimmzettel. Der Begriff hatte ursprünglich auch die Bedeutung „Wahlkugel", da die Wahlurnen ursprünglich Glaskugeln waren, die in einem Holzgestell standen. Der heute übliche Ausdruck für „Wahlurnen" ist „ballot-box".

BALLYHOO
Als Verb bedeutet „to ballyhoo" Enthusiasmus für eine Sache hervorrufen. Abwertend kann es jedoch auch als „Schaumschlägerei" die Vermarktung eines Kandidaten kritisieren. Der Ausdruck hat vermutlich irische Wurzeln. „Bally" oder „bal" ist die irische Bezeichnung für ein Dorf. In Cork County, Irland, gibt es ein Dorf mit dem Namen Ballyhooly, dessen Einwohner anstrengende Debatten führen, die meist mittels physischer Gewalt entschieden werden. Synonyme für „ballyhoo" sind *„hurrah"* oder *„hoopla"*.

BANDANNA
Von dem Hindu-Wort „bhanda" stammender Ausdruck für ein Stofftaschentuch aus Baumwolle oder Seide. Die zwischen 30 und 60 cm großen quadratischen Textilien gehörten zu den ersten mit politischen Porträts oder Slogans bedruckten Bildträgern und waren vor allem im 19. Jahrhundert ein beliebtes und weitverbreitetes Wahlkampfutensil.

BANNER
Das Banner war ebenfalls ein Stofftuch, das jedoch im Unterschied zu den *bandannas* weder dem Naseschneuzen noch als Andenken diente. Politische Textilbanner erfüllten eine zeremonielle Funktion beim Einzug der Parteidelegationen auf einer Partei-*Convention*. Sie waren meist reich mit Brokat, Seide und Goldfäden bestickte Unikate, die erst durch die Kopie im Papierdruck eine kommemorative Funktion erlangten. Der Lithograph Nathaniel Currier entwarf 1844 zum ersten Mal nach dem Vorbild der Textilbanner ein gedrucktes „political banner" und damit den Vorläufer des modernen Wahlplakats (vgl. Abb. 5, 6 und 10, 11).

BBD&O
Batten, Barton, Durstine & Osborn. New Yorker Werbeagentur in der Madison Avenue, der Republikanischen Partei nahestehend. BBD & O war die erste Werbeagentur, die versuchte, Werbetechniken auf die Politik zu übertragen. Bruce Barton, ein Senior-Partner von BBD&O war schon in den 20er Jahren als politischer Berater der Republikanischen Kandidaten Calvin Coolidge und Herbert Hoover tätig und beriet nach einem kurzen Intermezzo als Kongreßabgeordneter 1936 Alf Landon und 1944 Thomas Dewey in ihren Präsidentschaftswahlkämpfen. BBD&O betreute schließlich den ersten TV-Wahlkampf in der amerikanischen Geschichte und produzierte 1952 die ersten TV-Spots für Dwight D. Eisenhower.

BELTWAY BOB
Negativer Spitzname Bob Doles, der ihm im Republikanischen Vorwahlkampf 1996 von seinem innerparteilichen Konkurrenten Pat Buchanan verliehen wurde. Der Spitzname spielt auf Doles langjährigen Wohnsitz in der amerikanischen Hauptstadt an, die durch eine Ringstraße (Beltway) vom Umland abgegrenzt ist. „Inside the beltway" wird polemisch mit der politischen Elite Amerikas gleichgesetzt, die sich vom einfachen Leben und den Problemen der einfachen Leute entfernt habe.

BROADSIDE
Wandzeitung, Schrift-Bildplakat, das vor allem im 19. Jahrhundert sehr populär war und häufig zugleich als Einzelblattdruck und Zeitungsbeilage erschien. Wahlkampf-Broadsides zeigen meist die Porträts der Kandidaten, ihre Lebensläufe, die Parteiprogramme und manchmal die Ergebnisse der letzten Präsidentschaftswahlen in tabellarischer Form. Die ausführlichen Broadsides werden auch „Charts" genannt (Vgl. Abb. 9, 46, 56, 62).

CANVASS/CANVASSING
Canvassing bedeutete im 18. und frühen 19. Jahrhundert das von Tür zu Tür gehen der Kandidaten, die durch diesen direkten Wählerkontakt Stimmen für sich zu werben erhofften. In Großbritannien ist der „canvasser" ein „knocker-up", was der eigentlichen Tätigkeit näher kommt. Canvassing stammt vermutlich von dem altfranzösischen „canabasser", was soviel wie

genau erforschen, durch ein Stück Leinwand pressen, hieß. Lange Zeit war die politische Bedeutung von „canvass" die letzte, amtliche Auszählung eines Wahlergebnisses. Der Begriff konnte jedoch Ende des 19. Jahrhunderts auch synonym mit der „Wahl" schlechthin benutzt werden. Im modernen politischen Sprachgebrauch ist das „Canvassing" eine meist telefonisch von den Wahlhelfern einer Partei durchgeführte Wahlkampfaktion, in der Wähler persönlich aufgefordert werden zur Wahl zu gehen und den „richtigen" Kandidaten zu wählen. „Canvassing" gehört zum Standardrepertoire jedes Wahlkampfteams.

CAUCUS
Genuin amerikanischer Begriff, der usprünglich einen informellen Führungszirkel umschrieb, welcher etwa Kandidaten für öffentliche Ämter auslas und aufstellte; solange die Präsidentschaftskandidaten de facto von den Kongreßfraktionen ausgewählt wurden, bezeichnete man das fraktionelle Nominierungsgremium als „caucus". Heute spricht man auch von „Caucus"-Staaten dort, wo lokale und regionale Nominierungsversammlungen und -parteitage die Auswahl des jeweiligen Präsidentschaftskandidaten vornehmen, also keine *Primaries* stattfinden.

CONGENITAL LIAR
Übersetzt: „geborene Lügnerin". Bezeichnung, mit der der rechtskonservative Publizist William Safire Anfang 1996 die First Lady Hillary Clinton diffamierte. Die Äußerung bezog sich auf die Whitewater-Immobilien-Affäre, in die Bekannte und Freunde des Präsidentenehepaares verwickelt waren. Um der Rolle von Bill und Hillary Clinton in diesem lange zurückliegenden Fall nachzugehen, setzte der U.S.-Kongreß eine Untersuchungskommission ein, die wiederum einen Sonderstaatsanwalt mit der Aufklärung betraute. Im Ergebnis konnte den Clintons keine Rechtsverletzung nachgewiesen werden.

CONVENTION
Bezeichnung für die amerikanischen Parteitage. Der erste landesweite Parteitag in der amerikanischen Geschichte wurde 1830 von der *Anti-Masonic Party* in Philadelphia abgehalten. Kurz darauf, im Dezember 1831 traf sich die National Republican Party in Baltimore auf einer Convention. Erst seit dem Parteitag der Demokratischen Partei 1840 wurden diese Treffen auch außer zur Nominierung der Präsidentschaftskandidaten zur Verabschiedung einer *platform* – eines Parteiprogramms – genutzt. Die Parteitage fanden im 19. Jahrhundert meist in Theatern oder Opernhäusern statt.

COPPERHEAD(S)
Zoologisch korrekt mit „Mokassinschlange" zu übersetzen, werden mit dem Ausdruck, der vor allem zur Zeit des amerikanischen Bürgerkriegs Hochkonjunktur hatte, Landesverräter, Défätisten und allgemein „Miesmacher" tituliert. Um 1862 erhielt der Begriff seine konkrete Bedeutung als Bezeichnung für Nordstaatler, die Sympathien für die abtrünnigen Südstaaten hegten. Die Mokassinschlange wird häufig als heimtückischste aller Schlangen bezeichnet, weil sie ohne Vorwarnung zubeißt. Sie ist in gewisser Hinsicht die Antithese zu der in der politischen Ikonographie der USA positiv besetzten Klapperschlange (rattlesnake), die vor einem Angriff durch Geräusche auf sich aufmerksam macht und den Feind damit warnt. Auf die „copperheads" wird auch in der Untertitelung der Lincoln-Lithographie von 1863 (Abb. 79) angespielt.

Glossar

DARK HORSE
Bezeichnung für einen Kandidaten, der aus dem „Nichts" auftaucht, häufig der „lachende Dritte", der an den beiden Hauptkandidaten vorbeizieht und die Nominierung erringt. Beispiele für solche in der amerikanischen Geschichte recht häufig auftretenden Kompromißkandidaten sind die Demokraten und späteren Präsidenten James K. Polk 1844 und Franklin Pierce 1852. Unter den Republikanern machten sowohl Abraham Lincoln 1860, Rutherford B. Hayes 1876 und Warren G. Harding 1920 als „dark horses" das Rennen.

DDB
Doyle, Dane und Bernbach. Werbeagentur, die 1949 von Ned Doyle, Maxwell Dane und Bill Bernbach in New York als eine $ 1.200 Investition gegründet wurde und 1983 zur zehntgrößten Werbeagentur weltweit avancierte. DDB prägte den neuen Werbestil der späten 50er und 60er Jahre. 1964 arbeitete DDB für die Lyndon B. Johnson-Kampagne und gab bei Tony Schwartz einen Werbespot in Auftrag, der zu den berühmtesten Wahlkampfspots überhaupt zählt – den Daisy-Spot.

DNC
Democratic National Committee. Parteizentrale der Demokratischen Partei, 1848 gegründet, heute in Washington D.C. ansässig.

DON'T SWAP HORSES IN THE MIDDLE OF THE STREAM
Abraham Lincoln zugeschriebener Ausspruch, den die Republikanische Partei während des Wahlkampfes 1864 als Slogan einsetzte. Sinngemäß bedeutet der Spruch, daß es politisch unklug sei, in Krisenzeiten das Pferd, sprich die politische Führungsfigur, zu wechseln, wie man auch in der Mitte eines Flusses mit starker Strömung nicht das Pferd wechseln sollte. Lincoln soll den Ausspruch als Erklärung für seine erneute Nominierung inmitten des Bürgerkrieges verwendet haben. Der Slogan wurde, zum Teil auch in der Abkürzung als „don't change horses", im Wahlkampf 1916, als Woodrow Wilson zur Wiederwahl antrat, sowie 1940 und 1944 als Argument für die Wiederwahl Franklin D. Roosevelts angewendet. Die Erwiederung auf eine „don't change horses"-Strategie kann, wie im Falle des Republikanischen Kandidaten Thomas Dewey, „Time for a change" sein. Die bildliche Redewendung stammt aus der antiken Dichtung und wird Xenophon zugeschrieben: „Während des Rennens ist nicht Zeit zum Pferdewechseln".

EGGHEAD
In den fünfziger Jahren lexikalisch erfaßte Bezeichnung für einen Intellektuellen. Vor allem Adlai Stevenson hatte in seinen beiden Präsidentschaftswahlkämpfen 1952 und 1956 gegen sein „Egghead-Image" anzukämpfen. Der Ausdruck wurde vor allem zur Bezeichnung von Demokraten verwendet und taucht im Zusammenhang mit John F. Kennedys Kabinett häufiger auf, dessen Mitglieder als „Eierköpfe" (sich politisch engagierende Intellektuelle) beschimpft wurden.

ELECTIONEERING
Wahlpropaganda, aggressive Wahlkampfführung. Der Ausdruck wurde vermutlich von dem englischen Konservativen Edmund Burke zur Zeit der amerikanischen Revolution geprägt.

ELECT McKINLEY, THE ADVANCE AGENT OF PROSPERITY
Slogan der Republikaner im Präsidentschaftswahlkampf 1896 für ihren Kandidaten William McKinley. Dieser trat außer für den Goldstandard auch für hohe Schutzzölle ein, die der amerikanischen Wirtschaft ein Zeitalter des Wohlstandes bescheren sollten. Der Slogan sprach die Bevölkerung an, da die Arbeitslosigkeit im Verlauf der Demokratischen Administration Grover Clevelands drastisch angestiegen war und sich die Wirtschaft zur Zeit des Wahlkampfes in einer Depression befand.

ENDORSEMENT
Finanzielle oder öffentlichkeitswirksame Unterstützung eines politischen Kandidaten durch einflußreiche oder berühmte Förderer. Das Gewinnen der Reichen, Schönen und Mächtigen für die eigenen Sache gehört im Medienzeitalter zu den ersten Hürden, die ein Kandidat zu überwinden hat. „Endorsements" können von mächtigen Lobbygruppen, wie beispielsweise den Gewerkschaften, ausgesprochen oder auf andere Weise symbolisch vermittelt werden, aber auch von Medienstars, Filmschauspielern oder einflußreichen individuellen Geldgebern.

E PLURIBUS UNUM
Lateinisches Motto auf der Vorderseite des amerikanischen Staatssiegels mit der Bedeutung „Aus Vielen Eines". Der lateinische Spruch geht auf Vergil zurück, der in einem Gedicht über die Zubereitung eines Salates schreibt: „Color est e pluribus unus". Zur Kolonialzeit scheint der Spruch als Epitaphie auf der Titelseite des „Gentlemen's Magazine" unter einem Emblem aufgetaucht zu sein, auf welchem eine Hand einen Blumenstrauß hält. Als Motto des U.S. Staatssiegels bereits 1776 festgelegt, symbolisiert es die Einheit der USA aus vielen Einzelstaaten. Als nationales Motto taucht es auch vereinzelt in Plakaten auf (vgl. Abb. 65, 89).

ERA
Equal Rights Amendment. Dieser Gesetzesentwurf zur Gleichstellung der Geschlechter, der in die Verfassung aufgenommen werden sollte, wurde bereits 1923 von der National Woman's Party vorgeschlagen. Nachdem das Amendment 1972 die erforderliche Zweidrittel-Mehrheit im Repräsentantenhaus sowie die Mehrheit der Stimmen im Senat erhalten hatte und zunächst auch von 30 Einzelstaaten ratifiziert worden war, scheiterte es schließlich 1982 doch an der Marge von mindestens 38 Staaten, die das Gesetz ratifizieren mußten, bevor es in die Verfassung aufgenommen werden konnte. Im Wahlkampf 1976 spielte das ERA in beiden Partei*platforms* eine große Rolle.

FAT CAT
Bezeichnung für einen wohlhabenden Spender im Bereich der Parteien- und Wahlkampffinanzierung, der durch finanzielle Zuwendungen auch politischen Einfluß zu nehmen sucht.

FDR
Kürzel für Franklin Delano Roosevelt, dem 32. Präsident der Vereinigten Staaten (1932–1945).

FLOATING VOTES
Wechselstimmen, Wechselwähler. Synonym für „swing vote" oder „swing voter".

FREE SOIL, FREE SPEECH, FREE LABOR, AND FREE MEN
Wahlslogan der Free Soil Party. Am 9. August 1848 auf dem Parteitag in Buffalo/New York angenommen. Der Slogan bringt die Prinzipien der *Platform* kurz und bündig zum Ausdruck und taucht auch in den Plakaten der Spitzenkandidaten Martin Van Buren und Charles F. Adams (Abb. 14) sowie der ersten Republikanischen Kandidaten John Frémont und William Dayton (Abb. 15) auf.

FRONT-PORCH CAMPAIGN
Wahlkampfstrategie, bei der sich der Kandidat auf seinen Landsitz zurückzieht und nur auf seiner eigenen Veranda (front-porch) öffentliche Ansprachen hält. Diese Strategie empfahl sich vor allem für Amtsinhaber, die damit ihre Gelassenheit und staatsmännische Statur betonen konnten, ohne sich in die Untiefen des politischen Wahlkampfes verwickeln zu lassen oder für Herausforderer, deren rednerisches Talent beschränkt war. Während einer „Front-Porch Campaign" verhält sich der Kandidat eher passiv, empfängt jedoch Besucher, auch in großen Gruppen und korrespondiert mit Wählern. Typische Veranda-Kampagnen verfolgten die Republikaner Benjamin Harrison 1888, William McKinley 1896 und Warren Harding 1920. Die entgegengesetzte Strategie ist das sogenannte „*Stumping*" im 19. Jahrhundert und das besonders von Harry Truman im Wahlkampf 1948 bekannt gemachte „*Whistle-Stopping*".

FRYING THE FAT
Vgl. auch *Fat Cat*. „Fat" bedeutet im politischen Jargon „Geld". Mit „fat-frying" wird das *Fundraising* bei Großindustriellen und Bankiers bezeichnet, das in den USA bereits Ende des 19. Jahrhunderts zur Wahlkampffinanzierung unabdingbar war. Der Verwendung des Begriffs „fat-frying" in diesem Sinne ist zuerst für den Wahlkampf von 1888 belegt.

FUNDRAISER/FUNDRAISING
Methode der Wahlkampffinanzierung, wobei zum Teil recht einfallsreich vermittels Eintrittsgeldern für Barbecues, Cocktail-Parties oder größere Festessen und Gala-Diners Wahlkampfmittel für einen Kandidaten eingetrieben werden. Beim typischen „Fundraising-Dinner" kann nach Zahlung eines hohen Eintrittspreises im Beisein prominenter Politiker und Kandidaten einer Partei gespeist werden. „Fundraiser" werden einerseits auf lokaler Ebene von Freiwilligen organisiert und reichen von einer kleinen Grillparty bis zum Empfang beim Bürgermeister. Als „Fundraiser" werden jedoch auch Personen bezeichnet, die entweder für eine Partei oder eine Lobbygruppe Geld „eintreiben".

GAR
Abkürzung für „Grand Army of the Republic". Veteranenverband der Bürgerkriegssoldaten des Nordens, der 1866 gegründet, gegen Ende des 19. Jahrhunderts eine politisch einflußreiche Interessensorganisation darstellte.

G.O.P.
Grand Old Party. Eine Bezeichnung für die Republikanische Partei, die auf die achtziger Jahre des vergangenen Jahrhunderts zurückgeht.

GRANDFATHER CLAUSE
1898 wurde in die Verfassung Louisianas die „Großvaterklausel" aufgenommen (und fand dann rasch Eingang in andere Südstaaten-Verfassungen). Sie stellte denjenigen Bürger vom Lese- und Schreibtest (Literacy Test) frei, dessen Großvater vor 1867, also bei den letzten Wahlen vor der Sklavenbefreiung, bereits gewählt hatte. Auf diese Weise erhielten weiße Analphabeten automatisch das Wahlrecht, das den meisten Schwarzen auch weiterhin verwehrt blieb.

GRASS ROOTS DEMOCRACY
US-Interpretation der eigenen Herrschaftsordnung als einer bis an die „Graswurzeln" hinabreichenden „Basisdemokratie". In dieser Vorstellung spiegelt sich die agrar-romantische Tradition der amerikanischen Politik mit ihrer Idee autarker demokratischer Einheiten (Familie, Nachbarschaft, Kommune), wie sie im Populismus immer wieder auflebt. Mit „Grass Roots" wird aber auch schlicht die Arbeit an der Parteibasis bezeichnet.

HANDBILL
meist nur handflächengroßes Flugblatt oder Reklamezettel (vgl. Abb. 2).

HARD CIDER
Stark vergorener Apfelwein/Most. Ein beliebtes Getränk in der ersten Hälfte des 19. Jahrhunderts, das in Holzfässern abgefüllt wurde. Dem Kandidaten der Whigs 1840, William Henry Harrison, wurde eine Vorliebe für diese Getränk nachgesagt. Hard-cider-Tonnen prangten zusammen mit der obligatorischen Holzhütte (*Log cabin*) auf den meisten Broadsides in diesem Wahlkampf (vgl. Abb. 1, 8) und wurden zu Common-man-Symbolen, die Einfachheit, Abenteurertum und das ländliche Leben heroisierten. Der Wahlkampf 1840 wird häufig als „Log-cabin and Hard-cider-Campaign" bezeichnet.

HARRISON & REFORM
Slogan der Whig Party im Wahlkampf von 1840 für ihren Kandidaten William Henry Harrison (vgl. Abb. 8), der von dessen Enkel Benjamin Harrison im Wahlkampf 1888 wiederbelebt wurde.

HITCHHIKES
Kurze Werbespots, die als „Huckepack"-Filme an Fernsehsendungen mit hoher Einschaltquote angehängt werden.

HOMESTEAD
Vom Staat zugewiesenes oder zu günstigen Konditionen zu erwerbendes Freiland in der Größe von ca. 160 Morgen.

HONEST (OLD) ABE
Spitzname Abraham Lincolns, der während des Wahlkampfes 1860 von seinen Anhängern geprägt wurde und Ehrlichkeit und Weisheit des Kandidaten als Tugenden hervorheben sollte.

HOOPLA
Unterhaltungseffekte im Wahlkampf, die Massenenthusiasmus hervorrufen, wie beispielsweise Paraden, Fahnen, Luftballons. Der Begriff, der bereits im 19. Jahrhundert aus den amerika-

nischen Beifallsrufen „Hooray" und „Whoopee" zusammengesetzt wurde, ist synonym mit dem Begriff „*hurrah*" (vgl. auch „*ballyhoo*").

HURRAH-CAMPAIGN
Unterhaltungseffekte im Wahlkampf, vor allem Paraden. Synonym zu „*hoopla*"- oder „*ballyhoo*"- campaign.

IKE
Spitzname Dwight D. Eisenhowers, des 34. Präsidenten der USA (1953–1961).

IT'S THE ECONOMY, STUPID
Ausspruch von Bill Clintons Wahlkampfmanager, James Carville, der damit das Hauptwahlkampfthema 1992 charakterisierte.

JFK
Kürzel für John F. Kennedy, 35. Präsident der Vereinigten Staaten (1961–1963).

JIM CROW LAWS
Gesetze verschiedener Südstaaten nach dem Bürgerkrieg zur Trennung der weißen und schwarzen Bevölkerung in öffentlichen und privaten Bereichen wie Schulen, Verkehrsmitteln, Wohnbezirken, Erholungsgebieten, Hotels etc. 1896 hat der Supreme Court in der 'separate but equal'-Doktrin diese gesetzgeberische Praxis unter gewissen Bedingungen bekräftigt. Erst seit den vierziger Jahren rückte das Oberste Gericht von jenem Urteil ab.

KING ANDREW
Negativer Spitzname Andrew Jacksons, der ihm während des Wahlkampfes 1832 von Henry Clay und anderen politischen Gegnern verliehen wurde. Die Titulierung ist eine Kritik an der selbstherrlichen Herrschaft Jacksons, die von seinen Gegnern als neue Form der Monarchie diffamiert wurde.

KING MAT(TY)
Negativer Spitzname für den Demokratischen Präsidenten Martin Van Buren im Wahlkampf 1840, der ihn als Aristokraten in der Nachfolge *King Andrews* brandmarken sollte.

KNOW-NOTHINGISM
Mitte des 19. Jahrhunderts formierte sich die rechtsextremistische Know-Nothing-Partei als geheimbündlerische Bewegung mit einwanderungsfeindlichen Tendenzen und antikatholischen Ressentiments. Der Name beruht einerseits auf dem Umstand, daß die Know-Nothings gegenüber Nichtmitgliedern Nichtwissen über die Aktivitäten der Gruppe vortäuschten, andererseits auf dem Erkennungscode der Know-Nothings untereinander. Laut einer Beschreibung des Cleveland Plain Dealer von 1854 schloß ein Know-Nothing ein Auge, wenn er sich einem anderen zu verstehen geben wollte, formte mit dem Daumen und dem Zeigefinger eine Null und steckte die Nase hindurch. Als Zeichensprache ist diese Gestik folgendermaßen zu entschlüsseln: eye-nose-0 = I know nothing. Die Know-Nothing-Bewegung trat auch als „Order of the Star-Spangled Banner", als American Party oder als *Native* Party in Erschei-

nung. Millard Fillmore, ehemaliger Vizepräsident in der Zachary Taylor-Administration und Taylors Amtsnachfolger trat 1856 als Kandidat der „American Party" zur Präsidentschaftswahl an (vgl. Abb. 24). Die Know-Nothing-Bewegung zerstreute sich in der zweiten Hälfte des 19. Jahrhunderts und ging auf in rassistischen Organisationen wie dem 1865 gegründeten Ku-Klux-Klan.

LBJ
Kürzel für Lyndon Baines Johnson, 36. Präsident der USA und Nachfolger des ermordeten *JFK*. Die Abkürzung wurde im Wahlkampf 1964 in den sich reimenden Slogan „LBJ For The USA" integriert.

LOCOFOCO
Streichholz- und Kerzenmarke im 19. Jahrhundert. Der Name für die Lichtspender wurde aufgrund eines Vorfalls bei der Nominierung eines Parteivorsitzenden auf die gesamte Demokratische Partei übertragen und war im 19. Jahrhundert weit verbreitet. Die Bezeichnung „Locofoco" für einen Demokraten ist jedoch heutzutage in Vergessenheit geraten. Der Ausdruck „Locofocos" wurde beispielsweise in der Aufschrift des Whig Rolling Balls von 1840 als Schimpfwort verwendet (vgl. Abb. 4). Der Vorfall, der zu dem Spitznamen führte, betraf einen innerparteilichen Zwist um die Nominierung von Gideon Lee 1835 als Demokratischen Kongreßkandidaten. Die Kandidatennominierung mußte in einer Parteiversammlung in *Tammany Hall* bestätigt werden. Den Anhängern Lees war klar, daß der ebenfalls zu wählende Vorsitzende über den Ausgang der Wahl bestimmen würde. Während dieses Abstimmungsprozesses kam es zu tumultartigen Unruhen zwischen den beiden Lagern und schließlich wurden die Gaslampen ausgestellt. Die Gegner Lees hatten jedoch mit einem solchen Manöver gerechnet und waren mit loco-foco Streichhölzern und Kerzen ausgerüstet, die sie erfolgreich zum Einsatz brachten. Der Vorfall wurde von der Presse aufgegriffen und der Name „Loco-Foco" auf sämtliche Anhänger der Demokratischen Partei übertragen.

LOG-CABIN- (AND HARD-CIDER-CAMPAIGN)
Nach den prominenten Symbolen benannter Wahlkampf 1840 zwischen dem amtierenden Demokratischen Präsidenten und Nachfolger Andrew Jacksons, Martin Van Buren und dem Herausforderer der noch jungen Whig Partei, William Henry Harrison. Harrison wurde als „Common man" porträtiert. Die Symbole dieser vorgespiegelten Einfachheit waren die Holzhütte und ein Faß mit vergorenem Apfelmost, der zugleich ein massenhaft ausgeschenktes Wahlkampfgetränk war. Die Log cabin gehörte zu den meistverwendeten Wahlkampfsymbolen im 19. Jahrhundert (vgl. Abb. 1, 8, 56).

MADISON AVENUE
Renommierte Straße in Manhattan, an der in den 50er und 60er Jahren vor allem Werbeagenturen ihre Büros hatten. Mit der aufkommenden Kritik an dem Einfluß der Werbefachleute auf die Politik wurde „Madison Avenue" zu einem Synonym für das vermutete eigentliche Machtzentrum, in welchem die Kandidaten „fabriziert" würden. In dieser Hinsicht löste „Madison Avenue" den im 19. Jahrhundert weit verbreiteten Ausdruck „*Tammany Hall*" ab, der den Sitz der Demokratischen Parteibosse markierte, die in raucherfüllten Räumen die Präsidentschaftskandidaten bestimmten, anstatt die Auswahl der Kandidaten dem Wahlvolk zu überlassen.

MANIFEST DESTINY
Zentraler Bestandteil der US-Ideologie, artikuliert schon um die Mitte des 19. Jahrhunderts. Kernbestandteil dieser Ideologie ist die Verknüpfung eines politischen Expansionismus mit der Vorstellung einer göttlichen Vorsehung und Bestimmung, der die Anhänger dieser Ideologie in einem religiösen Glauben meinen folgen zu müssen. Die Manifest-Destiny-Ideologie bezieht sich vor allem auf die Gruppe der *WASP*s, die durch „die offenkundige Vorsehung, das manifeste Schicksal" mit der Aufgabe betraut seien, den gesamten nordamerikanischen Kontinent zu erschließen und zu beherrschen.

NAACP
National Association for the Advancement of Colored People. 1909/1910 in New York City von einer Gruppe schwarzer und weißer Intellektueller gegründet. Die NAACP avancierte zur wichtigsten Bürgerrechtsbewegung der Vereinigten Staaten, die ihre Ziele – Gleichstellung der Schwarzen und der Weißen, Abschaffung der *Segregation* – vor allem mit juristischen Mitteln erkämpfte.

NAFTA
Abkürzung für „North American Free Trade Agreement", ein Freihandelsübereinkommen zwischen den USA, Kanada und Mexiko, dessen Verabschiedung im amerikanischen Kongreß 1993 heiß umstritten war und zu mehreren öffentlichen TV-Debatten führte. Die berühmteste Debatte fand zwischen dem amerikanischen Vizepräsidenten und NAFTA-Befürworter Al Gore sowie dem Populisten und NAFTA-Gegner Ross Perot im November 1993 statt. NAFTA wurde schließlich vom U.S.-Kongreß verabschiedet (vgl. Abb. 73).

NATIVISM
Rassistisch motivierte Oppositionsbewegung konservativer, zumeist weißer, angelsächsischer, protestantischer Kreise gegen die Einwanderung „artfremder" Bevölkerungsgruppen, etwa der Südosteuropäer im 19. und 20. Jahrhundert.

NEGATIVE ADVERTISING
Werbestrategie, die die persönliche Integrität oder die politische Glaubwürdigkeit des politischen Gegners durch bewußte Unterstellungen infragestellt.

NEW DEAL
Bezeichnung für das Regierungsprogramm *FDR*s im Jahre 1932, mit dessen Hilfe er die schwere sozio-ökonomische Krise der USA überwinden wollte. Der Begriff stammt aus der Sphäre des Kartenspiels – New Deal meint eine neue Runde, ein neues Blatt im Spiel. *FDR* verwendete diesen Ausdruck zuerst in seiner Nominierungsrede auf dem Demokratischen Parteitag 1932: „I pledge you, I pledge myself, to a new deal for the American people. Let us all here assembled constitute ourselves prophets of a new order of competence and courage. This is more than a political campaign; it is a call to arms. Give me your help, not to win votes alone, but to win in this crusade to restore America to its own people."

NIMBY
Kurz für „Not In My Back-Yard". Charakterisierung eines besonderen Menschen- und Wählertypus, der bestimmte gemeinnützige Projekte, wie beispielsweise Kindergärten, Obdachlo-

senheime oder auch Müllverbrennungsanlagen generell unterstützt, jedoch nur solange diese Einrichtungen nicht in seinem „Hinterhof", das heißt in seiner unmittelbaren Nachbarschaft, stehen.

NO CROWN OF THORNS, NO CROSS OF GOLD
Wahlkampfslogan der Demokraten 1896 als William Jennings Bryan gegen den von den Republikanern vertretenen Goldstandard antrat. Der Slogan ist eine Abkürzung der Parteitagsrede Bryans, die ihn zum überraschenden Präsidentschaftskandidaten machte. Der Abschluß dieser pathetischen Rede im vollen Wortlaut ist: „You shall not press down upon the brow of labor this crown of thorns. You shall not crucify mankind upon a cross of gold." Der gesamte Text der Rede ist auch auf einem Wahlplakat abgedruckt (vgl. Abb. 60, s. auch Abb. 65).

NOT THE EMPIRE, NOT TRUST PROSPERITY
Slogan des Demokratischen Kandidaten William Jennings Bryan in seinem zweiten Präsidentschaftswahlkampf 1900. Der Slogan bringt das antiimperialistische und antimonopolistische Programm Bryans auf den Punkt.

NOVUS ORDO SECLORUM
Motto auf der Rückseite des U.S. Staatssiegels, das von dem Entwerfer des Siegels, William Barton, einem Vers Vergils entlehnt wurde und soviel wie „eine neue Ordnung der Zeitalter" bedeutet.

NO TAXATION WITHOUT REPRESENTATION
Motto der amerikanischen Revolution, das sich gegen den 1765 vom britischen Parlament erlassenen Stamp Act richtete, der den amerikanischen Kolonien Steuern abverlangte ohne ihnen ein parlamentarisches Vertretungsrecht zuzugestehen.

O.K.
Über den Ursprung dieses umgangssprachlichen Begriffes, der weltweite Verbreitung gefunden hat, grassieren unterschiedliche Anekdoten, die jedoch alle aus dem Wahlkampfumfeld stammen. Eine Theorie führt „O.K." auf die Initialen des Geburtsortes Martin Van Burens zurück, der in *Old Kinderhook* im Staate New York geboren wurde. 1840 hatten sich die radikalen *Locofoco*-Demokraten zu einem O.K.-Club zusammengeschlossen, um Martin Van Burens Wiederwahl zu unterstützen. Einer ihrer Slogans, mit dem sie auch in den Zeitungen Schlagzeilen machten, war „Down with the Whigs, boys, O.K.". Die New York Times, die eine Anti-Locofoco-Position vertrat, kehrte die Initialen in einem Leitartikel 1840 in die ebenso bekannte K.O.-Formel um, die 1840 für „Kicked Out" stand und die Abwahl Van Burens auf den Punkt brachte.

OLD FUSS AND FEATHERS
Spitzname für den Kandidaten der Whigs 1852, Winfield Scott, der sich dieses Kürzel durch seine Vorliebe für militärischen Pomp, Abzeichen und anderen Schnick Schnack verdiente. Aufgrund seines rein militärischen Hintergrundes als Berufssoldat, der seinen Heldenruhm vor allem im Mexikanischen Krieg erwarb, war er jedoch nicht mehrheitsfähig und verlor gegen den bescheidener auftretenden Kandidaten der Demokraten, Franklin Pierce, der der 14. Präsident der USA wurde.

OLD HICKORY
Spitzname Andrew Jacksons, der sich auf sein heldenhaftes und kameradschaftliches Verhalten während des Zweiten Unabhängigkeitskrieges von 1812 bezog und auf seine Beharrlichkeit anspielte: So hart wie Hikorzienholz zu sein.

OLD KINDERHOOK
Spitzname für den Demokratischen Präsidentschaftskandidaten Martin Van Buren im Wahlkampf 1836. Die Bezeichnung leitete sich von dem Geburtsort Van Burens, Old Kinderhook im Staate New York, her und wird abgekürzt als eine mögliche Variante der Entstehung des Begriffes „O.K." interpretiert.

OLD ROUGH AND READY
Spitzname des Kriegshelden Zachary Taylor, der sich seinen Ruhm während des Mexikanischen Krieges (1846–48) erworben hatte.

OLD TIP(PECANOE)
Spitzname für William Henry Harrison, den Kandidaten der Whigs im Wahlkampf von 1840. Der Spitzname bezieht sich auf eine Schlacht gegen die Shawnee-Indianer im Jahre 1811 am Tippecanoe-Fluß nähe Prophetstown/Indiana, die Harrison angeführt und trotz hoher Verluste siegreich beendet hatte.

PAC
Kurz für Political Action Committee. Politische Organisationsform unterhalb der Parteiebene, die in Form von Bürgerinitiativen, ad hoc-Zusammenschlüssen Gleichgesinnter oder als Ableger traditioneller Pressure Groups wie beispielsweise den Gewerkschaften vor allem Wahlen durch Unterstützung oder Bekämpfung bestimmter Kandidaten und Positionen außerhalb des traditionellen Parteienschemas zu beeinflussen sucht. Die *PACs* sind eine Entwicklung des 20. Jahrhunderts. Das erste Political Action Committee wurde 1944 als eine Abspaltung von der *AFL*-Gewerkschaft gebildet und beansprucht vor allem die Industrie-Arbeiterschaft zu vertreten. Das *CIO-PAC* betrieb eine eigene Propagandaabteilung, die Wahlplakate für *FDR* herausgab. Seit 1944 sind neben den National Committees die *PACs* die Hauptauftraggeber für Wahlplakate.

PLANK
Parteigrundsatz, Ordnungspunkt innerhalb einer Partei-*Platform*.

PLANTOCRACY
Aus den Begriffen „Plantation" und „Aristocracy" zusammengesetzter Begriff, der die Herrschaft der Plantagenbesitzer im 18. Jahrhundert in den amerikanischen Kolonien bzw. der jungen Republik kritisch kennzeichnet. Auch Thomas Jefferson ist zur „Virginia Plantocracy" zu zählen, die zwar aufklärerische Ideen vertraten, in der Praxis ihren Wohlstand jedoch auf Sklavenarbeit gründete.

PLATFORM
Wahlprogramm einer Partei oder eines Kandidaten, im allgemeinen von Platform Committees (Programmausschüssen) verfaßt und von nationalen oder einzelstaatlichen Parteitagen verab-

schiedet. Platforms stellen typischerweise in den USA relativ unverbindliche, stark generalisierte Absichtserklärungen für den Fall der Regierungsübernahme dar, die meist mit einem hohen Maß an politischer Rhetorik gespickt sind. Die Parteiprogramme sind häufig auch innerhalb einer Edukativen Wahlstrategie Bestandteil der Plakate (vgl. Abb. 47, 48, 62, 71).

POPULIST MOVEMENT
Parteipolitische Bewegung des ausgehenden 19. Jahrhunderts in den Agrargebieten des Mittelwestens, die schnell auf den Westen und Süden übergriff und sich dabei weit auseinanderentwickelte. Auch nach dem Scheitern der Populisten als dritte Partei hat sich doch ihr Gedankengut und soziologisches Substrat in der amerikanischen Politik am Leben erhalten und aktiviert sich stets aufs neue bei Präsidentschaftswahlen: Die kleinbäuerliche und kleinbürgerliche Opposition gegen ökonomische Konzentration und politische Zentralisation, die sich aus ländlichem Romantizismus und evangelistischem Protestantismus speist, sich auf Thomas Jefferson, Thomas Paine und Andrew Jackson beruft, gelegentlich aber im linken Populismus auch progressive politische und soziale Reformbemühungen verkörpert. Ein typisches Beispiel für den traditionell-konservativen Populismus stellte der unabhängige Kandidat in den Präsidentschaftswahlkämpfen 1992 und 1996 Ross Perot dar. Der texanische Milliardär trat als Volkstribun auf, der die Interessen des „Common man" zu vertreten beanspruchte und vor allem auf die Politikerverdrossenheit, den *Anti-Incumbency-Mood,* setzte.

PORK BARREL
„Kuhhandel" zwischen Abgeordneten, die verschiedenartige Wahlkreise und Gruppeninteressen vertreten. „Pork Barrel" stellte ursprünglich ein verbales Tauschgeschäft dar, in dem die Abgeordneten übereinkamen, ihre disparaten Anträge durch wechselseitige Absprachen zu unterstützen. Die dadurch ermöglichten Gesetze heißen Pork Barrel-Gesetze, wohl unter Anspielung auf jenes Gerangel, das entstand, wenn die Sklaven in den Südstaaten Verpflegungsrationen in Form von in Fässern gepökeltem Schweinefleisch erhielten. Pork Barrel wird jedoch auch zur Bezeichnung von Wahlkampfversprechen benutzt, die besonders in der Wahlkampfendphase bestimmte Wählergruppen zur Stimmabgabe für den diese „Wahlgeschenke" austeilenden Kandidaten – meist den Amtsinhaber – bewegen sollen.

PRIMARIES
Vorwahlen. Seit der Jahrhundertwende in vielen Einzelstaaten durchgeführtes Verfahren zur Förderung Demokratischer Transparenz bei der innerparteilichen Kandidatenaufstellung für öffentliche Ämter oder bei der Auswahl von Delegierten für die National *Conventions.* 1996 fanden in 40 Staaten sowie im District of Columbia und in Puerto Rico Primaries im Zusammenhang mit der Präsidentschaftswahl statt. Die „Open Primary" erlaubt dem wahlberechtigten Bürger an der Vorwahl jeder Partei teilzunehmen, ohne seine eigene Parteimitgliedschaft oder -präferenz nachweisen zu müssen; das Wahlergebnis erstreckt sich hier auf die Entscheidung des Wählers, ob er sich an der Vorwahl der einen oder anderen Partei beteiligen will. Die „Closed Primary" erfordert vom Wähler, öffentlich sichtbar zu machen, welcher Partei er sich zugehörig fühlt. „Zugehörigkeit" wird durch einfache Registrierung bzw. durch Teilnahme an den Vorwahlen der betreffenden Partei bekundet.

RAILSPLITTER
Spitzname Abraham Lincolns im Wahlkampf 1860. Die von Lincolns Wahlkampfmanagern in Auftrag gegebenen Biographien des Kandidaten stellten Lincoln als Common man dar, der auch tatsächlich aus armen Verhältnissen stammte und sich seinen Lebensunterhalt, bevor er zum Anwalt avancierte, als Holzfäller verdient hatte. Der Spitzname betonte zugleich die enorme Körpergröße und physische Kraft des Kandidaten, der laut Legende mit einem Hieb einen Baumstamm zu spalten verstand. Die gespaltenen Baumstämme wurden meist zum Bau von für den Westen der USA typischen Holzzäunen (railfences) verwandt, von denen ein stilisiertes Exemplar auch auf einem Plakat abgebildet ist (vgl. Abb. 19, 21).

RALLY
Öffentliche Versammlung im Wahlkampf, die über zehntausend Menschen umfassen konnte, die sich meist um eine Rednertribüne sammelten, um den teilweise stundenlangen Ansprachen der von den Parteien bezahlten professionellen politischen Redner zu lauschen. Häufig wurde eine „Rally" durch eine Parade mit Musik abgeschlossen. Die Hochphase der politischen „Rallies" lag eindeutig im 19. Jahrhundert.

READ MY LIPS – NO NEW TAXES
Der umgangssprachliche Ausdruck, etwas von den Lippen abzulesen, wäre im Deutschen von seiner Bedeutung her in etwa mit „aufgepaßt, nehmt meine folgenden Worte ernst" zu übersetzen. „Read my lips" kündigt eine Versprechung an, die der Sprecher im folgenden ausdrückt. Der Ausdruck wird in der Gegenwart vor allem mit der Steuerlüge George Bushs in Verbindung gebracht, der auf dem Republikanischen Parteitag von 1988 in seiner Nominierungsrede ankündigte: „Congress will push me to raise taxes, and I'll say to them: 'Read my lips. No new taxes'." Als George Bush dann doch genötigt wurde, die Steuern zu erhöhen, avancierte sein Versprechen zum prägnanten Ausdruck für den Bruch politischer Wahlversprechen. „Read my lips" stammt ursprünglich aus der Rockmusik. Der Sänger Tim Curry verwendete den Spruch 1978 im Titel eines Plattenalbums. Sportreporter griffen den Pop-Ausdruck auf. In der politischen Sprache ist er seit 1982 nachgewiesen.

RNC
Republican National Committee. Parteizentrale der Republikanischen Partei, 1854 gegründet. Heute in Washington D.C. ansässig.

ROUGH RIDER
Selbstgewählter Spitzname Theodore Roosevelts, der an seine einwöchige Kriegserfahrung auf Kuba im Spanisch-Amerikanischen Krieg von 1898 erinnerte, in der Roosevelt eine Kavallerietruppe unter demselben Namen – The Rough Riders – kommandierte und deren Erlebnisse er später auch in einem gleichnamigen Buch festhielt.

SEGREGATION
Amerikanische Variante des Apartheid-Systems, das eine Trennung von Schwarzen und Weißen im öffentlichen Leben vorsah und erst 1954 durch die Entscheidung des Supreme Court im Fall Brown vs. Board of Education of Topeka schrittweise abgeschafft wurde.

SIXTEEN TO ONE
Wahlslogan des Demokratischen Präsidentschaftskandidaten William Jennings Bryan 1896, der das von ihm vertretene ökonomische Programm des Bimetallismus zusammenfaßt. Der Slogan thematisiert das Umtauschverhältnis von Silber und Gold mit sechzehn zu eins.

SLICK WILLIE
Negativer Spitzname Bill Clintons im Präsidentschaftswahlkampf 1992, durch den er als „aalglatter", prinzipienloser und unberechenbarer Kandidat gekennzeichnet werden sollte.

SPOILS SYSTEM
„Beute-System" im Bereich der Ämterbesetzung des 19. Jahrhunderts. Die in Wahlen siegreiche Partei besetzte alle Verwaltungspositionen in Bund, Einzelstaaten und Kommunen mit ihren Anhängern. Amerika wurde durch eine reine Dilettantenverwaltung regiert. Erst um die Jahrhundertwende haben verwaltungsmäßige Zwänge innenpolitische Reformen auch für den Beamtensektor (Civil Service) ausgelöst, die der übermächtigen Ämterpatronage einen Riegel vorschoben.

STUMP SPEECH/ON THE STUMP
Ursprünglich: Rede auf einem Baumstumpf (stump). Die Stump Speech bezeichnet einen Redeauftritt des Kandidaten, bei dem er öffentlich seine politischen Positionen vertritt und nicht stellvertretende Redner schickt, um die politischen Programmpunkte zu vermitteln. Der erste Kandidat, der ohne Ausflüchte offen in den Wahlkampf zog und das Land bereiste (on the stump) war William Jennings Bryan 1896.

TAMMANY HALL
Bezeichnung für die Demokratische Parteiorganisation New Yorks nach ihrem Hauptquartier als typisches Beispiel der „Parteimaschine" amerikanischen Stils. In den dreißiger Jahren des vergangenen Jahrhunderts war die Tammany-Partei in New York aus der Verbindung der Anhänger Jeffersons und Jacksons hervorgegangen, die gegen aristokratischen Reichtum, gegen Prestige und etablierte Beziehungen protestierten. Nach der großen Einwanderungs- und Industrialisierungswelle in der zweiten Jahrhunderthälfte nahm sich diese Partei auch der Arbeiter und Immigranten an, und übte dabei einerseits sozialfürsorgerische Funktionen aus, degradierte aber andererseits die städtischen Massen zu Stimmvieh. Was ursprünglich als Instrument der Demokratisierung entstanden war, wurde zunehmend zum selbstzweckhaften Unternehmen: Tammany Hall, Sammelbegriff für die autokratische und korrupte Herrschaft eines professionellen Parteiführungsstabs und die durch Ämterpatronage, die Zuteilung oder den Entzug von Vergünstigungen, Gewalt und Verleumdung geölte Parteimaschine, charakterisierte das US-Parteiwesen bis zur Jahrhundertwende, auf lokaler Ebene gelegentlich noch bis zur unmittelbaren Gegenwart. In der Bildpublizistik stellte der Karikaturist Thomas Nast die Macht der Tammany Hall als Tammany Tiger symbolhaft dar.

THE BUCK STOPS HERE
Berühmter Ausspruch Harry S. Trumans, der ein Schild mit dem Spruch auf seinem Schreibtisch stehen hatte. „Buck" ist ein Begriff aus dem Pokerspiel und bezeichnet eine Karte, die anzeigte, wer als nächstes herauskommen mußte. Der „Buck" konnte von demjenigen Spieler, der nicht die Verantwortung für das Spiel übernehmen wollte, an den nächsten Spieler weitergegeben werden, der dann an seiner Stelle herauskommen mußte. Auf Deutsch könnte der

Ausdruck mit „Schwarzer Peter" übersetzt werden und bezeichnet in dem obigen Motto die Verantwortungsübernahme des Präsidenten für seine Entscheidungen.

THE GALENA TANNER
Spitzname des amerikanischen Präsidenten Ulysses S. Grant im Wahlkampf von 1872, der als Reaktion auf das korrupte Image seiner Administration eine Common-man-Strategie anwandte, und sich auf seine Ursprünge als Gerber in dem kleinen Ort Galena/Illinois rückbesann (vgl. Abb. 57).

THE NATICK SHOEMAKER
Spitzname des Republikanischen Vizepräsidentschaftskandidaten und Ticket-Partners von Ulysses S. Grant, Henry Wilson, im Wahlkampf von 1872, bei dem der Schuster aus Natick neben dem *Galena Tanner* posierte (vgl. Abb. 57).

THE UNION – IT MUST AND SHALL BE PRESERVED
Ein Ausspruch, der auf einen Toast Präsident Jacksons im Jahre 1830 zurückgeht, bei dem er mit dem Spruch „Our Federal Union: It Must Be Preserved" auf die staatliche Einheit anstieß. Das abgewandelte Motto ließ General Benjamin Franklin Butler während seiner Zeit als Militärgouverneur in Louisiana im Bürgerkrieg in den Sockel der Andrew Jackson-Statue in New Orleans eingravieren. Das Motto fand bereits im Wahlkampf von 1860 Verwendung (vgl. Abb. 21).

THE WAR ROOM
Ausdruck für die Schaltzentrale politischer Kampagnen, von denen aus die politischen Strategien und ihre Medieninszenierung geplant werden. 1992 wurde Bill Clinton's Wahlkampfbüro in Little Rock als „War Room" bezeichnet, über das unter dem gleichnamigen Titel auch von Chris Hegedus und Donald Pennebaker ein Dokumentarfilm gedreht wurde. Für die *NAFTA*-Debatten wurde eigens nach dem Modell von Little Rock ein „NAFTA-War Room" eingerichtet. Ursprünglich bezeichnete der Begriff abhörsichere Räume, die im Pentagon für Krisensitzungen eingerichtet wurden.

THE WINNER TAKES ALL
Bei den Präsidentschaftswahlen werden die Wahlmänner und -frauen eines Einzelstaates nicht proportional zu den abgegebenen Wählerstimmen auf die Präsidentschaftsbewerber der verschiedenen Parteien verteilt, sondern fallen insgesamt dem Kandidaten zu, der die meisten Stimmen errungen hat. Der Gewinner bekommt alle Wählerstimmen zugesprochen.

THE YOUNG HICKORY (DALLAS AND VICTORY)
Spitzname und Wahlkampfslogan des Demokratischen Präsidentschaftskandidaten von 1844, James K. Polk, der von „*Old Hickory*" Jackson unterstützt wurde und George M. Dallas zum Ticket-Partner hatte (vgl. Abb. 11).

TICKET
Der Begriff bezeichnet einerseits die tatsächliche Wahlliste, andererseits wird er auch für das jeweiligen Kandidatenteam gebraucht. Man spricht also von dem Republikanischen Ticket oder dem Demokratischen Ticket.

TICKET-PARTNER
Die Kandidaten, die gemeinsam als Präsident und Vizepräsident für ein Partei-*Ticket* kandidieren werden „Ticket-Partner" genannt.

TIME FOR A CHANGE
Republikanischer Wahlkampfslogan, der in den Wahlkämpfen 1944, 1948 (Thomas E. Dewey) und 1952 (Dwigth D. Eisenhower) Verwendung fand. Der Slogan richtet sich grundsätzlich gegen die Partei, die an der Macht ist und suggeriert ihre Abnutzung durch die lange Regierungszeit, die fast zwangsläufig zum Sieg der Oppositionspartei führen müsse.

TIPPECANOE AND TYLER TOO
Wahlslogan der Whig Party im Log-cabin- und Hard-cider-Wahlkampf von 1840, mit denen ihre beiden Kandidaten „*Old Tip(pecanoe)*" Harrison und John Tyler gemeint waren.

TORCHLIGHT PARADE
Fackelumzug, der eine politische *Rally* zeremoniell beschloß. Typisches Stilmittel des militärischen Wahlkampfstils im 19. Jahrhundert.

TRICKY DICK
Negativer Spitzname Richard Nixons im Wahlkampf von 1968, mit dem seine trickreichen Finanzierungsmethoden angeprangert wurden. Der Spitzname stellte die Vertrauenswürdigkeit des Kandidaten in Frage, ähnlich einem von den gegnerischen Demokraten 1960 herausgegebenen Wahlplakat, das Nixon als schmierigen Gebrauchtwagenhändler darstellte.

TURNOUT
Wahlergebnis.

UNCLE SAM
Nationalpersonifikation der Vereinigten Staaten, die auf eine reale Person mit dem Namen Samuel Wilson zurückgeht. Dieser war während des Zweiten Unabhängigkeitskrieges von 1812 Fleischlieferant der amerikanischen Truppen und wurde von seinen Nichten und Neffen „Uncle Sam" gerufen. Sein Spitzname machte ihn, der Legende gemäß, auch bei den Truppen bekannt, die sich wunderten, warum die Fleischrationen mit dem Stempel „U.S." bedruckt waren (die Abkürzung für die Vereinigten Staaten von Amerika lautete damals noch „United S."). Von der Entstehungsgeschichte sowohl der Nationalpersonifikation, deren Bild heutzutage von James Montgomery Flaggs Darstellung in seinem berühmten Rekrutierungsplakat aus dem Ersten Weltkrieg geprägt wird, als auch dem Kürzel U.S. gibt es verschiedene anekdotische Variationen, von denen keine historisch eindeutig zu belegen ist.

WASP
White Anglo-Saxon Protestant.

WAVING THE BLOODY SHIRT
Der Begriff bezeichnet eine Republikanische Wahlkampftaktik der Zeit nach dem Bürgerkrieg, mithilfe derer die Nordstaatler den Süden der USA immer wieder auf seine Kriegsschuld hinwiesen, indem sie metaphorisch oder sprichwörtlich ein blutdurchtränktes Hemd schwenk-

Glossar

ten. Der Ausdruck geht auf einen tatsächlichen Vorfall aus dem Jahr 1868 zurück, als ein aus dem Norden stammender Steuereintreiber und Schuldirektor, der in Mississippi tätig war, vom Ku-Klux-Klan ausgepeitscht und zum Verlassen des Staates gezwungen wurde. Das blutige T-shirt wurde dem radikalen Republikanischen Kongreßabgeordneten Benjamin Butler von Massachusetts übermittelt, der es zur symbolischen Unterstützung seiner Gesetzesinitiative, die den Präsidenten ermächtigte, die Armee zur Gesetzesdurchführung in den Südstaaten einzusetzen, im Plenarsaal herumschwenkte.

WHIGS/WHIG PARTY
1834 gegründete Partei, die in Opposition zu der herrschenden Demokratischen Partei „*King Andrew*" Jacksons stand. Die Partei der Whigs benannte sich nach ihrem britischen Vorbild – der antimonarchistischen britischen Whig-Partei. Aus den Whigs ging 1854 die Republikanische Partei hervor. Präsidentschaftskandidaten der Whigs waren William Henry Harrison, Henry Clay, Zachary Taylor und Winfield Scott.

WHISTLE-STOP
Wahlkampfstil, bei dem der Kandidat per Zug das Land bereist und an den Eisenbahnhaltestellen kurze Ansprachen an die versammelte Menge – sogenannte Whistle-Stop-Speeches – hält. Berühmt ist vor allem Harry S. Trumans Whistle-Stop-Campaign 1948, bei der er 31.000 Meilen zurücklegte und schließlich ganz knapp die schon verloren geglaubte Wahl doch noch gewann.

Tafelteil

Abb. 1: „Delivering the Eagle", Details aus einem Broadside für den Kandidaten der Whigs, 1840, William Henry Harrison
Library of Congress

Abb. 2: Andrew Jackson, Flugblatt, 1828
Library of Congress

Abb. 3: Henry Clay, Halbtonradierung, 1843
Library of Congress

Abb. 4: „Whig Rolling Ball", Illustration einer Wahlkampfparade der Whigs, 1840 in Allegany County / Maryland

Abb. 5: „Grand National Whig Prize Banner Badge", Lithographie, 1844
Library of Congress

Abb. 6: „Grand National Whig Banner", Lithographie, 1844
Library of Congress

Abb. 7: „Grand National Liberal Republican Banner", Lithographie, 1872
Library of Congress

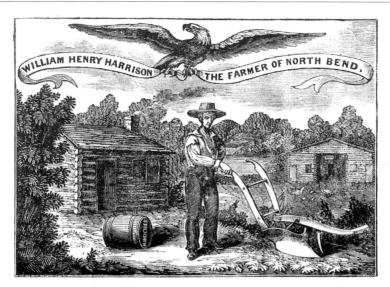

Abb. 8: „Public Meeting", William Henry Harrison, Veranstaltungsplakat, Holzstich, 1840
Library of Congress

Abb. 9: „Westward The March of Empire Takes Its Flight", Lithographie, 1840
Library of Congress

Abb. 10: „Grand National Whig Banner", Lithographie, 1844
Library of Congress

Abb. 11: „Grand National Democratic Banner", Lithographie, 1844
Library of Congress

Tafelteil 387

Abb. 12: „Grand National Whig Banner", Lithographie, 1848
Library of Congress

Abb. 13: „Grand, National, Democratic Banner", Lithographie, 1848
Library of Congress

Abb. 14: „Grand Democratic Free Soil Banner", Lithographie, 1848
Library of Congress

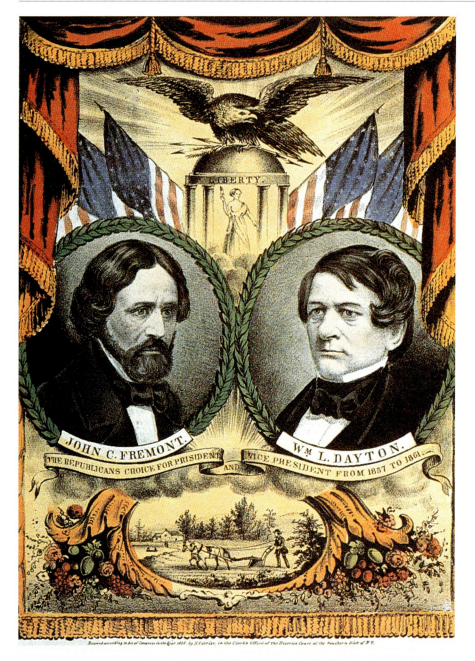

Abb. 15: „Grand National Republican Banner", Lithographie, 1856
Library of Congress

Abb. 16: „Grand, National Union Banner For 1864", Lithographie
Library of Congress

Abb. 17: „Zachary Taylor, The People's Choice for 12th President", Lithographie, 1848
Library of Congress

Tafelteil

Abb. 18: „Lewis Cass, Democratic Candidate for 12th President", Lithographie, 1848
Library of Congress

Abb. 19: „Lincoln and Hamlin",
Lithographie, 1860
Library of Congress

Abb. 20: „Abraham Lincoln",
Lithographie, 1860
Library of Congress

Abb. 21: „The Union Must and Shall Be Preserved", Lithographie, 1860
Library of Congress

Abb. 22: „The Union, The Constitution, And The Enforcement Of The Law", Lithographie, 1860
Library of Congress

Abb. 23: „Free Soil Candidates For President And Vice-President", Lithographie, 1848
Privatsammlung Sherman Adams

Abb. 24: „Millard Fillmore, American Candidate For President Of The United States",
Holzschnitt, 1856
Library of Congress

Abb. 25: „Abraham Lincoln, Republican Candidate For President Of The United States",
Holzschnitt, 1860
Library of Congress

Abb. 26: „Union. Justice. Peace", fünffarbiger Holzschnitt, 1848
Library of Congress

Abb. 27: „Curious Art Of Making Campaign Banners", Leslie's Weekly, 13. Oktober 1904, S. 3
Library of Congress

Abb. 28: „Equality. Dinner Given At The White House By President Roosevelt To Booker T. Washington October 17th 1901", Lithographie, 1903
Smithsonian Institution

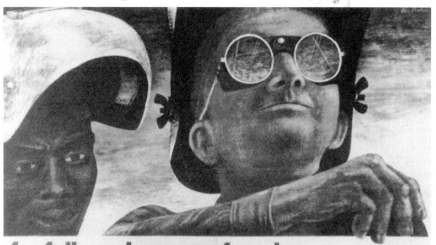

Abb. 29: „for full employment after the war REGISTER VOTE", Farblithographie, 1944
Franklin D. Roosevelt Library

Abb. 30: Ben-Shahn-Plakat im Eingangsbereich einer Fabrik, Fotografie, 1944

Abb. 31: „A Progressive Candidate With Constructive Policies For President", Fotodruck, 1932
Franklin D. Roosevelt Library

Abb. 32: „Our Friend", Farblithographie, 1944
Franklin D. Roosevelt Library

Abb. 33: Ben-Shahn-Plakat für Franklin D. Roosevelt in einem Schaufenster, 1944

Abb. 34: „For Education ... For America ... Vote Mondale Ferraro", farbiger Offsetdruck, 1984
Museum of American Political Life, Hartford/Conn.

Abb. 35: „Leadership for America", farbiger Offsetdruck, 1988

Abb. 36: „Clinton Gore", farbiger Offsetdruck, 1992

Abb. 37: „The President", farbiger Offsetdruck, 1972
Smithsonian Institution

Tafelteil 407

Abb. 38: „Stevenson For President",
Fotodruck, 1952
Smithsonian Institution

Abb. 38a: Stevenson-Plakat
am Rednerpult, Fotografie, 1952

Abb. 39: „Re-Elect Carter Mondale A Tested And Trustworthy Team", farbiger Offsetdruck, 1980
Jimmy Carter Presidential Library, Atlanta

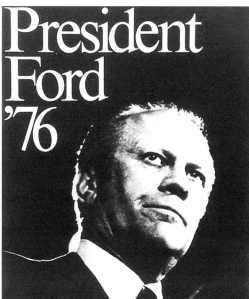

Abb. 40: „President Ford '76", farbiger Offsetdruck, 1976
Museum of American Political Life, Hartford / Conn.

Abb. 41: „Keep America Strong Vote Democratic", Fotodruck, 1988

Abb. 42: „Col. John C. Fremont, Republican Candidate For President Of The United States",
Holzschnitt, 1856
Library of Congress

Abb. 43: „The Chappaqua Farmer", Lithographie, 1872
Library of Congress

Abb. 44: „Col. Fremont Planting The American Standard On The Rocky Mountains", Holzschnitt, 1856
Library of Congress

Abb. 45: „Prosperity At Home, Prestige Abroad", Chromolithographie, 1900
Library of Congress

Abb. 46: „The Life And Public Services Of William H. Harrison", Holzstich, 1840
Library of Congress

Abb. 47: „Democratic Platform And Presidential Nominees", Lithographie, 1892
Library of Congress

Abb. 48: „Republican Platform And Presidential Nominees", Lithographie, 1892
Library of Congress

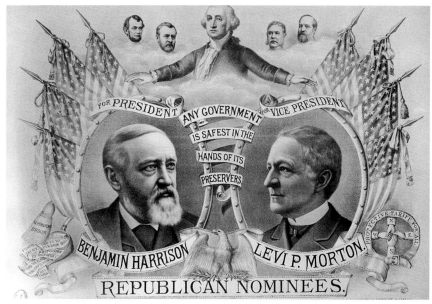
Abb. 49: „Republican Nominees", Lithographie, 1888
Library of Congress

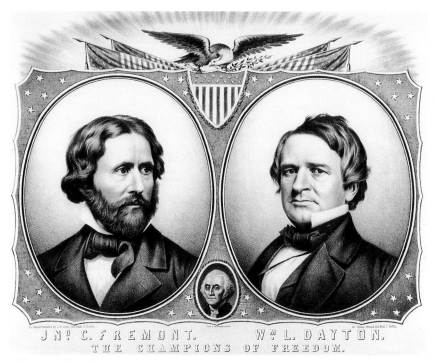
Abb. 50: „The Champions Of Freedom", Lithographie, 1856
Library of Congress

Abb. 51: „Democratic Nominees", Chromolithographie, 1884
Library of Congress

Abb. 52: „The Republican Souvenir", Lithographie, 1884
Library of Congress

Abb. 53: „The Democratic Souvenir", Lithographie, 1884
Library of Congress

Abb. 54: James Cox, Franklin D. Roosevelt, 1920
Franklin D. Roosevelt Library

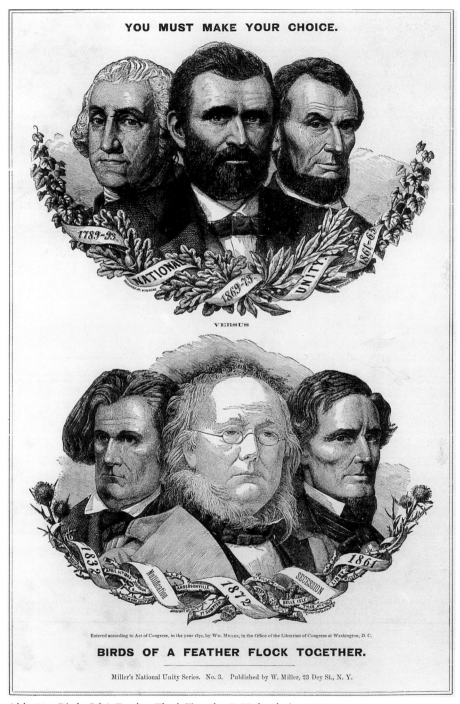

Abb. 55: „Birds Of A Feather Flock Together", Holzschnitt, 1872
Library of Congress

Abb. 56: „Log Cabin Anecdotes", Holzschnitt, 1840
Library of Congress

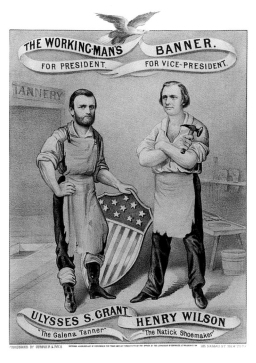

Abb. 57: „The Workingman's Banner",
Lithographie, 1872
Library of Congress

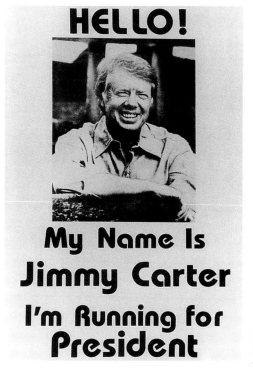

Abb. 58: „Hello! My Name Is Jimmy Carter
I'm Running for President"
Jimmy Carter Presidential Library, Atlanta

Abb. 59: „Union Labor Party. The Product of Labor Belongs To The Producer", Chromolithographie, 1888
Library of Congress

Abb. 60: „William J. Bryan and Family", Chromolithographie, 1896
Library of Congress

Abb. 61: „Vote For Stevenson. Pledged To Action On School Construction And Child Welfare",
Fotodruck, 1956
Smithsonian Institution

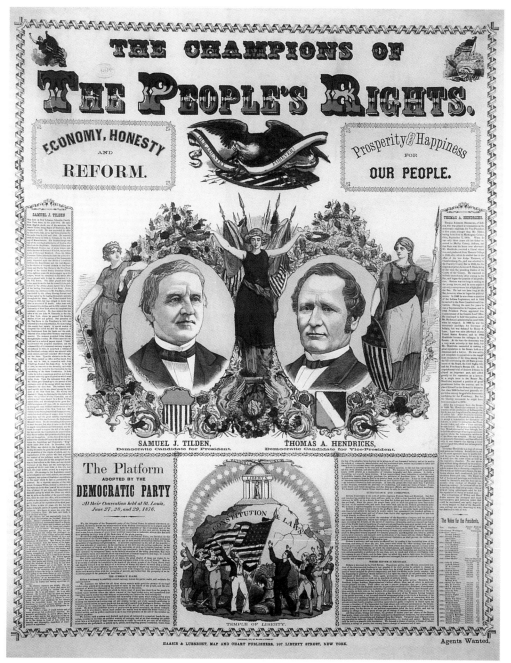

Abb. 62: „The Champions Of The People's Rights", Holzschnitt, 1876
Library of Congress

Abb. 63: „Independent Treasury And Liberty", Lithographie, 1840
Library of Congress

Abb. 64: „General Jackson Slaying the Many Headed Monster", Karikatur, Lithographie, 1836
Library of Congress

Tafelteil

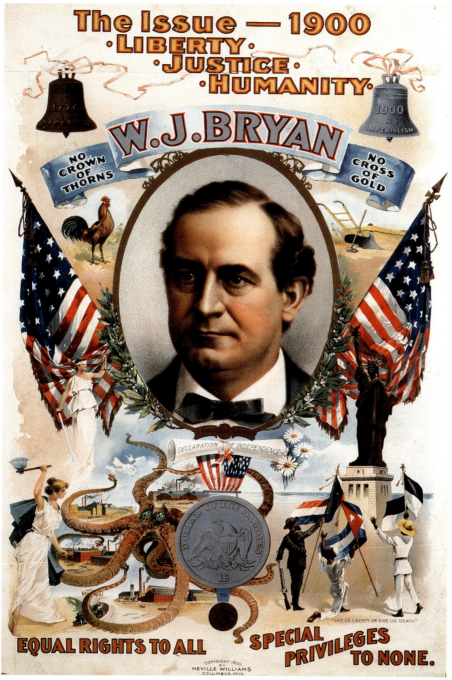

Abb. 65: „The Issue – 1900. Liberty. Justice. Humanity. Equal Rights To All, Special Privileges To None", Chromolithographie, 1900
Library of Congress

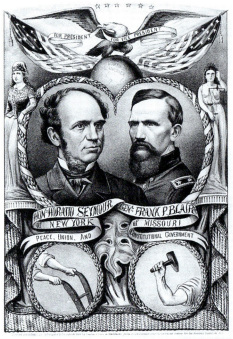

Abb. 66: „National Democratic Banner Of Victory, 1868", Lithographie
Library of Congress

Abb. 67: „Work With Willkie", 1940
Poster Collection, Hoover Institution Archives, Stanford University

Abb. 68: „Work With Willkie", 1940
Poster Collection, Hoover Institution Archives,
Stanford University

Abb. 69: „Work With Willkie", 1940
Poster Collection, Hoover Institution Archives,
Stanford University

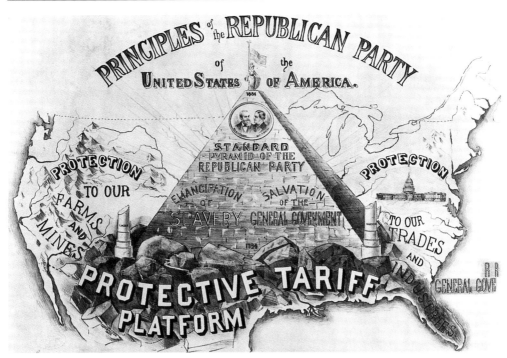

Abb. 70: „Principles of the Republican Party", Lithographie, 1888
Library of Congress

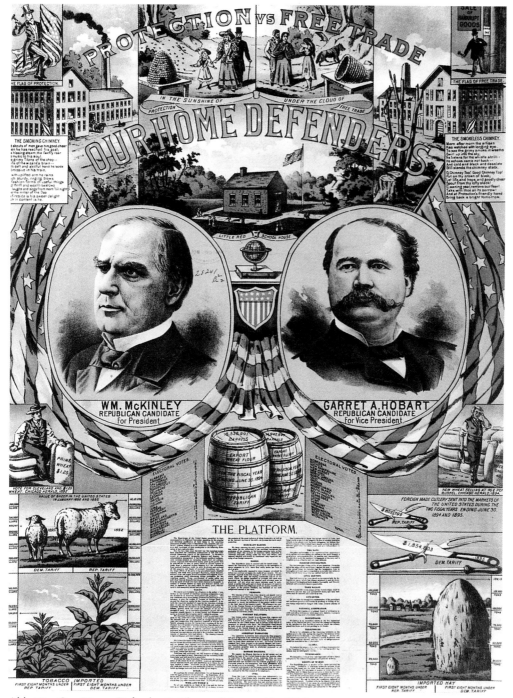

Abb. 71: „Our Home Defenders", Chromolithographie, 1896
Library of Congress

Abb. 72: „McKinley Was Right", Lithographie, 1900
Library of Congress

Tafelteil

Abb. 73: NAFTA-Debatte. Vizepräsident Al Gore und Ross Perot in der CNN-Talkshow Larry King Live, Standbild, 1993
Cable News Network Inc./Frankfurter Allgemeine Zeitung

Abb. 74: „The Chicago Platform", Holzschnitt, 1864
Library of Congress

Abb. 75: „Union And Liberty! And Union And Slavery!", Holzstich, 1864
Library of Congress

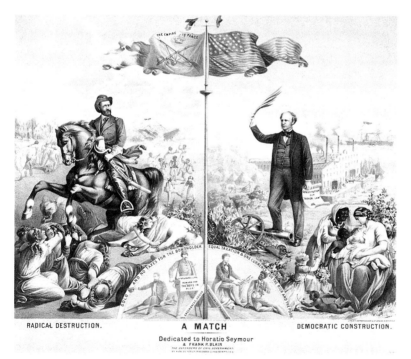

Abb. 76: „A Match", Lithographie, 1868
Collection of The New-York Historical Society

Abb. 77: „Universal Amnesty, Liberty, Equality, Fraternity, Imparital Suffrage", Lithographie, 1872
Library of Congress

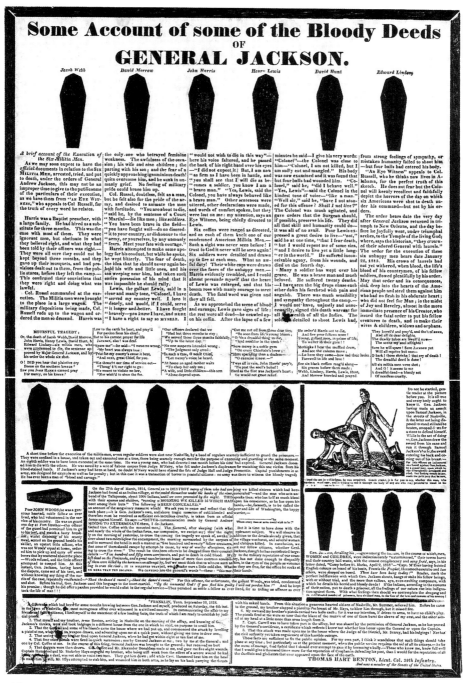

Abb. 78: „Some Account of some of the Bloody Deeds of General Jackson", Coffin Handbill, Holzschnitt, 1828
Library of Congress

Tafelteil 437

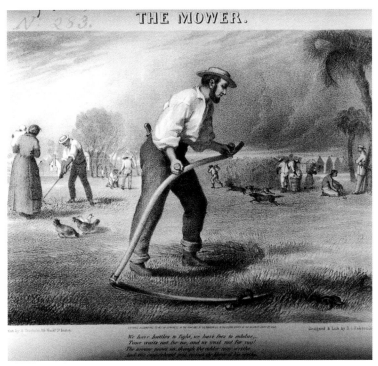

Abb. 79: „The Mower", Lithographie, 1863
Library of Congress

Abb. 80: „David and Goliath", Lithographie, 1872
Library of Congress

Abb. 81: „J.C. Can Save America!",
farbiger Offsetdruck, 1976
Smithsonian Institution

Abb. 82: „For President Alfred E. Smith.
Honest. Able. Fearless", Fotodruck, 1928
Smithsonian Institution

Abb. 83: „For Peace, Preparedness and Prosperity. Wendell Willkie for President", Fotodruck, 1940
Poster Collection, Hoover Institution Archives, Stanford University

Abb. 84: „Our Next President. Thomas E. Dewey", Fotodruck, 1944
Poster Collection, Hoover Institution Archives, Stanford University

Abb. 85: „Temple of Liberty", Holzschnitt, 1834
Library of Congress

Abb. 86: „Am I Not A Man And A Brother?", Holzschnitt, 1837
Library of Congress

Tafelteil 441

Abb. 87: „Statue of Freedom", Gipsmodell,
U.S.-Capitol Washington D.C., 1863
The Architect of the Capitol

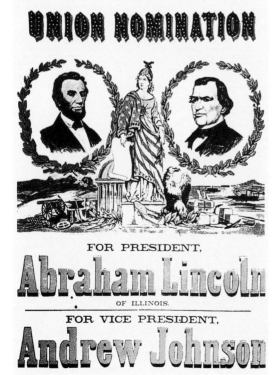

Abb. 88: „Union Nomination", Lithographie,
1864
Privatsammlung

Abb. 89: „For President James G. Blaine, For Vice President John A. Logan", Lithographie, 1884
Library of Congress

Abb. 90: „Taylor", Lithographie, 1848
Library of Congress

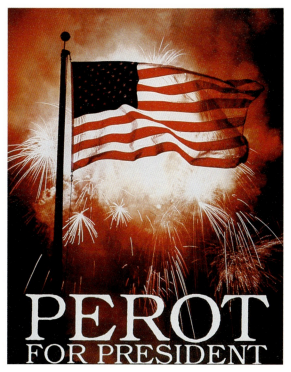

Abb. 91: „Perot For President", farbiger Offsetdruck, 1992

Abb. 92: Perot-Plakat auf einer Wahlkampfveranstaltung, 1992
The Economist vom 31.10.1992, S. 53